2016

广东省科学技术厅 编

SPM 南方出版传媒 广东人民出版社 ·广州·

图书在版编目（CIP）数据

广东科技年鉴. 2016年卷/广东省科学技术厅编. — 广州：广东人民出版社，2017.12

ISBN 978-7-218-12420-9

Ⅰ. ①广… Ⅱ. ①广… Ⅲ. ①科学研究事业—广东—2016—年鉴 Ⅳ. ①G322.765-54

中国版本图书馆CIP数据核字（2017）第311511号

GUANG DONG KE JI NIAN JIAN 2016 NIAN JUAN

广东科技年鉴（2016年卷）

广东省科学技术厅　编

出 版 人：肖风华

责任编辑：段太彬
封面设计：李　苹
责任技编：周　杰

出版发行：广东人民出版社
地　　址：广州市大沙头四马路10号（邮政编码：510102）
电　　话：（020）83798714（总编室）
传　　真：（020）83780199
网　　址：www.gdpph.com
印　　刷：广州市快美印务有限公司
开　　本：889mm × 1194mm　1/16
印　　张：27　　字数：764千
印　　数：1000册
版　　次：2017年12月第1版　2017年12月第1次印刷
定　　价：300.00元

《广东科技年鉴》编辑部（广东省科技创新监测研究中心）
地址：广州市连新路171号3号楼5楼508室
电话：（020）83163346　　　网址：www.gdstic.cn

编 辑 说 明

一、《广东科技年鉴》是广东省科学技术厅主编的综合性科技年刊和资料性工具书，其编辑部设在广东省科技创新监测研究中心。该年鉴1992年创刊，每年出版一卷，旨在全面、系统、准确地记录广东省的科技工作、科技进步情况，为各级政府制定科学决策、科研企事业单位制定发展战略提供依据和参考，为广大读者了解和研究广东科技事业提供信息资料和数据。

二、《广东科技年鉴》采用分类编辑法，以篇目、分目、条目组成框架结构的主体部分，2016年卷共设11个篇目。全书条目的标题统一用黑体加【 】表示，个别包含多方面资料的条目则在文内用楷体标题表明各段资料的主题。

三、《广东科技年鉴》（2016年卷）主要载录2015年度广东科技工作的进展，所刊载的内容和资料，由有关省直单位、高等院校、科研院所、企业、各地级以上市科技局、省科技厅机关各处室及厅属各单位撰写，并经撰稿单位和部门领导审核。

四、本年鉴统计数据均经撰稿单位与统计部门核对，某些对应指标数据在上卷刊出后作了调整的，以本卷刊出的数据为准；标点符号、数字用法、计量单位和各种专业术语等，均依照国家最新编辑出版规范和行业规定。

五、本书编纂得到各有关单位的大力支持，在此深表谢意。本书疏漏之处，敬请读者指正。

《广东科技年鉴》编辑部

2017年10月

《广东科技年鉴》（2016年卷）
编辑委员会

编辑部

目　录

特　载

综　述 …………………………………… 3
□概况………………………………………… 3
□自主创新能力建设………………………… 3
□深化科技体制改革………………………… 3
□培育发展创新型企业……………………… 4
□科技创新重大平台建设…………………… 4
□孵化育成体系……………………………… 5
□创新创业人才队伍建设…………………… 5
□推进全省科技协同联动…………………… 5
重要讲话 ………………………………… 6
□胡春华：在全省科技创新大会上的讲话
………………………………………………… 6
重大会议和科技活动 …………………… 16
□全省科技创新大会………………………… 16
□全省科技企业孵化器建设工作现场会
………………………………………………… 17
□全省中小微企业工作会议………………… 18
□第17届中国国际高新技术成果交易会…… 18
□2015年科技成果与产业对接会…………… 19
□第四届中国创新创业大赛（广东赛区）暨第三届“珠江天使杯”科技创新创业大赛………………………………………… 19
□2015中国（东莞）国际科技合作周……… 19
□全省科技和金融结合促进创新创业试点工作会议………………………………… 20
□第17届中国留学人才广州科技交流会…… 21
□第一届中国创新科技成果交流会………… 21

科技政策与投入

科技政策法规 …………………………… 25
□科技政策法规研究与制定………………… 25
□科技政策宣传与落实……………………… 25
□科技体制改革……………………………… 26
科技人才 ………………………………… 26
□概况………………………………………… 26
□国家重大人才工程遴选…………………… 26
□珠江人才计划……………………………… 26
□扬帆计划…………………………………… 26
□广东特支计划……………………………… 27
□高层次人才信息化建设…………………… 27
□专业技术人才队伍建设…………………… 27
□博士后科研工作站………………………… 27
□海外高层次人才引进……………………… 28
□科技干部教育与培训……………………… 28
科技计划项目 …………………………… 29
□阳光再造行动……………………………… 29
□基础与应用基础研究……………………… 30
□前沿与关键技术创新……………………… 30
□产业技术创新与科技金融结合专项……… 33
□协同创新与平台环境建设………………… 33

□应用型科技研发专项…… 33

基础研究与基础条件建设

基础研究 …… 37
□国家自然科学基金委员会—广东省人民政府联合基金…… 37
□国家“973计划”首席科学家项目 …… 39
□国家自然科学基金…… 40
□广东省自然科学基金…… 41
□大科学工程…… 42
科技基础条件 …… 44
□科技基础条件资源调查…… 44
□实验室体系…… 44
□生物种质资源…… 44
□实验动物管理…… 44
□大型仪器共享…… 45

科技创新体系

科技创新平台 …… 49
□珠三角国家自主创新示范区建设…… 49
□高新技术产业开发区…… 49
□技术创新专业镇…… 50
□创新型产业集群…… 54
孵化育成体系 …… 56
□科技企业孵化器…… 56
□新型研发机构…… 57
□粤东西北地区科技创新环境建设…… 58
□可持续发展实验区…… 58
企业技术创新 …… 59
□规模以上工业企业科技创新…… 59
□科技型中小企业创新创业…… 60
□创新方法推广应用…… 61
□工程技术研究中心…… 61
高等院校科技创新 …… 63
□高校主要科研指标…… 63
□中山大学…… 64
□华南理工大学…… 65
□暨南大学…… 70
□华南师范大学…… 71
□华南农业大学…… 72
□南方医科大学…… 74
□广州中医药大学…… 75
□广东工业大学…… 76
□汕头大学…… 77
□广东海洋大学…… 78
科研院所科技创新 …… 79
□科研机构体制改革…… 79
□中国科学院广州分院…… 79
□广东省科学院…… 82
□广东省农业科学院…… 83
□深圳光启高等理工研究院…… 87
□深圳华大基因研究院…… 88
□深圳清华大学研究院…… 89
□中国科学院深圳先进技术研究院…… 91
□广东华中科技大学工业技术研究院…… 95

科技协同创新

产学研合作 …… 99
□产学研协同创新平台及示范基地…… 99
□产业技术创新联盟…… 99
□产学研合作重要活动…… 100
□院士工作站…… 100
□科技特派员工作站…… 100
科技金融 …… 101
□产业与金融对接…… 101
□科技金融服务体系建设…… 101
□科技型企业投融资…… 101

□风险投资业发展…… 102
□广东省粤科金融集团有限公司…… 102
□广东省风险投资促进会…… 103
科技服务机构 …… 104
□科技服务机构及平台…… 104
□技术转移与技术市场…… 105
□科技评估…… 105

科技成果与知识产权

科技成果与奖励…… 109
□科技成果管理…… 109
□科技成果奖励…… 111
知识产权 …… 120
□概况…… 120
□知识产权政策法规…… 120
□知识产权高层次战略合作…… 120
□知识产权创造…… 122
□企业知识产权工作…… 123
□知识产权运用…… 123
□知识产权保护…… 126
□知识产权管理与服务…… 126

产业、行业科技发展

高新技术产业及战略性新兴产业…… 129
□高新技术产业…… 129
□高新技术企业…… 129
□高新技术产品…… 129
□LED照明产业 …… 132
农业科技 …… 134
□省级农村科技计划…… 134
□国家级农业科技计划…… 134
□2016年广东省农业主导品种和主推技术…… 135
□农业科技研发…… 135
□创新平台构建…… 135
□农业科教资源整合…… 135
□农村信息化…… 136
□农业科技援助…… 136
林业科技 …… 137
□科技投入及项目管理…… 137
□科技攻关…… 137
□科技创新平台…… 137
□科研成果…… 137
□科技示范推广…… 139
□知识产权保护…… 139
□标准化与产品质量管理…… 139
□科技交流与合作…… 141
□科普工作…… 141
渔业科技 …… 142
□渔业产业园区建设…… 142
□渔业科技创新与推广…… 142
□科技成果奖励…… 143
□渔业资源养护…… 143
□现代渔业建设…… 143
人口卫生科技 …… 145
□科技计划项目…… 145
□重大疫病科技攻关…… 145
□科技成果推广及奖励…… 145
□生物安全防护三级实验室建设…… 145
□干细胞与组织工程…… 145
□中医药发展…… 146
金融科技 …… 147
□信息化建设…… 147
□支付业务及产品创新…… 149
□金融科技活动…… 149
□金融科技成果及奖励…… 150
公安科技 …… 151
□科技计划项目…… 151
□社会治安视频监控系统建设…… 151
□信息化建设和应用…… 151

□科技成果及奖励…………………………… 151
环保科技 …………………………………… 153
□重大科研项目及科技成果奖励………… 153
□重点实验室和工程技术研发中心……… 153
□环保示范技术………………………………… 154
□环境标准………………………………………… 155
□清洁生产………………………………………… 155
能源科技 …………………………………… 156
□能源科技成果及奖励……………………… 156
□低碳技术创新与示范……………………… 156
□工业节能与综合利用……………………… 157
□新能源和可再生能源技术研发与应用…………………………………………… 157
□其他能源………………………………………… 158
交通科技 …………………………………… 159
□科技管理创新………………………………… 159
□课题研究与重大科技攻关……………… 159
□技术研发突破………………………………… 159
□科技平台建设………………………………… 160
□科技成果奖励………………………………… 160
□地方标准建设………………………………… 160
邮政科技 …………………………………… 161
□科技研发和成果推广……………………… 161
□信息化建设…………………………………… 162
□工艺设备应用………………………………… 162
□科技进步月活动……………………………… 162
气象科技 …………………………………… 163
□规划制度建设………………………………… 163
□科研创新能力建设………………………… 163
□科技成果奖励………………………………… 163
□科研基础条件建设………………………… 164
□科技人才队伍建设………………………… 164
□科技交流与普及……………………………… 164
地震科技 …………………………………… 165
□科技项目管理与实施……………………… 165
□科技成果与奖励……………………………… 166
□科技创新平台建设………………………… 166
□科技人才培养及交流……………………… 166
□科普宣传………………………………………… 167
建设科技 …………………………………… 168
□国家智慧城市创建试点…………………… 168
□科技计划及示范项目……………………… 168
□科技成果及奖励……………………………… 168
□工程建设标准制修订……………………… 168
电力科技 …………………………………… 170
□重点科技项目………………………………… 170
□科技成果及奖励……………………………… 172
水利科技 …………………………………… 173
□科研计划项目………………………………… 173
□科研成果及奖励……………………………… 173
□科技创新平台建设………………………… 173
□水利技术标准化……………………………… 173
□科技交流与合作……………………………… 174
石油化工科技 ……………………………… 175
□广州石化………………………………………… 175
□茂名石化………………………………………… 176
国土资源科技 ……………………………… 179
□科研计划项目………………………………… 179
□科技成果及奖励……………………………… 179
□科技领军人才队伍建设…………………… 180
地质科技 …………………………………… 181
□科研计划项目………………………………… 181
□重点项目选介………………………………… 181
□科技成果与奖励……………………………… 182
□科技人才队伍………………………………… 182
□科技交流………………………………………… 182
□科普宣传　…………………………………… 182
海洋科技 …………………………………… 183
□海洋强省建设………………………………… 183
□海洋产业园区建设………………………… 183
□科技合作与交流……………………………… 183
□海洋环境与资源保护……………………… 184
□海洋科学综合管理………………………… 184
□科研项目选介………………………………… 185

广播电视 …… 187
□电视节目无线覆盖工程…… 187
□户户通工程…… 187
□大功率数模同播调频广播覆盖网…… 187
□数字电视广播覆盖网…… 187
□广东卫视高清频道本地上星传输系统 …… 187
移动通信 …… 189
□中国电子科技集团公司第七研究所…… 189
□中国移动通信集团广东有限公司…… 190

科技社团及科技宣传交流

科协与科技社团…… 195
□广东省科学技术协会…… 195
□科技社团…… 196
科普和科技宣传工作 …… 197
□科普主要活动…… 197
□全省科技进步活动月…… 198
□科普基地建设…… 199
□大型科技宣传活动…… 200
□广东科学中心…… 201
□广东科学馆…… 202
科技交流与合作…… 204
□跨境科技交流与合作…… 204
□粤港澳台科技交流与合作…… 204
□泛珠及粤蒙等区域合作…… 205
□民间科技合作与交流…… 205

地方科技发展

□广州市…… 211
□深圳市…… 223
□珠海市…… 226
□汕头市…… 230
□佛山市…… 235
□韶关市…… 240
□河源市…… 243
□梅州市…… 245
□惠州市…… 248
□汕尾市…… 251
□东莞市…… 254
□中山市…… 258
□江门市…… 263
□阳江市…… 270
□湛江市…… 273
□茂名市…… 280
□肇庆市…… 283
□清远市…… 287
□潮州市…… 292
□揭阳市…… 295
□云浮市…… 298

科技统计资料

全省科技统计指标 …… 305
□科技人力…… 305
□科技经费…… 305
□科研机构…… 306
□科研课题与科技成果…… 306
科技统计表 …… 308

大事记

□2015年广东科技大事记…… 389

Table of Contents

Special Features

Summery ······ (3)
☐ Overview ······ (3)
☐ Self–innovative Capability Construction ······ (3)
☐ Deepening Scientific and Technological System Reform ······ (3)
☐ Train and Develop Innovative Enterprises ······ (4)
☐ Science and Technology Innovation Important Platform Construction ······ (4)
☐ Incubate and Successful Build System ······ (5)
☐ Innovative and Entrepreneurship Talent Team Building ······ (5)
☐ Promoting Provincial Science and Technology Cooperation and United Actions ······ (5)
Important Speeches ······ (6)
☐ Hu Chunhua: Speech at Guangdong Science and Technology Innovation Conference ······ (6)
Important Conference and Key Science and Technology Activities ······ (16)
☐ Provincial Science and Technology Innovation Conference ······ (16)
☐ Provincial Science and Technology Enterprise Incubators Construction On–site Conference ······ (17)
☐ Provincial Medium and Small Sized Enterprises Conference ······ (18)
☐ The 17th China International High and New Technology Achievement Fair ······ (18)
☐ 2015 Science and Technology Achievement and Industrial Connection Conference ······ (19)
☐ The 4th China Innovation and Entrepreneurship Competition (Guangdong Region) and the 3rd "Pearl River Angel Cup" Science and Technology Innovation and Entrepreneurship Competition ······ (19)
☐ 2015 China (Dongguan) International Science and Technology Cooperation Week ······ (19)
☐ Guangdong Province Science, Technology and Finance Connection on Accelerating Innovation and Entrepreneurship Experiment Work Conference ······ (20)

□ The 17th Guangzhou Convention of Overseas Chinese Scholars in Science and Technology …………… (21)
□ The 1st China Convention of Innovative and Scientific and Technological Achievement ……………… (21)

Scientific and Technological Policy and Investment

Scientific and Technological Policy, Law and Regulation …………………………… (25)
□ Scientific and Technological Policy, Law and Regulation Research and Legislation …………………… (25)
□ Scientific and Technological Policy Popularization and Implementation ……………………………… (25)
□ Scientific and Technological Policy System Reform ……………………………………………… (26)
Scientific and Technological Talent ……………………………………………… (26)
□ Overview ……………………………………………………………………………… (26)
□ Selection of National Key Talent Project …………………………………………………… (26)
□ Pearl River Talent Plan ………………………………………………………………… (26)
□ Sailing Plan ……………………………………………………………………………… (26)
□ Guangdong Special Support Plan……………………………………………………… (27)
□ High-level Talent Information Construction ……………………………………………… (27)
□ Professional Technological Talent Team Building ………………………………………… (27)
□ Postal-doctoral Research Workstation……………………………………………………… (27)
□ Overseas High-level Talent Import ………………………………………………………… (28)
□ Scientific and Technological Leaders' Education and Training ………………………………… (28)
Scientific and Technological Plan Poject ……………………………………………… (29)
□ Sunshine Renewable Action ……………………………………………………………… (29)
□ Basic and Applied Basic Research ………………………………………………………… (30)
□ Frontier and Key Technology Innovation …………………………………………………… (30)
□ Industrial Technology Innovation and Science and Technology Finance Connection Special Project …… (33)
□ Coordinative Innovation and Platform Environment Construction ……………………………… (33)
□ Applied Scientific and Technological Research Special Project ………………………………… (33)

Basic Research and Basic Condition Construction

Basic Research……………………………………………………………………… (37)
□ National Nature and Science Foundation Committee-Guangdong Province Government Alliance Foundation

…… (37)

□ National "973 Plan" Chief Scientist Project …… (39)

□ National Nature and Science Foundation …… (40)

□ Guangdong Provincial Nature and Science Foundation …… (41)

□ Pan-Science Project …… (42)

Science and Technology Basic Condition …… (44)

□ Science and Technology Basic Condition Resource Investigation …… (44)

□ Laboratory System …… (44)

□ Biological Species Resource …… (44)

□ Experiment Animals Management …… (44)

□ Large Equipment Share …… (45)

Science and Technology Innovation System

Science and Technology Innovation Platform …… (49)

□ Pearl River Delta National Self-innovation Demonstration Area Construction …… (49)

□ High and New Technology Industrial Development Zone …… (49)

□ Technological Innovation Professional Town …… (50)

□ Innovative Industry Cluster …… (54)

Incubating System …… (56)

□ Scientific and Technological Enterprises Incubator …… (56)

□ New Research and Develop Institute …… (57)

□ Guangdong Eastern, Western and Northern Areas Science and Technology Innovative Environment Construction …… (58)

□ Sustainable Development Laboratory Zone Construction …… (58)

Enterprises Technology Innovation …… (59)

□ Scaled Industrial Enterprises Science and Technology Innovation …… (59)

□ Scientific Medium and Small Sized Enterprises' Innovation and Entrepreneurship …… (60)

□ Innovative Methods Promotion and Application …… (61)

□ Engineering Technology Research Center …… (61)

Higher Education Scientific and Technological Innovation …… (63)

□ Higher Education Major Scientific Research Index …… (63)

□ Sun Yat-sen University …… (64)
□ South China University of Technology …… (65)
□ Jinan University …… (70)
□ South China Normal University …… (71)
□ South China Agricultural University …… (72)
□ Southern Medical University …… (74)
□ Traditional Chinese Medicine University of Guangzhou …… (75)
□ Guangdong Industrial University …… (76)
□ Shantou University …… (77)
□ Guangdong Ocean University …… (78)
Scientific and Technological Research Institutes' Scientific Innovation …… (79)
□ Scientific and Technological Research Institutes System Reform …… (79)
□ Chinese Academy of Sciences Guangzhou Branch …… (79)
□ Guangdong Academy of Sciences …… (82)
□ Guangdong Academy of Agricultural Sciences …… (83)
□ Kuang-Chi Institue …… (87)
□ BGI-Shenzhen …… (88)
□ Research Institute of Tsinghua University in Shenzhen …… (89)
□ Shenzhen Institutes of Advanced Technology, Chinese Academy of Sciences …… (91)
□ Guangdong HUST Industrial Technology Research Institute …… (95)

Scientific and Technological Coordination and Innovation

Cooperation of Production, Learning, and Research …… (99)
□ Coordinative Innovation Platform and Demonstration Base of Cooperation of Production, Learning, and Research …… (99)
□ Industrial Technology Innovation Collaboration …… (99)
□ Cooperation of Production, Learning, and Research Important Activities …… (100)
□ Academic Workstation …… (100)
□ Scientific and Technological Special Commissioner Workstation …… (100)
Finance and Banking Science and Technology …… (101)
□ Industry and Finance and Banking Connection …… (101)

□ Industry and Finance and Banking Service System Construction (101)
□ Scientific and Technological Enterprises Investment and Financing (101)
□ Venture Investment Industry Development (102)
□ Guangdong Technology Financial Group. Co.,Ltd (102)
□ Guangdong Venture Capital Association (103)
Scientific and Technological Service Institutes (104)
□ Scientific and Technological Service Institutes and Platforms (104)
□ Technology Transfer and Market (105)
□ Science and Technology Evaluation (105)

Scientific and Technological Achievements and Intellectual Property

Scientific and Technological Achievements and Incentives (109)
□ Scientific and Technological Achievements Management (109)
□ Scientific and Technological Achievements Incentives (111)
Intellectual Property (120)
□ Overview (120)
□ Intellectual Property Policy, Laws and Regulations (120)
□ Intellectual Property High Level Strategic Cooperation (120)
□ Intellectual Property Creation (122)
□ Enterprises Intellectual Property (123)
□ Intellectual Property Application (123)
□ Intellectual Property Protection (126)
□ Intellectual Property Management and Service (126)

Industrial and Trade Scientific and Technological Development

High and New Technology Industry and Strategic New Industry (129)
□ High and New Technology Industry (129)
□ High and New Technology Enterprises (129)
□ High and New Technology Products (129)
□ LED Lighting Industry (132)

Agriculture Science and Technology (134)
☐ Provincial Village Science and Technology Plan (134)
☐ National Agriculture Science and Technology Plan (134)
☐ 2016 Guangdong Province Agriculture Leading Products and Promoting Technology (135)
☐ Agriculture Science and Technology Research and Development (135)
☐ Innovation Platform Construction (135)
☐ Agriculture Science Education Resource Integration (135)
☐ Village Information (136)
☐ Agriculture Science and Technology Assistance (136)
Forestry Science and Technology (137)
☐ Science and Technology Investment and Project Management (137)
☐ Science and Technology Breakthrough (137)
☐ Science and Technology Innovation Platform (137)
☐ Scientific Research Achievements (137)
☐ Science and Technology Demonstration and Promotion (139)
☐ Intellectual Property Protection (139)
☐ Standardization and Products Quality Management (139)
☐ Scientific and Technological Exchanges and Cooperation (141)
☐ Science Popularization (141)
Fishery Science and Technology (142)
☐ Fishery Industrial Park Construction (142)
☐ Fishery Science and Technology Innovation and Promotion (142)
☐ Scientific and Technological Achievements Incentives (143)
☐ Fishery Resource Protection (143)
☐ Modern Fishery Construction (143)
Population Health Science and Technology (145)
☐ Science and Technology Plan Project (145)
☐ Major Epidemic Disease Science and Technology Breakthrough (145)
☐ Scientific and Technological Achievements Promotion and Incentives (145)
☐ Biology Security Protection Class 3 Laboratory Construction (145)
☐ Stem Cells and Tissue Engineering (145)
☐ Traditional Chinese Medicine Development (146)

Financial Science and Technology ······ (147)

☐ Information Construction ······ (147)

☐ Payment Business and Products Innovation ······ (149)

☐ Finance and banking Scientific and Technological Activities ······ (149)

☐ Finance and banking Scientific and Technological Achievements and Incentives ······ (150)

Public Security ······ (151)

☐ Science and Technology Plan Project ······ (151)

☐ Social Security Video Monitor System Construction ······ (151)

☐ Information Construction and Application ······ (151)

☐ Scientific and Technological Achievements and Incentives ······ (151)

Environment Protection ······ (153)

☐ Key Scientific Research Projects and Scientific and Technological Achievements Incentive ······ (153)

☐ Key Laboratory and Engineering Technology Research and Development Center ······ (153)

☐ Environment Protection Demonstration Technology ······ (154)

☐ Environment Standard ······ (155)

☐ Cleaning Production ······ (155)

Energy ······ (156)

☐ Energy Scientific and Technological Achievements and Incentives ······ (156)

☐ Low Carbon Technology Innovation and Demonstration ······ (156)

☐ Industrial Energy Saving and Integrated Application ······ (157)

☐ New Energy and Renewable Energy Technology Research and Development and Application ······ (157)

☐ Other Energy ······ (158)

Transportation ······ (159)

☐ Science and Technology Management Innovation ······ (159)

☐ Subject Research and Key Scientific and Technological Breakthrough ······ (159)

☐ Technology Research and Development Breakthrough ······ (159)

☐ Scientific and Technological Platform Construction ······ (160)

☐ Scientific and Technological Achievements Incentive ······ (160)

☐ Local Standards Construction ······ (160)

Postal Service ······ (161)

☐ Science and Technology Research and Development and Achievements Promotion ······ (161)

☐ Information Construction ······ (162)

□ Process Equipment Application ……… (162)

□ Activities of Science and Technology Improvement Month ……… (162)

Meteorology ……… (163)

□ Planning Regulations Construction ……… (163)

□ Science Research Innovative Capability Building ……… (163)

□ Scientific and Technological Achievements Incentive ……… (163)

□ Science Research Basic Condition Construction ……… (164)

□ Scientific Talent Team Building ……… (164)

□ Scientific and Technological Exchanges and Popularization ……… (164)

Earthquake ……… (165)

□ Science and Technology Project Management and Implementation ……… (165)

□ Scientific and Technological Achievements and Incentives ……… (166)

□ Science and Technology Innovation Platform Construction ……… (166)

□ Scientific and Technological Talent Education and Exchanges ……… (166)

□ Scientific Popularization ……… (167)

Construction ……… (168)

□ National Smart City Creation Pilot ……… (168)

□ Scientific and Technological Plan and Demonstration Project ……… (168)

□ Scientific and Technological Achievements and Incentives ……… (168)

□ Engineering Construction Standard Formulation and Revision ……… (168)

Electricity ……… (170)

□ Key Scientific and Technological Project ……… (170)

□ Scientific and Technological Achievements and Incentives ……… (172)

Water Conservancy ……… (173)

□ Science Research Plan Project ……… (173)

□ Science Research Achievements and Incentives ……… (173)

□ Science and Technology Innovation Platform Construction ……… (173)

□ Water Conservancy Technology Standardization ……… (173)

□ Scientific and Technological Exchanges and Cooperation ……… (174)

Petrol and Chemical Industry ……… (175)

□ Guangzhou SINOPEC ……… (175)

□ Maoming SINOPEC ……… (176)

Land Resource Engineering Technology ······ (179)

☐ Science Research Plan Project ······ (179)

☐ Scientific and Technological Achievements and Incentives ······ (179)

☐ Scientific and Technological Leading Talent Team Building ······ (180)

Geology ······ (181)

☐ Science Research Plan Project ······ (181)

☐ Key Project Introduction ······ (181)

☐ Scientific and Technological Achievements and Incentives ······ (182)

☐ Scientific and Technological Talent Team ······ (182)

☐ Scientific and Technological Communication ······ (182)

☐ Scientific Popularization ······ (182)

Ocean Resource ······ (183)

☐ Ocean Provincial Strengthen Construction ······ (183)

☐ Ocean Industrial Park Construction ······ (183)

☐ Scientific and Technological Cooperation and Exchanges ······ (183)

☐ Ocean Environment and Resource Protection ······ (184)

☐ Marine Scientific Integrated Management ······ (184)

☐ Scientific Research Selected Introduction ······ (185)

Radio and TV ······ (187)

☐ TV Program WIFI Cover Project ······ (187)

☐ Huhu Tong Project ······ (187)

☐ High Power Digital Simulation Co–channel FM Cover Network ······ (187)

☐ Digital TV and Radio Over Network ······ (187)

☐ Guangdong Satellite High Definition Channel Local Upload Satellite Transfer System ······ (187)

Mobile Communication ······ (189)

☐ The 7th Research Institute of China Electronics Technology Group Corporation ······ (189)

☐ China Mobile Group Guangdong Co., Ltd ······ (190)

Scientific and Technological Associations and Popularization and Exchanges

Scientific Association and Scientific Groups ······ (195)

□ Guangdong Provincial Association for Science and Technology …… (195)

□ Scientific Groups …… (196)

Science Popularization and Demonstration …… (197)

□ Major Activities of Science Popularization …… (197)

□ Provincial Science and Technology Improvement Activities Month …… (198)

□ Science Popularization Base Construction …… (199)

□ Big Science and Technology Popularization Activities …… (200)

□ Guangdong Science Center …… (201)

□ Guangdong Science Museum …… (202)

Scientific and Technological Exchanges and Cooperation …… (204)

□ Cross border Scientific and Technological Exchanges and Cooperation …… (204)

□ Guangdong, Hongkong, Macao and Taiwan Scientific and Technological Exchanges and Cooperation …… (204)

□ Pan–Pearl River and Guangdong–Neimenggu and Other Regional Cooperation …… (205)

□ Non–government Scientific and Technological Cooperation and Exchanges …… (205)

City Level Scientific and Technological Development

□ Guangzhou …… (211)

□ Shenzhen …… (223)

□ Zhuhai …… (226)

□ Shantou …… (230)

□ Foshan …… (235)

□ Shaoguan …… (240)

□ Heyuan …… (243)

□ Meizhou …… (245)

□ Huizhou …… (248)

□ Shantou …… (251)

□ Dongguan …… (254)

□ Zhongshan …… (258)

□ Jiangmen …… (263)

□ Yangjiang …… (270)

□ Zhanjiang …… (273)

□ Maoming ······ (280)
□ Zhaoqin ······ (283)
□ Qingyuan ······ (287)
□ Chaozhou ······ (292)
□ Jieyang ······ (295)
□ Yunfu ······ (298)

Statistical Materials of Science and Technology

Statistical Indicators of Science and Technology in Guangdong Province ······ (305)
□ Labor Power ······ (305)
□ Expenses ······ (305)
□ Institues ······ (306)
□ Projects and Achievements ······ (306)
Statistics ······ (308)

Chronicle of Events

□ 2015 Guangdong Scientific and Technological Chronicle of Events ······ (389)

特载

综　述

【概况】　2015年，广东省委、省政府深入谋划部署全省科技创新工作，陆续出台系列重大创新政策举措，持续有力优化全省创新创业环境，创新驱动发展取得重要进展，全省掀起新一轮的科技创新高潮，并在全国引起较大反响。广东初步构建起开放型区域创新体系，以创新为主要引领和支撑的经济体系和发展模式正在加速形成，为建设创新型国家不断提供新鲜经验和成功范例。

【自主创新能力建设】　2015年，全省科技综合实力和自主创新能力稳步提升，区域创新能力综合排名连续8年位居全国第2位，稳居第一梯队；科技投入不断增加，全省研发（R&D）投入占GDP比重提高到2.5%；关键核心技术不断获得突破，技术自给率达71%。专利产出持续增长，广东发明专利申请量和授权量为103 941件和334 77件，比2014年分别增长38.3%和50.3%，PCT国际专利申请量为15 190件，比上年增长13.9%，有效发明专利量和PCT国际专利申请量保持全国第1，其中PCT国际专利申请量占全国比重超过50%。全省R&D人员预计突破70万人，规模保持全国第1。

珠三角国家自主创新示范区于9月29日正式获得国务院批复同意，成为推进全省经济结构战略调整和产业转型升级的重大平台。珠三角国家自主创新示范区覆盖了珠三角8个市，连同2014年获批的深圳市国家自主创新示范区，广东省已形成“1+1+7”的自主创新示范区城市分工格局。广东初步构建起开放型区域创新体系，以创新为主要引领和支撑的经济体系和发展模式正在加速形成，为建设创新型国家不断提供新鲜经验和成功范例。

【深化科技体制改革】

重大创新政策举措陆续出台　2月，省政府出台《关于加快科技创新的若干政策意见》及系列配套实施细则，着力构建覆盖创新链的“1+N”政策体系，包括激励企业创新投入的“普惠性”政策，完善孵化育成体系和新型研发机构扶持举措的“引导性”政策，以及激励科技人员创新积极性的“松绑性”政策，随后出台8个配套文件，其中，支持企业建立研究开发准备金制度、科技企业孵化器创业投资及信贷风险补偿、创新产品与服务远期约定政府购买、经营性领域技术入股改革等政策措施均属于国内首创。5月，省委、省府出台《加快推进创新驱动发展重点工作方案（2015—2017年）》，进一步明确全省未来三年推进创新驱动发展的目标与举措。11月，省委、省政府出台《关于加快建设创新驱动发展先行省的实施意见》，成为广东省未来一个时期深入实施创新驱动发展战略的行动纲领。

科技业务管理“阳光再造行动”成效逐步显现　在“511”新型科技业务体系框架基础上，广东省聚焦创新链5大环节，突出实施一批重大科技专项和一批科技专题计划，截至2015年年底，9个重大科技专项和一批专题计划正在深入推进实施，其中2015年重大专项评审立项138项。2016年的项目已完成评审推荐工作。构建起多元化的资金投入方式和专家评审机制，财政科技投入由单一的“事前项目补助”改为以事前资助与科技金融并重的引导性投入，以及后补助、以奖代补、合同补贴等具有比较明确、客观标准的资助方式，实现有偿与无偿、事前与事后相结合，通过与创投、信贷、保险的组合配套，利用市场化机制筛选项目、评价技术、转化成果。在项目实现双盲评审基础上，构建起多元化专家评审机制，逐步增加抽取外省专家参加评审的比例，逐步由注重技术专家参加评审方式改变为技术专家、财务专家、金融专家、产业专家和管理专家并重参与的评审方式。深入推进项目监理验收工作机制改革，通过制订验收专项计划、建立定期通报进展制度、建立验收网络检测平台等新方式新手段，有效推动了项目主管部门工作积极性。2014—2015年验收9 200多个项目，其中2015年验收量较2014年增加13%，重点重大项目验收量同比增加116%。

【培育发展创新型企业】

培育一批高新技术企业　紧紧抓住高新技术企业这个“牛鼻子”，启动实施高新技术企业培育计划，制定相关政策文件，建立高企培育后备库，大力培育发展高企。截至2015年年底，全省共有3 500多家企业入库培育，存量高企数达11 105家，净增1 816家，增长19.6%，培育步伐明显加快。

培育壮大科技型中小微企业　通过中小微企业创新基金、科技创新券后补助等专项资金，以及孵化育成体系、各级生产力促进中心、科技服务机构等公共服务平台，大力扶持科技型小微企业创新创业，其中，清远、中山、佛山等地已率先启动创新券补助制度。5月，江门获批全国小微企业创新创业基地。

推进大型骨干企业创新发展　积极落实国家财税优惠政策，促进大型骨干企业提高研发投入，2015年减免企业税收超过100亿元。继续鼓励和优先支持大型骨干企业牵头申报各级重大项目，支持建设工程技术中心、企业研究院、院士工作站、企业科技特派员工作站等研发机构。截至2015年年底，全省共有2014家工程技术研究中心，其中国家级23家，建有研发机构的企业占规上工业企业总数的12%。

【科技创新重大平台建设】

积极创建珠三角国家自主创新示范区　9月，珠三角国家自主创新示范区获批，广东形成了以深圳、广州和珠三角其他7个地市国家级高新区为核心的“1+1+7”自主创新新格局，成为推进全省创新驱动发展的重大平台。

高新区继续支撑引领全省经济发展　2015年，全省23家高新区预计实现营业总收入2.66万亿元，继续担当拉动全省经济发展的火车头。河源、清远高新区升级为国家级高新区，截至2015年年底，广东共有高新区23家，其中，国家级高新区11家、省级高新区12家，实现了21个地市省级以上高新区的全覆盖。

加快专业镇创新创业步伐　深入实施“一校一镇”“一所一镇”“科技特派团”等产学研协同创新行动计划，有力推进专业镇创新创业和传统优势产业转型升级。截至2015年年底，全省已建成399个专业镇，涌现出中山小榄、中山古镇、东莞大朗、东莞横沥等一批转型升级和创新创业专业镇典型代表。2015年，全省专业镇实现地区生产总值2万亿元，约占全省GDP的27%。

推进广东国家大科学中心建设　积极联合中国科学院创建广东国家大科学中心，其中，东莞“散裂中子源”江门“中微子试验站（二期）”等大科学装置建设推进顺利，“加速器驱动嬗变系统研究装置”“强流重离子加速装置”等国家重大科技基础设施落户惠州。截至2015年年底，散裂中子源项目基本完成土建施工，中微子二期项目进展顺利。依托广州超级计算机“天河二号”，与国家自然科学基金委共建国家大数据科学中心。

推动组建新的广东省科学院　6月，省科学院在广州揭牌成立，着力打造广东省产业技术创新与重大成果转化的高端枢纽和平台。截至2015年年底，省科学院基本完成法人变更、场地布置、资产清理划转、研究机构整合、院机关到位运作等基础工作，落实了一批创新平台建设项目，引进高水平创新团队7个、领军人才10人。11月，举行省科学院技术创新联盟科技成果对接会。

加快构建覆盖创新链条的实验室体系　2015年，广东省新增格力电器、风华高科、南方电网、东阳光制药、金发科技等5家企业国家重点实验室。截至2015年年底，广东已经形成由26家国家重点实验室、6家省部共建国家重点实验室培育基地、200家省重点实验室、54家省企业重点实验室、32家省重点科研基地组成的较为完整的实验室体系，成为广东省产业技术创新的重要平台和谋划建设国家实验室的主体支撑。

【孵化育成体系】

加快建设科技企业孵化器　积极运用科技金融结合等新兴手段，实施孵化器用地政策、孵化器风险补偿制度等优惠政策，有力推进科技企业孵化器建设。2015年新增孵化器166家，全省拥有孵化器399家，其中国家级43家，孵化场地面积达1 348万㎡，在孵化企业超1.5万家，成为广东省科技成果转化和园区企业培育的新模式。

大力发展新型研发机构　2015年，广东省认定新型研发机构124家，比2014年增加23家。清华珠三角研究院、东莞（军民融合）信息技术研究院等一批重要创新主体落户广东省；佛山智能装备技术研究院、广东智能机器人研究院、华南智能机器人研究院等智能制造类研发机构进展顺利。

大力支持新型创新创业　顺应“互联网+”发展大势，着手布局佛山、东莞等城市开展“互联网+创新创业”试点工程。出台《广东省科学技术厅　广东省人民政府金融工作办公室关于发展科技股权众筹建设众创空间促进创新创业的意见》，有力推动了科技股权众筹发展。支持引导“众创空间”“创客空间”等新型孵化器培育发展，截至2015年年底，全省众创空间突破150家，比2014年增加100家，数量位居全国前列。

成功举办科技创新创业大赛　12月，广东省成功举办第四届中国创新创业大赛港澳台赛，以及第三届“珠江天使杯”科技创新创业大赛，共计支持2 155家企业，大力支持科技人员创新创业。

【创新创业人才队伍建设】

加快引进高端人才智力　连续5年实施“珠江人才计划”，2015年引进26个创新科研团队，累计共引进五批117个创新科研团队，聚集高端人才850多人，吸引各类人才6 000多人。2015年，第三批“扬帆计划”引进10个左右的创新创业团队，第二批“广东特支计划”引进158名创新创业人才。深入实施“省杰青”计划，2015年资助“省杰青”49人。

加快完善激发人才活力和动力的政策法规体系　2015年，广东省先后出台经营性领域技术入股改革实施方案、进一步改革科技人员职称评定的若干意见等重大政策，推动加快制订《广东省促进科技成果转化条例》，重新修订《广东省自主创新促进条例》等重要法规，不断深化科技成果转化机制改革，调动广大科技人员的积极性。

【推进全省科技协同联动】

深入推进产学研协同创新　推进广东与中科院、清华大学、北京大学等机构的新一轮战略合作以及解放军信息工程大学军民技术融合发展，推动省部院产学研合作迈向纵深发展。2015年，省部院产学研合作全年实现产值2 000亿元，利税200亿元。累计建成各类产学研创新平台1 600多家，院士工作站109家，科技特派员工作站179家，产业技术创新联盟123家。加强与发达国家和地区的科技交流合作，揭阳中德生态金属园区、东莞中以水处理产业园区等重大科技合作平台进展顺利，汕头中以创新产业园区顺利奠基，全球优质创新资源加快集聚。

促进科技金融产业融合发展　2015年，全省新增13个科技金融综合服务分中心，全省已建立25个科技金融综合服务分中心，初步构建起省市一体的科技金融服务体系。截至2015年年底，广东创业投资机构预计超过2 800多家，管理资本规模超过6 500亿元。新增设立重大科技成果产业化基金、重大科技专项创业投资基金等扶持资金，积极发挥财政资金对社会金融资源的引导作用。

（广东省科学技术厅办公室　陈锡强）

重　要　讲　话

在全省科技创新大会上的讲话

（2015年2月28日）

中共中央政治局委员、广东省委书记　胡春华

同志们：

春节刚过，省委、省政府召开全省科技创新大会，就是要发出一个强烈的信号：全省动员，大力实施创新驱动发展战略，推动我省经济结构战略性调整和产业转型升级取得更加扎实的成效。

这次会议之所以选择在深圳召开，是因为深圳是全省创新驱动发展的排头兵，有许多经验值得全省学习。这两天大家通过实地考察，相信都受到很大的触动，对创新驱动发展有了更加深刻的认识和体会。短短35年时间，深圳从一个边陲小镇发展成为国家经济中心城市和国家创新型城市，经济总量从1979年的1.96亿元增长到2014年超过1.6万亿元，国内有效发明专利累计达7.68万件，居全国大中城市第二位，PCT国际专利连续11年居全国大中城市第1，4G技术、基因测序分析、超材料、新能源汽车等领域核心技术自主创新能力位居世界前列，高新技术企业4 742家，超过全省一半，全市财税收入九成以上来自于产业税收，相当部分来自于创新型企业。这一系列实实在在的成果，表明深圳已经初步走出了一条创新驱动发展的路子。深圳走出的这条创新驱动发展的道路，就是全省要走的道路，深圳已经在创新发展上收获了硕果，结合实际学习深圳经验，全省各市也一定会在创新驱动发展上取得新的成绩。

深圳创新发展的经验，可以总结的有很多，深圳市的发言中也做了很好的总结，比较重要的有几点：一是始终把创新作为立市之本，发挥创新对发展的支撑作用。创新是贯穿深圳发展的一条主线，也是深圳创造发展奇迹的根本支撑。深圳能从一个边陲小渔村，短短30多年成长为实力雄厚的特大型城市，本身就是创新的结果。深圳比较早地推动结构调整和转型升级。进入新世纪，深圳更加重视创新的作用，提出建设高新技术产业基地和国家创新型城市的目标。近年来，深圳把创新驱动上升为城市发展的主导战略，推动创新成为发展的核心动力。正是长期坚持创新驱动发展不动摇，努力形成创新发展的良性循环和良好氛围，深圳才取得了今天的发展成果，也才能在全省和全国创新驱动发展格局中占据先机。二是善于扬长补短，发挥市场化国际化的优势，弥补科技资源不足的短板。深圳充分利用市场化优势，从国内外整合集聚创新要素，加速科技成果向现实生产力的转化；充分利用产业与国际接轨的优势，在参与国际合作竞争中找到创新的着力点，不断提高创新能力；在发挥市场基础性作用的同时，政府顺势而为，为创新活动搭建各种平台和载体，打造创新“生态体系”。正是扬长补短的一系列举措，才使深圳由一个科技资源并不富集的城市成为了创新活动最为密集的城市之一。三是把创新落实到了创新型企业和新兴产业的发展上，有效破解了科技

与经济“两张皮”的问题。坚持让企业在创新中唱主角，实现了研发机构、研发人员、研究资金来源等“6个90%在企业”，涌现出华为、中兴、腾讯、比亚迪、大疆科技、超多维等一批在国内外有较强竞争力和影响力的创新型企业，新一代信息技术、新能源、新材料、互联网等新兴产业成为经济发展的重要支撑。深圳的创新发展真正落到了实处，取得了看得见、摸得着、实实在在的成果。四是形成了有利于创新的制度环境和人文环境，营造了良好社会氛围。多年来，深圳大力推进科技体制改革，完善有利于创新的政策法规体系，如《科技创新促进条例》、自主创新“33条”、创新驱动发展“1+10”文件等，形成了支撑创新驱动发展的良好制度环境。深圳还形成了具有鲜明特色的创新文化，鼓励创新、宽容失败，“草根创新”“全民创新”正在蔚然成风，“创新城市”已经成为深圳一张响当当的“名片”。

深圳创新驱动发展的经验，是经过实践检验的宝贵经验。创新永无止境，深圳要始终坚持创新立市，在新的起点上，树立更高的发展目标，采取更加有力的措施，努力成为中国创新型城市的排头兵，成为辐射带动珠三角和全省创新发展重要引擎。全省各地尤其是珠三角各市，要认真学习借鉴深圳经验，结合自身实际，找准努力方向，脚踏实地推动创新发展。

关于实施创新驱动发展战略的具体任务，刚才朱小丹同志代表省委、省政府作了部署，我完全赞同，各地各部门要认真抓好落实。下面，我再强调几点意见。

一、创新驱动发展战略是推动广东经济结构调整和产业转型升级的根本战略

当前我省经济发展已经进入新常态，实现经济可持续健康发展，核心是要推动经济结构调整和产业转型升级，根本途径是要走创新驱动发展的路子。我们要深刻认识创新驱动发展的重大意义，把创新驱动发展战略作为经济结构调整和产业转型升级的根本战略实施，推动我省经济发展迈上新台阶。

实施创新驱动发展战略，是党中央对广东发展的殷切期望。党的十八大做出了实施创新驱动发展战略的重大决策，把科技创新摆在关系国家发展全局的重要位置。党的十八大以来，习近平总书记对实施创新驱动发展战略的一系列重大问题进行了深刻阐述。去年6月在两院院士大会上，他强调指出：我国科技发展的方向就是创新、创新、再创新；要加快从要素驱动、投资规模驱动发展为主向以创新驱动发展为主的转变，坚定不移走中国特色自主创新道路。去年8月在中央财经领导小组会议上，他再次强调：创新始终是推动一个国家、一个民族向前发展的重要力量；实施创新驱动发展战略，就是要推动以科技创新为核心的全面创新，形成新的增长动力源泉，推动经济持续健康发展。习近平总书记对广东创新驱动发展寄予厚望。党的十八大后第一次到广东视察指导工作，就明确要求广东围绕实现“三个定位、两个率先”，大力实施创新驱动发展战略，加快完善创新机制，加快科技成果向现实生产力转化。去年全国两会参加广东代表团讨论时，进一步要求广东充分发挥创新驱动作用，走绿色发展之路，努力实现“凤凰涅槃”。后来，习近平总书记又几次谈到这个问题，要求广东等地做创新驱动发展排头兵。习近平总书记这一系列重要指示精神，抓住了广东发展的关键，把广东创新驱动发展摆到了全国创新驱动发展大局的重要位置，提出了很高的要求。我们一定要全面贯彻落实习近平总书记重要指示精神，把创新驱动发展摆在经济工作的重要位置，作为结构调整和转型升级的根本战略，交出一份创新驱动发展的好答卷。

实施创新驱动发展战略，是新阶段广东发展的必然选择。我省比较早提出产业转型升级，2008年国际金融危机以后，我们以“腾笼换鸟”为主要抓手，着力淘汰落后产能，推动转型升级取得积极成效。2008—2013年，珠三角累计转移出去的企业有1.09万家，淘汰关停8万多家。经过几年努力，大规模淘汰落后的阶段已经过去了，现在总体上已经到了必须依靠创新驱动发展的新阶段。在这个阶段，淘汰落后生产力仍要继续，但主要是通过市场的优胜劣汰机制去实现，我们工作着力点

要更多转向培育新的先进生产力。在去年中央经济工作会议上，习总书记深刻指出："结构调整要做好加减乘除法，加法就是培育新的增长点，减法就是化解产能过剩，乘法就是全面推进科技、管理、商业模式创新，除法就是扩大分子、缩小分母，提高劳动生产率。"过去一个时期，推动结构调整，我们重点在做"减法"和"除法"，现在我们要在"加法"和"乘法"上下更大功夫，把培育新的增长点、实施创新驱动这篇文章做好。创新对于经济发展的作用，不仅体现在科技直接转化为现实生产力，科技创新还会牵引带动经济发展的许多方面与之相适应，极大地提高社会生产力水平。通过大力实施创新驱动发展战略，把创新的乘数效应充分发挥出来，把广东发展的动力机制真正转到创新驱动上来，我省经济结构调整和产业转型升级一定能够取得新的突破。

实施创新驱动发展战略，是提高广东核心竞争力的关键所在。现在我省经济体量已经具有相当规模，但依然大而不强；经济增长仍保持中高速，但发展的后劲存在隐忧。特别是发展的要素资源环境面临挑战，劳动力等要素成本迅速上升，珠三角土地开发已近极限、资源环境约束趋紧，传统优势逐渐丧失。2013年，我省制造业一线工人人均工资约4.6万元，是10年前的2.9倍，大大高于一些东南亚国家和地区。这种情况下，广东不可能再以低要素成本去竞争。这几年我省相当部分代工企业，甚至一些高端产品的代工企业都大规模转移迁出，从一个侧面说明了这一点。没有创新能力就不可能有持久的竞争力，没有创新能力做支撑，产业发展的自主性、可持续性就会受到很大影响。现在，世界许多国家和地区、全国各地都在加大创新驱动发展的力度，这对我们是一种"倒逼"，我们要在新一轮竞争中赢得主动权，就必须把自己的核心竞争优势建立在强大的创新能力基础上。当前，我们实施创新驱动发展正面临重大机遇。世界范围科技革命仍在深化，新技术广泛渗透，新产业不断涌现，创新活动突破地域界限，创新资源加速流动，这些都为我们实施创新驱动发展创造了条件。我们一定要增强机遇意识，紧紧扭住科技创新这个核心，努力打造新的竞争优势，在新一轮发展中继续走在前列。

归根到底，广东必须走创新驱动发展的道路，实施创新驱动发展战略，是关系广东长远发展的关键一仗，是我们必须打赢的关键一仗。在这个问题上，我们没有退路，更输不起，必须下定决心，迎难而上，攻坚克难，务求必胜。有党中央的坚强领导，有改革开放几十年发展积累的物质技术基础，有逐步完善的社会主义市场经济体制，有广大干部群众的共同努力，我们一定能走出一条创新驱动发展的道路。要坚定信心和决心，发扬敢为人先的精神，实施好创新驱动发展这一根本战略，坚定不移地推动创新立省、创新兴省，以创新发展开创广东现代化建设的崭新局面。

二、通过扎实的举措使创新驱动发展落地生根

实现创新驱动发展，我省有优势也有劣势。最大的优势是市场化程度比较高，科技成果转化为产业的能力比较强；最大的短板是科技资源不足，创新能力尤其是原始创新能力不强。我们要坚持从实际出发，扬长补短，脚踏实地，抓住一些现在看得准、实在管用的抓手，推动创新驱动发展战略"落地"，努力取得实实在在的成效。

（一）着力提高创新能力。

实施创新驱动发展战略，首先要解决科技从哪里来的问题。过去我们主要靠大规模引进消化吸收，这在发展的初期是可以的，但现在广东已经是六万多亿规模的经济大省，必须形成与之相适应的科技创新能力。广东科研院所数量少、科研力量不足，是制约创新能力的突出短板。补齐这块短板，现在可以做工作的有几个方面。

一要提高大学科研能力。目前，我省有125所大学，数量居全国第三；普通本专科全日制在校生179.24万人，研究生在校生8.66万人；普通高校教师9.5万人，应该说数量都不少。但相对而言我省大学的科研能力还不强，创新成果较少，高校有效发明专利仅占全省总量的6.7%，要采取措施把大

学的创新活力激发出来，进一步挖掘我省大学的创新潜力。特别是中山大学、华南理工大学等一批重点大学，要出更多的创新成果。最近省委、省政府决定拿出50亿元专项资金加强大学科研能力建设，要管好、用好这个资金，真正推动大学拿出一批高质量的科研成果，为全省创新驱动发展提供支撑。

二要把科研院所和重大科技平台的作用充分发挥出来。目前，我省科研事业单位有472家，编制人员1.1万人，相对一些科技大省大市，科研实力还不够强，而且科技资源比较分散，影响到科技产出，现在来自科研单位的发明专利仅占全省总量的不到3%。在科研力量总体不够强的情况下，尤其要注意整合资源，“捏紧拳头”，形成合力。我们要认真研究整合现有的科研院所，组建新的广东省科学院，使之成为我省科技创新的一个有号召力的品牌和重大平台。同时，现在我省已经形成由21家国家重点实验室、6家省部共建国家重点实验室培育基地、196家省重点实验室、44家省企业重点实验室、18家省公共实验室、32家省重点科研基地组成的实验室体系，累计建成各类产学研创新平台1 600多家、产业技术创新联盟100多家，要加强资源整合和横向联系，把这些科技平台的作用更好地发挥出来。此外，还要重视并利用好国家级重大科技平台。现在落户在我省的重大科技平台有国家超级计算机广州中心、中国（东莞）散裂中子源、江门中微子实验室、深圳国家基因库等大科学工程，要把这些“国家队”建设好，运用好，争取更多国家级平台落户，同时引进相关应用型研发机构，培育和延伸相关高科技产业。

三要大力推动新型研发机构发展。新型研发机构实行“政产学研资”相结合，高校、科研院所、企业深度合作，科技创新与产业化无缝对接。这是适应市场经济发展的有效创新形式，也是广东创新发展的突出优势和亮点。深圳华大基因、光启研究院、深圳清华大学研究院等就是其中的典型代表。近年来，我省新型科研机构蓬勃发展，目前已有122家，成为我省科技创新的一支生力军。从发展态势看，新型研发机构发展潜力还很大。比如，深圳清华大学研究院累计孵化了600家高新技术企业，创办和投资了180多家高新技术企业，包括15家上市公司。要采取措施推动新型研发机构实现更大发展。去年9月份，我们在东莞召开现场会，部署推动新型研发机构的发展，要抓好各项工作和政策落实，发挥好现有新型研发机构的作用，催生更多新型研发机构。与此同时，要加强生产力服务中心、专业镇和产业集群技术创新平台等的建设，把他们服务中小企业的作用充分发挥出来。

四要积极推进科技重大专项和重大攻关。集中力量办大事是社会主义制度优势。要把政府和社会科技资金更好地整合起来，把好钢用在刀刃上，省市联动、部门协同、企业参与，聚焦重点领域和关键技术，开展重大技术攻关。要围绕产业发展部署创新力量，对看准的重大产业核心和关键技术，要集全省之力，通过若干年努力，力争实现重大突破。当前，要突出抓好计算与通信集成芯片、移动互联关键技术与器件、云计算与大数据管理技术、新型印刷显示材料、可见光通信技术及标准光组件、智能机器人、新能源汽车电池和动力系统、3D打印、干细胞与组织工程等9个重大科技专项，着力突破一批关键核心技术，研发推广一批重大战略产品。

（二）大力培育创新型企业。

创新驱动发展要真正“落地”，关键是要培育出一大批有竞争力的创新型企业。目前，我省有科技型企业超过5万家，其中省级以上创新型企业507家，国家认定的高新技术企业8 230多家，省民营科技企业8 940家，数量虽然居全国前列，但与我省经济规模相比，与实施创新驱动发展的要求相比，还远远不够。要加大扶持和引导，让更多创新型企业涌现出来，不断发展壮大。

一要扶持一批具有核心技术的大型骨干企业。经过多年的发展，我省已成长出一批大型骨干企业，比如华为、中兴，还有家电行业的美的、格力、TCL，电气机械的白云电气、现代农业的温氏集团等。这些企业大多是属于我省的本土企业，代表了广东工业化和技术进步的水平，但现在这样的企业还不够多。要通过实施创新驱动，推动现有大型骨干企业全面建立省级以上工程研究中心、企业技术中心、重点实验室等研发机构，集聚创新人才和团队，开展产业重大科技专项和关键技术攻关，推动更多的具有核心技术和较强创新能力的创新型大企业成长起来，成为带动我省创新发展的龙头。

二要培育一大批创新型中小企业。创新型中小企业很多是科技成果转化的直接产物，是我省创新驱动发展的中坚力量。许多创新型企业尽管不一定能够做得很大，但却是某个技术领域的“单打冠军”，在产业链中的地位不可替代。一个企业有“一招鲜”，数个企业就是“几招鲜”，如果能够催生一大批这样的创新型中小企业，那么我省创新驱动发展的局面就形成了。培育创新型中小企业，很重要的是要抓好孵化工作。目前，我省建成孵化器233家，但国家级孵化器仅有43家，不到江苏40%，累计毕业企业5 014家，仅相当于江苏的60%左右。要进一步加大力度，依托高新区和科技园区加快孵化器建设，创新孵化服务模式，扩大孵化规模，提高孵化成功率，培育更多的优良苗子，力争用3～5年时间，使我省创新型中小企业数量在现有基础上翻一番。

三要发展新兴产业和新业态。如果说创新驱动的主体是企业，那么新兴产业和新业态的兴起，则是创新驱动发展的重要标志。要总结实践经验，找准方向，通过科技创新推动新兴产业和新业态发展，从掌握核心技术入手，走“新技术—新产品—新产业”的发展路子。昨天我们参观的生产民用无人机的大疆创新科技公司就是一个典型例子。该公司是2006年由几个刚刚毕业的大学生成立的，由于掌握了核心技术，企业产值由2008年的不到300万元，增长到2014年的27.3亿元，每年以3～5倍的速度发展，产品占全球市场份额一半以上。要通过研发活动和创业孵化带动新兴产业集群发展，形成“研发—孵化—加速—集群”的内生发展模式。我省大多数高新区走的就是这一发展路子。要从引进科技平台入手，发挥科技平台作用进一步吸引相关企业集聚形成产业集群。河源高新区“广东省通讯终端质量监督检验中心”的建设，吸引了手机通讯及配套企业40多家，实现了“平台集聚—企业集聚—产业集群”的良性循环。我省大量鲜活的案例启示我们，推动新产业新业态发展，既要搞好招商引资，又要更加重视创新驱动发展新模式，特别是珠三角核心区，要在掌握核心技术、建立科技平台、推动孵化创新等方面下更大功夫，加快推动创新型企业和产业的发展。

这里我还想特别强调一下机器人产业发展的问题。当前，全球产业结构调整正在催生一场“机器人革命”，这将创造数万亿美元的市场，我国将成为全球最大的机器人市场。机器人是“制造业皇冠顶端的明珠”，其研发、制造、应用是衡量一个国家科技创新和高端制造业水平的重要标志。我省是全国劳动密集型产业最集中的地区之一，吸引了几千万人就业，随着劳动力成本上升，“机器换人”正在成为趋势，这为机器人产业发展提供了最直接、最现实的机遇。我们要不失时机地加快机器人产业发展，力争经过几年努力，使我省成为全国乃至全球机器人制造业重要基地。这要作为一个战略任务进行谋划和布局，省政府牵头，省发改、经信、科技等有关部门要尽快研究制定我省机器人发展专项行动计划，明确发展目标，采取强有力政策措施，推动我省机器人产业快速发展，尽快形成产业规模和竞争力。

（三）下大力气推动新一轮技术改造。

实施创新驱动发展战略，既要培育新的增长点，也要进一步优化存量。采用新技术、新工艺、新设备、新材料对现有设施、工艺条件及生产服务等进行改造提升，是现有企业实现转型升级的重要途径。推动我省新一轮技术改造，要更加注重以技术创新为驱动力，提高产品附加值和企业竞争力；更加注重信息技术集成应用和智能化发展，推进信息化与工业化深度融合；更加注重节能降耗减排治污，促进绿色发展；更加注重产业公共服务能力建设，优化产业结构布局。去年，省委、省政府专门召开了工作会议，对全省新一轮技术改造工作作了全面部署，要用3年左右时间，打一场攻坚战，使全省50%以上的工业企业完成新一轮技术改造，各地要认真抓落实。要坚持市场主导与政府引导相结合，发挥政府投资的杠杆作用，通过政策调动企业技术改造的主动性和积极性，引导更多社会资金投入技术改造。要坚持改造传统产业与发展新兴产业相结合，推广应用自动化、数字化、网络化、智能化等先进制造技术装备和管理服务。要坚持突出重点与全面提升相结合，加强对技术改造的服务，把企业的技术改造需求与相关服务对接起来，让每个企业都能参与技术改造，并通过对标行业先进水平找准创新的着力点。

（四）扎实推动区域创新建设。

区域是经济发展的载体，也是科技创新的舞台。推动创新驱动发展“落地”，十分重要的是推动区域创新建设。从外部看，当今全球范围内创新要素流动空前活跃，创新要素向哪里集聚，哪里就可能成为新的发展制高点；从内部看，只有让区域自身的创新要素充分流动起来，才能最大限度提高区域创新的整体效能。全省79%的生产总值、86%的高校、94%的研发投入、93%的国家级高新技术企业、90%以上的发明专利，都集中在珠三角地区。我省区域创新建设的重中之重，就是珠三角自主创新示范区的建设。现在国家已经原则同意将珠三角列为国家级的自主创新示范区，要加强与国家有关部委的衔接，同时珠三角各市要行动起来，搞好规划布局，加大统筹力度，推动科技创新资源开放合作、自由流动、共建共享。

建设珠三角自主创新示范区，要充分发挥现有创新载体的作用，推动创新驱动实现“点—线—面”的推进。目前，我省有高新区23家，其中国家级高新区9家，省级高新区14家，实现了珠三角地区国家级高新区的全覆盖、其他地市省级高新区的全覆盖。全省高新区以占全省0.2%的面积，创造了全省1/6的工业增加值、1/6的出口额、1/3的高新技术产品产值。去年上半年，22家高新区（不包括7月份认定的汕尾高新区）实现工业增加值同比增长19.1%，大大高于全省8.2%的平均水平，说明在经济下行压力增大情况下高新区发展动力依然强劲。要采取措施加快高新区发展，通过“一区多园”、产业分工合作、要素有序流动等形式，把高新区对区域创新的支撑作用发挥出来。要大力推动广州、深圳以生产性服务业为重点的现代服务业发展，巩固提升珠江东岸以电子信息产业为主的高新技术产业带发展，加快培育和形成珠江西岸先进装备制造业产业带发展，推动珠三角现代产业体系的发展和完善。

珠三角各市要从实际出发，依托现有产业基础和创新资源，找准创新驱动发展的定位。广州、深圳要发挥中心城市的创新引领作用。广州要发挥科技教育人才资源丰富的优势，在创新驱动发展中走在前列，在服务全省创新发展的大局中担负更大责任。深圳要把国家创新型城市的优势发挥出来，当好创新驱动发展的排头兵，强化辐射带动作用，引领珠三角自主创新示范区建设。佛山要通过创新发展占据先进制造业的高端。珠海要发挥特区优势和生态优势，在珠江西岸创新发展中占据重要地位。东莞要加快走出一条加工贸易产业转型升级的路子。中山要推动专业镇和产业集群发展上水平。惠州要在发挥骨干企业作用上下功夫，培育更多新的增长点。江门要在发展重大装备制造业上发挥重要基地作用。肇庆要充分利用珠三角连接大西南枢纽的优势，形成创新发展的主攻方向和主导产业。通过发挥各市优势，推动形成珠三角各市错位发展、一体联动的创新发展格局。实施创新驱动发展战略，不仅是珠三角九市的事情，粤东西北地区也要发挥作用。要主动接受珠三角的创新辐射，积极加强双方产业技术合作，同时紧密结合自身实际，发挥优势走出有特色的创新发展道路。

上述四个方面的工作抓手，都是看得见、摸得着、可操作、可考核的。实施创新驱动发展战略决不能停留在口头上，必须落实到具体的工作举措。只有把具体的工作举措一件一件落实了，创新驱动发展才能够真正落地生根，取得看得到的实实在在成果。当然，推动创新驱动发展远不止以上这些举措，我们还要在实践中不断完善思路，找到更多抓手，推动创新驱动发展取得更大成效。

三、深化科技体制改革激发创新活力

实施创新驱动发展战略，十分关键的是深化科技体制改革。这些年我省推动科技体制改革取得初步成效，但束缚科技生产力的体制机制问题依然存在。科技与经济结合不够紧密，面向经济社会发展主战场、与市场需求紧密结合的科技创新活动不够多，科技成果转化机制不够完善，全社会科技资源配置效率还不高。解决这些问题，根本的出路在改革。要加大力度推动科技体制改革，破除一切制约科技创新的制度障碍，推动经济社会领域相关改革同步发力，把创新驱动的引擎全速发动起来，让全社会创新能量充分迸发，使科技与经济社会发展深度融合。

（一）要强化围绕经济社会发展需要组织科研的体制机制，为创新驱动提供有力支撑。

科学研究包括基础研究和应用研究，两者都要加强，从我省实施创新驱动发展战略的需要出发，必须强化科技创新的应用导向。广东市场化程度高，对科技的市场需求大，是科研成果转化的重要基地，多年来国内外大量科研成果在这里“开花结果”。但同时我省自己的科研成果转化还存在较大差距。特别是高校、科研院所的行政色彩还比较浓厚，科研活动与经济发展的需要没有很好地结合，存在“重课题、轻应用”，“重论文、轻转化”等倾向，没有把身处广东这个大市场的天然优势发挥出来。目前，我省高校专利所有权转让许可使用率只有13%，科研院所只有10%。一方面是经济发展特别是产业转型升级有大量的科技需求，另一方面是我们的大量科研机构不能很好地提供适销对路的科研成果，这种状况不改变，创新驱动发展就是无源之水，必须通过深化改革切实加以转变。一是要把科研立项和市场需要更好地结合。要改革科研立项机制，推动高校、科研院所主动面向经济发展主战场，紧紧围绕市场需求、产业发展需要确定科研课题和攻关项目，课题立项评定既要有专家，还应该有企业家和政府官员，使科研与广东经济社会发展、产业转型升级更好地对接、融合起来。二是要健全技术创新的市场导向和管理机制。要发挥市场对技术研发方向、路线选择、要素价格、各类创新要素配置的导向作用，紧密结合市场需求的变化进行动态的科研组织管理。要通过创新体制机制，赋予高校和科研机构在科技创新方面更大的自主性，根据市场需求的变化，及时对科研活动做出调整。三是要进一步完善科研评价机制。评价高校、科研机构和科研人员，不能只看论文发表了多少，服务地方经济社会发展创造的科研成果、专利技术发明、技术服务提供、科技成果转化，都应该进入科研评价体系，要通过改革科研评价机制，推动大学、科研机构和科研人员积极开展面向应用的科技创新。四是要实施严格的知识产权保护制度。创新成果特别是知识产权如果得不到很好的保护，就会挫伤科研单位和科研人员面向市场开展创新的积极性。要落实好知识产权相关法律制度，加强知识产权的地方立法，改革完善知识产权执法和管理体制，充分发挥知识产权法院的作用，依法严厉打击侵犯知识产权行为，切实维护创新者合法权益；要提高全社会知识产权意识和知识产权运用水平，形成全社会尊重知识产权的氛围，把广东打造成为知识产权保护的“高地”。总之，我们要通过深化改革，使科技成果同经济社会发展需要紧密结合，打通连接科研与市场的现实通道，推动实现从科学研究、实验开发、推广应用的“三级跳”，使高校和科研机构创新成果的价值更好地实现，在全省创新驱动发展中发挥更大的作用。

（二）要创新科技投入机制，把各方面力量聚集到创新驱动发展上来。

没有投入就没有产出，现代科技创新尤其需要有大的投入。科技创新不能只靠政府投入，如果不在投入结构和投入机制上实现大的突破，调动各方力量加大科研投入，实现发展动力机制的转换就没有可能。近年来我省加大了对科技的投入，去年全省研发投入近1 600亿元，R&D投入强度提高到了2.4%，但仍低于江苏的2.5%，比韩国的3.74%、台湾的2.94%等差距更大。而且我省研发投入的分布严重不均衡，仅深圳一个市就640亿元，占全省的四成，其他市投入很不够，粤东西北的投入就更少；深圳640亿元研发投入中，仅华为一家公司就占400亿元左右。由此可见，我省还有许多地区、许多企业对科技创新投入的积极性不高，这制约了创新驱动发展战略的实施，必须通过改革解决好这一问题。首先，要解决好政府科技资源配置行政化、效率不高的问题。现在政府科技资源配置仍然是多头管理、部门分割、资源分散，对科技创新支持也存在分散封闭、交叉重复等问题，要结合政府职能转变，改变这种“九龙治水”格局，坚持按目标成果、绩效考核为导向进行科技资源分配，建立公开统一的科技管理平台，进一步加强政府科技资源的统筹协调，把各领域、各部门、各方面的科技资源更好地整合起来，提高资源配置的效率。其次，要通过政策引导，调动社会资金投入创新研发。全社会特别是企业对创新的投入至关重要，必须通过政策手段，调动社会资金投入创新活动的积极性，使企业成为创新活动的投入主体。比如，我省落实企业研究开发费用税前扣除等政策效果较好，从2008年到2013年，全省受惠企业达1.3万多家，金额达1 150亿元，有力促进了企业研发投入。要进一步落实和完善各种普惠性政策措施，采取专利申请补助、以奖代补、专项补助等政策，“四两拨千斤”，形成各类企业和社会各方面加大创新投入的生动局面。再次，要发挥好金融的杠杆作用。金融是创新成果产业化的“催化剂”，深圳高科技产业发展很大程度上得益于创业板、风险投资等金融服务。要大力推动科技、金融、产业“三融合”，抓好金融服务体系和市场平台建设，放大对科技创新的资金投入。要大力发展创业和股权投资市场，探索设立政府创业投资引导基金，培育私募创投行业，撬动更多社会资本投向种子期、初创期和成长期的科技企业。要创新科技金融服务方式，加快发展知识产权质押融资、科技银行、科技保险等金融服务新业态，建立和完善产权交易市场，发展科技小额贷款公司和融资性担保机构，撬动更多社会资本投向创新企业。

（三）要把科技人才的积极性创造性充分发挥出来，解放科技生产力。

人是科技创新最关键的因素，创新驱动发展归根到底要靠人才。长期以来，我们科技体制机制的行政化色彩浓，束缚了科研人员创新创业的积极性和主动性。要通过改革，进一步破除体制机制障碍，为科研院所和科研人员“松绑”，让他们积极投身到创新驱动发展的事业中去。首先，要努力营造尊重知识、尊重创造的环境，为创新人才提供干事创业的舞台和空间。建立和完善创新人才的激励与评价机制，制订和落实科技成果收益分配、股权期权激励等政策，最大限度地调动科研人员的创新积极性。推进科技成果处置权改革，让高校、科研机构自主实施、运用、转让科技成果，盘活创新资源，激发创新活力。其次，要补齐我省创新人才不足的短板，加快建设一支规模宏大的创新型人才队伍。要发挥好现有科技人才的作用，努力创造人尽其才、才尽其用的良好环境。要从我省产业发展的需要出发，引进国际国内高端人才，采取“柔性引进”机制，吸引他们到广东创新创业。近年来，我们从海内外引进了4批91个创新团队，汇集了国际国内高层次人才近700名，其中诺贝尔奖获得者2名，国内外院士26名，长江学者、国家杰出青年基金获得者等270名，大大充实了我省的创新力量。我们要认真总结经验，引进更多世界级创新团队来广东干事创业。再次，要推动人才到产业发展和经济建设一线贡献聪明才智。实施创新驱动发展战略的根本目的是要推动经济社会发展，既要集聚人才加强科技创新，又要集散人才加速创新发展。我们不要把所有的人才都集中在大学和科研院所，要鼓励他们到经济社会发展的主战场发挥作用。大学和科研院所要成为创新人才的集散地，把人才培养集聚和人才输送两方面的工作都做好，对创新驱动的支撑作用才能充分显现再来。近年来，我省在全国首创“企业科技特派员”制度，从高校、科研院所选累计派出7 200人次科技特派员，每次为期一年，帮助企业开展技术研发，发挥了很好的作用。要完善这些好的做法，同时采取更多有效措施，以更大的力度推动更多科研人员深入到生产建设第一线，让他们在创新实践中发挥更大作用。

（四）要加强开放合作，提高创新水平。

在经济全球化的今天，创新决不能局限于一地一域，必须走开放创新的道路。现在世界最先进的科技仍然集中在发达国家和地区，我们要通过“引进来”和“走出去”，进一步学习和掌握先进科技，在与发达国家和地区合作的过程中提高自身创新能力。我们不少骨干企业已经在世界范围设立研发机构。昨天参观的大疆创新科技公司，就把分公司设在了美国硅谷，以便第一时间掌握最新科技。类似的例子还有很多。我们要为企业开展国际合作创造更加便利的条件。要瞄准国际上一些典型的创新型区域，比如美国硅谷、德国巴伐利亚地区等，创新合作机制，开展区域对区域、平台对平台、人才对人才的合作交流。要通过多样化的方式使创新合作落地。比如，我省加快推进与以色列的科技合作，“中以国际科技合作产业园”落户东莞松山湖，省工业研究院与乌克兰巴顿研究所共同研发新型材料，揭阳中德金属生态城，通过与德国家族企业协会的有效合作，打造“中国金属科技创新、工业设计、生产制造平台”等，都是很好的方式。无论是与西方发达国家的合作，还是与世界其他国家的科技合作，无论是科技产业的共同发展，还是科技项目的共同开发，无论是教育合作，还是人才、文化交流，只要是有利于创新驱动发展战略实施的，都可以积极尝试。在推进国际合作的同时，要加强与国内先进地区的创新合作，汇聚国内科技、人才、产业等方面创新资源为我所用，促进广东创新发展。

四、切实加强领导，狠抓各项工作落实

粤东西北加快发展战略、创新驱动发展战略，是党的十八大后省委、省政府提出和推动实施的两大全局性战略。推动创新驱动发展战略，必须像推动粤东西北加快发展战略一样，全省动员、齐抓共管、全民努力，举全省之力推动落实。这次会议对创新驱动发展的各项部署，各地必须狠抓落实，力争通过若干年努力，使创新驱动成为广东发展的主动力，使创新型经济成为广东经济的主体，率先建成创新型省份，推动经济结构调整和产业转型升级取得突破性成效，以创新驱动发展的“率先”，支撑广东全面建成小康社会和基本实现现代化的“两个率先”。

一要落实领导责任。各级党委政府要把创新驱动发展摆在经济工作的首要位置，一把手要亲自抓。省里由我和朱小丹同志牵头抓总，有关部门负起责任，从全局上推动全省创新驱动发展战略的实施。各市由市委书记、市长牵头，把本地区的创新驱动发展工作抓起来。各级领导要定期研究、谋划和部署创新驱动发展的重大问题，把握规律，提高领导创新发展的水平。科技、经信、知识产权、质量技术监督、教育、发改、财政等省直各部门都要各司其职，明确责任，形成合力，推动全省创新驱动发展的目标和任务的落实。各地要从实际出发，突出问题导向，找准本地区实施创新驱动发展战略的着力点。要加强统筹协调，建立跨地区、跨部门的协调机制，推动创新驱动工作任务的落实。

二要落实政策措施。政策是撬动创新驱动发展的杠杆。我省已经出台了一系列推动创新驱动的政策措施，包括去年制定的创新驱动发展战略的决定以及春节前出台的科技创新政策等，要认真抓好落实。比如，要落实企业研发准备金制度，通过少量的公共财政资金，撬动大量社会资金投向创新；要鼓励有条件的地区开展创新券补助政策试点，引导产学研和重大设施设备平台对接，优化现有创新资源的配置与共享；要加快设立政府创业投资引导基金和鼓励私募创投行业发展，引导社会资本投向科技企业，等等。要把这些政策一项一项地落到实处，把政策效应充分发挥出来。同时，还要结合新形势新要求，有针对性研究制定新的政策措施，形成更加完备、切实管用的政策体系，推动创新驱动发展战略的实施。

三要营造良好氛围。创新驱动不单单是科技部门、经济部门的任务，而是需要全方位推进、全社会共同参与、共同“给力”的一项事业。要以科技创新为核心，全方位推进产品创新、品牌创新、产业组织创新、商业模式创新，把创新驱动发展战略落实到经济社会发展的各个环节和各个层面。要加大舆论宣传力度，开展形式多样的创新文化活动，厚植创新土壤，在全社会营造浓厚的创新文化氛围。要加大改革力度和政策引导，营造大众创业、万众创新的良好社会氛围，让更多的人有机会创新创业，让创新创业成为时代强音。要营造鼓励创新、宽容失败的人文环境，在全社会倡导尊重知识、尊重人才、尊重创造。我们要通过扎实有效的措施和广泛的宣传，让创新成为新时期广东发展的崭新名片，让广东成为凝聚人才、激发创新的沃土。

四要加强督导考核。创新驱动决不能停留在口号上，衡量创新驱动发展的效果，要坚持用结果说话，把创新落实到实实在在、可以检验的发展成果上。要研究制订创新驱动发展的考核办法，

建立量化指标体系和督导机制，每年各地各部门的指标落实情况要形成台账，用数据和事实说明问题。比如，每年各市创新驱动发展重大任务的完成情况，新型研发机构建设了多少，技术改造完成了多少投资，重大科技平台增加了多少，科研成果转化和产业化率多少，创新型企业增加了多少等。要做好目标任务的细化分解，各地都要提出符合实际的长远发展目标和阶段性工作目标，定下的任务必须坚决完成。省政府要定期派出工作组，对各地各部门推进创新驱动发展工作进行督查，推动各项工作举措的落实。对工作扎实、成效明显的要通报表扬并及时总结推广好经验、好做法。对工作不力、任务不落实的地市和部门要进行问责。要把推动创新驱动发展的落实情况作为对领导干部考核的重要内容，强化领导干部抓创新发展的动力。

同志们，实施创新驱动发展战略，对广东提升竞争力、增创新优势、实现持续健康发展意义重大。全省广大干部要以强烈的使命感和责任感推动工作，坚定信心、鼓足干劲、奋发有为，努力开创我省创新驱动发展新局面，为实现“三个定位、两个率先”的目标贡献力量。

重大会议和科技活动

【全省科技创新大会】 2月27日，省委、省政府在深圳召开全省科技创新大会，深入贯彻党的十八大、十八届三中、四中全会和习近平总书记系列重要讲话精神，落实省委十一届四次全会要求，研究部署今后一个时期全省实施创新驱动发展战略工作，表彰获得2014年度广东省科学技术奖的先进单位和个人。中共中央政治局委员、广东省委书记胡春华出席会议并讲话。省长朱小丹，省人大常委会主任黄龙云，省政协主席、省委常委、深圳市委书记王荣出席，省委副书记马兴瑞主持会议。省委有关部委、省直有关单位、省有关人民团体、中直驻粤有关单位和省科技教育领导小组成员单位主要负责同志，各地级以上市及佛山市顺德区党委书记、市（区）长、分管科技工作的副市（区）长和科技局（委）主要负责同志，省科学技术奖评审委员会委员，“2014年度广东省科学技术奖”获得者代表，国家级和省级高新区管委会主要负责同志，深圳市有关负责同志和深圳市直有关部门、各区（新区）政府负责人，深圳市部分科研院所、高等院校主要负责人等参加会议。

会议提出，全省动员，大力实施创新驱动发展战略，推动本省经济结构战略性调整和产业转型升级取得更加扎实的成效。

胡春华指出，要把创新驱动发展战略作为推动广东经济结构调整和产业转型升级的核心战略，通过扎实的举措使创新驱动发展落地生根，大力培育创新型企业，深化科技体制改革激发创新活力。要切实加强领导，狠抓各项工作落实，力争通过若干年努力，使创新驱动成为广东发展的主动力，使创新型经济成为广东经济的主体，率先建成创新型省份，推动经济结构调整和产业转型升级取得突破性成效，以创新驱动发展的“率先”，支撑广东全面建成小康社会和基本实现现代化的“两个率先”。

朱小丹在讲话中充分肯定近年来本省科技创新工作在提升自主创新能力、完善区域创新体系、支撑产业转型升级、营造创业创新环境等方面取得的积极进展。他强调，当前和今后一个时期，全省要全面贯彻落实党的十八大、十八届三中、四中全会和习近平总书记系列重要讲话精神，按照省委十一届四次全会的决策部署，主动适应经济发展新常态，抓住和用好全球新一轮科技革命和产业变革重大机遇，把创新驱动发展作为推动经济结构战略性调整和产业转型升级的总抓手，坚持自主创新、重点跨越、支撑发展、引领未来。重点要多管齐下培育更多更具活力的科技创新主体，推进科技创新治理体系和治理能力现代化，突出科技创新主攻方向和重点内容，加强创新载体建设，提升全链条创新能力，优化科技发展区域布局，推进以科技创新为核心的全面创新，营造创新创业良好环境，力争到2017年初步建成创新型广东。

马兴瑞指出，全省各地、各部门要抓紧传达学习、贯彻落实好这次会议精神，切实把思想认识和行动统一到中央和省委、省政府的决策部署上来，加强组织领导，下更大决心、花更大力气把工作抓实抓好。要认真学习借鉴深圳市在推动科技创新方面的先进做法和经验，大胆创新工作思路，为全省全面实施创新驱动发展战略、实现“三个定位、两个率先”目标任务提供强有力的支撑。

会上颁发了2014年度广东省科学技术奖，胡春华、朱小丹为特等奖获奖者颁奖。副省长陈云贤代表省政府分别与珠三角9市和汕头、韶关、湛江市分管科技的副市长签订《加快创新驱动发展、建设创新型城市工作责任书》。出席会议的代表参观考察了深圳清华大学研究院、三诺集团、深圳市大疆创新科技有限公司、南山智园、阿波罗未来产业园、深圳大运软件小镇、天安云谷、华为技术有限公司等有关科技创新型企业、新型研发机构和孵化器；听取了深圳市市长许勤题为《实施创新驱动发展战略，打造创新发展的高地》的大会发言。

（广东省科学技术厅办公室　陈锡强）

【全省科技企业孵化器建设工作现场会】 7月22日，全省科技企业孵化器建设工作现场会在广州科学城召开，总结全省科技企业孵化器建设的经验，部署今后一段时期全省科技企业孵化器建设工作，进一步推动创新驱动发展战略深入实施。中共中央政治局委员、广东省委书记胡春华主持会议并讲话。省长朱小丹出席会议并讲话。省领导林木声、任学锋，广州市市长陈建华，深圳市市长许勤，各地级以上市及顺德区主要负责同志、分管科技相关负责同志，省直有关单位、国家级和省级高新区管委会、国家级和部分省级科技企业孵化器、省有关大学科技园、省内高校和科研机构有关负责同志参加会议。

胡春华强调，要在提升孵化培育科技企业的能力上下功夫，牢牢扭住孵化科技企业这个根本，多管齐下，努力提高孵化器对科技成果的转化率和在孵企业的毕业率；要选好科技孵化“苗子”，建立优秀创业项目的筛选、培养机制，提升进入孵化器人才、项目的质量；要加强创业指导，充分发挥优秀企业家、管理专家、投资者传帮带的引领作用，为孵化企业进入市场打拼创造条件；要完善孵化服务支撑体系，促进科技与金融相结合，解决在孵企业资金需求问题；要加强专业孵化器建设，围绕战略性新兴产业，发展更多专业孵化器，培育更多科技型企业和高新技术企业。

胡春华指出，要调动各方面参与孵化器建设的积极性，充分发挥政府引导、市场主导、企业主体、社会参与的作用，形成多元化发展格局。要把政府的引导作用发挥出来，提升政府主办科技企业孵化器的质量水平。要把市场主导和企业主体的作用充分发挥出来，重点依托高新园区、高校、科研院所、新型研发机构、大型龙头企业建设科技企业孵化器。要充分调动全社会参与创新创业的积极性，为有创新创业意愿和能力的大众人群提供干事创业、创新创造的平台，把孵化器打造成为创新人才集散地。

胡春华要求，各地各部门要行动起来，大力推动科技企业孵化器加快发展。一要明确目标，落实责任。省里确定，到2017年，全省建成孵化器超过500家，在孵企业超过4万家，累计毕业企业超过1万家。各地也要结合实际，制定具体工作目标，细化责任，落实举措，确保目标实现。二要落实政策，加强扶持。省委、省政府已经出台一系列扶持发展科技企业孵化器的政策措施，要把这些政策用好、用活，进一步改善创新创业环境，在全社会营造创新创业的良好氛围。三要用结果说话，真抓实干。要建立可衡量、可考核、可操作的量化指标体系，加强对各地孵化器建设的督导检查，通过扎扎实实的工作举措，推动孵化器建设取得实实在在的成效。

朱小丹强调，要坚持政府引导与市场主导、基础性服务与链条式服务、公益性与盈利机制、物理孵化与虚拟孵化、孵化企业与孵化产业等“五个相结合”，在推动数量规模扩大的同时，努力拓展服务领域，提升服务质量，提高孵化功效。要突出主体多元化，建设更多更好的科技企业孵化器，促进孵化器迅速增量提质，兴办多层次多类型孵化平台，推进建设运营模式创新。要突出服务专业化，形成全方位专业化服务体系，加快建设公共技术服务平台，强化投融资服务，着力强化和完善孵化器对企业的服务功能。要突出人才国际化，大力引进和培育各类科技创新创业人才，加强孵化器管理服务团队的引进和建设，建立多层次创业导师服务队伍。要突出政府引导作用，加强领导，落实责任，落实和完善相关政策，加强孵化器认定和管理，优化创新创业环境，加大对科技企业孵化器的扶持力度。

会上，副省长陈云贤通报了全省科技企业孵化器建设工作情况，广州市、东莞市、广州开发区、深圳南山区、广东工业大学和广东工业设计城的负责人作了交流发言。与会代表还在广州科学城参观了凯得创梦空间、红房子瞪羚咖啡、中山大学达安基因生物医药专业孵化器、广东软件科学园、广州开发区科技企业加速器等企业孵化器与企业。

会议印发了《广东省科学技术厅 广东省人民政府金融工作办公室关于发展科技股权众筹 建设众创空间 促进创新创业的意见》《广东省经营性领域技术入股改革实施方案》等两份政策性文件，从科技成果众筹孵化，建设众创空间，科技成果技术入股改革以及收益分配激励制度改革等方面，促进科技企业孵化器发展。

（广东省科学技术厅办公室　陈锡强）

【全省中小微企业工作会议】 2015年7月31日，全省中小微企业工作会议在广州召开。广东省委副书记、省长朱小丹出席会议并作重要讲话。省委常委、常务副省长徐少华主持会议。副省长刘志庚在会上通报全省中小微企业发展情况并对省政府《关于创新完善中小微企业投融资机制的若干意见》作说明。省科技厅在会上作交流发言，重点从落实科技创新政策措施、构建新型科技计划管理体系、建立公共服务平台、建设孵化培育平台等方面介绍了省科技厅扶持中小微企业创业创新的做法。

朱小丹省长充分肯定近年来全省各地、各部门认真贯彻落实中央和省关于中小微企业各项政策，不断完善服务体系和提升服务水平，着力解决制约中小微企业发展的突出问题。他指出，稳增长关键在于稳定实体经济，稳定实体经济关键在于稳定企业，稳定企业关键在于稳定中小微企业。朱小丹要求，促进全省中小微企业持续平稳健康发展，要在当前全国兴起的“大众创业、万众创新”热潮中，加快构建普惠性政策扶持体系，支持各类市场主体不断开办新企业，支持各类企业健康成长。

会上，省经济和信息化委、省财政厅、省金融办、佛山市人民政府、江门市人民政府、揭阳市人民政府的负责同志分别作了交流发言。

（广东省科学技术厅高新技术发展及产业化处）

【第17届中国国际高新技术成果交易会】 2015年11月16—21日，第17届中国国际高新技术成果交易会（以下简称“高交会”）在深圳市举行。中共中央政治局委员、广东省委书记胡春华，广东省委副书记、省长朱小丹，广东省委副书记、深圳市委书记马兴瑞，科技部副部长张来武先生等出席开幕式。

该届高交会以“创新创业 跨界融合”为主题，总展览面积达15万m^2，有28个国家和地区的128个代表团、3 686家参展商参展，带来的高新技术项目与产品数达4 441项，涵盖了节能环保、智能穿戴、互联网+、无人系统、智能机器人、大数据、新能源、新材料、物联网、智能家居、光电平板、航空航天、智慧城市和现代农业等领域。主要呈现出5个方面的特点：紧扣创新发展，展示创新驱动新成果；力促创新创业，激发经济发展新动能；突出跨界融合，催生融合发展新业态；注重开放创新，拓展开放合作新空间；优化展会服务，探索创新办展新方向等5个方面的特点。

该届高交会在原有的国家高新技术成果展、省市及港澳台高新技术成果展、高校高新技术成果展、外国团组展区、信息技术与产品展、节能环保展、新能源展、智慧城市展、电子展、光电显示触控展、创业与投资服务专区和人才高交会的基础上，增设了“一带一路”专馆、工业和信息化互联网+专题馆、航空航天科技展和创客展区，并首次分别在深圳大运中心和市民中心设立无人系统分会场和机器人分会场。

高交会通过观众网上预登记、团体观众邀请、与专业机构合作推出高交会商旅服务等多种方式，吸引了包括来自90个国家和地区58.3万人次观众参观了主会场和分会场。大批来自全球的投资商、采购商、经销商、科研人员、技术人员、设计人员、管理人员、市场人员、媒体记者等专业观众出现在高交会会场，专业观众人气指数达到238，即平均每天每个展位共接待了238位专业观众。

高交会上举办的各类活动215场，5位外国政府高级官员和一大批院士、国内外知名专家学者、相关领域的机构和跨国公司高层、海内外知名企业家参加论坛并发表演讲。其中super-SUPER专题活动26场，增进了中外团组、高层人士之间的对接和交流；组委办组织的信息发布活动53场，涉及战略性新兴产业各大领域。

高交会举办了项目配对洽谈活动合计70多场次；创客活动12场次，吸引了来自全球的27个创客及团队参加；组织了项目路演会，有60家企业、106家投资机构参会，取得了较好效果。

该届高交会以“创新创业，跨界融合”为主题，聚焦国民经济和社会发展的重大战略需求，进一步发挥高交会作为“行业风向标”“技术风向标”“创新风向标”的功能，将全面展示我国促进创新创业、加快产业融合等方面的成果，突出展示高新科技领域的先进技术与产品，为国际科技经济交流合作架设平台和桥梁。

（摘自第17届中国国际高新技术成果交易会官方网站）

【2015年科技成果与产业对接会】　2015年11月18日，由省经信委、科技厅、教育厅联合主办的2015年广东省科技成果与产业对接会暨首届广东国际机器人及智能装备博览会在东莞举行。中央政治局委员、广东省委书记胡春华前往参观，副省长招玉芳出席开幕式并致辞。省内外高校、科研机构、各地市科技、经信部门负责同志和相关企业代表300余人参加了活动。

对接会以促进战略性新兴产业科技成果转化为主题，举办以智能制造装备、高端新型电子信息、新材料等产业链为重点的战略性新兴产业科技成果的对接展示、重大成果发布和人才对接。展览面积达10万m^2，展位数超过5 000个，吸引了来自中国（含香港、台湾）、美国、德国、日本、韩国、意大利、瑞士等国家和地区的参展企业超过1 200家，其中，自动化、装备类专业参展企业超过五成。本届对接会共有13个战略性新兴产业重点科技成果产业化及应用现场签约，646项高校、科研院所和企业最新的技术创新成果进行了对接展示。

（广东省科学技术厅产学研结合处　李　蓉）

【第四届中国创新创业大赛（广东赛区）暨第三届“珠江天使杯”科技创新创业大赛】　12月4日，第四届中国创新创业大赛（广东赛区）暨第三届“珠江天使杯”科技创新创业大赛（以下简称大赛）颁奖典礼在惠州举办。

颁奖典礼颁发的奖项包括互联网与移动互联网行业、电子信息行业、先进制造行业、新能源与节能环保行业、新材料行业、生物医药行业、文化创意行业企业组和团队组的一、二、三等奖和优胜奖，以及优秀组织单位奖、优秀服务机构等。自2015年7月以来，省生产力促进中心回访了前三届大赛部分优秀企业和团队，并集结成《珠江天使梦——广东创新驱动扬帆起航》一书，旨在全省进一步营造良好的创新创业氛围，为更多的企业成功创新创业提供借鉴，该书在颁奖现场正式发布。

本届大赛报名企业数1 249家，团队数809个，分别比2014年增加42.09%和113.46%，位居全国第2。大赛复赛设8个分赛区，分别为广州分赛区、东莞分赛区、佛山分赛区、顺德区分赛区、惠州分赛区、珠海分赛区、韶关分赛区、综合分赛区。广东赛区推荐晋级国赛行业赛总决赛企业101家、团队33个。

为了充分发挥广东科技服务机构和各投融资机构的各自角色和作用，粤科金融集团、广州凯得科技创业投资有限公司、广东中科招商创业投资管理有限公司、华夏银行广州分行等众多投融资机构通过创新创业大赛积极参与到我省中小企业的科技金融服务中，为我省科技型中小企业提供一个持续、高效的投融资对接服务平台，进一步促进广东省的科技、金融和产业相融合。

（广东省科学技术厅规划财务处　田何志）

【2015中国（东莞）国际科技合作周】　12月11—13日，由科技部与广东省人民政府共同主办，科技部国际合作司、东莞市人民政府和广东省科技厅承办的2015中国（东莞）国际科技合作周（以下简称“合作周”）在东莞市成功举办。该届合作周以“创新创业　融合发展”为主题，举办了17 000m^2大型科技展览及21场技术研讨和路演对接活动，展出各类高新技术项目、产品和创新服务近500项，邀请了33个国家地区166名外宾以及30多所高校院所521名内宾参会，吸引了超过3万人次专业人士和观（听）众参加，达成合作意向项目约150项。全国政协副主席、科技部部长万钢、中国工程院院长周济、广东省副省长陈云贤等领导出席了活动开幕式。

国际合作跨越发展，“一带一路”特色鲜明　该届合作周邀请了“一带一路”部分沿线国家和新西兰、荷兰、西班牙、俄罗斯等33个国家和地区共166名外宾参会；举办了国际合作专题展览、6场国际论坛，涉及英美环保技术、北美创客对接、中新生物医药、中德半导体技术、莞港科技合作等内容；组织了9个国际科技合作项目集中签约，包括广东省科技厅与新西兰奥克兰大学、荷兰国家科学研究组织开展双边联合资助计划、清华东莞创新中心参与建设“中拉清洁能源与气候变化联合实验室”等。重点围绕“一带一路”国家战略，举办了中乌巴顿焊接技术研讨会和独联体创客路演，吸引了来自俄罗斯、乌克兰、白俄罗斯等32个专家携近50个项目来莞对接。举办了“2015中国（东莞）与部分东盟国家科技合作推介会”，邀请缅甸、越南、泰国等驻华官员讲解本国投资环境政策，有10多家东盟国家企业代表携约20个项目来莞对接。合作周促进了30多个“一带一路”特色项目达成初步合作意向，如白俄罗斯戈梅利国立大学“溶胶凝胶制备涂层的方法”项目受到东莞致诚化工等多家企业的青睐，泰国工业协会机械分会的“锂电池电动新能源汽车”与东莞市迈科科技、志成冠军等多家科技企业进行了对接。

主题紧扣时代热潮，海峡两岸暨香港、澳门创客加速集聚　活动紧紧围绕国务院“万众创业，大众创新”战略部署，以“展览+路演+考察”的形式推动了海峡两岸暨香港、澳门青年创客及其创意项目来莞集聚。举办创新创业走廊大型展览，组织20家科技孵化器和众创空间集中亮相，吸引了超过100个在孵创意项目参展。举办了2015“赢在东莞”国际创客嘉年华，共组织港澳台、国际合作、东莞专场等34个项目进行集中路演，邀请10多名专业投资人现场点评，吸引近2 000名观众参与。香港专场萍安果科技网络有限公司的“巨量云存储解决方案”、台湾专场盛凡实业（东莞）有限公司“3D打印新技术升级传统工艺”等12个项目与投资机构和相关企业达成初步合作意向。启动莞港台科技创新创业联合培优计划，东莞市科学技术局与香港生产力促进局、深圳市育山科技协会（台湾）签署合作协议，将推动海峡两岸暨香港、澳门创客平台建设和创客交流。

科技合作不断深化，创新资源加速落户　在开幕式上，组织16个重大项目正式签约落户，涉及重大平台建设、国际合作、科技金融、创业孵化等内容，其中东莞市政府分别与广州美术学院签约共建东莞广州美院文化创意研究院，与大连机床集团有限公司、广东省智能机器人研究院签约共建智能制造研发中心和展示中心，与中国科学院工程院热物理研究所、东莞理工学院签署共建东莞分所，将推动该市在文化创意、智能制造、新材料等领域实现快速发展。在专题展区上，前来洽谈的客商超过2 000家，有意与参展单位合作的客商超过200家。如“赢在东莞”创新创业大赛获奖项目尔必地机器人公司展示的“九轴喷涂机械手”获得了近100个意向客户并与20个达成初步合作意向。合作周期间还促进了一批科技人才项目落户，包括中国航天科技集团公司一院与东莞同济大学研究院合作共建超材料联合研发与应用技术中心，东莞理工学院引入卢秉恒、徐建中、金红光3名“双聘院士”，东莞科技金融集团与东莞中德创新产业园有限公司合作引进德国氢能源汽车项目等。

（东莞市科学技术局　王少波）

【全省科技和金融结合促进创新创业试点工作会议】　2015年9月8日，广东省科技厅、人民银行广州分行在江门市召开全省科技和金融结合促进创新创业试点工作会议。会上，广东省科技厅与人民银行广州分行共同出台了《关于科技和金融结合促进创新创业的实施方案》；17家省级银行机构与全国“小微双创”试点城市江门市政府签订《战略合作协议》，未来3年内逾3 000亿元信贷支持江门创业创新发展；江门市11家银行机构与13家科技型企业签订授信协议，共授信423亿元。

截至2015年6月底，全省共有269家企业在中小板、创业板上市，另外还有292家企业在新三板挂牌，仅2015年就新增了近50%；前海股权交易中心、广州股权交易中心和广东金融高新区股权交易中心等区域产权交易平台建设成效明显，累计挂牌企业数量超过9 000家，累计获得融资近245亿元，广东辖区内已设立的PE、VC、创投、产业基金等也已有了约上万亿元规模，初步形成科技与金融互促共进的良好局面，有力促进了全省经济社会持续健康发展。

新出台的《关于科技和金融结合促进创新创

业的实施方案》，主要内容包括推动科技企业信息库与信用信息系统有效对接，鼓励科技企业开展信用评级；综合运用再贷款、再贴现等货币政策工具，定向支持各类科技型企业融资；支持商业银行发展科技信贷专营机构，鼓励银行机构开展针对科技型企业信贷融资的金融产品创新等。

会议还进行了签约和赠书仪式。广东省科技厅、人民银行广州分行与江门市政府签订了《科技与金融结合促进创新创业发展合作框架协议》，共同推动科技与金融融合创新。人民银行广州分行向江门市政府赠送1 000本《融资指南》。

（广东省科学技术厅规划财务处　田何志）

【第17届中国留学人才广州科技交流会】　12月21日，第17届中国留学人才广州科技交流会（以下简称“留交会”）在广州白云国际会议中心开幕。

该届大会通过峰会论坛、交流对接、展览展示、推介发布等活动形式，共吸引了1 000多人（其中外裔专家150多名）海外人才报名参与，参会海外专业社团15个，海外人才项目700多项，主要来自美国、加拿大、英国、新加坡、澳大利亚、独联体等29个国家和地区。参会海外人才拥有博士学位者占70%，具有5年以上海外工作经历的占70%，有意向回国创业者占70%，约30%属于顶尖人才。

该届留交会压缩展览展示规模，以实物展览为主，围绕“工业4.0”“中国制造2025”、高端装备制造、“互联网+”、智能机器人等前沿科技领域，展示国内“十二五”重大科技建设成果和留学人员创新创业成果。

在成果展中，展出近200项国家“千人计划”专家以及海外高层次人才的前沿技术项目，80余项实物产品。瞳芯-3D视觉处理器、大数据超级杀菌机器人、四维生物技术信息系统、纳米弹簧保健鞋、精密减速器、数控机床、工业机器人项目等高科技成果悉数登场。

同时，国外仅独联体联盟国家就带来100多个高端项目。如乌克兰的复杂自然信号处理智能信息技术、智能语音信息技术、扫描探地雷达、生物软组织高频电焊技术、使用铝和钛合金制造的薄壁结构的无变形焊接技术与设备。白俄罗斯用于解决环境工程问题和培养生态专家的计算机软件、高度敏感的远程气体分析仪等。

重庆市、深圳市、澳门人才交流协会等也加入到该届留交会的协办城市（单位）行列，至此，全国4个直辖市全部成为留交会的协办城市。该届留交会，国内参展参会城市已达72个，创下历届最高纪录。国内有200多家高校及科研院所、近100家各地创业园孵化器、50多家风投创投机构及近300家企业机构报名参展参会，带来人才项目需求10 000多项。

（摘自《南方日报》）

【第一届中国创新科技成果交流会】　5月22日，第一届中国创新科技成果交流会启动仪式在广州白云国际会议中心举行。全国政协副主席、中国科协主席韩启德，中国科协党组书记、常务副主席、书记处第一书记尚勇，广东省委常委、统战部部长林雄，广东省委常委、广州市委书记任学锋，广东省政协副主席温兰子等领导及10余位院士、800多位各界人士参与了盛会。

该次交流会的主题是“推动创新驱动发展，促进科技助力跨越”，参展单位达到了680个，参展的项目和成果达到1 100多项，与会人员达3 000多人次。共促成了26项创新科技成果项目转化落地并签订协议，涉及金额达45亿元。100多个项目在会上和会下达成对接合作意向。

中国科协在该届交流会基础上，建立中国创新科技成果网上交流平台，整合全国科技资源，定期发布有关的科技需求和课题成果，实现供需双方网上交流与线下沟通的相互促进。同时，面向全社会提供创新科技成果信息查询、筛选等公益服务，以互联网+思维加强资源集成共享，推动科技成果的转化和应用。

（摘自南方网　广州市科技创新委员会　陈　宏）

科技政策与投入

科技政策法规

【科技政策法规研究与制定】 2015年2月15日，省政府印发《关于加快科技创新的若干政策意见》（简称“粤府〔2015〕1号”）后，省科技厅与省财政厅、省人社厅、省经信委、省教育厅、省国土厅、省住建厅、省国税局、省地税局、海关总署广州分署等部门密切合作，制定并出台了可落地、可操作的8项实施细则和系列具体操作指引。省财政厅大力支持，同步协调落实了与政策配套的省本级财政专项资金并制定了专项资金管理办法。截至2015年8月底，粤府〔2015〕1号文的8个配套政策文件全部出台，包括《广东省激励企业研究开发财政补助试行方案》《关于科技创新券后补助试行方案》《关于创新产品与服务远期约定政府购买的试行办法》《关于科技企业孵化器后补助的试行办法》《关于科技企业孵化器创业投资及信贷风险补偿资金试行细则》《关于支持新型研发机构发展的试行办法》《广东省经营性领域技术入股改革实施方案》《关于进一步改革科技人员职称评价的若干意见》。

粤府〔2015〕1号文出台后，全省各地市也围绕全省科技创新大会的战略部署和粤府〔2015〕1号文，纷纷制定并出台了相关贯彻落实政策或实施细则。珠三角各地市积极探索，先行先试。广州、佛山、珠海出台了关于加快科技创新若干政策措施见，并配套出台了研发经费投入补助、新型研发机构、创新券等配套政策，形成科技创新“1+N”政策体系。深圳、东莞、中山、惠州、肇庆、江门分别出台了科技创新券、科技企业孵化器、新型研发机构、高层次人才住房等配套实施细则，科技创新政策体系不断完善。粤东西北等地市加大科技创新政策引导力度。揭阳、潮州、阳江、茂名制定出台了推进科技创新的政策意见，建立企业研发准备金、创新券等制度；汕头、清远、云浮、河源、韶关、湛江、汕尾均制定出台了人才公寓、科技创新券、新型研发机构、企业孵化器等配套政策。

2015年，为配合省委改革办组织开展创新驱动发展调研工作，省科技厅与省教育厅组成联合调研组，就当前全省实施创新驱动发展战略面临的突出问题开展了调研。调研组面向省内34家高校、24家科研院所以及70家科技型企业、新型研发机构、科技创新平台和金融机构进行了书面调研，并分别组织召开6场座谈会，听取高校、科研院所、新型研发机构和科技型企业的科研管理人员及一线科研人员的意见建议。经综合分析，梳理出创新驱动发展需要解决的有关问题22个向省委报告。

【科技政策宣传与落实】 粤府〔2015〕1号文发布后，省科技厅在中央和省主流媒体上进行了系统、广泛、深入和多层次的政策宣传报道，从高层谋划、高层访谈、综合解读、12条专项解读、专家解读、企业访谈等多方面、多角度对政策文件进行了全方位解读，并组织了全省地级以上市科技局长开展系统的学习讨论，推动各地加快配套政策制定和宣传落实工作。2015年5月中旬至6月上旬，省科技厅组织专家宣讲团深入全省21个地级以上市举行了22场专题政策解读报告会，面向企业、高校和研究院所开展政策巡回宣讲解读活动，培训人数近5 000人，参加企业3 000多家。宣讲活动在国内外反响热烈，《人民日报》《南方日报》等40多家主流媒体进行了跟踪报道，如《人民日报》6月4日头版刊发了有关报道。同时，省政府网站推出“加快科技创新、驱动广东发展”专栏，加强科技创新政策的宣传解读工作。省科技厅发出《关于加强全省科技系统科技政策宣传的通知》，要求各地市科技局

（委）采取多种方式开展科技创新政策宣讲，全方位提高科技政策覆盖面和知晓度。各地市科技局（委）积极在其部门网站上加强了自主创新和科技政策宣传。

【科技体制改革】 2015年，省委组织部、省编办、省科技厅、省财政厅和省人社厅共同参加省科学院重组调研工作。6月28日，新的广东省科学院在广州正式揭牌成立。11月，广东省机构编制委员会印发《广东省科学院机构编制方案》，明确了新组建的省科学院的主要任务、内设机构、下属骨干科研机构和人员员额等事项。

省科学院挂牌成立后，省科技厅按照广东省科学院建设领导小组的要求，牵头联合省相关部门成立广东省科学院建设督导组（设在省科技厅），负责督促指导省科学院建设推进工作，协调省直单位支持省科学院建设相关事宜。督导组根据省委省政府《关于省科学院运行机制改革的意见》和《广东省科学院组建方案》文件精神，积极协调省相关部门加快推进省科学院组建工作，提出"边建设、边发展，边贡献"的建设方针。省科学院围绕省委、省政府的重大战略决策部署，突出创新驱动，严格按照省委省政府制定的组建方案，有序开展各项具体工作，确保在既定时间内完成组建工作，努力实现为广东创新发展和转型升级做出应有的贡献，为全国科研院所做出示范。

（广东省科学技术厅政策法规处　史利兵）

科技人才

【概况】 近年来，广东始终把人才优势确定为"第一优势"，突出政策引领、机制创新、项目带动、平台建设、服务保障等5个方面。截至2015年年底，全省专业技术人才总量达490万人，比2010年底增长20.5%，占全国总量的9%，居全国前列；高层次人才总量达65万人，占全省专业技术人才总量的13.3%（比国家平均值11%高出2.3个百分点）；高技能人才总量达267万人，比2010年底增长63.8%，居全国前列。

【国家重大人才工程遴选】 2015年，首次将"广东特支计划"与科技部"创新人才推进计划"相衔接，从"广东特支计划"入选者中遴选出符合"创新人才推进计划"要求的人选，推荐申报"创新人才计划"，共推荐中青年科技创新领军人才22名、科技创新创业人才19名、重点领域创新团队3个。根据科技部发布的结果，最终由11名中青年科技创新领军人才、7名科技创新创业人才、1个重点领域创新团队入选，入选比例较高。

【珠江人才计划】 2015年，完成第5批团队评审组织工作，从116个申报团队中遴选出26个团队进入最终资助名单，累计投入省财政资金6亿元。26个团队汇聚高层次人才150余人，其中院士7人，长江学者、"千人计划"入选者、终身教授、国家杰出青年等近30人。启动第3批团队中期考核，考核整体情况良好。截至2014年年底，根据前四批团队提交的年度执行报告情况统计，广东省前四批引进的91个团队在粤工作取得明显成效，累计发表SCI/EI论文2 216篇，其中多篇发表在国际著名期刊《自然》和《科学》上；申请发明专利2 515项，PCT专利310项，获授权发明专利595项，授权PCT专利193项；参与承担制定标准291项，其中国际标准6项，国家标准32项；研发新产品、新工艺等988项，其中临床批文48件，实现新增收入超过500亿元，带动上下游2 800多家企业实现产值超过117亿元；新增吸引人才3 519人，新增培养人才6 758人，带动集聚各类人才近10 300人，建立博士后流动站/工作站、院士工作站25间。引进创新创业团队已成为支撑全省产业转型升级、驱动创新发展的新兴力量。

【扬帆计划】 2015年，省人力资源和社会保障厅组织实施2014年度扬帆计划"引进紧缺拔尖人才项目""培养高层次人才项目""培养高技能人才项目""博士后扶持项目"。共评出"引进紧缺拔尖人才项目"20名、"培养高层次人才项目"30名，审核通过"培养高技能人才项目”940名，“博士后扶持项目”33名。截至2015年年底，共评出扬帆计划“引进紧缺拔尖人才项目”41名、“培养高层次人才项目”60名，审核通过“培养高技能人才项目”1 155名，“博士后扶持项目”33名。

2015年，省科技厅完成第2批“扬帆计划”引进团队评审组织工作，从41个申报团队中遴选出10个团队进入最终资助名单，累计投入省财政资金4 900万元。10个入选团队汇聚高层次人才人55人，其中高级职称35人，占64%；博士35人、硕士14人，占89%，包括“千人计划”入选者1人，长江学者1人，整体水平较首批团队高。启动第3批“扬帆计划”引进团队申报工作，共吸引43个省内外团队前来申报。

【广东特支计划】 2015年，省人力资源和社会保障厅组织实施2014年度广东特支计划“杰出人才”“百千万工程领军人才”“百千万工程青年拔尖”，共评出广东特支计划“杰出人才”15名、“百千万领军人才”30名和“百千万青年拔尖人才”49名。截至2015年年底，共评出广东特支计划“杰出人才”（南粤百杰）59名、“百千万领军人才”30名和“百千万青年拔尖人才”49名。

2015年，省科技厅完成首批“广东特支计划”科技创新领军人才、科技创业领军人才及创新青年拔尖人才申报评审组织工作，从全省834名高层次人才中遴选出152名人选进入最终资助名单，其中科技创新领军人才30名，科技创业领军人才25名，科技创新青年拔尖人才97名。30名科技创新领军人才中，包括国家科学技术奖获得者10人，国家杰出青年12人；25名科技创业领军人才中，13名创办的企业近一年净利润超过1 000万元；97名科技创新青年拔尖人才中，包括国家优秀青年5人，广东省杰出青年26人。启动第2批科技创新领军人才、科技创业领军人才及创新青年拔尖人才申报，共吸引全省879名高层次人才前来申报。

【高层次人才信息化建设】 2015年，开发建立了“广东省人才工作综合管理平台”，在顶层设计上将广东省所有重大人才工程业务纳入其中，实现各个项目从申报评审到后期跟踪管理全过程“一站式”管理，推动全省重大人才工程实现信息化、阳光化。截至2015年年底，“珠江人才计划”引进创新创业团队、“扬帆计划”引进创新创业团队、“广东特支计划”科技创新领军人才、科技创业领军人才、科技创新青年拔尖人才等三大计划5个项目已正式上线投入使用并运行良好。

【专业技术人才队伍建设】 2015年，省人力资源和社会保障厅出台《关于进一步改革科技人员职称评价的若干意见》，把科技成果转化、专利创造、标准制定和论文发表作为职称评审重要条件。在全省8所技工院校创新开展技工院校正高级教师职称评价试点，试点院校自主设岗、自定标准、自主评审、自主聘用、自主发证，落实技工院校职称评聘自主权。截至2015年年底，全省有专业技术人才510万人，其中具有高级职称或博士学位以上的高层次人才70万人（含非公企业）。2015年新增两院院士4人、百千万工程国家级人选8人、南粤百杰15人。截至2015年年底，全省有两院院士38人、百千万工程国家级人选96人、南粤百杰59人、国家级专业技术人员继续教育基地2个。深圳华大基因研究院研究员王俊、广东省人民医院教授吴一龙和肇庆大华农生物药品有限公司、南方医科大学南方医院肾脏病中心分别被授予全国杰出专业技术人才和专业技术人才先进集体称号。

【博士后科研工作站】 2015年，广东省新增博士后科研工作站76个；全年全省1 210名博士后进站，550人出站，411人留粤工作。

9月19日，由全国博士后管委会办公室、中国博士后科学基金会、广东省人力资源和社会保障厅主办，深圳市人力资源和社会保障局、国信证券股份有限公司承办的“经济新常态与中国资本市场发展”全国金融博士后学术论坛在深圳召开，来自浙江大学、厦门大学、上海交通大学、中山大学等省内外高校、金融机构工作站100多名专家、博士后参加了论坛。

10月23日，“广东博士后创新驱动江门行”活动举行，清华大学、华南理工大学等高校100

多名博士后到江门开展科技服务和人才项目对接。

12月17日，深圳举办博士后工作20周年纪念大会。广东省委副书记、深圳市委书记马兴瑞出席大会，为深圳华傲数据、建科院等新获批设立博士后科研工作站的代表单位授牌。深圳博士后工作起步于20年前国家批复设立的“深圳企业博士后工作站”。20年来，已累计招收博士后研究人员2 439名，在站博士后研究人员1 060人，出站1 379人。据不完全统计，在深博士后累计主持科研项目867个，参与科研项目1 768项，设站单位专利授权数1 158个。

【海外高层次人才引进】 2015年，广东省评审引进省第5批领军人才20名（广东省“珠江人才计划”），全年来粤工作境外专家13.5万人次，入选人力资源和社会保障部留学回国人员资助项目45个，入选国家外国专家局引进境外技术管理人才项目39个，入选外专局“千人计划”外国专家3名。实施省重点高端外国专家项目、引智成果示范推广、海外名师和留学人员创业资助等项目50多个。实施《外国专家来华邀请函》新政，对外国专家来华停留时间不超过90天的，由外国专家主管部门直接签发邀请函。

主要活动　4月18—19日，由国家外国专家局和深圳市人民政府主办的第13届中国国际人才交流大会在深圳举办。9月，由省人力资源和社会保障厅、省外国专家局主办的第7届“海外专家南粤行”活动分别在珠海、东莞、湛江、汕头共举办4场专场活动，“海外专家南粤行”首次从珠三角走进粤东西北。12月21—22日，由中央海外高层次人才引进工作小组指导，教育部、科学技术部、中国科学院、国务院侨务办公室、欧美同学会·中国留学人员联谊会和广州市委、市政府联合主办的第17届中国留学人员广州科技交流会召开。2015年组织两个人才推介招聘团赴德国、意大利、奥地利和白俄罗斯、乌克兰5国举办了人才项目推介洽谈活动15场次，达成合作意向20项。

留学人员创业园　截至2015年年底，全省共有部省市级留学人员创业园28家，其中国家级5家，吸引1.6万名留学人员入园创新创业，创办企业2 844家。

2015年，省人社厅同意与珠海市、惠州市省市共建园留学人员创业园。在中国珠海留学人员创业园（国家级）基础上，启动省市共建广东珠海旅欧留学人员创业园，运用“互联网+”思维打造珠海横琴澳门青年创业谷，搭建“一园十基地”创业孵化平台，形成创新创业高地，发挥多元平台引才聚才的强磁场效应。

仲恺高新区科技创业服务中心（仲恺高新区留学生创业服务中心）作为仲恺高新区留学生创业园管理部门，历经多年的建设，截至2015年年底已聚集留学人员近200人，留学人员创业企业10多家，占惠州市留学人员科技创业企业总数80%以上。

（广东省人力资源和社会保障厅　刘德武
广东省引进创新创业团队专项办公室　陈　敏）

【科技干部教育与培训】 2015年，省科技厅认真执行《干部教育培训工作条例》，落实省委《2014—2018广东省干部教育培训规划》要求，加大干部培训工作力度，努力提高干部科技创新管理能力，为全省创新驱动发展提供人才支持与组织保障。广东省科技干部学院作为国家级星火培训基地和广东省科技干部、专业技术人员继续教育基地，全年共举办各类培训班39期，培训科技干部、专业技术人员2 057人次；举办专业技术人员继续教育与培训班33期，累计培训1 766人次；导并协助省级星火培训基地和各星火学校举办培训班和讲座76次，培训7 600多人次。

全省科技创新驱动发展培训班　为全面落实创新驱动发展战略，促进广东省创新驱动发展，9月1—4日，省委组织部与省科技厅在广州联合举办创新驱动发展专题培训班。参加人员有各地级以上市分管科技工作的领导，科技局局长、高新区管委会主任、省科技系统人员等180人次。来自国内、国外专家学者和省政府领导、省委组织部领导、省科技厅领导作了专题报告，内容包括“新常态下创新驱动发展的形势、路径和任务”“区域创新创业生态系统的构建与创新要素集聚”“广东省创新驱动发展的政策与环境、实施创新驱动发展的主要途径”等。

科技系统干部培训　2015年，省科技厅开展

全省科技管理干部全覆盖培训，省科技厅主办、省科技干部学院承办了3期“深化科技体制改革促进创新驱动发展”专题研讨班。第1期“深化科技体制改革促进创新驱动发展”专题研修班于7月6—10日举办，第2期“新驱动发展与科技金融结合”于9月7—11日举办，来自广东省地级以上市科技局和县市区科技局领导干部100人参加了研讨班。9月1—4日举办1期，广东省“三区”科技人才创新创业技能培训班，参加人员37名。

新疆喀什地区科技局长（骨干）创新管理能力提升培训班　12月5—20日，省科技厅主办、省科技干部学院承办的“新疆喀什地区科技局长（骨干）创新管理能力提升培训班”在省科技干部学院举办，来自新疆喀什地区的31位科技局长（骨干）参加培训。培训班邀请了省科技厅相关领导和科研院所、高校的专家教授为学员授课，内容包括“广东科技发展情况介绍”“现代农业科技与特色农业”“高新技术产业及科技孵化器建设”“实施科技与金融结合措施”“科技业务管理体系与建设”，组织学员赴珠三角考察调研。

西藏林芝地区科技管理干部研修班　12月16—25日，由省科技厅主办，省科技干部学院承办的“西藏林芝地区科技管理干部研修班”在省科技干部学院举办。西藏林芝地区科技管理部门的22位学员参加培训。研修班邀请广东省农业科学院、广东省微生物所的专家学者为学员授课，主要包括“现代农业科技与特色农业”“食用菌资源开发与种植加工”“花卉园林植物资源开发”“科技业务管理体系与政务平台建设”等专题。组织学员赴深圳、珠海、韶关、东莞等地市参观现代农业示范园、有机农产品、绿色食品生产基地、高新技术产业园区与创新型企业等。

（广东省科学技术厅人事处　罗海波
广东省科技干部学院　曾煜洲）

科技计划项目

【阳光再造行动】　“511”新型科技计划体系确立　按照“围绕产业链部署创新链，围绕创新链完善资金链”的总要求，在省财政部门的大力支持下，省科技厅将原有16个专项资金整合归并成1个专项5大类计划，作为科技计划业务的“五大主体计划”，重点保障实施一批“重大科技专项”和一批“科技专题计划”，形成与时俱进、示范引领的“511”新型科技计划体系。

截至2015年年底，9个省重大科技专项评审立项138项，实际安排资金23 442万元。实践证明，“511”计划体系提供了财政资金与创新需求的协同增效作用，推动实现产业链、创新链、资金链的三链融合。

资金投入方式和专家评审机制财政科技投入由单一的“事前项目补助”改为以事前资助与科技金融并重的引导性投入，以及后补助、以奖代补、合同补贴等具有比较明确、客观标准的资助方式，实现有偿与无偿、事前与事后、立项与不立项相结合，通过与创投、信贷、保险的组合配套，利用市场化机制筛选项目、评价技术、转化成果。同时，财政科技投入逐步从直接投入向间接投入（政策支持）转变，从竞争性支持向普惠性投入（加计扣除政策外等）转变，更好地发挥财政科技资金的杠杆效应。

在项目实现双盲评审基础上，逐步增加抽取外省专家参加评审的比例，由注重技术专家参加评审方式改变为技术专家、财务专家、金融专家、产业专家和管理专家并重参与的评审方式。

构建联动的监理验收工作机制推进省市联动、业务处室联动、省厅与监理单位联动，构筑相互支持、相互配合的“三个联动”项目监审工作体系。针对重点地市、重点单位、重点遗留问题“三个重点”，通过制订验收专项计划、建立定期通报进展制度、建立验收网络检测平台等新方式新手段，加大推进力度，有效推动了项目主管部门工作积极性。

2015年，省科技厅抓重点、攻难点，统筹推进科技计划项目验收工作。通过召开了专题会议、集中约谈，全面清理历史遗留项目。对拖延验收、长期失联的项目进行全面排查，对41家已吊销（注销）营业执照或合并重组的企业及其承担的48个项目提出了相应的处理意见。全年共验收项目4 912个，同比增加13%，其中，重点重大项目验收项目数同比增加116%。2007—2010年全省科技计划项目完成率达84%，其中自然科学基金项目完成率为95%，科技型中小企业创新资金项目完成率为95%。

【基础与应用基础研究】 2015年度广东省基础与应用基础研究专项资金（省自然科学基金）设研究团队、重点、重大基础研究培育、杰出青年、自由申请和博士启动项目等6个类别。通过研究团队项目资助团结协作、勇于创新、优势互补的优秀科学家群体开展研究；通过重点项目资助围绕本省高新技术、社会发展重大基础研究问题进行研究；通过重大基础研究培育项目资助项目针对电子信息、材料与先进制造、新能源、人口健康、海洋等领域重点基础研究发展计划和重大科学研究计划布局，结合广东优势学科队伍，开展重大基础研究项目培育；通过省杰青项目资助35周岁以下取得博士学位或副高及以上职称并具备良好科研能力和潜质、协同创新能力强的青年人才开展学术研究；通过自由申请项目鼓励自由探索，特别是鼓励青年科学家开展创新研究；通过博士启动项目资助获博士学位不超过3年的青年科研人员开展基础研究。

【前沿与关键技术创新】 2015年继续开展前沿与关键技术创新，在计算与通信芯片、新型印刷显示、智能机器人、增材制造（3D打印）等领域组织实施一批重大科技专项，着力突破一批共性关键技术，研发一批专用材料，研制一批高端装备，加快产业转型升级步伐。

计算与通信芯片领域　2015年围绕多模多频段射频芯片、物联网专用芯片、卫星导航终端专用芯片、信息安全专用芯片、集成电路产品检测与质量监督检验共性支撑平台等专题，布局12项重大项目，立项资金6 000万元，包括炬力集成电路设计有限公司的高性能多媒体终端设备专用芯片的研发项目、国光电器股份有限公司的基于蓝牙V4.2的物联网专用芯片的研发与产业化项目等。

“移动互联网关键技术与器件”重大科技专项　该专项2015年重点支持4个方面。1. 移动互联网应用支撑关键技术研发，包括面向移动支付的安全防护技术、面向移动应用的数据分析技术和异构网络融合技术。2. 新型设备核心技术研发，包括移动智能终端人机交互技术研发与产品化、可穿戴新型设备核心技术研发与产品化和新型传感器核心技术研发与产品化。3. 移动互联网行业应用与示范，包括移动医疗行业应用、移动电商行业应用和.车联网行业应用，为移动互联网行业应用树立可推广的创新示范应用方案，带动移动互联网产业发展。4. 移动互联网应用公共服务技术研究，包括移动互联网软件质量保障技术、移动互联网产业重点领域发展情况监测技术和移动应用开发公共支撑技术研究。

移动互联网关键技术与器件领域分为4个专题，共立项24个项目，2015年度拨付金额为5 472万元（资助金额为9 120万元）。

“云计算与大数据管理技术”重大科技专项　近年来，世界范围内各强国纷纷启动了云计算与大数据研究与发展计划，强调云计算与大数据技术在国家安全、科学研究以及产业发展中的重要作用，云计算与大数据已成为提升国家核心竞争力的战略手段。目前，中国高度重视云计算与大数据的研究与发展，在政府报告和规划指南中明确提出发展云计算与大数据的重要性。作为电子信息大省，广东在云计算与大数据方面具有较好的基础，进一步加强云计算与大数据管理共性关键技术和核心产品的研发，加强面向行业（产业）和社会服务的示范应用，对促进广东产业转型升级、提升国际竞争力具有重要意义。

2015年重点支持4个方面。1. 云计算与大数据关键技术、产品研发与应用：包括面向云计算的环境构建、大规模软件开发和部署运行，重点研究解决：大规模云计算、存储和网络环境，节能绿色计算，资源动态管理，云环境安全与可靠性，混合部署运行等关键技术研究、产品开发及应用；面向大数据管理和智能处理，重点研究解决：大数据高速采集与融合，大数据组织与存储，大数据平台系统和管理软件等关键技术研究、产品开发及应用。2. 面向产业（行业）的大数据分析及示范应用：包括重点针对金融服务、电商服务、工业设计等产业（行业）和骨干企业的需求，重点研究和解决：大数据组织与存储，多形式非结构数据管理与检索技术，大数据智能处理技术，领域知识表示、识别和推理，大数据可视化展示技术等。3. 面向社会化服务的开放型大数据示范应用：针对科技服务、城市视频、环境保护等领域，重点研究和解决：大数据开放标准体系和接口技术，多形式非结构数据管理和检索技术，大数据智能处理技术，领域知识表示、识别和推理，大数据可视化展示技术等。实现面向具体社会服务领域的大数据开放型应用示范。4. 云计算与大数据创新基地建设：以大型基础设施为支撑，建设广东省云计算与大数据创新基地，面向企业和政府开展产业路线图、数据集成与分析、监测评估、标准专利、前沿技术等研发和人才培训，整合相关资源，引进创新团队，促进广东大数据与云计算产业链的形成。

在立项方面，云计算与大数据管理技术领域分为4个专题，共立项19个项目，本年度拨付金额为5 370万元，资助金额为8 950万元。

“可见光通信技术及标准光组件”重大科技专项　可见光通信（VLC）是面向LED照明产业、通信产业、物联网产业等多领域交叉融合、具有广阔市场应用空间和战略发展前景的高新技术，本省具有一定产业基础，进一步加大科研投入，有利于继续保持本省相关产业的竞争优势。其次，LED 产品的组件化、模块化、集成化，已经成为下一阶段产业发展的必然趋势。以标准化光组件为抓手，大力推动LED产业健康发展，有利于保持广东省战略性新兴产业优势，提升本省产业国际竞争力。

2015年重点支持4个方面。1. 可见光通信关键技术研究：高灵敏度、高速可见光探测器模块开发；面向超远距离室外可见光通信的新型大功率准直LED发射模组；新型照明通信共用宽带高效LED器件核心技术研究，包括从层级0外延生长到层级2集成模块技术，集成模块能够实现照明电源、通信驱动、LED微阵列布局等多功能集成。2. 可见光通信工程化应用关键技术：可见光异构网络融合关键技术及系统开发，实现高准确度定位、隐形广告、单向传输、光线遮挡、抗电磁干扰等技术开发实际应用工程。3. 面向标准光组件精准化与规模化生产关键技术及产业化：直贴式倒装LED芯片、芯片级光源（CSP）关键工艺和技术；带光学透镜的室内照明应用层级2集成标准光组件；带数字电源管理功能的IC与LED芯片一体化集成标准光组件（层级2）；面向新型标准光组件自动化制图与蚀刻工艺的核心一体机装备开发应用；面向光组件大规模制造的整套关键工艺装备。4. 标准光组件检测能力与技术优化体系：标准光组件检测实验室能力建设及产品品质保障工程；新型标准光组件设计与优化体系建设。

在立项方面，可见光通信与标准光组件领域分为4个专题，共有22个项目进入第2轮答辩评审，共立项15个项目，本年度拨付金额为4 140万元，资助金额为6 900万元。

“新能源汽车电池及动力系统”重大科技专项　发展新能源汽车是我国从汽车大国迈向汽车强国的必由之路。广东省开展新能源汽车技术研发起步早，目前仍然面临整车造价高、续航里程短等制约因素，需要从动力电池先进材料及电池技术、生产工艺和装备、动力电池系统技术、动力电池与其他电源技术集成以及整车集成动力系统等方面入手，攻克产业化、国产化等技术难关，发展模块化、高性价比的动力单元系列，促进本省新能源汽车产业快速发展。

2015年重点支持6个方面。1. 先进动力电池核心材料关键技术的研发与产业化：主要是指高容量低成本的正极材料、负极材料关键工艺技术和产业化工程技术，以及提高电池材料性能，延长使用寿命，降低生产成本等关键技术；配套的新型电解液体系和动力电池专用隔膜须联合电池核心材料进行申报。2. 动力电池全自动化生产线的研发与产业化：重点支持具有自主知识产权的动力电池自动化生产线的研发与产业化，包括制浆技术、涂布技术、在线检测技术、组装自动化、制造控制及管理系统一体化等研发、集成和产业化示范。电池制造的单元装备研发不属于本专题支持范围。3. 新能源汽车电源与控制系统：包括电动汽车电池组和电池管理系统关键技术的研发与产业化和双能源动力集成单元及其控制系统。4. 新能源汽车动力系统的开发与产业化：提高电动汽车动力系统的效率、可靠性、耐久性和性价比；研发电池、电机本体相匹配的模糊控制技术、创新传动结构、智能控制技术，形成结构简单、响应快速、抗干扰性强的动力系统单元，实现产业化，在整车应用验证，且通过电动车城市工况法评价节能效果评估。5. 新能源汽车动力总成检验检测平台建设：建立汽车动力总成及组成单元的评价体系，全面评价动力总成及组成单元的水平。6. 新能源汽车创新基地建设及协同技术创新：支持建设新能源汽车创新基地，并开展协同技术创新。包括：创新基地建设——牵头单位组织整合基地内新能源汽车产业链的多种创新资源，建立开放共享、协同研发投入、协同创新、持续发展等工作机制，形成新能源汽车专业化创新基地，对产业链多个关键或共性技术进行多中心、多单位协同攻关；创新基地项目——牵头单位围绕新能源汽车产业链急需解决的数个关键技术或共性技术问题，通过成员单位合理分工、协同合作，形成一个完整的技术突破方案，快速解决产业的技术瓶颈、实现产业化。研究内容包括：电动电池材料、电池管理系统、动力电池生产装备、电机控制系统、动力单元模块、动力总成控制系统、充电、整车轻量化、智能化等技术研发与产业化、产业标准建立、人才引进、平台建设等。

在立项方面，新能源汽车动力电池及动力系统领域分为6个专题，共有18个项目进入第2轮答辩评审，共立项11个项目，本年度拨付金额为3 600万元，资助金额为6 000万元。

新型印刷显示领域　2015年围绕关键印刷发光/反射材料的研发与产业化、薄膜晶体管阵列及周边集成技术、印刷显示屏技术等内容，布局11项重大项目，立项资金5 500万元，包括华南理工大学的新一代印刷型高性能低成本有机/高分子荧光材料的研究项目、深圳TCL工业研究院有限公司的印刷显示用红、绿、蓝量子点产业化技术研发项目等。

智能机器人领域，围绕智能机器人核心关键技术研究、智能机器人及其关键零部件研制与产业化、智能机器人集成应用示范等，共立项11个项目，经费共计6 000万元，包括广东工业大学的可重构模块化智能机器人系统及其应用项目等。

“增材制造（3D打印）技术”重大科技专项　近年来，增材制造技术发展迅速，对制造业领域影响巨大，受到世界各国的极大关注，被列入广东省战略性新兴产业。本专项围绕增材制造装备、材料、技术、应用及软件等研究开发，结合生物、医疗、模具、家电、汽车、创意设计等产业发展需求，突破一批共性关键技术，研发一批专用材料，研制一批高端装备，促进本省增材制造技术走向国际前列，加快产业转型升级步伐。

2015年重点支持5个方面。1. 高性能3D打印材料：通过3D打印用高性能材料研发与专用材料体系研究，建立3D打印专用材料体系。重点研制ABS、生物降解材料、尼龙、PC、光敏树脂等非金属3D打印专用材料和钛合金、钴铬合金、铝合金、铜合金、镍基合金等金属3D打印专用材料。2. 金属3D打印装备及产业化：针对金属3D打印成型精度和表面质量等技术瓶颈，研发激光选区熔化3D打印装备，达到国际先进或国内领先水平，为大规模工业应用奠定基础。3. 非金属3D打印装备及产业化：针对热塑性聚合物挤出、光敏树脂固化、激光烧结和粘合剂喷射等3D打印装备技术瓶颈，通过研发高性能非金属3D打印装备，提高非金属3D打印产品的尺寸精度、成型效率和稳定性，降低设备成本，达到国际先进水平，提升非金属3D打印装备的市场竞争力，拓展应用范围。4. 生物医疗3D打印技术和产品研发：针对组织损伤修复、疾病治疗及康复等，通过研发生物医疗3D打印技术及装置，开发高端植入式医疗器械产品和个性化医疗器具。5. 面向3D打印的共性技术研究：研发多功能3D打印数据处理软件，构建3D模型库，开展3D打印技术预见及产业发展监测研究。

在立项方面，增材制造（3D打印）技术领域分为5个专题，共有27个项目进入第2轮答辩评审，共立项21个项目，立项资金8 100万元，本年度拨付金额为4 860万元。立项项目包括东莞宜安科技股份有限公司的激光直接能量沉积法3D打印用若干合金粉末材料研究项目、广东省工业技术研究院（广州有色金属研究院）金属加工与成型技术研究所的增材制造陶瓷—金属复合框架技术开发及其在复合材料领域的应用项目等。

（广东省科学技术厅高新技术发展及产业化处 文晓芸 郭秀强
广东省科学技术厅产学研结合处 李 蓉）

【产业技术创新与科技金融结合专项】 2015年度资金规模为4亿元，共设置了科技信贷专营机构补贴与补偿、科技金融创投联动与补偿、科技金融服务体系建设、科技再担保基金和科技成果转化基金5个专题，共有59个申报项目进行形式审查，其中56个项目通过审查，3个项目不通过，经过网络评审、会议评审和审核之后，27个项目获得支持。

（广东省科学技术厅规划财务处 田何志）

【协同创新与平台环境建设】 2015年技术交易体系与科技服务网络建设重点支持6个方面。1. 科技创业服务中心建设：在全省科技服务业集聚区及产业园区建设科技创业服务中心，引导社会资本参与建设完善基地设施配套及优惠政策配套，提升服务能力，为企业的创新活动提供便捷、专业、优惠的一站式服务。2. 科技服务骨干机构培育：推动生产力促进中心围绕地区产业创新需求，集成资源、创新机制，探索科技服务新模式，提升服务层次和水平；推动技术转移机构开展技术转移服务，强化技术转移转化过程中的中试熟化服务，提升专业化服务能力；推动行业内具有较强基础和实力的高校、科研院所、科技服务机构整合现有科技服务资源，围绕地区行业共性科技服务需求，搭建各类科技服务平台。3. 技术交易体系建设与知识产权转化运用：发展多层次的技术产权交易市场体系，依托省内现有的技术交易机构、股权交易中心、技术转移转化基地等面向企业搭建技术交易平台，对接技术供需双方，提高科技成果转化和产业化率；推动知识产权信息服务平台或专利数据库平台建设，推动一批核心专利和重大科研成果后续熟化和产业化。4. 经营性领域技术入股试点示范：推动广东省高校、科研院所改革科技成果转化收益分配机制，推动高校、科研院所一批核心专利和重大科研成果后续熟化和产业化。5. 科技服务业关键共性技术与产品研发：推动研发设计关键技术、检验检测服务技术、公共服务技术及产品、现代科技会展技术及科技咨询服务技术及产品研发，完善科技服务业发展政策支撑体系。6. 创新方法推广应用：培育创新方法推广应用平台与示范企业，开展创新方法应用研究。

（广东省科学技术厅科技服务与管理处 严军华）

【应用型科技研发专项】 2015年，广东省重点组织实施了包括增材制造（3D打印）技术、数控机床、工业机器人、重要基础件在内的高端装备制造领域以及包括新型印刷显示技术与材料、高性能有机高分子材料与复合材料、先进金属材料、新型无机非金属材料在内的新材料领域应用型科技研发专项。突破一批产业关键核心技术，促进产业技术的集成创新与应用。

实施的应用型研发专项着力点为：1. 围绕共性、关键技术研究与开发，促进产业集群发展壮大；2. 依托示范工程，进行技术、装备的优化组合，提高技术应用水平；3. 以培育和发展广东高端装备制造产业为目标，加强集成创新和应用模式创新，开发智能制造装备和成套装备，提高制造过程的数字化、柔性化及系统集成水平，推进装备制造业转型和升级。

2015年，应用型研发专项高端装备制造及新材料领域共立项支持77个项目，项目资助总经费为43 500万元，预计带动企业投入30亿元，带动社会资金投入该产业达60亿元。

（广东省科学技术厅产学研结合处 李 蓉）

基础研究与基础条件建设

基 础 研 究

【国家自然科学基金委员会—广东省人民政府联合基金】 2015年，NSFC—广东联合基金正式接受148项重点支持项目申请，涉及19个省市自治区的67个依托单位，其中广东省内依托单位个数22个，申请项目合计91项，占总申请项目数的61.49%。共资助27个重点支持项目，资助强度约为240万元，其中广东牵头22项，广东牵头与外地合作13项，省外牵头与广东合作3项（见表3-1-1）。

微波和太赫兹波器件用的纳米冷阴极研究及器件特性探索　该项目由中山大学承担。项目从开展冷阴极微波/太赫兹波真空电子器件研制的需求出发，探索了利用纳米结构带来的场发射优势来实现高电流密度大电流发射特性冷阴极的科学原理和技术，设计和研制冷阴极微波/太赫兹波真空电子器件并发展相关技术，在碳基纳米冷阴极制备技术、冷阴极微波谐振腔器件、冷阴极太赫兹真空辐射源器件上取得了显著进展。主要创新成果有：1. 发展制备技术，获得三种具高电流密度大电流特性的新型纳米结构材料，包括直立石墨烯、单质钼纳米锥、碳纳米管—石墨烯树状纳米结构；2. 实现了非平面结构中均匀制备碳纳米管薄膜和直立石墨烯薄膜的技术，研制出锥柱状碳纳米管冷阴极；3. 设计和数值模拟冷阴极电子枪结构，研制出压缩比为10的电聚束纳米冷阴极电子枪，研制出压缩比为101的磁聚束纳米冷阴极电子枪；4. 基于碳纳米管冷阴极，研制出0.22 THz、500 MW输出功率的碳纳米管冷阴极回旋管，研制出1.55 GHz的碳纳米管冷阴极谐振腔。

项目共发表论文42篇，申请发明专利10件（已获授权2件）。项目所研制出的0.22 THz碳纳米管冷阴极回旋管，证实了利用纳米冷阴极研制辐射源器件的可能性，开启了场发射电子太赫兹辐射科学与应用研究方向。另外，目前未见有采用冷阴极的THz回旋管成功研制的报道，该器件是国内外首个THz纳米冷阴极回旋管。

表3-1-1　NSFC—广东联合基金资助项目情况表
（2011—2015年）

年份	立项总数（项）	由广东牵头的项目				由外地牵头的项目			
		立项数（项）	占立项总数（%）	与外地合作项目数（项）	占广东牵头项目数（%）	立项数（项）	占立项总数（%）	与广东合作项目数（项）	占外地牵头项目数（%）
2011	31	24	77.4	13	41.9	7	22.6	5	71.4
2012	32	28	87.5	18	57.1	4	12.2	3	75.0
2013	32	24	75.0	11	45.8	8	25.0	7	87.5
2014	32	19	59.4	7	36.8	13	40.6	11	84.6
2015	27	22	81.5	13	59.1	5	18.5	3	60.0

面向微电子制造的高速高精度运动平台的设计及控制科学问题与关键技术研究　该项目由广东工业大学承担。项目针对微电子制造装备中的高速高精度运动平台的设计及控制科学问题开展深入的研究，重点研究了高速精密运动的生成原理，提出了高速精密定位的运动规划与宏微复合运动实现新方法。通过引入非线性时变惯性项，提出了基于柔性多体动力学方程的拓扑优化方法，改进了G J Park的ESL方法。针对点位往复高速精密定位，提出了基于柔性多体动力学模型的非对称变加速度运动规划新方法；针对离散多目标点的高速精密定位，融入运动驱动参数与每个离散点初始运动状态的高速执行机构非线性动态响应模型，提出了基于非线性有限元的分段变加速运动规划新方法，实现了惯性能量时域的最优分布。开发了多种宏伟复合运动平台，对宏微复合运动机构能量传递规律及其构型综合与结构优化方法进行了深入的研究，提出了高加速度宏微复合精密运动平台的振动的主/被动抑制方法，实现了宏微运动平台振动的快速消减，提出了一种基于Preisach原理和极限学习机算法的动态混合泛化模型，提出了宏微两级运动系统的动态切换条件，实现了宏微运动的协同控制，提升了平台的定位性能。发明了宏微复合的高速精密测量新原理和新方法，开发了绝对式/增量式融合和里程碑式宏微复合精密光栅尺，实现了平台基于增量编码的高速粗定位检测和基于绝对式编码的精确位置检测。项目的研究为提升高速精密运动的性能建立了较为系统的理论。

项目共申请发明专利65件（授权18件）；在国内外学术期刊发表论文62篇，其中SCI收录论文15篇；同时，部分成果已应用于电子装备核心零部件与整机的开发中，取得了良好的应用效果，相关技术成果获得了2014年度国家科学技术进步奖二等奖1项。

广东人群常见偏颇体质向亚健康转化的影响及其机制研究　该项目由南方医科大学承担。项目首先在大样本、多中心的横断面流行病学调研的基础上，进行健康人群前瞻性巢式病例对照研究，研究偏颇体质对健康向亚健康转化的影响，结果发现：广东人群亚健康的现患率为46.82%，1.5年亚健康状态的累计发生率为42.66%，中医偏颇体质（如气虚质、阴虚质、倾向湿热质）是健康向亚健康转化的危险因素，而平和质是保护因素；同时发现亚健康状态具有既可发展为疾病状态，又可逆转为健康状态的双向性转化特点；揭示亚健康的中医体质、证候特征及其相关性；明确不良的生活方式是亚健康发生的重要危险因素。其次，依据“中医体质可调性理论”，进行健康人群常见偏颇体质（气虚质、阳虚质、阴虚质和湿热质）的中药干预临床试验研究，发现中药复方可短期内改善中医偏颇体质状态且疗效持久（至少1年），同时，中药复方不仅能改善偏颇体质，还可提高健康状态水平。最后，应用代谢组学方法深入探讨常见偏颇体质代谢紊乱机制，发现不同偏颇体质的代谢物谱存在明显差异，代谢紊乱可能是其发生的分子机制；中药复方可通过调节偏颇体质的代谢紊乱，以发挥其临床治疗作用。该项目确定广东人群4种常见偏颇体质对健康向亚健康转化的影响以及其代谢紊乱机制；明确中医药调理偏颇体质的临床疗效，为其应用提供依据；同时提出亚健康状态是慢性病预防的重要窗口，以及提出基于亚健康防治的“二三九四”中西医结合慢病管理模式。

项目发表论文58篇（期刊论文41篇，包括SCI收录13篇）；主编并出版《我的健康我做主》和《员工健康管理指导》等2部专著；获得5件专利（发明专利3件，外观设计专利2件）；培养博士研究生6名，硕士研究生3名；参加国内外学术会议11次并发表演讲；开展亚健康与中医体质养生保健知识宣教85场，听众超过3万人，已印发亚健康、中医体质养生宣传单张15 000余份；研制出亚健康、中医体质评价软件，并建立亚健康管理网站，制定出个体化的健康促进干预方案，从综合的、个性化的中西医结合的层面上做好健康促进。

基于拉伸流变的高分子材料绿色加工成型技术　该项目由华南理工大学承担。项目针对传统螺杆塑化输运方法在解决高分子材料加工能耗高、无分拣废旧塑料循环回收加工困难、高性能生物质复合材料制备难度大等方面存在的问题，提出了基于拉伸流变的高分子材料塑化输运方法，在拉伸形变支配作用下高分子材料塑化加工过程能量消耗、基于拉伸流变的加工过程中多相多组分体系性能调控以及植物纤维复合体系微细观结构性能等方面进行了大量的实验和理论研究。根据项目研究结果表明，拉伸形变支配的塑化输运技术可以有效提升高分子材料的熔融效率，减低加工热机械历程，降低加工能耗；拉伸形变支配的塑化输运技术可以使不相容的多相体系强制增容提高界面效果，诱导分散相原位成纤提高复合材料性能，促进纳米填料在聚合物中的分散效果，改善填充体系的混合程度；正应力主导的混炼过程对可降解植物纤维复合材料体系的力学性能优异，共混体系被强制混合分散并压实，纤维与基体间界面作用力强，拉伸力场有利于纤维沿叶片挤出方向取向，并较好地保持纤维长度。项目研究结果对减少石油基塑料的用量及回收，拓宽可再生植物资源以及废旧塑料应用范围具有重要的实际应用价值。

项目围绕高分子材料体积拉伸形变支配的塑化输运机理、叶片式塑化挤压系统、基于偏心螺旋的高分子材料连续密炼、植物纤维/高分子复合材料成型加工设备及工艺等方面获得6项中国发明专利、申请12项中国发明专利，构筑了自主知识产权体系；在加工过程能量消耗、多相多组分体系性能调控、植物纤维复合体系微细观结构等方面做了大量的理论与实验研究工作，发表外文论文50多篇，其中SCI收录28篇、EI收录6篇，其中SCI影响因子大于2的5篇；新技术及设备相比常规螺杆成型加工设备能耗降低20%以上、成型温度降低超过10℃、制品性能提高。项目成果获得2015年国家技术发明奖二等奖。

（省科学技术厅基础研究与科研条件处 段依竺　邱　莹）

【国家“973计划”首席科学家项目】 2015年，广东获取国家“973计划”（含国家重大科学研究计划）项目集中在材料科学、农业科学、资源环境科学、干细胞研究、全球变化研究和综合交叉科学等充分体现国家重大需求与重大民生科技领域（见表3-1-2），开展具有战略性、前瞻性、全局性和带动性的基础研究。

以华南理工大学彭俊彪教授为首席科学家的“高效率、低成本有机高分子发光材料研究”项目重点研制低成本高性能的OLED发光材料，前瞻性地研究柔性和印刷工艺的OLED显示屏，突破批量制备自主研制且有应用潜力的发光材料关键工艺，实现低成本印刷工艺、长寿命柔性彩色OLED显示屏，将奠定我国OLED前沿材料与技术的发展基础，显著提升我国OLED材料的国际地位和OLED显示的国际竞争力。

表3-1-2　广东省获国家“973计划”（含国家重大科学研究计划）首席科学家项目情况（2015年）

序号	类别	项目名称	负责人	依托单位
1	“973”首席科学家	微生物群体感应通讯系统与病害防控基础研究	张炼辉	华南农业大学
2	“973”首席科学家	人类活动引起的营养物质输入对海湾生态环境影响机理与调控原理	黄小平	中国科学院南海海洋研究所
3	“973”首席科学家	高效率、低成本有机高分子发光材料研究	彭俊彪	华南理工大学
4	“973”首席科学家	脑胶质瘤精准诊疗技术的关键科学问题研究	郑海荣	中国科学院深圳先进技术研究院
5	国家重大研究计划首席科学家	人类活动与全球变化相互影响的模拟与评估	林　珲	香港中文大学深圳研究院
6	国家重大研究计划首席科学家	眼上皮成体干细胞原位再生治疗重要致盲眼病的机理研究	刘奕志	中山大学
7	国家重大研究计划首席科学家	干细胞修复动物肝病模型中受损肝组织的方法及机理研究	李尹雄	中国科学院广州生物医药与健康研究院

以中国科学院南海海洋研究所王小平研究员为首席科学家的“人类活动引起的营养物质输入对海湾生态环境影响机理与调控原理”，该项目通过揭示人类活动引起的营养物质输入对海湾生态环境的影响过程与机理，阐明海湾生态系统结构与功能对环境变化的响应机制，预测海湾生态环境演变趋势，提出污染控制与生态调控策略，丰富和发展半封闭性海湾生态环境演变理论，显著提高该研究领域的国际地位，为基于生态系统水平的海湾综合管理提供科学依据，为我国海湾生态环境的改善做出重要贡献。

以中国科学院深圳先进技术研究院郑海荣研究员为首席科学家的“脑胶质瘤精准诊疗技术的关键科学问题研究”，该项目以脑胶质瘤精准诊疗为目标，围绕精确成像诊断、精准给药治疗和预后评估的技术创新需求，研究肿瘤细胞多模态分子影像方法及肿瘤边界分子影像识别方法，分子影像与超声手术导航，以及颅内精准给药治疗等一系列关键技术，解决“脑胶质瘤细胞的多模态分子影像精确识别”以及“颅内精准给药与评估”等科学问题，通过临床转化应用，发展和建立新的脑胶质瘤精准诊治策略，为降低我国脑胶质瘤死亡率和复发率，提高病患生存质量做出实质贡献。

（广东省科学技术厅基础研究与科研条件处 段依竺　邱　莹）

【国家自然科学基金】 2015年，广东省基础研究持续稳步前进，获国家自然科学基金项目共计2 495项，总资助经费（直接经费）超过13.5亿元，位列全国第4位；新增国家杰出青年基金项目8项，直接经费2 800万元；新增国家优秀青年基金项目19项，直接经费2 470万元；新增国家自然科学基金重点项目27项，直接经费7 687万元；新增国家自然科学基金面上项目1 184项，直接经费超过7.1亿元。此外，中山大学获得国家基金资助经费560项，资助总经费约3.15亿元，位居全国第6位。广东省获国家自然科学基金项目前20位依托单位名单见表3-1-3。

表3-1-3　广东省获国家自然科学基金项目TOP20依托单位名单（2015年）

排序	依托单位	项目数	直接经费（万元）
1	中山大学	560	31 469.400
2	华南理工大学	253	16 074.970
3	深圳大学	209	8 105.190
4	南方医科大学	153	8 282.800
5	暨南大学	129	6 113.000
6	广州医科大学	93	3 750.600
7	中国科学院深圳先进技术研究院	82	11 927.610
8	华南农业大学	77	4 155.500
9	华南师范大学	71	4 177.010
10	广东工业大学	64	3 187.700
11	中国科学院南海海洋研究所	61	5 829.800
12	中国科学院广州地球化学研究所	59	3 978.167
13	广州中医药大学	56	2 257.000
14	广州大学	42	2 111.500
15	广东医学院	39	1 582.400
16	中国科学院华南植物园	38	1 863.600

（续上表）

排序	依托单位	项目数	直接经费（万元）
17	南方科技大学	36	1 603.000
18	汕头大学	31	1 292.500
19	香港城市大学深圳研究院	27	1 190.200
20	中国科学院广州能源研究所	26	1 452.680
20	中国科学院广州生物医药与健康研究所	26	1 630.300

（广东省科学技术厅基础研究与科研条件处　段依竺　邱　莹）

【广东省自然科学基金】 2015年，省自然科学基金的重大基础研究培育、研究团队、重点、自由申请和博士启动项目等5个类别项目从2014年申报评审项目库中择优筛选资助，杰出青年项目在2015年3月重新申报评审后择优筛选资助。按照“科技业务管理阳光再造行动”精神要求，省自然科学基金项目参与筛选的申报项目共6 452项，其中自由申请项目3 767项，博士科研启动项目1 906项，重点项目306项，研究团队72项，重大基础研究培育项目95项，杰出青年306项。经形式审查，正式受理申报6 436项。项目总经费2.55亿元，资助立项总数1 635项（包括滚动支持），资助率25%，比2014年提高了6%（见表3-1-4、表3-1-5）。

2015年，广东省自然科学基金杰出青年项目共受理290项，他们当中99%具备博士学历，75%以上具有高级职称。综合评审会上，来自20多个不同单位的65名青年杰出人才参加了答辩，经过大评委决议，评审委员会最终推荐资助49人。

表3-1-4　广东省自然科学基金资助项目情况（2015年）

计划类别	立项数（项）	经费（万元）	资助率（%）
研究团队（包括滚动支持）	49（包括滚动支持32项）	3 760	23.61
重大培育	20	1 400	21.05
杰出青年	79（包括滚动支持30项）	4 330	16.90
重点项目	51	1 530	16.67
自由申请	900	9 000	23.89
博士启动	531	5 310	28.86

表3-1-5 广东省自然科学基金各学科面上项目资助情况（2015年）

学科	自由申请项目					博士科研启动项目				
	受理数（项）	立项数（项）	资助率（%）	立项总数（%）	经费（万元）	受理数（项）	立项数（项）	资助率（%）	立项总数（%）	经费（万元）
数理科学	157	45	28.66	5	450	100	29	29	5.45	290
化学科学	201	53	26.37	5.89	530	108	30	27.78	5.64	300

（续上表）

学科	自由申请项目					博士科研启动项目				
	受理数（项）	立项数（项）	资助率（%）	立项总数（%）	经费（万元）	受理数（项）	立项数（项）	资助率（%）	立项总数（%）	经费（万元）
生命科学	492	127	25.82	14.11	1 270	286	76	26.57	14.29	760
地球科学	173	44	25.43	4.89	440	96	27	28.13	5.08	270
工程与材料科学	359	81	22.56	9	810	200	59	29.5	11.09	590
信息科学	355	82	23.10	9.11	820	208	56	26.92	10.53	560
管理科学	246	54	21.95	6	540	121	35	28.93	6.58	350
医学科学	1 784	414	23.21	46	4 140	787	219	27.95	41.35	2 190
合计	3 767	900	23.89	100	9 000	1 906	531	27.91	100	5 310

“建立帕金森神经细胞平台并开展发病机制和治疗研究”是由中科院广州生物医药与健康研究院承担的广东省自然科学基金研究团队项目。中科院广州生物医药与健康研究院通过广东省自然科学基金研究团队项目支持，与美国密西根大学合作，获得了世界首例ROSA26定点基因敲入猪模型。利用该模型猪，成功地实现重组酶介导的基因交换，从而解决了一直困扰转基因猪研究领域的效率低下、表型不确定的问题，该成果的获得将极大地推动转基因猪在农业和医学方面的应用。

研究团队首先在猪基因组中找到了一个特殊基因位点：ROSA26，处在这个位点后的基因会广泛表达于所有组织和细胞中。在过去的20年中，通过对小鼠Rosa26基因位点的修饰，获得了一系列Rosa26小鼠模型，并在发育生物学以及干细胞研究中发挥了巨大的作用，目前该位点仅在人胚胎干细胞和大鼠中被鉴定和修饰，尚未在大动物中发现及应用。研究团队利用TALEN介导的基因敲入技术，成功地构建了世界上第一个ROSA26定点敲入Cre重组酶报告基因的大动物模型。该动物模型将可在猪体内世系追踪各类干细胞的分化和再生，为揭示和人类干细胞相关的疾病机理和实施干细胞治疗提供宝贵的大动物实验依据。

在此基础上，研究团队在ROSA26位点引入一对异源loxp位点，经重组酶介导的基因交换，成功将EGFP基因替换为红色荧光蛋白tdTomato基因，由此又获得了世界上第一个重组酶介导的基因交换大动物模型。利用该模型，研究人员可以将任意基因通过重组酶介导的基因交换插入到ROSA26位点，实现目的基因在大动物所有组织中的无差异表达。同时由于重组酶介导的基因交换无需药物筛选即可获得，从而使获得的转基因猪不携带外源的药物抗性基因，可去除转基因猪农产品的生物安全和食品安全隐患。该项目研究成果发表在*Cell Research*上，同时获科技部“重大基础研究计划”和美国国家健康研究院（NIH）资助。

（广东省科学技术厅基础研究与科研条件处　邱　莹　段依竺）

【大科学工程】　7月13日，在德国举行的2015年国际超级计算机大会上发布全球超级计算机

500强最新榜单，中国“天河二号”以每秒33.86千万亿次的浮点运算速度第5次蝉联冠军。

为了吸引全国大科学研究和大数据研究力量在国家超级计算广州中心“天河二号”超级计算机上开展理论模拟和计算等工作，国家自然科学基金委员会和广东省人民政府在《国家自然科学基金委员会—广东省人民政府联合基金协议书》（第二期）的基础上，2014年9月签署了《国家自然科学基金委员会—广东省人民政府联合基金（第2期）关于设立超级计算科学应用研究专项的补充协议》后，2015年5月签署了《国家自然科学基金委员会—广东省人民政府 关于联合资助大数据科学研究中心项目的协议书》，设立“NSFC—广东超算专项”和“NSFC—广东大数据科学研究中心项目”，依托“天河二号”，汇聚国内大数据源头创新领域人才和科技资源，共同解决大数据科学领域的重大科学问题和技术问题，促进大数据产业的快速发展。

（广东省科学技术厅基础研究与科研条件处
段依竺　邱　莹）

科技基础条件

【科技基础条件资源调查】 2015年，省科技厅开展科技基础条件资源调查工作，调查对象主要包括高等学校、科研院所及转制院所在内的78家单位。调查结果表明，截至2014年年底，调查单位拥有研究实验基地225个。按照基地级别划分，包含国家级32个、部属38个、省属154个、地（市）属1个；按照基地类别划分，包含实验室150个、工程（技术）研究中心26个、研发（技术）中心3个、分析测试中心3个、野外台站3个、其他基地40个；拥有的科学仪器中心5家，科学仪器服务单元4个，单台套价值50万元以上的科学仪器设备共计910台（套），原值总额为10.94亿元；按照共享模式分，外部共享396台（套），内部共享439台（套），不共享75台（套）；拥有生物种质保藏机构33个及其保藏的种质资源包括植物资源44 549份，动物资源1 677种，微生物资源5 230株；科技资源工作人员6 146人，按照学历分，其中博士研究生2 832人，硕士研究生1 343人，本科1 720人，其他251人；科技数据库15个，其中12个用于外部共享或内部共享，占比80%；科技产出情况如下：专利授权数1 292件，科技论文21 593篇，科技著作253部，技术标准157项，科技成果奖励229项。

（广东省科学技术厅基础研究与科研条件处　余　亮）

（广东省科技基础条件平台中心　陈树敏）

【实验室体系】 2015年，对评估考核优秀的25家、良好的41家省重点实验室给予运行经费支持，继续在重点领域布局新建省重点实验室。截至2015年年底，全省共有省重点实验室201家，重点实验室“开放、合作、共享”氛围正在形成。

2015年，全省5家企业重点实验室进入国家队行列，它们的依托单位分别是金发科技股份有限公司、广东东阳光药业有限公司、珠海格力电器股份有限公司、广东风华高新科技股份有限公司和南方电网科技研究院。截至2015年年底，全省国家级重点实验室数量达到26家。

（广东省科学技术厅基础研究与科研条件处　余　亮）

【生物种质资源】 截至2015年年底，广东省已建成了一个由水稻、旱地作物、蔬菜、畜禽、南亚热带果树、荔枝、黄皮、香蕉、南亚热带名优水果、园林植物、茶树、蚕桑、树木、油茶、华南药用植物、花卉、甘薯、昆虫、天敌昆虫、野生动物与昆虫、淡水鱼、奶牛、Beagle犬、甘蔗、小耳花猪、农业有害生物、微生物等生物种质资源库（圃）等组成的有机集成的自然科技资源平台。2015年调查数据显示，在33家生物种质资源保藏机构中（植物种质资源保藏机构21家，动物种质资源保藏机构8家，微生物种质资源保藏机构4家）共保藏植物资源44 549份、动物资源1 677种、微生物资源5 230株，共涉及科技活动人员595人。

（广东省科学技术厅基础研究与科研条件处　余　亮）

（广东省科技基础条件平台中心　陈树敏）

【实验动物管理】 2015年，广东省对实验动物行政审批的项目、要素、流程、裁量基准等进行规范、重组、再造和细化。完成编写《广东省实验动物行政许可规程》，包括广东省实验动物生产许可办事指南、广东省实验动物使用许可办事指南、广东省实验动物生产许可业务手册、广东省实验动物使用许可业务手册，推进全省实验动物法制化管理。全年共受理、形式审查47家许可证评审申请，其中新申请15家，换证（扩项）25

家，变更8家。组织专家组对各申请事项进行现场评审共6批（40次），评审共发证34家，其中新证12家，换（扩）证22家。

2015年共计完成对46家单位的质量监督检测和19家单位的许可前的质量检测，全年共计完成涉及猴、狗、犬、大鼠、小鼠以及动物设施的质量检测项目约14 000个，出具质量检测报告共152份。截至2015年年底，全省共有122家实验动物许可证单位，有效许可证140个（生产许可证30个，使用许可证110个），主要分布在医药企业、医院、检测机构、科研院所、高校等部门，对省生命科技创新及医药产业的发展起到了积极的促进作用。广东省实验动物监测所检测实验室通过中国合格评定国家认可委员会（CNAS）3年一次的复评审，继续获得CNAS颁发的实验室认可证书。通过参加国家认可委的评审认可、实验室技术能力验证等，保证监测所检测实验室的技术规范及促进技术不断提高，技术水平处于国内领先水平。

根据“广东省实验动物公共服务平台”的统计数据，2015年，全省122家许可证单位：（1）生产哺乳类实验动物65.10万只，禽类实验动物139.10万只，生产环境总面积10.98万平方米。（2）使用实验动物总量78.90万只，完成动物实验1.70万次，使用许可环境总面积4.98万平方米。其中，使用实验动物总量较2014年（49.50万只）有较大的增幅，年使用量增加29.40万只（1.59倍），广东省生物医药研发对实验动物的需求在快速增长。

（广东省科学技术厅基础研究与科研条件处 余 亮）

（广东省实验动物监测所 邓少嫦）

【大型仪器共享】 为加快推进重大科研基础设施和大型科研仪器（以下简称科研设施与仪器）向社会开放共享，进一步提高科技资源利用效率和共享水平，省政府于12月18日颁布实施了《广东省人民政府促进大型科学仪器设施开放共享的实施意见》。

大型科研设施与仪器向社会开放试点省工作 广东省作为第一批大型科研设施与仪器向社会开放的试点省，在科技部的指导下积极开展具有广东特色科研设施与仪器开放共享工作。试点省工作中，遴选了一批服务于国家重大需求和服务广东经济社会发展重大任务的工作状态良好、管理制度健全、开放共享实践经验丰富且绩效良好的科研设施与仪器的单位作为“供”方试点单位，包括高校4家、科研院所5家、企业4家；选择了若干自主创新示范区、高新园区和农业园区、专业镇和部分地市作为科研设施与仪器的“需”方试点单位。于2015年9月1日组织召开了全省科研设施与仪器试点工作会议，落实国家有关文件精神，强化法人责任，切实履行开放职责，最大限度提供科研设施与仪器的开放共享，各供方管理单位制定和完善本单位关于科研设施与仪器开放共享管理的相关制度，建立专业技术团队，不断提高服务质量和开放水平。

为稳步推进科研设施与仪器向社会开放试点省工作，广东省设立了科研设施与仪器向社会开放专题，从建设网络管理平台、完善管理制度、科研设施与仪器开放共享的对接方式、服务模式和服务内容等方面开展相关工作。为促进各项工作的顺利开展，将从省科技计划专项资金中安排经费1 000万元，定向委托具备承担本省科技基础条件平台建设、管理、研究等职能任务，具有从事科技基础条件平台整合共享经验与成功案例的第三方专业机构牵头，联合本省在大型科学仪器设施开放共享方面工作状态良好、管理制度健全、开放共享实践经验丰富且绩效良好的有关试点单位共同承担，为全面推进广东科研设施与仪器开放共享积累经验。

广东省科技资源共享服务平台建设 9月，广东省科技资源共享服务平台V1.0（粤科汇，www.showzy.cn）上线。粤科汇以大型科学仪器共享为主要服务内容，兼顾种质资源、实验动物、科学数据、科技文献等科技资源的共享服务，科享网实现科技资源的信息集成、服务查询与推介、在线服务等功能，为全省的科技资源“供”“需”双方提供衔接平台，“供”方通过注册审核、资源发布、提供服务等快捷步骤进行资源的共享与服务；“需方”通过查找、购买、使用等获得所需资源。广东省科技基础条件平台中心通过用户中心、服务监管中心、运营结算中心和纠纷协调中心等4个中心进行平台的管理与运营。粤科汇为中小微企业科技创新活动提供资源与技术服务，为科技工作者、科研院校等的科研工作提供基础支撑，为政府科技资源配置提供数据支撑，为社会民生发展提供科技资源专题化服务。

（广东省科学技术厅基础研究与科研条件处　钟自然）

（广东省科技基础条件平台中心　陈树敏）

科技创新体系

科技创新平台

【珠三角国家自主创新示范区建设】 珠三角国家自主创新示范区建设是国家赋予广东的重大历史使命，是广东实施创新驱动发展战略的核心任务。2015年9月，国务院正式下发《关于同意珠三角国家高新区建设国家自主创新示范区的批复》，同意支持广州、珠海、佛山、惠州仲恺、东莞松山湖、中山火炬、江门、肇庆等8个国家高新区建设国家自主创新示范区（统称珠三角国家高新区）。珠三角国家高新区全部纳入国家自主创新示范区，是当前全国范围内获批的区域性国家自主创新示范区中涵盖城市最多的一个示范区，也是当前全国唯一具有2个自主创新示范区的省份。

完善组织领导机制　进一步完善工作机制，省市成立自创区建设和全面创新改革的领导协调、工作支撑机构，建立部门、省市联动工作机制。省委、省政府启动了设立广东国家自主创新示范区建设工作办公室工作。省科技厅也与省编办协商增设专门处室，负责自创区建设各项工作。

推进自创区顶层设计　省科技厅牵头制定《珠三角国家自主创新示范区建设实施方案》，珠三角各地市、省各厅局自创区建设工作台账，明确各市及有关单位工作目标，建立健全督查评估机制，总结阶段性实施成效。形成《珠三角国家自主创新示范区建设实施方案》初稿。与省住建厅编制《珠三角国家自主创新示范区空间发展规划》初步方案。

推动“双自”联动发展　加快自创区和自贸区联动融合发展，发挥自贸区制度创新优势，为自创区营造更加开放包容的创新创业环境；利用自创区创新资源集聚优势，全面提升自贸区创新发展水平，形成双区叠加效应。省科技厅与省自贸办正共同研究起草《珠三角国家自主创新示范区与中国（广东）自由贸易试验区联动发展的实施方案》并形成初稿。

出台创新驱动发展的重大政策　深圳市出台《关于促进科技创新的若干措施》《关于促进人才优先发展的若干措施》以及《关于支持企业提升竞争力的若干措施》《促进创客发展的若干措施》等50多项。广州市出台《关于加快实施创新驱动发展战略的决定》及9个配套政策，涉及股权投资、产业发展、信用管理、创新创业、园区管理、人才引进、土地整备、资金资助等各个方面，为建设国家自主创新示范区提供了有力的政策支撑和制度保障，强有力地支撑我省实施创新驱动发展战略。

【高新技术产业开发区】 截至2015年年底，广东省高新区共有23家，其中国家级11家、省级12家，珠三角地区实现了国家级高新区全覆盖，全省实现了省级高新区全覆盖。高新区对经济发展的支撑能力保持平稳，2015年，广东省高新区实现工业总产值24 124.02亿元，较2014年降低0.36个百分点，实现工业增加值5 067.53亿元。高新区自主创新能力不断增强，2015年全省高新区拥有高新技术企业3 114家，占高新区企业总数的33.64%，高新技术企业工业增加值2 403.79亿元，占规模以上工业企业工业增加值的比例为49.54%。高新区自主创新对外开放程度不断提升，2015年，全省高新区实现进出口总额1 546.62亿美元，其中出口额达到1 025.86亿美元。全省高新区以占全省0.2%的土地面积，创造了全省1/6的工业增加值、1/6的出口额、1/3的高新技术产品产值，形成了“创业孵化—加速—集群”的内生增长模式。

高新区分类发展　按照国家建设世界一流园区、创新型科技园区和特色科技园区的要求，推进深圳建设世界一流科技园区，加快广州、中山建设创新型科技园区，推进惠州、江门进入特色型科技园区行列，加快推动佛山、东莞、珠海等创造条件建设创新型科技园区和特色科技园区。2015年，珠三角九市高新区整体纳入国家自主创新示范区，与深圳一起，形成“1+1+7”的国家自主创新示范区建设体系；粤东西两翼、北部山区的省级高新区，着重优化园区创新创业环境，建设公共服务平台、孵化器等科技服务体系，河源、清远高新区成功升级国家级高新区。

园区创新创业环境优化 广东省充分利用省财政设立的专项资金，重点支持高新区众创空间、孵化器、创新服务平台、科技服务机构等建设，大力建设科技金融服务、技术转移、人才培训、科技信息等平台，有效地优化了全省高新区创新创业环境。截至2015年年底，全省国家高新区实现了广东科技金融服务中心、省级以上科技企业孵化器的全覆盖，广州、深圳、佛山等区域股权交易中心挂牌企业超6 000家。各高新区大力发展创客空间、创新工场等创新载体，着力打造众创、众包、众扶、众筹支撑平台，深入实施“互联网+”创新创业试点工程，推进国家级小微企业“双创”示范基地、省级小微企业创业创新示范城市以及创业孵化（实训）示范基地建设，形成了知识到价值的服务链，成为了广东省高新区科技服务体系建设的新亮点。

产业集群规模经济形成 2011—2015年，广东省在高新区内启动了创新型产业集群建设，推进广州北斗卫星导航、珠海软件及集成电路设计等11个省级集群建设试点，培育了深圳下一代互联网、惠州云计算智能终端、中山健康科技等国家创新型产业集群试点。截至2015年年底，广东省各高新区均建立了各具特色的产业集群，集群规模占园区经济总量的比例不断增大，产业集群已逐步成为了园区经济的主要形态。如深圳高新区形成了全球最大的通讯终端设备产业集群，集群实现营业总收入约占高新区总产值的65%。惠州云计算智能终端产业集群规模占高新区工业总产值的80%。深圳下一代互联网、惠州云计算智能终端等产业集群成为国家首批创新型产业集群试点，广州个体化医疗、中山数字医疗、珠海智能配电网装备3个产业集群列入了国家级创新型产业集群试点（培育）。截至2015年年底，全省高新区已形成了3个国家级试点，2个国家级试点（培育），11个省级试点的多层次创新型产业集群建设体系。

产业新业态涌现 截至2015年年底，广东省高新区涌现出各类新业态，成为了高新区发展新的增长点。高新区内出现了前孵化、虚拟孵化、异地孵化、网络孵化与天使投资协同发展的新型科技服务业，如深圳虚拟大学科技园建立的虚拟孵化平台为园区内企业提供了高效地创业注册服务，惠州高新区在波士顿建立了异地孵化器，有效整合全球创新资源。高新区涌现出文化科技业、研发外包、个体医疗、数字医疗等产业新业态，如：东莞松山湖依托产学研协同创新平台，积极发展研发外包等业务；中山高新区积极发展数字医疗信息，为医疗信息共享做出有益的探索。

（广东省科学技术厅高新技术发展及产业化处 周振江）

【技术创新专业镇】 2015年，专业镇大力实施创新驱动发展战略，加快构建专业镇创新服务体系、协同创新网络体系。在专业镇工作机制体制创新、专业镇产学研合作、专业镇转型升级的调研与政策制定、专业镇交流与研究等方面开展各项工作，稳步推动专业镇创新发展。

专业镇认定与培育 2015年，广东省技术创新专业镇建设和转型升级工作进展显著，全年共新增省级技术创新专业镇16家，总数达到399家。全省专业镇产业规模不断扩大、区域经济贡献度稳步提高、专业镇综合实力持续提升，2015年，全省专业镇实现地区生产总值（GDP）2.77万亿元，同比增长13.5%，占广东全省GDP总量的比例达38.0%；工业总产值6.36万亿元，同比增长11.4%；镇均GDP为69.42亿元，工农业总产值超千亿元的专业镇达9个，超百亿元的专业镇达141个。

表4-1-1 新认定广东省技术创新专业镇（2015年）

序号	专业镇名称	特色产业
1	东莞市谢岗镇	高端装备
2	东莞市莞城街道	文化创意
3	东莞市清溪镇	现代物流
4	东莞市万江街道	数控装备
5	惠州市龙门县龙潭镇	竹木制品
6	江门市开平市三埠街道	健康食品
7	江门市台山市台城街道	汽车零配件
8	揭阳市普宁市广太镇	绿化苗木
9	梅州市兴宁市罗浮镇	油茶
10	梅州市大埔县光德镇	陶瓷
11	梅州市平远县中兴镇	优质稻
12	汕头市潮南区司马浦镇	口腔用品
13	汕头市澄海区盐鸿镇	包装材料
14	阳江市阳东区大沟镇	对虾
15	中山市南区	电梯
16	中山市横栏镇	新型照明灯饰

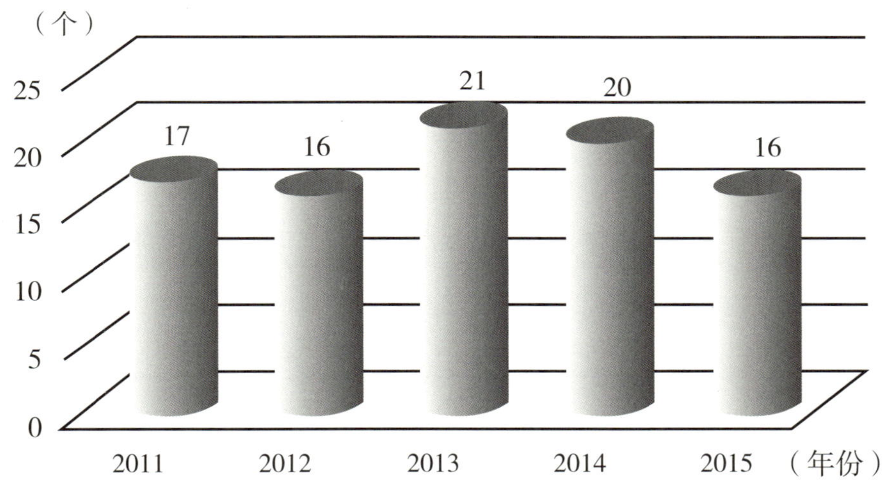

图4-1-1 广东省“十二五”期间新增省级专业镇数量（2011—2015年）

表4-1-2 广东省专业镇基本情况表（2015年）

地区	专业镇（个）	常住人口（人）	GDP（万元）	工业总产值（万元）	出口值（万元）	企业（家）	高新技术企业（家）	规模以上企业（家）
全省合计	399	43 948 123	277 107 987	636 192 529	160 063 730	679 338	2 654	30 298
广州	6	1 149 880	5 907 784	8 326 175	1 608 046	10 466	41	833
珠海	6	619 765	4 786 523	12 384 978	7 214 049	3 510	99	411

（续上表）

地区	专业镇（个）	常住人口（人）	GDP（万元）	工业总产值（万元）	出口值（万元）	企业（家）	高新技术企业（家）	规模以上企业（家）
汕头	29	2 548 486	14 719 276	25 096 581	2 845 710	23 788	96	1 274
佛山	41	8 280 504	82 683 411	224 246 212	28 053 775	200 647	665	10 424
韶关	14	464 317	609 526	990 236	28 370	2 301	1	80
河源	18	674 620	1 853 952	1 537 387	62 290	2 041	3	125
梅州	41	2 100 578	5 132 747	4 403 772	794 050	16 908	27	744
惠州	17	1 550 329	9 992 675	37 056 899	17 360 544	14 277	65	976
汕尾	8	894 009	3 490 299	5 220 463	873 633	5 284	9	134
东莞	36	9 420 501	62 057 406	140 752 787	67 308 914	204 302	917	6 692
中山	18	2 434 041	22 364 216	61 321 982	18 628 152	55 950	355	2 561
江门	22	2 512 213	23 800 285	33 127 398	7 882 580	33 891	176	1 827
阳江	15	1 028 271	5 943 533	12 106 499	864 661	5 282	15	366
湛江	17	1 189 615	3 620 879	4 216 110	375 934	12 064	25	323
茂名	16	1 562 111	3 966 219	4 038 067	250 021	33 878	12	248
肇庆	21	1 287 091	5 299 349	9 951 635	774 035	8 173	51	795
清远	9	745 783	1 543 706	8 610 393	559 616	1 301	17	217
潮州	19	1 567 274	5 818 403	11 930 795	1 380 353	19 034	43	687
揭阳	21	2 423 200	8 323 879	23 321 555	2 424 524	15 556	25	1 154
云浮	25	1 495 535	5 193 919	7 552 605	774 473	10 685	12	427

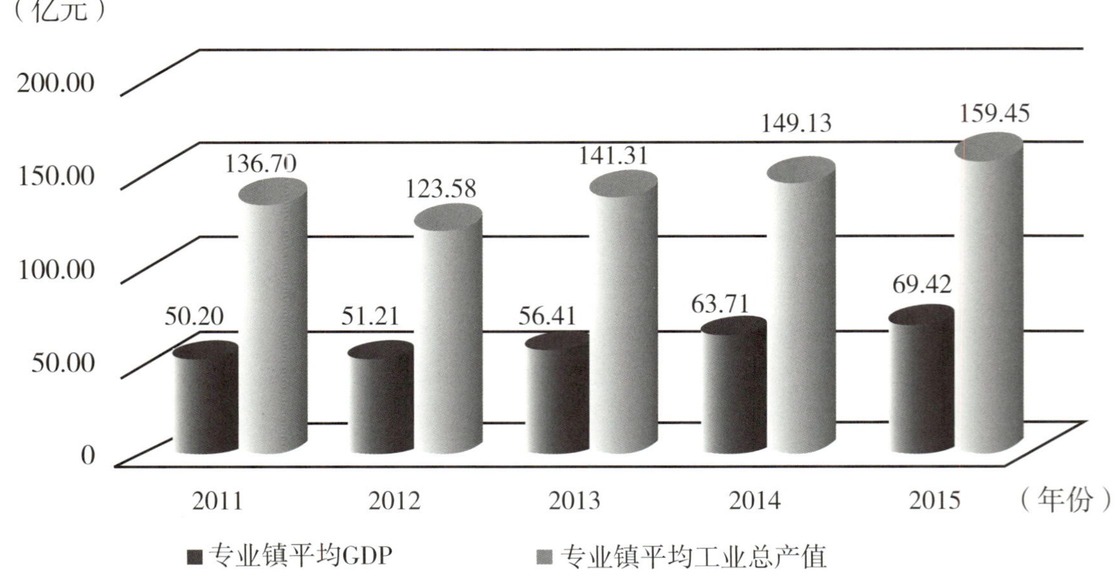

图4-1-2　广东省“十二五”期间专业镇平均GDP和平均工业总产值（2011—2015年）

专业镇经济与社会建设　截至2015年年底，经认定的专业镇达399个，遍布全省20个地市（除深圳外），地区生产总值达2.77万亿元，占全省GDP的38.0%。佛山、东莞、江门的专业镇经济贡献度均超过80%；汕头、中山、云浮的专业镇经济贡献度均超过70%；潮州、梅州等地市的专业镇经济贡献度超过50%。

2015年，全省专业镇平均企业集聚度达1 712个/镇，珠三角企业平均集聚度达3 222个/镇；全省专业镇名牌名标总数3 622个，集体商标数和原产地商标数253个，共参与制定修订行业标准1 692件；参与产学研合作企业数为1 929家，与大学、科研院所共建科技机构数共769个；创新服务平台完成和参与的成果转化项目620项，成果转化项目产值达30.07亿元。

科技创新水平　专业镇科技创新水平逐年提升，引领传统产业转型升级。2015年，全省专业镇的全社会科技投入达395.51亿元，同比增长12.7%；共拥有140.0万科技活动人员，占专业镇各类产业职工总数的8.5%；其中研究与开发（R&D）人员共31.02万人，每万人口中的研究与开发（R&D）人员数达71人；专利申请量和授权量分别达140 151件和94 396件，同比分别增长29.99%、31.69%；专业镇镇内高新技术企业2 654家，高新技术企业工业总产值达13 731.77亿元。专业镇科研能力不断提升，成为全省科技成果产出的重要基地，更是本省科技创新的新高地和有力抓手。

创新载体建设　专业镇科技创新载体建设已成规模，成为广东区域创新体系的重要组成部分。2015年，专业镇的创新服务机构共2 900个，公共创新服务平台覆盖率达90%以上，共培训人员达21.88万人次，对外服务企业达5.48万家，创新载体形式多样，形成省市县镇多级创新发展平台体系，成为专业镇转型升级的重要法宝。

城镇化建设　“十二五”期间专业镇不仅创造了大量的就业机会，吸纳农业剩余劳动力和众多外来人口，而且培育了一大批新型工人，使农村原有的生活方式和管理方式逐渐被工业社会的生活方式和管理方式所代替，城市生活的主导地位逐渐形成。2015年，全省专业镇职工总数1 641.69万人，同比增长1.6%。全省专业镇通过强化重点项目支撑，发展实体经济，促进产业集聚，构筑打造产城互动的城镇化发展新格局，大大提高了当地居民的生活水平。同时，专业镇以特色产业集聚化为目标，大力发展新型农业经营体系，带动农业专业镇向城乡统筹、城乡一体、产城互动、节约集约、生态宜居的新型城镇化迈进。

根据专业镇的决策部署，广东省科技厅在出台省市联动推进专业镇建设、创新示范专业镇、专业镇自主创新能力和产业竞争力“双提升”、“一镇一策”、专业镇中小微企业服务平台等一系列举措的基础上，及时跟踪专业镇发展趋势，关注专业镇发展新亮点、新情况，2015年，开展“十三五”时期专业镇建设政策制定的意见征求工作，包括征集广东省专业镇发展促进会常务理事对《广东省技术创新专业镇管理办法》的修改意见，收集专业镇领域专家、各专业镇相关负责同志意见，采取座谈会、书面意见征集等多种方式，推动专业镇经济发展方式转变，进一步加强专业镇创新驱动发展能力建设。

多元化宣传服务　2015年，全省专业镇开展了多项巡回宣讲系列活动，重点集中于科技创新服务主题。由广东省专业镇发展促进会、省科技基础条件平台中心、省科学技术情报研究所、省生产力促进中心、省粤科科技小额贷款股份有限公司、省认证认可协会等多个机构多家省级科研机构联合成立专业镇巡回宣讲服务小组，在东莞、惠州、中山、阳江四市宣讲专业镇科技创新服务主题内容，推动省级科研机构的优势科技资源与专业镇科技服务需求相对接。活动吸引了各地市科技局、县科技部门及企业、科技型企业、科技中介服务机构、公共服务平台、专业镇管理人员共400余人参加。

专业镇多元化宣传服务的省市联动网络建成，专题刊物、“广东专业镇”线上线下交流平台、微信圈等多元化宣传载体服务网络进一步完善。集管理、技术支撑、服务宣传、基层联络协调等多样功能与内容，联通全省所有省级专业镇，聚集高校院所、创新平台、省市各级专业镇管理部门等多层次的工作者的畅通、便捷的沟通渠道和多向交流平台进一步完善。

区域交流活动　2015年，广东专业镇进一步扩大与山东、浙江、安徽等省份的镇域经济、县域经济交流活动，推动专业镇经验走出广东，走向全国。与山东省、浙江省分别建立了以“专业镇特色产业强镇建设”“专业镇协同创新平台建设”为主题的常态化的联络和交流互访机制。4月，与山东商报、山东省经济学会成功联合开展“山东企业家广东行”暨鲁粤企业家“经济新常态下企业发展机遇与战略选择研讨会”。8月，省专业镇发展促进会与山东省经济学会和安徽省发展战略研究会联合组织专业镇电商发展交流活动。

专业镇“大数据”平台　2015年，开展专业镇大数据平台科技专题计划，通过利用云计算、大数据技术，推动专业镇大数据工作实施。面向全省的“专业镇大数据应用与服务平台”初具规模，专业镇创新发展能力评价体系得到完善。依托数据管理、创新评价模型，动态监测专业镇发展的基础更加扎实，通过第三方发布专业镇年度评价排名成功试点。依托大数据平台建设，专业镇管理与评价的科学化、精细化以及动态化水平得到实质提高。

公共创新服务平台　东莞市、中山市专业镇依托高校、科研院所、产业技术创新联盟、骨干企业以及科技中介机构等多方面力量，进一步加强产学研合作等方式建立工程技术研发中心、检验检测平台、信息咨询平台等专业镇创新服务机构，提供以共性技术创新、商贸会展、检验检测、企业孵化、信息咨询等为主要内容的多元化服务。另一方面，省科技管理部门开展多项与镇区联动方式，集中优势力量建立和完善了技术研发、工业设计等高水平的省、市、镇级公共创新平台，帮助专业镇中小企业解决共性问题。在2015年省科技厅发布的《2016年广东省协同创新与平台环境建设专项资金申报指南》中，设置“专业镇产业协同创新中心建设”项目专题，重点支持企业、高校和科研院所联合在省级专业镇成立具有独立法人的产业协同创新中心，有效支撑专业镇产业提档升级，为提升全省专业镇协同创新水平继续提供助力。

（广东省科学技术厅产学研结合处省部院
产学研结合协调领导小组办公室
广东省专业镇发展促进会　苏　炜）

【创新型产业集群】　2015年，省科技厅采取项目支持集群建设方式开展省级创新型产业集群试点工作，支持了茂名高新区精细化工、韶关高新区机械基础零部件、佛山高新区专用装备等3个省级创新型产业集群试点。截至2015年年底，深圳高新区下一代互联网、惠州高新区云计算智能终端、佛山高新区专用装备等产业集群实现营业总收入均超2 100亿元；广州个体化医疗与生物医药、中山光成像及新一代电子产业集群规模均超500亿元；中山健康科技、珠海智能配电网装备、江门绿色光源等产业集群规模超200亿元。截至2015年年底，珠三角形成了深圳下一代互联网、惠州云计算智能终端、中山健康科技等3个国家创新型产业集群试点，广州个体化医疗、珠海智能配电网装备等2个国家级创新型产业集群试点（培育）和11个省级试点的多层次创新型产业集群建设体系。

茂名高新区精细化工集群　2015年度实现总收入达183亿元，出口创汇达1 500万美元，推动了茂名市精细化工产业跨越式发展。2015年度年销售收入超亿元的科技型企业15家，其他中小型企业45家。编制了高新区精细化工产业集群发展路径研究报告和发展规划，紧跟产业发展趋势和外部环境变化，制定了产业集群发展规划，保障了产业健康有序地发展。

截至2015年年底，高新区累计承接石化中下游产业项目124个，总投资超150亿元。已形成涵盖“石油炼制及乙烯裂解—有机化工原料—石化下游产品”石化产业全链条的产业格局。集群内新增国家级研发机构1家——精细化工国家重点实验室茂名工程中心，新增省级以上的研发机构5家——广东省石化精细化工（实华）工程技术研究中心、广东省有机硫精细化工产品工程技术研究中心、广东新华粤石化有限公司企业技术中心等，还有2家市级研发机构。

支持中小企业创新，鼓励和引导企业申报省级以上的研发机构和申请发明专利，协助区内企业申请发明专利30件，软件著作权8项，提高了精细化工产业技术含量。截至2015年年底，已拥有科技企业孵化器1家，在孵企业25家，毕业企业7家，已设立5家检测检验平台。

韶关高新区机械基础零部件集群　截至2015年年底，韶关高新区内集聚了100多家机械制造类企业，整个产业集群的主导产品以汽车零部件、金属铸件、液压件、冶金产品等为主；共建有产业集群公共服务平台、基础零部件检验检测与评价服务平台和信息服务平台，3个平台相互补充、促进，带动园区乃至整个韶关地区经济的转型发展。

韶关利用优惠的政策、便利的服务，引来了中国广州分析测试中心及韶关市中广测协同创新技术有限公司。截至2015年年底，中广测韶关实验室已经为相关企业完成检测15项/次，服务约10家企业；与园区内的富洋粉末、韶关液压件厂等企业签订了初步合作意向，为园区企业技术能力的提升和产品的升级提供专业的检测分析服务。

高新区管委会制定了《韶关高新技术产业开发区园区检验检测服务平台建设扶持办法（试行）》，规定对检验检测技术服务机构和送检企业都是园区范围内的单位（企业），补贴送检企业检验检测技术服务费用支出的80%；对园区范围外，但在韶关注册的其他企业提供检验检测服务的，每完成一项检测业务，为企业补贴检验检测技术服务费用支出的50%。这一补贴办法的实施，极大地提高了企业进行材料及产品质量检测的积极性，减轻了企业在研发和生产过程中的成本。

佛山高新区专用装备集群　2015年，佛山高新区专用装备产业集群内装备企业实现总收入3 520.3亿元，工业总产值3 499.8亿元，产业集群内年销售收入超亿元企业427家，高新技术企业343家。据统计，2015年集群内全部科技项目经费内部支出达到79.73亿元，同比增长29.18%。

集群共集聚有国家级科技企业孵化器8个、省级科技企业孵化器11个、省级以上工程技术研发中心116个、省级以上企业技术中心81个、产业技术研究院20个、博士后科研工作站30个，核心区建成产业载体超过100万m^2，包括力合科技园、慧泉科技园、广东新光源产业基地、广东生物医药产业基地、中欧科技合作产业园等，建有广工大研究院、力合创智孵化器、芯光源孵化器、中科院中医药生物科技产业中心、佛山智能装备技术研究院、华南IT创业园等10多个创新平台，充分发挥了这些创新要素和创新平台的作用，招揽创新人才、技术等资源。同时，为了引入外部技术资源解决本土企业的科研项目研发问题，搭建了“互联网＋智能制造＋创新创业”项目众包平台，通过互联网技术提升产业的技术水平。

重点发展以智能装备、3D打印为主的高端装备制造产业，加快高新技术制造业聚集发展。在智能装备方面，新增申请专利13项，其建设的国家智能制造众创空间（筹）及孵化器已签约10余家机器人科技型企业；广工大研究院内有约20家企业专门进行机器人产品集成应用，并建成机器人研发中心，研发创新产品超过60项，申请专利450多件（其中，发明专利近300件）。在3D打印产业方面，建设有广东3D打印应用技术创新中心和广东3D打印应用技术创新中心众创空间。

佛山高新区结合实际，先后出台了《佛山高新技术产业开发区科技创新产业基地扶持办法》《佛山高新技术产业开发区人才团队创新创业项目配套及奖励办法（试行）》《佛山高新技术产业开发区管理委员会清华校友创业项目“资助管理工作办法”》等一系列的产业及人才扶持政策办法。园区重点针对创新创业，出台了《佛山高新区科技创新专项资金管理试行动方案》《佛山高新区科技企业孵化体系建设扶持试行方案》《佛山高新区新医药产业集聚创新发展扶持经费专项资金使用暂行管理规定》《佛山高新区机器人行业应用研究项目工作方案》等系列扶持办法，佛山高新区已初步在集群内建立起较为完备的政策扶持体系。

借助与广东金融高新区的良性互动，佛山高新区不断深化与广东金融高新区的互动协同发展，初步探索出“一个主导产业＋一个主题园区＋一个创新平台＋一家院校＋一个孵化器＋一支基金（资金）”的“六个一”金融科技产业融合新路径，促进在集群内实现金融科技产业深度融合。佛山高新区财政出资参股成立了安信德摩牙科投资基金、广东猎投基金、国科蓝海投资基金3支基金，并正在筹建第4支基金，其中3支基金已募集约2.47亿元，累计已投资约1.2亿元共14个项目，已有部分优质的国际投资项目入驻了园区。在集群内成立农行佛山首家科技支行，与农行签订38亿元授信意向协议，为科技型中小企业提供“专注、专业、专属”的金融服务，有效解决科技型中小企业“融资难”问题，助推高新区培育出一批“科技小巨人”。

（广东省科学技术厅高新技术发展及产业化处　钟世岗）

孵化育成体系

【科技企业孵化器】 自国务院办公厅印发《关于发展众创空间推进大众创新创业的指导意见》以来，大众创业万众创新（以下简称“双创”）已成为广东省实施创新驱动发展战略的重要抓手，由省科技厅负责推动科技企业孵化器、众创空间的发展。2014年以来，省科技厅设立了孵化育成体系专项资金，每年安排资金不低于1亿元，设立了新增孵化面积建设补助、孵化育成体系专项建设、孵化器倍增计划、众创空间建设等子课题。2015年确定的2016年拟资助项目共76个，大部分项目资助金额达200万元。截至2015年年底，全省科技企业孵化器达399家，新增166家；国家级孵化器61家，新增18家；在孵企业超1.8万家，新增4 056家；众创空间超150家，新增100家，其中国家级备案众创空间共44家；新增数均超历史最高水平。全省地级以上市基本实现了科技企业孵化器全覆盖，珠三角多个地市70%区（县）实现覆盖，汕头、清远高新区内孵化器被认定为国家级科技企业孵化器，实现粤东西北地区国家级孵化器“零”的突破。

广东省各类龙头企业、投资机构、高校科研院所等不同主体开始关注并积极进入孵化器领域。2015年，广东省新增科技企业孵化器60%以上由民营资本投资建设的，新认定的18家国家级科技企业孵化器，12家是社会资本投资建设的，形成社会不同主体积极建设科技企业孵化器局面。

截至2015年年底，广东省各地围绕主导产业已基本形成“前孵化器（众创空间）—孵化器—加速器”全孵化链条，实现对企业全成长周期的服务，包括技术研发、技术转移、成果推广、科技金融、知识产权、国际合作、创业导师等公共服务，全省孵化服务能力明显提升。中大创新谷、小聪情投平台、大连机床（东莞）研发中心等一批众创、众包、众筹、众扶等平台和服务机构迅速兴起，形成了“天使投资+孵化”“创业辅导+天使投资”创业展示与交流等孵化服务。

孵化育成体系政策 2015年初，广东省人民政府出台的《关于加快科技创新的若干政策意见》（粤府〔2015〕1号）相关政策措施中有3条含金量高的孵化器政策，包括工业用地建设孵化器可实现产权分割、新增孵化面积后补助、孵化器运营评价后补助、孵化器天使投资风险补偿、孵化器企业信贷风险补偿。随后，省科技厅与省财政厅出台了《关于科技企业孵化器后补助的实施办法》《关于科技企业孵化器天使投资及信贷风险补偿资金实施细则》的配套政策，与金融办出台了《广东省科学技术厅 广东省金融办关于发展科技股权众筹建设众创空间 促进创新创业的意见（粤科规财字〔2015〕104号）》，并督促各地市落实科技企业孵化器用地政策，完善科技企业孵化器支持措施。截至2015年年底，广州、深圳、东莞等9个地市出台了科技企业孵化器用地具体政策，多个地市出台了各具特色扶持政策，全省创新创业政策环境不断优化。

《关于科技企业孵化器后补助的实施办法》正式出台后，省科技厅于2015年组织开展了全省孵化器运营评价工作。通过评价，一是选取典型，推广好的孵化模式；二是对于珠三角评为A级以及粤东西北评为B级以上的孵化器给予运营后补助。

创新创业人才队伍 2015年，全省孵化器引进创业人才超1万人，新增孵化企业超4 000家。同时，加强孵化器管理服务团队的引进，2015年新引进博济科技园、厚德咖啡、36氪等国内知名孵化服务团队进驻；加强孵化服务人才团队培育，全年举办10余次从业人员培训，受训人数超2 000人次；加强创业导师队伍建设，全省创业导师超2 000人，2015年新增国家火炬创业导师73

人，增量居全国第2位。

国际交流与合作　积极搭建国际合作与交流平台，坚持“请进来”与“走出去”相结合，积极参与国际合作和竞争，不断提升全省孵化器参与全球竞争能力。截至2015年年底，广东省已建成了广州国际生物岛生物医药孵化器、中德（揭阳）金属新材料孵化器、中以（东莞）水处理孵化器等国际孵化平台；多个孵化器通过“走出去”，在美国、以色列、匈牙利等国家建立孵化和交流平台，集聚了一批国际创新资源，如广东物联天下孵化器积极对接国外资源，吸引了一批以色列、匈牙利等国家的创业人才和科技成果；惠州仲恺科技创业服务中心已在海外设立多个异地孵化基地，吸引了全球高端创业项目和团队落户惠州。

创新创业生态环境　2015年，省科技厅继续营造“大众创业、万众创新”的社会氛围，成功举办了中国创新创业大赛（广东赛区）活动，有效提升了广州、深圳、珠海、佛山、东莞、中山、惠州等分赛区办赛水平，一批优秀参赛项目获得社会各界的支持。推进珠海科技企业孵化协会的成立，充分发挥广东省和广州、深圳、东莞等科技企业孵化器协会等行业组织作用，加强孵化器自律管理。加强了政策宣传和推广，组织开展了深圳国际创客周、“双创活动周”、华南地区众创空间培训会等系列活动。

港澳台青年来粤创新创业　截至2015年年底，广州的粤港澳（国际）青年创新工场、红鸟创业苗圃、粤港澳（国际）大学生实习基地等功能性的创业服务区集聚粤港澳创业项目20多个。深圳前海深港青年梦工场建有青年创业园、展览与创业服务中心、青年创业学院、人才驿站等平台，将集聚200家创业企业或团队入驻。

7月，广州举办了“创业中国——粤港澳青年论坛”，来自粤港澳三地的200多名青年创业者参加了活动。广州市香港科大霍英东研究院从2015年开始开展为期9天的科技创新实训营暨“红鸟—起飞”梦想航班实训营。先后组织“台湾—广东周”、海峡科技论坛等活动，有效地促进了粤台创新创业交流。

存在问题　截至2015年年底，从各地市孵化器的数量来看，广州、深圳拥有孵化器数量均超100家，有些地市如阳江、梅州等仍处于孵化器建设的起步阶段。从国家级孵化器数量来看，较多集中在珠三角地区，广州拥有18家，深圳14家，佛山10家，东莞8家，惠州3家，珠海3家，中山2家，江门、汕头、清远各1家，其他地市均没实现“零”的突破。从建设众创空间的情况来看，多数运营机构聚集在广州及深圳两地，仍有多个地市在众创空间建设上处于空白。

2015年，全省创新创业载体的各项指标都增长较快，孵化器数量增长了71%，国家级数量增长了42%，但科技孵化服务能力还不强，创业孵化资源整合还不够，创新创业载体之间的协同效应还不高，对技术研发、成果转化、人才培训、检验检测、投融资等方面的专业服务还相对缺乏，部分创新创业载体盈利模式仍不清晰。

（广东省科学技术厅高新技术发展及产业化处 周振江）

【新型研发机构】　从2014年起，省科技厅在“广东省协同创新与平台环境建设专项资金”中，增设了新型研发机构扶持专题，对新型研发机构初创建设、科研仪器购置、加大研发投入和创业孵化等给予专项资金支持，有力地促进了新型研发机构的发展和壮大。2015年，先后组织了两批新型研发机构的申报评审工作，共有124家新型研发机构获得广东省新型研发机构资格。截至2015年年底，广东主要的地市包括广州、深圳、珠海、中山、惠州、江门等均出台了有关支持新型研发机构发展的管理办法或扶持政策，不仅在政策、人才、税收等方面鼓励新型研发机构的建设，同时积极吸纳社会资金，鼓励企业等机构参与创办新型研发机构。

政策建设　制定促进新型研发机构发展壮大的有关政策，为机构发展提供制度保障。在《关于加快科技创新的若干政策意见》（粤府1号文）中第十一条明确“扶持新型研发机构发展政策”，指出新型研发机构可享受国有科研机构待遇，并在房产、土地等方面可享有免税或减税的政策，对符合条件的新型研发机构进口科研用品免征进口关税和进口环节增值税、消费税等。

省科技厅会同省经济与信息化委、省人社厅、省国土资源厅等9家单位共同出台《关于支持新型研发机构发展的试行办法》，具体明确新型研发机构的功能定位、组建方式、政策优惠、设立专项资金等方面的细则。

通过深入调查研究，在《广东省自主创新促进条例》修订中，增加新型研发机构第十七条条款："各级人民政府应当根据本地经济社会发展需求，培育和建设投资主体多元化、实行市场化运作、从事关键共性技术研发与创新成果转化的新型研发机构，并通过委托研发项目、科学仪器设备购置费用补助、运行维护费用补助等形式，对其在一定期限内给予扶持。新型研发机构在政府项目承担、职称评审、人才引进、建设用地、投融资等方面享受与国有科学技术研究开发机构同等待遇。"从法律上明确新型研发机构地位，为推进新型研发机构的长期健康发展奠定了牢固的基础。

为了做好新型研发机构的评审认定工作，在前期调研和总结的基础上，省科技厅组织专家研究起草了《广东省新型研发机构管理办法（征求意见稿）》，从新型研发机构建设的条件和要求，机构的评审和管理等方面提出规范的管理流程与措施。

宣传调研　2015年，组织了全省相关领域数十位专家，先后赴全省4个地市20多家新型研发机构进行全面调研，实地跟踪和了解新型研发机构的发展和成果转化情况，形成了《广东加快建设新型研发机构及科技成果转化调研报告》报告，并提交全国科协及相关决策部门参考。

积极召开新型研发机构宣讲会，2015年共组织了10多场宣讲会，对新型研发机构的申报程序和扶持政策、专项支持等进行解读。多次在《科技日报》《南方日报》及相关杂志上宣传新型研发机构的扶持政策和办法、典型机构经验和做法等，营造新型研发机构的建设氛围。

（广东省科学技术厅产学研结合处　李　蓉）

【粤东西北地区科技创新环境建设】　2015年，在粤东西北12地市开展了全方位调研摸底，研究出台了《加强科技创新促进粤东西北地区振兴发展重点工作方案（2015—2020年）》，在财政、税收和金融等方面加大对粤东西北地区倾斜支持力度，重点推动粤东西北地区现代产业体系建设、科技园区建设、科技创新平台建设、创新环境建设等方面工作。

2015年，省科技厅安排下达粤东西北地区科技计划项目经费共计3亿元，比上年增长约25%。设立"粤东西北地区科技创新环境建设"专题资金5 000万元，根据粤东西北地区各地级市市委、市政府高度关注的重点工作部署及区域发展重大科技需求，专款专项支持开展制约区域主导产业发展的基础性、公共性、公益性重大公共科技平台、孵化器或科技基础平台建设和县（市、区）科技行政管理部门科技服务能力提升工作。

全省累计投入科技经费1亿元，在粤东西北12地市全部建立了重大技术研发平台，带动产业资金10亿元以上，粤东西北地区首次实现省级高新区和农业园区100%覆盖，建成北运菜、水产、热带水果等多条星火科技带。

2015年，科技金融专项累计投入1.2亿元，粤东西北地市直接补助比例提高到80%，撬动粤东西北地区科技金融投入10亿元以上。在粤东西北地区大力开展企业研发费用加计所得税扣除工作，全年累计研发费用抵扣税额达7.9亿元，有力地促进了粤东西北地区振兴发展。

省科技厅顺利完成省政府2014年度粤东西北地区振兴发展评估考核工作，并以95.4分的成绩获得年度考核优秀等次。继续开展东源县灯塔镇下围村扶贫开发"双到"工作，发挥科技支撑作用，强化科技产业发展，做到精准帮扶到点到根，形成科技型产业化造血式帮扶模式，扶贫"双到"工作获得领导和群众高度肯定。

（广东省科学技术厅社会发展与农村科技处　刘世伟）

【可持续发展实验区】　2015年，东莞市省级可持续发展实验区成功获批为省内第1家地市级国家可持续发展实验区。江门市新会区国家可持续发展实验区、云浮市云安区国家级可持续发展实验区以及丰顺县国家级可持续发展实验区于10月顺利完成验收考察。截至2015年年底，全省共有省级可持续发展实验区33个，其中9个实验区为国家级实验区。

（广东省科学技术厅社会发展与农村科技处　沈　思）

企业技术创新

【规模以上工业企业科技创新】 2015年，广东规模以上工业企业科技创新投入和能力继续增强，创新质量得到提高，与东部沿海和发达省市相比，其优势得以继续保持。

创新投入　2015年，广东科技创新人力投入仍以工业企业为主体，并持续增长。全省从事R&D活动人员68.0万人，其中，工业企业R&D活动人员为58.7万人，比上年增长7.9%。全省R&D人员折合全时当量为50.2万人年，其中，工业企业R&D人员折合全时当量为41.1万人，与2014年基本持平。工业企业R&D活动人员占全省R&D活动人员的比重达73.8%（见表4-3-1）。

2015年，广东R&D经费内部支出1 798.2亿元，其中，工业企业R&D经费内部支出1 520.5亿元，比上年增长10.6%；工业企业R&D经费内部支出占全省R&D经费内部支出比重达到84.6%（见表4-3-2）。

2015年，企业当年研发用仪器设备投入力度不减。规模以上工业企业当年研发用仪器设备投入为115.4亿元，与2014年基本持平（见表4-3-3）。

表4-3-1　广东R&D人员情况（2013—2015年）

2013年		2014年		2015年	
R&D人员（万人）	R&D人员全时当量（万人年）	R&D人员（万人）	R&D人员全时当量（万人年）	R&D人员（万人）	R&D人员全时当量（万人年）
65.2	50.2	67.5	50.7	68.0	50.2

表4-3-2　广东R&D经费内部支出（2013—2015年）

单位：亿元

2013年R&D内部支出		2014年R&D内部支出		2015年R&D内部支出	
	工业企业R&D经费内部支出		工业企业R&D经费内部支出		工业企业R&D经费内部支出
65.2	50.2	1 605.5	1 375.3	1 798.2	1 520.5

表4-3-3　企业当年研发用仪器设备投入（2013—2015年）

单位：亿元

年份	投入
2013年	118.3
2014年	124.3
2015年	115.4

创新实力　2015年，广东以工业企业为创新主体的态势得到继续发展，创新主体实力得到增强，更为可喜的是企业研发主体不断向高技术产业企业良性聚集。全年，广东工业企业开展R&D项目（课题）3.73万项，比2014年略有下降。工业科技创新项目中，金属制品、机械和设备修理业、家具制造业、木材加工和木、竹、藤、棕、草制品业研发势头有强劲表现，其R&D项目（课题）数分别比上年增长132.6%、50.2%、46.9%。2015年，广东工业企业发明专利申请5.16万件，与上年基本持平；广东工业企业共投入新产品产值23 056.2万亿元，新产品销售收入达22 642.5万亿元，分别比上年增长约15.0%和11.5%（见表4-3-4）。

表4-3-4　企业创新实力情况

年份	R&D项目/课题数量（万项）	发明专利申请量（万件）	新产品产值（万亿元）	新产品销售收入（万亿元）
2013年	4.69	4.72	17 981.2	18 013.7
2014年	4.29	5.56	20 057.0	20 313.3
2015年	3.73	5.16	23 056.2	22 642.5

区域优势　珠三角地区工业企业科技活动投入水平和科技活动质量在省内继续保持优势。2015年，珠三角地区9市工业企业R&D经费支出1 435.0亿元，占全省工业企业R&D经费的94.4%；开展R&D项目3.49万个，占全省工业企业的93.8%；发明专利申请5.05万件，占全省工业企业的97.9%；新产品产值21 903.4亿元，占全省工业企业的95.1%。

广东工业企业创新投入仍处于全国前列。在工业企业方面来看，工业企业R&D经费投入总量首次超过江苏，位居全国第1，R&D人员投入多年来位居全国之首。

创新基础建设的存在问题　2015年，广东工业企业科技创新取得了新的进步，但作为经济和科技发达省份来讲，还存在一些不足。2015年，广东4.2万家规模以上工业企业中，仅有5 002家设有科技研究机构，机构设置率仅为11.8%，多数工业企业有组织的科研活动开展不多。企业对基础研究和应用研究的投入比重连续多年过低，企业研发投入的结构还不合理，影响了企业的核心创新竞争力。

（广东省统计局　王科欣）

【科技型中小企业创新创业】

小企业发展专项资金管理　2015年，国家创新基金工作进行了重大调整，改变了中小企业发展专项资金的管理使用方式。广东省继续加强原创新基金管理工作体系的建设，全年共监理国家创新基金项目577项，各监理单位监理调查表上报率为100%，共验收国家项目186项，基本完成了2009—2012年省创新资金项目的验收清理工作。对全省2009—2012年度立项的项目进行评价，为进一步推进创新资金管理方式、优化创新资金运作机制和工作体系。

省科技厅完成省级前沿与关键技术创新专项资金科技型中小企业技术创新资金2015年度项目立项工作及2016年度项目申报评审工作，其中，2015年度项目共立项277项，立项金额合计9 710万元。

小微企业创业创新基地城市示范　5月31日，在全国小微企业创业创新基地城市示范评审中，江门以第一名的成绩，跻身全国15个示范城市之一，竞得6亿元国家支持资金。

7月30日，《江门市国家小微企业创业创新基地城市示范工作方案》（以下简称《方案》）出炉。《方案》以“体现江门特色、广东风格、全国标杆”为目标，提出要实施“雏鹰计划”，在3年后实现小微企业营业收入比2014年增长（下同）55%，小微企业新增就业人数累计增长比例达30%，小微企业技术合同成交额比增300%，小微企业授权专利数比增100%，将江门市打造成为一个创业天堂。为细化措施，江门市经信、科技、人社、工商、财政、发改、质监、金融等多部门大胆创新，提出了包括投融资体制创新、政府购买中介服务、载体平台认证、优惠奖补、税费减免、个转企等多方面的针对小微企业的普惠性质的扶持办法。

（广东省科学技术厅高新技术发展及产业化处 郭秀强）

【创新方法推广应用】 2015年，广东省加大力度推进创新方法推广应用，多部门协同合作，统筹规划，一方面完善推广应用工作平台体系建设，优化工作团队和专家队伍，省市基地联合并强化地市级基地的支撑服务作用；另一方面加大培训推广力度，注重企业创新方法人才团队培养，通过企业方法导入应用与示范培育，强化企业应用成效的宣传，进一步扩大社会对创新方法的认知度。

创新方法体系建设 2015年，进一步优化了创新方法工作机制，依托广东省创新方法研究会、创新方法推广应用研究中心、创新方法与决策管理系统重点实验室以及地市级创新方法推广应用基地为主要支撑的“网络化、全覆盖”的省创新方法推广应用与服务基地得到加强，四维工作模式“引·育·导·联”持续发挥作用。通过产学研合作、创新导师等工作方式，形成中心与外部优势资源的合作共赢机制，合力推进广东创新方法研究与推广应用工作。

2015年，广东工业大学和华南理工大学分别依托广东省创新方法与决策管理系统重点实验室（以下简称“实验室”）建设项目和承担的各类科技计划项目，开展创新方法研究与应用工作，为TRIZ的应用推广打下扎实的理论和科研基础。依托实验室软件资源，积极开展创新方法和决策管理系统的培训和推广应用，不仅为在校本科生、研究生设置了大量创新方法必修选修课程，而且面向中小微企业提供了创新思维与创新方法的专业化培训与咨询服务。实验室专家团队参与国际和国内各类有关创新方法的学术交流会，指导学生应用创新方法产生的2项作品参加陕西省第6届工业工程改善创意竞赛决赛，均获得了一等奖。

2015年，广东省创新方法研究会持续开展创新方法宣传工作，编印发放《创新与方法》3期，共3 000册；利用广东创新方法网广泛、及时宣传报道广东省创新方法工作情况与成效，并组织本土师资开展创新方法学术研究和工作研讨、参加国内外高水平创新方法学术论坛，竭诚为社会各界提供专业化服务。

2015年，广东省创新方法推广应用研究中心继续做好科技部和广东省科技厅下达的创新方法研究与推广应用工作总体任务，合理规划、布局、监督、管理创新方法培训和企业推广应用试点工作；继续加强培训与咨询师资队伍培育建设，组建了15人的培训与咨询专家团队，可以提供10天以上的系列培训和咨询课程，为企业提供创新方法服务，为推广应用工作提供人才保障。

创新方法试点及培训 2015年，广东省创新方法推广应用研究中心组织本土创新方法师资在广州、佛山、东莞、韶关等地为企业开展了创新方法普及培训和创新工程师培训工作，同时协助创新工程师“种子”在企业内部开展创新方法培训，全年累计组织开展创新方法培训60余期，参训人数近5 000人次。

创新方法推广成效 2015年，在企业试点示范培育工作中，通过培训，帮助试点企业应用创新方法解决实际技术难题69项，产生并提交专利124项（其中发明专利97项）。在省内优秀的创新方法推广应用试点企业中，涌现出了1家国家级创新方法标杆培育企业——广州无线电集团有限，4家国家级创新方法示范培育企业——广东威创视讯科技股份有限公司、广东生益科技股份有限公司、广州杰赛科技股份有限公司和广东格兰仕集团有限公司。这些企业将创新方法紧紧围绕各自企业实际需求，与人才团队建设、知识产权管理、专利保护策略、项目管理等不同角度紧密结合，产生良好成效。

（广东省科学技术厅科技服务与管理处 袁光侠）

【工程技术研究中心】 截至2015年年底，广东省有国家级工程中心23家。2015年新认定省级工程中心589家，全省工程中心共计2014家。省工程中心依托企业组建的有1 731家（占85.9%），依托高校组建的有220家（占10.9%），依托科研院所组建的有63家（占3.2%）。2015年，省科技厅支持工程中心建设项目85项。

广东省固态光源应用技术工程技术研究中心　该中心基于固态光源新兴产业的市场应用和技术发展需求，开展固态光源应用技术的研究，主要包括LED封装共性技术、LED背光应用技术以及LED照明应用技术的研究等。中心自成立以来获得授权专利30件；成功开发出5款以上超薄结构LED 背光一体机，以及2款以上LED照明产品；建造现代化的高端LED背光一体机生产线5条，形成年产不少于300万台的LED背光一体机的生产能力；年产值超过5亿元，利税超过3 000万元。

广东省金融自助服务工程技术研究中心　该中心开展货币与票据识别处理技术、金融电子设备中的模式识别技术，自助服务软件系统支撑技术、薄片介质传输与控制技术、金融电子产品工业设计技术研究，已完成了5个新产品的研发及产业化：H68NL大堂式多功能存取款一体机、CM400纸币清分机、VTM远程视频自动柜员机、eCAT多厂商应用统一平台软和纸币流转追踪管理系统。该中心申请专利120项，其中已获得授权的专利72项，制定企业标准3个，获得软件著作权3项，发表学术论文6篇，培养了一批货币和票据识别处理、货币与票据清分、自助服务软件及金融电子产品工业设计等技术人才团队。该中心的相关技术转化促使企业2015年新产品销售收入达29亿元，新产品利润6.97亿元。该中心为国民提供便捷的自助金融服务发挥了重要的作用，已成为中国金融电子设备核心技术研发与产业化基地。

（广东省科学技术厅产学研结合处　李　蓉）

高等院校科技创新

【高校主要科研指标】

科研人力资源　2015年，全省普通高校从事教学与研究人员总数为109 010人，其中理、工、农、医类（以下简称“科技”）人数为67 123人，人文社会科学类（以下简称“人文社科”）人数为41 887人。

2015年，全省普通高校从事教学与研究人员中，具有高级职称（正高和副高职称之和）的人数为35 664人，其中：科技类高级职称有21 984人，人文社科类有13 680人；具有博士学位者共21 308人，其中，科技类有14 418人，人文社科类有6 890人。

科研活动经费　2015年，全省普通高校当年投入科研经费总额为106.33亿元，其中：科技类经费为91.68亿元，占总经费的86.22%；人文社科类经费为14.65亿元，占总经费的13.78%。

2015年，全省普通高校当年政府投入的科研经费为77.7亿元，占全省普通高校当年投入科研总经费的73.07%。政府科研经费中，投入至科技类的经费为69.82亿元，占科技类总经费的76.16%；人文社科类为7.88亿元，占社科类总经费的53.79%。

2015年，全省普通高校当年企事业单位投入的科研经费为19.68亿元，占全省高校当年投入科研总经费的18.51%。企事业单位科研经费中投入至科技类的经费为16.18亿元，占科技类总经费的17.65%；人文社科类的经费为3.5亿元，占人文社科类总经费的23.89%。

2015年，全省普通高校当年其他经费来源投入的科研经费为8.95亿元，占全省高校当年投入科研总经费的8.41%。其他投入至科技类的经费为5.68亿元，占科技类总经费的6.19%；人文社科类的经费为3.27亿元，占人文社科类总经费的22.3%。

研究机构　2015年，全省普通高校共拥有上级主管部门批准的研究机构879个，其中：科技活动机构657个，包括国家级机构44个、省部级机构465个、其他主管部门机构148个；人文社科研究活动机构222个，包括教育部重点研究基地9个、省部共建基地2个、省级基地56个、省级实验室4个、其他56个。

科研项目　2015年，全省普通高校投入项目经费合计78.34亿元，占全省普通高校当年投入科研经费的73.76%。在研项目67 218项，其中，当年新立项项目25 903项，当年新立项项目投入经费54.27亿元。

科技类项目当年投入经费69.94亿元，在研项目38 133项，其中，新立项项目17 006项，新立项项目当年投入经费47.53亿元。人文社科类项目当年投入经费8.85亿元，在研项目29 085项，其中新立项项目8 897项，新立项项目当年投入经费6.75亿元。

科研成果　2015年，全省普通高校共发表学术论文69 004篇，其中，在国外发表学术论文18 415篇；发表科技类学术论文50 179篇，其中，在国外发表学术论文17 580篇，三大索引（SCI，EI，ISTP）收录论文20 862篇；发表人文社科类学术论文18 825篇，其中在国外发表学术论文835篇；出版各类图书2 300部，其中，出版科技类图书731部，人文社科类图书1 569部；出版专著814部，其中，科技类专著出版172部，人文社科类专著642部。

2015年，全省普通高校科技类成果中共有117项成果进行了鉴定。其中，鉴定结论为国际水平的24项，国内首创的18项，国内先进的72项；签订技术转让合同406项，合同金额20 291.5万元，当年实际收入10 826.2万元；专利申请9 540件，专利授权5 335件，其中，发明专利申请5 658

件，占专利申请总数的59.3%。据各校统计报表汇总，截至2015年年底，全省高校拥有专利19 202件。

根据各校统计报表汇总，2015年，全省普通高校共获得各类成果奖429项，其中：科技领域获得国家级二等奖以上奖励17项，省部级二等奖以上奖励116项；人文社科领域获得部级奖54项，省级奖179项。2015年，全省普通高校科技类项目中共有88项国家级重大、重点项目验收，其中，“973计划”项目13项，国家科技支撑计划项目8项，“863计划”项目7项，国家自然科学基金重大、重点项目40项，军工项目16项；人文社科类项目中，国家级项目结项173项，教育部人文社会科学研究项目结项304项。

学术交流　2015年，高校在开展科技类学术交流方面，合作研究共派出2 352人次，接受1 929人次；出席国际学术会议5 971人次，交流论文4 435篇；主办国际学术会议130场次，国际学术会议特邀报告1 048篇。在人文社科类学术交流方面，合作研究共派出716人次，接受608人次；出席国际学术会议1 761人次，交流论文1 109篇；主办国际学术会议95场次。

（广东省教育厅　柴　培）

【中山大学】　2015年是全面完成“十二五”规划的收官之年，也是中山大学科研管理体制改革的关键年度。根据中山大学“建设世界一流大学”宏伟目标，学校紧紧围绕科研重点工作部署，坚持“三个面向”，积极推进“三大”建设（即大科研平台、大科研团队、大科研项目培育建设），以“改革创新、前瞻谋划、重点突破、‘四有’管理”为抓手，推动各项工作取得显著进展。

科研项目与经费　2015年，中山大学坚持承担项目数增加，到账科研经费达15.77亿元，创历史新高。

2015年，中山大学获国家自然科学基金立项565项，总资助经费达3.83亿元，全国排名第6位；承担国家、地方各类重点重大科研项目50项，其中，国家自科基金重点重大项目25项，应用类重点重大科研项目20项，合同经费大于300万元的横向科研项目5项。中山大学附属第六医院获批为国家发改委“高性能医学诊疗设备数字影像示范中心”，该专项全国仅6项，广东省仅1项。3项“十二五”传染病科技重大专项执行状况良好，其中2项顺利滚动进入“十三五”，合计申报预算经费1.26亿元。2015年，中山大学各类国际科技合作项目（除国自然国际合作项目外）总量增长明显，共获得立项46项、批准经费4 389.7万元，较2014年（1 150.8万元）有明显增长。

科技成果　2015年，中山大学以第一完成单位获4项2015年度国家奖，其中，2项获国家自然科学奖二等奖，2项获国家科技进步奖二等奖；获22项2015年度广东省科学技术奖，占全省授奖数的9.3%，其中，以第一完成单位共获奖11项，包括一等奖5项、二等奖4项、三等奖2项，作为参加单位获奖11项。

根据中国科技信息研究所2015年10月发布的数据，2014年中山大学理工医科收录进*Science*、*Nature*、*Cell*和*PNAS*的论文共计8篇，居全国高校第4位，远高于上一年度的第22位。2015年，中山大学专利申请652项，授权355项，获广东发明人奖和广东发明奖优秀奖各一项。

科研平台建设　2015年，中山大学获准建设国家地方联合工程研究中心1个、国家地方联合工程实验室1个、广东省重点实验室2个、广东省工程技术研究开发中心12个、广州市重点实验室1个、珠海市重点实验室2个（见表4-4-1）。

表4-4-1　中山大学新增省部级以上科研平台（2015年）

序号	建设单位（院/系）	名称
1	信息科学与技术学院	RFID与物联网标签技术国家地方联合工程研究中心（共建）
2	中山大学附属第一医院	血管疾病诊治技术国家地方联合工程实验室
3	数据科学与计算机学院	广东省大数据分析与处理重点实验室

（续上表）

序号	建设单位（院/系）	名称
4	中山医学院	广东省脑功能与脑疾病重点实验室
5	材料科学与工程学院/化学学院	广东省功能生物材料工程技术研究中心
6	地理科学与规划学院	广东省华南地区水安全调控工程技术研究中心
7	化学工程与技术学院	广东省石化过程节能工程技术研究中心
8	中法核工程与技术学院	广东省核安全与应急技术工程技术研究中心
9	生命科学学院	广东省中药上市后质量与药效再评价工程技术研究中心
10	电子与信息工程学院	广东省集成电路工程技术研究中心
11	中山大学中山眼科中心	广东省眼科诊断和治疗创新工程技术研究中心
12	中山大学附属第一医院	广东省神经系统重大疾病诊治工程技术研究中心
13	中山大学附属第一医院	广东省医用放射性药物转化应用工程技术研究中心
14	中山大学附属第三医院	广东省消化内镜工程技术研究中心
15	中山大学孙逸仙纪念医院	广东省医疗大数据工程技术研究中心
16	中山大学肿瘤防治中心	广东省肿瘤精准治疗分子靶点检测工程技术研究中心

在重大科技基础设施培育建设方面，“天琴计划”重大科技基础设施已纳入向国家发改委推荐重大基础设施的优先备选项目。截至2015年年底，广东省科技厅已初步确定将精准医学纳入2016年省科技重大专项予以重点支持，广东省经济与信息化委初定通过500万元省长基金项目和1 000万互联网+项目对精准医学建设予以支持。教育部、省发改委和珠海市人民政府大力支持海洋综合科考船及其专用码头等保障基地的申报工作。

科技人才　2015年，巢晖、周家国获得国家杰出青年科学基金资助；7名教师获得优秀青年科学基金；朱熹平科研团队获国家自然科学基金创新研究群体，获经费840万元；朱建刚科研团队被纳入广东省引进创新团队项目，获经费3 000万元。在2015年立项的2014年广东特支计划中，中山大学5名教师获科技创新领军人才，16名教师获国家科技创新青年拔尖人才，立项经费总计880万元。

产学研工作　2015年，中山大学落实与梅州市在陶瓷产业、医疗健康、生物医药、电子商务等四大领域合作项目的开展，已取得阶段性成果。

2015年，衔接国家“一带一路”战略，由佛山市南海区组织、中山大学牵头，联合广西大学、贵州大学签署建设合作意向书，筹建粤桂黔高铁经济带研究院。2015年，中山大学与广东省发改委在低碳中心的基础上共建广东省应对气候变化研究中心，开展应对气候变化战略政策规划及碳排放和交易研究。此外，中山大学还通过实地调研、签订合作方案、承担项目、共建科研平台等方式进一步深化与温氏集团、北京诺华制药、金发科技集团等龙头企业的合作。

10月，中山大学深圳研究院、东莞研究院、顺德卡内基梅隆国际联合研究院、南沙研究院、惠州研究院、顺德太阳能研究院、佛山研究院共7家研究院被广东省科技厅认定为广东省第一批新型研发机构。

（中山大学　徐　静）

【华南理工大学】　2015年，华南理工大学（以下简称“华南理工”）紧密围绕建设高水平研究型大学的目标，以国家、广东省重大科技需求为导向，开拓创新，加大了重大项目、重要奖励、重点基地和高层次人才争取工作的组织策划力度，科技创新能力进一步增强，科研综合实力进一步提高。

科研项目和经费　2015年，华南理工新增科研项目超过2 000项，科研经费超过14亿元。在基础研究方面，华南理工获国家自然科学基金项目250项，获经费1.89亿元，资助率32.94%，居全国高校前列（超过全国平均资助率约10个百分点）。其中：获国家自然科学基金创新研究群体项目1项，实现重要突破；获国家杰出青年科学基金项目1项，国家优秀青年基金项目1项；获国家重大科研仪器研制项目2项，在全国高校排第5位，学校连续两年获国家基金重点项目均超过15项，处于全国前列；获批广东省自然基金杰出青年基金项目8项，重点项目6项，重大培育项目3项。在应用研究方面，获国家科技支撑计划项目课题、科技部国际合作项目多项；作为牵头单位，获广东省应用型科技研发专项17项，经费超过1亿元，参与项目33项，经费1.75亿元，居广东高校首位。在横向科技合作方面，承担企事业单位委托项目超过1 000项。

科技队伍建设　截至2015年年底，华南理工有教职工4 503人，其中，专任教师2 421人，中国科学院院士3人，中国工程院院士5人，双聘院士28人，国家教学名师4人，长江学者特聘教授23人，“千人计划”入选者（含“青年千人”）19人，“973计划”首席科学家7人，国家杰出青年科学基金获得者32人，国家优秀青年科学基金获得者13人，国家中青年科技创新领军人才8人，广东省自然科学杰出青年基金获得者24人，国家自然科学基金创新研究群体1个，教育部创新团队10个，广东省创新科研团队2个，广东省自然科学基金团队22个。

科研成果　2015年度，华南理工获部省级以上自然科学类科技奖励45项。其中：2015年度国家科学技术奖5项（包括自然科学奖1项，技术发明奖2项，科技进步奖2项），是学校获得国家奖最多的一年，获奖总数和牵头获奖数均列全国高校第11位，其中体现原始创新性研究水平的自然科学奖和技术发明奖数量位列全国高校第5位，是广东省唯一连续3年牵头获得国家技术发明奖的单位；获2015年度高等学校科学研究优秀成果奖（科学技术）8项，其中，一等奖2项、二等奖5项、青年科学奖1项（全国仅8项），牵头获奖数量（7项）在全国高校排名第11位，取得历史最好成绩；获2015年度广东省突出贡献奖1项；获2015年度广东省科学技术奖26项，其中，一等奖3项、二等奖10项、三等奖13项（见表4-4-2）；获2015年度广州市科学技术奖5项，其中，二等奖4项、三等奖1项。

表4-4-2　2015年度华南理工大学部分获奖项目

序号	项目名称	项目负责人	获奖类别
1	实现高效率有机太阳电池的新型聚合物材料及器件结构	曹　镛	国家自然科学奖二等奖
2	基于拉伸流变的高分子材料绿色加工成型技术	瞿金平	国家技术发明奖二等奖
3	碱木质素的改性及造纸黑液的资源化高效利用	邱学青	国家技术发明奖二等奖
4	营养代餐食品创制关键技术及产业化应用*	杨晓泉	国家科技进步奖二等奖
5	区域大气污染源高分辨率排放清单关键技术与应用*	郑君瑜	国家科技进步奖二等奖
6	专用项目	张卫文	高等学校科学研究优秀成果奖（科学技术）一等奖
7	农林生物质多级资源化利用关键技术*	许　凤	高等学校科学研究优秀成果奖（科学技术）一等奖
8	黄飞		高等学校科学研究优秀成果奖青年科学奖

（续上表）

序号	项目名称	项目负责人	获奖类别
9	射频系统的小型化与低功耗研究	章秀银	广东省科学技术奖一等奖
10	海量频内容快速检索与深度分析的关键技术及其应用视*	黄　翰	广东省科学技术奖一等奖
11	高压高钢级厚壁海管开发及在南海深水天然气项目应用*	李烈军	广东省科学技术奖一等奖
12	曹　镛		广东省科学技术奖突出贡献奖

注：*表示华南理工为非牵头单位

据2015年中国科学技术信息研究所公布结果显示，2014年度华南理工被三大索引（以SCIE、EI、CPCI-S计）收录论文4 353篇次；2014年度发表“表现不俗”SCI论文887篇，比2013年增长了40.6%，华南理工“表现不俗”论文数量占SCI论文总数的46.3%，该比例在表现不俗论文数排前30名的高校中排名第11位。SCI学科影响因子前1/10的期刊论文375篇，在全国高等院校中排名第15位。吴宏滨团队在*Nature Photonics*发表的论文*Enhanced power-conversion efficiency in polymer solar cells using an inverted device structure*，在2005—2015年累计被引次数达1 529次，在2005—2015年我国被引次数最高的10篇高被引论文中排名第2位，在物理学科高被引论文中排名第1位。2015年，曹镛、唐本忠、孙大文、叶轩立、吴宏滨入选2015汤森路透全球高被引科学家，入选2015年高被引科学家数量在内地高校中排名第4位。

产学研工作　2015年，华南理工积极拓宽渠道，进一步提升服务地方产业能力，企业委托科研项目数、经费数、科技成果应用及转化率，稳居广东高校榜首，获颁2015年度“中国产学研促进奖”以及中国国际工业博览会大会“创新奖”（仅18个展出单位获此奖项）。继续加强与企业共建产学研服务平台，2015年，华南理工与广州赛莱拉干细胞科技股份有限公司等5家大型企业共建联合研发中心，合同经费1 900万元。

2015年，华南理工积极拓展校地合作，大力推进科技成果转化，与广州市政府、珠海市政府、中山市政府等在人才培养、成果转化、平台建设和企业孵化等领域加强交流与合作，在广东形成了以广州为中心，东莞、珠海东西两翼发展的产学研合作战略布局。2015年，与珠海市政府合作建设的省内首个现代产业创新研究院正式签约并启动建设，获建设经费2亿元和20hm^{2}土地支持，首批引进了10余个项目团队。华南协同创新研究院与中山市华南理工大学现代产业技术研究院被认定为广东省第一批新型研发机构。广州现代产业技术研究院孵化21家科技型企业，其中2家企业准备上市，在南沙国家新区的科技创新平台考核中综合评比排第1位。华南协同创新研究院围绕生物医药与医疗器械、高端装备、高端电子信息和新材料与新能源领域，已引进和孵化企业5家。

2015年，华南理工与南洋理工大学、中新广州知识城管委会、中新广州知识城投资开发有限公司签署合作协议联合建立“中新国际联合研究院”。研究院初期启动建设5个研发平台：电动汽车与智慧城市平台、食品营养与安全平台、大型公共建筑与可持续城市发展研发平台、污染控制与环境修复研发平台和新型生物材料研发平台。

知识产权工作　2015年，华南理工专利“双光学放大倍率图像采集装置及图像采集控制处理系统”和“一种淀粉预处理方法”荣获第17届中国专利奖。自2009年以来，全校获中国专利奖数量达18项（金奖1项），获奖总数位居全国高校首位。专利“一种高磺化度高分子量木质素基高效减水剂及其制备方法”荣获2015年广东专利奖金奖，1人获广东发明人奖。2015年，华南理工获批“知识产权管理规范省试点高校”“广东省新一代通信产业专利示范单位”和“广东省资源再生循环利用产业专利优势科研机构”等荣誉称号。

2015年，全校共申请专利2 767件，其中发明专利2 068件；申请国际专利（PCT）57件；授权专利1 335件，其中发明专利871件；发明专利申请受理量和发明专利授权量分别排名全国高校第4位和第7位。截至2015年年底，有效发明专利3 281件，排名全国高校第6位。据广东省知识产权局统计数据显示，2015年，该校发明专利申请量和发明专利授权量分别占全省大专院校的30.5%和36%。在中国管理科学研究院《中国大学评价》课题组公布的中国大学综合实力排名中，该校2015年专利技术转让指标表现突出，居全国高校第1位。

科研平台建设　2015年，华南理工新增15个自然科学类科研机构，其中，国家地方联合工程实验室1个，教育部国际合作联合实验室1个，广东省重点实验室1个，广东省工程实验室1个，广东省工程技术研究中心9个，广东高校工程技术研究中心1个（见表4–4–3），广州市重点实验室2个。

2015年，华南理工5个广东省重点实验室评估优秀，4个广东省重点实验室评估良好，优秀率达39%，远高于全省平均水平。聚合物新型成型装备国家工程研究中心和造纸与污染控制国家工程研究中心评价结果均为良好。截至2015年年底，该校共有上级主管部门批准建设的自然科学类科研机构109个，其中国家级科研机构总数达14个，居全国高校前列。

表4–4–3　华南理工大学新增省部级以上科研平台（2015年）

序号	建设单位（院/系）	名称
1	机械与汽车工程学院	汽车零部件技术国家地方联合工程实验室
2	材料科学与工程学院	先进功能材料国际合作联合实验室（教育部）
3	化学与化工学院	广东省功能分子工程重点实验室
4	机械与汽车工程学院	广东省功能结构与器件智能制造工程实验室
5	化学与化工学院	广东省热能高效储存与利用工程技术研究中心
6	自动化科学与工程学院	广东省智能系统控制工程技术研究中心
7	材料科学与工程学院	广东省半导体照明与信息化工程技术研究中心
8	材料科学与工程学院	广东省电子封装材料与可靠性工程技术研究中心
9	计算机科学与工程学院	广东省信息访问与传输安全工程技术研究中心
10	软件学院	广东省社会媒体处理与软件开发工程技术研究中心
11	电子与信息学院	广东省天线与射频工程技术研究中心
12	建筑学院	广东省现代建筑创作工程技术研究中心
13	食品科学与工程学院	广东省脂类科学与应用工程技术研究中心

科技交流与合作　2015年，华南理工主办或承办11次大型国际学术会议、18次全国性大型学术会议。

5月15—18日，第二届国际聚集诱导发光现象及其应用学术讨论会在广州召开。会议由华南理工大学发光材料与器件国家重点实验室主办，华南理工双聘院士唐本忠担任大会主席，来自美国、日本、新加坡、墨西哥和中国大陆、香港、台湾等国家和地区的300多位专家学者参加会议。会议安排了5场大会报告，78场报告、2场主编报告以及71场邀请报告，展出墙报106篇。与会专家学者围绕聚集诱导发光现象、机理及其在光电器件，生物/化学传感领域和其他方面的应用展开研讨，展示最新的研究成果，对聚集诱导发光领域的前景进行了展望。

6月24—25日，第三届空气污染控制成本效益与达标评估国际学术研讨会在广州召开。会议由中国环保部、美国环保署、中国工程院环境与轻纺工程学部主办，华南理工大学、清华大学等单位共同承办，中国工程院环境与轻纺工程学部主任郝吉明院士担任会议主席，来自中国大陆、香港、澳门、台湾地区以及美国的政府官员和各类学者、专家共计300余人参加会议。会议以大气污染物排放与控制技术，区域大气复合污染成因、监测与模拟，空气质量管理与达标规划，空气污染控制的成本和健康效益为主题。中国气象局国家气候中心丁一汇院士和第二炮兵后勤科学技术研究所侯立安院士分别作了《中国气候效应和气溶胶分布与空气污染》和《室内空气污染控制》的主旨报告。

7月4—5日，第二届中国糖业科技与发展高峰论坛在广州举行。会议由广东省制糖学会主办，华南理工大学承办，中国工程院朱蓓薇院士、中国糖业协会贾志忍理事长、广东省科协党组何真书记、广东轻工业协会杨大行理事长，广西、广东、云南糖业协会负责人、全国大型制糖企业及科研院所负责人、糖业界技术专家、教授和技术工作者、国内外著名制糖设备制造商代表等200余人参会。大会以“创新驱动持续发展”主题，围绕制糖工程新技术及新工艺新设备、糖品新资源与新功能开发及利用、糖品安全与生物技术的研究及应用、节能减排糖业经济及可持续发展等4个方面作了32场主题报告，共收到论文110多篇。大会为我国制糖专家华南理工大学郭祀远颁发了“特别贡献奖”，评选产生了12篇优秀论文。

9月16—18日，“中国橡胶工业百年纪念大会暨第十届中国橡胶基础研究研讨会”在广州召开，会议由国家自然科学基金委员会、中国化工学会橡胶专业委员会、北京化工大学与华南理工大联合主办。多位院士、行业的专家、学者以及企业的代表等500余人参会。78位橡胶工业优秀科技工作者获大会表彰，聘请39人为中国化工学会橡胶专业委员会终身委员，贾德民、周福霖、瞿金平、张立群等作学术报告。会议就橡胶的设计与合成、多相多组分弹性体、橡胶材料的表征、橡胶合成与改性、青年论坛等主题进行了汇报和讨论。同期，“中国橡胶百年—广州橡胶论坛”在华南理工举行。

11月5—8日，第八届全国环境化学大会在广州举行。会议由中国化学会环境化学专业委员会和中国环境科学学会环境化学分会主办，华南理工大学承办，来自中国、美国、加拿大的20多位院士、128位“千人计划”学者、长江学者、“杰青”等在内的4 000多名代表与会。大会主席、中科院院士、中科院生态中心研究员江桂斌，中科院院士、北京大学教授陶澍，日本大阪大学教授Hiromi Yamashita，加拿大阿尔伯塔大学X.Chris Le院士分别作了大会报告。会议以“环境化学的创新与发展”为主题，根据环境化学学科的最新进展设置多种议题，涵盖水、气、固多种介质，涉及催化、生物、材料、毒理、健康等多学科的交叉。会议期间举办了青年学者报告会、研究生报告会、“与编辑面对面”研讨会、国家基金委报告会等专题会议。会议收到论文摘要1 948份，设立了大会报告7个、分会场32个，安排口头报告992个、展板报告1 001份。本次会议是历史上环境化学领域规模最大、专家学者最多的一次盛会。

11月16日，第四届全国社会媒体处理大会在广州召开。会议由中国中文信息学会社会媒体处理专委会主办，华南理工大学承办，来自国内外高校、科研院所、企业研发机构的100多位专家参会。会议收到了清华大学、中国科学院大学等的学术投稿105篇，邀请10多位国内外社会媒体领域专家，围绕大数据人才培养、社交网络中的用户情感预测、新闻关注度的大数据分析、社交网络中谣言识别方法、社交网络中未知链接的预测等主题作报告。会议设立情感分析论坛和计算社会科学论坛等两个专题论坛就社会媒体处理当下的研究热点展开讨论。

11月27—29日，非线性分析及其应用学术会议在广州召开。会议由华南理工大学双聘院士郭柏灵教授和美国加州理工学院教授侯一钊发起，由华南理工大学主办，中国科学院院士郭柏灵、江松及15位国家自然科学基金杰出青年基金获得者等130余人参加会议。会议共举行11场大会报告及60场专题报告，集中在非线性偏微分方程及数值分析、非线性动力系统、分形几何理论及应用等相关领域，对非线性分析及其应用领域的学术交流和科学研究产生了积极影响。

（华南理工大学　杨军）

【暨南大学】　2015年，暨南大学（以下简称“暨大”）继续围绕“搭大平台、组大团队、拿大项目、出大成果”的发展思路，以“高水平大学建设”为抓手，以服务创新驱动发展战略为导向，通过创新科研管理体制、优化资源配置，扎实推进科研工作。2015年，暨南大学获批为广东省首批经营性技术入股的试点单位。2015年，全校专利申请152项，授权101项，被评为首批广东高校知识产权规范管理试点单位。全年统筹组织了177场学术沙龙活动，为科技工作者提供交流和沟通的平台。

科研项目与经费　2015年，暨大获科研项目经费4.64亿元。其中：获国家自然科学基金立项项目127项，获经费7 500万元，其中，杰出青年项目1项，优秀青年项目1项，NSFC–广东联合基金重点项目3项，重大研究计划重点支持项目1项；获广东省自然科学基金项目64项，获经费1 040万元，其中，省杰出青年基金项目4项；获各级纵向科技计划项目346项，获经费19 656万元，其中，广东省应用型科技研发专项第一批项目9项（经费6 600万元），广东省重大专项3项（经费1 110万元）；中央高校基本科研业务费2 420万元；签订横向项目197项，总经费11 648万元。

科研平台建设　围绕“高水平大学建设”，继续发挥学校多学科、多功能优势，与地方政府、国内外高水平大学、科研机构、知名企业等开展深度合作。2015年，获批国家级平台1个——高性能金属耐磨材料技术国家地方联合工程研究中心（广东），省部级平台12个（见表4–4–4）。

表4–4–4　暨南大学新增省部级以上科研平台（2015年）

序号	建设单位（院/系）	名称
1	先进耐磨蚀及功能材料研究院	性能金属耐磨材料技术国家地方联合工程研究中心（广东）
2	粤港澳中枢神经再生研究院	中枢神经再生教育部国际合作联合实验室
3	光子研究院	广东省光纤传感与通信技术重点实验室
4	信息科学技术学院	广东省工业机器人智能控制工程技术研究中心
5	质谱仪器与大气环境研究所	广东省大所污染在线源解析系统工程技术研究中心
6	环境学院	广东省环境污染控制与修复材料工程技术研究中心
7	第一临床医学院	广东省神经功能康复工程技术研究中心
8	理工学院	广东高校油脂生物炼制工程技术研究中心
9	第一临床医学院	广东省血液净化临床工程技术研究中心
10	化学与材料学院	广东省纳米化学创新药物工程技术研究中心
11	环境学院	广东省水处理工艺与材料工程技术研究中心
12	环境学院	广州市环境暴露与健康重点实验室
13	药学院	广州市心脑血管疾病创新化学药物研发重点实验室

人才团队建设　通过营造团队氛围，整合学科资源，针对暨大在优势特色学科领域以及国家和地方重大科技需求，逐步形成具有较强研究特色和研究优势的科研团队，较有代表性的有资源环境团队、创新药物团队、光电信息与传感技术团队、生物材料团队等。刘奋勇教授领衔的“新型抗病毒核酸分子研究团队”和马建峰南教授领衔的“移动云计算安全团队”，获得2015年度广东省“珠江人才计划”引进创新创业团队立项，资助经费4 000万元。

（暨南大学　刘百联）

【华南师范大学】　2015年，华南师范大学科技工作以高水平大学建设规划为引领，紧密围绕学校“三重一促”工作部署安排，加强重大项目、重大平台、重要成果奖励培育和产学研合作促进工作，在新形势新常态下积极探索科技创新发展的新思路、新方向和新举措。

科研项目和经费　2015年，华南师范大学获科技项目经费20 272.1万元，相比2014年增长约100%，其中，科技纵向项目经费17 679.90万元，首次突破亿元大关，经费数较2014年增长94.21%，横向实到科技经费2 331.2万元。国家自然科学项目共获立项71项，经费4 932.5万元；首次获国家重大科研仪器研制项目，获首批国家基金委与荷兰科学研究组织合作研究项目1项，获NSFC—广东联合基金重点项目1项。全年获批经费数超过100万元的项目共34项，其中超过500万元共9项。

科研成果　华南师范大学获2015年度教育部高等学校科学研究优秀成果奖励（科学技术）二等奖1项，2015年度广东省科学技术奖二等奖2项。其中，丁时进教授牵头完成的“Landau-Lifshitz方程适定性理论研究”获得2015年度高等学校科学研究优秀成果奖（科学技术）二等奖，陈裕群教授牵头的“Groebner-Shirshov（格勒布纳-希尔绍夫）基及其应用”、李岩教授牵头的“基于SVG的移动互联网空间信息集成服务与应用”获2015年度广东省科学技术奖二等奖。

全校以第一单位发表三大索引收录论文共1 241篇，其中，SCI收录论文751篇，EI收录论文460篇，ISTP收录论文30篇。

知识产权工作　2015年，全校共申请专利287项（其中PCT国际专利4项，国内发明240项，实用新型43项），比2014年增长了20%；获得授权专利164项（国内发明专利授权109项，实用新型授权55项）。计算机软件著作权88项，比2014年增长79.6%。是年，学校被广东省知识产权局、广东省教育厅确定为“广东省高校知识产权管理规范试点单位”。

产学研工作　2015年，学校与肇庆市人民政府签订共建“华南师范大学（肇庆）国际光电产业研究院”协议。研究院将紧密结合肇庆市产业经济发展规划和现实需求，依托学校现有的高端科技平台、人才、成果和产业等优势资源，进行先进光电技术集成开发、成果中试和企业孵化，逐步建成国家级或省部级高层次科研平台。研究院占地共2万m^2，土地40亩，安排启动费2 000万元，5年运行经费4 000万元。是年，学校与广东省8家高新技术企业共建产学研结合示范基地，共签订协议合同超过400万。

科研平台建设　2015年，新增广东省工程技术研究中心8个（广东省能量转化与储能材料工程技术研究中心、广东省饮用水安全保障工程技术研究中心、广东省水产优质环保养殖工程技术研究中心、广东省华南牧草工程技术研究中心、广东省移动互联网应用与安全工程技术研究中心、广东省数据科学工程技术研究中心、广东省微结构功能光纤与器件工程技术研究中心、广东省高效绿色能源与环保材料工程技术研究中心），广东省工程实验室1个（广东省高能动力与储能电池有机高分子功能材料工程实验室）。截至2015年年底，全校省级重点平台数跃升至27个，涵盖全校主要的理工类学科。

科技交流与合作　2015年，华南师范大学主办广东高校教育信息化创新与发展论坛、第十三届“挑战杯”学生课外科技作品竞赛之“攀登大讲坛”等大型学术活动，共举办67场学术活动，其中11场新世纪论坛。

12月26日，由华南师范大学教育信息技术学院、广东省高等学校教育技术中心、广东省高等教育学会教育技术专业委员会联合举办的“广东高校教育信息化创新与发展论坛”在华南师范大学召开。论坛以“互联网+教育”为主题，邀请阵容强大的一批国内外著名教育信息化专家学者齐聚一堂，深入探讨互联网背景下的教育发展，来自中山大学、华南理工大学、暨南大学等广东各地40多所高等院校的代表200多人参加了论坛。

（华南师范大学　张　雯）

【华南农业大学】　2015年，华南农业大学（以下简称“华农”）紧密围绕高水平大学建设目标和工作重点，深入推进科技体制机制创新，稳步推进各项工作，科技创新能力和服务社会的能力进一步增强。

科研项目和经费　2015年，全校到位经费共计5.13亿元，创历史新高，比2014年增长40%，是2010年的2倍。其中，纵向项目经费4.34亿元，横向项目经费7 912.77万元。从学科分类来看，自然科学类到位经费4.80亿元，人文社科类共到位经费3 306万元。

新增纵向项目立项562项，合同经费3.09亿元。其中：科技部科技支撑项目1个，合同经费666万元；国家星火计划重点项目3个，合同经费220万元；国家林业公益性行业科研专项重大项目1个，合同经费719万元；中央财政林业科技推广项目3个，合同经费300万元；省级科技重大专项3个，合同经费1 150万元；省应用型科技研发专项9个，合同经费3 500万元；省农业厅“三高农业专项”1个，合同经费1 000万元。

科技成果　2015年，华农共获得各级科技奖励49项，其中主持32项，参与17项。华农主持的获奖项目中，获2014年度省科学技术奖一等奖1项、二等奖3项、三等奖3项，广东省专利奖优秀奖1项，高等学校科学研究优秀成果奖（科学技术）二等奖1项，中华农业科技奖优秀团队奖1项，省农业技术推广奖一等奖3项、二等奖8项、三等奖5项，广州市科学技术奖二等奖1项，第九届大北农科技奖一等奖3项、二等奖1项、创意奖1项（见表4–4–5）。

2015年，共发表各类论文3 079篇，其中在SCI、SSCI、EI三大索引共发表论文840篇，国内发表中文论文2 231篇。

华农组织科技成果参加了第一届中国科技创新成果交流会、第十八届中国北京国际科技产业博览会、第六届广东省现代农业博览会等6次大型科技成果展览会。

表4–4–5　华南农业大学部分获奖成果

序号	获奖项目	项目负责人	获奖类别
1	兽用原料药物和制剂的研制与应用	刘雅红	2014年度广东省科学技术奖一等奖
2	一种检测克伦特罗酶联免疫试剂盒及其检测方法与检测前动物组织的制样方法	孙远明	2014年度广东省专利奖优秀奖
3	无原料酸高效磷肥生产方法	毛小云	2014年度教育部高等学校科学研究优秀成果奖（科学技术）二等奖
4	水稻生产机械化关键技术与装备创新团队	罗锡文	2014—2015年度中华农业科技奖优秀团队奖
5	广适型优质超甜玉米新品种华美甜168的选育和推广应用	梁克勤	2013年度广东省农业技术推广奖一等奖
6	传统广式凉果产业技术提升和副产物综合利用研究及推广	黄　苇	2013年度广东省农业技术推广奖一等奖
7	猪克隆技术及优秀克隆种猪应用推广	吴珍芳	2013年度广东省农业技术推广奖一等奖
8	果园水肥滴灌控制装置的研究与应用示范	岳学军	2014年度广州市科学技术奖二等奖

产学研工作　2015年，新增横向科技合同679个，合同金额1.27亿元，其中，金额超过1 000万元的合同有2个，合同金额共2 230万元；签订技术转让及专利许可实施合同22个；签订共建平台协议3个。

10月23日，华农与肇庆市人民政府、肇庆大华农生物药品有限公司（以下简称“大华农”）联合签署了《三方共建“肇庆华农生物产业技术研究院”战略合作协议》。根据协议规定，三方围绕生物产业开展共建研究院，依托华南农业大学和大华农现有的科技、平台、人才、成果、产业等优势资源，将生物育种、生物制药、食品安全、智能装备和疫病防控等作为重点研发方向，并逐步将优势领域建设成为国家级和省部级科研平台。

知识产权工作　2015年，华农被广东省知识产权局、省教育厅确定为贯彻高校知识产权管理规范试点高校。全年共获得知识产权授权367件，其中，发明专利授权205件，实用新型专利授权59件，外观设计授权9件，软件著作权登记76件；获得植物新品种权18个；通过审定的植物新品种24个。

科技平台和团队建设　2015年，华农新增12个广东省工程技术研究中心（见表4-4-6）。刘雅红、杨洲和李建国被评为农业部第二批“农业科研杰出人才”，他们领衔的研究团队“荔枝花果发育理论与栽培技术创新团队”“兽用抗菌药安全评价创新团队”、“水果生产装备创新团队”入选“农业部科研创新团队”；陈少华和梁翠月获得2015年度广东省自然科学基金杰出青年基金；1人入选“广东特支计划”科技创新领军人才；4人入选“广东特支计划”科技创新青年拔尖人才。

表4-4-6　华农新增省部级以上科研平台（2015年）

序号	建设单位	名称
1	工程学院	广东省农产品冷链物流工程技术研究中心
2	农学院	广东省农业害虫生物防治工程技术研究中心
3	数学与信息学院	广东省农业养殖物联网工程技术研究中心
4	兽医学院	广东省宠物工程技术研究中心
5	园艺学院	广东省设施园艺工程技术研究中心
6	农学院	广东省生物农药工程技术研究中心
7	食品学院	广东省微生态制剂工程技术研究中心
8	工程学院	广东省山地果园机械创新工程技术研究中心
9	食品学院	广东省油茶工程技术研究中心
10	电子工程学院	广东省农情信息监测工程技术研究中心
11	园艺学院	广东省荔枝工程技术研究中心
12	广州华农大实验兽药有限公司	广东省现代养猪数据化工程技术研究中心

科技交流与合作　2015年，共举办国际学术会议3场，461人次参加国际学术会议，交流论文482篇，做特邀报告32次；派遣合作研究187人次，接受合作研究142人次。11月21日，承办了第六届全国农林高校哲学社会科学发展论坛，来自全国涉农高校近300名代表参加了会议。7月13日，承办了广东省社会发展和农村科技工作会议，全省各对口高校及科研院所共120多人出席会议。全年承办了3期广东省市、县（区）农业局局长轮训班，近300名地方农业局长参加培训。

华农加入“国家农业科技创新联盟”，与广东省农业厅、广东省农业科学院共同发起组建了

“广东省现代农业科技创新联盟”。

4月23日，广东省农业厅与华农举行《推进广东特色农业现代化战略合作框架协议》签约仪式，广东省副省长邓海光出席。根据合作协议，省农业厅将与华南农业大学将在特色现代农业发展战略研究、农业农村改革研究、现代农业发展示范、农业科技创新驱动、农业农村人才培训、农业安全和应急管理等方面加强合作，共同推进广东特色农业现代化建设。

10月26日，“华南农业大学—广东出入境检验检疫局签署合作备忘录签约仪式”在华南农业大学举行。广东出入境检验检疫局与华农在动物检疫、食品安全等方面有着良好的合作基础，截至2015年10月，双方累计合作培养硕士、博士100多人，获得省部级科技成果奖励40多项。

（华南农业大学　毛苑菁　侯建国）

【南方医科大学】　2015年，南方医科大学圆满完成了“十二五”规划制定的各项硬性建设指标，在国家重大项目、国家级科研平台等方面取得新突破，学校科技综合实力显著增强。

科技项目和经费　2015年，南方医科大学承担各类科研项目538项，获经费2.49亿元；其中，国家“973计划”项目1项，国家“863计划”项目1项，国家科技支撑计划课题2项，经费共计1 158万元；获国家基金项目154项，经费0.83亿元；获省级科研项目194项，经费1.11亿元。南方医科大学获国家自然科学基金创新研究群体项目，这是广东高校近10年来在医学领域唯一的创新研究群体项目，实现了学校在该项目上“零”的突破。新增科技部中青年科技创新领军人才1名、国家“优青”1名、省“杰青”2名。

科研平台建设　2015年，南方医科大学组织的“创新人才培养示范基地”获科技部批准，广东高校仅有南方医科大学和中山大学、华南理工大学、华南农业大学4所大学入选。新增省级科研平台5个，广州市城乡公共卫生服务体系建设研究基地顺利通过验收并入围广州市新一批人文社会科学重点研究基地建设名单。

南方医科大学启动中心实验室建设工作，将中心实验室作为全校大型仪器设备资源配置和共享使用的枢纽、高端共用大型科研仪器设备的聚集地、医学实验技术操作和仪器设备管理的培训基地、高层次人才科技创新和学生创新创业的流动站，致力解决制约学校科技发展的核心设备（群）或关键技术瓶颈问题。截至2015年年底，设立中心实验室为非独立法人的教辅机构，已投入建设经费近亿元，建设场地3 000m^2；已将中心实验室划分为六大模块，分别是：中央控制（实验技术培训）、分子医学实验、形态学实验、医学成像技术实验、物质结构解析和生物标本库模块；搭建了大型仪器资源共享网络平台，实现全校大型仪器设备和实验技术的开放共享。

科技成果　根据2015年中国科技信息研究所公布的数据，南方医科大学2014年发表SCI收录论文792篇，在全国高校排名上升至65名。该校先后在*JAMA*、*PNAS*等国际著名期刊发表高水平论文。《南方医科大学学报》再次荣获中国科技期刊最高荣誉奖“百种中国杰出学术期刊”，综合评价得分列全国医药大学学报类期刊第1、广东省所有学术期刊第1。

“慢性乙型肝炎诊疗体系的创新及关键技术推广应用”获2015年度国家科学技术进步奖二等奖。该项目针对我国慢性乙型肝炎（简称慢乙肝）临床诊断和治疗等面临的重大问题，通过协同攻关取得一系列重要的原创性研究成果，研究成果被2015版中国慢性乙型和丙型肝炎防治指南采纳。

“慢性肾脏病进展的机制及临床防治研究”获2015年度中华医学会一等奖。该项目采用基础与临床相结合的转化医学研究模式，通过多中心协同研究，揭示了肾纤维化和慢性肾脏病（CKD）进展的新机制、创建了防止CKD进展的临床新策略，成果被国际CKD防治指南（KDIGO）和美国肾脏病医师教程（NephSAP）采纳。

知识产权工作　2015年，南方医科大学申请专利136项，获授权专利135项，其中，国际发明专利3项；专利申请数量快速增长，年增幅达56%。

科技内涵建设　2015年，南方医科大学召开全校附属医院科研能力提升工作专题会，制订了附属医院科研能力提升计划。强化科技创新制度建设，重新修订和制定了12份规范性管理文件，完善学术委员会运行机制。

科技交流与合作　2015年，南方医科大学承办“世界骨科大会”等大型学术会议12场，举办各类学术讲座35场。

9月13日，南方医科大学与美国纽约州发育缺陷基础研究所合作签约暨广东省国际科技合作基地揭牌仪式在南方医科大学顺德校区举行。“中美联合发育缺陷转化医学中心”正式进驻南方医科大学科技园，落户顺德开展发育缺陷疾病诊疗产品的研发和成果产业化进程。该中心成立后引入针对脆性X综合征的FM PR蛋白检测试剂盒，并将其进行国产化生产。

9月17日，第36届国际矫形与创伤外科学会（SICOT）全球骨科大会在广州召开。会议由SICOT主办，SICOT中国部承办，中国科学技术协会、南方医科大学等协办的世界骨科大学。本届大会为SICOT成立86年来首次在中国大陆地区举办。

（南方医科大学　曹　蓓）

【广州中医药大学】

科研项目与经费　2015年，广州中医药大学共获得国家自然科学基金立项57项，直接经费2 347万元。范冠杰的“袋泡糖痹外洗方治疗糖尿病周围神经病变的临床评价和技术操作规范化研究”项目获得国家科技支撑计划项目立项。获得省自然、省科技计划73项立项，合计资助金额达2 780万元。王磊、陈雷雷获得省杰青项目立项，王志宇获得广州市珠江新星项目立项。中医药防治肿瘤研究国际团队的“肝肠分子因素在UGT酶处置药物中的作用及机制”项目成功获得2015年省自然科学基金团队项目立项。获市科技计划立项21项，获省中医药局科技项目立项100项。

产学研工作　2015年度，广州中医药大学共承担横向项目84项，金额超过1 300万元。与广东丸美生物技术股份有限公司达成共建联合研发中心等多个校企联合实验室协议，与广州市科学技术协会达成广州科普一日游系列服务协议，为佛山市人民政府地方志办公室开展了佛山中医药历史文化资料研究整理服务。

12月14日，国家中成药工程技术研究中心与广州中医药大学共建南药研发实验室举行挂牌仪式。“国家中成药工程技术研究中心南药研发实验室”的主要任务包括：结合企业在中成药、中药配方颗粒以及其他中药产品研究开发和生产的实际需要，由双方合作开展南药资源的可持续利用研究与综合开发利用的研究工作，包括岭南地区的药材种质资源的收集和评价研究、南药新品种的现代生物技术选育研究、优质南药资源规范化、产业化生产技术的研究与应用推广；合作开展中药配方颗粒等研究、应用和推广；合作研究和开发创新中药产品，合作开展名优中成药的二次开发；合作培养应用型专业技术人才；联合申报国家级、省部级科技开发项目和科技奖励等。

科技平台建设　2015年，学校重点投入建设的华南针灸研究中心、创新中药公共服务平台正式投入使用。广州中医药大学中医药防治肿瘤转化医学研究重点实验室、广州市心肌梗死中医药防治重点实验室获得广州市科信局重点实验室立项建设。

11月21日，华南针灸研究中心的揭牌仪式在广州中医药大学举行。华南针灸研究中心总面积约3 000m^2，总投资近5 000万元，是2014年新成立的针灸科研公共服务平台，同时也是针灸临床效应研究协同创新中心，其前身为广东省中医针灸重点实验室。华南针灸研究中心依托国家中医药管理局重点针灸专科、广东省针灸重点学科，以针灸基础研究为支撑，结合临床研究，重点在中医针灸学、电生理学、神经生物学等领域开展技术研究与应用开发。中心将努力实施创新驱动战略，着眼于我国中医药事业发展的现实需求，与多家临床医院及国内外院校共同进行前瞻性新技术、新课题、新应用的研究与开发，以促进中医针灸取得新发展。

科技成果与专利　2015年，学校共组织成果鉴定2项，登记5项；获得2015年度广东省科学技术奖二等奖4项，2015年度中国中西医结合学会一等奖1项。2015年度，共申请专利25项，获授权8项。

由广州中医药大学第二附属医院张敏州教授牵头主持的“冠心病血运重建后的中医药干预研究”荣获2015年度中国中西医结合学会科学技术成果一等奖。

广州中医药大学第二附属医院自1998年在全国中医系统率先开展冠心病介入诊疗技术以来，在全国中医院内最早开展急性心肌梗死中西医结合诊治临床路径和成立胸痛诊疗中心，开通急性心肌梗死抢救绿色通道，主编全国中西医结合领域首部心脏介入专著《胸痹心痛与冠心病介入》。2014年，由我国中西医结合领军人物陈可冀院士、中华医学会心血管病分会主任委员霍勇教授和张敏州教授主持制定和发布《急性心肌梗死中西医结合诊疗专家共识》，并在中国南方国际心血管病学术会议上牵头成立了全国心肌梗死中医药防治联盟，成立了全国第一个心肌梗死中医药防治重点实验室（广州市科技创新委员会批准立项），为104岁心肌梗死老人心脏植入支架，术后运用益气活血中药调理，随访6年文章发表在心血管领域权威杂志《国际心脏病学杂志》。

科技交流与合作　全校全年举行较大型的科技交流活动20多场次。12月，学校承办了由国家自然科学基金委员会医学部主办的中药学科优先发展领域战略研讨会。基金委医学部领导、高等院校和科研院所中药学研究领域院士、长江学者、国家杰青等40余人参加了本次研讨会。本次研讨会主要针对中药学科各领域的国际研究现状、前沿热点及冷点问题和发展趋势展开。通过研讨、凝练并提出我国中药学科的优先发展领域及该领域亟需关注和解决的重要基础科学问题，为中药学科的战略发展提出建设性意见。

（广州中医药大学　蔡晓燕）

【广东工业大学】

科研项目管理　2015年，广工科研到校经费6.2亿元，较2014年增长1倍，其中纵向项目经费3.39亿元。获国家自然科学基金项目立项64项，立项经费3 800万元，其中获得国家NSFC—广东联合基金重点项目4项，立项数并列全省第1，连续3年获得“优青”项目；获得国家社会科学基金项目12项，较2014年增长1倍，其中艺术学专项2项；获得教育部人文社科项目12项，进入全国前50强。

创新平台建设　2015年，广工新增8个广东省工程技术研究开发中心，2个省重点实验室获评广东省优秀重点实验室称号。广州市技术创新与经济转型研究中心在3年建设期考核中获评优秀。由广工牵头组建的广东3C电子产品制造装备协同创新中心被省教育厅认定为省级协同创新中心。大数据战略研究中心被省社科联认定为广东省首批建设10个广东省决策咨询研究基地之一。截至2015年年底，广工累计建设省级科研创新平台54个。

12月，教育部下发《教育部关于“高端装备创新设计制造国际合作联合实验室”等17个联合实验室立项建设的通知》，广工的物联网智能信息处理与系统集成国际合作联合实验室获立项建设。该实验室由广工自动化学院谢胜利教授牵头，联合香港城市大学和香港理工大学的先进技术与科研力量，瞄准“物联网智能信息处理理论—物联网系统集成技术—装备智能化升级”等关键科学问题与共性技术，解决广东省智能装备、智慧物流等传统优势行业的转型升级、创新驱动发展中的技术难题，在面向物联网应用的智能信息处理新理论、物联网智能感知与系统集成、物联网设备与软件测试技术等方面取得具有国际水平的新理论、新方法与新技术。

12月，广工与中国航天系统科学与工程研究院签订合作协议共建广东航天军民融合产业化推进中心。该中心旨在响应国家倡导军民融合发展的号召，对接广东经济产业发展重大需求，通过将航天高端技术成功转化渗透民用市场，培养优秀技术创业人员，为广东产业转型提供支撑，促进广东尽快实现“三个定位、两个率先”的目标。

人才队伍建设　2015年，广工引进“城市轨道交通网络控制芯片与系统创新团队”获得第5批广东省引进创新团队，立项资助2 000万元；引进长江学者2名、国家“千人计划”教授4名、国家“杰青”4名；新增“珠江学者”教授3名、国家“优青”1名、广东省“杰青”2名；建设国家创新群体广东协同创新中心集聚国内高层次创新团队，由4位院士作为中心团队顾问。

科研产出及成果奖励　“海量视频内容快速检索与深度分析的关键技术及其应用”获得2015年度广东省科技进步一等奖。该项目重点围绕海量视频内容处理中亟待解决的“对多模态目标进行快速检索和深度分析”难题（*Nature* 2009报道），深入研究基于仿生视觉的视频内容快速检索和深度分析技术，为视频监控、人像采集和视频会议（迫切需要高性能海量视频处理技术）等领域提供应用和服务。全年申请专利750件，授权292件；被三大索引收录论文1 510篇，付丰连教授的论文入选“2014年中国百篇最具影响国际学术论文”。2015年，广工获得广东省循环经济和资源综合利用创新优势单位奖、广州市越秀区专利大户奖、广东省新一代通信产业专利优秀单位奖。

产学研工作　2015年，广工承担广东省应用型科技研发专项32项，其中作为主承担单位承担项目14项，资助经费1亿元，位居全省第1位；承担广东省科技计划前沿与关键技术创新专项资金（重大科技专项）项目7项，为历年之最。

2015年，广工服务地方合作经费28 310万元，产学研合作工作获得2015年度中国产学研合作创新奖。地方协同创新平台服务产业成效显著，其中：广州国家现代服务业集成电路设计产业化基地EDA平台及国家集成电路检测中心完成设备及软件系统的安装调试并投入运营；东莞华南设计创新院建成苹果公司华南区唯一授权的培训中心；佛山广工大数控装备协同创新研究院继续完善精密装备、机器人和3D打印三大研发中心建设；河源广工大协同创新研究院初步建成高端应用电子技术研发中心等四大技术中心、河源市科技企业协同创新公共服务平台等三大服务平台；云南广工大协同创新研究院、惠州市广工大物联网协同创新研究院相继启动建设，其中云南广工大协同创新研究院一期投入经费2 700万元。佛山、东莞、广州、河源等4个协同创新研究院于2015年被认定为省新型研发机构，佛山广工大数控装备协同创新研究院被认定为国家级科技企业孵化器培育单位和广东省首批众创空间试点单位。

科技交流与合作　11月，广工和香港科技大学联合承办的第14届全国大学生课外学术科技作品竞赛在广州举行，来自328所境内外高校、823件作品进入决赛。广工参赛作品在该次竞赛中获得特等奖2项、一等奖2项、二等奖2项和1项累进创新奖，以团体总分420分荣获“优胜杯”，团体总分排全国高校第2、广东高校第1。

2015年，广工先后承办了2015大数据产学研国际高峰论坛、中国新兴经济体研究会2015年会暨2015新兴经济体论坛、全国PCB产学研大会等行业学术活动。组织参与广工—剑桥纳米创新研究院、广工—巴基斯坦COMSATS信息技术大学科技援外项目等工作，加快科技创新国际合作进程。

（广东工业大学　穆　森　陈　辉）

【汕头大学】　在省市政府、李嘉诚基金会等各方的支持和推进下，2015年4月9日，汕头大学和以色列理工学院合作创建广东以色列理工学院，获教育部批准筹建，并于12月16日举行建设启动仪式。7月，该校“化学与材料学”“感染性疾病研究与防治”和“绿色海洋产业技术学科群”3个学科项目获批广东省高水平大学重点学科建设项目。汕头大学进入重点学科建设带动高水平大学发展、中外合作办学助推高水平大学建设的崭新时期，科研综合能力进一步增强，科技创新特色进一步凸显。

科研项目与经费　2015年度，汕头大学共获批科研项目496项，经费总额约1.71亿元，其中，国家自然科学基金项目31项，广东省应用型科技研发专项资金项目2项，创新团队建设项目3项。

科研平台建设　截至2015年年底，汕头大学已建成了基础研究、工程技术应用研究以及科技成果转化等高水平研究创新平台35个。其中，2015年新增广东省工程技术研究中心平台2个，广东高校国际科技合作创新平台2个（见表4-4-7），汕头轻工装备研究院被列为第一批广东省新型研发机构。

表4-4-7　汕头大学新增省部级以上科研平台（2015年）

序号	平台类别	平台名称
1	广东省工程技术研究中心	广东省软包装印刷装备工程技术研究中心
2	广东省工程技术研究中心	广东省水产动物营养饲料与健康养殖工程技术研究中心
3	广东高校国际科技合作创新平台	进化智能与机器人联合研究中心
4	广东高校国际科技合作创新平台	汕头大学医学院—曼尼托巴大学医学院生物精神病学联合实验室

产学研工作　2015年，汕头大学针对粤东乃至广东地区发展重大问题，利用合作办学契机，积极推进产学研合作。与地方政府、以色列理工学院、企事业单位针对练江流域水污染以及贵屿电子垃圾拆解问题，开展水污染处理、空气治理以及土壤修复等领域的产学研合作；在生命科学领域展开精准医疗、基因大数据应用及肿瘤治疗等方面的研究合作；以新型研发机构汕头轻工装备研究院为依托，利用“面向触摸屏行业的机器视觉技术服务平台”“科技特派员工作站”等平台继续为地方包装印刷、电子信息等行业提供广泛的科技服务；积极参与组建汕头中以国际技术转移中心，促进汕头产业和以色列技术的深度融合、加快创新发展。

科研成果　根据2015年中国科学技术信息研究所发布的数据，2014年汕头大学被科学引文索引扩展版（SCIE）收录论文358篇。“感染性疾病研究与防治”项目团队2015年3月再次在*Nature*发表关于H7N9的研究成果，此后，有关H7N9流行及进化情况和“沙特单峰驼MERS样与非MERS样冠状病毒的基因组测序”项目的国际合作研究成果又相继在*Nature*和*Science*发表，团队带头人管轶教授同时入选Thomson Reuters“2015年全球最具影响力的科研精英”。

知识产权工作　11月，汕头大学被认定为“高校知识产权管理规范试点单位”，依托广东省知识产权培训（汕头大学）基地、知识产权远程教育平台，培训地方支柱产业知识产权业务人员和高校师生逾300人次。2015年，全校共申请专利71件，获授权专利52件，其中美国专利2件。

2015年，汕头大学拥有独立自主知识产权的华贵栉孔扇贝“南澳金贝”被审定为国家水产新品种，其核心专利“富含天然类胡萝卜素的华贵栉孔扇贝金色新品系的培育方法”获得汕头市第七届（2015年度）汕头市专利奖金奖。截至2015年年底，“南澳金贝”已在广东、福建乃至马来西亚推广养殖，累计为地方新增产值10.5亿元。

科技交流与合作　2015年，共有逾400名境外专家学者莅临汕头大学参与学术会议、学术报告等214场次。汕头大学举办了8场具有国际或区域影响力的学术会议，包括水产动物脂类营养国际研讨会、群与代数表示论研讨会、广东省动物学会2015年度学术年会暨海洋生物产业发展论坛、第5届中国磁流体力学学术研讨会、2015年广东省物理学会年会、2015年广东省医学会眼科学学术年会暨第11届国际眼科论坛等。

1月12—15日，水产动物脂类营养国际研讨会在汕头大学成功举行，来自英国、日本、中国香港和内地等20多所高校和科研院所的专家学者近80人参加了会议。与会者包括英国Stirling大学和日本鹿儿岛大学的水产动物营养研究领域国际顶尖专家，基本囊括了我国水产动物脂类营养研究领域的所有知名学者，对于促进我国水产动物脂类营养研究水平的提高及水产养殖业的健康可持续发展发挥积极作用。

10月30日—11月1日，由汕头大学承办的2015年广东省医学会眼科学学术年会在汕头举行，来自美国、德国、澳大利亚、英国、日本、印度等国际专家和中国内地、香港特区、台湾省70余名专家及近千名国内眼科医生齐聚一堂，积极促进眼科新技术、新进展、诊疗规范的国内外学术交流。

（汕头大学　罗英光）

【广东海洋大学】　2015年，广东海洋大学科研到账经费总额达1.95亿元，其中国家级项目54项，到账经费1 429.66万元；学校水产、海洋科学学科获批2项广东省高水平大学建设项目，成为广东省14所高水平大学重点建设对象；新增各级科研平台10个，其中4个省级工程技术研究中心；获得地市级以上科技奖励21项，其中省部级奖励5项；全年申请专利338项，获得授权专利144项，获批国家级农业新品种1个；学校充分发挥科技优势，不断加强政产学研深度融合，助力“海洋产业创新中心”成为广东省《关于全面深化科技体制改革和加快创新驱动发展的决定》的重大建设平台，并已纳入广东省“一带一路”发展规划，推动湛江经济建设。

科研成果　详见第7篇海洋科技的第185页。

（广东海洋大学　吴　勇）

科研院所科技创新

【科研机构体制改革】 2015年度继续设立省属科研机构改革创新领域专题计划，通过稳定性和竞争性相结合的支持方式，促进省属科研机构提升综合创新能力，不断提高科研成果产出，为本省经济社会转型升级提供科技支撑。其中，稳定性支持专题因一次立项、连续滚动支持3年，2014年度立项的37项稳定性支持类项目，2015年度结转、继续立项，年度安排资金4 881万元。竞争性支持专题共立项34项，立项金额按评分排序分3个档次，第一档每项300万元，第二档每项200万元，第三档每项100万元，立项金额6 700万元。

（广东省科学技术厅政策法规处　史利兵）

【中国科学院广州分院】 2015年，中国科学院广州分院共有职工4 657人，其中科研人员3 346人。科研人员中具有正高专业技术职称484人、副高专业技术职称677人、中级专业技术职称1 118人、初级专业技术职称1 067人，具有博士学位1 665人、硕士学位1 441人，中国科学院院士1人、中国工程院院士3人、俄罗斯科学院外籍院士1人、国际欧亚科学院院士4人，中组部“万人计划”2人、“千人计划”19人，国家“外专千人计划”7人、“青年千人计划”13人，“国家杰青”41人。是年底，依托于该院有关单位建有国家重点实验室4个（其中之一为合建）、国家工程实验室1个、中国科学院重点实验室13个、广东省重点实验室13个、广东省工程实验室2个、广东省工程技术研究中心13个、湖南省重点实验室1个、广西区工程技术研究中心1个；有野外科学试验站11个，科学考察船4艘，植物、岩矿、海洋生物标本馆各1个；有博士学位培养点38个、硕士学位培养点55个、专业性硕士点20个、博士后科研流动站7个。

科研项目　2015年，该院在研科研项目3 968项，项目总经费49.62亿元，当年到位项目经费16.49亿元，新增科研项目1 728项，新增项目经费16.19亿元。按项目来源分类：承担或参与国家（包括各部委）项目1 352项，其中，“973计划”107项，“863计划”26项，国家科技支撑计划50项，国家自然科学基金项目1 013项；承担中国科学院项目317项，其中，先导科技专项66项，重点部署23项，百人计划46项，知识创新工程22项；承担省市区各级地方政府项目1 591项，其中，广东省科技计划项目368项，其他省科技计划项目96项，广东省基金项目209项，广州市科技计划项目88项，广东省属和广州市其他厅局级项目101项，广东省除广州市外其他市县项目705项；承担国际合作项目、军工项目2项、企业委托项目570项、省院合作项目24项。

“基于超声辐射力的深部脑刺激与神经调控仪器研制”项目由中国科学院深圳先进技术研究院牵头承担，是2015年度国家自然科学基金委批准的5个“国家重大科研仪器设备研制专项”项目之一，是广东省获得的基金委支持经费最高的单体项目，是广东省首次承担的该类重大项目。该项目针对脑功能和脑疾病研究的需求，研制大规模阵元面阵超声辐射力发生器、跨颅超声脑深部刺激和反应监测的仪器，开发超声敏感离子通道遗传操作技术，以实现对脑深部核团和神经环路开展无创、多点和特异性的刺激与调控。

“广州生物医药与健康研究院新药研发体系（Drug Discovery Pipeline，DDP）建设”项目由中国科学院广州生物医药与健康研究院承担，是继2009—2013年广州市对生物院药物研发中心支持后的新一期5年持续支持项目。该项目建设目标包括：形成一支具有较强新药基础研究能力和开发研究能力的优秀项目研发团队；构建药物化学、结构生物学、药理学和药代动力学等专业化和规范化药物研发关键技术平台来支持药物研发；促生一批具有扎实研究基础和较好产业化前景的优选项目；与国际著名科研机构、制药公司等建立了新药研发合作伙伴关系；成功地引进了一批国际药物研发领域的顶级科学家，组建项目团队快速推动了新药研发项目的进展；创立了一个大型的科研服务中心；成功地将DDP自主研发的新药知识产权和许可证转让给广州的制药公司，进行临床阶段的药物开发。

科研成果　2015年，该院取得科技成果33项；在国内外核心期刊发表论文3 095篇，其中SCI收录1 843篇；出版专著37种，共767.5万字；获专利授权794件，其中发明专利603件；PCT国际专利申请21件，授权11件；获2015年国家科学技术进步奖2项（参与）、广东省科学技术奖一等奖4项、湖南省科学技术奖一等奖1项、中国专利优秀奖1项、广东省专利奖发明人奖1项、广东省专利金奖3项。

项目名称：南方特色果蔬的贮运保鲜机制与关键技术

获奖情况：2015年广东省科学技术奖一等奖

主要完成单位：中国科学院华南植物园

该项目系统深入研究了果蔬采后品质劣变的机理，研创了10余项具有自主知识产权的减少果蔬腐烂和保持品质的绿色保鲜关键技术，发明了应用无毒的盐酸聚六亚甲基胍（PHMG）等防治柑橘果实酸腐病的新技术，研发出利用信号分子（1-MCP、NO和AiBA）原理延缓果蔬衰老和诱导耐冷性的专项保鲜技术，集成了由抗衰老技术、生物源保鲜技术、温湿度控制技术和预冷技术的水果综合保鲜技术，使果实保鲜期比传统方法延长了60%以上。项目获授权发明专利24件，发表论文/专著章节94篇，其中SCI收录论文85篇。

项目名称：南亚热带典型林分提质增效关键技术与应用

获奖情况：2015年广东省科学技术奖一等奖

主要完成单位：中国科学院华南植物园

该项目围绕典型人工林“提质增效”这一主题，利用林学、生态学和土壤学的原理和方法，在广东鹤山创建了“森林生态系统野外控制实验研究平台”，设计了大规模、多处理、有重复的“多样性梯度”“垂直生态位”和“水平生态位”等野外控制实验，阐明了人工林提质增效的必要性。项目共获国家授权专利4项；发表SCI收录论文20篇，出版专著2部，论著被他引352 次，其中被 SCI 收录论文他引146次；培养博士6名、硕士4名。

项目名称：猪基因突变技术创新及基因修饰猪模型的建立

获奖情况：2015年广东省科学技术奖一等奖

主要完成单位：中国科学院广州生物医药与健康研究院

该项目首次获得了iPS克隆猪，将锌指核酸酶介导的基因打靶技术应用于猪基因修饰，实现了对大动物高效基因打靶，首次将2A序列介导的多基因转移技术应用于猪基因组修饰，成功获得了人类亨廷顿舞蹈症的转基因猪模型和OG2转基因猪模型，为研究胚胎发育和追踪干细胞的多潜能性提供了带有标记的工具猪模型。项目在*Cell Research*、*Human Molecular Genetics*等杂志上发表论文5篇，其中发表在*Human Molecular Genetics*的论文被选为封面文章刊出。论文被SCI数据库论文总引用149次。

项目名称：基于剪切波的定量超声弹性成像技术与应用

获奖情况：2015年广东省科学技术奖一等奖

主要完成单位：中国科学院深圳先进技术研究院

该项目发明了一种新型二维定量超声弹性成像技术和一种快速高灵敏的生物组织微形变估计方法以及一种基于超声弹性测量的大深度精准肝硬化检测技术；完成了剪切波超声弹性成像的核心技术创新，形成了自主知识产权的超声弹性成像产品，实现了对乳腺肿瘤和肝硬化等疾病的临床诊断应用。项目的核心技术已获得授权发明专利16项、软件著作权3项。

项目名称：亚热带稻田土壤碳氮循环关键过程的微生物作用机理研究

获奖情况：2015年湖南省科学技术奖一等奖

主要完成单位：中国科学院亚热带农业生态所

该项目针对亚热带水稻土的持续生产力与固碳、温室气体排放之间的内在关系与协调机制这一重大科学问题，运用自主建立的同位素示踪方法，结合最新的微生物分子技术开展深入研究，取得了3个方面的重要科学发现：确定了稻田土壤微生物的光合固碳功能与固碳贡献；系统阐明了稻田土壤长期持续固碳的生物地球化学机制以及维持高生产力的关键内在机制；阐明了稻田土壤氮素循环关键微生物作用过程机理。项目在国内外权威期刊发表论文 173 篇，SCI 收录49 篇。20 篇主要论文累计影响因子55，他引369 次。

项目名称：一种水性砂浆改性剂及其制备方法与应用ZL2012102479 69.X

获奖情况：2015年中国专利优秀奖

主要完成单位：中科院广州化学有限公司

该专利技术成功解决传统预拌砂浆工作性能保持时间短、易空鼓脱落等行业共性技术难题，提升预拌砂浆附加值，推动了预拌砂浆行业向多功能、高品质、绿色环保方向发展。

科技平台和重点实验室建设　2015年，该院新增中科院科技平台2个，分别是中国科学院新型特种精细化学品技术创新与产业化联盟、中国科学院中国—斯里兰卡联合科教中心；新增广东省重点实验室2个，分别是广东省磁共振成像与多模系统重点实验室、广东省高密度电子封装关键材料重点实验室；新增广东省工程技术研究中心4个，分别是广东省分布式储能与智能微电网工程技术研究中心、广东省数据中心节能工程技术研究中心、广东省金刚石与立方氮化硼超硬涂层工程技术研究中心、广东省触显器件电子材料工程技术研究中心；新增广西区工程技术研究中心1个即广西区石漠化治理工程技术研究中心；新增广东省工程实验室1个即广东省云计算信息安全工程实验室。

中国科学院新型特种精细化学品技术创新与产业化联盟牵头单位为中科院广州化学有限公司。该产业化联盟，面向水泥建材、陶瓷建材、电子触显、机械制造等4个产业链的技术创新及转型升级对新型特种精细化学品的需求，部署创新链，聚集院内创新资源，开展技术创新，结合资本链，推动成果产业化，实现特种精细化学品产业规模的快速发展，提升中科院在我国创新驱动产业发展中的战略地位。

中国—斯里兰卡联合科教中心于2015年8月正式立项建设，依托单位为南海海洋研究所和斯里兰卡卢胡纳大学。位于斯里兰卡卢胡纳大学的中心基址大楼已落成，区域性的季风、海气环境观测网络及数值预报系统已初步进入业务化运行阶段。12月8日，由该中心主办的第一届中斯季风气候与海洋环境变化研讨会在斯里兰卡科伦坡召开。该中心是习近平主席2014年访问斯里兰卡的重要成果之一，是中国科学院同斯里兰卡及南亚国家深入开展气候变化、海洋科学、生态环境等领域科教合作迈出新的重要步伐，是根据斯里兰卡及南亚国家的科技和社会经济发展的诉求，集中中科院院内优势技术和人才力量而设立的综合研究机构。

广东省云计算信息安全工程实验室于2015年4月获广东省发改委批准建立。该实验室以云计算应用为导向，以应用中的信息安全问题为主线，旨在为云安全科学研究在云计算产业中应用构建试验平台，架起前沿科学研究与产业化之间的桥梁，突破云计算信息安全核心关键技术，为广东省云计算产业快速发展提供技术支撑和安全保障，提高广东省云计算产业的自主创新能力和核心竞争力。云计算信息安全工程实验室的主要功能将通过四位一体的平台体现，这些平台包括云计算与大数据信息安全关键技术研发平台、云计算信息安全应用研发与示范平台、人才凝聚与人才培养平台和国际合作与交流平台。

科技交流与合作　2015年，该院接待来自58个国家和地区的专家或科技人员共423批、1 215人次，向60个国家和地区派出科技人员651批、954人次；向境外85个国家公派中短期留学生139人；主持的国际（地区）会议18次，其中主持300人以上大型国际会议3次；新签国际科技合作协议15项。

5月22日，中科院华南植物园与秘鲁圣马可斯大学合作建设“中国科学院华南植物园—秘鲁圣马可斯大学分子系统与进化实验室”协议书在秘鲁总统府正式签署，李克强总理和秘鲁总统乌马拉一起见证了签字仪式。中国和秘鲁两国将通过“分子系统与进化实验室”的建设与合作，共同研究、开发、发掘和筛选优良的经济和农业植物资源。

中科院广州生物院—莫里斯·威尔金斯研究中心生物医药联合中心由中国科学院广州生物医药与健康研究院和奥克兰大学莫里斯·威尔金斯研究中心联合组建，目标瞄准干细胞与再生医学、代谢疾病、肿瘤免疫治疗和药物研发等领域开展合作研究。9月21日，新西兰经济发展部部长率团到广州生物院，为该中心揭牌。11月中旬，中国科学院副院长到访奥克兰大学，与该校校长共同为该中心揭牌并见证双方签署合作协议。在2015中国（东莞）国际科技合作周期间，广州生物院展示了与新西兰奥克兰大学的合作成果，双方举办了中新生物医药与健康领域研讨会。

（中国科学院广州分院　夏建军）

【广东省科学院】 2015年，根据广东省委、省政府部署，原广东省科学院、广东省工业技术研究院、广东省测试分析研究所及广东省石油化工研究院合并，重新组建了广东省科学院，相关23个研究院所相应整合优化为18个骨干院所。该院研究领域涉及生物与健康、材料与化工、资源与环境、装备与制造、电子与信息、智库与服务六大板块，基本覆盖全省八大战略性新兴产业，可支撑或部分支撑全省规模以上工业总产值列前40位中40%以上的重点行业。截至2015年年底，该院职工总数2 747人，其中：中国工程院院士2人，俄罗斯科学院外籍院士1人，国际欧亚科学院院士1人；科研人员1 923人，具有正高专业技术职称179人、副高专业技术职称440人、中级专业技术职称757人、初级专业技术职称547人，博士学位266人、硕士学位600人。

科研项目、成果、专利　2015年，该院共执行科研课题（活动）1 355项。课题总经费12.01亿元。按课题性质分类统计：基础研究280项，应用研究490项，试验发展79项，研究与试验发展成果应用197项，技术推广与科技服务309项。按课题来源途径统计：承担国家（包括各部委）课题209项，其中，“973计划”课题7项，“863计划”课题9项，国家科技支撑计划课题12项，国家自然科学基金课题117项；承担省市区地方政府课题816项；承担国际合作课题65项、企业委托课题190项。

2015年，该院取得主要科技成果11项。广东省材料与加工研究所与暨南大学共同完成的“节材耐磨损钢铁材料管技术研发与工业应用”获2015年度国家科学技术二等奖；广东省稀有金属研究所完成的“南方离子型稀土绿色高效分离关键技术”、广东省微生物研究所完成的“淡水养殖微生态环境原位调控关键技术及其应用”、广东省生态环境技术研究所参与完成的“纺织印染工业园区‘三废’综合治理技术及应用”等3项成果获得2015年度广东省科学技术奖二等奖；广东省生态环境技术研究所完成的“红壤区农田镉/砷污染控制关键技术与新产品创制”成果获2015年度广州市科学技术奖一等奖；另获国家和省级行业协会科技奖励6项。

2015年，该院发表论文779篇，其中，SCI收录论文 195篇，EI收录论文44篇；出版专著10种，共218万字。该院获受理的专利申请308件，其中获受理发明专利申请237件；获授权的专利142件，其中，获授权发明专利90件，登记软件著作权25项。2015年获颁布实施的标准共25项，其中，国家标准2项（主持制定1项，参与修订1项），行业标准22项（主持制定4项，参与制定18项），制定广东省地方标准1项。PCT国际专利申请6件，获授权国际专利2件。获广东省专利奖5项，其中，2人获得优秀发明人奖，专利奖金奖2项，专利优秀奖1项。

科研创新平台建设　2015年，该院共新增各级各类平台10个，包括：依托省微生物研究所的广东省微生物菌种保藏中心获批成为布达佩斯条约国际保藏单位及国家专利菌种保藏中心华南中心；广东省金属强韧化技术与应用重点实验室（依托材料与加工所）；省级工程中心3个，分别是广东省面源污染防治工程技术研究中心（依托省生态环境技术研究所）、广东省灵长类实验动物行业工程技术研究中心（依托省生物资源应用研究所）、广东省水处理工程技术研究中心（依托省石油与精细化工研究院）；广东省生物质高值化利用工程实验室（依托省生物工程所）；广州市先进金属结构材料重点实验室（依托材料与加工所）；广东省质量监督机电产品（可靠性）检验站（广州）（依托省智能制造研究所）；广东省质量监督保健食品检验站（中山）（依托省测试分析研究所）。

2015年，该院的科研条件持续改善，新增各类科研仪器设备1 115台（套），仪器设备总数达到9 252台（套），进一步夯实了为科研创新及社会经济发展需求服务的基础。截至2015年年底，依托该院建有专属野外工作或观测台站12个，广东省种质资源库4个，生物、岩矿、土壤标本馆3个。

2015年，该院建有博士后科研工作站4个，在站博士后13人，联合培养招收研究生101人，其中，博士研究生12人，硕士研究生89人，在读研究生225人。

产学研合作　11月27日，该院牵头，联合省内外35家科研机构、高校、骨干企业及投资机构，组建了广东省科学院产业技术创新联盟。

12月21日，省科学院在广州成功举办了首届广东省科学院产业技术创新联盟科技成果对接会。与会代表和嘉宾超过650人，30家联盟单位携131项成果参展，涵盖了电子信息与云计算、农业与生物、先进制造、医药与健康、新材料与工艺、新能源与环保、检验检测7个领域，吸引了全省20个地市的科技主管部门、高新区及289家企业家代表参加，与190余家企业达成了长期科技合作的意向，12项科技合作和成果转化项目在现场签约。

国际科技交流与合作　2015年，该院接待了来自国（境）外多个国家和地区的专家和科技人员共97批，191人次；向国（境）外派出科技人员89批179人次。此外，该院还利用多种公派渠道向境外3个国家（地区）选派中短期留学生3名。

1月13日，由该院机电工程研究所、德国弗劳恩霍夫协会结构耐久性与系统可靠性研究所、中德工业装备联合实验室联合主办的“2015年第二届广东省汽车行业技术发展研讨会”在广州召开，省内汽车整车及零部件生产企业的企业负责人、技术负责人及其他专业人员等100多人出席了研讨会。该研讨会通过聚焦国内外汽车载荷谱测试、可靠性评估及数值模拟等技术应用案例，推介中德联合实验室能够支持广东汽车企业发展的具体服务内容。

（广东省科学院　王定军）

【广东省农业科学院】　2015年，该院设有水稻研究所、蔬菜研究所、植物保护研究所、作物研究所、果树研究所、农业经济与农村发展研究所、动物科学研究所、动物卫生研究所、蚕业与农产品加工研究所、农业资源与环境研究所、环境园艺研究所、茶叶研究所和农业生物基因研究中心、农产品公共监测中心、农业科研试验示范场共15个科研机构；建有博士后科研工作站1个。建有中国农业科技华南创新中心、国家重点实验室1个（畜禽育种国家重点实验室）、省部共建国家重点实验室培育基地 1个、国家地方联合工程研究中心1个、农业部重点实验室5个、农业部科学试验站5个、部级以上研究中心7个、广东省公共实验室3个、广东省重点实验室11个、国家及农业部种质资源圃8个、省市共建种质资源库9个；收集保存国内外种质资源4万多份；建有占地133.3hm^{2}的国家级农业科技创新与集成示范基地、现代农业科技园区——广东广州国家农业科技园区。

人员队伍　截至2015年年底，该院共有在职职工1 705人，其中，具有高级专业技术资格科技人员384人，博士234人，享受国务院政府特殊津贴在职专家25人，入选国家“百千万人才工程”国家级人选3人，“全国杰出专业技术人才”1人，入选“百名南粤杰出人才培养工程”1人，国家“万人计划”1人，入选2014年“广东特支计划”科技创新领军人才1人，入选2014年“广东特支计划”科技创新青年拔尖人才2人。张名位及“功能食品创新团队”入选国家创新人才推进计划重点领域创新团队，肖更生及“果蔬加工创新团队”、舒鼎铭及“优质肉鸡遗传育种创新团队”入选农业部第二批农业科研杰出人才及创新团队。截至2015年年底，该院共拥有农业部科研杰出人才及创新团队5个。有24位专家担任国家现代农业产业技术体系岗位科学家或综合试验站站长，有26位专家担任省现代农业产业技术体系创新团队成员。

科研项目　全年全院获得新立项科技项目

691项，同比增长71.9%，其中，国家级项目111项，省级项目528项，地市级项目52项。立项经费3.29亿元，同比增长54.5%。

科研成果　全院获得科技成果奖励64项，同比增长82.9%，其中，2015年度国家科技进步奖二等奖1项、2014—2015年度中华农业科技奖8项、2015年度广东省科学技术奖9项。全年育成通过各级审定或登记品种79个；获得植物新品种权10个、新产品2个；获得授权专利92件，比2014年增长23%；计算机软件登记5件；制修订技术标准14项；出版科技著作21本，发表科技论文594篇，其中SCI收录论文161篇，同比增长43.8%。

项目名称：营养代餐食品创制关键技术及产业化应用

获奖情况：2015年度国家科技进步奖二等奖

主要完成单位：广东省农业科学院蚕业与农产品加工研究所、华南理工大学、惠尔康集团有限公司、黑牛食品股份有限公司、广西黑五类食品集团有限责任公司、广州力衡临床营养品有限公司

该项目针对我国代餐方便食品营养结构不均衡、种类单一、针对性不强、病人专用临床营养代餐食品长期由国外品牌垄断等问题，以满足公众和病人需求的营养代餐食品设计创制为主线，创建了高溶解性植物蛋白配料的改性制备技术，发明了喷射蒸煮糖接枝反应结合限制性酶修饰制备高乳化蛋白配料的关键技术；发明了糖酶结合复合蛋白酶直接酶解米糠制备免疫活性短肽配料和超声-酶辅助提取免疫活性龙眼多糖配料的关键技术；研发了以谷物豆类为基质的临床营养乳剂的高效乳化技术，率先创制出适合中国人肠胃的整蛋白型和短肽型临床乳剂；建立了临床营养粉剂的原料高温淀粉酶解-挤压膨化耦合处理预消化加工技术，设计创制出满足不同疾病和手术前后病人需要的纤维型、整蛋白型和短肽型营养膳等临床粉剂；创建了全谷物浓浆抗淀粉老化和无菌纸包装加工技术，建立了全谷物代替精谷物加工糊类、片类冲调食品的品质改良技术，研制了专用组合式双螺杆挤压膨化机和多轮辊压成型制片机。

项目名称：水产动物系列功能性添加剂及配合饲料的研发与应用

获奖情况：2014—2015年度中华农业科技奖一等奖

主要完成单位：广东省农业科学院动物科学研究所、广东恒兴饲料实业股份有限公司、通威股份有限公司、中山大学、广州飞禧特水产科技有限公司

该成果研究了系列功能性添加剂β-1，3-D-葡聚糖、低聚木糖、有机微量元素硒和锌、乳酸菌和复合酶制剂等的作用效果及机理；研发了β-1，3-D-葡聚糖、微胶囊化晶体氨基酸及B族维生素的制备工艺和应用关键技术，突破集约化养殖水产动物免疫力下降和营养素吸收不同步导致饲料利用率差等技术难题；研发了水产饲料专用核心装备及系列配合饲料产品，实现了产业化生产技术与规模化应用；通过在全国100多家饲料企业跨区域联合示范与科技协作，培育出“恒兴牌水产饲料”“通威牌水产饲料”等产品。

项目名称：早中晚兼用型广适性优质稻新品种黄华占的选育及其应用研究

获奖情况：2014—2015年度中华农业科技奖一等奖

主要完成单位：广东省农业科学院水稻研究所、广东省农业科学院植物保护研究所

该项目采用优质稻株型和品质理想模型、特色育种圃、近红外检测技术和分子标记技术相结合的综合育种方法，育成了早中晚兼用型广适性优质稻新品种“黄华占”。“黄华占”先后通过广东、湖南、湖北、广西、海南、浙江、重庆、陕西等8省市区审定和江西七市的引种许可，成为我国审定次数最多、适种范围最广的常规稻品种。黄华占实现了优质、高产、抗逆与广适的统一，成为我国首个大面积具有耐热性水稻品种，持续入选广东省、湖北省、湖南省农业主导品种，是当前水稻机插秧、直播稻、再生稻和华南地区菜稻菜轮作模式的合适品种。

项目名称：小菜蛾成灾机制研究及抗药性治理技术体系构建与应用

获奖情况：2014—2015年度中华农业科技奖

一等奖

主要完成单位：广东省农业科学院植物保护研究所、华南农业大学、中国农业科学院蔬菜花卉研究所、南京农业大学

该项目整合了全国小菜蛾研究领域的优势力量，综合应用了多学科的理论和技术，研究掌握了小菜蛾在全国各区域的种群动态，首次明确了小菜蛾种群越冬北限与迁飞路径及成灾规律与机制；首次建立了小菜蛾中期预警技术；首次绘制了小菜蛾对12种代表性药剂抗性分布区域图，并构建了小菜蛾抗氯虫苯甲酰胺数字化基因表达谱；研发了小菜蛾成虫电击车、性信息素诱杀装置防控。

科研进展　在种业科技创新方面，通过国家品种审定品种7个，鉴定或登记品种3个；通过广东省审定或登记品种48个，占全省同期审定品种总数的35%。有81个品种、27项技术入选国家和省市农业主导品种、主推技术，其中，广东省推介农业主导品种48个，农业主推技术20项，分别占全省农业主导品种的51%、主推技术的43%。选育出我国第一个矮化粉蕉品种“矮粉1号”，选育出通过国家品种审定的水稻品种“富两优236”“安丰优华占”“振优616”，甘薯品种“广薯086”“广菜薯5号”和家蚕品种“粤蚕6号”。利用分子标记辅助选育成香型水稻不育系“长泰A”和“润A”并通过技术鉴定。

在基础研究与应用基础研究方面，2015年新承担29项国家自然科学基金项目。首次报道两个防卫基因GF14f和WRKY67具有促进水稻数量抗病性的功能，对水稻持久抗病性的研究和应用有重要意义。成功克隆稻瘟病广谱抗病基因Pi50，发现大片段的基因复制是Pi50 基因形成的重要机制。发现香蕉枯萎病热带4号小种区别于其他小种的新的进化机制，首次鉴定到一些与其致病力紧密相关的新的致病因子。首次从肠黏膜免疫的角度揭示了荔枝多糖免疫调节活性的作用机制，为阐释荔枝的“滋补”作用提供了科学依据。完成猪骨骼肌样品全基因组甲基化生物信息分析，获得CRISPR-Cas9慢病毒颗粒和CRISPR-Cas9转染的IPEC-J2细胞系。研究证实了副猪嗜血杆菌类脂A分子的致病性，为LpxM和LpxL基因缺失疫苗研制提供了科学依据。

在农业种养与动植物疫病防控技术研究方面，应用信息传感技术，开展蔬菜测墒自动灌溉技术研究。针对柑橘黄龙病、香蕉枯萎病等重大疫病探索建立以品种为核心、栽培防控等配合的综合防控措施体系。建立香蕉枯萎病等3种重要病原菌快速检测方法。在国内率先构建了小菜蛾预测预警模型。制定优质低碳茶园栽培模式及关键技术规程，构建了广东茶园主要害虫监测预警信息咨询服务系统平台并建立示范监测点。研究形成提高猪肉品质的宰前配方技术、黄羽肉种鸡营养配方技术。建立重大动物疫病检测服务平台，研发出猪瘟病毒、猪蓝耳病病毒、H7N9流感病毒等8种重大动物疫病的分子诊断方法，填补国内研究空白。研发出鸡球虫四价活卵囊疫苗、副猪嗜血杆菌三价灭活疫苗。

在农产品精深加工技术研究方面，研究建立临床营养品专用的高效制备技术、临床营养乳剂加工关键技术、南方米粉的品质改良和高效节能加工关键技术等，突破了粮油农产品加工过程中的抗淀粉老化返生和乳化稳定等技术瓶颈。研发出荔枝、桑葚、蓝莓加工技术及果汁发酵关键技术等实用技术近20项并开发出系列新产品。对连续化红绿茶兼制生产线进行改造升级，创新红茶机采和机械化加工工艺，为提升茶叶品质稳定性和茶叶生产效益提供技术支撑。

在农产品质量安全研究方面，进一步优化了饲料、兽药中药物多残留检测技术及新型农药残留速测技术，探明广东省禽产品中违禁药物和抗菌药物的使用现状及其对禽产品的安全风险隐患。研发出叶类蔬菜生长调节剂残留一次性检测技术，完成了36类无公害种植业农产品检测目录制修订工作，在此基础上建立种植业产品主要污染物标准限量库，初步形成了种植业产品检测数据网络。

在农业农村发展研究方面，认真实施省级规划领域重大软课题《广东省现代农业发展规划与功能区划（2016—2025）》，形成总体规划、“十三五”专项规划、5大专题研究、23个产业规划等成果。

在农业资源环境研究方面，开展广东省农田土壤重金属污染重点区域动态监测研究，初步探明广东农田重金属污染规律。研发反酸田秸秆

快速腐熟技术、冷浸田土壤养分活化及调控技术以及相关新产品，为开拓中低产田治理修复提供了新渠道。针对目前农业生产氮磷污染严重的现状，研究提出农作物栽培中提高氮利用率的肥料应用技术。创制农业生态环境补偿系统，研制出生态补偿技术。

科技创新平台建设　2015年，畜禽育种国家重点实验室以优秀成绩通过科技部验收，农业部南亚热带果树生物学与遗传资源利用重点实验室和农业部兽用药物与兽医生物技术广东科学观测试验站在农业部组织开展的评估中获评“优秀”。依托蚕业与加工所建设的热带亚热带果蔬加工技术国家地方联合工程研究中心（广东）、依托果树所建设的国家香蕉改良中心广州分中心分别获得国家发改委、农业部立项支持。中国农业科技华南创新中心项目已启动验收工作，基本建成集细胞生物学、蛋白组学和代谢组学、基因组和生物信息学、种质资源保护库和智能温室等为一体的公共科研服务平台。

8月27日，畜禽育种国家重点实验室顺利通过科技部组织的验收。建设期间，实验室承担了国家级与省部级项目等共计46项，获得广东省科学技术一等奖2项，授权发明专利6项，完成标准制订1项，培育出优质肉鸡“岭南黄鸡3号配套系”，建立了鸡育种数字化管理平台1个，开发优质肉鸡育种和管理软件1套，发表学术论文48篇，其中SCI收录论文16篇。2015年，新增实验室2 018m^2，引进博士6人，入选“首届广州市珠江科技新星”1人，选送优秀青年科技人员赴国外开展合作研究7人，建立了良好的运行机制，对外开放与交流广泛，国际影响逐步扩大。

科研成果推广与服务　截至2015年年底，全院培育的80多个水稻品种在广东种植约86.67万hm^2，约占全省的45%，水稻配套栽培技术在省内覆盖率超过75%。“十二五”期间，“黄华占”“粤晶丝苗2号”等常规稻累计推广种植286.67万hm^2，省内覆盖率约66.4%；杂交稻品种“天优998”“五优308”先后成为国家年推广面积前十名的品种；超级稻品种累计推广种植约306.67万 hm^2，对推动水稻产量提升和粮食增产做出了重大贡献。水稻“三控”施肥技术被列为世界银行贷款广东农业面源污染治理项目核心技术，累计在南方稻区推广应用约466.67万 hm^2。蔬菜新品种、新技术年辐射推广面积超过13.33万 hm^2，其中杂交黑皮冬瓜系列品种、节瓜系列品种、丝瓜系列品种均为广东省优势主栽品种。花生、甘薯、甜糯玉米、马铃薯及配套技术在省内推广面积逐年扩大，2015年增至40多万 hm^2。其中，花生品种及栽培技术覆盖率超过60%，“粤油7号”已连续10年成为广东省主导品种；甘薯品种及配套技术省内覆盖率超过55%，“广薯87”因种植效益高得到快速推广。

省农科院参与组建全省农业科技创新协作平台——广东省农业科技创新联盟，成为联盟第一届理事长单位，联合全省农业科技力量开展产业技术攻关与服务，充分发挥技术和人才优势，配合推进省级新农村示范片建设、省级现代农业“五位一体”示范基地项目建设等。牵头承担了中央农技重大推广项目，项目资金达2 000万元。2015年，全院与相关企业签订成果转让或技术服务协议近30份，与省内外400多家企业建立了固定合作关系，特别是在农产品加工、动物疫病防控、农产品质量安全检测等产业关键领域进一步拓展服务网络。成立院科技服务专家团（有7个专业分团200名专家），2015年组织科技专家1 300多人次分赴省内各地开展技术指导、科技培训等活动，累计开展技术培训与专题讲座近400场次，推介新品种、新技术225项，技术服务及培训人数8.7万人。

2015年，与汕尾市共建农业科技人才驿站，派出科技人员到汕尾市华侨管理区挂任科技局局长。

1月19日，省农科院与广东省农垦集团公司签订农业科技战略合作协议。双方将合作共建广东农垦热带农业科研中心，并依托该中心成立广东省农业科学院热带农业分院，同时在广东省农垦湛江垦区国家现代农业示范区核心区建设广东省农业科学院粤西试验示范基地。7月10日，省农科院与佛山市顺德区签署战略合作框架协议，双方将共同开展顺德现代农业发展的课题研究，依均安镇南沙岛国家级农业示范区核心区共建“佛山市顺德区广东省农业科学院研究发展中心”。

12月3日，广东省农科院与佛山市人民政府签订了战略合作协议，广东省农科院佛山分院、广东（佛山）现代农业科技园揭牌成立。科技园将以科研、孵化、推广三位一体为重点，建成引领佛山乃至省内外农业发展的农业科技孵化园、种业核心园、“互联网+”体验园、健康生态农业试验园、观光休闲农业示范园、新型职业农民育成园等，形成集农业科技创新、成果转化、人才培养、观光休闲等功能于一体，具有岭南特色的现代农业示范区。

国际交流与合作 2015年，全院获得新立项国际科技合作项目27项，新签署国际科技合作协议10份，共派出36批80人次赴国外开展合作研究或交流，邀请和接待59批84人次的国外专家、官员来访，邀请来自美国、澳大利亚等17个国家的专家学者来院举办学术报告会38场，承办4个国际学术会议，提高了相关领域的国际影响力。

5月11—15日，由国际水稻研究所（IRRI）主办，广东省农业科学院水稻研究所承办召开了第二届“缩小亚洲水稻产量差（Closing Rice Yield Gaps in Asia，简称CORIGAP）”国际合作项目年会，来自中国、IRRI、菲律宾、泰国、印度尼西亚、斯里兰卡和越南的60多位专家学者（其中外国专家40人）出席会议，对水稻可持续发展理论进行了深入探讨并确定了下一步工作计划。CORIGAP项目是由瑞士发展合作局（SDC）资助、由国际水稻研究所（IRRI）主持、亚洲6个主要水稻生产国参加的国际合作项目，中国参加单位是广东省农业科学院水稻研究所。

12月2—3日，由联合国粮农组织主办，广东省农业科学院及该院果树研究所共同承办联合国粮农组织柑橘黄龙病防控研讨会，来自美国、马来西亚、菲律宾、泰国、越南、联合国粮农组织（FAO）及国际热带水果网络组织（TFNet）的20多位专家学者出席会议。该次会议的主题是柑橘产业发展与柑橘黄龙病防控。与会专家分别就本国柑橘产业发展现状、柑橘黄龙病防控措施研究以及产业发展面临的主要问题等方面作报告，就共同应对全球柑橘黄龙病进行了深入探讨。

（广东省农业科学院 邹文平）

【深圳光启高等理工研究院】 深圳光启高等理工研究院（简称“光启”）成立于2010年，是以超材料创新技术为代表进行一系列源头创新科技研发和产业化的国际化新型创新机构。光启充分融合电子信息领域、数理统计领域等学科的各种先进技术，形成具有高度学科交叉与突破性创新的研究风格，建立了超材料超级计算设计、超材料关键工艺制备和超材料先进测试的技术体系。光启掌握了隐身新材料技术、新型空间技术和无线互联技术及相关核心自主知识产权，拥有世界级的创新研发团队，充分融合电子信息领域、数理统计领域等学科的各种先进技术。

专利和标准化工作 截至2015年年底，光启2015年度专利申请476件，其中发明专利222件；年度获专利授权792件，其中发明专利授权585件，在全国2015年科研单位发明专利授权量排行中名列第2。

光启是全国电磁超材料技术及制品标准化技术委员会（简称标委会）的发起单位，标委会的秘书处设在光启。2014—2015年，由光启领衔，检测监管机构、10余家科研院所及相关产业的企业共同起草了全球第一份超材料领域的国家标准《电磁超材料术语》，打破了欧美对前沿科技的技术和标准垄断。该标准于2015年9月11日发布，将于2016年10月1日起实施。这一标准规定了电磁超材料的类别、功能、设计、基材、应用等相关方面的70多个术语和相应的定义，适用于电磁超材料在科研、教学、生产、工程等领域的应用，涉及电磁超材料的其他方面也可参考使用。

创新平台建设 光启设有全国首个专注于超材料研发与产业化的企业博士后科研工作站，具备独立招收资格。光启2011年获批组建了我国第一个超材料技术的国家重点实验室——超材料电磁调制技术国家重点实验室。2015年11月28日，该实验室通过了验收。截至2015年年底，光启已建和在建10余个省属和市属实验室，包括广东省超材料微波射频重点实验室、广东省毫米波超材料工程实验室、深圳市超高折射率结构性材料重点实验室、深圳市人造物质微结构开发重点实验室、深圳超颖射频技术工程实验室、深圳复合智能超材料工程实验室等，拥有丰富的创新载体资源和先进的超材料设计、制备、测试技术。

截至2015年年底，累计招收83名，其中22名为泰晤士世界大学排名前200名的高校毕业的博士，共参与国家级项目5个、省部级项目8个，在中外核心期刊发表论文40余篇，申请专利1 500余件，授权专利430件。出站20人，其中16人留在了光启。

研发和产业化　2015年，光启推出了便携式超材料平板卫通站，这是全球首款平板可折叠卫通站整套设备，在应急通信、抢险救灾、科考探险及媒体直播等领域有广阔的应用前景，其最大亮点“平板可折叠天线”由光启核心专利超材料技术制造，是全球首款超材料商业化应用产品。

1月，光启与平安集团合作布建深圳第一高楼平安国际金融中心WiFi网络系统。6月，光启建设完成北京鸟巢国家体育场WiFi全覆盖项目，在8月田径世锦赛、10月《中国好声音》决赛期间，场内数万人实际联网使用运转顺畅，光启获得田径世锦赛突出贡献奖。

截至2015年年底，光启已为深圳市民中心、深圳市软件产业基地、东莞松山湖高新区、交通银行深圳分行等多家园区、金融企业、政府部门等客户建设了光子门禁系统或光子一卡通系统（包括门禁、消费、通道闸、停车场）。3月，具有圆形大光斑、远距离等特点的激光指纹光子卡在正式项目中批量投入使用。

6月9日，光启联合平安银行正式推出光子支付，并演示了开发完成的ATM光子取现的实现过程。光子支付最大化地融合了银行卡现有的线下交易体系和流程，基本延续了刷卡支付的操作步骤。

光启研发的智慧城市空间信息平台“云端”号具有氦气浮力系统，可搭载400kg载荷，上升至1 000m～2 000m高空，还利用新型材料技术，通过一根光电复合缆系留于地面锚泊系统，最后接入大数据中心，实现“超高铁塔”和“超低卫星”的功能。2015年初，光启在深圳龙岗进行了“云端”号的试飞及相关任务商测，对地监测和海事大数据等核心功能的实测达到了预期效果。12月28日，“云端”号在东莞生态园成功完成了全球商用首飞，首次投入商用，可为地面光学监控、遥感探测、水文地质环境监测、交通保障、森林防火、违建查处、自然灾害预警、应急抢险指挥等多方面城市管理提供大数据云服务。12月下旬，深圳光明滑坡事故发生后，这座“云端”号上的主要载荷——航天级多功能高分辨率对地观测设备被紧急调往现场，与应急版“云端”号Cloud mini配合，定位楼体位置，记录挖掘进展，监视二次滑坡风险。借助这些设备，参与救援的光启团队绘制出“泥下地图”，标记出22处掩埋点，成为搜救工作的重要参考。

光启研发的“旅行者”号是中国首个临近空间商用平台，球体直径超30m，采用低密高强、高阻氦、抗紫外线辐射和臭氧侵蚀的新型材料加工制作，由氦气提供静升力。能源系统由高效锂电池和太阳能电池阵列等组成，可在飞行期间昼夜不间断提供能源供应。6月6日，“旅行者”号在新西兰南岛阿什伯顿成功放飞，1小时内升空到达设计高度21km，在临近空间完成了AIS、对地对空监测、空间环境探测、天地高速通信等商用载荷测试。

科技创新交流与合作　光启积极参与国际合作与竞争，建立国际声誉和影响。2015年，光启整合了新西兰马丁飞行器公司和加拿大太阳方舟公司等海外创新企业，正式组建光启全球创新共同体。光启全球创新共同体的成员包括：“云端”号、临近空间“旅行者”号、空间悬浮站、马丁飞行包、太阳方舟、SkyX、智能光子、智能结构、指纹卡、eyeSight、超级WiFi、海容宽带、超级数据链等。光启全球创新共同体横跨亚洲、欧洲、美洲、大洋洲和非洲的18个国家和地区，总人数超过1 300人。

7月20日，“Hello Future”光启全球创新者大会在深圳召开，标志着光启全球创新共同体正式成形。12月3日，首届香港国际创客节在亚洲国际博览馆开幕，光启科学主办了“颠覆者”论坛，光启全球创新共同体首次集体公开亮相，首次对外发布了对未来趋势的解读以及光启全球创新共同体的国际社会责任。

（深圳光启高等理工研究院　兰小棵）

【深圳华大基因研究院】　2007年，北京华大基因研究中心主力南下深圳成立致力于公益性研究的事业单位——深圳华大基因研究院。15年来，秉承着华大基因的学术传统和创新精神，华大基因研究院专注于科研探索，从事有重要科学影响和应用价值的研究，截至2015年8月3日，华大基因在国际重要学术期刊上共发表论文1 250余篇，SCI收录1 170篇，累计在*Nature*、*Science*、*Cell*等顶尖期刊发表科研论文超过200余篇。同时，华大基因研究院建立了世界领先的大规模测序、生物信息、基因检测、农业基因组、蛋白组等技术平台和大型数据处理超级计算中心，并拥有世界一流水平的科研队伍，开展一系列与重要动植物、人类健康、环境与能源等领域相关的组学研究，致力于推动医疗健康、科技应用、农业育种等领域的发展，完成了从参与，到独立完成，最终发起与世界其他顶级研究机构合作、引领生物信息学与基因组学领域研究的过程。

科研项目及成果　12月17日，自然出版集团发表《2015中国自然出版指数》增刊，分析了中国2012—2014年期间的科研产出，华大基因在*Nature*、*Science*的发表指数中排名全国第3。

截至2015年年底，华大基因承担（或参与）已结题科研项目/课题共计95项，其中国家级/部委项目56项，省级项目2项，市级项目31项，其他6项；承担及参与在研项目106项，其中国家级/部委项目45项，省级项目9项，市级项目41项，其他5项；承担着多个国家级、省级重点实验室的建设工作；截至2015年年底累计发表论文超1 451篇，SCI收录的有1 366篇。

2015年，华大基因科研投入3.03亿元，同比增长6%；发表CNNS文章41篇；名列全球产业机构合作排名首位；在*Nature*、*Science*的发表指数中排名全国第3；申请专利146项，获授权专利106项。

2015年，华大基因独立或合作完成或启动了众多重要科研项目。完成了大黄鱼、壁虎等物种的全基因组测序，绘制了全球首个青稞基因组图谱，破译了高山倭蛙、珊瑚共生甲藻等基因组，解析了四倍体棉花基因组，完成了流苏鹬的结构基因组研究；完成了婴儿从出生至一岁期间肠道菌群的基因组研究、类风湿关节炎（RA）口腔和肠道微生物元基因组研究；完成了先天性白内障的遗传学研究；与万种脊椎动物基因组联盟共同启动G10K（Genome10K）研究项目二期计划等。

技术平台建设　深圳华大基因研究院拥有多种测序系统，根据不同的科研需求可选择不同测序技术；具备DNA测序、转录组测序、DNA甲基化、目标区域捕获测序、宏基因组测序等研究技术。这些技术集科研、实践和服务应用为一体，覆盖了基因组科学的各个重点研究领域。

除Ion Proton平台之外，自2013年华大基因全资收购美国上市公司Complete Genomics之后，华大基因整合研究院优势研发团队，成功完成CG平台本地化。

交流合作　2015年，华大基因相继与中南大学湘雅二医院、济宁市妇幼保健院、广州市妇女儿童医疗中心、吉林大学第一医院、吉林大学中日联谊医院、北京中医药大学、四川大学华西医院等10余所国内知名医院及机构建立战略合作伙伴关系，在科研合作、临床服务、人才培养等领域进行深度合作；与河南省、大理州、洛阳市、东莞市黄江镇、黔西南等地方政府建立政略合作关系，在民生健康、新农业、精准扶贫、新型县域经济发展模式等方面探索新型合作模式。

10月，华大基因与美国史密森尼学会签署合作备忘录，双方进一步促进环境和生物多样性研究合作，推动史密森尼生物多样性基因组学研究发展。根据协议，双方的研究项目涵盖进化、生物多样性、农业和水生物种，双方也将建立全球信息共享和交流网络以及科学家培训平台。华大基因与美国史密森尼学会将应用基因组学技术、数据管理与分析和生物信息学来开展生物多样性、进化、生态和物种保护等领域的科研合作，并通过一系列联合项目加深双方在研究、分析和人员培训方面的合作。

（深圳华大基因研究院　王星雨）

【深圳清华大学研究院】　深圳清华大学研究院（下称“研究院”）是深圳市政府和清华大学于1996年12月共建的、以企业化方式运作的正局级事业单位，是一个高层次、综合性、开放式的产学研相结合的实体，实行领导小组领导下的院长负责制。研究院经过20年的探索，逐步形成“科技创新孵化器”的经营发展模式，建立了完善的产学研相融合的科技创新孵化体系。研究院创造了5个“第一”：中国第一家新型科研机构；第一个提出新型科研机构“四不像”运行管理模式；第一个成立了新型科研机构的创业投资公司；第一个创建了新型科研机构的科技金融平台；在北美成立创新创业中心，是第一个新型科研机构的海外创新创业中心。

截至2015年年底，研究院拥有9个深圳市重点实验室，8个深圳市工程实验室，3个深圳市公共服务平台，1个国家级研发服务中心，2个广东省重点实验室，1个广东省工程中心，1个省部产学研示范基地，2个国家重点实验室（工程实验室）深圳分室，与企业成立联合实验室22家，发起成立各类产学研创新联盟7个，每年投入科研开发和实验室建设费用超过6 000万元。“深圳清华大学研究院产学研深度融合的科技创新孵化体系建设”项目获得2014年度广东省科学技术奖特等奖。

科技人才队伍建设　研究院现有员工317名，其中研发人员284人；汇集了一批教授、博士、高级研究人员和海归学者，其中国家海外高层次人才引进计划（千人计划）3人，“973计划”首席科学家5人，深圳高层次人才18人（包括国家级人才4人，地方级6人和后备级8人），广东省创新团队2个，广东省自然科学基金研究团队1个，深圳市海外高层次人才创新创业团队2个。截至2015年年底，研究院的博士后科技工作站，累计招收博士后近80名，在站博士后12名。

科技成果与产业化　截至2015年年底，研究院获国家技术发明奖二等奖1项、国家科技进步奖二等奖2项、广东省科学技术奖特等奖1项，深圳市科学技术奖市长奖1项、国家省部市级奖20余项；申请专利380多项，其中70%以上是发明专利；承担了包括国家“863计划”“973计划”、国家科技重大专项、科技支撑计划、国家自然科学基金、广东省教育部产学研重大专项等国家省市级重点课题400多项；成为深圳市首批、第四批“孔雀计划”引进团队，广东省第三批、第四批引进创新科研团队的承担单位。

在推出大量科研成果的同时，研究院先后与300多家企业签订技术合同，促进了一批科技成果的产业化，如组织实施了单晶蓝宝石纤维、高端半导体激光器、盐碱地治理改造、数字电视与多媒体、石英晶体力敏传感器、红外快速体温检测仪、RPIR快速生化污水处理、电力线载波通信芯片等300多项科技成果转化。

高新技术企业孵化与科技金融　研究院作为创新基地，成功孵化了一批高新技术企业，截至2015年年底，累计孵化高技术企业1 500多家，孵化投资了达实智能、和而泰、拓邦等A股上市公司18个。

基于技术与资本结合的成功经验，研究院致力于金融助力的科技成果转化，借力于科技特色的金融体制创新，强化科技与金融的结合，2013年于前海发起设立了力合金融控股公司，截至2015年年底已形成了以创投公司、基金公司、科技小贷公司、科技担保公司、融资租赁公司为核心的金融产业链。

创新基地建设　研究院以深圳为基地和内核拓展了在珠三角业务空间。截至2015年年底，已建成清华信息港（深圳）、清华科技园（珠海）、力合（佛山）科技园、东莞创新中心等一系列高新产业园区和创新中心，同时正大力建设珠海创新中心、佛山创新中心、力合（顺德）科技园和力合清溪科技园。

公共技术研发平台建设　依据广东省及国内外科技、产业发展趋势和企业需求，研究院先后投入6亿元组建研发平台，截至2015年年底，建成了宽带无线通信研究所、电子信息技术研究所、新材料与生物医药研究所、光机电与先进制造研究所、新能源与环保技术研究所和航空航天技术研究所，共15个实验室和10个研发中心。

2015年，光机电与先进制造研究所获准组建广东省光机电一体化重点实验室。2015年，该所共发表文章22篇，SCI收录9篇，大会特邀报告2篇，申请发明专利8件，授权发明专利6件，参加起草地方标准2件，在研国家级重大研究项目7项，新增千人计划1名。

电子信息技术研究所专注于高速水声通信、5G通信等关键技术在各种场合下的应用，重点推广广图数据存储与处理技术并与多家运营商、系统集成商进行密切合作，推出了全新的数字电视接收转WiFi接入产品，“用于胶囊内窥镜的新一代高能效无线收发机芯片”获得广东省国际合作项目立项。

宽带无线通信研究所重点围绕灵巧通信卫星测控数传、遥测遥控、姿控分系统的设计及实现，开展深圳市发改委空天通信终端应用技术工程实验室的组建工作。

新材料与生物医药研究所重点产业化成果——双层人工皮肤项目已完成临床试验，进入申请产品注册证阶段，首款国产椎间盘完成型式检验，纳米银线透明导电膜技术与企业合作成立公司。

新能源与环保技术研究所重点攻关太阳能电池材料、储能电极材料以及节能技术等，先后获得国家、广东省及深圳市多项科技项目资助；自主研发的化学镀镍废液无害化处理技术、超痕量金提取技术成功应用于多家线路板及电镀企业，并成立了产业化公司；自主创新技术（RPIR快速生化污水处理技术）先后在养殖、屠宰、食品等废水中得到了成功应用，取得良好的社会、经济和环境效益，荣获深圳市技术发明奖一等奖。

航空航天技术研究所拥有自主知识产权的高精度三坐标测量机，突破误差建模与修正、微动精密传感、智能控制和智能测量软件等多项关键技术，达到国内领先、国际先进，打破了国外在此领域的长期垄断；无人直升机系统技术实验室重点研发无人机飞行控制与导航测试系统、旋翼动力学测试系统等关键技术，打破国际垄断，孵化的XV-2植保机试飞成功。

国际合作　研究院坚持走国际化的道路，国内与海外互为支撑，以此形成了“一部五中心”的国际合作网络，致力于国际技术转移、跨境投资并购和海外团队引进三大目标，发起成立了国际创新猎投基金，不断在国际技术转移领域开拓创新。2015年，国际创新猎投基金完成了7个项目投资工作。

2015年，研究院从芬兰引进了清华校友杨云峰教授的精密喷射成形（PSF）技术项目，获得广东省创新团队1 000万经费支持。该项目是世界上唯一实现规模产业化应用的喷射成形类技术，所制造的各式PSF生产设备均为全球首台/套、并实现了稳定运行，能够实现降低生产成本和节能减排的目标。

（深圳清华大学研究院　李文波）

【中国科学院深圳先进技术研究院】　2015年，中国科学院深圳先进技术研究院（以下简称“先进院”）的低成本“海云工程”配套设备全国中标量约占全部份额的20%，服务全国农村人口超过5 000万以上。获批国家重大科研仪器设备研制专项项目——“基于超声辐射力的深部脑刺激与神经调控仪器研制”，该项目是广东省和深圳市首次牵头承担“国家重大科研仪器设备研制专项”重大项目；作为主要完成单位参与的“基于影像导航和机器人技术的智能骨科手术体系建立及临床应用”和“角膜病诊治的关键技术及临床应用”项目均荣获2015 年度国家科学技术进步奖二等奖；作为第一完成单位的“基于剪切波的定量超声弹性成像技术与应用”项目荣获2015年度广东省科学技术奖一等奖。

2015年，先进院新增纵向科研项目475项，总额42 054万元，同比增长16%。各类经费到账额7.81亿元，合同额8.43亿元（含南沙所），创历史新高；国家自然科学基金项目获批82项，合同总额全省排名第3；获批国家重大科研装备研制项目1项（全国共5项）。新增专利申请651件，其中PCT专利68件，国外专利7件，顺利结题项目319项。新增发表论文931篇，在Science子刊发表论文2篇，PNAS发表1篇，其中SCI收录论文472篇（同比增长10.5%），JCR一区论文271篇（同比增长22.7%）。主办的学术期刊《集成技术》发行 6 期，全年度合计发行 7 600 余册。育成企业总计逾300家，持股逾140家（产值过亿企业6家）。全年度培养学生1 252名，获批全国博士后科研工作站、科技部创新人才培养示范基地（“万人计划”基地）及广东省科技创新创业人才服务基地。

人才队伍建设　2015年，先进院新增201人次入选各类人才计划，保持在国家和地方的强劲竞争力。截至2015年年底，全院共1 986人（含学生），其中员工1 142人（含南沙所），中高级职称722人，海外经历人才432人。2015年度新引进“千人计划”专家3人（目前在院工作达18人），中国科学院“百人计划”3人，广东省领军人才3人（全省20人），深圳市“鹏城学者”特聘教授1人。中青年人才影响力持续增长，2015年度新入选中国科学院特聘研究员13人，国务院特殊津贴专家1人，国家基金委“优青”2人，中科院技术支撑人才 1 人，广东省特支计划“南粤百杰”3人（占全省的20%）、科技创新领军人才2人、青年拔尖人才9人，广东省“优青”4人。新增深圳市“孔雀计划”技术创新项目13项，新获批深圳市孔雀人才58人次，深圳市高层次人才12人次，累计270人次，位居全市第1。

依托广东省“珠江人才计划”和深圳市“孔雀计划”，在无线充电、合成生物、机器人等领域瞄准国际科学前沿，引进5支创新团队，其中脑科学团队和串并联机器人团队同时入选广东省创新团队和深圳市孔雀团队。截至2015年年底，全院各类创新团队累计达到19支（含省市双入选团队3支）。全年共获批人才类项目经费合同额达1.41亿元。2015年，先进院新增中国科学院青年创新促进会会员6人、青促会优秀会员1人（2015年在院会员32人）。

先进院坚持“科教融合、协同育人”，2015年共培养学生1 252人，自2006年以来累计培养学生（含国际留学生）近5 000人。截至2015年年底，在读学生共844人，近50人次获得中科院院长奖、朱李月华奖学金、广州教育基地奖、创新创业大赛金奖/银奖等奖励，6人获得研究生国家奖学金，2人获得中国科学院大学“优秀学生标兵”称号，2人获得中国科学院大学“优秀毕业生”称号，31名学生获得中国科学院“优秀学生”称号。先进院与中科院华南植物园、中科院西安光机所、广东工业大学在生物、光机电和材料学科方面签署联合培养协议，开展共同招收博士后工作。截至2015年年底，已培养博士后165人，在站博士后达111名，与香港科技大学、哈尔滨工业大学（威海）、西安建筑科技大学、暨南大学等6所高校签订联合培养协议。

重点领域和前沿布局　（1）重点突破领域。2015年，低成本健康集成技术与“低成本健康海云工程”均取得重要进展，在中科院院属研究所“十二五”规划完成情况和5年创新绩效的全面检验中，被获评“优秀”。“三微一大”集成技术进一步完善，突破图案化电极与仿生胶布制备、SOC-SIP协同设计、可穿戴通信、三维快速术中X线成像和生理大数据分析等关键技术。海云工程在全国26个省级行政区使用，区域医疗卫生大数据平台建成并投入试运行，与罗湖医院集团及产业链公司合作完成社区养老服务顶层设计。

在高端医学影像领域，先进院新增国家重大科研仪器研制项目两项，包括部委推荐类项目“超声辐射力深部脑刺激与神经调控仪器研制（全国5项）”和自由申请类项目“面向猕猴脑科学研究的高清晰磁兼容PET成像系统研制”，包括国家自然科学基金重点项目在内的30余项国家和省市重要科研项目，年度合同经费首次超过亿元，发表国际核心期刊论文超过40篇，其中JCR一区论文首次超过50%。在产业化方面，2015年参与成功研制高性能3T磁共振设备并获取国家医疗器械注册证，圆满完成了广东省科技创新与引进团队项目“高端磁共振成像技术与产业化”。二维弹性超声成像系统完成样机研发，获得上市公司超过3 000万元的产业化投资。

2015年，先进院在机器人认知、感知、动作核心技术实现新突破，在总装备部主办的2015年第1届“助力无限”穿戴式外骨骼助力装备挑战赛中名列前茅。在广角结构光3D扫描系统高精度参数标定研究方面，提出一种两步标定策略，将畸变参数标定精度提升了一个数量级，在2m扫描距离上，可以实现2.4m的扫描范围，同时将整体扫描误差控制在0.5 mm；研制的核电站蒸汽发生器二次侧视频检查爬壁机器人填补国内空白；研发基于高压水射流技术的船体除锈爬壁机器人技术并完成样机设计制作；提出一种全新的基于冲压技术的规则多孔金属成形工艺及制备方法，为国际首创。研发出六轴抛光打磨机器人系统、用于基层食药监和农业检测部门的全光谱食品快速检测仪；在深度相机的研发上取得进展，提出并实现了散斑投影与双目视觉相结合的方法，提升了系统的精度和鲁棒性，算法已经移植到硬件实现，满足实时性要求；行为识别、场景识别领域取得世界领先水平成果，研发的知识引导的混合深度卷积模型和轨迹池化卷积特征编码方法识别率世界先进，并在CVPR'15 Chalearn、PLACES等国际评测中获多项第一名，相关成果发表在计算机视觉领域顶级期刊IJCV和会议CVPR上，部分技术已经成功转移到华为；智能学习控制方向研究工作在ICIA国际会议上获最佳学生论文奖。获批国家地方共建机器人与智能制造工程实验室，广东省机器人与智能系统重点实验室获得第2期资助。

（2）重点培育领域。高效率CIGS光伏器件工艺研究获得重要突破。在没有采用KF后处理的工艺条件下，获得了转化效率为20.18%的CIGS器件（经深圳计量研究院检测），该转化效率已经接近同类工艺下的世界纪录20.3%，标志着中国在该领域的研究成果已经可以比肩国际上顶尖研究水平。该项成果在第15届中国光伏大会上被评为本年度中国光伏领域代表性进展之一。

在城市大数据挖掘方面，“面向智能城市管理的大数据智能分析关键技术研究”获“973计划”立项，为智能城市管理提供公共技术支撑，实现了城市管理的创新示范应用。在“智能云服务机器人核心关键技术研发”方面，构建了通用的云机器人系统框架模型，归纳总结并解决云机器人本体及平台亟待解决的关键技术，打造了在云平台系统的支撑之下的具有自主智能的服务机器人本体以及云机器人服务平台，获得广东省科技厅重大专项的支持。“海云大数据系统”及“先进云”系统可实现城市级场景呈现与ZB级多媒体数据高能效处理，“先进云”平台获得“中国计算机大会创新成果优秀奖”。

先进电子封装材料方向针对其在高密度电子封装中的应用进行新材料与成套工艺的开发。在高密度电子封装关键材料的电、热、力学性能以及微观表面界面作用机制方面开展了较为深入的研究，形成具有自身特色的研究体系，获批成立高密度电子封装关键材料广东省重点实验室。完成了埋入式电容材料的规模化生产；用于倒装芯片底部填充料的球形二氧化硅和用于透明导电膜的高长径比银纳米线材料完成了放大实验，进入转化阶段；用于晶圆级封装的聚合物基绝缘层材料、临时键合胶材料已完成中试和终端客户验证，成果获得2015年南山创业大赛初创团队优胜奖。发表SCI收录论文48篇（其中IF>5的18篇），申请发明专利27件，申请PCT专利10件，获授权发明专利26件，制定企业标准14件。在中科院院属研究所“十二五”规划完成情况和五年创新绩效的全面检验中，获评优秀重点培育方向。

在纳米载药方面，团队在“智能纳米载药”可视化精准治疗癌症、纳米复合材料、肿瘤光学治疗与纳米诊疗一体化方面科研成果显著，获得第17届中国国际高新技术成果交易会优秀产品奖4项。开展纳米药物中试与多肽药物产业化，合成多肽药物先导化合物新工艺及长效胸腺五肽药物完成中试并初步产业化。开发了一种掺杂近红外量子棒，实现了淋巴结的近红外荧光、MRI双模态成像。发展了基于吲哚菁绿的纳米实现了小鼠乳腺癌皮下瘤、原位瘤的近红外荧光、光声双模态成像与光热、光动力治疗一体化研究。开发了基于吲哚菁绿的纳米光敏药物，用于小鼠的光热、光动力治疗研究。全年度共发表SCI收录论文20篇，其中IF>10 的SCI收录论文2篇，相关科研进展被《中国科学报》《科技日报》、科学网、中国科学院中英文网站分别报道。申请中国专利19项，国际PCT专利3项，已授权专利28项，

在脑科学方面，在国家杰青项目、中科院脑科学先导专项和深圳市孔雀团队项目等的支持下，发表2篇*Nature*子刊文章。建立了符合国家标准的非人灵长类繁育和研究基地，在国际上率先解析了大脑先天对突发威胁的“防御系统”的神经环路，将对大脑快速感知的皮层下神经环路功能研究、精神障碍性疾病的发生机制研究和类人智技术中的快速防御功能研发有重要指导价值；与其他团队合作，国际上首次发现了慢性疼痛导致焦虑、抑郁的大脑环路特征，为研究治疗疼痛导致的焦虑和抑郁提供了可能的新靶点。

在单抗药物方面，截至2015年年底，sDR5-Fc融合蛋白新药的药学研究圆满完成，各项指标已经完全符合CFDA的生物制品新药申报要求质量要求，已完成第一批500L中试发酵，并启动申报临床批文3批500L的样品制备。同时，9mg/kg的sDR5-Fc融合蛋白新药在化学性肝炎、药物性肝炎、自身免疫性肝炎等多种肝炎动物模型中有显著性的治疗效果且安全性良好。截至2015年年底，针对DR5新药的研发已申请10余项发明专利，其中3项将申请PCT专利。

在骨材料研究方面，构建了骨修复支架、骨再生生物玻璃、软骨修复高强度水凝胶和形状记忆骨修复材料等多种新型骨修复材料；利用等离子喷涂等技术对骨植入材料和器械进行表面改性，提高其抗腐蚀性、生物相容性和抗菌等性能；开发了基于新型高分子材料的常态三维细胞打印成型技术；以新型高分子材料成功制备及常

态三维打印技术实现为基础，成功攻克了细胞与材料混合三维打印的关键技术并实现细胞三维打印。在骨修复机理方面，进一步研究了锶、锌、硼等微量元素在促进干细胞成骨过程中的作用，为实现骨质疏松的微创治疗开发了一种新型的锶硼增强型活性骨水泥，对骨水泥的组成、生产工艺流程、体内外的生物相容性以及临床治疗效果进行研究。截至2015年年底，研究团队累计发表论文57篇，申请发明专利50余项。

国际科技合作与学术交流　2015年，先进院新增国际（地区）合作交流项目 24 项，在生物医学、新能源、新材料、信息技术、计算机等领域的国际科技交流合作实现了与国际学术前沿的深度结合。

2015年，先进院与IEEE国际组织的合作翻开新篇章。欧勇盛和夏泽担任IEEE国际机器人与自动化协会广东分会首届分会联合主席，须成忠因其在引领并行和分布式系统资源管理领域发展方面的杰出贡献当选IEEE Fellow。先进院获批成立大陆首个IEEE UFFC（超声波、铁电与频率控制学会）学生分会并与IEEE总部签订关于学术交流、产业合作的合作备忘录。举办“第15届IEEE/ACM集群、云计算与网格计算国际会议”“国际磁共振快速成像、射频与应用研讨会”“情感神经环路国际学术研讨会”“智能汽车与信息技术国际研讨会”“2015年深圳国际BT领袖峰会和生物/生命健康产业展览会暨合成生物学与产业应用论坛”等9场国际会议。

2015 年，先进院接受了来自世界各国的大学、科研机构、政府部门、企业科技代表团及港澳台代表团的来访，来访批次达36次，人数超500人。先进院科研人员出访国外参加科技学术交流213 批次，总数达256 人。

平台建设与产研结合　2015年，先进院横向到款金额达到 10 218万元，同比增长53%，成功实施了第一个横向收入超亿元，创历史新高。新增立项工业委托合同88个，新建10个企业联合实验室，新增以企业为主体申报产学研合作项目219项（获批75项）。先进院获中科院科技促进发展奖科技贡献奖、中国产学研合作创新奖以及广州分院院地合作先进单位等荣誉。

中科创客学院（以下简称“创客学院”）自2014年11月份创办以来发展势头迅猛，截至2015年年底，已入驻超过60个创业团队，200余位创业者，提供了超过600人以上的社会就业岗位。在平台建设方面，聚集的服务和合作机构30余家，年均开展创新创业活动超过30场，覆盖创新创业青年8 000余人次。11 月，承办了由政府首次主导的“第十七届高交会创客展”及上千人的“创客之夜”大型项目路演活动。6月，先进院与广东科学中心、广州市番禺区人民政府签约共建首个省级国际创客中心——广东国际创客中心，建设“创客发掘工程”“创客苗圃工程”“成果转化加速器工程”和“互联网+工程”的线上线下一体的创客生态四大体系，探索形成引领全省创新潮流、可复制、可推广的创客模式，用创新创业推动番禺区乃至全市、全省的产业转型升级。2015年年底，广东创客中心获批与深圳创新投资集团有限公司合作发行政府引导基金支持的第一个2.5亿元的创客基金。

在低成本健康方面，“面向基层的普惠健康服务网络科技服务网络”在福建宁德完成。先进院孵化的企业中科强华科技有限公司接连中标重庆、河北、河南、湖南、内蒙古中央补助村卫生室医疗设备项目，市场占有率达到全国第一，标志着先进院低成本健康网底工程在全国市场化覆盖初步获得成功。

在大数据方面，在交通、气象等领域中标政府智慧城市建设项目，与深圳交委和城管监督指挥中心合作，成功上线了“交通在手”等实时出行云服务系统，公交电子站牌当前服务百万以上用户，日均访问1 800万次以上。3D视频技术已构建含140个视频共60GB的开放数据库，成功应用在数码显微镜、3D视频系统等领域。气象精细化数值预报已能准确预报出最大、极大风发生的时间和大小，准确度远优于欧洲中心模式预报。与华大基因合作研发“基于PB级物基因数据处理的国民健康服务平台”。基于超算脑血流动力学分析已与北京天坛医院筹建联合实验室，截至2015年年底，已测试通过了10 240核并行计算，效率达60%。

在机器人方面，作为深圳市机器人产业联盟理事长单位联合深圳市机器人协会与经信委发布行业权威的《2014深圳市机器人产业白皮书》。

4月，与深圳中电国际信息科技有限公司和深圳市政府合作举办了第1届深圳国际机器人与智能系统博览会，期间组织了智能引领未来国际院士论坛和创客嘉年华，成为2015年CITE（中国电子信息博览会）的亮点。

科普工作 2015年，先进院协同中科创客学院机器骨干创客团队积极参与地方科普基地建设，中标北京科学中心和慈溪科技馆运营项目。积极参与中国科学院智能科学与技术科普联盟工作，首次与中国科学院科学传播局组织高交会科普联盟展，依托与南山区共建的少年创新院扩展公众科学日活动，举办小院士评选等大型科普活动10余次。

（中国科学院深圳先进技术研究院 卢 群 安一硕）

【广东华中科技大学工业技术研究院】 2007年，东莞市人民政府、广东省科学技术厅和华中科技大学签约，共建东莞华中科技大学制造工程研究院。2015年6月，该院正式更名为广东华中科技大学工业技术研究院（以下简称“华中科大工研院”）。

建院以来，华中科大工研院坚持“创新是立足之本、创造是生存之道，创业是发展之路”，在技术研发、技术服务和产业孵化等方面取得了较快的发展，实现了“政府、高校、企业、团队”的协同创新，探索出创新链、产业链、资金链三链融合的创新之路。华中科大工研院引进了学校制造学科的6个国家级研究平台在广东建立分中心或者分室，建立了东莞科技平台唯一一家省级重点实验室——广东省装备数字化重点实验室，获批“广东省战略性新兴产业基地——东莞物联网产业基地”，截至2015年年底，已组建了一支600余人的专业化技术团队。2015年，华中科大工研院作为广东省新型科研机构的典型代表，被广东省科技厅认定为享受建设专项资金补贴的公共科技平台，是广东省首批享受建设专项资金补贴的公共科技平台之一。

技术创新 截至2015年年底，华中科大工研院针对建材、家具、电子制造、模具、纺织、能源等行业的重大需求，自主研发了全自动电脑编织机、高速木材复合加工中心、精密电火花加工装备、LED系列装备、RFID自动封装生产线等几十个系列的行业关键装备。

2015年，广东省新型科研机构建设现场会在东莞举行，华中科大工研院下属孵化器松湖华科产业孵化园（以下简称“松湖华科”）承办了全省新型研发机构成果展，全省30余家新型科研机构的建设成果集中在松湖华科展示，华中科大工研院作为全省新型科研机构的典型代表在现场会上做专题发言，总结和分享新型科研机构建设的经验与体会。

技术服务 截至2015年年底，华中科大工研院建立了品牌设计服务中心、检测技术服务中心、测量技术服务中心、激光技术服务中心，为7 000多家企业提供了产品设计、产品检测、精密测量、激光加工等集中式高端技术服务。其中，检测技术服务中心检测项目达到579项、检测方法达到714个，获得CNAS、CMA、EPA、CPSC等国内外检测资质认证，累计资质跃居东莞市第1位，检测报告被欧盟、美国、日本等国家和地区所承认。

创新创业载体建设 2015年，科技部对全国608家国家级科技企业孵化器2014年运营情况进行了综合考评，其中97家被评选为优秀（A类），松湖华科是东莞市唯一被评选为优秀（A类）的国家级科技企业孵化器，并连续两年享受免税资格认定。

华中科大工研院积极探索孵化器拓展路径，有效延伸华中科大工研院公共科技平台服务触角，全面转移松湖华科国家级科技企业孵化器建设和运营经验，实现孵化服务输出，打造“华科城”品牌孵化器。截至2015年年底，已建成松湖华科、华科城·大岭山、华科城·道滘、华科城·石碣、华科城·大岭山等数个科技企业孵化器，预计建成孵化载体面积达25万㎡，可孵化高科技企业超过400家。

支撑战略性新兴产业 2015年，依托华中科大工研院机器人技术积累、公共服务平台能力及机器人产业基础，3月24日，华中科大工研院牵头建设的广东省智能机器人研究院揭牌，开展机器人核心功能部件研发，集成应用与研究，输出华中科大工研院的运营经验，探索机器人研究院体制机制创新。

2015年，华中科大工研院建立了机器人应用服务中心，提出“1+N+X”的机器人应用服务模式，即1个应用服务中心，N家机器人整机及功能部件生产企业，X家行业应用龙头企业；整合了伯朗特、拓斯达等一批机器人制造企业，共同为应用企业提供整体解决方案，已为长盈精密、劲胜股份等30多家企业提供机器人与智能制造技术服务。华中科大工研院与劲胜股份联合承担的移动终端配件智能制造项目，获批全国2015年智能制造示范点，获得9 000万元国家基金支持。

华中科大工研院积极将大连机床集团引入东莞建设南方基地，6月12日，华中科大工研院与东莞市政府、大连机床集团等签订了合作协议，在松湖华科3号楼建设研发中心和展示中心。

国际合作　华中科大工研院积极整合国内外创新要素资源，链接国际一流创新资源，2015年，引进了辽宁舰总设计师朱英富院士为顾问、香港中文大学王钧教授为带头人的全自主无人艇关键技术创新团队，搭建了无人艇关键技术试验平台，开发了无人艇样机。截至2015年年底，华中科大工研院已引进香港科技大学李泽湘教授带头的运动控制创新团队（广东省首批12支创新团队之一）、美国佐治亚理工李国民教授带头的智能感知创新团队及香港中文大学王钧教授为带头人的无人艇关键技术创新团队共3支创新团队。

院地合作　针对东莞模具制造产业实际需求，华中科大工研院与东莞市横沥镇政府合作共建了模具装备制造创新中心，成为东莞市横沥模具产业协同创新中心的核心组成部分。2015年，横沥模具产业协同创新中心受到李克强总理高度评价和批示，朱小丹省长肯定了“横沥模式”。

（广东华中科技大学工业技术研究院　黄丽华）

科技协同创新

产学研合作

【产学研协同创新平台及示范基地】 2015年围绕广东省战略性新兴产业以及传统产业转型升级需求，继续打造研发实力强、协同创新效益好、引领示范作用强的产学研协同创新平台，推动全省产业转型升级。主要包括推进珠三角国家大科学中心、广东省智能机器人研究院、华南智能机器人协同创新研究院（顺德）、清华珠三角研究院、新型印刷显示公共服务平台的建设，以及扶持一批产业发展急需的新型研发机构的发展，如佛山市智能装备技术研究院、广东顺德中山大学卡内基梅隆大学国际联合研究院、广州智能装备研究院、东莞北航研究院等。

佛山智能装备技术研究院 佛山智能装备技术研究院（以下简称“佛科院”）于2015年正式成立，是由佛山市科技局主管的现代化科研机构，由广东省、佛山市、南海区共建，联合武汉华中数控股份有限公司共同管理。该院专注于机器人整机和关键零部件的研发和产业化，可以提供机器人整机、控制系统、伺服驱动等相关产品的开发、检测、制造、生产技术改造等服务；机器人应用和自动化解决方案的咨询服务；企业孵化培育服务。同年，该院与佛山科学技术学院签订合作协议，决定共同围绕智能制造领域学科建设、科学研究和人才培养等方面进行全面合作，协助佛科院实施国家创新驱动发展战略以及省市关于将佛科院建设成高水平理工科大学的重要工作部署。2015年底，该院获佛山市科技局批准建设佛山市机器人创新产业园孵化器。该项目拟建成以机器人应用技术服务平台及自主共性技术支持平台为一体的、先进的机器人技术孵化器，为佛山、广东、全国、国际工业企业提供各类机器人应用服务、各类机器人企业服务，扎实推进国产机器人产业化发展。

清华珠三角研究院 2015年，广东省人民政府与清华大学签署共建清华珠三角研究院协议，标志着清华珠三角研究院正式成立。该院是省校共建的事业单位，按企业化方式运行管理，实行理事会领导下的院长负责制。该院以体制机制创新为核心，打造科技研发、企业孵化、创业投资、人才培养、创新园区、国际合作六大功能板块，建设“产学研深度融合的科技创新孵化体系”，致力于建设成为国家新型科研机构的引领者，形成产学研资深度融合的国际化创新孵化集群，打造创新创业人才，汇聚的高地，战略新兴产业和未来产业聚集的基地。

【产业技术创新联盟】 截至2015年年底，广东省产业技术创新联盟总数已达122家，涉及半导体照明、下一代通信、电动汽车、数字家庭、数字装备、智能制造等产业领域。作为产学研合作推动创新驱动发展的重要载体，承担省部级以上科技项目1 000多项，攻克产业关键、共性技术2 000多项；申请专利超过1万件，其中获得专利超过6 000件；建立省部级以上各类平台200多个，为企业培养了高层次技术和管理人才5 000多名。产业技术创新联盟通过运用市场机制实现企业、大学和科研机构等在战略层面的有效结合和知识产权共享，解决产业发展的关键和共性技术问题，形成一批产业技术标准和具有国际竞争力的名牌产品，提升了产业核心竞争力。

广东先进水泥基材料产业技术创新联盟 该联盟是在广东省建筑材料行业协会的支持下，由水泥混凝土制造行业龙头企业牵头，依托高校和科研机构，自愿组建而成的产业技术交流与创新平台。秘书处单位设在中山市武汉理工大学先进工程技术研究院，以海洋工程和节能减排为主要发展方向，广泛开展了企业走访、技术交流、项目策划、平台建设等活动。依托联盟，建成先进水泥基材料实验室和材料分析测试实验室两大研发与公共服务平台。实验室累计投入近500万元，占地约515m^2。先进水泥基材料实验室配备满足水泥基材料常规试验、特殊水泥基材料制备、水泥基材料添加剂合成、物理力学性能检测等基本仪器设备30余台，总价值近100万元。以两大研发与公共服务平台为基础，面向联盟内单位和珠三角地区相关企业，开展产学研合作，解决企业共性关键技术问题，并以海洋水泥基材料和高强高韧水泥基材料研究开发为主线，培育新兴产业。

广东省铝镁轻金属材料产业技术创新联盟　依托于广东省材料与加工研究所，主要从事铝镁轻金属材料开发、制备与加工产业。该联盟整合优势科技创新资源，对制约广东省铝、镁产业发展的共性关键技术瓶颈进行联合攻关，提升铝镁产业整体竞争力。通过联合申报项目和技术协同合作，技术攻关80余项；整合联盟资源建立铝、镁轻金属新材料开发、先进加工成形技术和新产品开发等中试示范生产线50余条，为企业开发新技术新产品提供平台，加快科技成果和新产品转化；整合联盟资源构建公共技术服务平台，为企业提供技术咨询、分析检测服务、人才培养培训、知识产权和行业信息咨询等服务。构建20余个公共技术服务平台有效提升企业自主创新能力。

【产学研合作重要活动】　2015年，省科技厅继续开展产学研合作对接，组织了各地市近100家企业代表赴北京大学、北京化工大学、中国科学院化学研究所、哈尔滨工业大学、大连理工大学、中国科学院沈阳自动化研究所、四川大学、电子科技大学等开展产学研对接活动，达成了一批合作意向，催生了一批优秀产学研合作项目。如广东亚太新材料科技有限公司与哈尔滨工业大学复合材料与结构研究所通过对接了解，双方就碳纤维复合材料海洋领域和汽车轻量化领域应用达成了合作意向，目前项目合作进展良好。珠海天威飞马打印耗材有限公司与北京化工大学通过对接活动，于11月签署了合作协议，共同开展“基于DLP 和FDM原理的聚合物高性高效3D打印成型装备研发及产业化”项目研发。

11月18日，省科技厅组织企业、高校和科研院所参加了2015年广东省科技成果与产业对接会暨首届广东国际机器人及智能装备博览会，省内外高校、科研机构负责同志和相关企业代表300余人参加了活动。本届对接会共有13个战略性新兴产业重点科技成果产业化及应用现场签约，646项高校、科研院所和企业最新的技术创新成果进行了对接展示。

【院士工作站】　2015年，广东省新建院士工作站12家，共获得1 200万专项经费支持。分布地区包括：深圳3家、佛山2家、中山2家、广州1家、顺德1家、东莞1家、江门1家、揭阳1家。分布技术领域包括新材料、先进制造、高端装备制造、生物医药、电子信息、现代农业和资源环保。2015年，共引进院士11名，其中中国工程院院士包括瞿金平、郭应禄、沈闻孙、姚穆、陈勇、张偲、蹇锡高、龙乐豪，中国科学院院士包括陶澍、曹镛、沈绪榜。

2015年，通过院士工作站建设，引进了院士团队核心技术人员110多人进驻广东。院士及其团队以院士工作站为平台不断创新，为企业、地方或行业制定技术及产业规划30多项，突破核心技术150多项，为企业培养各类科技人才500多人，转化各项成果180多项，实现经济效益超过40亿元。

【科技特派员工作站】　2015年，广东省新建特派员工作站24家，共获得1 200万专项经费支持，分布地区包括：广州3家、深圳2家、佛山2家、梅州3家、河源1家、揭阳3家、江门5家、清远2家、汕头1家、阳江1家、肇庆1家。分布技术领域包括LED技术、计算机及软件技术、节能环保、农业技术、生物医药与医疗器械和新材料。参与省部院产学研合作的省内外高校及科研院所达31家，其中省内高校及科研院所有中山大学、华南理工大学、广东工业大学、暨南大学、华南农业大学、华南师范大学、仲恺农业工程学院、广东省农科院、中国科学院南海海洋研究所、深圳先进技术研究院等；省外高校及科研院所有浙江大学、武汉大学、吉林大学、长春理工大学、中国农业大学、东华大学、中国科学院亚热带生态农业研究所等。通过特派员工作站建设，共引进150余位科技特派员及特派员助理进驻本省各类科技型企业，共实施50余项产学研结合项目，为企业培养各类科技型人才300余人，完成各类科技成果转化达100余项，实现经济效益超过40亿元。

（广东省科学技术厅产学研结合处　李　蓉）

科技金融

【产业与金融对接】 4月，省财政安排7.5亿元设立重大科技专项创业投资基金，省科技厅为投资基金的主管部门，委托粤科金融集团管理。在第4届广州金交会上，粤科金融集团与工商银行、建设银行、海通证券签订四方合作备忘录，以1：6的杠杆撬动社会资本将母基金放大至45亿元，预计将近100亿元的资金将以股权投资的方式投资于广东省九大科技专项。

为进一步加大科技资金投入，支持省科技创新事业，带动经济发展，省政府设立规模为50亿元的广东省重大科技成果产业化基金（含集成电路产业发展基金15亿元），重点支持广东省内具有自主知识产权和国际先进水平的重大科研创新成果产业化项目，重点推进包括集成电路产业在内的九大重大科技专项和应用型技术研发成果产业化。9月，首期资金39.8 935亿元全部到位。

【科技金融服务体系建设】 全省科技金融服务网络建设 2015年，省科技厅加快推进科技金融综合服务网络，依托省生产力促进中心，指导各地市分中心建设方案制定，开展各种学习、培训和活动，不断锻炼和提高分中心服务队伍的素质，全面提升自身服务水平，根据科技企业的需求，组织专家深入分中心开展科技金融政策宣讲、业务培训、企业上市辅导、企业融资对接咨询等各种活动。5月11—29日，联合人民银行广州分行在全省范围内举办广东省企业债务融资工具发行实务培训，为科技型企业在银行间市场发债提供授课和实践指导，共举办5场大型培训会，共有19个地市银行、科技企业和科技部门相关人员共2 500余人次参加培训。截至2015年年底，全省共有25个科技金融综合服务中心，其中，2015年新增11个中心。

科技金融综合信息服务平台推广应用 5月14日，省科技厅在广东金融学院召开广东科技金融综合信息服务平台推广应用工作会议，会议详细介绍了广东科技金融综合信息服务平台的定位、各项功能和系统应用情况，围绕全省科技金融工作，部署了综合服务中心和地市分中心的各项工作。截至2015年年底，广东科技金融综合信息服务平台建设完成，并在广州等地市正式上线，与中国银行、建设银行、广发银行、华夏银行、兴业银行等相关金融机构和服务中介的对接工作已经初步完成，金融机构可以及时回复科技企业的贷款需求、推介适合的金融产品、掌握第三方机构提供的价值信息，实现科技金融信息的无缝式互动和对接。

科技金融服务特聘专家团组建 为强化科技金融服务队伍建设、提升服务水平、凸显服务成效、加快地市科技金融服务工作开展，精心布局科金融服务体系建设，积极调动社会各方力量，省科技厅聘请了一批有能力、有经验的专家，深入各地市和分中心，为分中心的建设和各地科技金融工作出谋划策，为全省科技金融工作提供“外脑”支持。

【科技型企业投融资】 省科技厅联合省内各金融机构以及建行集团内各分子公司，打造了金融资源向科技领域配置的平台，鼓励银行金融机构在全省设立更多的科技信贷专营机构，改善科技贷款的风险分担结构，集聚各方资源，构建完整的科技金融服务链，极大地促进了科技型中小企业的发展。7月23日，省科技厅与建设银行广东省分行在惠州联合举办“Fit粤”科技金融推广大会。会议促使金融资源与科技资源的有效对接，加快形成多元化、多层次、多渠道的科技投融资体系，实现产业链、创新链、资金链“三链”协同发展，为实施创新驱动战略提供坚实保障。

（广东省科学技术厅规划财务处 田何志）

【风险投资业发展】　2015年，在国家宏观政策的扶持引导下，在“大众创业、万众创新”的热潮下，国内风险投资行业实现了新的发展。一是资金规模稳定扩大，行业逐步走向成熟。截至2015年年底，中国股权投资市场活跃的VC、PE 机构超过8 000家，投资资金约5万亿元，比2014 年增长25%。二是行业监管不断加强，制度体系日趋完善。中国证券投资基金协会于2014 年12月底着手加强和完善私募基金管理人登记备案相关工作，截至2015年年底，基金业协会已登记私募基金管理人25 005家，已备案私募基金24 054只，认缴规模5.07万亿元，实缴规模4.05万亿元。私募基金从业人员37.94万人。三是天使投资发展迅速，投资成果显著。虽然2015年下半年资本市场波动较大，早期投资市场受二级市场的影响，遭遇融资困难，但在宏观政策扶持引导下，天使投资市场仍爆发出巨大能量。从募资方面来看，2015年度国内天使投资机构共募集124支天使投资基金，披露的金额约为203亿元，较2014年增长2%。四是新三板市场实现新的发展，分层机制开始实行。新三板交易量不断创下新高，2015 年新三板合计成交数额238.9亿元，合计成交金额1 900多亿元。

行业发展迅猛　截至2015年年底，全国已备案的创业和私募股权投资机构为13 388家，广东省在基金业协会备案的创业和私募股权投资机构达2 831家，占全国的21.1%，位列全国第2位。全国已备案的创业和私募股权投资机构管理规模总计31 319.81亿元，广东省已备案的创业和私募股权投资机构的管理规模为5 648.34亿元，占全国的18.0%，位居全国第3位。广东省创业投资业无论从机构数量和管理规模上来说都是全国规模最大的股权投资市场之一。

区域集中化明显　广东省创业投资活动主要集中在珠三角地区，而珠三角地区的创业投资主要集中在深圳和广州两地。根据中国证券投资基金业协会备案显示，截至2015年年底，注册于广东省的创业和私募股权投资基金管理人共计在协会备案基金管理人有2 831家，仅位于北京之后，而管理基金备案数量是1 426支，排名第3位，基金认缴规模高达5 648.34亿元。2015年，深圳VC、PE达到46 000家，注册资本超过了2.7万亿元，机构数量和管理资本约占全国的1/3，成为我国风险投资积极性最强、投资最活跃的城市。

政府引导基金规模增长迅速　在传统的直接资助、补贴等方式之外，政府引导基金更致力于以市场化的创投方式对科技创业企业进行扶持。广东省对政府引导基金的积极布局，成为创投产业链重要一环。清科集团发布的“2015年度中国政府引导基金年度排名榜单”指出，广东地区引导基金的设立较活跃，基金数量达到85只，仅次于北京的88只；从基金设立规模来看，广东为1 451.83亿元，位列第3位，其中深圳表现尤为突出。2015年，深圳市财政设立总计800亿元的发展引导基金，其中创新创业和新兴产业各占200亿元，与彼时正在设立的国家新兴产业创业投资引导基金规模相当。

【广东省粤科金融集团有限公司】　2015年，粤科集团围绕“募、投、管、退”4个关键环节，大力推动创业投资业务发展，积极整合各种资源，创业投资业务呈现出良好发展态势。

粤科集团通过竞争遴选取得受托管理省重大科技专项创业投资引导基金、省重大科技成果产业化基金、省环保基金、省低碳产业发展基金和省现代农业发展基金等省财政股权投资项目资金85.5亿元，新增2015年度省创业风险投资资金2亿元，募集设立了5支区域子基金（粤科江门基金二期、江门鹤山基金、粤科大学生基金、粤科拓思基金、粤科创赛种子基金）合计6.381亿元。

科集团通过自有投资平台、合作投资平台（区域基金），新增创业投资项目46项，新增投资金额7.3亿元；成功发起设立广东省粤科众筹股权交易股份有限公司（粤科创投界），完成团队组建、平台试运营和正式上线运营，并开展业务交易。截至2015年年底，粤科集团在投项目118项，在投项目投资额累计21.4亿元。

粤科集团完成广东粤科软件工程有限公司国有股权挂牌转让，成功以8.3亿元挂牌竞价转让，国有资产较改制前整体增值125倍，市盈率达到315倍。此外，成功完成广东泓利、安尼数字、热点软件、铂亚电子、圈圈零零、豪恩声学、云洲智能、珠海奈电、中广核等9个项目的增值退出。

【广东省风险投资促进会】 2015年，促进会积极开展与各地不同行业协会的交流活动，先后参加了由中国创投委举办的中国创业投资行业峰会、由中国科技金融促进会举办的年会以及全国创业风险投资行业研究与调查会议。2015年，促进会与广东省粤科金融集团、广东省沃土企业成长研究院、广东华南科技资本研究院联合申报广东省科技厅产业科技创新与科技金融结合专项；分别与广东增城低碳总部园有限公司、广州市瀚晖投资管理有限公司和广州创新健怡科技投资管理有限公司签署战略合作协议，就不同领域进行合作，为会员提供多元化服务。2015年新增会员单位5家。

省创业投资企业备案管理 为改进创业投资企业备案管理工作，2015年5月，广东省发展和改革委员会通过购买服务方式委托有关机构承担创业投资企业备案管理服务工作，促进会参加了“广东省发展和改革委员会创业投资企业备案管理服务项目”的竞标并成功中标。围绕服务合同，促进会有序开展备案管理工作，对创业投资企业备案进行初审和考察，对已备案创业投资企业开展年检初审，走访已备案的创投企业等。

多元化、专业化的行业交流活动 1月，促进会联合美国风险投资学院和广东省沃土企业成长研究院，共同筹办美国风险投资学院（中国分院）。7月，在广州举办首期风险投资精英班课程，组织开展为期5天的创投行业专业化的“美式教育”，课程吸引了业内40位高管参加；分别在广州市番禺区和增城区举办“企业创新发展问题交流会”和“资本与企业交流峰会”。11月，举办广东省创业投资企业业务管理研讨会暨创投企业备案管理政策宣讲会，全面解析《创业投资企业管理办法》。12月，承办中国第四届创新创业大赛（广东地区）暨第三届“珠江天使杯”科技创新创业大赛。

7月3日，第17届中国风险投资论坛在深圳举行。本届论坛由民建中央、广东省政府和深圳市政府共同主办，由中国风险投资研究院、广东省科技厅和广东省风险投资促进会等共同承办，论坛以“新常态下风险投资的改革与创新”为主题，设“深化科技体制改革，提升国家创新能力”“开启风险投资新常态，直面发展格局新变化”两场高层论坛，以及“VC/PE的法制建设：风险防范与利益”“科技创新中的金融支持”“股权众筹与风险投资”等10场专题论坛。论坛吸引了政府官员、海内外学者及专业人士、投资人代表、创业企业家共1 000余人齐聚深圳。

（广东省粤科金融集团有限公司）

科技服务机构

【科技服务机构及平台】 2015年，省科学技术厅依托“2015年广东省协同创新与平台环境建设专项”资金，在技术交易体系与科技服务网络建设领域设立科技创业服务中心建设、科技服务骨干机构培育、技术交易体系建设与知识产权转化运用等专题，支持在全省科技服务业集聚区及产业园区建设科技创业服务中心，推动生产力促进中心围绕地区产业创新需求，集成资源、创新机制，探索科技服务新模式，提升服务层次和水平；推动技术转移机构开展技术转移服务，强化技术转移转化过程中的中试熟化服务，提升专业化服务能力；推动行业内具有较强基础和实力的高校、科研院所、科技服务机构整合现有科技服务资源，围绕地区行业共性科技服务需求，搭建各类科技服务平台。

科技服务机构 2015年，纳入全省科技服务业统计调查的1 829个科技服务机构，办公总面积达到1 605.13万m^2；从业人员总数达到31.06万人，其中，从事科技活动人员14.10万人，从事生产经营人员12.48万人，按学位分，拥有博士学位人员达到7 296人，拥有硕士学位3.19万人，拥有学士学位10.65万人；全年收入合计2 146.56亿元，其中，从政府部门取得收入155.08亿元，政府科研项目拨款46.81亿元；全年发布科技论文2.24万篇，其中，国外发表6 342篇，出版科技著作835种；全年专利申请受理1.94万件，其中，发明专利1.07万件；全年专利授权数1.30万件，其中，发明专利4 731件，国外授权389件，累计拥有发明专利达到2.75万件；承担各级政府项目1.12万项；全年科技成果登记数量达到1 012个；新产品开发3 332个；全年科技服务项目数达到372.99万个，全年科技服务项目金额563.07亿元；全年技术市场成交合同2.49万个，成交合同金额215.09亿元；全年获得科技成果奖940个，其中，国家级科技奖励成果44个，省级科技奖励成果373个。

生产力促进中心 截至2015年年底，广东省生产力促进机构达到142家，数量位居全国第一，其中，国家级示范生产力促进中心6家，省级示范生产力促进中心16家，初步形成上下联动、协同合作、地域分布覆盖省内主要地市县和专业镇的四级生产力促进服务体系。全省各级生产力促进中心为科技行政管理部门提供支撑和服务保障，积极承接政府职能转移工作，开展的政务支撑服务主要包括项目立项评审、项目实施跟踪监督、项目结题验收、科技政策宣传、科技统计分析、业务培训、知识产权辅导、专利维权等；围绕地方特色产业，各级生产力促进中心通过搭建科技合作平台、参与技术服务平台建设、开展技术服务等形式，促进科技成果的有效转移转化；围绕服务广大中小微企业，各级生产力促进中心通过建设公共服务平台，一方面为企业提供科技信息资源服务，包括专利、科技文献、仪器设备共享等，另一方面为企业研发和创新提供各类技术支持服务，满足广大企业的需求。

2015年，纳入全省生产力统计的82家生产力促进中心，总资产达到29.05亿元，办公总面积达到36.63万m^2；政府投入总额达到9.07亿元，非政府投入达到2.20亿元；全年提供咨询服务19 286次，协助企业申报计划项目1 210次；全年提供技术服务346 198项，采集信息191 598条，提供培训79 415人次；导入技术179项，引进人才742人，组织交易活动56项；在培科技型企业747个，毕业科技型企业128个；全年服务企业42 254个；联系科研机构1 664个，联系专家4 029名，开展国际及港澳台人员交流584人次，引进项目34项；为企业增加销售额114.49亿元，增加利税16.29亿元；为社会增加就业50 317人；全年总服务收入达到15.71亿元。

（广东省科学技术厅科技服务与管理处 严军华）

【技术转移与技术市场】

国家技术转移示范机构　截至2015年年底，广东省经科技部批准认定的国家技术转移示范机构达到6批共33家。广东省国家技术转移示范机构不断加强品牌建设，不断探索和创新技术转移模式与特色，加强与各类创新主体以及省内国家高新区、产业集群、特色产业基地的协同，以市场化、专业化、集成化和高端化为方向促进科技服务业健康发展，全面推进跨区域、跨行业、跨国间技术转移，服务广东省区域经济和产业发展。2015年，纳入统计的20家国家技术转移示范机构促成技术转移项目4 570项，成交金额24.95亿元；组织技术交易活动655次、技术转移培训21 578次，服务企业10 136家，解决企业需求4 780项，推动科技成果与产业、企业需求有效对接。

技术合同认定登记　2015年，全省认定登记技术合同 17 344项，合同成交总金额663.53亿元，其中技术交易额为649.53亿元，全年合同成交额与技术交易额再创新高，比2014年分别大幅增长22.2%和23.3%。

科技会展　2015年，省科技厅全年共组织69家单位的126个项目参加第11届深圳文博会、第18届北京科博会、第12届中国（满洲里）北方国际科技博览会、第8届中国科学院—新疆科技合作洽谈会、第12届中国—东盟博览会、第22届杨凌农高会等6个由政府举办的大型科技展会。

（广东省科学技术厅科技服务与管理处 周　彧）

【科技评估】　2015年，省科技厅深入实施省级科技业务“阳光再造”行动，在五大专项资金之外，新设立了应用型科技研发专项。广东省技术经济研究发展中心根据五大专项、应用型科技研发专项等专项资金特点及省科技厅等部门最新工作要求，通过深入改进项目评估评审程序及方式，大力加强科技咨询专家库、项目评估评审规范化建设，圆满完成了2015年度7 150项（次）省级科技计划项目评估评审工作，为省科技厅2015年项目立项决策发挥了重要支撑保障所用。

2015年，该中心作为省级科技计划立项评审主要支撑单位，先后协助省科技厅完成了公益研究与能力建设、前沿与关键技术创新、协同创新与平台环境建设以及应用型科技研发等专项资金项目评估评审工作，累计评估评审专项资金项目7 150项（次），其中，公益研究与能力建设专项累计评估评审专项资金项目3 313项（次），前沿与关键技术创新专项累计评估评审专项资金项目716项（次），协同创新与平台环境建设专项累计邀评估评审专项资金项目1 778项（次），应用型科技研发专项累计评估评审专项资金项目1 269项（次）。

（广东省技术经济研究发展中心　吴晓青）

科技成果与知识产权

科技成果与奖励

【科技成果管理】 2015年，由省科技厅批复组织的科技成果鉴定有126项。这些成果鉴定项目中，作为第一完成单位的申报单位分类情况如下：企业申报的项目有48项，占38.1%；高等、大专院校申报的项目有30项，占23.81%；科研院所申报的项目有23项，占18.25%；医疗机构申报的项目有21项，占16.67%；其他项目有4项，占3.17%。

成果鉴定的形式分为函审鉴定和会议鉴定，其中，会议鉴定有98项，函审鉴定有28项，分别占总数的77.78%和22.22%（见表6-1-1）。

表6-1-1　全省科技成果鉴定基本情况（2014—2015年）

项目	2014年		2015年	
	项目数（项）	比重（%）	项目数（项）	比重（%）
一、成果完成单位类型				
1. 科研院所	36	24.49	23	18.25
2. 高等、大专院校	23	15.65	30	23.81
3. 企业	75	51.02	48	38.10
4. 医疗机构	11	7.48	21	16.67
5. 其他	2	1.36	4	3.17
合计	147	100	126	100
二、成果鉴定形式				
1. 会议鉴定	131	89.12	98	77.78
2. 函审鉴定	16	10.88	28	22.22
合计	147	100	126	100

2015年，全省对符合科技成果登记条件的2 133个成果进行了登记，登记总数达历年最高。各类成果中，应用技术成果1 990项，占总数的93.29%，占据主要地位；基础理论成果126项，占总数的5.91%；软科学成果17项，占总数的0.8%。成果完成单位中，企业完成1 390项，占65.17%，企业是成果登记主体；医疗机构完成304项，占14.25%；科研院所完成180项，占8.44%；高等、大专院校完成158项，占7.41%；其他项目101项，占4.73%（见表6-1-2、表6-1-4）。

在应用技术类科技成果中，已授权专利数3 664项，其中3 122项专利为企业取得，占85.21%；电子信息、生物医药与医疗机械、新材料、先进制造等高新技术领域成果1 508项，占应用技术类成果登记总数的75.78%。1 822项成果已得到应用，对其中1 059项已产生经济效益的成果进行统计显示，净利润759.79亿元，增长了86.38%；实交税金190.03亿元，增长了7.25%；出口创汇75.04亿元，增长46.31%（见表6-1-3）。

表6-1-2　全省已登记重大科技成果基本情况（2014—2015年）

项目	2014年		2015年	
	项目数（个）	比重（%）	项目数（个）	比重（%）
一、成果完成单位类型				
1.独立研究机构	197	11.27	180	8.44
2.高等、大专院校	82	4.69	158	7.41
3.企业	1 062	60.76	1 390	65.17
4.医疗机构	292	16.70	304	14.25
5.其他	115	6.58	101	4.73
合计	1 748	100	2 133	100
二、成果类别				
1.应用技术	1 656	94.74	1 990	93.29
2.基础理论	55	3.14	126	5.91
3.软科学	37	2.12	17	0.80
合计	1 748	100	2 133	100
三、成果水平				
1.国际领先	165 681	4.64	102	4.78
2.国际先进	236	13.50	223	10.46
3.国内领先	658	37.64	802	37.60
4.国内先进	307	17.56	426	19.97
5.其他	466	26.66	580	27.19
合计	1 748	100	2 133	100
四、基本情况				
1.鉴定	1 168	66.82	1 047	49.09
2.验收、结题	333	19.05	746	34.97
3.评审、评估	59	3.37	66	3.09
4.行业准入	19	1.09	91	4.27
5.机构评价	169	9.67	183	8.58
合计	1 748	100	2 133	100

表6-1-3　全省已登记重大科技成果应用及经济效益情况一览表（2015年）

应用情况			经济效益情况		
项目		合计	项目		合计
已应用	（项）	1 822	经济效益项目数	（项）	1 059
试用	（项）	112	净利润	（万元）	7 597 933
应用后停用	（项）	2	实交税金	（万元）	1 900 267
未应用	（项）	54	出口创汇	（万元）	750 370
			节约资金	（万元）	521 667

表6-1-4　全省重大科技成果登记完成单位情况（2011—2015年）

单位：项

完成单位类型	2011年	2012年	2013年	2014年	2015年
合计	1 540	1 799	1 809	1 748	2 133
企业	869	1 033	1 037	1 062	1 390
科研院所	116	129	134	197	180
高等、大专院校	106	132	147	82	158
医疗机构	312	323	357	292	304
其他	137	182	134	115	101

【科技成果奖励】　广东省获2015年度国家科学技术奖共有32项。共评出2015年度省科学技术奖项目237项（见表6-1-5）。

国家科学技术奖　广东省获2015年度国家科学技术奖共有32项（通用项目），其中，国家自然科学家奖5项，国家技术发明奖5项，国家科技进步奖22项（见表6-1-6），其中，广东牵头项目获奖13项，参与项目获奖19项。

广东省获得的2015年度自然科学奖中，以第一完成单位（第一完成人）获奖的项目3项，分别为中山大学宋尔卫教授等完成的“乳腺癌转移的调控机制及靶向治疗的应用基础研究”、中山大学李宝军教授等完成的“用于功能集成的微型化光子器件基础研究”、华南理工大学曹镛院士等完成的“实现高效率有机太阳电池的新型聚合物材料及器件结构”。

广东省获2015年度国家技术发明奖5项，其中，由本省科学家主导完成的项目2项，分别为华南理工大学邱学青教授完成的“碱木质素的改性及造纸黑液的资源化高效利用”、华南理工大学瞿金平院士完成的“基于拉伸流变的高分子材料绿色加工成型技术”。

广东省参与获奖的22项科学技术进步奖项目中，广东省以第一完成单位获奖的项目有广东省农业科学院蚕业与农产品加工研究所张名位研究员等完成的“营养代餐食品创制关键技术及产业化应用”等8项。

总体而言，广东省获2015年度国家科学技术奖项目中，围绕国家战略，不断冲刺国际学术巅峰，紧扣民生需求，在多个行业领域都实现了重大突破，在支撑经济社会发展、改善民生方面发挥了重要作用，高水平技术成果贴近民生。以广州医科大学附属第一医院的冉丕鑫教授等完成的“慢性阻塞性肺疾病发病与综合防治”为例，该成果首次准确揭示了我国慢阻肺的患病状况，首次证实生物燃料烟雾是慢阻肺的重要危险因素，

表6-1-5　获2015年度国家级、省级科技奖励情况

单位：项

获奖类型	特等奖	一等奖	二等奖	三等奖	合计
国家级科技奖励成果		2	30		32
国家自然科学奖			5		5
国家技术发明奖			5		5
国家科学技术进步奖		2	20		22
省级科技奖励成果	1	25	75	134	235
省科学技术突出贡献奖	—	—	—	—	2

首次发现减少生物燃料烟雾暴露可以明显降低慢阻肺患病率，首次研创了适合国情的慢阻肺早期筛查系统和慢阻肺三级综合防治模式，首次发现羧甲斯坦和茶碱等药物治疗慢阻，对推动我国慢阻肺的防治起到了积极的作用。

广东省科学技术奖　广东省共评出2015年度省科学技术奖项目237项，其中突出贡献奖获奖人是华南理工大学的曹镛院士和广州大学的周福霖院士，获奖的项目分别是特等奖1项、一等奖25项、二等奖75项、三等奖134项（见表6-1-7）。这些获奖成果中，自然科学类16项，技术发明类7项，技术进步类212项。

获奖项目特点　2015年度国家科学技术奖及省科学技术奖获奖项目成果具有以下主要特点：

1. 企业创新主体地位更为凸显。近年来，广东省企业在科技专项、激励政策、平台建设等举措的支持下，科技创新能力持续增强，其主体地位日益提升。2015年度获得省科学技术奖的570个单位中，企业独立承担或参与完成的有247家，占获奖单位总数的44.58%；企业以第一完成单位完成的项目有125项，占获奖项目总数的53.19%。这些获奖企业通过自主研发核心技术，突破系列国外垄断技术，正逐步由“中国制造”向“中国创造”迈进。

例如，由广东新华粤石化股份有限公司等单位完成的项目“乙烯副产裂解汽油抽提苯乙烯研发与工业应用”，以茂名石化100万t/年乙烯副产的裂解汽油（C8～C9）为原料，通过多方合作，研究探索了乙烯裂解汽油（C8～C9）精密精馏技术、苯乙炔加氢技术、苯乙烯抽提技术和脱色精制等技术，成功开发出裂解汽油苯乙烯抽提成套技术，建立一套3万t/年的裂解汽油高纯度苯乙烯工业应用试验装置，获得了纯度高、透明无色、附加值高的优等品苯乙烯。项目打破了美国GTC公司的技术垄断，改造了乙烯副产裂解汽油（C8～C9）利用的传统工艺，为提升乙烯的资源综合优化利用水平开辟了一条新路，对我国石油化工行业具有重要的示范效应。

又如，广州市地下铁道总公司等完成的“城市轨道交通自主知识产权直线电机车辆研制”，通过研究关键系统及整车集成技术，掌握车辆核心技术，创建直线电机车辆技术体系，在国内形成从关键部件研制、整车集成到应用维护的具有自主知识产权的完整产业链。项目共获得发明专利7件，形成行业及国家标准3项，其技术已在广州地铁全面推广应用。

2. 支撑产业转型升级。近年来，广东省组织实施重大科技专项，突破系列关键核心技术；加快科技园区和载体建设，科技企业孵化器建设已成为广东省提升区域创新能力、推动产业转型升级的重要载体，助力高新技术产业发展，推动传统产业转型升级。

例如，由广州高新技术产业开发区管理委员会、广州火炬高新技术创业服务中心完成的特等奖项目“广州开发区科技企业孵化器集群创新实践”，将“科技企业孵化器”作为经济结构和方式转型的重要抓手，不断创新孵化器建设和发展模式，探索出了一条以“投资主体多元化、孵化生态平台化、孵化体系链条化、资源链接全球化”的孵化器“四化”发展新路子，形成“内生孵化、外延孵化、协同孵化”三大孵化新模式，成为广东省科技企业孵化器建设排头兵和创新驱动发展先进区域。截至2015年年底，全区科技企业孵化器数量由1998年的1家增加到45家，孵化面积由1.1万m^2扩张到360万㎡，增长300多倍，建成了华南最大的孵化器集群；2 148家在园企业和837家毕业离园企业共同推动全区经济发展和科技进步，12家上市公司从这里破壳而出；1名诺贝尔奖获得者、50名中组部“千人计划”人才、12个广东省创新科研团队、近万名海内外创业人才在这里落地生根；20多个国家级创新平台、70多个省级创新平台、500多家研发机构在这里高端集聚。通过孵化器集群建设，区域创新能力显著提升，已成为推动全市产业升级的重要支撑。

又如，由清华大学深圳研究生院等单位完成的项目“动态立体视觉系统关键技术及应用”，围绕国际上新一代机器视觉技术的研究热点与难点开展研究，历经10余年攻关，在动态立体视觉系统及关键技术上取得了突破，授权发明专利30项、软件著作权1项，发表SCI收录论文25篇、专著1部，在立体智能检测机器人、智能无人机、立体显微手术、立体电影领域开展推广应用，取得了良好的经济社会效益。

3. 源头创新不断突破。近年来，广东省持续加大对基础性、战略性、前沿性研究的支持力度。通过实施院士创新能力培育计划、加强基础研究和应用研究平台建设，源头创新能力不断提升。2015年的获奖项目中，基础研究项目的代表作SCI最高正面他引次数共1 265次，单篇最高SCI他引次数300次。2015年的获奖项目共形成自主知识产权1 198件，其中授权发明专利599件，占知识产权总数的50%。这些获奖项目展现了一批覆盖广东省支柱产业的核心关键技术，抢占了行业制高点。

例如，由中山大学完成的项目“功能纳米材料与低维物理的应用基础研究”，其研究成果被国际同行公认为是“液相激光熔蚀纳米制备”领域的领导者之一，在碳纳米结构制备方面做出了先驱性贡献。10篇代表性论文发表在国际应用物理和材料物理与化学类著名刊物上，平均SCI影响因子大于14，SCI他引457次；20篇主要论文平均SCI影响因子大于9，SCI他引678次。

又如，由中国科学院深圳先进技术研究院等单位完成的项目“基于剪切波的定量超声弹性成像技术与应用”，提出了剪切波超声弹性成像的核心技术创新，成功实现了对肝硬化和乳腺肿瘤等疾病的临床诊断应用，形成了自主知识产权并产业化，打破了国外技术和产品垄断。核心技术已获得授权发明专利16项、软件著作权3项，发表SCI收录论文10篇。项目的成果填补了国内定量超声弹性成像设备的空白，大大降低了设备采购成本。

4．涌现一批高层次创新人才。近年来，广东省通过深入实施重大人才工程和计划、省自然科学杰出青年基金项目等，培养和引进了一批高层次、年轻化的创新人才。例如，一等奖获奖项目“南方特色果蔬贮运保鲜关键技术及应用”的第一完成人为40岁，是首批“广东特支计划”科技创新领军人才；一等奖获奖项目“射频系统的小型化与低功耗研究”的第一完成人为37岁，曾获2013年省自然科学基金杰出青年项目。这批获奖人中，牵头或参与研究的40岁以下科技人才达916人，占总数（1 936人）的47.31%。所有获奖项目团队平均年龄只有42岁，团队平均年龄45岁以下的有175个，占75.11%。

5．科技成果惠及民生。2015年的获奖项目中，有99个获奖成果涉及农业科技、疾病防治、食品安全、公共服务、环境保护等领域，占获奖项目总数的42.13%。

例如，由广东省大气探测技术中心等完成的项目“广东省新一代天气雷达组网关键技术创新及应用”，其技术颠覆了传统的天气雷达运行模式，使雷达探测数据质量及其应用水平大幅提高，气象应急能力显著提升。项目的实施减少了经济损失，技术已在国内多个省市及韩国、罗马尼亚、印度等雷达建设项目中推广应用。

又如，由广东省疾病预防控制中心等单位完成的项目“食源性疾病暴发识别与应对技术研究及应用”，重点解决我国食源性疾病暴发的早期识别能力不足、病因筛查面窄、缺乏快速准确和不适合在基层推广的致病因子检测技术，突破暴发事件调查处置技术标准滞后、不系统、不规范等技术瓶颈，构建了食源性疾病暴发早期的主动综合识别技术，制定了国家应急预案和技术规范6个、省级应急预案1个，提交供政府决策参谋的技术报告19份、流行病学调查报告30余份，获国家发明专利3项，出版专著5部，发表论文71篇，其中SCI收录21篇。成果技术在全国广泛推广，应用于上百起暴发事件调查和应对处置。

表6-1-6　广东省获2015年度国家科学技术奖项目名单

自然科学奖				
序号	编号	项目名称	主要完成人（所属单位）	奖励等级
1	Z-106-2-02	乳腺癌转移的调控机制及靶向治疗的应用基础研究	宋尔卫（中山大学） 王　均（中国科学技术大学） 姚和瑞（中山大学） 姚雪彪（中国科学技术大学） 苏逢锡（中山大学）	二等奖
2	Z-107-2-03	用于功能集成的微型化光子器件基础研究	李宝军（中山大学） 邢晓波（中山大学） 张　垚（中山大学） 赵新宏（中山大学） 余华清（中山大学）	二等奖
3	Z-108-2-06	实现高效率有机太阳电池的新型聚合物材料及器件结构	曹　镛（华南理工大学） 吴宏滨（华南理工大学） 黄　飞（华南理工大学） 陈军武（华南理工大学） 何志才（华南理工大学）	二等奖
4	Z-105-2-03	家蚕基因组的功能研究	夏庆友（西南大学） 周泽扬（西南大学） 鲁　成（西南大学） 王　俊（深圳华大基因研究院） 向仲怀（西南大学）	二等奖
5	Z-107-2-05	可视媒体几何计算的理论与方法	胡事民（清华大学） 黄继武（中山大学） 艾海舟（清华大学） 徐　昆（清华大学） 陈　韬（清华大学）	二等奖
技术发明奖				
序号	编号	项目名称	主要完成人（所属单位）	奖励等级
1	F-306-2-04	碱木质素的改性及造纸黑液的资源化高效利用	邱学青（华南理工大学） 楼宏铭（华南理工大学） 杨东杰（华南理工大学） 庞煜霞（华南理工大学） 周明松（华南理工大学） 孔　建（深圳诺普信农化股份有限公司）	二等奖

（续上表）

技术发明奖

序号	编号	项目名称	主要完成人（所属单位）	奖励等级
2	F-30701-2-03	基于拉伸流变的高分子材料绿色加工成型技术	瞿金平（华南理工大学） 冯彦洪（华南理工大学） 殷小春（华南理工大学） 何和智（华南理工大学） 杨智韬（华南理工大学） 晋　刚（华南理工大学）	二等奖
3	F-303-2-04	道路路面动态检测关键技术及装备	李清泉（武汉大学） 张德津（深圳大学） 毛庆洲（武汉大学） 曹　民（武汉武大卓越科技有限责任公司） 李必军（武汉大学） 邹　勤（武汉大学）	二等奖
4	F-30901-2-01	天线多频技术及在多模移动终端的应用	刘元安（北京邮电大学） 苏　明（北京邮电大学） 肖　雳（工业和信息化部电信研究院） 郭　琳（工业和信息化部电信研究院） 张学飞（华为技术有限公司） 邓晓丹（天珑移动技术股份有限公司）	二等奖
5	F-30902-2-02	高能效动态可重构计算及其系统芯片关键技术	魏少军（清华大学） 刘雷波（清华大学） 毛志刚（上海交通大学） 时龙兴（东南大学） 尹首一（清华大学） 邓玉良（深圳市国微电子有限公司）	二等奖

科技进步奖

序号	评审组	项目名称
1	J-211-2-01	营养代餐食品创制关键技术及产业化应用
2	J-215-2-07	节材耐磨损钢铁材料制造技术研发与工业应用
3	J-23302-2-01	慢性乙型肝炎诊疗体系的创新及关键技术推广应用
4	J-23302-2-03	慢性阻塞性肺疾病发病与综合防治
5	J-23302-2-04	鼻咽癌诊疗关键策略研究与应用
6	J-235-2-01	原创新药艾普拉唑的研发与产业化
7	J-236-2-02	大容量、智能化光传送网（OTN）技术创新与产业化
8	J-253-2-02	腹部多器官移植及器官联合移植的技术创新与临床应用
9	J-235-1-01	首个小分子靶向抗癌药盐酸埃克替尼开发研究、产业化和推广应用

（续上表）

科技进步奖		
序号	评审组	项目名称
10	J-253-1-01	中国人体表难愈合创面发生新特征与防治的创新理论与关键措施研究
11	J-213-2-01	高端医药产品精制结晶技术的研发与产业化
12	J-220-2-01	大规模网络流媒体服务关键支撑技术
13	J-220-2-05	在线社交网络分析关键技术及系统
14	J-221-2-03	预应力整体张拉结构关键技术创新与应用
15	J-231-2-02	区域大气污染源高分辨率排放清单关键技术与应用
16	J-236-2-01	通信局（站）系统防雷接地理论突破及技术创新与国内外应用
17	J-25103-2-01	农林废弃物清洁热解气化多联产关键技术与装备
18	J-25201-2-02	国家数字城市地理空间框架技术体系构建与应用
19	J-253-2-03	基于影像导航和机器人技术的智能骨科手术体系建立及临床应用
20	J-253-2-05	角膜病诊治的关键技术及临床应用
21	J-202-2-01	高性能竹基纤维复合材料制造关键技术与应用
22	J-201-2-02	高产稳产棉花品种鲁棉研28号选育与应用

表6-1-7　2015年度广东省科学技术奖特等奖、一等奖获奖项目名单

序号	项目编号	项目名称	主要完成单位	主要完成人
特等奖项目（共1项）				
1	B18-0-特-01	广州开发区科技企业孵化器集群创新实践	广州高新技术产业开发区管理委员会 广州火炬高新技术创业服务中心	
一等奖项目（共25项）				
1	A01-0-1-01	功能纳米材料与低维物理的应用基础研究	中山大学	杨国伟　刘　璞　李红波 王　冰　王能文　欧阳钢 曹媛媛　李心磊　李　爽
2	A02-0-1-01	高性能超级电容器电极材料的设计、可控合成及其器件组装研究	中山大学	童叶翔　李高仁　卢锡洪 李　奇　翟　腾　于明浩 王子龙　钟锦辉
3	A03-0-1-01	猪基因突变技术创新及基因修饰猪模型的建立	中国科学院广州生物医药与健康研究院 南方医科大学 浙江大学 深圳华大基因研究院	赖良学　樊娜娜　杨化强 顾为望　肖　磊　杜玉涛 黄黎珍　陈霁君　商周春 杨东山　赵本田　欧阳振 刘朝明　赵　宇　邓　为

（续上表）

序号	项目编号	项目名称	主要完成单位	主要完成人
4	A04-0-1-01	泌尿系统恶性肿瘤的基因组学研究	深圳市第二人民医院 深圳华大基因研究院 北京大学深圳医院 中山大学肿瘤防治中心	蔡志明　王　俊　桂耀庭 徐　讯　郭广武　韩永华 黄　毅　张秀清　周芳坚 吴　松　刘宇辰　李贤新 周　亮　唐爱发　杨焕明
5	A04-0-1-02	Cl-通道对脑血管重构的作用及其机理研究	中山大学	关永源　周家国　王冠蕾 汤勇波　杜艳华　王小广 马明明　吕晓飞　刘　捷
6	A05-0-1-01	射频系统的小型化与低功耗研究	华南理工大学 香港城市大学	章秀银　薛　泉　胡斌杰 李园春　张洪林
7	C01-1-1-01	南方特色果蔬贮运保鲜关键技术及应用	中国科学院华南植物园 华南农业大学 广州市农业科学研究院	段学武　蒋跃明　李雪萍 屈红霞　钟国华　庞学群 吴振先　谷文祥　王　勇 黄绍力　张丹丹　吴富旺 蒋国祥　徐良雄　龚　亮
8	B01-2-1-01	南亚热带典型林分提质增效关键技术与应用	中国科学院华南植物园 广东省林业科学研究院	傅声雷　唐洪辉　林永标 周丽霞　李志安　赵　庆 陈伟光　蔡锡安　温达志 夏汉平　张卫强　熊秉红 宋　磊　王法明　饶兴权
9	B02-1-1-01	种猪体细胞克隆技术研发与应用	华南农业大学 广东温氏食品集团股份有限公司	吴珍芳　李紫聪　刘德武 罗旭芳　蔡更元　张守全 郑恩琴　石俊松　周　荣 贺晓燕　孟繁明　王青来 陈赞谋　曾　芳　徐　铮
10	B02-2-1-01	斑节对虾遗传育种研究及新品种推广应用	中国水产科学研究院南海水产研究所 中国水产科学研究院南海水产研究所深圳试验基地 广东省海洋与渔业技术推广总站 珠海市斗门区长丰水产种苗科技有限公司	江世贵　黄建华　周发林 邱丽华　杨其彬　杨丽诗 温为庚　张殿昌　孙苗苗 傅明骏　陈　旭　林黑着 李　涛　冯天乔　叶振彪
11	B03-0-1-01	凤凰单丛乌龙茶资源利用和品质提升关键技术及产业化	广东南馥茶业有限公司 潮州市天池凤凰茶业有限公司 广东宏伟集团有限公司 广东食品药品职业学院 中国科学院华南植物园 潮安县凤凰茶叶专业协会	苏新国　林伟周　陈伟忠 郑协龙　段　俊　林程辉 柯泽龙　陈思藩　陈于陇 阮志燕　陈俊辉　韦玉莲 王小娟　蔡创钿　陈若荣

（续上表）

序号	项目编号	项目名称	主要完成单位	主要完成人
12	B06-0-1-01	双级高效永磁同步变频离心式冷水机组	珠海格力电器股份有限公司 南车株洲电力机车研究所有限公司 珠海格力节能环保制冷技术研究中心有限公司 南车株洲电机有限公司	谭建明　刘　华　张治平 赵志刚　冯江华　周黎民 苏玉海　夏光辉　晏才松 尚　敬　刘海涛　李宏波 蒋　楠　钟瑞兴　赖元华
13	B07-0-1-01	海量视频内容快速检索与深度分析的关键技术及其应用	广东工业大学 华南理工大学 广东技术师范学院 广东铂亚信息技术有限公司 北明软件有限公司	郝志峰　黄　翰　蔡瑞初 凌　捷　林智勇　陈敬隆 王进宏　谭　智　汪疆平 温　雯　王丽娟　杨晓伟 李小明
14	B07-0-1-02	动态立体视觉系统关键技术及应用	清华大学深圳研究生院 清华大学 中源智人科技（深圳）股份有限公司 深圳市环球数码科技有限公司	戴琼海　王好谦　范静涛 张永兵　张　磊　金　欣 黄道权　申优桦　杨余久 郭振华　李　秀　王兴政 韦建端　黄建兴
15	B08-0-1-01	GS5 GAC6470 系列中高级SUV车型自主研发	广州汽车集团股份有限公司	黄向东　陈上华　吴　坚 肖　宁　杨荣山　卢丽娟 李　罡　邵发科　梁伟强 张　进　袁焕泉　刘　平 吴文娟　刘艳兵　耿富荣
16	B09-0-1-01	乙烯副产裂解汽油抽提苯乙烯研发与工业应用	广东新华粤石化股份有限公司 广东新华粤华德科技有限公司 中国石油化工股份有限公司石油化工科学研究院 天津大学	陈炳琳　阚一群　田龙胜 许长春　吴　巍　吴壮志 庞海舰　唐文成　孙永利 曾　远　何　开　赵　明 杨汉斌　黄　文
17	B10-0-1-01	高压高钢级厚壁海管开发及在南海深水天然气项目应用	番禺珠江钢管有限公司 中海石油深海开发有限公司 宝山钢铁股份有限公司 巨龙钢管有限公司 华南理工大学 北京隆盛泰科石油管科技有限公司	李烈军　莫敏玲　张　备 梁　羽　杨专钊　曹华勇 李记科　魏伟荣　王利树 高吉祥　黄卫锋　王立柱 魏少军　孙　旭　曾达潮
18	B11-0-1-01	城市轨道交通自主知识产权直线电机车辆研制	广州市地下铁道总公司 南车青岛四方机车车辆股份有限公司 株洲南车时代电气股份有限公司 中国铁道科学研究院 青岛四方车辆研究所有限公司	丁建隆　何　霖　朱士友 龚　明　陈高华　李学峰 陈　凯　李　晋　刘光武 庞绍煌　蔡昌俊　潘丽莎 龙　静　何　晔　赖森华

（续上表）

序号	项目编号	项目名称	主要完成单位	主要完成人
19	B12-0-1-01	广东省新一代天气雷达组网关键技术创新及应用	广东省大气探测技术中心 广东省气象台 北京敏视达雷达有限公司 中国气象局广州热带海洋气象研究所 广东省人工影响天气中心 广东省防雷中心	敖振浪 许永锞 李建勇 吕雪芹 胡东明 谭鉴荣 伍志方 冯业荣 张建云 雷卫延 万齐林 周钦强 黄飞龙 李源鸿 刘艳中
20	B13-0-1-01	食源性疾病暴发识别与应对技术研究及应用	广东省疾病预防控制中心 国家食品安全风险评估中心	张永慧 杨杏芬 邓小玲 朱炳辉 吴永宁 龙朝阳 黄　琼 梁骏华 王洪敏 卢玲玲 李　晖 柯碧霞 钟志雄 吴西梅 何冬梅
21	B14-0-1-01	结直肠癌的个体化治疗研究和应用	中山大学肿瘤防治中心 中山大学附属第一医院	徐瑞华 万德森 黄文林 罗俊航 贾卫华 谢　丹 陈　功 高远红 李宇红 潘志忠 丁培荣 张晓实 骆卉妍 陈冬良 宋　武
22	B15-0-1-01	综合措施提高肝癌肝移植疗效的系列研究	中山大学附属第三医院	陈规扬 李　华 张　琪 汪国营 易述红 汪根树 张　剑 易慧敏 许　赤 姜　楠 傅斌生 张　彤 刘　炜 陈文捷
23	B16-0-1-01	中药注射剂产品升级中的重大共性、关键技术研究与产业化	丽珠医药集团股份有限公司 中山大学	曹　晖 苏薇薇 王锦旭 刘学华 刘孟华 高　进 童　欣 彭招华 王永刚 谢海燕 刘东来 黄文华 宋艳刚 胡海棠 梁　洪
24	C17-0-1-01	基于剪切波的定量超声弹性成像技术与应用	中国科学院深圳先进技术研究院 深圳迈瑞生物医疗电子股份有限公司 深圳市一体医疗科技有限公司	郑海荣 蔡飞燕 王丛知 李　勇 张晓峰 牛丽丽 邱　维 龙樊睿 李双双
25	B18-0-1-01	数字地震台网信息实时自动处理系统	广东省地震局	黄文辉 叶春明 康　英 吕金水 吴叔坤 吴永权 沈玉松 刘　军 林　伟 苏柱金 谢剑波 杨　选 陈贵美 陈　杏 胡文灼

（广东省科学技术厅科技服务与管理处　王雅文）

知识产权

【概况】 2015年，全省专利申请受理量355 939件，同比增长27.87%，其中，发明专利申请受理量为103 941件，同比增长38.32%；全省专利授权量241 176件，同比增长34.02%，其中，发明专利授权量33 477件，同比增长50.28 %；截至2015年年底，全省有效发明专利量138 878件，连续6年保持全国首位；万人发明专利拥有量12.95件，比2014年同期增加2.44件；全省PCT国际专利申请受理量15 190件，占国内PCT国际专利申请受理总量的53.49%，连续14年保持全国第1位。第17届中国专利奖评选中广东获奖数量再创新高，共获得金奖6项、优秀奖119项，获奖数目再创新高，金奖数目居全国第1位；在国家知识产权局知识产权发展研究中心发布的《2014年全国知识产权发展状况报告》和《2014年全国专利实力状况报告》中，广东省知识产权综合发展指数、专利综合实力指数、专利运用指数、保护指数、管理指数均位居全国首位。

【知识产权政策法规】 9月，省政府印发实施《广东省深入实施知识产权战略推动创新驱动发展行动计划》（以下简称“《行动计划》”），强调坚持问题导向和需求导向相统一、市场主导和政府支持相结合，部署了“实施严格的知识产权保护”“提升企业掌握核心专利能力”等十大重点行动计划，明确提出将广东建设成为国际化知识产权创造运用中心和保护高地，成为知识产权强国建设先行省的目标。省知识产权局联合省自贸办等单位研究制定《关于加强中国（广东）自由贸易试验区知识产权工作的指导意见》《关于加强我省知识产权维权援助工作的指导意见》，对广东自贸试验区知识产权工作和全省知识产权维护援助工作进行安排。省知识产权局组织相关单位共同完成了《关于推进电子商务领域专利保护工作的指导意见》的研究起草工作。

（广东省知识产权局政策法规处　刘　嵘）

【知识产权高层次战略合作】 2015年，国家知识产权局与广东省人民政府共同围绕广东知识产权“服务转型升级、服务创新驱动、服务扩大内外需”，以打造知识产权服务经济结构战略性调整的创新地为目标，再次开展知识产权高层次战略合作，取得了显著成效。

知识产权强国建设先行地建设　在国家知识产权局的支持和指导下，广东率先开展“知识产权强国建设先行地”研究，从产业支撑行动、企业提升行动、转化促进行动、市场净化行动、海外护航行动、服务提质行动等六方面，提出先行地建设框架。2015年，广东形成了《广东省深入知识产权战略推动创新驱动发展行动计划》，并以省政府名义印发实施该计划。为支持强国建设先行地试点工作，广东相继出台系列支撑政策，组建省级知识产权专家咨询委员会，组织开展了知识产权产品纳入国民经济核算体系专题研究，制订了《关于运用知识产权促进产业转型升级的意见》《关于促进我省知识产权服务业发展的若干意见》《广东创建知识产权服务业发展示范省规划（2013—2020年）》。

知识产权改革创新试点工作　国家知识产权局与省政府着力通过广东知识产权改革创新试点，形成可复制可推广的经验。2014年，中国和新加坡两国政府签订《中华人民共和国政府与新加坡共和国政府知识产权领域合作谅解备忘录》，明确在中新广州知识城开展知识产权运用和保护综合改革试验工作。2015年，双方稳步推进中新广州知识城知识产权运用保护综合改革试点，举行高级别会谈并签署会谈纪要，推动知识城开展国家知识产权运用和保护综合改革试验区总体方案获批实施，全面推进知识产权服务业集聚中心、知识产权法院、知识产权研究院等高端项目在中心知识城的集聚实施争取在全国率先开创支撑创新型经济发展新模式。

知识产权运用　国家知识产权局将专利导航产业发展、知识产权运营、知识产权金融等重要试点均放在广东开展。广东启动实施了“珠江西岸先进装备制造产业带专利导航工程”、创建“国家专利导航产业发展实验区”，推动辖区内优质知识产权服务及运营资源，围绕战略性新兴产业、智能装备、机械装备制造等重点产业开展产业专利导航。截至2015年年底，已累计形成专利分析及预警报告30份，并召开系列报告会23场，面向各相关政府部门和4 200多家企事业单位发布。

2015年，佛山市、广州经济技术开发区、增城经济技术开发区、广东自贸区深圳前海蛇口片区获批“国家知识产权投融资试点”，惠州仲恺高新区获批 “国家知识产权质押融资试点”。2015年，全省专利质押融资金额近59亿元，位居全国前列。广州、深圳、东莞市和佛山市禅城四市（区）开展“全国专利保险试点”，截至2015年年底，四地逾200家企业已累计完成专利投保超过3 000件，保费168.4万元，最高可获赔6 558.3万元。中山市开展了全国首例单一行业专利保险探索，2015年投保企业13家，涉及105件专利，保费9.82万元，最高可获赔800万元。

2015年，广东设立重点产业知识产权运营基金，以中央财政4 000万元为引导资金，筹备成立总规模达30亿元、首期规模达5亿元的广东省粤科国联知识产权投资运营基金。4月，广州知识产权交易中心揭牌。5月，佛山市海科知识产权交易有限公司与银行（投行）、评估等机构建立市场化运作平台，建设了广东知识产权创新运用（顺德）试验区。中孵网、广东金融高新区股权交易中心华南知识产权运营中心、广州汇桔网互联网知识产权金融平台、深圳7号网等民营知识产权交易运营服务平台发展壮大，为社会提供专业化、深层次知识产权运营服务。中兴通讯、腾讯、中彩联等3家企业深化国家专利运营试点工作。

知识产权服务业　国家和省知识产权局加快广东省知识产权服务业集聚中心建设立项，推动知识产权服务业聚集。引导资产评估公司积极参与知识产权评估，新设知识产权评估推广项目和知识产权运营机构培育试点项目，扶持服务机构发展，促进知识产权服务业集聚区建设。自启动合作以来，广东4家知识产权服务机构入选“全国知识产权服务品牌机构培育单位”，5家机构成功挂牌“全国知识产权服务品牌机构”。中兴通讯、腾讯、中彩联等企业和行业组织开展国家专利运营试点工作，研制和推广应用质押评估技术规范地方标准。2015年12月，广东微生物所获批成为全国第3家具有专利菌种保藏功能的菌种保藏中心。

在国家知识产权局指导下，广东深化泛珠三角区域专利信息服务（广州）中心服务，组建广东专利信息协会、引导全国知识产权服务联盟成员入粤服务等措施，构建公益服务和商用服务相融合、线上线下立体服务专利大数据利用新局面。此外，广东创新开展了中小微企业专利信息推送服务，截至2015年年底，面向广东省内21个地市，45个专业镇近1 500家企业推送了定制的专利信息服务产品。广东借力国家专利信息资源，与中国专利信息中心、知识产权出版社等国字头单位建立合作关系，分别在专利信息数据资源完善、“互联网+知识产权”全覆盖子系统建设、专利信息服务专项合作、专利信息人才培养等方面实现深入合作。

知识产权对外合作　2015年，广东积极构建知识产权多元国际合作试验区，累计接待国外知识产权代表团组来访87批次523人次，组织人员参加出国访问和培训33批次119人次，与美国、英国、德国、日本、韩国、新加坡、和我国台湾等20多个国家和地区的官方机构、社会团体、企业建立广泛、深入的合作关系。继续加强国际知识产权交流研讨活动，举办各类国际性知识产权论坛和研讨会28场。支持9家行业协会和展会主办单位开展知识产权涉外应对工作，起草了企业规避海外知识产权风险指南，对粤企出现的涉外知识产权纠纷及“337调查”重点案件进行对接维权服务。

人才队伍建设　国家知识产权局、广东省政府和广州市政府大力支持广州市知识产权人才基地建设，力争将基地建成国内一流、国际知名的华南地区知识产权人才培养中心。据统计，2015年全省共举办各类知识产权培训活动100多期，参加人数2万余人次，为全省知识产权人才队伍建设提供有力支撑。年内还启动了“知识产权人才信息化工程”及“广东省知识产权人才信息管理系统”建设工程，全力打造高素质复合型的知识产权人才梯队。在省人力资源和社会保障厅的支持下，继深圳之后，广州于2015年正式启动了知识产权专业技术资格评审试点工作，开展高、中级职称评审。2015年，在暨南大学和广州市政府的大力助推下，广东省政府、广州市政府、暨南大学、北京大学、国家知识产权局、国侨办明确在暨南大学共同建设广州知识产权人才基地。据统计，截至2015年年底，广东知识产权专业人才总量已达3.6万人，23人成为国家知识产权领军人才，14位专家入选国家知识产权专家库，31人入选全国“百千万知识产权人才工程”百名高层次人才培养人选，8人入选全国专利信息领军人才、18人入选全国专利信息师资人才。

知识产权管理　贯彻实施《企业知识产权管理规范》。合作期间，国家和省局双方围绕企业知识产权“贯标”，大力提升广东企业知识产权创造、运用能力。12月，广东制定并印发了《关于全面推行〈企业知识产权管理规范〉国家标准的实施意见》，与中华全国专利代理人协会签署《贯彻企业知识产权标准合作关系议定书》，全国第一个“贯标”地方性办事机构“中规（北京）认证有限公司广州办事处”7月落户广东。加大“贯标”专业人员培养力度，组织开展“贯标”培训班11期，培训人员1 600多人。实施“广东省企业知识产权管理规范推进项目”，扶持20家服务质量高、运营情况好的“贯标”服务机构，按市场化运作原则发动并辅导企业“贯标”。截至2015年年底，广东31家企业通过“贯标”认证。

为适应广东密集型产业知识产权快速维权需求，2015年底，国家知识产权局专利局广州代办处申请并获批开展外观设计专利申请前置服务试点工作。经国家知识产权局同意，广州代办处将启动灯饰、家具、和家电等行业的外观设计专利前置服务试点，通过对企业提交的外观设计专利申请按照初审要求进行前置检查，对申请图片进行预先检索，及时反馈修改意见，极大地提高了申请质量，缩短了授权周期。

（广东省知识产权局规划发展处，阳屹琴　周　舟）

【知识产权创造】　专利申请2015年，广东省专利申请受理量355 939件，同比增长27.87%。其中，发明专利申请受理量为103 941件，同比增长38.32%；实用新型专利申请受理量135 717件，同比增长26.76%；外观设计专利申请受理量116 281件，同比增长8.60%。发明、实用新型和外观设计三种专利申请占总量的比例为29.2∶38.1∶32.7。

全年共有25 987家企业申请专利205 675件，同比增长37.42%，占全省专利申请受理量的57.78%；23 866家企业获得专利授权141 112件，同比增长35.43%，占全省专利授权总量的58.51%。其中，11 462家企业有发明专利申请73 243件，同比增长35.89%，占全省发明专利申请受理量的70.47%，占企业专利申请总量的35.61%；5 819家企业有发明专利授权26 019件，占全省发明专利授权的77.72%。

专利授权　2015年，全省专利授权量241 176件，同比增长34.02%，其中，发明专利授权量33 477件，同比增长50.28%；实用新型专利授权量105 254件，同比增长26.50%；外观设计专利授权量102 445件，同比增长37.56%。发明、实用新型和外观设计三种专利授权量占专利授权总量的比例为13.9∶43.6∶42.5。

有效专利及专利密度　截至2015年年底，全省每万人口有效发明专利量12.95件，比2014年同期增加2.44件，位居全国第4位。国家知识产权局把每百万人口所拥有的有效发明专利量定义为专利密度，根据国家知识产权局公布的数据，广东省的专利密度为1 295件/百万人。

PCT国际专利　2015年，广东省PCT国际专利申请受理量15 190件，占全国受理总量的53.49%，同比增长13.94%。

中国专利奖获奖情况　2015年，广东省获得第17届中国专利金奖6项，中国专利优秀奖119项。组织评选广东专利金奖15项，广东专利优秀奖55项，9位科研人员被授予广东发明人奖。

（广东省知识产权局规划发展处
阳屹琴　周　舟）

【企业知识产权工作】

《企业知识产权管理规范》贯彻实施　《企业知识产权管理规范》（GB/T 29490-2013）于2013年发布实施，是第一个企业知识产权管理领域国家标准。2015年，省知识产权局联合省科技厅、省经信委、省商务厅、省质监局、省国资委等部门研究制定并印发了《关于全面推行〈企业知识产权管理规范〉国家标准的实施意见》；与中华全国专利代理人协会签署《贯彻企业知识产权标准合作关系议定书》，全国第一个“贯标”地方性办事机构“中规（北京）认证有限公司广州办事处”于7月落户广东。6月，中知（北京）认证有限公司与深圳市标准技术研究院建立重点合作关系，将在广东省及其周边区域积极组织社会服务资源，高质量、高效率开展企业“贯标”审核、认证工作及配套服务。实施2014—2015年度“广东省企业知识产权管理规范推进项目”，扶持20家服务质量高、运营情况好的“贯标”服务机构，按市场化运作原则发动并辅导企业“贯标”，项目任务要求20家机构辅导200家企业进行“贯标”。积极发动全省市、县（区）级知识产权局结合实际，探索有效的“贯标”推行工作模式，截至2015年年底，广州、中山、东莞、佛山、惠州等均已出台“贯标”扶持配套政策，支持广州白云山制药总厂等31家企业通过认证。

知识产权优势示范企业培育　2015年，全省组织推荐由国家知识产权局认定两批国家级知识产权优势和示范企业共97家。截至2015年年底，省级知识产权优势和示范企业总数累计分别达568家及160家。2015年，全省共有11 462家企业申请发明专利73 243件，占全省发明专利申请受理量的70.47%；同期共有5 819家企业获得发明专利授权26 019件，占全省发明专利授权的77.72%。

（广东省知识产权局产业促进处　郑俊秋）

【知识产权运用】

产业知识产权联盟建设　截至2015年年底，在广东省知识产权局备案成功的产业知识产权联盟有18家，在国家知识产权局备案成功的产业知识产权联盟有5家。2015年，首批认定顺德电压力锅、中彩联、广东LED联合创新中心（LED）等3家联盟为广东省专利联盟示范单位；启动实施“广东省产业知识产权联盟示范培育工程”，将深圳工业机器人专利联盟、新能源标准与知识产权联盟、第三代半导体专利联盟、深圳市医疗器械行业专利联盟等4家联盟列为培育对象；《深圳市专利联盟管理办法》正式实施；国家知识产权局立项、广东省知识产权局承担的重点软科学研究项目“战略性新兴产业专利联盟的构建及运作模式研究”顺利通过结题评审。

产业专利导航及分析预警　广东省知识产权局建设完善产业专利信息服务平台。第一，大力建设省级重点产业及地方特色产业专利数据库，截至2015年年底，已建成重点产业专利数据库14个、地方特色产业专利数据库8个。第二，大力建设广东省专利大数据应用服务平台。以海量数据为依托，充分利用大数据技术，为市场主体提供专利信息服务；开发并上线知识产权移动应用子系统“专利知道”，提供手机APP上的全文检索、标题检索、公司检索、公开号检索等多种检索方式，为用户提供便携式移动终端专利信息服务。高效集聚涵盖103个国家及地区1亿多条专利数据的权威专利信息资源，开发基于互联网模式，集专利信息检索、专利信息管理与应用、专利态势分析及预警等功能于一体的“一站式”专利信息综合服务平台。

积极实践专利导航产业发展新模式。第一，启动实施“珠江西岸先进装备制造产业带专利导航工程”，围绕江门市轨道交通装备、肇庆市智能化成形和加工成套设备、顺德区智能装备制造、佛山市汽车制造、中山市电动汽车等五市（区）的5个先进装备制造产业，组织开展专利导航。第二，积极探索创建“国家专利导航产业发展实验区”，推动广州开发区、佛山市整合区域内优质知识产权服务及运营资源，围绕智能装备、卫星通信、机械装备制造等重点产业，开展产业专利导航。

2015年，完成2014年度“广东省重点出口产品专利预警分析计划”20个项目的验收，在项目答辩及专家评审基础上，确定优秀执行项目3个。开展技术性贸易壁垒专利预警分析服务试点。组织省内专业服务机构围绕4G通信技术性贸易壁垒开展专利预警分析，探索专利分析与应对技术贸易壁垒有效结合的工作机制。

知识产权运营　2015年以来，广东省积极配合财政部、国家知识产权局开展以市场化方式促进知识产权运营国家试点，试点内容包括：第一，建设全国知识产权运营公共服务横琴特色试点平台。申请平台服务商标“七弦琴”、知识产权股权众筹金融产品商标“智财通宝”，开发了知识产权金融产品“智财通宝一号”；启动核心业务系统平台和官网建设。第二，股权投资扶持广东省产权交易集团有限公司和深圳市精英知识产权运营服务有限公司等两家知识产权运营机构发展。两家机构各获中央财政1 000万元扶持资金，正推进交易系统、托管系统、竞价系统的开发，搭建知识产权交易大数据平台，助推专利技术的转移转化。第三，设立知识产权质押融资风险补偿基金，以中央财政5 000万元为引导资金，支持广州、深圳、珠海、惠州、中山五市分别设立当地知识产权质押融资风险补偿基金，各地市财政出资配套，带动社会资本投入，对中小微企业开展知识产权质押融资提供增信支持。第四，设立重点产业知识产权运营基金，以中央财政4 000万元为引导资金，筹备成立总规模达30亿元、首期规模达5亿元的广东省粤科国联知识产权投资运营基金。该基金以企业为核心、以市场化为主导，委任具有国际知识产权运营经验的专业化公司来管理，专注于高档数控机床、机器人等战略性新兴产业的知识产权运营和技术转移。

截至2015年年底，深圳市中彩联科技有限公司、腾讯科技（深圳）有限公司、中兴通讯股份有限公司、广东省产权交易集团有限公司、深圳市联创知识产权服务中心、深圳中科院知识产权投资有限公司、佛山市海科知识产权交易有限公司被认定为“国家专利运营试点企业试点”。珠海格力电器股份有限公司、深圳市朗科科技股份有限公司、广州广电运通金融电子股份有限公司、赛恩倍吉科技顾问（深圳）有限公司、深圳市精英知识产权运营服务有限公司、广州博鳌纵横网络科技有限公司、广东高航知识产权运营有限公司等7家企业入围第3批国家专利运营试点企业。

广东省知识产权局引导推进重点区域知识产权运营及创新运用。支持中山市建设“广东（灯饰照明）知识产权运营中心”，推动该市运用知识产权引领灯饰照明产业转型升级及国际化发展；与顺德区共同启动建设广东省知识产权创新运用试验区，以省、区、镇三级合作方式共同推进该试验区的运营，试验区核心载体包括：顺德知识产权创业园、佛山市知识产权培训（顺德）基地、华南理工大学知识产权学院（顺德）研究院于4月揭牌启动，专利导航产业发展战略合作协议、合作建设顺德区知识产权投融资平台框架协议、知识产权孵化创投项目、知识产权商业机构入驻顺德知识产权创业园等一系列协议和项目均已同步签约启动。

鼓励企业和社会资本投资于专利产业化，截至2015年年底，广东省专利技术实施计划累计投入3 905万元，扶持了全省518个专利项目实施。

截至2015年年底，进驻“国家专利产业化（广州数字家庭）试点基地”的企业达238家，数字家庭专利池容量达5 000多件，实现年产值110亿元。加强“国家工业设计与创意产业（顺德）基地”建设，基地已入驻世界各地设计公司逾100家、入园设计师逾1 000名，目前已发展成为国内最大的工业设计产业园区。

重大经济活动知识产权分析评议　2015年，广东省知识产权局围绕广东省“DiiVA‘数字高清互动传输接口技术’标准推广”“锂离子动力电池研发及产业化”“新一代4G LTE关键技术及网络设备开发”“固态钒动力电池”“新岸线公司芯片项目”，组织开展专利分析评议，形成评议报告，有力地支撑了广东省对项目的决策工作，护航项目的顺利实施。

广州奥凯信息咨询有限公司、深圳中科院知识产权投资有限公司、珠海智专专利商标代理有限公司等12家服务机构成功入围“全国知识产权分析评议服务示范创建机构”并加入“全国知识产权分析评议服务机构联盟”。选择深圳、东莞和佛山市南海区、江门市高新区等7个有一定工作基础的区域，开展知识产权评议试点，扶持有关市（区）建立本区域的知识产权评议机制；选择广东省内提供知识产权分析评议服务实力较强的2家机构，开展重大项目知识产权评议。

广东省知识产权局带动地市知识产权评议工作开展。深圳市2015年起正式实施《深圳市重大经济科技活动知识产权评议办法》，围绕心血管项目、“超材料”产业化项目，组织开展知识产权分析评议。

战略性新兴产业专利信息资源开发利用 为导航战略性新兴产业科学发展，促进产业高端突破，2015年，省知识产权局根据《广东省战略性新兴产业专利信息资源开发利用计划项目合同书》，继续推进2011年立项的11个项目和2013年立项12个项目实施。省知识产权局会同省财政厅启动实施第3轮即2015年“广东省战略性新兴产业专利信息资源开发利用计划”，围绕新一代显示技术、集成电路、风能、核电技术、高端新型电子信息材料、高性能油墨、新材料（轨道交通用铝型材）、绿色建筑材料、海洋生物及微生物、海洋渔业、海洋油气及海底矿产开发利用、海洋可再生能源开发等12个产业领域，经公开组织申报及专家评审立项实施新一批专利分析及预警项目12个。

截至2015年年底，通过3轮“战略性新兴产业专利信息资源开发利用计划”，已在云计算、智能制造装备等17个产业领域深度开展专利分析及预警，建成战略性新兴产业专利数据库7个，形成专利分析及预警报告30份，并召开系列报告会23场，面向4 200多家企事业单位发布。编辑出版30期《广东省战略性新兴产业知识产权工作动态》。已建立运行广东省战略性新兴产业全领域专利实时监测系统、专利信息实时统计系统、专利信息资源发布系统，支持产业专利各指标的智能化统计分析，监测产业创新全景，为广东省战略性新兴产业及企业“走出去”提供高质量的专利数据支持和信息分析支撑。

知识产权质押及投融资 2015年，广东省专利权质押登记169件，质押金额58.94亿元，质押金额居全国第3位。12月，佛山市、广州经济技术开发区、增城经济技术开发区、广东自贸区深圳前海蛇口片区获批开展“国家知识产权投融资试点”，惠州仲恺高新区获批开展“国家知识产权质押融资试点”。

构建知识产权质押融资政策支持体系，12月16日，《广东省知识产权质押评估技术规范》地方标准由省质监局发布，将于2016年4月16日起实施。省知识产权局联合省发改委、省经信委、省财政厅、省金融办等部门出台《关于加快推进我省知识产权质押融资工作的若干意见》及其实施细则，对推进全省质押融资工作进行了全面部署和规范。支持各地市制订实施相关政策，形成政策合力。广州市《中小企业知识产权质押贷款操作指引》、深圳市《促进知识产权质押融资若干措施》、东莞市《专利权质押贷款管理办法及操作指引》、佛山市南海区《知识产权质押融资专项资金、中介机构扶持补贴及中介机构管理办法》、佛山市顺德区《知识产权反担保质押融资业务操作管理办法》、中山市、佛山市三水区、韶关市翁源县《知识产权质押贷款贴息管理办法》等知识产权质押融资政策纷纷出台实施。

建设“中国（广东）知识产权投融资服务平台”，确立按行业分类指导原则，以项目风险分级信息披露为核心内容，对知识产权项目分成融资借款、股权投资、许可合作3个链条进行细化，并与各地产业平台、产业资本、私募创投对接。

举办中国（广东）知识产权投融资项目对接会，2011—2015年，先进制造、生物医药、新材料等产业领域的46个知识产权项目与创投企业对接，涉及金额7.88亿元。在2015年的对接会上17个项目与创投企业对接，合作金额1.5亿元。

2015年，珠海、惠州、江门、湛江四市启动广东省知识产权质押融资试点工作。

11月，启动首届南粤知识产权创新创业大赛，逾1 200个创业项目与团队报名，涉及智能家居、智能安防、移动互联网等多个前沿创新领域。

知识产权交易 2013—2015年，全省专利许可合同备案量达3 353件，许可合同金额达16.65亿元。广东省还建设了广州、深圳、佛山、东莞4个国家专利技术展示交易中心，截至2015年年底，4个中心累计完成专利展示41 250件、专利交易2 085件，金额超过6亿元。

（广东省知识产权局产业促进处 郑俊秋）

【知识产权保护】 国家知识产权局与省政府从严开展知识产权保护，知识产权执法协作得到加强。2015年，开展电商专利保护试点项目，支持唯品会、梦芭莎等电商建立知识产权保护平台，建立专利侵权纠纷和假冒专利行为投诉处理机制，推动电子商务企业提高知识产权意识，实现专利保护有效自律。

知识产权快速维权中心是国家知识产权局支持广东改革突破的重点项目之一。12月，中国顺德（家电）知识产权快速维权中心、中国广州花都（皮革皮具）知识产权快速维权中心相继落户广东。截至2015年年底，广东已设立知识产权快速维权中心4家，占了全国总数的一半以上。

2015年，广东省知识产权局充分发挥省打击侵权假冒工作领导小组办公室组织协调作用，加强同各部门的协作配合，推动落实全国打击侵权假冒重点工作。全省打击侵权假冒各主要行政执法部门共立案查处侵权假冒案件29 754宗，占全国案件总量的 1/6。

2015年，广东省各级知识产权局共受理各类专利案件约2 500宗，结案2 600余宗，查处假冒专利案件722宗。广东省知识产权局组织进驻第117届广交会、118届广交会开展专利保护工作，共调解专利侵权纠纷800余宗，涉及被投诉企业超1 000家。

2015年，国家知识产权局新批复广东省成立中国阳江（五金刀剪）、中国广州花都（皮革皮具）知识产权快速维权中心。广东省共建成5家国家级知识产权快速维权中心，数量居全国首位。

（广东省知识产权局执法与监督处　毕　庚）

【知识产权管理与服务】

专利代理管理工作　截至2015年年底，全省共有专利代理机构158家，占全国14%；专利代理人1 748人，占全国12%；共有分支机构201家；专利代理机构从业人员近7 000人；代理机构中，合伙制117家，公司制76家，律师事务所开办专利代理23家。

3月24日，广东省知识产权局在广州举行全省专利代理管理工作会议，全省知识产权行政管理部门和专利代理机构及分支负责人共170余人出席。会议分析了在经济新常态下专利代理行业发展所面临的发展机遇及挑战，并指出随着知识产权事业发展及创新驱动战略的实施，知识产权服务业迎来新一轮发展机遇，专利代理行业既要把握机遇，不断拓展服务领域，谋求新的更大的发展，也要进一步夯实专利代理这个根本的基础性工作。会议要求，专利代理行业要增强创新力和行业凝聚力，进一步加强行业自律，不断提升服务质量和水平，为知识产权强省建设及经济社会发展做出更大更好贡献。

“百所千企知识产权服务对接工程”系列活动　9月和10月，广东省知识产权局牵头组织，分别在中山、茂名、韶关市等地举行百所千企知识产权服务对接系列活动，共有25家专利代理机构、160多家企业以及多家高校、科研院所代表，市、区知识产权工作负责人200多人参加了此次系列活动。结合对接地的产业特点，分别举办“专利挖掘与申请”“专利侵权判定及规避设计”“企业知识产权管理规范”“专利电子申请及网上缴费”“企业专利申请与保护”等专题讲座，深入企业、召开座谈会等形式与企业如何进一步加强知识产权申请保护等相关问题进行深入的交流。

（广东省知识产权局政策法规处　刘　嵘）

产业、行业科技发展

高新技术产业及战略性新兴产业

【高新技术产业】 2015年，广东省围绕着高新技术研发、高科技成果转化、企业孵化与培养、高新技术产业化示范、高新技术产业化环境建设等工作体系，全力推进珠三角国家自主创新示范区建设，着力完善全省孵化育成体系建设，积极谋划全省高新技术发展，不断提升高新区创新发展水平，有效推动本省高新技术产业发展。

高新区创新发展 2015年，全省高新区继续保持快速、健康的发展势头。全年全省高新区实现工业总产值24 124.02亿元，工业增加值5 067.53亿元，拥有高新技术企业3 114家，占高新区企业总数的33.64%。河源、清远高新区成功获批国家级高新区，实现珠三角以外国家级高新区零突破，全省国家级高新区已达到11家。

孵化育成体系加快完善 7月，全省科技企业孵化器建设工作现场会召开，进一步提高了各级政府对建设孵化育成体系的认识。全省孵化器发展势头迅猛，2015年，全省新增孵化器约100家，科技企业孵化器超过330家，其中国家级孵化器43家。2015年涌现出140多个众创空间，新增众创空间70家左右，国家备案众创空间17家，有效推动大众创业、万众创新。

【高新技术企业】

高企培育与认定 2015年，广东省有效高企存量达11 105家，净增长1 816家，增长19.6%，居全国第二；全省共有入库培育企业3 685家，共奖补资金7.06亿元，企业主要集中在战略性新兴产业领域，企业成长性较好，为本省高企发展储备了充足力量。

高企发展与培育 2015年，省科技厅和省财政厅制定出台了《高新技术企业培育实施方案（2015—2017年）》《高新技术企业培育资金管理办法（试行）》，设立20亿元高企培育奖补专项资金，建立高企培育库，着力培育高新技术企业。建立省市县（区）各级联动的高企培育工作机制，在全省各地市建立高企培育工作机构，珠三角重点地市延伸至县（区）或镇级，确保高企发展和高企培育工作落到实处。

同时，省科技厅统筹制定全省各地市高企发展和高企培育年度目标，各市培育机构结合县（区）或镇科技经济情况制定培育发展计划，细化目标，形成责任明确、层层推进、共同参与的工作体系。完善省科技业务管理阳光政务平台高企认定系统，新建高企培育管理系统，累计增补更新系统评审专家达2 300人。完善专家评审机制，通过系统随机抽取专家独立评分，向企业公开评审结果。优化评审流程，新增申诉及答辩环节，保障企业权益，确保高企评审科学公正。新建高企和入库企业运行监测数据库，为政府科学决策提供保证。

【高新技术产品】 2015年，全省高新技术产品产值达5.37万亿元，同比增长9.11%。据海关统计，2015年全省高新技术产品进出口4 259.4亿美元，同比增长0.4%，占全省外贸比重为41.6%，占全国高新技术产品外贸比重为35.4%，仍为高新技术产品进出口第一大省。其中，出口2 326.2亿美元，同比增长0.7%；进口1 933.3亿美元，同比增长0.02%（见表7–1–1）。

表7-1-1　国内主要沿海省市高新技术产品进出口情况（2015年）

地区	进出口		出口		进口	
	金额（亿美元）	同比（%）	金额（亿美元）	同比（%）	金额（亿美元）	同比（%）
全国	12 032.7	–0.7	6 552.1	–0.8	5 480.6	–0.6
上海	1 708.7	–0.1	861.4	–3.3	847.3	3.4
江苏	2 207.0	0.9	1 306.3	1.4	900.7	0.3
浙江	244.7	3.2	168.7	8.7	76.0	–7.4
山东	352.8	–10.1	177.1	–14.0	175.8	–5.8
福建	279.5	1.6	144.1	–1.0	135.4	4.6
广东	4 259.4	0.4	2 326.2	0.7	1 933.3	0.02

一般贸易增长较快，贸易结构不断优化　全年广东省一般贸易项下高新技术产品进出口、出口、进口额分别为1 371.5亿美元，增长9.6%；706.0亿美元，增长15.1%；665.5亿美元，增长4.3%。加工贸易项下高新技术产品进出口、出口、进口额分别为2 148.4亿元，下降7.6%；1 320.8亿元，下降6.9%；827.6亿美元下降8.7%。一般贸易高新技术产品进出口的占比为32.2%，同比提高了2.7个百分点。加工贸易高新技术产品进出口的比重下降为50.4%，同比下降了4.4个百分点（见表7–1–2）。

外商投资及私营企业为主，私营、集体企业增长迅猛　外商投资及私营企业高新技术产品进出口虽有下降，但广东省仍是主力军。全年外商投资企业进出口2 512.9亿美元，同比下降7.1%，占全省比重的59%。私营企业进出口1 327.8亿美元，同比增长16.2%，占全省比重的31.2%。国有企业进出口261.4亿美元，同比增长1.2%，占全省比重的6.1%。集体企业进出口155.2亿美元，同比增长14.2%，占全省比重3.6%（见表7–1–2）。

表7–1–2　广东省高新技术产品进出口综合情况（2015年）

项目		进出口		出口		进口	
		金额（亿美元）	同比（%）	金额（亿美元）	同比（%）	金额（亿美元）	同比（%）
全省合计		4 259.4	0.4	2 326.2	0.7	1 933.3	0.02
贸易方式	一般贸易	1 371.5	9.6	706.0	15.1	665.5	4.3
	加工贸易	2 148.4	–7.6	1 320.8	–6.9	827.6	–8.7
	其他贸易	739.5	11.0	299.3	7.6	440.2	13.4
企业性质	国有企业	261.4	1.2	145.8	1.7	115.6	0.5
	外商投资企业	2 512.9	–7.1	1 433.3	–6.7	1 079.7	–7.5
	集体企业	155.2	14.2	121.4	15.0	33.8	11.2
	私营企业	1 327.8	16.2	624.2	19.2	703.6	13.6
	其他企业	2.2	24.2	1.5	30.6	0.6	10.6

中国香港和韩国是主要贸易伙伴，对东盟保持较快增长　高新技术产品对中国香港、韩国分别进出口1 198亿美元、481.5亿美元，两地合计占全省的39.4%，是广东省高新技术产品主要贸易市场。对东盟进出口478.1亿美元，增长9.8%，其中出口170.4亿美元，增长7.9%，进口307.7亿美元，增长10.9%。对美国、日本、欧盟分别进出口252.9亿美元，增长0.5%；210.2亿美元，下降6.7%；253.2亿美元，下降2%（见表7-1-3）。

计算机与通信技术和电子技术产品是主导产品　计算机与通信技术产品进出口达2 303.9亿美元，同比下降2.1%，占全省比重54.1%。电子技术产品进出口1 400.6亿美元，同比增长8.1%，占全省比重32.9%（见表7-1-4）。

表7-1-3　广东省高新技术产品进出口主要地区情况（2015年）

地区	进出口		出口		进口	
	金额（亿美元）	同比（%）	金额（亿美元）	同比（%）	金额（亿美元）	同比（%）
美国	252.9	0.5	177.7	−0.02	75.2	1.8
欧盟	253.2	−2.0	193.6	2.3	59.6	−13.7
东盟	478.1	9.8	170.4	7.9	307.7	10.9
日本	210.2	−6.7	71.3	−3.3	138.9	−8.4
韩国	481.5	−2.4	171.9	−11.1	309.6	3.2
香港	1 198.0	0.7	1 193.8	0.8	4.2	−18.3
台湾	417.0	−0.3	22.0	−5.8	395.0	−0.02

表7-1-4　广东省高新技术产品进出口（按领域）情况（2015年）

项目	进出口			出口			进口		
	金额（亿美元）	同比（%）	占比（%）	金额（亿美元）	同比（%）	占比（%）	金额（亿美元）	同比（%）	占比（%）
高新技术产品合计	4 259.4	0.4	100.0	2 326.2	0.7	100.0	1 933.3	0.02	100.0
#生物技术	1.0	20.2	0.02	0.3	112.0	0.01	0.8	4.0	0.04
生命科学技术	49.1	2.3	1.2	21.3	5.4	0.9	27.8	0.1	1.4
光电技术	316.2	−8.0	7.4	134.5	−0.7	5.8	181.7	−12.7	9.4
计算机与通信技术	2 303.9	−2.1	54.1	1 792.2	−1.5	77.0	511.7	−3.9	26.5
电子技术	1 400.6	8.1	32.9	320.6	14.4	13.8	1 080.0	6.4	55.9
计算机集成制造技术	87.9	−10.1	2.1	28.8	8.4	1.2	59.1	−17.0	3.1
材料技术	28.5	−18.9	0.7	11.2	−0.7	0.5	17.3	−27.4	0.9
航空航天技术	70.7	4.7	1.7	16.3	9.5	0.7	54.4	3.3	2.8
其他技术	1.4	−16.2	0.03	1.0	−2.3	0.04	0.4	−36.6	0.02

珠三角地区是高新技术产品进出口主要区域　珠三角九市累计高新技术产品进出口4 212.9亿美元，同比增长0.5%，占全省的98.9%。深圳市进出口2 543.5亿美元，同比增长2.7%，占全省的59.7%，是广东省高新技术产品进出口第一大市。江门、珠海两市保持较快增长，分别为23.0亿美元，同比增长8.8%；134.3亿美元，同比增长6.2%。粤东西北累计高新技术产品进出口46.5亿美元，仅占全省的1.1%（见表7-1-5）。

表7-1-5　珠三角高新技术产品进出口情况（2015年）

地市	进出口		出口		进口	
	金额（亿美元）	同比（%）	金额（亿美元）	同比（%）	金额（亿美元）	同比（%）
珠三角九市合计	4 212.9	0.5	2 295.5	0.7	1 917.4	0.2
#广州	289.5	0.8	137.6	8.7	151.9	-5.5
深圳	2 543.5	2.7	1 404.0	2.7	1 139.5	2.8
珠海	134.3	6.2	66.0	0.5	68.3	12.5
佛山	60.8	-14.1	33.6	-9.6	27.2	-19.1
惠州	357.1	-8.6	219.2	-5.1	137.8	-13.6
东莞	702.9	-0.9	353.6	-3.2	349.3	1.6
中山	98.2	-7.1	62.8	-7.3	35.4	-6.6
江门	23.0	8.8	16.0	11.3	7.0	3.4
肇庆	3.5	-20.5	2.6	-22.9	0.9	-12.8

【LED照明产业】

产业规模　2015年，广东省LED产业产值继续位居全国首位，产业规模持续扩大，本省LED产业链发展更为平稳，产业集群初步形成。全省已有LED企业15 000余家，规模以上企业4 000多家，以LED为主营业务的上市企业20家（占全国的71%），LED产业带动相关就业近400万人。以深圳国家级LED产业基地为龙头，惠州、东莞、江门、佛山、广州5个省级LED产业基地为支撑的“一核一带”产业集群进一步夯实。

在全球经济呈现疲软态势下，广东省LED产业逆势上扬。据GSC Research产业监测数据显示，2015年，广东省LED产业总产值为4 156.66亿元，同比增长20.13%，产值规模稳居全国之首。广东已成为全球最大的封装和显示屏生产基地，LED封装产量约占全国的70%，约占世界的50%。

2015年，广东省LED照明产品出口123.60亿美元，占全国LED照明产品出口比例为55.36%。从各地市来看。深圳市LED照明产品出口43.62亿美元，占比为35.29%；广州24.43亿元，占比为22.19%；东莞LED照明产品出口居全省第三位，出口额为14.15亿美元，占比为11.45%。2015年，广东省LED照明产品前十大出口市场分别为美国（29.00亿美元）、中国香港（10.93亿美元）、德国、新加坡、越南、英国、马来西亚、荷兰、印度及加拿大等国家或地区，对以上市场的出口规模均在2亿美元以上。

截至2015年年底，广东省的LED相关专利申请总量为104 871件，占同期全国LED专利申请量的26.96%。从专利申请结构上看，LED发明专利申请17 495件，占比为16.68%；实用新型专利授权40 877件，占比为38.98%；外观设计专利授权46 499件，占比为44.34%。取得了一批拥有自主知识产权的核心技术和重大成果，同时，紧跟LED产业技术发展步伐，组建第三代宽禁带半导体联盟，引进国内外顶尖专家与技术，助推全省LED产业做大做强。

推广应用　据统计，截至2015年年底，全省已安装LED室内照明产品超过600万盏、LED路灯（含隧道灯）及景观灯总数超240万盏，应用路段超10万km，总体节能超过55%，累计节约用电超过17亿kW·h，应用规模居全国首位。广东省企业积极参与江苏、山西、福建、湖南等兄弟身份LED路灯推广工作，打开内销市场，促进产业进一步发展。据广东省半导体照明产业联合创新中心研制的行业预警指数显示，2015年度，代表广东省LED行业景气程度的GSC预警指数均值为116.5，较2014年有所回落，表明广东省LED产业整体发展势头较为强劲，产业发展的内生动力不断增强。

技术研发　截至2015年年底，广东LED专利授权量为92 656件，占同期全国LED专利授权量的22.09%，占同期广东全部专利授权量的6.51%。其中，2015年广东省新增LED专利授权量为21 018件，占全国同期新增专利的30.29%。

标准体系　与IQEC（国际电工委员会）合力推动标准光组件体系上升为世界标准取得初步进展，截至2015年年底，省科技厅已经在全省100多家LED企业进行了宣贯活动，已对标准光组件原有规范进行了大幅度调整，重新撰写了包括4个层级10个类型近50款详细规范，并在更新的光组件详细技术规范基础上，完成了产品型谱第一版的起草，收录了包含层级一至层级三在内，共24款产品的详细信息。

截至2015年年底，省科技厅已发布广东省LED室外产品标杆体系产品目录32批、室内照明产品标杆体系产品目录12批，累计推荐广东省LED照明产品标杆体系产品3 468个；已发布38项标准光组件详细规范，雷士、晶科电子、国星光电等蚂标层级贴标产品销售额累计超过20亿元。

（广东省科学技术厅高新技术发展及产业化处　郭秀强　钟士岗）

（广东省商务厅　陈云茂）

农业科技

【省级农村科技计划】　2015年度广东省农村科技领域科技项目分公益类项目和平台类项目，公益类项目含农业科技领域重点项目和农业科技面上项目，平台类项目分农业科技园区建设项目和“三区”科技人才选派培养项目。

农村科技领域重点项目　2015年度共支持33个项目共3 300万元，涵盖了农业基因工程技术、优势特色动植物新品种的选育，动植物重大有害生物防控关键技术，优势特色农产品精深加工关键技术，食品安全关键技术，现代农业装备关键技术，农业生态关键技术等。

农业科技领域面上项目　2015年度支持391个项目共8 320万元，涵盖农业产业关键技术集成与应用示范，现代农业新技术研究与示范，粤东西北地区科技创新环境建设，对口科技援助等。

平台类项目　2015年度，农业科技园区建设项目支持清远、阳江、江门、珠海4个园区项目的结转共550万元。组织韶关市申报国家级农业科技园区建设申报，获得科技部立项批准。“三区科技人才选派和培养”支持61个项目400万元。

【国家级农业科技计划】

星火计划　2015年，省科技厅开展2014年度星火计划项目实施情况调研和总结工作，调研项目近400项。2015年，广东省共设立国家星火计划项目83项，其中，重点项目7项目，引导项目 76项，获国拨经费460万元。

组织了5类星火重大项目的验收工作，据验收结果统计，5类星火重大项目在实施期间共发表论文32篇，出版专著2部，制定标准和技术规程56套，获软件登记权1项，研制新设备、新工艺14项，开发、培育和选育新产品39个，申请专利19项，建立基地91个面积2.95万hm^2，覆盖乡镇372个。推广新技术新产品158个（项），覆盖面积10.33万hm^2，带动农户2.3万户。通过下乡、现场观摩、举办培训班等方式，培训农民7.78万人次，增加就业5 942人次，实现销售收入12.74亿元，利润2.85亿元。

2015年设立的国家星火重点项目“南方蔬菜重大害虫快速监测及预警技术集成与应用示范”以南方蔬菜中的烟粉虱、黄曲条跳甲、小菜蛾和蓟马四大典型寄生害虫为对象，开展蔬菜重大害虫快速监测及预警技术的集成与应用，实现虫害快速预测、预警。为蔬菜害虫监测和预警提供动态数据，同时为蔬菜农药的精准使用提供数据依据，提高蔬菜生产的安全性。该项目的实施进一步优化了害虫监测设备设计、形成了蔬菜害虫监测与预警管理平台、完成了视觉传感器网络软硬件的集成设计，在华南农业大学教学与实验基地部署3个节点组成害虫监控网络，实现了实时传输虫害图像信息，同时在广东省农业技术推广总站进行了3个月的实验，项目实施取得了初步成效。

2015年设立的国家星火重点项目“Y两优1173”水稻品种是华南农业大学利用两系不育系“Y58S”与优良恢复系“航恢1173”组配育成的高产优质高抗两系杂交稻新品种（组合），该品种实现了产量、米质、抗性有机结合，综合性状突出。项目实施以来在广东化州、高州、怀集、罗定、龙川、阳春、紫金、乐昌、兴宁，广西桂林、南宁共建立高产高效生产示范点11个，其中百亩高产示范片5个，示范区一般产量水平约36.7kg/hm^2以上，高产水平超46.7kg/hm^2。

2015年设立的国家星火重点项目“广东鹅均衡生产关键技术的示范与推广应用”开展“广东鹅种（蛋）鹅和肉鹅饲养和管理标准化技术”“广东鹅繁殖控制技术”和“南方鹅场水体

控制技术”的示范应用，降低鹅死亡率、发病率，延长种鹅使用年限，提高了产蛋量、种蛋受精率、孵化率、肉鹅成活率等生产性能，降低种鹅和肉鹅饲料消耗，缩短肉鹅出栏时间等，以提高鹅的整体养殖技术和养殖效率。项目制定了3项地方标准：《马岗鹅》（DB44 / T1593-2015）、《马岗鹅种鹅饲养管理技术规范》（DB44 / T1594-2015）、《马岗鹅肉鹅饲养管理技术规范》（DB44 / T1595-2015）。建立了种鹅和肉鹅的养殖示范基地，大大提高了鹅生产的标准化程度。

科技富民强县专项行动计划　乐昌市、四会市、台山市、潮安区4个国家科技富民强县项目通过验收，4个项目实施以来共引进新品种80个、新技术15项，制定安全农产品标准化生产技术规程与管理方法7项，创建健康农业科技示范基地与蔬菜种植专业镇各1个，建立56个无公害养殖技术示范点，获得安全农产品证书24项，累计培训农民7.8万人次，促进当地农民人均纯收入平均增长12%。

【2016年广东省农业主导品种和主推技术】

按照《广东省农业主导品种和主推技术评审管理办法（试行）》，2015年12月，省农业厅发布2016年广东省农业主导品种71个和主推技术26项。主导品种和主推技术的遴选发布，加快了农业科技成果转化，提高了良种、良法的覆盖率。2015年，全省农业科技进步贡献率达到62.7%，主要农作物、猪、家禽良种覆盖率分别达97%、95%、85%，水稻优质率达72%以上，水稻耕种收综合机械化水平达到67%，2015年粮食早造亩产提高到391.3kg，创历史新高。

【农业科技研发】　育成了一大批优质高产、抗逆性强的农作物新品种和畜禽良种；杂交稻优质化和高产育种研究与应用、畜禽和航天育种技术、重大动物疫病快速诊断与防控技术、疫苗和饲料产品等研发水平位居全国领先位置，部分达到国际先进水平。截至2015年年底，全省农业行业累计获得国家和省科技进步奖励210项，农业部科技奖励82项，省级农业技术推广奖962项。

【创新平台构建】　2015年，为贯彻落实《关于加大改革创新力度 加快农业现代化建设的若干意见》和《广东省人民政府关于加快科技创新的若干政策意见》精神，全面实施创新驱动发展战略，整合优势科技资源，建立新型农业科技创新平台，加快提升农业科技自主创新能力，进一步促进广东省现代农业健康可持续发展，省科技厅开启了“广东省农业科技创新中心建设”相关工作。

创新中心主要依托广东省属高校和研究院所、地市涉农研究机构、农业龙头企业，通过建设“农业科技创新中心”，整合优势科技资源，发展和支持一批具有自我良性循环发展机制的新型农业科技研究、开发和推广机构，开展优势特色农业产业共性关键技术攻关，实施农业科技成果示范、中试、孵化，实现技术产品化、产业化，培养、聚集农业科技创新创业优秀团队和领军人才，开展面向基层、面向农户的先进实用技术培训，提供农业中小企业、乡镇企业技术诊断、咨询等中介服务，加强产学研密切合作，实现创新链与价值链，科技与经济紧密结合。

【农业科教资源整合】　截至2015年年底，全省建有140个农业科研和2 737个农业技术推广机构；省内建有华南农业大学、仲恺农业工程学院、广东海洋大学、佛山科学技术学院等4所涉农高校，有41家科研教学单位和企业，3个首席专家、45个岗位专家和36个综合试验站站长（岗位）参与国家现代农业产业技术体系建设，排名全国各省区第2位。

8月25日，广东省农业科技创新联盟成立暨国家农业科技服务云（广东）平台启动大会在广州市召开。启动大会上，农业部科教司、农业部对外经济合作中心、中国热带农业科学院，省农业厅、省农垦总局分别签署了合作协议，发放了国家农业科技服务云平台“智农卡”。广东省农业科技创新联盟将着力突破一批农业基础理论，攻克一批农业高新技术，加快梳理重大农业科学和关键技术问题，建立完善农业科研成果项目库。截至2015年年底，加盟成员单位累计已达125家，基本覆盖全省涉农科研教学、企业、协会，科技创新资源得到有效整合和优势利用。

【农村信息化】

农业电子商务平台建设　截至2015年年底已经建设了B2C农产品电子商务平台、B2B农产品电子商务平台、乡村旅游电子商务平台和农产品生产质量安全溯源系统等四大专业平台。动植物医院服务平台惠及广大农户，截至2015年年底，农业专家通过村村通动植物医院公共服务平台为各地分院、诊所诊疗动植物和水产疾病病例数量达到6 000余例，通过远程视频诊断系统提供防治服务1 500多次。广东参与“国家农村信息综合服务平台构建与应用”项目，承担“示范省大数据集成技术研究与系统开发”任务，截至2015年年底，数据采集储备量为5TB，已为国家大平台传输2.6TB，大数据集成技术研究与系统开发取得突破。

基层农技推广体系建设　2015年，按照国家基层农技推广补助项目要求，继续推进89个县（市、区）的基层农技推广体系改革与建设，建立了一个政府主导型的上下贯通、专业种类齐全的农技推广体系网络。把握广东省被列入全国科研院校重大农技推广项目试点省的契机，探索“科研试验基地+区域示范基地+基层农技推广站+农户”的链条式农技推广新模式。以“12316三农综合服务平台”“农博士”农技宝”等为载体，扎实推进基层农技推广服务云平台建设，提高农业科技服务信息化水平。

【农业科技援助】　省科技厅与东源开展对口科技援助工作，据不完全统计，截至2015年年底已引进企业资金820万元，社会捐助资金86万元（不包含捐赠物资），行业帮扶资金753多万元，科技厅到位资金388万元，共计1 961万元。2015年，省科技厅继续开展援藏、援疆工作，落实工作经费70万元，投入项目经费约700万元，支持新疆和西藏地区地区重点抓人才队伍建设，重点实施干部培养工程、引进各类急需人才智力、推进医疗水平提高、打造社会中介组织执业人才服务平台等工作 。

2015年，省农业厅先后组织15批次140多人次深入到汕尾、江门、阳江、云浮、揭阳、清远、韶关、梅州、河源、中山等13个地市、28个县（市、区），共计48个乡镇开展科技下乡活动，举办农业专题技术讲座70场（次），培训农民13 500人（次）；举办农业主导品种、主推技术图片巡展和现场技术咨询活动60场（次），前来参观及技术咨询的干部群众达115 000多人（次）；宣传推广良种良法和农村适用技术等项目1 000多项（次）；免费派发农业科技丛书（资料）10万余份（册）。

（广东省科学技术厅社会发展与农村科技处　叶毓峰）

（广东省农业厅　陆　俊）

林业科技

【科技投入及项目管理】 3月26日，广东省林业厅制定并印发《关于省级林业科技创新（种苗）专项资金科技项目的管理办法》，促进项目管理科学化、规范化、制度化，提高管理效率。2015年，省林业厅共落实国家和省财政、省科技厅林业科研、推广、平台建设经费7 000多万元。其中：国家林业公益性行业科研专项（重大项目）、“948”项目、创新平台运行、标准化等项目共14项、经费866万元；省科技计划2013—2015年度项目24项、经费1 719万元；省林业科技创新和平台建设项目48项、资金3 000万元；中央财政林业科技推广示范项目19项，经费1 900万元。

【科技攻关】 2015年，广东省重点推进省林业科技创新专项和国家级、省级等有关林业科研项目的实施，在油茶、黄梁木、乐昌油杉、米老排等树种良种选育与高效栽培、乡土阔叶树种轻基质育苗、铁皮石斛等林下经济植物种植、桉树病虫害综合防治、木塑复合材料开发等方面取得了新的进展。2015年，有37项到期的广东省林业科技创新项目通过验收，主要取得了以下成效：建立林木种质资源保存圃13.3 hm^2，收集保存种质资源6 000多份，初步筛选出油茶、米老排、红椿等优良种源/家系/无性系和优良单株275个，其中：油茶保存了全省油茶遗传资源，筛选出一批适合本省推广的良种，并实现了油茶种植、加工利用全产业链与科技链的融合；建立苗木繁育基地13.3 hm^2，繁育优良苗木2 600多万株，特别是通过改进乡土阔叶树种轻基质育苗容器、采用轻基质材料，使袋苗重量比传统容器苗降低80%以上；营建了各类试验示范林446.7 hm^2，病虫害防治和防火应用规模超过6 700 hm^2；起草了林业行业和广东省地方标准14项，已发布9项；申请专利25项，授权15项；发表论文156篇，出版专著4部；开发了木塑材料、家具、药剂等新产品16个，包括多种木塑复合材料和木材新型保护剂，将木竹材废弃材利用率提高到了75%以上。

【科技创新平台】 继续推进国家级林业生态监测网络建设，重点抓好基础设施建设并规范管理。10月22日，省科技厅认定华南乡土树种、油茶、松节油和树脂深加工、家具等林业工程技术研究中心为广东省工程技术研究中心。11月27日，国家林业局批复同意“广东深圳城市森林生态系统定位观测研究站”建设项目，截至2015年年底，在广东境内建设的国家林业局生态站达8个。2015年，林业科研试验示范基地、优良珍贵树种培育试验示范基地和高脂马尾松良种繁育基地等三大广东省林业科技创新示范基地共完成幼林抚育336.7 hm^2，广东省高脂马尾松良种繁育基地繁育了良种苗木100万株。2015年，广东省森林博物馆、林产品检测基地建设加快推进，广东省财政投入1 000万元用于创新平台的仪器设备购置和条件改善。

【科研成果】 全省有9项林业科技成果获2015年度广东省科学技术奖，其中，一等奖1项、二等奖3项、三等奖5项；2项成果分别获第六届梁希林业科学技术奖二等奖、三等奖；14项林业科技推广项目获2015年度广东省农业技术推广奖，其中一等奖1项、二等奖6项、三等奖7项（见表7-3-1）。

项目名称：南亚热带典型林分提质增效关键技术与应用

主要完成单位：中国科学院华南植物园

获奖情况：2015年度广东省科学技术奖一等奖

该成果阐明了纯林种植具有较高碳汇和水土保持功能，但易造成土壤酸化、化感作用明显、物种定居困难等问题；揭示了炼山和砍杂虽然方便林业生产，但对土壤生物群落及活性有抑制作用，有加剧土壤养分流失，影响目标树种生长的弊端；通过对96种阔叶乡土树种的分析，筛选出16种优良阔叶乡土树种及其配置方案，提出了马尾松、相思、杉木和桉林等典型林分改造的关键技术，为低效人工林提质增效提供了理论依据和示范样板；发表论文30 篇，其中SCI 收录论文22篇（相关领域前20%的8篇），出版专著1部；获授权国家发明专利2件；培养博士5名、硕士4名。该成果累计示范推广5.26万hm^2，总价值37.6亿元。

项目名称：南方次生林经营关键技术推广

主要完成单位：广东林业科学研究院

获奖情况：2015年度广东省农业技术推广奖一等奖

该成果创建了南方次生林近自然经营模式，在生态效益显著提高的基础上，通过引种非木质产品物种和珍贵树种，使林农获得持续稳定的经济收入，林地长周期经营的价值得以体现；提出了以生物多样性为主要目标的多树种配置（Ⅰ）、以大径材为重要培育目标的珍贵树种配置（Ⅱ）、兼顾经济效益的非木质产品物种配置（Ⅲ）、以水源保护为主要目标的水源林树种配置（Ⅳ）和以增加碳汇为经营目标的树种配置（Ⅴ）等5种经营模式；运用层次分析法，筛选出适宜低质次生林经营优良物种44种、适宜城市景观林构建和环境友好的树种103种；首次编制了次生林经营技术标准化体系框架，建立了南方低质次生林改造引入树种效能评价指标体系。营建了省级标准化示范区2处、试验示范基地7处，面积508 hm^2。该项技术在江门、河源、肇庆、清远、梅州、韶关、惠州、广州等生态公益林区应用，推广面积达10.83万hm^2，繁育和推广苗木8 120万株，苗木直接经济效益2.44亿元。制定了标准4项，发表论文34篇，其中SCI收录论文4篇，出版专著2部。在《中国绿色时报》《广州日报》和《科技日报》发表森林经营专题报道3篇，接受香港、江门、梅州等地电视台采访报道3次。举办ITTO国际培训班1次，有来自环太平洋8个国家的60多人参加；参加ITTO国际会议2次，均作了主题报告。

表7-3-1　林业部分获奖成果一览表（2015年度）

序号	获奖类别	获奖项目名称	第一完成单位
1	2015年度广东省科学技术奖一等奖	南亚热带典型林分提质增效关键技术与应用	中国科学院华南植物园
2	2015年度广东省科学技术奖二等奖	南方次生林经营关键技术	广东省林业科学研究院
3	2015年度广东省科学技术奖二等奖	广东油茶主要病虫害防控关键技术	广东省林业科学研究院
4	2015年度广东省科学技术奖二等奖	油茶加工关键技术集成创新及推广应用	华南农业大学
5	2015年度广东省农业技术推广奖一等奖	南方次生林经营关键技术推广	广东省林业科学研究院
6	2015年度广东省农业技术推广奖二等奖	杉木系列良种推广	广东省林业科学研究院
7	2015年度广东省农业技术推广奖二等奖	应用本土寄生蜂控制松突圆蚧技术推广	广东省林业有害生物防治检疫管理办公室

（续上表）

序号	获奖类别	获奖项目名称	第一完成单位
8	2015年度广东省农业技术推广奖二等奖	广东省油茶现有林高效安全经营技术集成与示范	华南农业大学
9	2015年度广东省农业技术推广奖二等奖	松树插穗圃营建管理技术推广	华南农业大学
10	2015年度广东省农业技术推广奖二等奖	养分促释与防病型绿色有机基质的研制与产业化	广州市林业和园林科学研究院
11	2015年度广东省农业技术推广奖二等奖	广东省石灰岩山区造林树种选择和造林技术推广	华南农业大学
12	第六届梁希林业科学技术奖二等奖	道路边坡及裸露山体植被恢复与生态防护技术	深圳市万信达生态环境股份有限公司

【科技示范推广】 2015年，继续抓好中央财政林业科技推广示范项目的实施和管理，重点推广樟树、木荷、枫香等乡土阔叶树种，土沉香、红锥等珍贵阔叶树种，铁皮石斛、金花茶等林下经济作物的栽培技术以及松墨天牛有害生物防控、森林生态系统监测等实用技术，全年新建了各类优良树种及实用技术推广示范林2 053.3 hm^2；新建苗木繁育圃10 hm^2，繁育优质苗木123万多株；新建木荷等乡土树种扦插繁殖及组培快繁设施630 m^2；开发了“广东森林生态系统数据平台”；举办各类实用技术培训班30期，培训林农2 000多人次，发放技术资料6 290份。截至2015年年底，全省有237项先进、实用林业科技成果通过国家林业局审核并收录到《国家林业科技推广成果储备库》。

【知识产权保护】 2015年，全省有紫金牛属“中科紫金1号”、桉属“热桉１号”等7个植物新品种获得国家林业局授权。

4月20—26日，省林业厅开展了“建设林业知识产权强省，支撑林业创新驱动发展”为主题的知识产权宣传周活动，利用展板、手册及网络等多种形式，宣传林业知识产权相关法规法律和基本知识，普及林业专利、商标、版权及林业植物新品种、林产品地理标志、林业生物遗传资源等相关专业知识。5—11月，部署开展打击侵犯林业植物新品种权执法专项行动，暂未发现侵权行为。

【标准化与产品质量管理】 2015年，经广东省质量技术监督局批准发布实施的地方标准有34项（见表7-3-2）。2月，省林业厅配合省质量监督局联合开展了“走进广东农业标准化示范区专题”专题宣传，通过编印农业标准化示范区宣传画册、在《羊城晚报》开展专题宣传报道、在南方网开展专题访谈等形式，宣传农业标准化示范区建设成果。国家林业局林产品质量检验检测中心（广州）承担了2015年度全国防腐木材年度检测工作。广东省宜华木业股份有限公司和仁化县奥达胶合板有限公司被列为第3批国家林业标准化示范企业（期限为2016年1月—2018年12月）。

表7-3-2　2015年发布实施的广东省林业行业地方标准

序号	标准编号	标准名称	起草单位
1	DB44/T 1530–2015	相思组培快繁育苗技术规程	中国林业科学研究院热带林业研究所
2	DB44/T 1531–2015	食用棕榈藤栽培及藤笋保鲜技术规程	中国林业科学研究院热带林业研究所
3	DB44/T 1532–2015	杉木大径材培育技术规程	广东省林业科学研究院

（续上表）

序号	标准编号	标准名称	起草单位
4	DB44/T 1533-2015	杉木种子园营建技术规程	广东省林业科学研究院
5	DB44/T 1534-2015	红楠栽培技术规程	梅州市林业科学研究所
6	DB44/T 1535-2015	油茶病虫害防治技术规程	广东省林业科学研究院
7	DB44/T 1536-2015	刺桐姬小蜂防治技术规程	广东省森林病虫害防治与检疫总站
8	DB44/T 1537-2015	室内门窗用木质材料要求	华南农业大学
9	DB44/T 1538-2015	木家具清洁生产规范	华南农业大学
10	DB44/T 1569-2015	扁桃栽培技术规程	汕头市林业科学研究所
11	DB44/T 1570-2015	人面子栽培技术规程	汕头市林业科学研究所
12	DB44/T 1571-2015	非洲桃花心木栽培技术规程	汕头市林业科学研究所
13	DB44/T 1572-2015	户外实木家具 桌椅类	华南农业大学
14	DB44/T 1573-2015	林业和园林植物生物学通用术语	华南师范大学
15	DB44/T 1574-2015	麻楝栽培技术规程	汕头市林业科学研究所
16	DB44/T 1575-2015	小叶榄仁栽培技术规程	汕头市林业科学研究所
17	DB44/T 1576-2015	中国无忧花栽培技术规程	汕头市林业科学研究所
18	DB44/T 1689-2015	铁冬青栽培技术规程	湛江市林业科学研究所
19	DB44/T 1690-2015	大叶榄仁栽培技术规程	湛江市林业科学研究所
20	DB44/T 1691-2015	凤凰木栽培技术规程	湛江市林业科学研究所
21	DB44/T 1692-2015	木菠萝栽培技术规程	湛江市林业科学研究所
22	DB44/T 1693-2015	秋枫栽培技术规程	惠州市林业科学研究所
23	DB44/T 1694-2015	竹节树繁育技术规程	佛山市林业科学研究所
24	DB44/T 1695-2015	自然保护区管理基础数据采集规范	广东省自然保护区管理办公室
25	DB44/T 1783-2015	红豆树栽培技术规程	梅州市林业科学研究所
26	DB44/T 1784-2015	木本园林植物修剪技术规程	华南农业大学
27	DB44/T 1785-2015	林业产业基础数据调查技术规范	广东省林业调查规划院
28	DB44/T 1786-2015	自然保护区陆生野生脊椎动物物种多样性调查与监测技术规范	广东省自然保护管理办公室
29	DB44/T 1787-2015	千层金栽培技术规程	华南农业大学
30	DB44/T 1788-2015	墨兰与大花蕙兰杂交品种组培苗生产技术规程	华南农业大学
31	DB44/T 1789-2015	羊蹄甲属木本花卉栽培技术规程	华南农业大学
32	DB44/T 1790-2015	黄花倒水莲栽培技术规程	梅州市林业科学研究所
33	DB44/T 1791-2015	自然保护区主要生态因子监测技术规范	广东省自然保护区管理办公室
34	DB44/T 1792-2015	自然保护区维管束植物多样性调查与监测技术规范	广东省自然保护区管理办公室

【科技交流与合作】 3月18—20日，省林业厅为香港举办郊野公园管理员林业培训班1期，培训人员20人；派员赴港与香港大学合作开展“南岭森林土壤氨氧化微生物群落特征及代谢活性研究”项目研究。6月25日，广东省林业厅和澳门特区民政总署签署了《粤澳濒危动植物鉴别交流合作机制框架协议》，推进粤澳濒危动植物保护交流。11月，广东省林学会组织有关林业专业技术及管理人员赴台开展海峡两岸森林保育经营交流活动，出席了第8届海峡两岸农产品检验检疫研讨会。积极开展国际林业科技交流合作，组织了有关林业专业技术和管理人员分别赴俄罗斯、芬兰、德国、加拿大、美国等国家开展林业科技、林木新品种培育及其技术引进、森林资源保护、林产品贸易、野生动植物保护、自然保护区建设等培训、学术交流、技术引进等。协调做好世界自然联盟与广东省龙门县林业局合作的“生态龙门，活力东江”示范项目建设的有关工作，针对龙门县内3个小流域范围内的植被、动物、土壤开展本地调查，为生态恢复提供基础数据，通过数据分析进一步制定小流域生态恢复规划方案。

【科普工作】 5月27日，省林业厅与肇庆市有关单位在高要禄步镇联合举办“送林业科技和政策及林木优良种苗下乡活动”，发放林业科技书籍、资料4 000多份，向当地群众赠送3 000多株林木优良种苗。

（广东省林业厅科技与交流合作处 伍观娣）

渔业科技

【渔业产业园区建设】

现代水产种业体系建设　截至2015年年底，全省现有水产苗种场2 010个，占地面积约6.67万hm^2，其中已发证1 894个，持证率为94.23%；苗种场年生产总量9 500亿尾，不仅实现自给自足，还远销全国各地甚至东南亚多国。广东省已建成国家级水产良种场5家、省级水产良种场64家、现代渔业种业示范场9家，建成省级以上渔业标准化示范区124个、无公害产地427个，初步形成了“国家级良种场—省级良种场—市级苗种繁育场—县级培育场”苗种生产体系，苗种场遍布全省各地，品种结构日趋合理，产业布局逐步优化。截至2015年年底，全省共培育了16个经国家认定的水产新品种，获农业部认证的无公害水产品499个，省级以上农业名牌产品109个。

“菜篮子”（渔业）基地建设　2006—2015年，共建立“菜篮子”（渔业）基地86家，养殖面积达到0.25万hm^2。通过中央财政扶持，进一步改善渔业生产条件，推进水产健康标准化生产，提高抗御自然灾害能力，发展特色优势水产品，促进渔业产业升级，提升水产品质量安全，增强“菜篮子”产品综合生产能力与应急供应保障能力，保持渔业健康可持续发展。

水产健康养殖业发展　2006—2015年，全省累计创建农业部水产健康养殖示范场（区）200个，面积达0.16万hm^2。2015年，池塘标准化改造投入资金约1.77亿元，改造池塘0.66万hm^2；自2010年设立深水网箱产业发展专项资金以来，全省已建成深水网箱2 476个，年产优质鱼2万多t，产值约5亿元，主要养殖金鲳鱼、军曹鱼、青斑等，主要分布在饶平柘林湾，湛江特呈岛、流沙湾，珠海桂山岛、大蜘洲，汕头南澳，惠州大亚湾，阳江南鹏岛等。

【渔业科技创新与推广】　2015年，广东加强渔业科技研发，形成了一批具有自主知识产权的渔业科技成果，其中对虾、罗非鱼、卵形鲳鲹、石斑鱼、军曹鱼、加州鲈等苗种繁育、深水网箱装备技术和对虾高效健康养殖技术走在全国前列，科技支撑全省渔业产业发展的作用日益增强。

水产技术推广　连平、乳源、高要等10个县（市、区）级水产技术推广站被农业部全国水产技术推广总站认定为全国基层水产技术推广示范站。2015年，先后在雷州、高要、梅县举办了3场科技入户培训班，培训400多人次；在博罗、清远举办两期鱼菜共生养殖技术培训班，培训人数达200人次；在韶关、高要举办两期内陆高效健康养殖技术培训班，培训人数达200人次。由省总工会、省人力资源和社会保障厅、省经济和信息化委员会、省科技厅主办，省海洋与渔业局承办的2015年广东省鱼类免疫注射技能竞赛于10月12—13日举行，来自全省各地基层水产技术推广系统的19支队伍参赛。

水生动物防疫检疫体系建设　截至2015年年底，全省有18个地级市、85个县区获当地编委批准设立了水生动物防疫检疫站，已基本建立起省、市、县三级水生动物防疫检疫体系。全省建立了1个省级、2个市级、23个县级水生动物防疫检疫实验室，25家水生动物诊疗机构（鱼病医院），配置水生动物防疫检疫专用车23辆、巡回诊疗车11辆，设立远程鱼病监测与诊断基层网点49个，完善了湛江、肇庆和惠州3个市级三合一水生动物病害检测实验室。全省共有18个地级市建立了包括水生动物病害检测在内的三合一实验室、74个县建立了水生动物防疫检疫实验室，其中湛江市、肇庆市、惠州市和深圳市水生动物防疫检疫实验室通过了资质认证。

水产养殖生产病害防控　截至2015年年底，

全省建立37家水生动物诊疗机构（鱼病医院）；配置水生动物防疫检疫专用车93辆、巡回诊疗车17辆；建立了含9个专家点133个基层网点的远程鱼病监测与诊断网络。2015年，在远程鱼病监测与诊断平台增设视屏诊断和手机版远程鱼病诊断功能，手机版远程鱼病诊断软件开发、调试工作已完成，已可免费为养殖户提供服务。视屏诊断在湛江市、肇庆市等市县开展了试运行，试运行效果良好。

水产品质量安全监管　2015年，广东在成立乡镇水产品质量安全监管机构250个，建立覆盖省、市、县、乡镇的质量安全监管体系的基础上，投入3 000多万元，扶持在渔业重点乡镇建立快速检测实验室74个，建成以部省两级检测中心为龙头、地市级检测站为骨干的检验检测网络，15个市检测机构通过了国家计量认证。在全国率先建立省级水产品标准化数据库，制订省级渔业地方标准282项，初步建成覆盖全产业链的渔业标准体系。加大水产品抽检力度，全年省级抽检水产品近1万个，总合格率达97.3%，未发生重大水产品质量安全事故。

【科技成果奖励】　2015年度，广东省海洋科技发展取得成效，获得广东省科学技术奖3项，其中一等奖1项、三等奖2项。中国水产科学研究院南海水产研究所等完成的“斑节对虾遗传育种研究及新品种推广应用”获得一等奖，广东海洋大学完成的“中国南海贝类的采集与利用”和中国水产科学研究院珠江水产研究所等完成的“美洲鲥繁育及养殖关键技术研究与应用”获得二等奖。海洋科技领域获得广东省农业技术推广奖4项，其中一等奖1项、二等奖1项、三等奖2项。

“斑节对虾遗传育种研究及新品种推广应用”项目紧密结合渔业产业发展需求，经多年攻关，在斑节对虾遗传育种及其关键技术上取得一系列重要突破，主要创新成果包括：1.通过系统开展斑节对虾遗传基础研究，发现并筛选出可资利用的遗传育种材料，初步解析了种质与性状优势相关关系；批量发掘了微卫星序列、功能基因，构建了高密度遗传图谱，从分子水平加深了斑节对虾遗传基础的认识，为斑节对虾种质利用和育种提供理论依据；2.建立了斑节对虾遗传育种的技术体系、遗传参数评估方法和生长相关性状遗传力评估模型，阐明了斑节对虾生长相关性状遗传力及斑节对虾体长等性状对体重的影响效果；3.培育出第一个斑节对虾人工选育的新品种“南海1号”和一批新品系，并获准推广养殖；新品种“南海1号”的生长速度比未经选育的生长速度提高了21.6%～24.4%；新品系的生长速度比未选育的提高了16.97%，96小时的高氨氮胁迫成活率提高了15.49%。此外还筛选获得多个选育潜力的品系和综合性状优良的家系。通过新品种的推广及新品系的中试示范，产生显著的社会和经济效益，为广东乃至南海三省区渔业产业转型升级提供了有力支撑。

【渔业资源养护】

渔业生态修复工程建设　2015年，省海洋与渔业局编制《珠江口及邻近海域生态修复工程规划》《广东渔业生态修复工程建设计划》，规划湿地、港湾等重要渔业水域的渔业生态修复工程。截至2015年年底，建成生态公益型人工鱼礁区46座，总面积达286km^2，规模和面积居全国首位；人工鱼礁区已投放报废渔船88艘、混凝土预制件礁体7.6万多个，渔业资源密度比投礁前平均提高8.7倍，最高提高26.6倍；形成海洋牧场示范区12个、面积约773 km^2。

内陆水域人工鱼巢建设　2015年，加强内陆水域人工鱼巢建设工作，其中在西江、东江等内陆水域建成人工鱼巢3.24万m^2，鱼类在人工鱼巢产粘性卵超过18亿粒，增殖鱼苗约9亿尾。推动增殖放流科学化、规范化，建成国家级和省级海、淡水良种场及增殖站72个，先后多次举办南海、粤港澳（东江）生物资源增殖放流、广东休渔放生节等活动，放流鱼、虾苗60多亿尾。

【现代渔业建设】

渔船更新改造　建立渔船更新改造审核“先建后拆”制度，2015年全省淘汰小、旧、木质渔船938艘，新建海洋捕捞渔船871艘、南沙骨干渔船35艘。国家和省财政共投入1.26亿元，支持更新改造大型钢质渔船284艘，其中2015年新增大型钢质渔船104艘。

远洋渔业发展　2015年，全省有远洋渔业企业19家、在外生产远洋渔船197艘，其中深圳市就有远洋渔业企业10家、远洋渔船110艘，作业海域主要分布在泰国、马来西亚、孟加拉国、缅甸、也门、阿曼、斐济、所罗门群岛、密克罗尼西亚、马绍尔、和中西太平洋、东南太平洋、西南太平洋等国家和地区，执行25个远洋渔业项目。2015年，广东远洋捕捞产量5.5万t，远洋渔业总产值10.6万元。

水产品加工流通　截至2015年年底，全省拥有水产品加工企业1 075个，其中年主营业务收入500万元以上的水产加工企业144个，全省水产品加工能力232.8万t/年。2015年，全省水产品加工总量达139.6万t，产值218.7亿元；水产流通产值986.2亿元。

现代渔港建设　2015年，省政府安排11亿元，重点建设一批现代渔港和避风塘，这是广东渔港建设最大的一笔投入，超过了历年来渔港建设投入的总和。扶持建设北部湾遂溪乐民避风港、台山烽火角避风塘等2个区域性避风锚地，每个项目补助6 000万元；扶持建设湛江市硇洲、阳江市闸坡、惠来县神泉等3个示范性渔港，每个项目补助2亿元；扶持建设湛江市通明和草潭、阳江市溪头、南澳县后江等4个二级渔港，每个项目补助5 000万元；扶持建设湛江市王村、徐闻县角尾港门等2个三级渔港，每个项目补助800万元。上述11个项目，共安排补助资金9.36亿元。截至2015年年底，完成现代渔港建设总体规划和现代渔港建设标准编制，海门中心渔港、崖门一级渔港等完成竣工验收，50个重点渔港视频监控系统建成并投入使用。

（广东省海洋与渔业厅　陈海丽）

人口卫生科技

【科技计划项目】 2015年，省卫计委成立国家“艾滋病和病毒性肝炎等重大传染病防治”科技重大专项“十二五”示范区课题协调工作小组，加强组织协调；新增国家新药创制科技重大专项“十二五”计划课题立项7项，获得中央资助经费2 061.57亿元；省医学科研基金受理项目申报1 453项，立项资助管理633项，立项非资助管理152项，资助总额404万元。推进基于互联网的省医学科研基金项目管理系统建设工作，实现了项目申报、评审、公布、结题验收全过程信息化管理，管理效能进一步提升。

2015年，全省卫生计生系统共获厅市级以上科研立项课题8 193项，资助经费18.21亿元，其中，省科技厅共支持省级科技计划医学领域项目1 315项，投入省级科技计划项目经费5.017亿元。

【重大疫病科技攻关】 2015年，省科技厅定向组织的“防治H7N9亚型禽流感科技攻关”“广东省防控登革热近期科技攻关专项”等重大疫病科技攻关专项，为构建人感染H7N9型禽流感疫情防控体系、登革热疫情防控体系以及防控埃博拉出血热提供了强有力的科技支撑。截至2015年年底，有关科研团队已基本摸清广东省不同物种群中H7N9禽流感病毒的流行特点，在全省21个地级市超过1 000个市场采集样品检测，建立了广东省人感染H7N9禽流感病例数据库并成功应用于临床救治，研制出可以在紧急状态下使用的禽用全病毒灭活疫苗，并有望尽快开发出新型基因工程疫苗；开发出4种针对H7N9亚型禽流感的核酸检测技术；研制的岗藿抗感汤中药颗粒剂将可应用于H7N9人禽流感的预防及治疗；利用禽流感防治技术，广东省成功施救全球唯一H5N6存活病例和全国首例中东冠状呼吸道病毒输入性病例；建立登革热应急防控和风险预警、登革热早期诊治和重症预警及临床救治的完整防控体系，有效遏制了禽流感、登革热等重大疫病的传播和蔓延，为全省人民群众生命安全、人口与健康、公共卫生、经济社会稳定发展提供了良好保障。

【科技成果推广及奖励】 中山大学附属第一医院、南方医科大学、广州医科大学附属第一医院分别牵头完成的“腹部多器官移植及器官联合移植的技术创新及临床应用”“慢性乙型肝炎诊疗体系的创新及关键技术推广应用”和“慢性阻塞性肺疾病发病与综合防治”以及中山大学肿瘤防治中心独立完成的“鼻咽癌诊疗关键策略研究与应用”等4个项目获2015年度国家科技进步奖二等奖，中山大学宋尔卫教授牵头完成的“乳腺癌转移的调控机制及靶向治疗的应用基础研究”获国家自然科学奖二等奖。全省卫生计生系统获得2015年度广东省科学技术奖40项，其中，一等奖6项、二等奖19项、三等奖15项。

根据“安全、有效、经济、成熟及适合基层使用”的原则，2015年，广东省安排76万元专项经费对19项适宜技术进行资助推广。

【生物安全防护三级实验室建设】 广东省疾病预防控制中心、深圳市第三人民医院的生物安全防护三级实验室建设项目通过科技部技术审查。广东省投入1 500万元，加强广东省第二人民医院、广州市第八人民医院临床生物安全防护三级实验室建设。截至2015年年底，广东省已建成生物安全防护三级实验室3家，在建5家，为疾病预防控制和医学科研工作提供了有力的技术支撑。

【干细胞与组织工程】 继续实施“干细胞与组织工程”重大科技专项，2015年，广东省共投入财政经费9 100万元，并已形成“脐带血巨核系/红系祖细胞注射液制备”，“符合GMP标准的干细胞分离扩增、诱导分化、质控以及储运标准化”等10余项共性关键技术群，在临床治疗方面具有重要应用价值，预计将带动上亿元高新技术产值，推进干细胞与再生医学科研成果的临床应用和产业化。

2015年，省卫生计生委、省食品药品监管局联合转发国家《干细胞临床研究管理办法（试行）》和《干细胞制剂质量控制及临床前研究指导原则（试行）》，首次明确干细胞治疗相关技术只能在具备相关条件的三级甲等医院进行自愿且不收取费用的临床研究，不得进入临床应用。12月，省卫生计生委、省食品药品监管局联合推荐符合条件的广东省人民医院等12家机构向国家干细胞临床研究专家委员会申报首批干细胞临床研究机构备案。

“十百千万”工程　2015年继续在粤东西北和珠江三角洲开展基层医院“全覆盖”远程医疗服务试点和国产创新医疗器械产品示范工程（简称“十百千万”工程），科技惠民成效显著。截至2015年年底，“十百千万”工程已在广东10个县（市、区）的116家医疗机构开展基础医疗器械配置、第三方医学检验服务、远程健康检测服务和母胎监护综合示范应用等技术服务和成果转化应用工作，资金总投入约9 000万元，覆盖受益人群约1 200万人，直接受益人群约15万人。例如，在汕头市澄海区、广州市从化区等共计66家市县和乡镇（其中县级4家、乡镇62家）配置基础医疗器械设备92台，其中彩超61台、DR 18台、全自动生化分析仪11台、血细胞分析仪8台，设备价值近2 000万元；已在10个县（市、区）的82家医疗机构建立远程医学技术网络系统，覆盖人口约600万；已建立由心电采集终端设备、动态血压采集终端、远程健康监护服务平台及医生工作站组成的远程健康监护服务体系，并在梅州兴宁、蕉岭、惠州惠东等县市20家基层卫生医疗机构示范应用，针对这些机构的医生开展系统应用培训，取得了良好效果和反响。

【中医药发展】　2015年，由科技部、国家中医药局、省人民政府主办，省科技厅和省中医药局等单位承办的第17届、第18届国家中医药发展会议（简称“珠江会议”）在广州顺利召开。两次会议分别以“十三五”中医药现代化推进方略、“十三五”中医现代化发展战略规划为主题，紧紧围绕深化中央财政科技计划改革，实施创新驱动发展战略的总体要求，聚焦中医药发展的战略任务、发展重点、优势领域和组织形式，结合中医药自身特点和规律进行深入探讨，提出全链条一体化的发展思路和顶层设计，为广东省乃至全国中医药事业的现代化发展提供了重要参考。

（广东省卫生和计划生育委员会　涂正杰）

（广东省科学技术厅社会发展与农村科技处　沈　思）

金融科技

【信息化建设】

金融系统监管信息化　广东银监局以《广东银行业信息科技风险管理指导意见》3年期目标考评和《广东银行业信息科技运行监控指标体系》验收评估为抓手，通过严要求、严检查、严评级、严准入，确保辖内银行信息系统平稳运行。2015年，该局自主开发了3个监管信息系统，有效提高监管效能。一是信息科技风险动态监测系统，将1 380个监管指标纳入考核，利用大数据技术持续完善监管评价标准，实现自动化监管评级；二是银行业从业人员处罚信息管理系统，共享辖内银行业从业人员违规处罚信息，构建案防长效机制；三是机构概览系统，对辖内银行全面、动态、精准画像，建立长效监管机制。

广东证监局以风险为导向，以加强信息安全检查为抓手，督促辖区证券期货经营机构加强信息安全保障工作，确保信息系统安全、稳定运行。第一，加强信息安全风险跟踪及预警提醒。2015年该局先后下发《关于进一步加强信息安全工作防范交易系统风险的通知》和《关于加强无线网络安全管理的通知》，督促辖区证券期货经营机构提高交易系统稳定性、加强系统接入和运维管理、增强应急处置能力。第二，开展信息技术专项检查。该局针对辖区有关机构面临的网络安全，以及与创新业务相关的信息系统风险，主动对未列入证监会机构部检查对象范围的辖区机构进行抽查。第三，该局于6月组织辖区机构信息技术部门负责人召开辖区信息安全工作座谈会。会议通报辖区机构信息安全工作存在的突出问题，提出了加强信息化和信息安全工作、防范交易系统风险的具体要求。第四，督促整改信息安全风险。该局根据中证信息公司开展的行业信息安全测试通报情况，督促辖区5家机构整改网站系统、呼叫中心系统漏洞45个，督促1家机构完成了数据备份有效性验证不足问题的整改。

广东保监局加大监管业务应用系统与信息资源的整合力度，加快监管信息化建设的步伐。第一，积极推动中国保监会中介云平台建设工作，配合中国保监会和中国保险信息技术管理有限责任公司进一步完善信息系统功能需求和技术方案，建立健全项目组织架构和工作机制，并在广东开展市场调研、制订试点方案等工作。第二，全面升级完善“广东省保险中介机构信息管理系统”，结合监管实际需求，对系统数据库结构、应用界面、功能项目等进行升级，实现系统自动识别、归口统计、自动提示等功能，提高系统智能化水平和数据的准确性。广东省保险行业协会组织开发了“广东保险消费者权益服务信息系统”并率先在广州上线运行，逐步向广东其他地市开放。该系统作为保险消费者线上维权平台，具有保险消费者投诉、调解、咨询预约、宣传教育、服务评价等功能。该系统的上线运行，拓宽了保险消费者的维权渠道，使保险消费者可及时掌握投诉、调解的最新动态，有助于提升行业的服务水平。

信息系统建设　2015年，人民银行广州分行稳步推进信息化建设，不断丰富和扩大省级数据中心应用，推动金融业务创新发展。组织建设广东省人民银行发行库发行基金计划调拨决策分析系统、广东省金融机构编码信息共享平台、广东银行业机构综合评估系统、广东省国库单一账户对账系统和国库会计业务检查辅助系统等，推动两综合两管理、调拨决策分析、管理信息化等方面创新发展。随着广东自由贸易试验区的正式挂牌，为更好地适应广东自贸区业务监管的发展需要，5月，广东自贸区跨境业务统计监管辅助系统上线，实现自贸区跨境资金业务数据的电子化采集、统计和监测平台，为健全业务监管体系建设、提高风险识别防范能力提供技术支撑。

广发银行完成信用卡主机平台核心应用系统的投产。该系统涉及16个关键领域系统的同步重构、68个系统的配合改造以及整个信用卡业务流程的重组，实现了涉及该平台近4 000万卡量相关数据的跨平台跨系统迁移；完成大数据分析平台第一阶段建设，根据客户交易行为、交互行为进行的特征研究，建立完整的个人客户全景视图，并首次应用于实时理财产品推荐等精准营销场景。

招商银行在基于大数据互联网营销技术基础上，启动全渠道的主被动营销体系构建工作，结合客户行为和交易数据，通过离线和在线计算，刻画出客户全方位视图，应用于目标群体用户的营销。

中国工商银行广东省分行信息化工作继续服务支持经营转型发展，促进信息化银行建设。工银易贷通项目手机客户端新版APP应用上线，深化了互联网金融产品手机客户端金融产品的创新建设和探索；研发广东省机关事业养老保险系统、广东省公安厅查控系统、社保卡网上医保在线支付功能，资金托管外延系统等，推动政府公共资源中心资金托管系统、公积金实时联网系统在广东省的全面应用，做好政企和民生金融服务；深化数据挖掘分析成果转化应用，支持小微金融、供应链金融、消费金融、互联网金融和财富金融等重点业务，部署精准营销模型，服务多该个行业和领域。

10月，中国农业银行广东省分行完成新一代业务系统（BoEing）投产上线工作，提升内部管理、公私业务的服务水平以及风控能力；自主开发了“小微企业客户营销服务与管理项目”系统，搭建小微企业客户服务平台，激活网点小微金融业务。该项目获得中国农业银行总行科技与产品创新二等奖并在全国多个省份推广。

中国银行广东省分行完成了广东自贸区分账系统、广东自贸业务数据采集等自贸区相关系统的投产，为广州港、南沙港等自贸区重点企业提供跨境人民币结算、跨境贷款等对公金融服务；开发投产广州住房公积金贴息贷款系统，为广州地区公积金贴息贷款业务政策落地提供有效支持。

中国建设银行广东省分行完成“新一代”核心业务系统（二期）推广工程；自主研发了34个市场急需、行内重点关注的新系统，有效地提升了对业务发展的支持能力。其中，网点信息管理平台填补了该行在网点经营管理信息平台方面的空白，成为网点的“隐形管家”；龙信平台作为内部即时信息交流工作平台，围绕解决业务发展问题、传达员工心声的核心定位，成为管理部门了解基层网点信息的有效渠道。

5月16日，交通银行广东省分行完成新一代信息系统（“531”工程）在全省全辖的上线。“531”工程境内系统总、分行投产共涉及229个系统，其中新建系统83个，保留改造系统98个，仅在推广期保留的老系统48个。“531”工程的上线为该行拓展国际化经营、加强综合化经营方面的业务联动、贯通各业务条线提供技术支持。

9月29日，中国民生银行广州分行授信流程标准化作业监控平台上线，将流程监控、标准化作业、绩效考核及风险管控融合，有效支撑分行授信业务发展。10月28日，该行营销作战指挥系统上线，系统包括了整体指标、平衡计分卡、企业文化等9个板块，能够直观、准确地反映经营状态。

中国光大银行广州分行开发了金融自助服务平台，为个人客户提供银行卡取现、转账、自助缴费、自助金融等便民服务，为合作商户提供资金归集、个性化收付款等结算服务。该项目获2015年度中国光大银行总行科技开发三等奖。

平安银行广州分行自主开发投产了11个特色系统，其中，对公绩效考核分析系统实现全口径的绩效统计分析，为广州分行经营提供决策依据，合理分配资源，引导业务方向；风险管理系统实现各类报表统计查询和自动提醒功能，帮助业务部门提高贷后管理的效率，大幅减少手工报表的差错率。

上海浦东发展银行广州分行　“浦发银行佛山市财政代理财政综合业务系统”上线。该系统在现有分行公务卡及同城系统基础上，实现佛山财政单位公务卡基础信息下载、消费明细申请、消费还款及公共事业费缴费等功能。

华夏银行广州分行完成了自助设备跨平台系统上线及138台现金类自助设备的升级工作。

自助设备跨平台系统实现在自助设备端增加了无卡存款、全民付代缴费、现金循环功能以及特色代缴费等功能，提升了该行业务办理的自助化水平，降低自助设备的管理难度。

基础设施建设　2015年，广发银行开展云计算技术的研究和应用，推动基础设施云平台（IAAS）项目的建设，构建了X86云平台，实现X86系统资源的快速自动供给；落地实施存储虚拟化建设，统一存储管理标准，提升存储灵活弹性，支撑存储云平台全面优化；加强小型机虚拟化管理平台建设，补齐小型机资源池的云化管理手段。同时，该行采用开源基础设施云平台技术，覆盖各基础设施模块，串接编排各技术条线工作流程，实现自动化的资源、服务供给流程体系，提供统一的基础设施服务入口，建立基础设施云服务目录，初步实现基础设施的标准化、自动化、目录化。同期建设配套的云环境管理体系模块，包括安全、容量、事件、监控、计量等模块建设，为互联网+业务模式和新IT运营模式提供支撑。

招商银行发布了《招商银行云计算规划》，以此为指引，完成了部分应用系统服务器的云化工作。

中国工商银行广东省分行实施中心机房基础设施扩容改造工程，完成2期中央空调改造及配套工程，有效保障中心机房的运行环境；实施二级骨干网电信线路扩容工作项目，实现线路带宽增长一倍；进行渠道类设备升级，完成全辖数千台ATM应用版本升级，完成新型自助设备、国产品牌存取款一体机设备试点任务。

【支付业务及产品创新】

支付清算系统平台　2015年，广州银行电子结算中心切实保障支付系统安全稳定运行，推动支付业务创新发展。支付系统、全国支票影像系统、电子商业汇票系统、网上支付跨行清算系统运行安全率均达到100%，省内各支付清算系统安全稳定运行。2015年全年，现代化支付系统业务量为68 298.82万笔，同比增加30.15%；业务金额为3 271 113.49亿元，同比增加21.67%。同城支付系统业务量为14 000.36万笔，同比增加6.47%；业务金额为72 543.27亿元，同比下降10.75%。广东金融结算平台接入全省银行和国库网点6 289个、连接香港银行营业网点230个，新增6家直接参与者，新增银行网点数232个。全年平台业务量11 438.52万笔，同比上升10.11%；金额67 895.20亿元，同比下降11.50%（以上统计数据不含深圳）。

金融IC卡和移动支付　2015年，中国人民银行广州分行组织辖内商业银行和中国银联广东分公司推动广东省金融IC卡和移动支付持续健康发展。金融IC卡发卡规模不断扩大、受理环境持续优化、交易规模显著提升。截至2015年年底，全省金融机构存量金融IC卡2.35亿张；全省6.12万台ATM和139.19万台POS终端可受理金融IC卡，非接触受理改造率达82.93%；金融IC卡跨行交易5.83亿笔，交易金额1.10万亿元，占同期银行卡跨行交易总量超50%，较2014年同期翻一番（统计数据不含深圳）。

各金融机构相继推出了手机银行、手机云闪付等移动支付产品和业务。金融IC卡和移动支付在广东省公共交通、社会保障、医疗卫生、文化教育、生活服务等多个公共服务领域广泛应用，产生规模效应和示范效应。金融IC卡和移动支付在南沙自贸区、横琴莲花大桥跨境公交等应用被广东省政府列为广东自贸区首批改革创新经验向全省复制推广；横琴自贸区首发商事主体电子证照金融IC卡，实现政府管理信息和金融信息共享融合；“闪付买菜”应用项目覆盖全省各地市，有效解决肉菜市场商户和消费者找零和钞票鉴别的难题；大学城等中高等院校“校园一卡通”工程推动“智慧校园”建设。

【金融科技活动】　6月，人民银行广州分行组织制订《第二届广东省网络安全宣传周活动银行业工作方案》，指导金融机构通过营业网点、线上和户外等多种方式开展金融网络安全宣传活动，并开展“网络安全知识进万家”“金融主题日”等特色专题活动。6月26—29日，第二届广东省网络安全宣传周“感知身边的网络安全”公众体验展在广州天河体育中心举行。作为主办方之一，中国人民银行广州分行组织中国工商银行广东省分行、中国银联广东分公司等11家金融单位集体参展，对金融网络安全及金融IC卡、移动支付安全等内容进行集中展示。

11月12日，广东省金融办、佛山市政府、中国人民银行广州分行、广东银监局、广东证监局、广东保监局在广东省佛山市联合主办广东“互联网+”众创金融示范区建设现场会暨“互联网+互联网+信用三农”众筹项目启动会。中国人民银行副行长范一飞、广东省副省长陈云贤出席会议并讲话，广东省“一行三局”、相关政府部门、各金融机构及相关企业负责人参加会议。会上举行了100亿元创新创业产业引导基金等9个互联网+金融项目的签约仪式以及“互联网+信用‘三农’”众筹项目、佛山市众创金融街、互联网+应收账款交易平台、非公开股权融资试点等4个试点项目的启动仪式。

12月21日，佛山市人民政府联合人民银行广州分行、省发改委、省金融办在佛山市共同召开“新技术、新标准、新支付——佛山市移动支付创新推广大会”。会议总结了过去一年佛山市移动支付创新试点工作取得的经验，出台了《佛山市金融科技服务创新促进信息消费试点工作方案》。农业银行南海分行、交通银行佛山分行、顺德区行政服务中心分别对南海区岐丰菜市场金融IC卡“闪付”项目、广东省财经职业技术学校“校园一卡通”项目、顺德市民卡一卡多应用3个项目的试点经验进行了介绍。会议的成功召开，全面启动了佛山市金融IC卡和移动支付在公共服务领域的全面应用工作，辐射并推动广东省全省金融科技服务创新工作向前发展。

【金融科技成果及奖励】　招商银行的新一代分布式核心系统、平安银行的互联网综合金融服务平台（橙e网）、广东农信社的电子银行风险监控系统、广发银行的存储私有云管理平台项目获2015年度银行科技发展奖二等奖。

中国人民银行广州分行广东省农户信用信息系统、平安银行的商业保理云平台和校园卡综合应用项目，招商银行的微信银行和信用卡智能调扣机器人，广发银行的全行数据挖掘分析平台、营销管理平台和小企业信贷管理平台，广东顺德农商行的微贷管理系统获2015年度银行科技发展奖三等奖。

（省人民政府金融工作办公室
林锐敏　严欣欣）

（中国人民银行广州分行　张伟宁）

公安科技

【科技计划项目】 2015年度，全省公安系统经公安部批准科研项目立项14项，公安部技术研究计划项目3项，应用创新计划项目4项，公安理论及软科学研究计划项目1项，公安部科技强警基础专项3项，公安部科技成果推广引导计划项目3项，省科技计划项目2项。

【社会治安视频监控系统建设】 截至2015年年底，全省已建成公安机关可直接调控的一类视频图像采集点20.2万个，二类视频图像采集点182.9万个，联网高清治安卡口系统3 018个，建设规模和数量在全国位居前列。省公安厅还建成广东公安视频联网综合应用平台（一期），平台现已整合全省21个地市及顺德区约6万路公安自建视频图像采集点视频信息并同步上联至公安部视频联网平台。2015年，全省各级公安机关利用视频监控技术破获各类案件84 260宗，抓获各类违法犯罪嫌疑人69 748名，协助处置各类群体性事件2 205宗。截至2015年年底，全省在建拟建SVAC一类社会治安视频图像采集点21 764个，投资金额约15.3亿元。

【信息化建设和应用】 为提高公安网络和信息系统安全水平，2015年，省公安厅继续在全省大力开展安全审计平台建设和推广应用。截至2015年年底，省级安全审计平台已建成，实现部省市三级级联并与18个业务系统及应用工具实现对接，累计获取系统操作日志超过2亿条。全省12个地市（区）完成本地安全审计平台搭建，其余地市正在抓紧推进。1年来，全省公安机关通过安全审计平台协助办理信息安全案（事）件5件，有力保障了公安重要信息系统的使用安全。

省公安厅完成《广东公安350兆数字集群通信（PDT）系统建设三年规划》（2014—2016年）的编制工作，并下发全省各市县公安机关实行。截至2015年年底，全省已有10个地市（区）启动了PDT数字集群通信系统建设。全省公安二级传输网带宽大幅上调到2.5G至10G，其中珠江三角洲地区8市和韶关市由原来的622M提升至10G，其他14个地市提升至2.5G，公安信息网及各业务专网的网络速度得到大幅提高。开展了信息资源整合及共享服务平台建设，截至2015年年底，省公安厅信息资源库共享的各警种数据达107亿条；全省各地整合数据1 178亿条。10月31日，省公安厅“粤·警民通”便民服务平台正式上线，向人民群众提供78项服务和应用功能。截至2015年年底，该平台共拥有上线用户200多万个，日点击量超过3万次，应用效果良好，得到中央电视台、《人民日报》、南方电视台、《南方日报》《广州日报》等各大媒体争先报道。

截至2015年年底，全省新版缉查布控系统共接入卡口3 816个。2015年，通过该系统共布控车辆4.38万辆，预警车辆10.78万次，拦截1.92万次。

【科技成果及奖励】 全年共组织完成22个省部级科研项目的验收工作并进行成果登记。全省公安机关在公安部科技奖励工作方面成绩显著，2015年度获公安部科学技术奖一等奖1项、二等奖1项、三等奖2项；获第五届全国公安基层技术革新奖一等奖1项、三等奖2项。

项目名称：法医硅藻检验关键技术及设备研发

完成单位：广州市刑事科学技术研究所

获奖情况：2015年公安部科学技术奖一等奖

水中腐败尸体的死因鉴定是世界公认的法医学难题。项目课题组开展法医硅藻检验关键技术和设备研发，建立了微波消解新方法、真空抽滤富集硅藻方法、扫描电镜观察新方法、膜透明-

光镜联用法等关键技术，发明了自动化多联真空抽滤设备，项目方法高效、环保，规范了检材提取，硅藻回收率高，种属鉴定准确，避免了硅藻损失、硅藻漏检、误检，解决了硅藻检验技术在基层难以推广的难题。项目还建立全国主要水域硅藻分布数据库，编著了《法医硅藻学扫描电镜图谱》，解决了法医学工作者难以鉴定硅藻种属的难题；制定了行业标准，规范了硅藻检验操作程序，避免假阳性和假阴性，使硅藻检验备受争议的问题得到解决。该项目成果已获国家专利5项，发表文章43篇（SCI/EI收录15篇）、专著1部，培养博士、硕士6名。该项目被列为公安部重点成果推广项目，已办理638宗疑难案件，均得到准确结论。

项目名称：脱落细胞“百变”粘取器

完成单位：东莞市公安局刑警支队三大队

获奖情况：2015年公安部基层技术革新奖一等奖

脱落细胞提取是目前法医DNA检验中的难点和重点。为了解决传统提取方法和工具提取效率低、适用范围窄、操作手法复杂、基层推广难度大的困局，项目组创新研发了一种可适用各种特殊形状载体的脱落细胞“百变”粘取器。该项目于2013年3月初步定型并在11月获得了国家知识产权局实用新型技术专利。“百变”粘取器具有三大创新亮点：一是适用范围广，提取效率高，“百变”粘取器的弹性手柄具有很好的形变能力，适用于现场各种凹凸不平、弯曲的载体表面，超强的粘附能力能够有效富集粗糙、渗透性载体上的脱落细胞；二是操作简单，携带方便，手法要求较低，基层技术员只需简单培训就能够掌握提取技巧，工作效率和提取积极性大幅提升，脱落细胞现场提取率大大提高；三是特殊设计的包装盒，粘取器在干燥条件下转移DNA后，粘取面不与包装盒接触，有效地避免污染、损失或霉变。

（广东省公安厅　李先全）

环保科技

【重大科研项目及科技成果奖励】 2015年，省环境科学研究院“有机及恶臭废气微波无机紫外—催化处理技术研究与装备开发应用”项目获省科技厅500万元应用型科技研发专项资金支持。省环保厅向环保部推荐的“利用废蚀刻液生产无毒性影响的碱式氯化铜（α-晶型）的产业化研究”获2015年环保部环境保护科学技术奖三等奖。“广州市大气细颗粒物PM2.5来源解析研究及应用”等5个项目获得2015年度省环境保护科学技术奖一等奖，“基于环责险的风险评估体系研究”等5个项目获二等奖，另有11个项目获得三等奖。

【重点实验室和工程技术研发中心】 2015年，省环保厅组织专家对各申报项目进行了材料审查、现场检查、答辩论证、专家评审及公示等程序，12月公布了第一批环境保护重点实验室/工程技术研发中心名单，包括广东省环境保护微生物与区域生态安全重点实验室等11家广东省环境保护重点实验室和广东省环境保护污水处理节能减排与污泥资源化工程技术研发中心等9家广东省环境保护工程技术研发中心（见表7-8-1、表7-8-2）。

表7-8-1 第一批广东省环境保护重点实验室名单

序号	项目名称	依托单位
1	广东省环境保护微生物与区域生态安全重点实验室	广东省微生物研究所
2	广东省环境保护固体废物处理与资源化重点实验室	华南理工大学
3	广东省环境保护土壤重金属污染治理重点实验室	广东省生态环境与土壤研究所
4	广东省环境保护大气二次污染研究重点实验室	广东省环境监测中心
5	广东省环境保护环境功能材料重点实验室	华南师范大学
6	广东省环境保护大气环境管理与政策模拟重点实验室	广东省环境科学研究院
7	广东省环境保护土壤环境监测与重金属溯源重点实验室	广东省环境监测中心
8	广东省污染场地环境管理与修复重点实验室	广东省环境科学研究院
9	广东省环境保护矿冶行业重金属污染防治与职业教育重点实验室	广东环境保护工程职业学院、广东工业大学
10	广东省环境保护地表水环境有机污染物监测分析重点实验室	中山市环境监测站
11	广东省环境保护核辐射追踪研究重点实验室	核工业二九〇研究所

表7-8-2 第一批广东省环境保护工程技术研发中心名单

序号	项目名称	依托单位
1	广东省环境保护污水处理节能减排与污泥资源化工程技术研发中心	广东省环境科学研究院、广东省广业环保产业集团有限公司
2	广东省环境保护工业有机废气污染控制工程技术研发中心	华南理工大学、深圳市富可森机械设备有限公司、北京雪迪龙科技股份有限公司

（续上表）

序号	项目名称	依托单位
3	广东省环境保护电镀/印制电路板废水处理与资源化工程技术研发中心	广东新大禹环境科技股份有限公司
4	广东省环境保护中小型静电除尘与分离工程技术研发中心	广州广一大气治理工程有限公司
5	广东省环境保护污水高质化利用工程技术研发中心	深圳市环境科学研究院
6	广东省环境保护危险废物处理处置产业化工程技术研发中心	东江环保股份有限公司
7	广东省环境保护大气污染在线源解析工程技术研发中心	广州禾信分析仪器有限公司、暨南大学
8	广东省环境保护矿冶企业重金属污染治理工程技术研发中心	韶关市雅鲁环保实业有限公司
9	广东省环境保护重金属废物资源化利用工程技术研发中心	深圳市危险废物处理站有限公司

【环保示范技术】　为进一步贯彻《印发关于加快我省环保产业发展意见的通知》中“提升环保产业整体实力、实施品牌发展战略”的精神，落实“组织环境保护重大科学研究和技术工程示范”职责分工，省环境保护厅组织各地推荐了环保实用技术及优秀示范工程。按照自愿申报、专家评议、征求意见及公开公示等程序，公布了“生活垃圾无害化焚烧处理技术”等第一批广东省环保示范技术8项（表7–8–3）。

表7–8–3　第一批广东省环保示范技术

序号	示范技术名称	技术特点	工程案例
1	生活垃圾无害化焚烧处理技术	（1）采用先进的垃圾焚烧炉。KSBE垃圾焚烧炉以其独特的翻动炉排结构（起拨火作用）和炉膛优化设计，能确保垃圾稳定而充分地燃烧，有效抑制垃圾焚烧过程中二恶英的生成，燃烧时不需要添加辅助燃料 （2）采用“SNCR+旋转雾化器半干式反应塔+活性炭喷射+袋式除尘器”的烟气净化技术，污染物排放主要指标达到和优于欧盟2000标准 （3）具有自主知识产权的垃圾渗沥液热力法处理新技术（CEAB），获得国家发明专利	深圳市宝安区老虎坑垃圾焚烧发电厂二期工程
2	市政污泥常温化学改性、深度压滤脱水产业化成套技术及设备	（1）采用GC–脱水改性剂。脱水改性剂的添加量不高于污泥（含水率80%）重量的2%，改性反应时间5分钟，不改变污泥原有元素 （2）处理周期短。污泥从进入挤压脱水机到脱水完成只需40分钟，脱水机不需要冲洗可以直接进料 （3）减量化程度高。污泥含水率由80%以上降到40%以下，重量减量65%，体积减容75% （4）湿污泥运输车特殊技术及材料，运行1年以上不滴漏	东莞市污泥处理处置（东部）中心
3	生活垃圾无害化填埋处理技术及运营管理系统	（1）采用先进的底部防渗系统，由2.0mm厚的HDPE膜加GCL复合层构成，配套建设雨污分流设施和垃圾渗滤液导排系统 （2）采用“MVC蒸发＋树脂离子交换”新工艺处理渗滤液，设备运行稳定，处理后排放尾水达标	潮州市锡岗生活垃圾卫生填埋场项目

（续上表）

序号	示范技术名称	技术特点	工程案例
4	高效垂直流人工湿地技术	（1）采用人工湿地生态治污技术，符合节能、环保、生态的建设理念，为周边市民提供一个滨水赏景的休闲场所 （2）处理系统水力负荷大，耐冲击能力强，处理效率高。采用了比表面积大、微生物附着能力强、防堵塞、高效的湿地填料；采用了对有机物及氮磷净化能力强的微生物菌种	观澜河清湖段人工湿地工程
5	超净电袋复合除尘技术	（1）采用高精度过滤袋。通过VDI材料过滤性能试验，选择确定过滤袋材质，提高对PM2.5的捕集能力 （2）采用压缩空气低压脉冲固定行喷吹清灰技术，每个喷嘴与滤袋一一对应，配套二次引流的喷吹口设计，清灰彻底，且没有运转部件，运行稳定可靠 （3）采用先进的气流均布技术。通过CFD模拟计算，优化除尘器内部构件的布置，保证除尘器各净气室的流量均匀分布及各分室内滤袋过滤气体流量的均匀性	珠海电厂2×700MW机组电袋复合式除尘器技术改造项目
6	六氟化硫气体回收与再生技术及产业化	（1）采用自主研发的“碱洗—吸附—精馏—固化”分级纯化技术，处理工艺采用独特的模块化设计，可根据气体品质选择成本最优化的处理方式 （2）再生过程气体零排放。在密闭系统中进行气体的循环再生，尾气重复进入再生循环，有毒有害组分经吸附剂处理后交由厂家回收处理	广东电网有限责任公司六氟化硫气体回收处理再利用工程
7	市政排水泵站智能管理系统	（1）将智能控制引入环境治理。采用IT技术及自动化控制技术，实时监控污水输送各核心环节的水质（pH值等）、压力、负荷、设备运行情况 （2）通过强化的数据分析，实现区域泵站的综合水质水量预警调度功能，确保中心污水处理厂正常运转 （3）实现移动办公功能。利用成熟的无线3G或4G网络作为传输载体，解决只能在办公室对泵站各站点进行监控的瓶颈，方便日常监督和应对突发事件	佛山市南海区桂城市政排水泵站智能管理系统工程
8	高效A/O生物膜法治理农村污水及环境综合提升应用技术	（1）“厌氧+好氧”（A/O法）可有效降低COD、BOD、SS、NH3-N等污染物，除磷效果好，出水稳定达标 （2）节约空间。污水处理系统为半地埋式，表面采用草地、灌木、乔木相结合的方式进行绿化恢复，可以成为村居休闲场所以及停车场	顺德陈村镇青云村农村生活污水处理项目

【环境标准】 2015年，省环保厅会同省质监局印发实施《电镀水污染物排放标准》（DB 44/1597–2015）、《镍水质自动在线监测仪技术要求》（DB 44/T 1718–2015）、《铜水质自动在线监测仪技术要求》（DB 44/ T 1719 –2015）等广东省地方环境保护标准。

【清洁生产】 2015年，广东省通过清洁生产评估验收的重点企业共1 387家，评估期间提出清洁生产方案16 063个，其中，中/高费方案2 656个，实际实施清洁生产方案15 847个，合计投入资金约16.75亿元，取得了良好的环境效益。

（广东省环境保护厅环境监测与科技标准处 赵 扬）

能源科技

【能源科技成果及奖励】 据省统计局《2015年全省能源消费情况分析》显示，2015年，全省经济下行压力增大，特别是高耗能行业生产明显放缓，全省节能降耗形势良好。根据核算，2015年全省能源消费总量30 145.49万t标准煤，同比增长1.9%，增速较上年回落2.0个百分点。2015年全省单位GDP能耗同比下降5.71%，完成了下降2.16%的年度目标任务，“十二五”累计下降20.98%，超额完成“十二五”下降18%的总目标任务。全省单位工业增加值能耗下降10.5%，单位GDP电耗下降6.1%。

2015年，广东省注重能源方面科技开发工作，取得一批科技成果，234项科技成果获2015年度广东省科学技术奖、15项科技成果获广东省专利金奖（见表7–9–1），大大地推动了广东省能源的开发与利用。

表7–9–1　广东省能源领域部分获奖成果（2015年度）

序号	获奖项目	承担单位	获奖级别
1	GS5 GAC6470 系列中高级SUV车型自主研发	广州汽车集团股份有限公司	2015年度广东省科学技术奖一等奖
2	高压高钢级厚壁海管开发及在南海深水天然气项目应用	番禺珠江钢管有限公司 中海石油深海开发有限公司 宝山钢铁股份有限公司 巨龙钢管有限公司 华南理工大学 北京隆盛泰科石油管科技有限公司	2015年度广东省科学技术奖一等奖
3	超宽带光放大光子材料的基础问题研究	华南理工大学 中国科学院上海光学精密机械研究所	2015年度广东省科学技术奖二等奖
4	纺织印染工业园区“三废”综合治理技术及应用	中国科学院广州能源研究所 佛山市佳利达环保科技股份有限公司 广东省生态环境与土壤研究所 佛山市三水中科节能减排研究院	2015年度广东省科学技术奖二等奖
5	一种采用固体酸催化剂和活塞流反应器连续生产生物柴油的方法，ZL200610036419.8	中国科学院广州能源研究所	2015年度广东省专利金奖

【低碳技术创新与示范】 为扎实做好2015年国家低碳省试点工作，根据《国家发展改革委关于同意广东省低碳试点工作实施方案的批复》和省政府印发的《广东省低碳试点工作实施方案》，5月，省发展改革委印发《2015年广东国家低碳省试点工作要点》。7月17日，省发展改革委颁布了《广东省碳普惠制试点工作实施方案》，大力推进全社会低碳行动，探索鼓励绿色低碳生产生活方式的体制机制。

3月16日，中英（广东）低碳周于在广州开幕。低碳周涉及内容包括碳排放权交易、低碳基金、企业绿色发展与二氧化碳捕集、利用与封存等主题报告、交流及研讨。中英两国10多年来在华南低碳领域上不断地深化合作。在继续保持深化现有合作领域的同时，将开辟诸如海上风电建设等新的合作领域。

6月15日，中国工程院与国家自然基金委员会联合支持的“中国工程科技2035年发展战略研究（能源与矿业领域）”课题下设“可再生能源”专题启动会在广州召开。参会专家分别介绍了各领域的基本情况、发展趋势以及技术方向等，并着重介绍了备选技术清单。会议初步讨论确定了中国工程科技可再生能源领域在未来2035年具有前沿性、可实现性的重点技术清单，参会专家还对下一步专题的研究任务提出了许多宝贵的意见和建议。

8月30日，粤港应对气候变化联络协调小组第四次会议在香港举行，审议2014—2015年度合作进展，并通过2015—2016年度粤港应对气候变化合作计划。

中山大学低碳领袖班组团参加2015年巴黎气候峰会，并于12月1日集体出席2015年中欧社会联合应对气候变化巴黎对话会，向COP21/CMP11（2015巴黎联合国气候变化大会第21次缔约方大会）提交《共识文本》。

【工业节能与综合利用】 2015年，国家工信部刊发了《2015年工业节能与综合利用工作要点》，指出要以工业绿色发展专项行动为抓手，以试点示范、目录标准、节能监管为切入点，着力抓好节能节水、清洁生产和资源综合利用等各项工作。

“纺织印染工业园区‘三废’综合治理技术及应用”项目主要针对我国纺织印染业水污染严重/中水回用率低、污泥难治理、烟气污染严重等问题，重点解决了出水色度过高的技术瓶颈，并实现了“废水治理—中水回用”的生态循环利用，解决我国印染废水难达标、严重臭味污染的难题和工业园区水容量不足的社会问题。项目研发了“印染污泥干化—固型燃料—蒸汽生产一体化工艺”，最大限度地使用太阳能，实现干燥过程的清洁化，充分利用双联旋流干燥技术具有的干燥强度高和节能突出的优点，实现污泥的直接快速干燥；研发了基于臭氧与碱性废水实现烟气脱硫脱硝的方法及其装置，利用臭氧将烟气中不溶于水的低价态NOx氧生成易溶于水的高价态氮氧化物，利用工业碱性废水并结合自主研发的脱硫脱硝装置实现了NO_x与SO_2的同时脱除。该技术为我国纺织印染业的减污增效与可持续发展提供技术支撑。在广东、湖南等省市为多家企业建立废水处理及自动控制方面的工程或提供相关技术咨询。近3年累计产值20多亿元，利润近2.5亿元，税收近1.3亿元。

【新能源和可再生能源技术研发与应用】 广东新能源的储量丰富，可开发利用储量均居全国前列。

太阳能　据国家能源局统计，广东省2015年光伏发电装机容量63万 kW，其中光伏电站装机7万 kW；2015年新增装机容量11万 kW，其中光伏电站为5万kW。2015年分布式光伏发电装机为57万 kW，是我国分布式光伏发电装机容量较大的地区。2015年，省经信委印发《广东省关于印发加快省产业转移工业园分布式光伏发电推广应用工作实施方案的通知》，选取深圳（河源）、珠海（阳江）、肇庆大旺、江门、深圳南山（龙川）、东莞大岭山（南雄）产业园等6个园区开展试点工作，优先落实扶持政策，重点跟进项目实施，力争到2017年建成“分布式光伏发电应用示范园区”。

地热能　地热资源综合梯级利用技术取得重大突破。5月20日，国家科技支撑计划项目“地热资源利用技术”课题验收会在广州召开。中国科学院广州能源研究所作为项目的牵头通过国家科技支撑计划课题“地热资源综合梯级利用集成技术研究”的实施，结合华南地区地热资源特点，重点开展了地热资源综合利用关键技术、装置及示范的研究，在广东省地热资源较为丰富的丰顺地区进行了工程示范。项目成功研制开发了300kW地热制冷机、300kW高温热泵机组等核心装置和设备，提出了“地热制冷—地热干燥—地热洗浴—地热热泵”四级梯级利用模式，首次建成了一套适用于南方地区的地热资源高效综合利用示范系统，实现地热资源热利用效率达到70%。研究成果展现出良好的推广应用前景，被列入梅州市建设国家节能减排财政政策综合示范城市的重点工程，同时向东南沿海其他省份辐射，被已列入福建省地热能开发利用发展规划和江苏省小洋口地热资源开发利用规划。

生物质能　2015年，依托中科院广州能源研究所建立的“国家能源生物燃料研发中心”运行顺利。截至2015年年底，非粮液体燃料、纤维素液体燃料、生物柴油、生物燃气以及成型燃料等5个研发的基础设施和实验平台已基本建设完成，示范装置已取得阶段性成果。在生物质液体燃料转化及利用方面，开发出纤维素连续水解、废油脂连续脂化转化、能源藻规模培育、水相催化等核心技术。温州3万t生物柴油工程已投产运行，第二期7万t工程正在建设中；三水5 000 t生物柴油中试生产线已建成。年产3 000 t规模的蔗渣水解液态发酵生产燃料乙醇示范工程建设完成，蔗渣水解糖液与甘蔗糖蜜混合发酵生产乙醇的规模可达10 000 t/a。建成150t/a生物航空燃油中试示范工程，9 t秸秆类生物质生产1t生物碳氢液体燃料，生产成本8 000～10 000元/ t。生物燃气方面，300 m^3/d 能源草高效制备生物天然气技术与示范已建设完成，提出了黄河三角洲适宜的能源草种植模式及管理方式，形成了高生物量能源草培育、高效生物燃气制备、高质低耗纯化技术体系，为生物燃气（沼气）产业转型升级、提质增效奠定了基础。

在生物质规模化替代窑炉化石燃料方面，以技术转让、产品销售、合同能源管理等方式进行产业化推广，在金属冶炼、陶瓷、医药、食品等行业得以规模化应用。

10月21—23日，首届亚洲生物质能大会暨国际生物质能（上海）展览会（2015IBSCE）在上海召开。大会共收到来自45个国家的200多篇论文和摘要，会议云集了亚洲、欧洲、美洲等30多个国家300多名生物质能行业的重要代表，其中国外参会代表达到了130多人。大会围绕最新科研成果、行业发展、政策完善、资源配置和商业合作展开交流研讨。会议演讲内容涵盖我国“十三五”生物能源发展规划、全球生物能的发展情况及制定的目标、生物能在欧洲、美洲、亚洲（韩国、泰国、马来西亚）的发展情况及目标。该次大会是生物质能行业在国内召开的国际会议中国外参会和报告人数最多的一次会议，也是生物质能行业的一次国际盛宴。

12月14—16日，2015年中国沼气学会学术年会暨中德沼气论坛在广州举行。会议由中国沼气学会、中国科学院广州能源研究所、德国农业协会主办，生物质能源产业技术创新战略联盟承办。本次大会围绕“转型升级、技术创新、市场开拓”的主题，深入探讨了沼气行业发展的新思路和新方向，并针对应对气候变化、发展低碳循环、新农村建设方面等方面积极展开技术交流和讨论，为促进国内沼气技术进步，加速国内沼气行业发展国际化进程，更好服务于美丽中国建设，服务于国家新能源和节能减排战略再上新台阶献计献策。

【其他能源】　2015年，海洋能、天然气水合物在研究方面取得了较大进展。

100 kW鹰式装置“万山号”在珠海市万山海域成功投放，这是继10 kW波浪能发电装置“鹰式一号”成功运行后，中科院广州能源所在鹰式波浪能转换技术大型化研发道路上又迈出的坚实一步。该装置长36 m，宽24 m，高16 m，采用一基多体式设计俘获波浪能，即在半潜母船上前后对称布置4个鹰头，实现了多方向俘获波浪能。装置配备了两套能量转换系统，即可合二为一，也可独立并行工作，大幅提升了系统的安全性。装置内置大容量储电池、逆变器、数据采集与监控设备、卫星传输设备等多种设备，既可通过海底电缆向海岛供电，也可为搭载在其上的各种仪器、设备提供标准电力，同时能通过卫星实现海上设备与陆上控制中心的双向数据传输。

在天然气水合物方面，神狐海域含气流体运移特征研究取得新进展。中国科学院广州能源所科研人员通过与广州海洋地质调查局合作，针对2007年我国首个海域水合物钻探区——神狐海域，开展了含气流体运移通道类型识别和特征刻画、地球物理异常响应、运移效能定性分析等系统的研究工作，取得了创新性的研究认识。神狐海域含气流体运移特征方面的研究成果和进展，将有助于深刻揭示研究区内水合物的赋存规律和成藏机制，为南海北部水合物的进一步勘探提供参考。上述研究成果已被《地质学报（中文版）》《天然气工业》*Marine Geophysical Researches*、*Acta Geologica Sinica*（English Edition）录用和发表。

（中国科学院广州能源研究所　白　羽　张丽娟）

交通科技

【科技管理创新】 根据国家、交通运输部有关文件要求，在新形势、新要求下，启动了《广东省交通运输厅科技项目管理办法》修编工作，开展了科技项目管理、科技成果管理、科技项目招投标管理、科技项目信用管理等管理办法的修订工作，建立交通运输科技项目专家库，进一步加强了科技管理的科学化、规范化和制度化。升级了省交通科技管理平台，进行历史科研项目清查工作，加强科技项目经费使用的有效性管理，组织行业科技管理人员培训工作。

【课题研究与重大科技攻关】 在市场主导性课题方面，2015年省交通厅“市场主导性科技项目”申报课题169项，确定立项的项目为77个。完成了“软土场地条件下公路梁桥的抗震对策研究”等10个项目的鉴定（评审）工作，“广东省危险化学品码头安全监督管理体系规范化建设研究”等22个项目的验收工作。

在政府引导性课题立项方面，已完成2015年立项题目书面广泛征求意见、汇总和专家咨询环节，并提出了立项建议。完成了“广东省绿色交通运输体系机制与政策研究”等10个项目的中期审查工作，“超高性能轻型组合桥面结构标准化地方标准研究”等4个项目的验收工作，“广东省公路水泥路面养护技术地方规定研究”等2个项目的鉴定（评审）工作。

组织重大工程科研攻关，服务交通基础建设主战场。对工程规模大、建设技术难度高、需要集中力量组织科技攻关的工程项目，实施项目科研实施全过程监管，提高科技成果质量。完成了“罗阳高速公路项目建设综合技术研究”、“广东省潮州至惠州高速公路建设关键技术研究”等重大工程项目的部分子课题中期审查工作。

【技术研发突破】

基础设施建设领域 根据广东省自然环境的特殊性，对于工程规模大、建设技术难度高的交通基础设施建设项目，组织科研攻关，重点开展了山岭重丘区高速公路建设管理关键技术、南方高温多雨地区建筑材料研究、港珠澳大桥珠海连接线拱北隧道建设关键技术、路面典型损坏监测评价关键技术等重大项目研究，取得了一系列具有国际先进或领先水平的重大科技成果。积极开展《广东省桥梁索杆内部锈蚀断丝导波无损检测技术标准》等地方行业标准研制，有力地支撑了广东省交通运输基础设施建设任务的完成。

道路运输服务领域 开展了公路甩挂运输、道路运输系统规划与跟踪评价、“公交都市”创建活动，省级公共交通示范城市试点和城乡公交一体化示范项目、城市公共交通规划控制与运营、货物运输组织方式等项目建设，推进珠江内河网络化喂给港建设，加强港口对接能力和内陆无水港建设，取得了“广东沿海新型10t旋转吊航标工作船船型研究”等一批创新性科研成果，推进了广东省道路运输组织模式创新和运输装备技术升级，提升了综合运输服务水平。

顺利完成省公共交通GIS服务平台和交通综合执法监控指挥系统（一期）工程；开通全省道路运输一号通“96990”短号码，完善道路运输一号通服务体系建设，推进珠三角三级以上、其他地区二级以上汽车客运站联网售票。

智能交通建设领域 开展了智能交通顶层设计研究工作，统筹发展智能交通，推进与柏林市智能交通合作，加快推进广东省交通运输信息感知基础设施建设，加快全省航标遥测遥控技术和港区三维仿真应用，启动了物联网技术在交通引导、停车诱导、城市公交智能管理、实时路况、客货车辆管理、危险品运输管理、电子通关等方面的广泛应用；通过拓展公交一卡通应用领域，推进与香港、澳门地区的全面互联互通；通过升级改造道路运输车辆卫星定位系统，扩大了交通运输监管范围和深度。全面改造全省道路运输IC卡电子证件应用和管理体系；建设省综合运输体系规划信息平台（一期），“一张图”规划管理取得阶段成效；启动了交通发展战略、高速公路收费政策及智能交通顶层设计等研究工作，完成了全省高速公路“一张网”联网收费及全国ETC联网。

节能环保建设领域 开展了清洁能源和可再生能源应用、基础设施与工艺装备节能、水环境安全保障等节能环保技术研发；开展了在路用材料循环利用、港口装卸设备“油改电”工程、靠港船舶使用岸电、新能源车辆在公交领域的应用、LED照明在交通领域的应用等工作，扎实推进了深圳市建设绿色低碳交通城市和广中江高速公路建设绿色低碳公路、蛇口港建设绿色低碳港口等主题性试点示范项目。

【科技平台建设】 初步建立广东交通科技创新驱动机制，探索产学研相结合的政、行、校、企合作机制，加快建立起以企业为主体的行业科技创新体系，鼓励和支持企业建设高水平研发平台，通过培育交通企业科技研发中心，推动行业科技成果转化，加快构建支持创新、鼓励创新、保护创新的行业科技创新环境。建立的“广东省交通运输行业研发中心”等顺利通过交通运输部的认定，积极推动了科技成果转化，提升了行业整体技术创新能力。建设的“公路交通安全与应急保障技术及装备交通运输行业研发中心”等一批交通运输行业研发中心、国家认定企业技术中心、广东省工程技术研究开发中心，以交通企事业单位为主体，初步搭建行业科技创新平台。同时，以重点科研项目和重大建设工程为依托，培养交通主干专业领域技术骨干和学术带头人；充分发挥个人带动团队的作用，建设了一支竞争力强、梯次结构合理的科研团队。

【科技成果奖励】 “人工砂混凝土材料设计与工程应用研究”“动力测试在营运公路桥梁基桩安全技术状况评估中的应用技术研究”项目获2015年度省科学技术奖三等奖，“强涌潮河段桥梁下部结构设计与关键技术研究”“广东省公共交通一卡通互联互通系统平台及示范应用”获颁2015年度中国公路学会二等奖。

【地方标准建设】 根据《广东省交通运输行业地方标准体系建设实施方案》（粤交科[2011]1644号）和《关于成立广东省交通运输厅标准化专家委员会的通知》（粤交科函[2012]1641号），2015年发布了《超高性能轻型组合桥面结构技术规程》（GDJTG/T A01—2015）；《广东省普通公路路面养护典型结构应用技术指南》以及《广东省公路工程机制砂混凝土应用技术指南》已完成地方标准发布的前期准备工作。

（广东省交通运输厅 罗 琪）

邮政科技

【科技研发和成果推广】 2015年，广东邮政立项研发科技项目23项，开展了微邮局、电子账单、代理金融精准营销、业务质量监督检查等业务和管理创新项目；加大了对地市科技研发活动的扶持力度，支撑了农村电商、跨境电商等模式探索；探索了收寄识别一体化、交换式集装箱运输车等新设备应用；组织了智能包裹柜信息系统的鉴定和推广。

金融免填单系统 广东邮政为提高网点业务办理效率，将单式由手工填写改为套打的辅助系统。该项目实现了邮政储蓄业务的免填单，提供网点柜面辅助填单、客户自助填单2种模式，支持柜面、微信、WEB、自助终端等多个受理渠道，实现了10多种储蓄业务申请单的免填，实现了一键自动快速录入、身份证识别核查、磁条账号读取等多种功能，后续又拓展至代理保险和寄递业务的免填单。系统能有效节省客户时间，以储蓄开户为例，以往办理需要8分钟～10分钟，现只需1分钟～2分钟，提升了客户体验和业务规范性。

智能包裹柜/邮政信包箱 该项目是在广州邮政、佛山邮政等地市的实践基础上，通过建设智能包裹柜信息系统，对智能包裹柜、邮政信包箱和传统封闭式信报箱三类投递资源进行有效整合，根据布放环境和用户特征灵活布放，共同构建多层次包裹自助投递网络。项目研发了集“前端交互＋后台管理＋智能运营＋移动互联应用”于一体的智能包裹柜信息系统，实现了自助寄件、扫码开箱取件、预约、短信推送、远程监控、智能运营、广告发布等功能；以智能包裹柜为载体，结合微信平台，能为客户提供线上填写寄递信息，完成支付和下单，线下选择包裹柜寄件等智能化寄递服务。

快递包裹服务系统 该项目是深圳邮政面向快递包裹邮件全生命周期，以实物流转优先和有效激励管理为设计核心开发的；系统由生产处理、监控调度、薪酬绩效、损益核算等4个核心子系统模块构成，通过快递包裹业务的PDA揽收、邮件收寄、分拣封发、投递处理全环节管理以及监控预警、绩效管理、损益核算等功能，实现了快递包裹业务统一生产作业、监控调度、客户服务和数据管理。系统全流程应用PDA，收寄效率达到2～3件/秒；基于电子地图实现了实时监控调度；基于损益核算结果可辅助进行营销推介。

广州邮件处理中心工艺改造工程 广东邮政按照集团公司网运升级的总体部署，在广州邮件处理中心配备了一套环形双层包件分拣机及一批相关的配套设备，结合先进的自动化、信息化设备，实现了邮件“快进快出”和“不落地”的生产作业模式。项目实现了包件以散件化处理运输为主，信刷报包裹化后同机自动分拣；推行了甩挂运输，实行车等邮件，随分随装，快进快出；使用OBR扫描，减少人工扫描次数。邮件处理效率不断提高，双层机分拣峰值达到47.4万件。

广东邮政微信服务平台 该项目是广东邮政为加强微信号管理，打造微信服务集群，构建的多账户管理的微信服务平台。平台包括后台基础框架、公众号管理、企业号接入、服务号接入等系统功能。平台提供统一的WEB管理页面给各级微信管理人员使用，各级邮政可自主统一管理辖内企业号机构、自建的服务号和订阅号；支持多专业的机构和营销员编码体系；支持多企业号、多服务号配置、图文群发；支持多业务系统的产品集中营销。

邮网信新媒体 该项目是广东邮政推出的函件新媒体业务，通过整合手机建站技术、强大的名号数据库和邮政线下渠道资源为一体，打通微信公众账户、百度直达号和手机短信短链接等三大平台，为企业提供手机建站、网站推广和数据库建库等一站式移动互联网服务的创新产品。邮网信可为企业实现品牌展示、门店管理、调查问卷收集、在线预约、360度看车看房、刮刮卡抽奖、微信红包和小游戏植入等功能服务。

信息中心服务器虚拟化　该项目是广东邮政为克服因应用系统增多，机房服务器增加，导致的机柜空间不足、运维安全隐患大和系统上线周期长等问题实施的优化举措。项目通过虚拟化将服务器物理资源抽象成逻辑资源，对CPU、内存、磁盘、I/O等资源池进行动态管理，淘汰老旧设备，优化资源配置，提升系统整体运行质量。服务器虚拟化实施5年来，省中心服务器数量减少了50%，新项目上线基本不需要采购新服务器，10多分钟内就可完成虚拟服务器交付。

【信息化建设】　2015年，广东邮政顺利实现集团公司ERP系统和集中核算平台同步上线，组织完成了金融网点授权集中工程、包裹订单管理与派揽系统等一批集团项目推广；省内完善了代理金融开门红APP、国际小包辅助系统、“广东邮政微邮局”等一批业务应用；推广了网点免填单和理财保险“双录”系统；地市分公司推出了一批如智能包裹柜运营、快递包裹服务系统、集邮微营销等特色项目；优化了省际骨干网带宽和省内骨干网备份电路，完成了各地视频集中监控中心改造；确保了全年信息网的安全稳定运行，全年无重大责任事故。

【工艺设备应用】　2015年，广东邮政加大工艺设备配备力度，广州邮区中心局及深圳、东莞、佛山和珠海等地市分公司配置了包裹分拣机和胶带辅助处理设备，结合流水化作业流程优化，邮件处理能力大幅提高。其中，广州中心局双层包裹分拣机实现了高度流水化和自动化作业，日处理能力名列全网第一；深圳国际小包处理场地配置了直线式包裹分拣机。

【科技进步月活动】　2015年6月，广东邮政举办了以“互联网+邮政”为主题的科技进步月系列活动。其中“互联网应用体验日”活动在广州分公司举办，开展了“网络下一次单、微信寄一张卡、在线付一次款、自助收一次件”的现场体验活动，参与者亲身体验了互联网时代邮政企业在服务理念、服务渠道、服务方式方面的创新应用。同时，继续举办了全省邮政科技管理培训班和专家论坛，邀请行业专家开展了邮政电子商务讲座，组织了全省邮政科技征文活动。

（中国邮政集团公司广东省分公司　李汪洋）

气象科技

【规划制度建设】 2015年，广东省气象局围绕气象科技创新驱动现代气象业务发展的思路，着力提升区域数值天气预报重点实验室发展，印发了《关于促进广东省区域数值天气预报重点实验室加快发展的若干措施》。以广东省区域数值天气预报重点实验室先行先试，探索科技成果分类评价，明确业务与科研分类考核机制，出台了《重点实验室考核管理和奖励制度》。加强科技顶层设计，印发了《广东省2015—2017年科技创新发展指南》，明确未来3年的研发重点。建立了科技成果激励机制，出台了《广东省气象科技创新产品与服务远期约定购买管理试行办法》。注重科研业务转化，5项科技成果通过准入评审，进入业务化运行。

【科研创新能力建设】 2015年，广东省气象局新增国家级科研项目10项、省部级科研项目21项；各市气象局得到当地政府科研项目资助11项，科技经费收入2 000多万元，获得11项软件著作权，发表核心期刊论文101篇，其中32篇被SCI（SCIE）、EI等收录。

区域数值预报模式体系　加快建设区域数值天气预报重点实验室，优化区域数值预报模式体系。基于具有自主知识产权的GRAPES数值预报技术，开发了华南逐时同化系统和临近预报系统，逐时进行12小时的预报；建立了台风、暴雨、环境气象等多个模式，模式分辨率提高到18 km（台风）、9 km（中尺度）和3 km（精细化），为广东省数字网格预报、海洋业务、环境业务等提供基础支撑。其中对南海台风预报水平全球先进，2015年台风路径预报24小时偏差为67.7 km，48小时偏差为108.8 km。

数字网格预报新体系　坚持创新驱动，不断完善精细化数字网格预报新体系。以精准、精确、精细的服务需求为导向，依托GRAPES区域数值天气预报模式，继续创新发展客观释用、短临预报、人机交互订正、预报转换引擎等精细化预报关键技术。完善了图形化网格编辑系统（GIFT），召开了业务推进视频会，调整业务流程，进一步完善精细化网格预报业务，实现了72小时预报细化为逐小时预报，预报时效由7天延长为10天，分辨率提升到2.5km。完善了线上部署全省共享、基于自然语言、开放编辑的智能预报引擎（FED），实现了数字转产品的“广东智造”，提供个性化定制、多样化表现的预报服务产品；制定了格点预报质量检验办法，完善了实时在线检验平台，预报质量稳定，为开展定位天气服务、各类专业气象服务、灾害性天气1km网格预警，以及为预警信息发布的人员针对性和区域靶向性提供了基础支撑。

一体化业务体系　坚持信息化优先，构建一体化业务体系。按照中国气象局信息化的要求，落实《广东气象现代化信息网络系统设计与实施方案（2012—2016年）》，加快了综合气象探测自动化进程，丰富了立体探测数据资源。建成了覆盖全省的MPLS-VPN、SDH混合方式的宽带网络系统，实现一体化气象业务平台云上部署，全省共享应用。以广东省预警中心信息网络建设为契机，整合软硬件资源，制定一系列的信息化协议、标准，制定数据标准、规范数据环境，利用云计算技术建设大数据加工处理平台，构建了实时、历史和预报一体化的站点与网格数据库。开发了数据服务标准接口，实现了信息流程扁平化，为省市县三级用户提供在线数据、图形和产品。

【科技成果奖励】 2015年度，广东省气象科技发展取得显著成效，获得广东省科学技术奖一等奖1项、二等奖1项。

项目名称：广东省新一代天气雷达组网关键技术创新及应用

主要完成单位：广东省大气探测技术中心

获奖情况：2015年度广东省科学技术奖一等奖

项目研发成果涵盖了工程建设、硬件开发以及软件开发等多个方面，特别是在全省进行了雷达的选址组网工作，从无到有建设了广东省的新一代多普勒天气雷达探测网络，实现了对台风、暴雨、冰雹、强对流等灾害性天气的全天候监测，提高了全省中小尺度强对流天气监测和预报预警能力。项目技术颠覆了传统的天气雷达运行模式，使雷达探测数据质量及其应用水平大幅提高，气象应急能力显著提升，并已在国内多个省市及韩国、罗马尼亚、印度等雷达建设项目中推广应用。

项目名称：华南区域精细数值天气预报模式技术开发

主要完成单位：中国气象局广州热带海洋气象研究所

获奖情况：2015年度广东省科学技术奖二等奖

项目历时9年，为提升华南区域防御台风、暴雨、雷暴等突发气象灾害的能力，自主研发了“华南区域精细数值天气预报模式”业务系统。该模式空间分辨率、同化非常规探测资料的能力，以及经批量业务运行检验所得的对强降水与热带气旋等重大灾害性天气的预报精度等，均已经与当前国际上精细业务数值预报模式居于同一水平。在对华南区域的中雨以上的预报，比欧洲中期天气预报中心、日本气象厅均有明显提高，为华南降水提供了更精细、实用的数值预报。项目成果已在广东、广西和海南等华南区域气象行业中实现业务应用，在台风、暴雨和飑线等过程及重大服务的气象保障中，发挥重要作用。

【科研基础条件建设】 为解决广东强降水预报技术难点，2015年，广东省气象局正式启动推进热带季风区云和降水观测试验基地建设，进一步探索热带季风区背景下云和降水机理，完善模式物理过程和参数化方案提供科学支撑。多次进行实地考察和选址调研，确定在广东省暴雨中心的龙门—新丰—河源建设基地。向周秀骥院士、曾庆存院士等著名专家科学咨询，年内完成了《热带季风区云和降水观测试验基地建设方案》并通过专家论证。

【科技人才队伍建设】 实施广东省气象局“马首计划”“上马计划”，聘请了4位“专业总师”，带动创新团队的建设；选拔和培养了118名气象青年英才，其中有1名入选中国气象局青年英才。开展第2届科技创新团队建设，对华南区域数值天气预报、格点精细化预报、中小尺度天气临近预报、台风海洋预报、气候变化、珠三角大气成分、气象信息大数据、气象服务等8个学科方向进行了支持，共148名科技骨干参与。

【科技交流与普及】 2015年，省政府和澳门特区政府签署了“气象科技合作协议”推进粤澳数值预报合作。8月17日，首届“环境风云”全国研究生学术论坛一行50余人到广州番禺大气成分野外科学试验基地考察学习。9月1日，召开了2015年度华南区域暨粤港澳数值天气预报技术交流会，香港天文台、澳门地球物理暨气象局、广东、海南、广西等省（区）的气象科技和业务人员共90人参加了会议交流，共同推进数值预报模式的发展研究。11月6—9日，2015年度广东省环境气象培训班在广州番禺雷达站举行，来自全省各市局、各直属单位的业务骨干共70多人参加培训。

5月12日，由广东省气象局联合省全民科学素质纲要办、省科协等单位共同主办、广东省气象学会等单位协办的第17届中国科协年会科普活动暨2015年广东省“全国科技周、全国防灾减灾日、全省科技进步活动月”活动在广东外语外贸大学附属中学启动。现场通过举办防灾减灾知识科普讲座、“气象科普”技术设备展示体验、防灾减灾知识咨询等活动向广大学校师生进行了防灾知识宣传。

12月24日，广东省气象学会、越秀区科学技术协会联合开展了越秀区科协会员“走进气象科普基地”主题活动，气象专家就气象与气象灾害、天气预报工作流程、突发气象灾害预警服务、气象防灾减灾与经济建设等方面给会员们上了一堂生动的气象科普课程。

（广东省气象局　王桂娟）

地震科技

【科技项目管理与实施】 2015年，广东省继续加大对地震科技的资金人力投入力度，不断提升地震科技对防震减灾事业的支撑和引领作用，在科技创新、成果应用转化和科技服务等方面持续保持上升态势，地震速报、地震预警和紧急处置、地震风险评估、地震应急、结构健康监测诊断、海陆联合深部探测等关键技术研发取得新进展，地震科技工作继续在全国处于先进水平。

2015年，全省地震部门新增国家科技支撑项目2项、省部级项目8项，完成“全国统一编目处理系统及相关技术规范体系研制”“国家地震速报灾备中心”“大型桥梁地震安全性在线监测与评估系统”“广东省地震应急技术研究中心”“简易烈度计地震预警试验区建设”等7项省部级科研项目。其中，“基于Wi-Fi的地震埋压人员快速定位系统研发”获省科技厅立项；3个项目获得中国地震局立项，其中，青年项目1项，攻关项目2项。

由中国地震局地球物理研究所、广东省地震局、四川省地震局申报的国家科技支撑项目“城镇地震防灾与应急处置一体化服务系统及其应用示范”获立项并顺利开题。其中，广东省地震局负责“准实时地震灾情综合评估技术研究”和“县市防震减灾能力评价模型及风险动态评估系统研发”两个专题。2015年度，完成4项在研项目验收，其中2项地震科技星火计划项目被中国地震局评为优秀项目：地震科技星火计划专项项目“区域地震矩张量的准实时反演”被评为星火计划优秀攻关项目；“常用数字强震动记录器事件文件解码及软件分析功能研究”被评为星火计划优秀青年项目。

3月，自主研发的“地震超快速报系统”通过中国地震局组织验收，正式投入运行。地震超快速报是当前地震监测领域的先进技术，该系统利用地震台网最先4个台站所记录到的地震P波头3～4秒内的数据，使用特定的算法快速计算地震三要素并自动在移动短信、微信和网页平台发布地震速报信息，在接收到更多台站数据的过程中持续更新地震参数，实现省内、国内和全球地震的自动速报，在目前我国台站分布比较密集的中东部地区以及地震重点监视区实现在震后20秒以内的地震超快速报。

2015年，省部共建重点项目“珠江口区域海陆联合三维地震构造探测”在中国科学院南海海洋研究所、中国地震局物理勘探中心、香港天文台、澳门地球物理暨气象局等单位的大力协助下，已完成珠江口区域海陆联合三维地震构造探测项目的全部外业工作，产出200G的海量观测数据和观测资料，取得项目首阶段胜利。

科技部公益性行业（地震）科研专项项目“全国统一编目处理系统及相关技术规范体系”12月通过验收。该项目编制了《地震编目规范》，研制了统一编目软件系统，对地震台网的产出进一步规范化、标准化，产出参数更合理、内容更丰富的地震目录和地震观测报告。项目在全国地震台网、地震台站推广应用，全面提升地震台网产出质量，提高台网监测效能。

省重大科技专项高端软件和新兴信息服务专题“大型桥梁地震安全性在线监测与评估系统”于2015年顺利结题。该项目研发的重大工程地震安全监测与诊断技术，实现了对强震动台阵连续监测数据的实时分析，采取多种指标对工程结构的健康状况进行判断，可为工程管理方提供突发事件报警和结构健康监测等实用信息。该技术使我国强震动监测工作从触发式记录进入到实时分析阶段。

“国家数字强震动台网管理软件”高度、全面集成了采集设备接口，攻克了全国强震动台网并网自动化运行、数据准实时监控与汇集处理、强震动参数快速速报等难题，已在全国应用部署，满足政府部门对地震烈度信息的时效性需求，为震后应急救援及灾害快速评估提供参考。

【科技成果与奖励】 2015年度广东省地震局完成4项科技成果登记。“数字地震台网信息实时自动处理系统”获2015年度广东省科学技术进步奖一等奖，“直流电源”专利获第17届中国专利优秀奖；邓志辉等《青岛市活断层探测与地震危险性评价》获得2015年度山东省科学技术奖二等奖；“城市建（构）筑物抗震性能普查及其数据的挖掘应用”获2015年度中国地震局防震减灾科技成果三等奖。

“数字地震台网信息实时自动处理系统”项目获2015年度广东省科学技术进步奖一等奖。该项目攻克了海量地震数据的实时汇聚和共享、复杂震相数据的快速识别，地震参数快速精确自动测定等关键核心技术，在国内率先实现地震自动速报，推动我国地震监测技术的重大转型和行业科学技术进步，使我国地震监测技术达到世界先进水平。作为核心系统，基本全覆盖应用在国内各级地震台网，技术还输出到援外地震台网中，在地震监测、国防安全监测、地球科学研究及服务国家总体外交等方面发挥了不可替代的重要作用。每年全国仅节约人员经费产生的经济效益达7 000万元以上，每年因其快速准确信息服务而避免大地震发生后盲目停工停产的减灾效益也数以亿计。

2015年，广东省地震局取得软件著作权9项，制定地震行业标准3项、行业技术要求1项，发表核心期刊以上论文40余篇，其中SCI收录3篇，EI收录5篇。《重要建设工程强震动监测台阵技术规范》草案送省质量技术监督局按程序审批，这将是广东省防震减灾领域的第一个地方标准，对推动广东省地震科技成果转化为具有减灾实效的社会服务产品具有重要意义。

【科技创新平台建设】 2015年，省地震局与广州市科技创新委员会积极探索创新驱动合作，建议局（中国地震局）市（广州市人民政府）共建国家（广州）防震减灾产业园和国家（广州）防震减灾应用技术研究院，不断完善方案和积极推进，促进创新驱动战略实施以及防震减灾科技创新和产业化发展。

11月，地震监测预警与减灾技术重点实验室顺利通过中国地震局组织的集中汇报评估和现场考察评估。专家评估意见指出地震监测预警与减灾技术重点实验室充分利用位于改革开放桥头堡的区位优势，定位于防震减灾社会需求的应用基础研究和科技成果转化，以技术创新为突破口，在地震定位、速报和预警技术研究和软件研发、防震减灾综合社会服务等方面取得了优秀的成果，在防震减灾领域取得了显著的应用实效，为地震系统服务于政府、社会和公众提供了范例。

省地震局承担的广东省重点实验室建设专项“城市地震灾害预测综合服务信息系统”，在全国率先实现了震害预测成果的产品化，将专业性较强的震害预测成果合理转化成直接面向科研单位和社会公众服务的震害预测和查询服务系统，获得5项软件著作权。该成果已在广州、深圳、珠海等市投入应用。

【科技人才培养及交流】 2015年，省地震局组织举办“地震科学新技术新进展高级研修班”等自办班3个、各类讲座11次，近800人次参加。4月和11月，广东省地震局为港澳地区举办2期地震监测技术培训班。接收1名交流访问学者，派出2名交流访问学者。接待英国、俄罗斯、日本、葡萄牙等国专家来华访问，派出专家参与援建萨摩亚、巴基斯坦地震台网，派员参加越南国际地震波形管理与服务培训班。1人入选中国地震局防震减灾优秀人才百人计划。2015年，新聘副高级职务7人，中级职务4人。新增1人参加在职教育，总人数达11人，其中博士4人，硕士4人。先后选派技术骨干参加各类学习培训180人次。

广东省地震局积极落实国家“一带一路”战略，代表中国地震局向外交部、财政部申报的“中国—东盟地震海啸监测预警系统”项目获得批复立项。通过该项目的实施，广东省地震局将于东盟各国合作，开展地震海啸监测预警方面的技术合作，大幅提升东盟各国的地震海啸预警方面的能力，同时服务于中国南海及周边地区的地震海啸应对能力，促进中国与东盟各国的互信和友谊。

广东省地震局与澳门地球物理暨气象局签订海陆联测项目合同协议。双方将利用广东省地震局在珠江口及近海开展的地震构造探测项目获得的海量数据，开展合作研究、实现成果共享，提升澳门应对潜在地震风险的能力。

广东省地震局在香港天文台协助下完成5个香港地区流动台的数据收集，圆满完成香港国际机场地磁场测量的国际招标项目。该项目获取了香港国际机场的地磁场数据，成为香港机场地磁导航标定的依据。

【科普宣传】 2015年，省地震局官方网站累计发布信息近800条，总访问数943万次；3个官方微博发布信息260 条，粉丝数约30万个；微信发布信息200余条，关注人数为1 200多人；利用12322发布地震信息10多万条。省地震科普教育馆新增微信语音讲解系统，增设“地球内部结构”“构造地震模拟演示器”等展品，全年接待3万多人次，成为“2015—2019年全国科普基地”及华南理工大学土木与交通学院定点实践基地。省数字地震科普馆项目完成整体建设，提交验收。制作的宣传短片《最美地震台长》被收录中国地震局“筑梦中国”专辑中。

全省各市积极通过多种形式开展“防灾减灾日”宣传周等系列科普活动。继续推进防震减灾知识进机关、进企业、进学校、进社区、进农村，选派有关专家到各地开展专题讲座，派发大量应急避震宣传图册。

防震减灾宣传周暨科技活动周 广东省地震科普馆于5月11—17日期间举办了“防震减灾宣传周暨科技活动周”系列活动，该[illegible]动被列为“2015年广州市科技活动周重点[illegible]目”。

为迎接本次开放周，广[illegible]震科普馆免费向社会公众开放。场馆[illegible]“4·25尼泊尔地震专题展板”“地球[illegible]构”和“构造地震模拟演示器”等展品[illegible]置了有奖知识问答环节，同时广东省数[illegible]震科普馆也在开放周期间抢先亮相。开放周期间，场馆共接待团体20余个，参观人数约4 350人次。广州电视台《广视新闻》《直播广州》《至经济》，广东广播电视台《今日一线》等栏目对本次活动进行了采访报道。

广东省“全国防灾减灾日”科普宣传周启动仪式 5月12日，省科协联合省全民科学素质纲要办、省地震局、省气象局、省公安消防总队、广东外语外贸大学等单位，在广东外语外贸大学附属中小学举办2015年广东省“全国防灾减灾日”科普宣传周启动仪式，4 000多名师生参加。省地震局安排了地震应急指挥车展示体验及地震防震避震专题图片展示，省地震局副局长出席启动仪式，省地震科普馆也派出相关设备、宣传资料和人员参与了该次活动。

2015年广州科技活动周开幕式暨两岸四地科普交流系列活动启动仪式 5月16—17日，2015年广州科技活动周开幕式暨两岸四地科普交流系列活动启动仪式在广东科学中心举行。省地震科普馆联合广州市光机电技术研究院、星期8小镇、中科院广州能源研究所、广州863汽车科普基地等4个单位以“科普小屋”的形式带来“低碳节能与应急避险”主题展示，现场设置了低碳节能、应急避险、视频播放和有奖问答游戏4个活动区域，约2 000名公众参与了此次活动。

科普培训及纪念活动 5月18日，省地震科普馆派员到韶关市一中实验学校举行地震科普知识讲座，约200名师生参与了此次讲座。

7月28日是唐山地震38周年纪念日，为铭记历史灾难，普及防震减灾知识，提高市民防震减灾意识和应对突发地震灾害的能力，广东省地震科普教育馆于当天免费向社会公众开放。开放日当天，科普馆通过展板、虚拟仿真逃生训练、播放宣传片、解答咨询以及发放防震减灾宣传资料等形式进行宣传。开放日当天，前来参观咨询的市民络绎不绝。当天累计接待1 100人次，发放宣传资料3 000余份。广州电视台的《至经济》《直播广州》，南方电视台的《卫视新闻坊》等栏目对活动进行了报道，加强了活动的宣传效果。

（广东省地震局 贾庆华 张 项）

建设科技

【国家智慧城市创建试点】　4月7日，住房和城乡建设部办公厅、科学技术部办公厅印发《关于公布国家智慧城市 2014年度试点名单的通知》，广东省住房和城乡建设厅、广东省科学技术厅联合推荐的河源市江东新区被列入国家智慧城市 2014年度试点名单。截至2015年底，广东省先后3批共 11个城市（城区、镇）被批准列入创建国家智慧城市试点。广东省推荐的物联天下科技集团股份有限公司等一批企业被列入国家智慧城市 2014年度专项试点。

9月19日，由广东省住房和城乡建设厅指导，羊城晚报报业集团、天河区人民政府、越秀区人民政府联合主办，中国城市科学研究会数字城市工程研究中心、广州市科技创新委员会支持举办的以“智慧城市跨界融合——智慧空间，无限产业”为主题的“2015中国（广州）智慧城市大会”暨羊城晚报报业集团组织开展智慧城市十大范本评选在广州举行。会议设范本展示，包括广东省十大智慧城市范本、珠江三角洲十大智慧社区范本、广深民间创客智城，推动智慧城市创建。

【科技计划及示范项目】　2015年，广东省加大重点领域应用技术的研究开发力度，促进新型墙材、建筑节能材料、新施工技术等研究成果应用，提高建筑业、房地产业、市政公用事业行业科技进步，省住房和城乡建设厅重点推进建筑节能和绿色建筑，加快推进建筑产业现代化，提高建筑信息模型的普及应用。

2015年，广东省完成一批省部科技立项，其中住房和城乡建设部科技立项43项。广东省建设信息中心申报的“省域房地产交易数据资源云同步及大数据规模化应用”等两个项目被列为 2015年度省重点科技项目，每个项目获得 500 万元省财政资金资助。

2015年，广东省住房和城乡建设厅组织开展建筑产业现代化示范项目申报，向住房和城乡建设部推荐广东建星建筑工程有限公司等4个单位申报国家示范项目6项。推进建筑产业现代化标准化，1月27日发布《钢结构设计规程》。年内，广东省住房和城乡建设厅将《装配式组合钢——混凝土结构技术规程》列入2015年度制订计划；《装配式混凝土建筑结构技术规程》《集装箱式房屋技术规程》等标准通过专家审查。是年，对“高效节能多层装配式冷库保温隔汽屋面施工技术”“软弱地质中下翻梁支护预制装配式施工技术研究”“钢结构大型钢箱转换桁架安装施工关键技术运用”“高层全钢结构 U型钢箱梁楼板施工关键技术”“基于 BIM的广佛地铁站装饰装配化施工技术”等技术成果进行鉴定。加大建筑信息模型（BIM）技术推广，提高建筑行业企业运营效率和管理能力。

【科技成果及奖励】　2015年，全省建设科技整体水平达到国内先进水平，部分科研成果达到国际领先水平。2015年，广东省住房和城乡建设厅组织完成各类建设科技成果鉴定310项。其中，“基于静力平衡法的拉索索力识别关键技术研究及应用”等16项成果达到国际先进水平，达到国内领先的项目157个，国内先进水平的项目127个。2015年度，广东省住房和城乡建设系统获华夏建设科学技术奖12项、获广东省科学技术奖5项。

【工程建设标准制修订】　2015年，广东省住房和城乡建设厅重点围绕新型城镇化建设、海绵城市建设、绿色建设、建筑产业现代化建设、城市轨道交通建设等重要领域，加强工程建设标准制修订。组织专家队伍对各单位申报的广东省工程建设标准制订和修订项目进行遴选、审核、公示，全年发布33项工程建设标准制修订计划，发布实施5部工程建设地方标准（见表7-14-1）。是年，《城市轨道交通车地实时视频传输系统》（标准）获住房和城乡建设部批准立项。11月17日，《住房和城乡建设部关于印发2016年工程建设标准规范制订、修订计划的通知》印发，将《城市轨道交通车地实时视频传输系统》（标准）列入城建建工领域产标制订计划。广东省建设科技与标准化协会配合省住房和城乡建设厅开展标准的立项初审、标准复审、出版、宣贯、评估、研究等。

表7-14-1 广东省新发布的工程建设地方标准（2015年）

序号	工程建设地方标准名称	标准编号	实施时间	主编单位
1	钢结构设计规程	DBJ15-102-2014	2015-06-01	广东省钢结构协会 广东省建筑科学研究院集团股份有限公司
2	预拌砂浆、混凝土及制品企业试验室管理规范	DBJ/T15-104-2015	2015-10-01	广东省散装水泥管理办公室
3	广东省绿色住区评价标准	DBJ/T15-105-2015	2015-09-01	广东省房地产行业协会 广东省建筑科学研究院
4	公共建筑能耗限额编制方法	DBJ/T15-108-2015	2016-02-01	广东省建筑科学研究院集团股份有限公司
5	建筑防火及消防设施检测技术规程	DBJ/T15-110-2015	2016-06-01	广东省公安消防总队

（广东省住房和城乡建设厅　林佳衡）

电力科技

【重点科技项目】

大型无人直升机多传感器电力线路全自动巡检系统　项目针对我国电网输电线路规模快速增长、巡检压力显著增大，人工巡检不能满足电网巡检需要的重大需求，在国内外率先攻克大型无人直升机多传感器电力线路全自动巡检关键技术难题，建立一种高效智能、全新的电力巡检模式，实现复杂环境下超低空、超视距、低速度安全巡检。成功研发大型无人机巡检成套装备，首次开展大电网规模化巡检应用，成效显著。

项目完成南方电网7个供电局24条线路52架次巡检任务，累计巡检线路230km、巡检里程680km，成功发现缺陷隐患200余项、其中紧急重大缺陷10余项，减少线路事故停电损失和抢修成本3 300余万元；采用超低空遥感技术完成4条500kV、17条220kV、3条110kV线路高分辨率地理信息采集，节约高精度GIS信息采集成本1 000余万元；无人机平台优化、传感器集成检校、任务自动控制、超低空遥感、数据融合处理及智能诊断相关技术已在测绘遥感、光电探测等跨行业领域12个单位应用，实现产值6 420万元、利润1 310万元；巡检系统在广东电网、南方电网推广应用，预计每年可分别产生经济效益2亿元、5亿元以上。

面向智能用电信息交互的高可靠通信测评关键技术研究与应用　项目旨在解决智能用电设备在信息交互过程中存在的通信可靠性测评问题，从信道建模、通信试验、故障诊断等方面开展全面深入的研究。研制了基于动态拓扑理论的电力线载波通信性能测试系统，提高载波通信试验评估效率和准确性。开发了基于自适应调制模式识别的便携式通信现场调试装置，解决了设备通信故障的定位与调试问题，大幅提升现场通信故障的诊断效率。

项目成果得以全面应用，研制的低压电力线载波通信性能测试装置、便携式智能计量终端现场调试设备等装备已成功应用于南方电网、国家电网的广东、云南、江苏等电网公司和10余家设备制造厂商，应用于电能表、计量终端等低压电力设备通信性能评测、入网选型、故障诊断和现场调试中。研究成果填补了智能计量设备通信测试技术、通信故障检测技术及装置的空白，对提升设备通信性能和保障系统稳定运行具有重要作用，促进了广东电网用电信息交互类设备质量水平的提高，有助于提高供电服务水平，提升电网公司企业形象，创造良好的社会效益。

基于空间射频定位的变电站域设备快速巡检与预警技术　项目提出了一种基于射频定位原理的变电站域设备快速巡检和监测方法，可以经济、高效、准确地检测变电站内高压设备潜伏性缺陷，有效避免设备事故发生。项目开展了站域设备放电弱信号远距离检测、快速精准定位、多源放电信号分离与辨识等关键技术研究，自主研制移动式和在线式两类变电站域设备快速巡检与监测定位系统，通过3年多规模化应用，成功检出多起设备潜伏性缺陷。

项目研发的移动式巡检系统已连续3年承接广东电网迎峰度夏设备专项巡检任务，并在国内多家电网公司应用，共计巡检变电站154座、372次，检测设备38 952台，检出设备缺陷36例；在线式监测系统也成功在东莞供电局应用，发现设备缺陷2例。项目实现经济效益约3 279万元，有效提升了变电站设备巡检运维水平，在保供电工作中发挥了重要作用，经济与社会效益十分显著。

燃煤电站SCR脱硝催化剂评价与再生关键技术的研究及应用　项目以“绿色环保”为目标，历经4年持续攻关，探讨了催化剂的中毒机理，建立了两层级催化剂综合评价体系，深入研究了失效催化剂的再生方法、再生工艺及抗毒改性技术，成功应用于失效催化剂的实际再生工程，取得了集评价方法、再生技术和示范应用于一体的系列成果项目成果整体达到国际领先水平。

应用本项目成果完成12台机组催化剂的评价和运行优化管理，为电厂节约催化剂购置成本1 200余万元；完成2台300MW和1台1 000MW机组的催化剂再生工程应用，再生后催化剂活性恢复至新鲜催化剂的94%以上，抗毒性能提高了60%，使用寿命延长1倍以上，为电厂直接节省催化剂购置成本1 060万元。同时提高了脱硝系统的安全稳定性，实现了钒、钨、钛等矿产资源的循环利用，避免了废弃催化剂对环境的二次污染，创造了显著的经济、社会和环境效益。

大型汽轮发电机组不稳定振动快速抑制技术及工程实践 项目创造性地从提高轴承稳定性和减少汽流激振力两方面同时入手，自主研制轴系相对负载变化在线测试系统，攻克了兼顾瓦温和振动参数的轴系标高精确控制的技术难题。研发一套完整的针对大型汽轮发电机组不稳定振动预判、预控和快速抑制技术，实现全工况、整周期综合有效抑制，成功应用于19台次机组不稳定振动治理中。

项目属于电力设备故障诊断领域，旨在解决影响机组安全稳定运行的不稳定振动问题，研究成果已在华能集团，粤电集团、华润集团等19台次机组上成功应用，成功解决了海门、贺州电厂等5台调试机组高负荷下振动发散故障，保障机组按期投运。有效抑制台山电厂6号机组商运后高负荷工况下不稳定振动故障，避免3次高负荷跳机事故，平均缩短检修周期7天，大幅提高机组利用效率。自项目成果应用以来，为项目完成单位带来技术服务合同约300万元，为发电企业产生超亿元的经济效益。不稳定振动故障正确诊断及快速处理，确保机组及电网的安全性和经济性，社会效益显著。

工业污泥在燃煤电站中无害化和资源化处置关键技术研究及应用 项目围绕工业污泥在燃煤电站中无害化和资源化处置展开研究，攻克了污泥与煤掺烧难于稳燃、易结焦、污染物超标的难题，实现工业污泥掺烧比例5%～15%的情况下长周期安全运行；填补了国内在燃煤电站协同处置污泥的空白。

项目成果陆续在广州市旺隆热电有限公司、新会双水发电（B厂）有限公司、深圳市人和新能源科技有限公司等电厂和污水处理公司得到应用，项目应用期间，每年可处置污泥35.8万吨，每年可以节约土地11.9万m^2，减排二氧化碳6.2万t。成果推广应用到全国，每年可以节约土地面积1.28万km^2，减排二氧化碳5 611万t，间接经济效益过亿元。

基于北斗卫星共视技术单芯片化研究与应用 随着我国电力、通信等国家关键重点行业领域的发展，对时间同步提出了更高要求，同步精度要求在10ns以内。传统的共视设备需要采用高精度的授时接收机加上共视算法，才能够达到10ns的同步精度，一套共视设备价格在20万元左右，这对于电力、通信等系统来说，成本高昂。广东南方电力科学研究院联合广州市国飞信息科技有限公司和广东水利电力职业技术学院，进行“基于北斗卫星共视技术单芯片化研究与应用”项目的合作。截至2015年年底，该项目已经完成项目的前期准备及可行性论证工作。

项目研究基于北斗卫星共视技术，相对于其他高精度时间传递方法，预计具有设备价格相对便宜，使用费用低，操作简单等优势，可广泛应用于高精度时频领域。该项目将北斗卫星共视技术和高精度授时技术单芯片融合，核心技术独立自主，大大降低了产品风险，核心芯片完全国产化，从根本上解决安全、成本、供货周期等问题，具有明显的行业推广优势，具备广阔的市场前景。

通过该项目的研究，掌握北斗共视时延修正算法、共视数据处理算法、SoC软硬件设计、IC设计与验证等一系列关键技术，开发一款集合北斗卫星共视数据处理和高精度授时的北斗卫星共视芯片，尝试在电力行业试点并推广应用，打造广东省北斗高精度授时产品的知名品牌和核心竞争力，进一步推动我国北斗卫星时频产业化的发展。项目拟解决的关键技术问题包括：原始观测量的准确性、共视算法和基本导航授时的融合、比对和非比对算法的研究、高精度驯服算法、高精度守时算法、外挂晶振的频率和相差测量技术、应用模式和参考设计及验证方法等。

【科技成果及奖励】 2015年，中国南方电网有限责任公司组织的年度科技进步奖评审活动，广东省内若干电力企业完成的包括“基于分布式监测的跨区输电线路故障区间定位方法”“电网调度智能化及指令信息化工作平台”等多个科技创新项目获奖。2015年，广东电网公司获得第十七届中国专利优秀奖1项，2015年度中国南方电网有限责任公司科技进步奖特等奖1项、一等奖3项、二等奖6项、三等奖12项，职工基层创新一等奖1项。2015年，广东电网公司系统共获得702项专利授权，其中发明专利322项，实用新型专利375项，外观设计专利5项。截至2015年年底，广东电网公司拥有的有效专利授权1 983项，其中发明专利授权736项。

由广东省电力行协主办的2015年度广东省电力行业科技创新成果奖评审会，对来自全省6个电建类、9个供电类和9个发电类等24个电力科技创新成果进行评审，其中“配电运行特征基因库与复杂故障诊断技术研究与应用”“燃机发电机出口电压互感器消磁研究”“通用型电磁继电器综合参数智能测试分析装置的研究开发与应用”“电动汽车大功率智能快速充电系统的研究及产业化”“城市配电网电缆质量分析与运行评价方法研究”“主动适应超洁净排放的燃煤机组热力系统节能优化关键技术”等16个项目获得2015年度广东省电力行业协会科技创新成果奖。

（广东电网公司　魏　焱）
（广东南方电力科学研究院　冯文胜　陈忠义）

水利科技

【科研计划项目】 2015年，省水利厅与省财政厅共同组织开展了2015年度水利科技创新项目立项评审工作，受理申报项目71个，共有22个项目获批立项。“北斗卫星系统在水利防灾减灾中的应用”等3个项目获广东省科技计划项目立项，“复杂断面海堤上不规则波爬高和越浪特征的数值模拟研究”等4个项目获省自然科学基金项目立项。

2015年，“鉴江供水枢纽工程湛江湾跨海盾构隧道关键技术研究”等17个广东省水利科技项目通过省水利厅验收，“藻类叶绿素a荧光检测技术的指纹图校正方法及仪器应用研究”等6个科研成果通过省水利厅组织的成果鉴定。

【科研成果及奖励】 “广东省第一次水利普查技术创新与应用”“广东主要作物灌溉高效用水及适宜土壤水分调控技术研究与应用”获得2015年度广东省科学技术奖二等奖，“河道数字化关键技术研究及应用”“人工砂特性及人工砂高性能混凝土研究与应用”等2个项目获得2015年度广东省科学技术奖三等奖。2015年，经广东省水利学会水利科学技术奖评审委员会评审、奖励委员会公示和审定，“人工砂特性及人工砂高性能混凝土研究与应用”等2项成果获得2014年度广东省水利学会水利科学技术奖一等奖，“水泥水化放热过程优化技术及其在混凝土温控防裂中的应用”等2项成果获得二等奖，“水电站200米垂直隧洞压力钢管安装施工技术”等4项成果获得三等奖。

“广东省第一次水利普查技术创新与应用”项目针对广东省第一次水利普查工作中的技术难点，开展了调查技术方法体系、成果质量保障、数据扩展集成、科学高效管理、数据更新与应用模式等方面的研究工作，为广东省第一次水利普查提供了技术支撑。该项目首次建立了以“基础数据—汇总数据—水量平衡”为主线的“点、线、面”审核系统，自主研发了以“第一次全国水利普查数据汇总审核及水量汇总平衡预审核系统”为核心的数据质量控制系统。首次提出了基于多源异构数据集成与同化技术的省级海量水利普查数据高效存储、科学管理以及扩展集成模式。实现了海量水利普查数据、专题信息与基础地理信息一体化业务应用集成。提出了基于普查数据综合集成应用的水利公共服务模式，实现海量普查数据存储、管理、发布及共享应用，形成广东省首套权威、完整、系统的水利普查技术成果。项目成果获得1项国家发明专利、2项软件著作权，在广东省水利建设、管理与服务中推广应用，其中“第一次全国水利普查数据汇总审核及水量汇总平衡预审核系统”在全国第一次水利普查中得到广泛应用，取得显著社会、经济效益。

【科技创新平台建设】 4月30日，“广东省山洪灾害突发事件应急技术研究中心”通过了广东省科技厅的验收。广东省山洪灾害突发事件应急技术研究中心于2011年6月经广东省科技厅和广东省人民政府应急管理办公室批准组建，依托单位为广东省水利水电科学研究院。

【水利技术标准化】 2015年，地方标准制修订计划项目“中小河流治理工程设计导则”“渡槽安全鉴定”和“机制砂混凝土应用技术规程”通过评审获批立项。

2015年，广东省水利水电科学研究院主编完成的地方标准《河道管理范围内建设项目技术规程》（DB44/T1661–2015）和参编的水利行业标准《堤防工程安全评价导则》（SL679–2015）、《农田排水试验规范》（SL109–2015）获批发布实施。广东省水利电力勘测设计研究院参编的水利行业标准《水利水电工程制图标准水土保持图》（SL73.6—2015）获批发布实施。

【科技交流与合作】 2015年，省水利厅选派了7名公务员参加省委组织部、省人社厅组织的赴美国、加拿大、德国、芬兰、澳大利亚、韩国等国家公务员培训，内容涵盖了公共管理、依法行政、领导能力以及生态环境保护等专题。

8月24—31日，广东水利电力职业技术学院组成5人代表团赴澳大利亚霍姆斯格兰政府理工学院和新西兰奥克兰国际学院，开展了为期8天的业务交流，就开设施工工程管理和建筑设计技术两门共享课程的教育合作项目进行洽谈，考察学习新西兰高等职业教育人才培养模式和澳大利亚高等教育体系与教学。

8月25日—9月2日，省水利水电科学研究院2名专业技术人员赴日本参加第6届中日岩土工程学术会议，进一步加强了广东省水利行业和日本岩土工程界专家学者的交流与合作，特别是在环境岩土工程、地基处理、防灾减灾、桩基工程、隧道工程、土的特性及其模拟、地震工程及数值模拟等方面的交流。

9月12日—12月22日，应美国蒙特克莱尔州立大学地球与环境科学研究所邀请，省水利水电科学研究院1名专业技术人员赴美国交流学习，开展了为期3个月的项目研究及学习交流。10月28日—11月3日，省水利厅组织了5名专业技术人员出访丹麦和芬兰，考察了两国水生态保护修复技术和人才培训情况，与丹麦南大区区域发展部签署了合作意向书，加深了对欧洲国家流域水资源管理及水生态保护等方面的了解和认识。

12月12日，由广东省岩土力学与工程学会基坑与边坡工程专业委员会主办，广东省水利水电科学研究院和广东省岩土工程技术研究中心承办的“广东省岩土力学与工程学会基坑与边坡工程专业委员会换届暨高端论坛学术会议”在广州举行。

（广东省水利厅　桂江峰）

石油化工科技

【广州石化】 2015年，中国石油化工股份有限公司广州分公司（以下简称“广州分公司”）开展中国石油化工股份有限公司科技开发项目16项，6项通过股份公司技术鉴定或验收，广州分公司自筹项目37项，累计投入科技开发费用性费用1 587万元，资本性费用169万元。开发生产聚乙烯色母专用料DNDA2075，聚丙烯S980升级产品S980T，在冷凝态实现用国产催化剂生产聚乙烯LM2320。2015年度广州分公司共申请国家专利4件（其中发明专利1件、实用新型专利3件），9件获国家专利授权（发明专利2件、实用新型7件），完成中国石油化工股份有限公司总部（以下简称“总部”）下达的年度专利工作任务。

科技开发研究及成果　2015年，广州分公司承担总部科技开发项目共16项。其中，完成“炼油企业生产含油污泥处理推广与应用”等3个项目，“聚丙烯装置国产膜回收应用试验”等5个项目通过石化股份公司技术鉴定或验收。

2015年，广州分公司接转科技开发项目14项，新立项科技开发项目计划3批共23项，项目合计计划经费1 071万元。科技开发围绕公司生产经营工作，在稳定生产、节能减排、安全环保、清洁生产、产品质量升级、新产品开发和新技术、新工艺应用等方面开展。全年完成结题26项。

“安全可靠、清洁环保型炼油与石化企业构建”项目采用系统工程原理进行技术、工程、安全、环保、经济、生产运行、企业管理等系列研究，该方案倡导安全环保管理要从经验管理向科学管理的根本转变，安全环保一票否决制要贯彻到企业规划、设计、建设、运行的全过程；形成可量化的炼油石化企业安全环保综合检查表；建立安全可靠、清洁环保型炼油与石化企业的指标体系，具有创新性。广州分公司联合中石化洛阳工程有限公司完成《安全环保治理及清洁化生产升级改造方案》编制，拟改建6套工艺装置，新增安全环保及自动化优化升级改造等14个项目，改造后装置总体水平均达到国内领先水平。6月，该项目通过总部科技部组织的科技开发项目鉴定。

“聚丙烯等规度在线分析仪的研制”项目系总部科技开发项目。项目成功开发一套具有自主知识产权的聚丙烯在线分析系统，包括采样预处理、光谱采集、数据通信和在线分析软件四部分，系统可对M302出口的聚丙烯粉料产品进行多性质分析，给出乙烯基、等规度、熔融指数等重要质量指标的实时测量值，其测量的准确性和重复性达到标准方法的要求。5月，该项目通过总部科技部组织的技术鉴定。

“聚乙烯装置排放气回收利用技术研究”针对聚乙烯装置排放气回收技术难题，成功开发出“传统压缩冷凝优化+有机蒸汽膜法回收+变压吸附回收+增压完全利用”组合工艺技术，具有能耗低、回收完全的特点。该成套工艺技术在业内属首创，申请并获授权中国发明专利。“聚乙烯装置排放气回收利用技术研究”成果的实施，社会效益和经济效益显著，实现真正意义上的绿色低碳和“零排放”。5月，该项目通过总部科技部组织的技术鉴定。

“聚丙烯装置国产膜回收应用”项目采用自主研发的高分子复合膜，在丙烯膜法回收试验装置进行运行试验。“聚丙烯装置国产膜回收应用”侧线试验表明：项目组开发的高分子复合膜对碳三烃类具有较好的回收性能及现场稳定性，且性能与进口膜相当，可以应用到丙烯回收的化工装置中。5月，该项目通过总部科技部组织的技术鉴定。

新产品开发　2015年，广州分公司开发生产聚乙烯色母专用料DNDA2075，冷凝态实现用国产催化剂生产聚乙烯PE-LM2320，开发出S980升级产品S980T，开发生产CS820和薄壁注塑料。试用无塑化剂催化剂生产纤维料CS820、S960产品，适合在超细纤维和高强纤维上应用；开发生产高光泽高抗冲聚苯乙烯HG388，产品符合珠海格力和美的集团的原料技术要求。全年塑料新产品产量为39 896吨，完成总部下达计划的133%，实现效益2 253万元。

专利产出　2015年，广州分公司共申报国家专利4件，其中发明专利1件、实用新型专利3件；“聚丙烯生产装置尾气的回收利用方法及回收利用系统”等9件专利获国家专利局授权，其中发明专利2件，专利授权量为历年新高，完成总部下达的年度专利工作任务。截至2015年年底，广州分公司拥有有效授权专利33件，其中12件发明专利，21件实用新型专利。专利均在公司实施应用，取得明显经济效益。

2月，“一种应用于S-Zorb装置的耐磨管件”获国家知识产权局授予实用新型专利权。该种管和管件韧性和耐磨性较高，防腐效果好，在S- Zorb装置投入工业应用一年，未发现任何减薄现象，内壁未发现冲刷腐蚀痕迹。而常规管线则出现了2次穿孔泄漏事故，说明其管线耐磨损的性能明显优于常规管线。该专利技术的应用，在降低全系统的维修成本和增加汽油产量方面，具有显著的经济效益。

生产技术服务　2015年，广州分公司完成12个原油的全评价和21个次原油的简评工作；完成塑料成品、半成品、助剂的评价试验110项次；进行一系列科技试验，为生产提供探讨报告和处理方案、建议。全年完成6 934项次水质分析，细菌、粘泥量检测分析1 600项次，腐蚀结垢监测数据共670个，完成125 批次水处理药剂质量抽查检验分析工作。参与生产改造、环保药剂试用、环保处理等多场技术交流。

（中国石油化工股份有限公司广州分公司
王新忠　邓志伸）

【茂名石化】　中国石油化工股份有限公司茂名分公司（以下简称“茂名石化”）通过强化炼油生产全过程严格管理，优化生产方案，落实一系列优化措施，使炼油汽油煤油产量提升到一个新台阶。2015年，汽煤油产量全年完成1 145.9万t，比上年多产5.42万t。其中汽油全年完成421.61万t，比上年多产27.1万t；煤油全年完成268.62万t，比上年多产51.3 万t，创历史新高。2015年茂名石化新建300万吨/年柴油加氢装置，至此，茂名石化具备了国Ⅴ标准车用汽、柴油生产能力，成为华南地区最大清洁油品生产基地。2015年，茂名石化共设33个中层机构单位，职工总数9 403人，其中正高级职称24人，副高级职称 541人，中级职称1 410人。2015年，茂名石化获集团公司安全生产先进单位和环境保护先进单位称号。

企业科学管理　2015年，茂名石化按照“管理制度化、制度流程化、流程表单化、表单信息化”的工作思路，以建成集中统一、科学合理、精简高效的标准化流程体系为目标，全面启动业务流程体系建设。下发了《茂名石化业务流程体系建设实施方案》，建立工作网络，引入外部智囊，与华为专家就公司业务流程体系建设进行沟通对接，配合华为技术有限公司专家对公司的管理业务、管理瓶颈、管理愿景等问题开展流程体系建设的前期调研，借助外界力量，推动公司业务流程体系建设工作开展。

2015年，茂名石化大力组织开展QC小组活动，获部级优秀成果一等奖1名、二等奖1名、三等奖1名。其中，化工分部QC成果《提高排放气回收系统冷凝液回收量》获中质协石化分会QC成果一等奖，研究院QC成果《提高馏出口乙二醇产品优级品率》获中质协石化分会QC成果二等奖，质量检验中心QC成果《提高化验人员轮岗率》获中质协石化分会QC成果三等奖，炼油分部联合六车间2号加氢裂化一班被评为中国质协石化分会质量信得过班组。

装置设备更新改造　茂名石化200万t/a柴油加氢精制装置于1月21日停工交出改造，2月3日改造项目全部完成，2月10日产出0级银腐航煤，一次开汽成功。装置改造为航煤加氢装置后，原料为直馏煤油，氢气主要是煤制氢、连续重整、3#制氢氢气。

7月13日，国内首套丁二烯尾气加氢装置在茂名石化建成投产。该装置设计产能4万t/a，是茂名石化调优装置结构重点项目之一。项目采用中国石化北京化工研究院自主开发的全加氢工艺技术，主要回收两套丁二烯装置的尾气、重碳四及MTBE装置醚后碳四的炔烃、双烯烃、单烯烃，加氢成为碳四烷烃，产品可替代石脑油作为裂解原料，不仅可提高碳四的附加值，拓宽乙烯原料来源，而且可以有效增加乙烯产量、降低乙烯生产成本。

10月12日，茂名石化巴斯夫有限公司18万t/a异壬醇装置在茂名高新技术产业开发区正式投产，同时投用的还有异壬醇合成气净化装置、异壬醇系统配套项目。该装置总投资18.59亿元，以茂名石化碳四、合成气和氢气为原料，是国内首次引进巴斯夫异壬醇专利技术建设的装置。

11月30日，茂名石化第2套150万t/a催化汽油吸附脱硫装置建成中交。该项目为总部重点工程，批复总投资2.39亿元，施工工期比第1套催化汽油吸附脱硫装置缩短一半。该项目采用S-Zorb专利技术，具有技术先进、低能耗、低碳环保等特点。投产后，茂名石化将具备全产国Ⅴ标准汽油能力。

2015年，茂名石化化工板块产品结构调整关键装置20万t/a环氧乙烷装置基础设计获得中石化总部批复。该项目批复总投资10.07亿元，采用中国石化自有环氧乙烷生产技术，装置设计规模为21.6万t/a当量环氧乙烷，投产后将大幅提高茂名石化化工的盈利水平和抗风险能力。中国石化与法国液化空气气体有限公司在茂名石化化工厂区合资建设的25 000m^3（标准）/时空分装置基础设计获得中石化总部批复。项目批复总投资3.07亿元，装置建成投产后可满足茂名石化新建20万t/a环氧乙烷装置对氧气原料的需求。

新产品研发及推广　按照茂名石化年初制定的确保10个、力争11个、奋斗12个新产品开发计划，2015年成功开发了光电板材用聚丙烯PPR-EM03-S、高透明电子产品包装膜M301、高强耐热级PPR管材T4401、丙丁共聚婴幼儿奶瓶料PPR-MT12-S、高流动性抗冲聚丙烯K7726H、中融指超高抗冲聚丙烯K9017H、高融指超高抗冲聚丙烯K9026、无气味食品级小中空EHM6007、低晶点高贴合保护膜DFDA1002、透明聚丙烯PPR-MT16-S、透明挤吹瓶用聚丙烯PPR-MT02-S、高流动纤维用聚丙烯S2040等12个新产品，新产品产量17.05万t。完成化工新产品开发年计划任务106.56%，其中，“光电板材用聚丙烯新产品PPR-EM03-S”是当年开发成功的第一个合成树脂新产品。“高强耐热无规共聚聚丙烯管材料T4401”是茂名石化3号聚丙烯装置投产以来首次成功生产高乙烯含量管材料。“高流动性抗冲共聚聚丙烯K7726H”是茂名石化首次在3号聚丙烯装置成功使用气相工艺氢调法聚合直接生产高熔指抗冲产品。无气味小中空高密度聚乙烯新产品EHM6007在高密度聚乙烯装置首次试产，其生产过程采用均聚聚合工艺，避免了加入己烯单体导致异味的产生，能在乳酸型饮料和纯净水的包装领域替代PET，绿色环保，填补了国内空白。

2015年，茂名石化化工新产品和专用料产量达80.61万t，超年度计划15.16%，有4个化工新产品销量超万t，多个高端合成树脂新产品进入跨国企业供应链，化工新产品产量占合成树脂比例达11.15%，同比增长0.51个百分点。生产化工新产品和专用料比生产通用料增加效益21 998.5万元。2015年，茂名石化加强免消费税和高附加值炼油新产品的开发，试产了Ⅰ号特种导热油料、U0℃变压器油等5个产品，增效1.30亿元。茂名石化从生产加工方案、石蜡基常三原料收储、白土精制装置优化操作试验和各油品罐安排等方面进行优化，成功生产出520吨合格变压器油，为公司增长品牌声誉和效益发挥了积极作用。

科技成果与奖励　2015年，茂名石化共有“FV-30石油蜡类加氢精制催化剂研制及工业应用”“罐车关键污染物分析方法研究”“卓越质检评价准则的制定和实施”“裂解汽油加氢装置节能新工艺”共4个项目通过中国石化的科技成果鉴定。“高己烯接枝高密度聚乙烯土工膜专用料的开发”“炼油厂液化气脱硫醇副产二硫化物废液的利用”“降低重质基础油酸值的应用研究”“高流动高透明无规聚丙烯生产关键技术的研究与产业化”4个项目通过茂名市的科技成果鉴定。

2015年，茂名石化有10个项目获得各级科技进步奖，为近年来获得科技奖励最多的一年。4个科技项目获2014年度中国石化科技奖，其中“高芳烃含量催化柴油加氢转化技术开发与工业应用”获科技进步一等奖；“环保充油型苯乙烯-丁二烯嵌段共聚物（SBS）产业化”等2个项目获2014年度广东省科技奖；“裂解汽油二段加氢精制催化剂研发及工业应用”项目获2015年度中国石油和化学工业联合会科技奖；“工业管道优化检验与安全评价”项目获中国特种设备检验协会科技奖。

产学研合作　茂名石化加强与科研院所的合作力度，在2015年股份公司科技开发合同的签订工作中，分别与石油化工科学研究院、北京化工研究院等合作开发具有高技术水平的科技项目，共与集团公司签订科技开发合同22项。

11月，根据广州金发科技股份有限公司提供的产品质量指标要求和助剂包，茂名石化化工2号聚丙烯装置成功生产定制高刚高耐热专用料PPH-MM18-S。该产品的成功开发，开辟了企业间合作共同开发新产品的途径。

标准制定与实施　2015年，茂名石化组织制修订53项原料产品质量指标。关于18万t/a异壬醇装置衍生品、副产品质量规格与巴斯夫有限公司进行谈判，双方确认了异壬醇抽余液-3A、异壬醇抽余液-3B、异壬醇碳八烃类、异壬醇异十二烯、异壬醇碳十六烯、异壬醇含氧油（重质）共2个返回衍生品、4个副产品质量规格指标，转发执行最新版国行标、总部一级企业标准10个。

（中国石油化工股份有限公司茂名分公司
韩泉梅　林坤玉　肖树萌　李　薇
谭达刚　邵世钦　梁　华）

国土资源科技

【科研计划项目】 城乡统一建设用地市场的结构运行机制与管控措施研究、基于自主高分遥感的耕地质量监测技术研究、国土资源动态巡查检测技术研究及应用、无人机影像快速拼接技术研究、国土资源政务信息跨网整合共享技术研究、时空信息云平台下可适应云GIS服务技术与传感器应用的研究、广东省地质灾害成灾规律研究、基于ArcMap的反走样绘图及精确线型绘制技术研发、土地业务数据整合更新与共享关键技术研究共9个科技项目通过专家评审结题验收。

国土资源动态巡查监测技术研究及应用 该项目综合利用物联网、云计算、全球导航卫星系统、北斗地基增强、移动智能感知、新一代通讯、地理信息服务和大数据等新技术，建设了一个全省统筹规划的国土资源信息化监管平台，通过对各种信息资源的整合，实现省、市、县、镇四级国土资源管理部门对巡查人员、国土资源违法事件以及突发事故的有效监督和管理，最终形成“全省统筹、科学管理、上下贯通、快速响应”的国土资源监管体系。目前，该技术已用于国土资源在线巡查系统，创新了国土资源监管模式，提供土地变更调查解决方案，利用系统及时报送事件、以防为主，实行“批前早介入、批中严把关、批后重监督”，有效保障政务公开和社会化服务。提高违规用地的发现率、查处率，增强全社会的依法用地意识，保证土地资源的可持续发展。

土地业务数据整合更新与共享关键技术研究 该项目研究实现了广东省土地利用总体规划矢量数据、切片数据的及时更新机制。通过综合使用土地利用总体规划、土地利用现状、用地报批、用地预审等基于广东省地理信息公共服务平台的政务版数据共享服务，强化土地规划、耕保、利用、地籍现有数据库使用程度，在用地预审及用地报批的规划审核环节，节省了光盘刻录、办件排队、填表的时间，提高了审核效率。

【科技成果及奖励】 广东省土地学会、广东省测绘学会、广东省遥感与地理信息学会、广东省不动产登记与估价专业人员协会、广东省地质灾害防治协会联合开展第四届国土资源（广东）科学技术奖评选活动，评选出2015年国土资源（广东）科学技术奖一等奖5项、二等奖9项，其中，广东省土地调查规划院等“广东省开发区土地利用模式及相关政策研究”、广州市城市规划勘测设计研究院等“车载多传感器城市街景移动测量系统”、广东省国土资源技术中心等“服务型地理信息公共平台关键技术研究与应用”、深圳市房地产评估发展中心“深圳市存量商品住房全样本房价指数研究”、广东省地质局第四地质大队“珠江三角洲经济区应急水源地地下水资源勘查”获得一等奖。

深圳市规划国土发展研究中心、深圳市数字城市工程研究中心、深圳市规划国土房产信息中心承担的“面向智慧城市的土地监察数字表达和预警关键技术及示范”，核工业二九〇研究所、中核韶关锦原铀业有限公司承担的“广东省仁化县棉花坑铀矿接替资源勘查”获2015年度国土资源科学技术奖二等奖。广东省国土资源技术中心等承担的“基于智能云架构的地理信息平台技术研究及在广东的应用”、广东省国土资源测绘院承担的“广东省2000国家大地坐标框架的建立及实时服务”、广州市城市规划勘测设计研究院承担的“车载多传感器城市街景移动测量系统”获2015年度广东省科学技术奖三等奖。

面向智慧城市的土地监察数字表达和预警关键技术及示范 该项目利用城市土地智慧监察信息感知、城市土地智慧监察分析模拟和城市土地智慧监察应用实践等技术，提出了城市土地利用智慧监察技术体系，构建了多源异构信息土地监察“一张图”，设计了违法用地信息挖掘与智慧评估预警模型，实现了土地智慧监察系统与政府执法行动衔接。部分研究成果已在深圳等城市进行示范应用，其中，违法用地监测、评估、预警等功能模块已在数字监察平台正式上线，已开展智能分析模拟违法用地空间格局变化，实现违法用地生命周期全过程监控，有效支撑土地监察工作。

广东省2000国家大地坐标框架的建立及实时服务　该项目建立了广东省统一的、高精度的2000国家大地坐标框架，精确确定了广东省全省区域的1980西安坐标系成果与2000国家大地坐标系成果转换关系，通过建立转换参数及三维改正数格网的方法实现了三维坐标信息的实时获取，研发了省级2000国家大地坐标系成果/1980西安坐标成果/国家85高程实时服务系统，并利用伪参数、参数分解等技术解决了网络RTK定位传输过程中及应用端的成果保密问题。目前，项目实现了全省统一的、高精度的2000国家大地坐标及其他应用坐标的实时获取，实时服务已广泛应用到广东省的各类测绘工程中，GDCORS实时定位服务注册用户已达2 500余个，项目解决了用户端设备实时获取平面/高程的通用性问题，节约了设备改造费用，使用该技术方案，可大幅降低推广、使用CORS系统和2000国家大地坐标系改造的经费成本。

【科技领军人才队伍建设】　2015年被国土资源部评为科技领军人才1人、杰出青年科技人才2人，入选国家测绘地理信息局青年学术和技术带头人1人。2015年，共有212名专业技术人员通过晋升上一级专业技术资格评审。其中：测绘类教授级高工7名；国土类高工18名、测绘类高工51名；国土类工程师11名、测绘类工程师59名；测绘类助理工程师66名。

（广东省国土资源厅科技教育处　林岱鹏）

地质科技

【科研计划项目】 2015年，广东省地质局获得国土资源部和广东省财政支持的科研项目共10项，经费投入1 290万元。

矿产地质 “广东河台地区金多金属矿整装勘查区专项填图与技术应用示范项目”通过对已知典型金矿床的剖析，初步建立了河台地区三位一体金矿成矿模式，预测了进一步的找矿靶区，根据矿体向北东侧伏的规律，在百旁矿区布置施工的钻孔均揭露到金矿体。“广东省北部矿集区找矿预测项目”建立了石人嶂钨矿、连平西华山锡矿和连平大尖山铅锌矿找矿预测模型，圈定找矿靶区4个。“广东省矿产资源调查成果综合集成与服务产品开发项目”，通过全面总结广东省矿产全貌及重要成矿规律，提升矿产地质研究的科学水平，可以为新时期找矿工作提供科学理论支撑。

环境地质 省地质实验测试中心2015年成功申请了国土资源部公益性行业科研专项“珠三角工业聚集区重金属污染农用地安全利用技术集成与示范”、省级环境保护专项“‘镉米’产地重金属污染土壤修复技术研究及应用示范”及省级科技计划“新型吸附材料的制备及流动水体重金属污染控制”3个部省级科研项目，主要针对珠三角地区及粤北地区土壤重金属污染、流动水体重金属污染开展科学研究。项目组研制的重金属污染土壤钝化材料结合植物修复技术的田间实验顺利开展。

深圳市地质局承担的“深圳市盐田区危险边坡远程监测及预警系统”运用信息技术，实现对危险边坡变形位移及辅助参数信息的自动化监测、数据采集和传输，实时处理和综合分析，并实现了第一时间监测、第一时间发现、第一时间预警。

【重点项目选介】

广东三稀资源现状和潜力分析 该项目是中国地质调查局计划项目“我国三稀金属资源战略调查”的工作项目之一，项目工作起止年限为2012—2015年。基本摸清了广东省稀有稀土稀散资源家底，广东省离子吸附型稀土矿资源丰富并富有世界少有的离子吸附型重稀土，稀有矿产资源以铌钽矿为主，找矿潜力大；发现蚀变灰岩风化壳型钨锡铷离子吸附型稀土共生矿床和花岗岩风化壳型铌钽离子吸附型稀土共生矿床两种新的矿床类型；新发现6处远景规模达大型以上的稀有稀土矿产地。研究了广东省离子吸附型重稀土矿的成矿规律，总结了稀有稀土稀散矿产资源的产出特征及矿床类型，划分了稀有稀土元素矿产资源重要成矿区带。

广东区域地质调查与片区总结 该项目为国土资源部下达的科研项目“中国地质构造区划综合研究与区域地质调查综合集成”的一个工作项目，项目工作起止年限为2013—2015年。该项目全面总结了20多年来广东省及香港、澳门特别行政区区域地质调查、矿产勘查和专题研究最新成果，编制了广东省及香港、澳门特别行政区区域地质志和地质系列图件，建立空间数据库，并针对省内重大基础地质问题开展专题研究，为城市规划、工程建设、资源利用、环境保护、防灾减灾等提供基础地质资料，为社会公众提供公益性区域地质信息服务。

新型吸附材料的制备及流动水体重金属污染控制 该项目是广东省科技厅下达的产业技术研究与开发专项项目。该项目通过一年的研究，针对重金属水污染问题，研发出吸附能力强、吸附选择性好的改性聚乙烯醇吸附剂。采用改性聚乙烯醇拦网处理可以解决絮凝沉淀二次污染，在实际应急过程，可以在高污染段进行密布拦截网，

在低污染段实施絮凝沉淀和放水冲稀处理，在最大限度范围减少污染的范围及危害性，为重金属污染应急处理提供技术支持。

【科技成果与奖励】 广东省地质调查院作为主要单位完成的“广州城市地质调查”和“广东粤北地区锡铅锌多金属矿评价”项目获得2015年度广东省科学技术奖三等奖。

“广州城市地质调查”是中国地质调查局与广州市政府合作开展的重大基础性、公益性、应用性项目，该项目成果在三维模型动态转换为带属性的二维地质图，封闭边界“挖填替换”的三维地质模型更新方法等方面达到国际领先。该项目成果已广泛应用于城市建设和管理中，是地质科技服务于地方建设的典范。

“广东粤北地区锡铅锌多金属矿评价”项目提交了新发现矿产地5处，新增了一批钨锡多金属资源量，为广东省经济发展提供了资源保障。项目成果被广泛应用，报告提交的部分矿产地及靶区，顺利拉动了后续项目的申请及社会资金的投入，并取得了重大找矿进展。

【科技人才队伍】 2015年，省地质局党委为了加强人才队伍建设、实施人才战略，从全局专业技术人才中，遴选出8位在省内地勘行业有影响的“南粤地质人才”领军人才、31位在全局系统内有影响的“南粤地质人才”学科带头人、215位在本地区本单位有影响的“南粤地质人才”技术骨干，形成了各专业各层次人才梯队，推动了全局人才队伍建设。以项目为平台联合培养人才，充分发挥各地勘单位的特色和专长，整合优势资源，让优秀专业技术人才在项目实施中锻炼提升，为“人才工程”入选者早出成果、出大成果创造条件。加大培训和继续教育学习的力度，根据不同专业，每年举办1期高级研修班或专题研讨班，邀请国内知名地质专家讲解国内外地质科学前沿和发展态势，提高入选者视野、战略思维能力和创新能力。

1月，由广东省地质局第五地质大队与仲恺农业工程学院共建的“广东省联合培养研究生示范基地”获广东省教育厅批准建立并挂牌，它是由双方共同构建的一个集人才培养、学科建设、科技服务于一体的研究生联合培养示范基地。

【科技交流】 11月13日，由广东省地质学会主办的航空电磁测量技术交流会在广州召开。来自省内地质勘查和科研机构的60多位代表参加了会议。会上，代表们交流了航空瞬变电磁VTEM系统应用、航空天然场电磁法ZTEM应用及无人机航磁航放测量系统等技术在地质勘查中的应用。与会的物探研究机构和企业还展示了多款研发的产品。通过此次交流会，物探新技术得到推广，对地质勘查新技术的发展起到积极的推动作用。

【科普宣传】

地球日活动 4月22日，广东地学界纪念第46个世界地球日科普宣传教育活动在广州市经济开发区及广州市有关学校举行。本次活动主题为：珍惜地球资源，转变发展方式——提高资源利用效益。广东地学界的专家、学生以及各界群众代表共数百人参加了纪念活动。活动采用到新型能源企业参观、听科普讲座相结合的方式。广东地质学会制作了地学科普知识的展板，编印了《广东科技报》地球日专版，先后在多所中小学轮流展出和分发，吸引了不少家长和学生一起观看。展板、专版内容丰富，以图文并茂的方式宣传地质工作，普及地学知识，引导学生们珍惜宝贵的地球资源。

图书出版 9月，由省地调院高工杨大欢、教授级高工肖光铭等人编著的《广东省重要矿产区域成矿规律》一书由广东人民出版社正式出版发行。该书介绍了广东省铁、锰、铜等18个矿种的矿床类型及基本特征；初步厘定了广东省矿床成矿系列，划分了成矿（区）带，总结了各成矿（区）带主要矿床类型成矿特征，建立了区域成矿模式；分析了区域地层、侵入岩等地质因素与成矿的关系，总结了广东省矿床的时空分布规律；概括了各矿集区地质矿产特征，并根据近年找矿工作的进展，对今后找矿工作提出了建议。该书可为从事矿产地质教学、科研和生产的地质人员提供参考和借鉴。

（广东省地质局　桓曼曼）

海洋科技

【海洋强省建设】 2015年，全省海洋生产总值达13 796亿元，比上年12 484亿元增长10.5%，比2010年的8 291亿元增长66.4%，占全国海洋生产总值的21.3%，占全省生产总值的18.9%，连续21年位居全国首位。海洋经济第一、二、三产业比例是 1.6：43.5：55。

2015年，广东省海洋经济主体区域全面发展。珠三角、粤东、粤西三大海洋经济主体区域全面发展，分工合理、优势集聚、辐射联动的区域发展格局基本形成。珠三角以海洋交通运输业、海洋油气业、海洋高端装备制造业、滨海旅游业和海洋服务业等为主导且集聚效应较强，粤港澳大湾区海洋经济合作不断深化；粤西以临海工业、海洋油气业、海洋渔业和滨海旅游业为主导，粤桂琼区域合作不断向海洋领域扩展，中国海洋经济博览会成为国际合作开放大平台；粤东以临海工业、海洋渔业和滨海旅游为主导，粤闽合作持续推动区域海洋经济发展。

2015年，广东全力做好自贸区、粤东西北加快发展、珠西装备制造业发展、交通大会战等重大战略的用海服务，做好沿海电力、跨海桥梁、港口码头等一批国家和省重点项目用海服务。在各市区域用海规划编制报批、围填海指标分配和项目用海审核审批等方面，全力保障加快发展的用海需求，切实做好港珠澳大桥、湛江钢铁等一大批国家、省重点项目用海服务工作。2015年，国家和省共批准用海项目28宗，用海面积2 760 hm^2，其中填海877 hm^2，项目直接投资约1 500亿元，为全省经济社会发展提供空间支撑。一批区域用海规划获国家批准，为先进装备制造业项目落户提供近1.5万hm^2的发展空间。

【海洋产业园区建设】 2015年，广东省级财政安排3 000万元，支持广州南沙新区、汕尾深汕特别合作区、珠海经济开发区等海洋产业园区建设。省海洋与渔业局加快广州南沙、深圳前海、珠海横琴三大国家级新区用海服务效率，有力推进惠州环大亚湾、湛江海东、茂名滨海等8大重点海洋经济新区建设；推进现代海洋产业集聚区建设，重点推动发展海洋能源、交通、港口和海工装备等产业。全省各类海洋新兴产业示范基地、产业园区有50多个。

海洋战略性新兴产业发展 全省海洋战略性新兴产业总产值超500亿元，逐步形成以广州、深圳为核心的海洋生物医药产业集群，以广州、珠海、中山为核心的珠江西岸海洋装备制造产业带，以湛江为核心的粤西海洋生物育种与海水健康养殖产业集群。省海洋与渔业局与国家开发银行广东省分行合作，确定合作领域和重点支持项目，推动开发性金融支持广东海洋经济发展。累计发放贷款29笔，贷款额达132亿元人民币，设立100亿元海洋产业投资基金，成立广东首家海洋新兴产业发展风险投资公司——广东海洋投资管理有限公司。

科技兴海基地建设 在国家海洋局的支持下，2015年投入2亿元建设珠海万山国家海洋能海上试验场，推进广州、湛江国家海洋高技术产业基地和南沙科技兴海产业示范基地建设。实施国家海洋经济创新发展示范区域示范，该专项获得国家财政7.5亿元资金支持，带动40亿元社会资金投入海洋科技创新，推动一批海洋工程装备的创新研发。广东海洋与水产高科技园完成主体建设，引进一批国家级海洋科研机构。

【科技合作与交流】 7月，省海洋与渔业局与中国空间技术研究院在北京签署战略合作框架协议，双方在广东智慧海洋建设规划、渔船北斗终端开发应用、渔政执法船视频监控、天空地一体化海洋遥感监测、水产品航天搭载与繁育、智能水处理应用等方面深化合作，建设广东省天空地一体化海洋遥感监测系统。制定局信息化提升规划和信息化整合提升项目实施方案，先后与省国土厅、省水利厅、省气象局等部门签订数据共享合作协议；完善海域监测监视动态系统、视频会议系统、自动化办公系统、海洋经济运行监测与评估等系统；编制数据标准体系，收集各业务系统数据，开发数据接口，初步形成数据中心框架。

11月26—30日，由广东省人民政府和国家海洋局联合于在湛江举办2015中国海洋经济博览会，以“创新驱动，合作共赢”为主题，设置国际馆、国家馆、产业馆、军史馆以及旅游文化区、商品展销区、国际美食区等四馆三区，共吸引了43个国家和地区的2 100多家企业参展，达成交易和合作意向300多亿元，参展企业、参观人数和签约项目、金额都超过往届。博览会期间，还举办“中国海洋创客节”，展示国内外创新创意成果，来自各地的百余名“创客”将同台“晒创意”，把活动变成“创意的海洋”。海博会引起社会的广泛关注，被誉为“中国海洋第一展”。

【海洋环境与资源保护】

海岸带海岛整治修复　省海洋与渔业局、旅游局联合于2015年完成全省海岛旅游资源普查任务，编撰出版《广东省海岛旅游资源》。9月18日印发《关于切实加强海岛保护有序发展海岛旅游的意见》，进一步规范海岛旅游开发，按照“一岛一规划，一岛一主题，一岛一特色”模式，将广东省主要海岛打造成为国家乃至世界的滨海旅游重要目的地。开展海岸带海岛整治修复，全年国家下达广东海域海岛生态修复项目资金2.73亿元，推动珠海三角岛开发试点和汕尾龟龄岛生态保护与修复项目，实施深圳小铲岛、内伶仃岛等多个海岛生态修复整治项目，逐步恢复海岛自然资源及生态景观。完成全省7个领海基点保护范围选划工作，在佳蓬列岛、围夹岛安装视频监控系统。建立无居民海岛使用金评估规范，编制无居民海岛使用金市场化评估技术标准。

海岸带保护利用　2015年，省政府印发加强海岸带保护利用工作方案，建立海岸带开发保护协调联动机制，开展海洋生态修复试点，汕头市南澳县青澳湾、东莞市威远岛、惠州市考洲洋等区域生态整治和修复工程取得明显成效。推进在珠海庙湾岛、惠州东山海、茂名放鸡岛等海域建设大型人工鱼礁区，安排1.5亿元在珠海万山等海域建设大型人工鱼礁示范项目。在珠海庙湾岛、汕尾龟龄岛等海域建设国家级海洋牧场，南澎列岛海洋生态国家级自然保护区被列为国际重要湿地。截至2015年年底，全省共建成108个海洋渔业保护区，包括88个自然保护区、16个国家级水产种质资源保护区、4个国家级海洋公园。

湿地、港湾渔业生态修复　2015年，省海洋与渔业局编制《珠江口及邻近海域生态修复工程规划》《广东渔业生态修复工程建设计划》，规划湿地、港湾等重要渔业水域的渔业生态修复工程。截至2015年年底，建成生态公益型人工鱼礁区46座，总面积达286km^2，规模和面积居全国首位；人工鱼礁区已投放报废渔船88艘、混凝土预制件礁体7.6万多个，渔业资源密度比投礁前平均提高8.7倍，最高提高26.6倍；形成海洋牧场示范区12个、面积约773 km^2。

【海洋科学综合管理】

2015年，广东完善海洋综合管理手段，分解下达省级海洋功能区划关于围填海面积、自然岸线保有率等7项指标，实施以指标控制用海。启动编制全省海洋主体功能区规划，科学划定优化开发区、重点开发区、限制开发区和禁止开发区。组织开展全省海域使用大检查，建立用海项目台账。省级涉海涉渔行政审批事项取消3项、委托下放4项，制订标准化办事指南46项。完善海洋渔业网上办事系统，实现全部审批事项网上办理。规范项目用海审查内容和程序，提高用海审核效率，围填海项目审批由过去的2～3年，压缩至现在的1年左右。加大海域使用动态监测监视，用好国家安排的1.7亿元海域使用动态监管县级节点建设资金，加快县级海域动态监管体系建设，提升海域使用管理信息化水平。湛江市海域使用动态监管中心被人社部、国家海洋局授予“全国海洋系统先进集体”称号。加强海洋技术支撑能力建设，经省编办同意，海洋渔业环境监测中心更名为省海洋与渔业环境监测预报中心，增加海洋预报职能和人员编制。启动建设珠江口入海污染物在线监测系统。实施海洋预警预报能力升级，完成沿海58个岸段警戒潮位核定，惠州大亚湾被列为全国首批国家海洋减灾综合示范区。

2015年，开展全省海域使用“回头看”大检查，对2007—2015年的围填海情况进行全面梳理，建立审批、监测、执法三方联动机制。完善海域使用审核制度，建立了海域使用论证专家评审机制。加强围填海管理，制订围填海海域使用权第三方评估实施办法，开展了海域使用权独立第三方评估。编制完成县级海域动态监管能力建设项目实施方案、珠江河口海域围填海红线划定工作方案。强化对用海方式的指导，引导用海企业科学进行围填海平面设计。规范海域综合管理，细化分解省海洋功能区划具体管控指标，切实保护自然岸线、海洋保护区和养殖用海。出台省级海域使用金管理办法，明确了省级海域使用金安排原则和使用范围。

【科研项目选介】

项目名称：南海北部典型河口海湾生态系统对环境变化的响应与反馈机制

主要完成单位：中国科学院南海海洋研究所、香港大学、广东省微生物研究所

该项目在20多年南海北部调查基础上，系统地开展了南海北部典型河口海湾生态系统对环境变化的响应与适应机制研究，提出了2个模式和2个机理，促进了交叉学科——计量海洋生态学的发展，建立了红树林生态系统评价与修复技术体系等。

针对人类活动增加导致近海生态系统退化，取得了系列创新成果：（1）依据大亚湾20多年监测数据，揭示了大亚湾海域主要是人类活动驱动的复合生态系统，区分了人类活动与自然过程对大亚湾海域生态环境的影响与贡献等，解决了国际上有关核电站温排水对生态系统影响与否的长期争论，催生了计量海洋生态学交叉新学科；（2）从生理、分子水平上揭示了红树林对重金属的抗性机理，阐明了红树林湿地微生物酶促还原铬（VI）脱毒反应机理与有机污染物生物降解途径等，建立了红树林生态系统评价与修复技术体系，为近海生态环境修复奠定了理论基础与技术支持；（3）建立了海洋氮循环功能基因图，阐明了珠江口及其邻近海域氮循环过程及其微生物调控机制等。

项目共发表SCI收录的论文202篇，论文被正面引用4 366次，SCI他引3 414次，得到了国内外学术界的广泛认同。发表的20篇主要论文被SCI论文他人正面引用786次，3篇入选ISI TOP1%论文，成果得到国内外同行高度评价；3人入选ESI全球环境生态领域TOP1%，1人入选ESI全球地球科学领域TOP1%，3人在11家国际期刊任副主编、编委等。项目获2015年度广州市科学技术一等奖。

项目名称：南海西北部环流及其与天气系统相互作用观测研究

主要完成单位：中国科学院南海海洋研究所

西沙海域是南海北部深水海盆的关键海域，我国海上交通最繁忙的海区之一。在西沙群岛永兴岛建立野外试验站，对于研究南海内部中尺度海洋动力学特征，南海海盆地质构造演变，南海西北部西边界流区域的动力、环境、生态等过程具有得天独厚的优势。该项目已在永兴岛上建设了超1 400m²的台站室内实验室，组建了多学科、全方位的海气监测网络；实现了岛上自动气象站、岛屿外缘波浪潮汐观测单元以及上层海洋环境观测单元数据的实施传输；对取得到的观测资料，第一时间进行了储存、分发和分析，利用观测的数据发表论文36 篇，其中SCI收录论文22 篇，总引用频次108 次，他引85 次；获得授权专利11 项，其中发明专利8 项，实用新型专利3 项；建立了南海西部和北部海洋环境实时显示系统和数值预报系统。

在技术指标方面，项目采用高光谱辐射监测技术，首次自主研发了海洋光学浮标，拥有自主知识产权的成果，使我国成为第5个拥有同类大型海洋光学时间序列观测平台的国家；研发了可用于水下光学玻璃窗口长期有效防污处理的防污染装置，该装置技术属国际先进；自主研发的海水光辐射测量仪器国内领先。已建成我国首个深海通量铁塔——西沙铁塔，为提升南海海洋物理环境预测水平和增强我国防洪抗旱、防御海洋气象灾害的能力提供科学依据。首次建立西沙与邻近海域海洋环境预报平台，2013 年对比其他预报系统，48 小时和72 小时预报准确度本系统排名

第1，24小时预报准确度本系统排名第3，预报水平达到了世界先进水平。

项目成果中“南海北部水文气象实时观测网络”建设完成后，为南海西北部水文气象科学研究提供了不可或缺的数据支持，还在军事、航运、海洋工程开发、海洋减灾防灾、海洋生态环境保护、海上维权执法等众多方面进行了推广应用，获得了良好的评价，取得了显著的经济和社会效益。其技术成果还直接应用在珠江口航道整治工程建设，促进了航运事业发展，有力地推进内陆经济和社会的快速发展。本项目成果推广应用前景广阔，在促进热带海洋原创性研究、服务海洋航运、提供海洋工程的基础数据、海上作业安全指导、防灾减灾、政府管理以及海军部队作训等方面均能提供重要帮助。项目获2015年海洋科技奖二等奖。

项目名称：南海深海渔业资源开发关键技术及应用

主要完成单位：广东海洋大学

在南海近海渔业资源严重衰退、大陆架渔场已充分开发、中越北部湾划界后传统渔场骤减及南海海洋权益维护形势日益严峻等背景下，广东海洋大学卢伙胜教授带领团队，经过20多年的潜心研究，突破了渔船生产信息采集与分析、深海渔业资源大面积同步评估、鸢乌贼和大型金枪鱼等大洋性渔业资源高效开发等技术瓶颈。该项目已推广带动广东、广西和海南三省区的8市县开发南海深海渔业资源，实现南沙群岛深海渔场常态化生产，自2008年以来累计新增产量97.4万吨、产值59.6亿元、利润11.9亿元。2013—2015年，项目完成单位累计新增产值3.2亿元、利润0.6亿元、创税257.4万元，南海三省区渔船新增产值30.2亿元、利润6.0亿元。

项目名称：浓缩卵囊藻与虾池养殖环境的控制技术

主要完成单位：广东海洋大学

针对控制好池塘中的藻相就能改善水质这一问题，科研人员对卵囊藻的定向培养技术、抗弧菌的机制、对氮的转化特性、重金属的吸附、改善水质的能力等生物学特性进行了系统的研究，突破了卵囊藻规模化培养、活体浓缩和常温保存等关键技术。浓缩卵囊藻每毫升含藻细胞达1 200万个以上，在常温下贮藏100天以上，成活率达100%，是全球唯一的浓缩微藻产品。通过现代生物技术进行克隆培养，实现了浓缩藻的产业化和市场化。

卵囊藻对虾养殖新模式在广东、广西、海南、福建、浙江、上海、江苏、河北、山东、辽宁、河南、宁夏、新疆和越南等地区进行推广和应用，取得显著的经济、生态和社会效益。卵囊藻解决了对虾养殖的环境问题，为对虾养殖业作出了1/3的贡献，是对虾养殖业的突破性成果。

项目名称：海洋生物资源高值化利用技术的推广应用

主要完成单位：广东海洋大学

针对海洋生物资源的利用率低、技术落后、环境污染等行业难题，传统工艺制备壳聚糖存在环境污染严重及壳聚糖高值化利用效益低等难题，利用海洋生物及其产品的加工下脚料，通过活性物质制备、活性结构改性等现代生物技术手段，从虾蟹壳提取不同分子质量壳聚糖、从海带提取海藻酸盐和从海藻提取高品质琼胶等海洋多糖、从罗非鱼皮提取海洋活性多肽，开发海洋多糖/活性肽创伤修复材料、壳聚糖妇科抗菌辅料和祛斑美容等新产品，取得良好经济效益，实现海洋生物资源的高值化利用。该成果获得广东省2014年度科学技术奖三等奖。

项目名称：海洋生态环境修复技术示范与应用

主要完成单位：广东海洋大学

针对南海近岸海洋环境日趋恶化的趋势，科研人员开展珊瑚礁空间复构和生态修复、红树林生态经营与管理、大型藻类生态系统恢复等技术研究，攻克了人工珊瑚礁构筑、珊瑚多样性繁殖以及多营养级复合底播、红树林和大型藻类生态系统功能完善等技术，构建了海洋生态环境综合修复技术应用示范体系和新型海洋牧场可持续发展生态圈，相关技术在南海沿岸及岛礁区域得到广泛应用，取得了良好的社会经济效益。该成果荣获湛江市2014年度科技进步奖二等奖。

（广东省海洋与渔业厅　陈海丽）

（中国科学院南海海洋研究所　王友绍　王东晓）

（广东海洋大学　吴　勇）

广播电视

【电视节目无线覆盖工程】 2015年，广东省认真组织广东省农村广播电视无线覆盖（省节目）工程的工艺设备验收和配套工程的实施，确保工程安全顺利推进。省广播电视技术中心完成了广州越秀山、粤东鸿图嶂、新会圭峰山、信宜大田顶、紫金笔架山和清远八片山等发射台站数字电视播出系统的建设，在数字电视覆盖网建设方面取得了实质性的进展。截至2015年底，全省完成了30个土建/铁塔基础/铁塔项目的验收和付款工作。

确定中央广播电视节目无线数字化覆盖工程补点方案，最终确定广东省2015年84座电视发射台、17座广播发射台的无线数字化覆盖工程建设任务。制定了工程勘察设计的技术需求并招标，截至2015年年底，已完成大部分台站的勘察设计任务。

【户户通工程】 2015年，完成了2个供应商、4个地级市共10.6万户“户户通”设备项目的工程验收，完成全省3个市、6个县共3.5万套广播电视“户户通”设备的解锁，现场通过技术手段解决部分地区基站信号微弱或者移动通信网升级造成户户通设备无法正常收听收看广播电视节目的问题。

【大功率数模同播调频广播覆盖网】 2015年，省广播电视技术中心应用我国自有知识产权的数字音频广播（CDR）技术，完成了广州越秀山、粤东鸿图嶂、信宜大田顶和新会圭峰山等发射台模数同播调频广播发射系统的建设，拉开了大功率数模同播调频广播覆盖网建设的序幕。

【数字电视广播覆盖网】 2015年，省广播电视技术中心完成了广东省基于AVS+和DRA等技术标准的地面数字电视广播覆盖网建设的技术方案和频率规划方案编制，2015年底通过广东省新闻出版广电局上报国家新闻出版广电总局审批；完成了河源地区基于AVS+和DRA等技术标准的数字电视试验单频网建设的设备招标采购等准备工作，为推进建设广东省基于AVS+和DRA等技术标准地面数字电视广播覆盖网迈开了新的步伐。

【广东卫视高清频道本地上星传输系统】 5月7日，广东卫视高清频道本地上星传输系统通过了国家新闻出版广电总局组织的验收。验收组认定，该项目资料完整，系统配置合理、工艺质量合格、备品备件和测试仪器齐全，已具备高清卫视节目安全播出能力，通过验收。

广东卫视高清频道本地上星系统是广东省第一套高清卫视节目上行系统，将于2016年起承担广东卫视高清频道在本地上星传播任务。

该系统由信号加扰子系统、信号源传输子系统、上行子系统、网管子系统、信号监录报警子系统、供配电子系统等组成。码流、滚降系数等参数经国内有关专家调整优化后，使该系统的播出信号降低了转换器的占用带宽，节省了租星费用。系统通过了总局规划院和卫星公司的技术测试验收，并分别配合总局和亚洲卫星公司、中国卫星通信公司，对亚洲4号、亚洲6号和中星6A卫星4A转发器发送信号测试试运行，得到了总局和卫星公司的一致好评，证明该系统是一个优质的高清上行链路系统。

广东卫视高清频道上星传输系统顺利通过广电总局技术验收，意味着技术中心拿到了高清节目上星播出的许可证。该上星系统是广东省内第一套高清卫视节目上行系统，验收的顺利通过对广东广播电视事业具有深远的意义和重要影响。

广东卫视高清频道节目从2008年起，由总局安排在北京上星传输，通过卫星转发覆盖国内及亚太大部分地区。然而，采取上述异地上星模式，高清频道节目信号需要经过广州至北京的长距离光纤传输，存在较大安全隐患；另外，信号传输和异地上星的费用支出比较高，不利于该频道的长期健康发展。为提高安全性和节约经费开支，经原广东电视台与技术中心共同协商并经总局同意，将广东卫视高清频道节目迁回技术中心属下的卫星地球站上星传输。为此，技术中心需在属下的卫星地球站构建一个高标准独立完整安全的高清频道节目上星传输系统。

2013年6月，有关上星传输系统技术方案获得了总局批准，高清频道上星传输系统建设工作正式启动。该项目的施工任务主要包括配电系统、天馈线系统、传输系统的安装、调试，以及编码调制、高功放等全系统集成。其中，新增的12 m大口径天线的基础土建施工于2014年9月通过了竣工验收。天线主体设备及上下行设备的安装工作，也在2014年11月顺利通过了总局规划院的测试验收。2014年12月，卫星地球站配合总局和卫星公司，成功利用亚洲六号卫星对该新搭建的高清上行系统进行为期一周的测试，测试结果表明系统运行一切正常，无出现任何事故，可以担负高清节目传输任务。

（广东省新闻出版广电局）

（广东省广播电视技术中心　岑　斌）

移动通信

【中国电子科技集团公司第七研究所】

基于LTE技术的宽带多媒体数字集群系统　宽带多媒体数字集群系统提供了从芯片、终端、网络到应用的端到端的解决方案，在一张网络内、使用一部终端即可同时提供专业级的语音集群、宽带数据传输、高清视频上传及分发调度等丰富的多媒体通信手段，同时在网络的安全性、可靠性、可扩展性及定制等方面具有强大的技术优势。基于TDD LTE技术的宽带多媒体集群通信系统由终端、基站、集群核心网、调度台和网管组成（见图7-22-1）。2015年，该系统已经完成宽带集群固定基站、集群核心网等的样机研发。

某型LTE宽带移动通信系统　作为军用LTE首批承研单位之一，中国电子科技集团公司第七研究所在商用LTE技术的基础上，进行军事适应性增强与改造，成功研发了某型LTE宽带移动通信系统。根据军方客户需求，在该项目中，研究了复杂电磁环境下的抗干扰增强技术。该技术充分发挥OFDM多载波特性，分别从基于RB级别的噪声平滑估计及实时判决的干扰识别，终端接入多路同步信号增强抗干扰，以及基于实时调度的下行控制信道与业务信道的干扰规避增强和上行信道的干扰规避增强四个方面进行改进，以提高算法对干扰强度、干信比以及干扰变化较快等各种场景下的解决能力。

天通一号卫星系统　天通一号卫星是高轨道的地球同步卫星，设计寿命12年，支持军民共用，建成系统容量100万台，覆盖国土及印度洋北部、太平洋西部的卫星移动通信系统。天通一号卫星民用移动通信终端的功能为提供海洋和偏远地区提供大范围、远距离漫游和机动灵活的话音、短报文、传真和数据通信。为用户提供广播、定位、导航、应急通信和定制服务。

民用终端只支持一种模式——常规模式，性能如下：1.可拨打全球任意地面固定和移动电话，业务速率：1.2kbpa、2.4kbps和4kbps；2.短信，可与地面移动终端互联互通；3.传真，支持G3类传真，传真速率2.4kbps、4.8kbps；4.数据传输，带内数据传输，速率9.6Kbps，高速数据传输，最大384Kbps；5.定位功能，所有终端产品均内置北斗接收模块，支持基于北斗/GPS的位置管

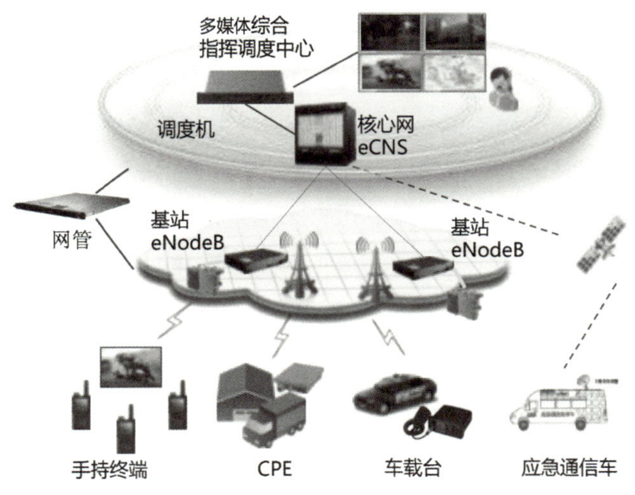

图7-22-1　集群系统典型网络架构

理与控制；6.互联网接入64Kbps～384Kbps；7.视频回传，回传速率64Kbps～384Kbps。

天通一号卫星通信终端主要应用在交通、渔业、水文、气象、林业、通信、电力、救援等诸多领域，提供应急通信，搜救，视频会议、环境监测和定制服务。

【中国移动通信集团广东有限公司】 2015年，广东移动公司进一步明确科技创新工作整体发展方向和主要目标，确立了重点技术领域和主要任务，修订《广东移动科技创新积分管理办法》，实现积分体系与集团评估工作的有效对接和与省内实际工作的有效支撑。全年开展中国移动通信集团公司（以下简称“集团”）重大、重点研发计划项目26个，省内研发项目50个，38项专利获得国家授权，其中“导引包数据协议激活的方法及通用分组无线业务系统”荣获第十七届中国专利优秀奖，成为中国移动省级运营商的第一个中国专利奖。在成果管理方面，开展科技成果推广后评估二阶段研究，完善优化成果推广后评估体系，发布集团级科技成果48项，向外推广43项成果，引入集团级优秀成果33项。2015年，广东移动公司独立及牵头申报的5个项目和3个联合申报的项目分获中国移动科技进步奖、业务服务创新奖和科技成果应用奖等单项奖，公司荣获2015年度中国移动集团科技进步与业务服务创新先进集体二等奖。公司有1项成果获得2015年度广东省科学技术奖三等奖；2项成果获得2015年度中国通信学会科学技术奖，其中二等奖1项、三等奖1项。

项目名称：基于移动互联网模式的4G客户性能感知预判技术研究及应用

项目简介：项目推广成本低，截至2015年年底，该项目成果已经在广东全省 21 个地市公司进行推广使用，部分功能模块已经全国推广使用，累计节约投资 8 800 万元。项目实现了集团公司“推动基于客户感知的端到端业务实现的横向一体化”的战略目标，切实提升了客户的满意度。

该成果主要有以下创新点：1.建立自上而下的全量分析平衡型客户感知，端到端评估体系，真实反映用户对网络的感知度；2.建立多样化完备的客户感知问题自动化溯源定界分析算法，提出多维基线滚动算法，基于大数据能力，回溯正常用户和异常用户的信令记录，滚动还原历史基线指标，在各聚类维度上对比监测，自动实现历史基线偏离情况预警，有效预判感知劣化；3.自主研发基于手机通信大师终端侧客户感知异常采集技术，有效补充“最后一公里”感知问题的定位；4.应用流计算技术提升客户感知端到端评估体系的效率，实现大规模实时监测、评估、溯源。

项目名称：TD-LTE现网电磁兼容EMC测试装置的研发及应用

项目简介：截至2015年年底，该成果已经在中国移动内部全面推广，广东省内累计节约投资 6 613万元。测试装置应用之后，广东移动TD-LTE小区干扰比例从73%下降到3.5%。成果除了在广东移动21个地市推广外，还在浙江、江苏等13个省继续推广了519套。

该成果主要有以下创新点：1.腔体射频器件的研发：自主创新研发了1套TDL现网电磁兼容测试硬件装置，使23种干扰源在现网可检测，包括发射机的杂散、互调等指标，突破了实验才能测试的限制，整套硬件包括5种；2.TDD时域频谱仪的研发：由广东移动提出创新思路，由德国R&S承接研发，TDD时域频谱分析仪具有内置精准时钟、高灵敏、无需关站测试3项新技术；3.编制新方法：编制《TD-LTE系统间干扰排查与规避指导手册》，在中国移动各省推广。

项目名称：基于分布式云计算环境下的多租户管理技术方案研究

项目简介：项目成果于2015年2月应用于广东公司大数据平台一期Hadoop集群的建设，截至 2015年年底达到258个节点以上，预计2016年底达到1 000个节点左右。大数据平台包含清账单查询、经分数据分析、网络信令查询和分析、地市集市分析、电子渠道日志分析、客服呼叫记录分析和BOMC性能分析等功能，有效地支撑了广东移动公司IT支撑业务需求。比起传统的大数据平台技术，采用新技术能有效减少3.8PB的存储，节省投资1 870万元。

该成果主要有以下创新点：1.研发和优化系

统资源控制算法，包括了基于用户ID的HBase内智能查询资源控制算法，带 SLA 保障的Yarn架构内分析作业调度方法以及查询与分析间的统一资源调度算法；2.研究基于多租户特性的Hadoop平台存储方案，解决数据冗余的问题，使存储需求减少25%。使用基于话单的压缩技术，可让离线历史话单再减少40%左右；3.实现了基于节点健康度与可靠性的Hadoop架构改进，可让管理员更方便地优化集群节点的负载，比起传统集群，新Hadoop集群存储负荷差别浮动大大减少，减少了负载均衡带来系统CPU和IO极大消耗。

（中国电子科技集团公司第七研究所　刘　茜）

（中国移动通信集团广东有限公司　陈朝晖）

科技社团及科技宣传交流

科协与科技社团

【广东省科学技术协会】 2015年，省科协下属事业单位4个：广东省青少年科技中心、广东科学馆、广东省科普中心、广东省科技工作者服务中心。下属国有企业1家：广东科技报社有限责任公司。省科协所属的省级学会、协会、研究会158个。省科协全年共建立“院士专家企业工作站”133家，比2014年增加15家；建立“学会科技服务站”225个，比2014年增加54个；新建立了4个海外“海智工作站”，新建立了1个中国科协海智基地和1个中国科协海智示范基地。新增引进海外创新团队1个、高科技项目4个，海外高层次人才4人次。2015年，广东省获“全国科普示范社区”表彰名额连续4年名列全国第1；全省共表彰20名第十三届广东省丁颖科技奖获奖者。2015年，省科协开展了第二届省级学会优秀决策调研成果评选活动；开展广东省科技思想库研究课题评审工作，评审确定了10个立项资助项目和5个立项项目。2015年，全省科协系统共有66个先进集体和21名个人分别获得国家和省级的表彰奖励，发放奖补资金1 360万元。

科技学术交流活动 2015年，省科协举办第13届广东省科协学术活动周、“广东科协论坛”5期和“广东院士讲坛”5场。支持英国机械工程师学会香港分部在华南理工大学广州学院举办“第4届大中华设计比赛”。组织有关地市科协与台湾玉山科技协会、台湾科技产业协会等科技团体开展官产学研方面的交流。承办中国科协第一届中欧（深圳、中山）生命科学论坛，促成海外专家带来项目找到对接单位。与香港京港学术交流中心联合举办第11届泛珠三角区域科协与科技团体联席会议暨科技园区创新驱动发展论坛。与比利时、意大利、俄罗斯、瑞士、芬兰等国家的有关科技团体和机构签订了战略合作框架协议。据统计，2015年，省科协及所属学会共组织了960场次学术活动，其中国内860场次、国际（境外）100场次，有20万科技人员参加，出版印刷3万多篇论文。

第十七届中国科协年会 由中国科协和广东省政府联合主办、广东省科协承办的第17届中国科协年会，于2015年5月23—25日在广州举行。本届年会以“创新驱动先行”为主题，组织实施了开幕式暨大会特邀报告会、学术交流、科普活动、咨询服务和广东省党政领导与院士专家座谈会、专项活动等五大板块的会议和活动1 000多项。李源潮、胡春华、韩启德、万钢、王志珍、朱小丹、黄龙云、王荣、林雄、徐少华、林木声、任学锋、陈云贤等领导，6位诺贝尔奖等世界科学大奖获奖者，115位两院院士，62位副部级以上领导，284位港澳台代表，16个国家36个国外科技组织的74位外国专家代表和国内3 900多名科技工作者参加了年会。

年会共设有16个分会场，分别由全国和省级学会联合举办，围绕学科发展中的前沿交叉问题和广东经济社会发展需要，结合生物技术、机器人及高端装备制造、物联网、新材料以及海上丝绸之路、新能源汽车、清洁新能源、北斗卫星应用和广东省经济社会发展重点领域的科学问题进行交流和研讨。有474篇论文编入年会论文集，编印了《广东省人才项目技术需求汇编》和《广东省人才政策选编》；围绕创新驱动发展和广东产业发展需求，组织院士专家开展23个专题调研，形成了23个专题调研报告；组织开展系列科普活动1 239项。创办第一届创新科技成果交流会，有26项、合同金额共达45亿元的成果签约落地，100多个项目达成合作意向。

千会万企金桥工程 2015年，省科协认真贯彻《中国科协关于实施创新驱动助力工程的意见》，大力实施“千会万企金桥工程”。举办农业科技合作交流活动、院士专家企业工作站创新科技成果展、科技创新成果发表活动、院士专家企业工作站总结表彰会议、技术创新方法培训等活动；大力推进院士专家企业工作站建设，共建立院士专家企业工作站133家，累计引进了160名院士和1 500多名专家，帮助企业解决技术难题1 800多项，帮助企业申请发明专利和实用新型专利6 600多件，创造经济效益超过550亿元。

在企业开展“讲理想、比贡献，奋力实现中国梦”群众性创新活动，推进企业科协组织建设，组织和引导科技工作者服务企业创新。大力推进学会科技服务站建设，指导省食品学会、省机械工程学会、省养蜂学会、省营养学会等25个省级学会创建了80个学会科技服务站。14个地市科协开展创建学会科技服务站工作，市级学会共建立了145个站点，为地方政府、企业等提供科技服务7 900多次，提供技术攻关和开发新产品710项，帮助企业、专业镇和农民新增经济效益20.6亿元。

广东版“海智计划”　2015年，省科协有序落实全省科协海智工作5年规划，海智工作已经成为部分地市科协工作的新亮点新平台，得到当地党委政府的高度重视和支持。推进“海智计划”服务平台建设，“南粤海智网”6月正式上线，已与10家海外团体（机构）完成链接，实现省内项目需求、国外项目供应等实时发布。推进全省海智工作站建设，9月，汕头海智基地获中国科协批准成立。12月，安凯（广州）微电子技术有限公司申报中国科协海智计划示范基地获得批准。积极拓展海外合作渠道，分别与中瑞生命科学协会、俄罗斯Idea创新科技园、欧洲商业创新联盟和意大利威尼托区域发展中心合作建立了4个海外海智工作站，促成欧洲创新商业中心联盟与东莞、汕头的深度合作。5月12日，中国科协（深圳）海外人才离岸创新创业基地挂牌建立。新引进海外创新团队1个、高科技项目4个、海外高层次人才4人次。省科协和深圳、汕头、中山3个海智计划工作基地被中国科协评为先进单位。

科普工作　见第197页。

【科技社团】　截至2015年年底，158个省级学会中，有147个达到了“七有一满意”的学会改革建设目标。2015年，广东干细胞与再生医学协会和广东省医师协会2个社会团体批准加入广东省科协团体会员。在省科协开展的2014—2015年度省级学会先进集体和优秀秘书长评选活动中，评选出省级学会先进集体20个、优秀秘书长40人。学会管理办公OA系统和建设学会之窗网页建好并运行，建立以学会公共信息发布、联络及网上办公为主要功能的网络平台。

2015年，省科协实施“学会能力提升计划”，积极促进学会能力提升和学会工作全面深化改革。9月，省科协召开省级学会有序承接政府转移职能工作座谈会，建立牵头协调机制，加强调研，提出实施意见，推进省科协所属学会有序承接政府转移职能工作。截至2015年年底，省级学会承接了72项政府转移职能，获得政府购买服务事项165项，有40个学会提出了126项的承担任务意向清单。

（广东省科学技术协会　刘泽周）

科普和科技宣传工作

【科普主要活动】 2015年，广东省公民具备科学素质的比例达到6.91%，比2010年的3.29%有大幅提升，增加了3.62个百分点，位列全国第6位，超额完成了“十二五”全省公民具备科学素质的比例要达到5.05%的目标任务。2015年，全省5家科技馆获得中央财政免费开放补助资金765万元，建立“公众科学素质教育体验馆（科普书吧）”51座，新建省级科普教育基地16家。省科协广泛组织开展群众性科普活动，2015年完成重大科普活动项目5 600多项，参与人员达3 000多万人次。组织开发编印《公民科学素质读本》丛书和各类科普挂图（海报）、科普口袋书、科普折页等16万册、35万张。在香港举办的第30届全国青少年科技创新大赛中，广东省共获一等奖16项、二等奖34项、三等奖23项和各类专项奖9项，总成绩位居全国前列。

省科普创新发展领域专题计划　广东省科普创新发展领域专题计划支持综合性科普场馆和省青少年科技教育基地建设，开展校园科普活动和支持科普作品创作，传播科技知识、倡导科学方法、培育科学精神，推动全民科学素质提高和科普事业创新发展。2015年度科普计划项目共立项83项，资金1 495万元；2016年度立项项目83个，资金1 300万元。

科普计划　2015年，省科协组织实施“基层科普行动计划”和广东省“科普惠农兴村计划”申报管理和绩效评价工作，完成了两个计划的“十三五”发展调研报告，充分发挥项目实施工作的示范作用。2015年，全省有66个先进集体和21名科普带头人分别获得国家和省级的表彰奖励，发放奖补资金1 360万元，广东省获“全国科普示范社区”表彰数量连续4年名列全国第1。

文化科技卫生“三下乡”活动　3月19日，省科协、省委宣传部、省卫生计生委、省科技厅、省农业厅、团省委、省妇联、省地震局、省气象局、省公安消防总队、省农科院、羊城晚报社和肇庆市人民政府联合，在肇庆市怀集县举办2015年广东省文化科技卫生“三下乡”活动启动仪式。各主办、承办和协办单位赠送了文化、科技、卫生书籍和农资、医疗药品、科普航模产品等物资，同时还举行了农业科技成果展示、大型科普专题展览、科普大篷车互动体验、青少年科技教育宣传、科普航模飞行表演、用药卫生和自然灾害自救应急预防等内容丰富、寓教于乐的科普宣教体验和医疗义诊活动。在活动启动仪式现场，获得全国“基层科普行动计划”和广东省“科普惠农兴村计划”表彰的先进单位和农村科普带头人代表获颁发奖补资金，暑期大学生“千乡万村科普惠农行动”科普志愿者队伍被授旗。

2015年，全省统一部署，各地、各部门上下联动，动员和组织广大文化科技卫生工作者、志愿者深入农村，开展“三下乡”活动重大项目500多项，如：省科协动员全省科协系统、各级学会和广大科技工作者深入农村开展“千会服务千村”等各类科技服务活动；省卫计委调配了精干的医疗队伍，筹集大批医疗物资，在全省开展巡回义诊；中山大学中山眼科中心组织专家为群众开展免费白内障检查和手术；东莞市科技馆与怀集县一中签订青少年航模科普跨地区战略合作协议，培训青少年科技航模队伍；省农科院组织农科专业技术人员深入农业生产第一线，到田间地头帮助群众解决技术疑难；省地震局、省气象局、省公安消防总队等单位筹集了大批科技书籍，组织专家开展“地震科普平安行、气象科普你我他、消防科普知多少”科普惠民宣传教育和防灾减灾自救能力演练活动；省科普中心为怀集实验小学建立科普书吧，组织广大学生开展读书与漂流活动等。

“十二五”公民科学素质工作　2015年，省科协进一步健全公民科学素质实施工作机制，组织开展了“十二五”《纲要》实施督查和抽样调查工作，及时启动“十三五”《纲要》实施工作方案的制定工作。组织开展了“2016—2020年全国科普示范县（市、区）”和广东省“科普示范县（市、区）、镇”的创建活动，高质量完成对19个申报单位的考核验收工作，广州市越秀区等17个县（市、区）获得全国科普示范县称号，促进全省公民科学素质工作均衡发展。据中国科协组织开展的第9次中国公民科学素质抽样调查，2015年，广东省公民具备科学素质的比例达到6.91%，比2010年的3.29%有大幅提升，增加了3.62个百分点，位列全国第6，超额完成了“十二五”省公民具备科学素质的比例要达到5.05%的目标任务。

第30届广东省青少年科技创新大赛　3月，第30届广东省青少年科技创新大赛在河源中学隆重举行。大赛由省科协、省教育厅、省科技厅、省知识产权局和河源市政府共同主办，全省23个代表队400多名学生参加，近2万人观摩。赛事设奖18项，总奖金近35万元。继华南农业大学首设高校专项奖后，中山大学逸仙学院、广东工业大学进驻本届大赛设奖，河源市人民政府设立市长奖，十佳优秀科技教师现场评选十佳优秀DIY展板设计等。为纪念大赛举办30届，大赛组委会还开展了征文、照片征集和口号征集等三大活动。省赛选拔优秀项目参加全国赛，广东喜获佳绩，总体成绩位居全国前列。

第15届广东省青少年机器人竞赛　5月，第15届广东省青少年机器人竞赛在东莞市石龙中学举行，全省13个市150多所学校250多支队伍800多名师生参加。竞赛分小学、初中和高中组进行机器人创意设计、综合技能、机器人足球、FLL和VEX机器人工程挑战赛等五大类比赛，决出一等奖51项、二等奖74项、三等奖98项。在全国赛上，广东省代表队荣获一等奖7项、二等奖11项、三等奖2项，总体成绩位居全国前列。

全国科普日　9月11日，根据全国的统一部署和要求，广东省科协积极组织发动全省科协系统、各级学会，联合科技、农业、教育、地震、消防、经信、气象等部门，围绕“科技成就梦想，拥抱智慧生活”的主题，结合“大众创业、万众创新”的内容，组织开展了为期一个月的2015年广东省“全国科普日”系列活动。中央电视台网站、广东电视台、南方卫视、广州电视台、《羊城晚报》《南方日报》《广州日报》《广东科技报》、南方网、大洋网等主流媒体对活动情况作了深度报道，各地方媒体对当地“全国科普日”活动作了广泛的跟踪宣传。据统计，2015年广东省“全国科普日”活动期间，全省组织开展社会公共科普便民服务活动重大项目280多项，参与人数350多万人次，发放科普宣传资料80多万份。

（广东省科学技术厅政策法规处　夏兴林）

（广东省科学技术协会　刘泽周）

【全省科技进步活动月】　5月中旬至6月中旬，广东省举办了第24个“科技进步活动月”（以下简称“活动月”）全民科普教育和科技服务活动，部分活动延续开展。“活动月”由省科技厅、省委宣传部和省科协共同牵头举办，根据全国科技活动周和省委、省政府的统一部署，围绕“创新创业 科技惠民”的主题，开展提升广东自主创新能力、转变经济发展方式、提高全民科学素养以及科技惠及民生等系列活动。在内容和形式上，主要开展面向本省企业、社会民生、青少年、“三农”等领域的重点科技活动和科普教育活动，营造有利于创新的社会氛围。

科技服务企业活动　一是开展企业培训类活动，帮助企业加快提高技术创新水平和效率。如省科技厅开展创新驱动政策全省巡回宣传解读活动，召开22场专题宣传会，培训人数近5 000人，参加企业3 000多家；省科协、省科技工作者服务中心开展企业技术创新方法培训活动，省知识产权研究与发展中心举办专业镇小微企业专利信息推送服务、“走出去”知识产权风险防范及操作指引成果发布活动。二是举办创新创业比赛。省科技厅举办第四届中国创新创业大赛粤港澳台大赛暨第二届海峡两岸暨香港、澳门大学生创新创业大赛，大赛采取“政府引导、市场运作、社会参与、服务创新”的模式，大赛设立由科技专家、创投专家、创业企业家、金融机构专家组成的专家组，由省赛组委会统一组织，以网络评选形式展开初赛，确定晋级复赛的企业和团队名单。大赛在广州、东莞、佛山、顺德、惠州、江门、珠海、韶关等各分赛区举行。该项赛事不仅吸引了两岸创业精英的积极参与，更为省内创新创业营造了良好的氛围，促进了创业企业与资本的对接，大赛形成了海峡两岸暨香港、澳门创业青年创新合作交流平台，为广东省注入了更多的创新创业新活力。

科技惠民活动　一是以科技服务民生为重点，围绕环境安全、食品安全、低碳节能等社会热点问题举办系列活动，通过创新成果展、新技术推广、低成本医疗应用等方式让科技创新的成果走进千家万户。例如，广州分析测试中心举办“让分析测试走进百姓生活”——中广测实验室开放日活动，以科普讲座、实地参观、操作展示、互动体验、知识问答等形式让市民感受分析测试技术的应用，还免费提供专家咨询、部分项目检测等服务；省科技创新监测研究中心举办“阳光科技——创新驱动发展成果展”，向社会公众展示最新科技成果。

二是以大型科技下乡为重点，大力推进社会主义新农村建设，促进农民增产增收，提高农民科学素质。例如，省科技厅联合省农科院、省医师协会在东源县叶潭镇、义合镇开展农业科技和医疗卫生下乡活动。本次下乡活动面向当地近500多名农民群众开展农业实用技术、农村信息技术、知识产权保护和卫生保健咨询，优良畜禽和果树新品种推介、农资产品展销活动，现场派发各类农业实用科技资料1 000多份、优质水稻、蔬菜种子200多包、肥料100多包，并为群众义诊为青少年开展避险培训参加人员约200人。此次送科技下乡活动，推广了先进的农业技术，拓展了广大农民朋友与专家沟通联系的渠道，加强了科技部门与群众的联系，营造了科技促进农村农业发展的良好氛围。

科技资源开放活动　根据全国科技活动周的部署要求，2015年广东组织有关地方科技馆、科研院所、高校等科技资源向社会公众开放。例如，省科协组织地方科技馆免费开放工作，全省有5家科技馆获得中央财政免费开放补助资金共765万元。中山大学、华南理工大学、华南师范大学、广东药学院等高校分别组织开展了第四届海洋科技文化节、生物标本馆科普基地开放、中药科普园开放活动等；省昆虫研究所、南海海洋研究所标本馆等科研院所和科普场馆组织开展科普公众免费日活动，以展览展示、科普讲座、科技实践、互动体验、现场咨询等形式免费向公众宣传科普知识。此外，全省各单位也重点聚焦青少年群体，通过开展科普进社区、进企业、进校园、创新竞赛等活动，进一步推动全省科技成果普及，促进科普事业发展。

公众科普教育　2015年，全省各单位通过开展科普进社区、进企业、进校园活动，进一步推动广东省科技成果普及，促进科普事业发展。

以科普大赛重点，围绕“低碳节能、科技与环境、食品安全、创新智慧生活、防灾减灾”等内容，省科技厅联合有关单位开展2015年全国科普讲解大赛、公众网络科普大赛等贴近社会民生的活动，邀请科技企业、高等院校、科研院所等科技企事业单位参与，通过现场展示、咨询解答等方式传播科学知识，并印刷派发相关科普宣传资料。广东科学中心承办了第14届“挑战杯”全国大学生课外学术科技作品竞赛决赛、“互联网+”运输服务创客大赛等大型赛事活动。

以科普展览为主要形式，各地科普场馆开展各类主题科普活动。例如，中科院广州能源研究所开展“新能源科技小屋系列展览”系列科普活动，广东科学中心，省科技图书馆开展“改变人类历史进程的50大技术发明”科普挂图巡展等。

组织制作科普刊物。省科协组织开发编印《公民科学素质读本》丛书和各类科普挂图（海报）、科普口袋书、科普折页等16万册、35万张，举办全省科普作品创作大赛、科学达人秀和科学家报告团进校园活动，不断满足公众的科普需求。

（广东省科学技术厅办公室　陈锡强）

【科普基地建设】

科普教育基地　2015年，全省有34家单位被命名为“全国科普教育基地”，新认定“广东省科普教育基地”11家。据统计，2015年，全省国家（省）科普教育基地开展社会科普活动、特色科普活动和重大科普活动700多场次、参观人数达1 900多万人次。

省青少年科普教育基地　2015年，佛山众创空间省级青少年科技教育基地等23家新申报基地获得“广东省青少年科技教育基地”命名；已获得命名的广东科学中心等24家省青少年科技教育基地通过考核；江门市现代农业综合示范省级青少年科技教育基地等3家基地、广州市生活垃圾处理科技教育基地等11家未提交考核材料的基地，共计14家基地未通过考核，取消其省青少年科技教育基地资格。

地方科技馆免费开放工作　3月，省科协会同省财政厅、财政部驻广东省财政监察专员办事处，对广东省部分地市科技馆进行免费开放实地核查工作。2015年，经中国科协、中宣部和财政部评审，本省广州市青少年科技馆、东莞科学馆、惠州科技馆、韶关市科技馆和河源市科技馆等5家单位被认定为2015年全国科技馆免费开放试点单位，获补助资金765万元。

“公众科学素质教育体验馆”试点　2015年初，广东省科协在全省国家级（省级）科普示范社区、科学教育特色学校、青少年科技实践基地等场所，牵头开展“公众科学素质教育体验馆（科普书吧）”试点建设。截至2015年年底联合48家单位联合共建了51座“公众科学素质教育体验馆（科普书吧）”。2015年，“公众科学素质教育体验馆（科普书吧）”工程注册登记图书漂流档案10万多册，项目总调动面向不同阅读人群的科普图书总价达220万码洋、种类超过千种，新建的每座“公众科学素质教育体验馆（科普书吧）”配送图书种类丰富，每座配置金额从4万码洋至11万码洋不等的图书。

（广东省科学技术厅政策法规处　夏兴林）
（广东省科学技术协会　刘泽周）

【大型科技宣传活动】

创新政策专题宣传　粤府〔2015〕1号文发布后，省科技厅在中央和省主流媒体上进行了系统、广泛、深入和多层次的政策宣传报道，从高层谋划、高层访谈、综合解读、12条专项解读、专家解读、企业访谈等多方面、多角度对政策文件进行了全方位解读，并组织了全省地级以上市科技局长开展系统的学习讨论，推动各地加快配套政策制定和宣传落实工作。2015年5月中旬至6月上旬，省科技厅组织专家宣讲团已深入全省21个地级以上市举行了22场专题政策解读报告会，面向企业、高校和研究院所开展政策巡回宣讲解读活动，培训人数近5 000人，参加企业3 000多家。宣讲活动在国内外反响热烈，《人民日报》《南方日报》等40多家主流媒体进行了跟踪报道，如《人民日报》6月4日头版刊发了有关报道。同时，省政府网站推出“加快科技创新、打造广东创新高地”专栏，各地市科技局（委）也积极在其部门网站上加强科技创新政策宣传。

主流媒体宣传报道　7月20—24日，省科技厅与省委宣传部、新华网联合开展“粤创粤新”广东创新驱动发展主题大型网络采风活动。该活动由全国52家主流媒体，共110名媒体记者、自媒体人、科技界专家组成的采风团先后前往广州、深圳、珠海、佛山、东莞等城市，与每个市的主要领导进行面对面交流，实地走访12个新型研发机构、企业孵化器、创意企业、创投和科技服务机构等创新主体，围绕“大众创业、万众创新”的主题，生动展示了广东创新驱动发展的新举措、新进展、新成效。据不完全统计，截至7月26日，各网站共开设专题专栏72个，共登载相关报道及评论文章2 350篇（次），其中《“粤创粤新”打造创新驱动新样板》《揭秘广东创新密码——粤创粤新·粤看粤奇·粤来粤好》《广东五市长畅谈“粤创粤新”》等25篇报道和评论文章先后在各网站首页和要闻区刊载；共发布（转发）微博1.6万条，微信1 390条，“粤创粤新”话题在4个微博平台总阅读量破8 000万，一周内两次在PC和手机端，登上全国热门话题榜和粉丝头条，新闻、微博、微信、论坛等各平台累计阅读覆盖达6亿人次，在Facebook 、Twitter等境外社交网络服务网站阅读量近300万。

2015年，省科技厅与《科技日报》共建“创新型广东周刊”，每周一个整版，一年共50多版，围绕全国“两会”、全省科技创新大会、科技企业孵化器建设工作现场会等重要会议，以及《关于加快科技创新的若干政策意见》《加快推进创新驱动发展重点工作方案（2015—2017年）》等一系列重大科技创新政策制作专题专版，在全国范围内有力提升了广东创新驱动发展的新形象。同时，刊发广东发展创新型经济的战略研究、专题评论、典型事件剖析、重大科技事件深度报道等。

2015年，省科技厅与《南方日报》开展科技宣传战略合作，重点结合科技创新政策以及实施细则的解读、珠三角国家自主创新示范区启动工作、省部产学研合作10周年高层论坛、创新创业大赛等宣传重点，采取专题、专访、评论、新闻、通讯等形式，多渠道、多角度、多层次、全方位地宣传报道广东科技工作。2015年共推出30多篇专题报道，以及“科技奖励”、“科技牛人”等系列报道。

第十七届中国科协年会宣传　5月23—25日，第十七届中国科协年会在广州举行，宣传工作贯穿于年会的始终。通过《南方日报》、《广州日报》、广东电视台等媒体以及中国科协、省科协官网对年会各阶段的筹备工作进行及时宣传。对年会筹备、组织、总结工作进行梳理，创办了7期《第十七届中国科协年会广东省筹备工作简报》。成功举办了在北京举行的年会新闻发布会和在广州举行的年会新闻通气会。

年会召开期间，《人民日报》、新华社、中央电视台等中央主要媒体，《南方日报》《广州日报》、广东电视台等地方媒体围绕年会展开了高密度、深层次、全方位的报道。《人民日报》刊发《第十七届中国科协年会开幕》消息，新华社发通稿2篇，中央人民广播电台发表《首届创新科技成果交流会在粤启动》等4篇报道，中央电视台分别在5月23日《新闻联播》《晚间新闻》与5月24日《朝闻天下》播发了3条报道，《中国科学报》突破常规的出版安排，在5月23日推出了整4版的年会特刊。中国科协网对开幕式暨大会特邀报告会、智能社会科技专家论坛、韩启德主席与大学生见面会进行了网络文字直播，开幕式上播放了《活力广东 创新无穷》宣传片。据人民网舆情监测中心提供的年会报道数据：在5月21—25日，报刊报道156篇，网媒报道2 438篇，论坛博客贴文235篇，微信文章278篇。

（广东省科学技术厅办公室　陈锡强）

（广东省科学技术协会　刘泽周）

【广东科学中心】　2015年，广东科学中心（以下简称“科学中心”）运行平稳、安全、有序、高效。全年科学中心接待公众160多万人次，较去年增长了60%；全年无一重大安全事故，设备设施运行率95%以上。持续深入开展创意机器人进校园、特训营等系列活动，全年共开展148批次，来自省内外的大中小学生共10 520人次参与。一年来累计在电视、报刊、网络等传播媒介上发布宣传信息400多篇次，推出“广州科普”微信公众号。

服务平台建设　加强广东省科技馆研究会平台建设，完成研究会的换届工作；发挥广州科普基地联盟引领作用，组织开展各类活动，影响公众近151万人次。

启动与番禺区政府、中国科学院深圳先进技术研究院合作共建广东国际创客中心工作，进一步提升科学中心创新发展的内涵和层次。

科教活动　2015年，科学中心成功举办了全国科普讲解大赛、海峡两岸暨香港、澳门科普交流系列活动，承办了第14届“挑战杯”全国大学生课外学术科技作品竞赛决赛、“互联网+”运输服务创客大赛等10多项大型主题赛事活动，公共服务质量显著提高，观众满意度高达99%以上。

5月16日，科技活动周开幕式暨海峡两岸暨香港、澳门科普交流系列活动启动仪式在广东科学中心举行。海峡两岸暨香港、澳门科普交流系列活动围绕“创新创业科技惠民”主题，举办了“走近科学”海峡两岸暨香港、澳门科普联展、科普论坛、科学表演秀等系列活动，吸引了50多万人次参与体验。

5月23—24日，由广东科学中心、广州市教育局主办，广东发明协会等单位协办的第四届广东省创意机器人大赛在科学中心举办。本届大赛的主题为“智能家居——扫地机器人”，设基础型与编程型两种竞赛项目，要求参赛者设计并制作扫地机器人，涉及电子电路、机械机构、编程等具体知识。本届大赛共有来自全省各地市132所学校、317支队伍、1 151名学生和344名指导老师报名参加。大赛共评出基础组一等奖36个、二等奖51个、三等奖86项、优胜奖41个；编程组一等奖17个、二等奖24个、三等奖40个、优胜奖20个。评出园丁奖197名，最佳组织奖20个，突出贡献奖2个，优秀志愿者12名，创意发明专项奖5个。其中，特设创意发明专项奖。

5月30日，2015年全国科普讲解大赛决赛在科学中心举行，来自全国各地42个代表队共计131名选手参加比赛，其中广州两位选手获被授予全国“十佳科普使者”称号。

10月10日，第13届广东省少年儿童发明奖优秀作品展在科学中心开幕，来自全省及港澳15个地区200多所中小学学校共计300多个发明作品参与“发明奖”评选，并面向公众免费开放。经激烈角逐，最终“自动感应吸管盒”“拉环式自发电充电器”“生命助手智能手环”等20件作品荣获一等奖，评出二等奖63个、三等奖119个、港澳特别奖16个、组织奖30个。

2014年8月—2015年1月，由广东省宋庆龄基金会和广东科学中心、广州市教育局联合主办的首届广东省大学生科学影像大赛顺利开展，共收到68个优秀作品，累计有26所高校的1 300多人次师生参与。6月7日，首届广东省大学生科学影像大赛颁奖仪式暨第二届大赛赛前培训在科学中心成功举办。首届大赛共评出DV组一等奖1名、二等奖3名、三等奖5名、入围奖10名；动漫组一等奖空缺，二等奖3名、三等奖5名、入围奖4名；优秀组织奖8个。

论坛活动　2015年，广州市科技创新委员会、广东科学中心和《羊城晚报》举办了6期“珠江科学大讲堂”活动。10月15日，第19期“珠江科学大讲堂”在科学中心举办，邀请广州中医药大学的首席教授李国桥，作题为《从青蒿素发明到青蒿素复方快速清除疟疾传染源》的演讲。12月15日，第22期珠江科学大讲堂在广州市番禺区实验中学报告厅举行，邀请台湾自然科学博物馆学术副馆长、生物学博士周文豪作题为《蛙在中国壮阔》专题讲座。

举办25期小谷围科学讲坛，超过3 000人次公众到现场参与讲坛活动，尝试通过网络短片形式进行讲坛推广，扩大收益公众范围。

展馆更新与临展建设　2015年，科学中心先后启动一期八大常设展馆的更新改造工作，完成儿童天地、感知与思维2个馆的改造项目招标采购工作。

进一步丰富展教资源，用科学中心的“科学观察工具展”交换引进上海科技馆的“科学奇异果展”，从中国科技馆引进“中国梦·科技梦——核科学技术展”，从加拿大安大略科学中心引进“神奇的材料展”，与省林业厅、市林业和园林局等单位联合举办“世界湿地日”科普展，从我国台湾科工馆引进“发明展”，从国家地理频道引进“超感官霸王龙巡展”，与瑞士驻广州总领事馆联合推出“新旧之交的中国”摄影作品展等7个临展。组织“用眼看世界”观察工具展在上海科技馆等地的巡回展出。

国际交流合作　加强与国际同行的合作力度，与韩国光州国立科技馆签订合作协议，本着互惠互利、自愿共享的原则，就临展交换、教育项目等加强交流与合作。积极参与国际业界活动，派团赴参加北美科学中心协会2015年会，了解不同国家地区的最新科普发展政策，以及教育活动的相关信息。

（广东科学中心　周　静）

【广东科学馆】　2015年，广东科学馆围绕建设学术交流中心、科普展览中心、科技文化开发中心、科技场馆建设与管理研究中心、科技培训中心、科技工作者活动中心“六个中心”的工作定位，扎实开展“三服务一加强”工作，全年共承办或承接学术交流、科技会议、科普讲座等来馆活动近2 620场次，受众38万人次；开展广东省“中国流动科技馆巡展”活动4个站点，受众10万人次；开展科普展览40个专题92场次，科普讲座3场次，受众35.2万人次。

科技培训及科技文化开发　2015年，广东科学馆按照打造“科技培训中心”“科技文化开发中心”和“科技场馆建设与管理研究中心”的工作定位，从科技培训以及科技文化开发着手，通过举办科技培训以及科技文化品牌项目等，积极为经济社会发展服务。引进优质办学机构，开展了上海财大MBA、中山大学MBA、北京大学EMBA等高端培训项目，全年共开展培训项目共2 000场次，受众31万人次。

为迎接第17届中国科协年会，广东科学馆和省科技工作者服务中心在6月成功举办“广东省院士专家企业工作站创新科技成果展”。7—9月，由省科协联合省科技厅、省台联举办第8届广东省科普作品创作大赛（“粤港澳台协同创新”美术书法作品专题创作大赛）获奖作品展，共接待参观人员逾1.2万人次。2015年，“广东海上丝绸之路”科技文化专题展分别于汕头、深圳、东莞、阳江等地的科技场馆和学校进行展出，全年共计接待参观观众5.5万人次。2015年10月—2016年1月，“人类文明的源与流”科技文化专题展在中山科学馆进行展出，参观人数达1.5万人次。

社会化科普平台搭建　2015年，广东科学馆继续按照打造“科普展览中心”的工作定位，不断创新科普展览工作方式，通过努力搭建社会化科普平台，积极承办广东省“中国流动科技馆巡展”活动，策划举办主题科普展览，开展科普大篷车“三进”活动，加强科普资源开发及科普资源共建共享工作，扎实推进重点人群科学素质建设。

广东省“中国流动科技馆巡展”活动是由中国科协指导，中国科技馆支持，省科协、省科技厅及地方政府主办，广东科学馆与省科技馆研究会及地方科协承办的一项大型科普活动，活动以“体验科学、探索科学”为主题，设置了声光体验、电磁探秘、运动旋律等7个主题展区50多件展品，还有科学表演、科学实验、移动球幕影院、3D打印技术展示等项目，活动内容丰富、形式生动，集科学性、知识性、趣味性于一体。9月起，该活动在河源龙川、和平及江门蓬江区、恩平市等4个站点举行，共计受众10万多人次。

2015年，广东科学馆继续坚持“走出去”的科普展览战略，积极开展“科普大篷车进校园、进社区、进农村”巡展活动和全省科普主题活动，全年共展出科普展览40个专题92场次，科普讲座3场次，参观人数35.2万人次，赠送科普资料、科普小册子3.4万册，赠送科普光碟1 040张，赠送科普展板1套、科普展架2套；其中，开展科普大篷车“三进”活动31专题41场次，参观人数8.8万人次。广东科学馆与广东航空协合会共同编辑制作了共40多块展板的《航天航空知识》专题科普图片展览，制作成光盘免费发放。

2015年，广东科学馆分别向阳山县科协赠送科普主题展板1套，向佛山市科协、梅州市科协赠送展架1套，向广州市棠德南小学、广东碧桂园学校、华美学校等“科普资源共建共享基地”或科普巡展活动合作单位提供科普图片展板，为其举办科普活动提供资源。据统计，广东科学馆提供给这些单位的科普图片展览共吸引近3万人次参观。

2015年，广东科学馆馆内共承办了科普讲座25场次，共吸引了众多机关单位、学校、社区、乡镇、企业等组织约5 500人次前来参与。

科技工作者服务平台构建　2015年，广东科学馆按照打造“学术交流中心”“科技工作者活动中心”的工作定位，加大与全省各大专业学会、科技团体的协作，积极提高学术研究工作，努力为科技工作者开展学术交流和科技活动提供平台，做好各项服务工作。

2015年，广东科学馆积极配合省科协做好第17届中国科协年会、广东科协论坛的会场服务及相关工作。年内，广东科协论坛在广东科学馆举办共4场次，受众1 500人次。通过采取优惠措施，鼓励各省级学会前来广东科学馆开展学术交流活动，全年共承办或承接学术交流45场次，受众约8 500人次；科技会议360场次，受众约3.2万人次。全年，在广东科学馆召开的与科技文化相关的会议共计184场次，受众2.2万人次。

（广东科学馆　黄淑华）

科技交流与合作

【跨境科技交流与合作】

跨境科技合作计划　2015年，广东省共推荐24项申报双边多边政府间科技合作项目，已有3项列入支持；被列入科技部国际合作专项计划9项，获资助2 179万元；被列入科技部港澳台专项计划2项，获资助248万元；被列入2015年度发展中国家技术培训班1项，获资助约40万元。

在省级国际科技合作基地建设方面，2015年调整基地评审方式，纳入省级国际科技合作项目基地专题，共计4个新基地通过评审认定为省级国际科技合作基地。获得科技部认定国家国际联合研究中心1家、示范型国际科技合作基地1家。

完成2016年度省级项目的立项工作，其中：国际科技合作专项中重点国别及领域合作项目拟立项77项，获资助金额4 250万元；国际科技合作基地拟立项5项，每项获资助150万元。粤港合作专项拟立项50项，资助金额5 000万元。

重要活动　2015年，省科技厅共组织出访（包括港澳台）41批，共计107人。其中，出国17批，52人次；出访港澳21批，34人次，赴台3批，21人次。接待来访9批，共计94人次。组织大型国际性会展及研讨会4次，参会人员达到12万人次。在组织人员出国培训方面，共组织省科技厅系统4人次参加外专局及省直相关机构组织的培训。

2月28—3月7日，陈云贤副省长率广东省科技代表团访问澳大利亚和新西兰两国。此次访问达成了多项成果：广东省科技厅与澳大利亚昆士兰省科技大学签署合作谅解备忘录；广东省科技厅与新西兰奥克兰大学签署合作谅解备忘录；华南理工大学与新西兰林肯大学签署合作谅解备忘录；风华高科公司与澳大利亚国立大学成立联合研发中心。

11月4日，由加拿大不列颠哥伦比亚省国际贸易厅与省科技厅共同主办的加拿大不列颠哥伦比亚省—广东省创新与技术研讨会在广州举行。在研讨会上，来自加拿大不列颠哥伦比亚省的6家企业代表对所在机构及优势项目进行了推介，并吸引了中方70多家企业逾120人参会。

合作方式创新与深入　2015年，广东省不断开拓与创新型国家和地区交流合作关系。逐步建立重点国别和机构的双边联合资助体系。自2013年与以色列签订产业技术合作研发协议以来，截至2015年年底，省科技厅已经分别与以色列经济部和科技部、英国兰卡斯特大学、德国弗劳恩协会、意大利创新集团、荷兰国家科学基金会（NOW）、澳大利亚昆士兰科技大学、新西兰奥克兰大学、加拿大国家研究理事会（NRC）、俄罗斯科学院、乌克兰科学院、白俄罗斯国家科委等国家的政府科技部门或科研机构及大学建立了常态化的合作关系及工作机制，围绕着本省战略性新兴产业和重点领域的科技合作项目不断展开。2015年，广东省不断扩大这种发展模式，积极与法国发达专利事务所，奥地利联邦交通、创新及技术部，日本近畿经济产业局，韩国首尔产业研究院等就双方合作机制和工作模式展开洽谈。

【粤港澳台科技交流与合作】

粤港交流　4月，省科技团赴香港科技创新合作工作交流调研，就进一步推进粤港科技合作的思路、重点合作领域、内容、形式等与港方相关机构进行深入磋商。省港澳办社会处、省科技厅交流合作处、省政府办公厅综合二处、省科技情报所等相关人员参加交流调研。

8月，在广州召开粤港高新技术专责小组第十二次会议。会议通过了2014年度的粤港高新技术领域的工作报告和下一阶段工作计划报告。下一阶段的工作重点继续实施粤港科技联合资助计划、鼓励两地科技合作平台建设、建立技术转移机制、推动科研成果产业化、支持粤港高新园区和科研机构的科技创新活动，积极开展多层次多渠道的科技交流合作。

11月，省科技厅参加在香港召开的“内地与香港科技合作委员会第十次会议”。与香港应科院合作组织召开了两场技术成果转移大会。

粤澳交流　11月9日，省科技厅参加成都召开的内地与澳门科技合作委员会第九次会议。4月19—26日，暨南大学药学院2名专业人员赴澳门参加中国科学技术交流中心与澳门科技发展基金共同举办的“第四期中药质量鉴定技术研修班”。

粤台交流　2015年，省科技厅系统共组织3批21人次赴台进行科技中介产业创新服务、科技创新交流活动。

【泛珠及粤蒙等区域合作】

泛珠科技合作　12月9日，第十三次“泛珠三角”区域科技合作联席会议在深圳召开，来自泛珠三角区域“9+2”各省区科技部门代表共50余人出席会议。会议围绕“搭建信息资源平台促进区域科技深度合作”进行讨论，明确了2016年“信息资源库共建共享”和“探索国际和区域技术转移模式”两项工作任务。广东省科技基础条件平台中心就“信息资源库共建共享”任务从“建设思路、功能架构、维护使用、远景规划”等技术层面作了介绍和说明。9月，省科技厅组团参加了由广西壮族自治区科技部门承办的第三届中国—东盟技术转移创新大会。

粤蒙合作　2015年，加强了与内蒙古自治区科技部门在科技信息技术等方面的沟通，进一步巩固粤蒙科技合作关系。10月，组团参加内蒙古自治区承办的中国与蒙古国技术创新与转移大会。

（广东省科学技术厅科技交流合作处　李　荷）

【民间科技合作与交流】

民间科技交流合作活动　据不完全统计，在政府间国际（地区）科技合作框架下，2015年，广东省内由民间组织或承办的重要科技交流活动有50多场次（部分活动见表8-4-1），交流国家包括美国、英国、德国、澳大利亚、新西兰、比利时、日本、韩国、泰国、尼泊尔、以色列等。

此外，广东省积极发挥民间对外科技交流的优势，不断拓宽民间对外科技交流的领域，组织省内科技企业、科技管理部门和服务机构、高等院校、科研院所等相关人员参加第四届中国—加拿大（安大略）研究开发与产业化合作论坛、中欧科技合作论坛及欧盟“地平线2020计划”国家联络点研讨会、第十九届以色列农业博览会、第65届加拿大化学工程年会、现代农业技术集成及创新体系建设培训等科技交流活动，拓展了国际合作渠道，交流借鉴先进经验，有效推动了科技创新合作进程。

表8-4-1　在粤开展的部分科技合作交流活动

序号	活动名称	时间地点	与会主要人员	活动内容及作用
1	2015年第二届广东省汽车行业技术发展研讨会	1月13日 广州	省内汽车整车及零部件生产企业的企业负责人、技术负责人及其他专业人员等100多人	推介中德联合实验室能够支持广东汽车企业发展的具体服务内容，拓宽省内汽车企业技术人员的视野
2	第六届中泰可再生能源研讨会	1月27—30日 广州	中泰两国20个大学或研究机构的48位专家学者参会	研讨会的议题为生物质能源、太阳能和建筑节能领域的基础科学研究及转化技术开发。双方专家交流了各自领域的研究进展，增进了相互之间的了解，就合作研究意向达成了初步共识

（续上表）

序号	活动名称	时间地点	与会主要人员	活动内容及作用
3	中国科学院2014科技创新年度巡展	2月5日 广州	中国科学院科学传播局、广东省科学技术厅、中国科学院广州分院、广东科学中心等	展出的19项重要成果遴选自中国科学院2013年的若干重大成果产出，分为基础前沿、国家重大任务、服务经济社会发展、国家思想库功能等四大方面，以动画视频、多媒体互动展品、机电互动展项等主要形式呈现，与公众共享科技创新成果
4	中德合作 HCJRG研讨会暨生物地球化学模拟培训	2月9—13日 广州	国内外30余名各高校、研究所的科研人员和研究生	本次研讨会是中国科学院与德国学术界学术交流的沿承，对于国内外学者在生物地球化学领域使用数值模拟工具进行科研工作的进展及技能进行了深入交流，为未来开展更深远合作奠定了良好的人员和技术基础
5	中以ICT创新技术对接会	3月25日 广州	以方信息通讯技术领域12家企业代表与中方知名企业代表	来自以色列信息通讯技术领域的12家企业代表与中方包括惠州德赛集团、创维集团、步步高教育电子有限公司等知名企业在内的48家企业代表进行了145场次“一对一”现场洽谈交流
6	首届广东院士高峰年会	3月28—29日 广州	会议代表约800人，其中院士近70人	大会旨在团结和凝聚院士的力量和智慧，为提升广东自主创新能力和经济社会发展建言献策
7	中澳创新合作专场活动	4月18日 深圳	省内科研机构、企业与澳大利亚5家大学、科研组织	中澳双方对25个科技项目进行项目交流
8	中德国际合作交流项目第五次咨询工作会议	4月21—25日 广州	BfN、德国ECO咨询公司、国家林业局森林资源管理司、广东省林业厅、中科院地理科学与资源研究所、华南植物园等单位的专家与项目组成员	来自中德双方的专家和技术人员就长期示范样地的建设、示范样地的选择、示范试验前的基础资料与工具准备，以及项目的工作计划安排等进行了详细的讨论，并对鹤山站及周边地区的人工林进行了实地考察
9	“日本·亚洲青少年科技交流项目——樱花科技计划”宣传推介会	5月22日 广州	科技部国际合作司亚非处、广东省科学技术厅科技交流合作处、日本科技振兴机构（JST）及广东省19家高校、研究机构的国际科技交流管理负责人及教师共38人	增进日本和中国及亚洲国家青少年之间的相互理解，把中日科教及人才交流落到实处
10	加拿大不列颠哥伦比亚省—广东省创新与技术研讨会	11月4日 广州	加拿大不列颠哥伦比亚省的6家企业代表、中方70多家企业逾120人	为中加产业创新合作搭建平台，促进中加科技园区的对接，推动双边高新技术企业和研究机构之间的合作

（续上表）

序号	活动名称	时间地点	与会主要人员	活动内容及作用
11	2015中美生物材料产业化高端论坛暨人体组织功能重建产学研技术创新联盟成员大会	11月22—23日 广州	中美两国生物材料领域著名的8位院士以及国内50余家企业、高校和科研机构的百余位代表	研讨生物材料的发展、应用和中美产业化现状及前景
12	国际技术转移与育成孵化培训班	11月19—20日 广州	全国各地技术转移育成孵化相关服务机构负责人及业务骨干约70人	培训传授国外领先技术转移服务机构业务模式经验及孵化器育成服务相关理论
13	第八届广州国际干细胞与再生医学论坛	12月18—19日 广州	来自世界各地的专家学者300多人	论坛的主题是“干细胞与再生医学应用”，主要针对多能干细胞、疾病模型与多能干细胞、成体与肿瘤细胞命运调控、单细胞技术在干细胞研究中的应用、干细胞信号调控、干细胞治疗等议题
14	第17届中国留学人员广州科技交流会	12月21—22日 广州	中外22名院士、300多位“千人计划”专家等高层次人才	人才引进、项目洽谈对接

国际科技合作基地建设　9月21日，中科院广州生物院—莫里斯·威尔金斯研究中心生物医药联合中心在广州揭牌成立。联合研究中心将进一步整合广州生物院与新西兰莫里斯·威尔金斯研究中心在基础研究及临床转化方面的优势，瞄准干细胞与再生医学、代谢疾病、肿瘤免疫治疗和药物研发等领域开展合作研究，进一步推动科技的发展。

12月21日，中新国际联合研究院在广州揭牌成立。中新国际联合研究院坐落于中新广州知识城，占地面积约为2万m^2，首期5年的建设经费预算达到2亿元。根据相关协议，该研究院将融汇国际优质研发资源，联合培养高层次人才，为高校教授、研发人员、学生提供一个理念碰撞、创意互动、合作研发的国际平台。联合研究院以市场为导向，采取企业化运作模式，以实现成果转化为先、以服务于本地区产业为重。联合研究院既是“政产学研”合作的新模式，也是国际化的新型研发机构。

国际科技展览　2015年，由广东省科技合作研究促进中心主办的国际性专业科技展览面积达21.7万m^2，共吸引了来自全球2 801家企业参展，接待观众18万多人次；同期举办了136场专题技术研讨会与学术论坛，约有90多个国家和地区的14 800多名专业人士与会，有效推进科技成果产业化、市场化步伐。主要展览包括第20届华南国际口腔医疗器材展览会暨技术研讨会、第13届中国（广州）国际专业音响灯光展览会、第12届中国（广州）国际乐器展览会、广州国际分析测试及实验室设备展览会暨技术研讨会。

（广东省科技合作研究促进中心　张　郁）

地方科技发展

广州市

【概述】 2015年，广州市按照市委、市政府的工作部署，继续落实创新驱动发展战略，圆满完成了全年工作任务。截至2015年年底，全市共有省级新型研发机构28家，数量居全省第1；国家重点实验室19家，占全省73.1%；有国家工程中心18家、国家企业技术中心23家和国家工程实验室12家，分别较2010年增长38%、35%和140%。以广州高新技术产业开发区为核心的珠三角国家自主创新示范区成功获批，广州连续5年位列中国城市创新创业环境排行榜第2位（不含直辖市）。

【科技政策环境】

机构改革 3月10日，广州市科技创新委员会（以下简称“市科创委”）举行成立挂牌仪式，成为继深圳之后全国第2个科技创新委员会。本次机构改革中，原广州市科信局的科技管理职责划入了新组建的市科技创新委员会，而信息化和电子政务管理职责则分别划入了新组建的市工业和信息化委员会以及市政府政务管理办公室。

创新政策法规制定及实施 6月，中共广州市委、广州市政府召开全市科技创新大会，制定出台科技创新“1+9”政策文件。“1”为《中共广州市委广州市人民政府关于加快实施创新驱动发展战略的决定》，是实施创新驱动发展战略的纲领性文件，“9”为9份对纲领性文件“1”进一步细化落实的配套政策文件，主要内容包括增强企业创新能力、推进科技成果转化、完善科技创新平台、吸引科技创新人才、加强科技金融等。在“1+9”政策框架下，陆续出台系列细化的配套政策，形成以一个纲领性文件加若干配套政策的创新政策体系，对全市科技创新工作发挥指导作用。

2015年，广州市开展2014年度企业研究开发费用税前加计扣除项目备案工作，经过专家的鉴定评审最终7 666个项目通过评审，评审通过率为88.6%。7 666个项目执行期投入总经费达524.73亿元，其中国家拨款6.29亿元，省级拨款3.76亿元，市级拨款2.40亿元，其他拨款2.45亿元，银行贷款1.16亿元，企业投入自有资金为508.67亿元。

3月，《广州市企业研发经费投入后补助实施方案》印发，采取奖励性后补助一次性拨付经费的方式，由市区两级财政根据企业上一年度研发经费支出额度按一定比例给予补助。2015年度企业研发经费投入后补助专项资金补助企业1 326家，补助经费总计约9.51亿元，市区财政经费均分别承担了约4.75亿元。获得补助的1 326家企业中，规模以上工业企业646家，补助经费6.9 774亿元，其他企业680家，补助经费2.53亿元。

2015年，根据省一级部门有关要求，广州市组织有关单位开展了2015年广东省企业研究开发省级财政补助资金项目的申报，市科创委联合市工信委、市财政局、市统计局、市国税局、市地税局对上报项目进行了审核。经核实，实际享受补助企业671个，补助金额48 324.95万元。

12月，印发《广州科技创新券实施办法（试行）》，鼓励本市科技型中小微企业及创客购买研究开发、产品设计、知识产权、科技咨询、技术检测、认证、高性能计算等科技创新服务，符合条件的财政按单项服务合同金额的30%给予补助。

【科技投入】 2015年，全市财政对科技投入经费总额88.5亿元，比2014年增长57.1%。市本级财政对科技投入经费总额33.3亿元，占一般预算支出比例为4.88%。其中，归口市科创委管理的研究与开发经费21.6亿元，经费的配置基本达到“两个70%”，即企业承担或企业牵头承担的科技计划项目经费比例超过70%和以后补助方式支持的科技计划项目经费比例超过70%。

【科技计划项目】　2015年度广州市获中央引导地方科技发展专项2项，主要用于企业设备购置及开展科技金融服务，提升团队服务能力。2015年度全市省级科技计划项目共申请1 438项，立项328项（以上中央引导地方科技发展专项项目及省级科技计划项目只包含市属科研机构、高校及企业数据）。2015年，市级科技计划项目申报10 641项，立项2 956项。

2015年，广州科技计划科学研究专项设立一般项目和重点项目。一般项目支持了300个项目立项，每个项目支持经费为20万元，共投入经费6 000万元；重点项目支持了17家国家实验室38个项目立项，共投入经费7 208.8万元。2015年科学研究专项立项项目全面支持了生物与健康、农业与食品、环境保护、新能源与新材料、电子信息等技术领域研究，其中：生物与健康领域立项137项，资助金额2 740万元，支持开展了癌症发生转移机制和抑制治疗方法研究、传染病感染机制研究等；农业与食品领域45项，资助金额900万元，支持开展了动植物育种和养殖研究、食品安全研究等；环境保护领域32项，资助金额640万元，支持开展了PM2.5的分析研究、水污染、光污染的防治研究等；支持新能源与新材料领域29项，资助金额580万元；电子信息领域16项，资助金额320万元。按项目承担单位性质划分，高等院校承担了142个项目，项目金额共2 840万元，占47.3%；卫生医疗机构承担了90项，项目金额共1 800万元，占30%；研究院所承担了68项，项目金额共1 360万元，占22.7%。

【科技企业】　2015年，广州市加大对科技创新企业的扶持力度，实施科技创新小巨人企业和高新技术企业培育行动、企业研发投入后补助、企业设立研发机构、“新三板”挂牌、科技型中小企业信贷风险资金补偿和科技企业孵化器建设等一系列政策和措施，广州市已在部分细分领域聚集了一批国际国内领先的企业。

高新技术企业　截至2015年年底，广州市共有高新技术企业1 919家，累计火炬统计高新技术企业1 898家，比2014年1 589家增长309家，增幅达19.45%。1 898家高新技术企业工业总产值3 680.8亿元，较2014年增长7.04%；营业收入5 336.9亿元，较2014年增长16.74%；技术收入780.6亿元，其中，技术转让收入8.7亿元，技术承包收入217.7亿元，技术咨询服务收入434.5亿元，接受委托研究开发收入22.5亿元，实现净利润363.5亿元。上市企业195家，比2014年增加109家。高新技术企业实现进出口总额171.9亿美元，较2014年增长了21.91%，其中，出口创汇总额100.7亿美元，占进出口总额的58.6%。高新技术产品出口70.1亿美元，占出口总额的40.8%。技术服务出口6亿元，占出口总额3.5%。高新技术企业交税总额264.5亿元，较2014年增加41.2亿元，增长18.45%，其中增值税132.7亿元，营业税20.1亿元，所得税61.9亿元。税费减免方面，减免税总额67.3亿元，减免所得税55.5亿元，占减免税总额的82.5%。享受高新技术企业所得税减免额43亿元，较2014年增加33.54%，研发费用加计扣除所得税减免额9.6亿元，较2014年增加59.51%。

科技型中小企业技术创新资金　2015年，广州市中小企业创新资金采取事前立项、事后补助方式，经费支持规模达到1亿元；共受理创新资金项目1 499项，其中广州市创新资金专项项目783项，广东省创新资金项目716项，广东省创新资金项目申报数居全省第1。广州市中小企业共获得资助1.25亿元，其中，2015年度广州市创新资金项目后补助8 280万元，广东省创新资金资助金额达4 170万元，占全省资助金额的41.7%，居广东省创新资金立项数全省第1。在2015年组织验收的80个国家创新基金项目中，项目实际新增投资3.69亿元，实现项目销售收入7.27亿元，净利润1.35亿元，缴税总额6 867万元，新增就业人数1 316人，企业验收时资产规模和企业销售收入分别比立项前增长49.8%和75.6%；企业获专利授权共111件，其中发明专利54件，实用新型专利49件；获软件著作权74项。

【科技创新平台】

新型研发机构　2015年，广州市制定的《广州市人民政府办公厅关于促进新型研发机构建设发展的意见》（穗府办〔2015〕27号）与广东省相关政策同步出台，明确原则上每年在科技经费中安排不少于2亿元用于支持研发机构的启动建设运营和持续建设发展，对资金用途不设比例限制，启动资金由政府按协议分期无偿拨付，启动期后政府以阶段性参股方式给予后续支持。截至2015年年底，广州市共有28家新型研发机构获得省级认定，数量居全省首位。

企业研发机构　2015年，广州市发布实施《广州市支持企业设立研究开发机构实施办法》，对按标准建设研发机构的企业，由市财政和企业所在区财政分别按60%和40%的比例给予总额度为100万元的扶持。2015年，通过企业申报、区科技主管部门核实、市科技创新委抽查等环节，全市新增企业研发机构435家，新增广州中软信息技术有限公司组建的“广东省廉情预警软件工程技术研究中心”等省级工程技术中心157家。截至2015年年底，广州市拥有各级研发机构（含工程技术中心）1 363家，其中国家级18家，省级549家，市级796家，企业研发机构已覆盖新一代信息技术、生物健康、新材料、新能源和节能环保、装备制造、新能源汽车等领域。

广州超级计算中心　2015年，“天河二号”继续位居“世界超级计算机500强排名”（TOP500 List）首位，实现六连冠。

2015年，超算中心逐步部署并适配了各类超算应用软件，不断完善“天河二号”应用软件环境，提高应用稳定性、易用性、便捷性，有效降低使用“天河二号”门槛。对传统软件进行深度优化，大幅提升其运算性能，并通过国际合作引进部署了一系列国外优秀应用软件。搭建Galaxy生物信息分析平台，集成大量生物信息分析工具，为用户提供简单易用的Web界面，支持用户灵活创建工作流，大幅提高生物平台用户使用“天河二号”效率。对相关商业软件进行了二次封装以供使用，帮助用户快速从Windows系统过渡至Linux系统。

2015年，超算中心与北京师范大学团队合作完成了含有3万亿粒子的暗物质和中微子宇宙动态演化的数值模拟。与用户联合开发了面向大规模异构超级计算机的虚拟药物筛选软件，该平台可在一天内完成至少4 200万化合物对埃博拉病毒靶标蛋白的虚拟筛选，为爆发性恶性传染病的快速药物研发提供了强大的计算模拟保障。超算中心积极配合国家“互联网+”行动计划，将“天河二号”与云计算有机结合，建设了一套自主可控的云计算解决方案、技术体系和标准规范，共同搭建了“动漫渲染云”“智能销售云”“地铁云”等行业云平台。

【产学研工作】　截至2015年年底，广州产学研协同创新联盟已吸纳会员超过600家。围绕新一代信息技术、健康医疗、光机电一体化、3D打印、物联网等广州市重点产业领域，积极引导相关领域龙头骨干企业牵头，整合产业链上下游产学研相关单位，组建了12个产学研技术创新联盟。同时依托联盟的平台作用，面向联盟成员单位组织召开了10余次高校、科研机构、企业以及中介服务机构对接交流活动。2015年，各领域产学研技术创新联盟积极开展协同创新工作，科技投入近10亿元，新增发明专利近400项，授权逾110项，新增实用型专利160余项，授权实用型专利近200项，获得软件著作权近30项。2015年高新技术产值近8亿元，新增产值近2亿元。2015年产学研协同创新重大专项项目共289项，市财政支持资金34 560万元。

【科研基础条件】　截至2015年底，全市已建有国家重点实验室（含企业重点实验室）19家，省重点实验室（含企业重点实验室）233家，市（培育）重点实验室（含企业重点实验室）123家。2015年，广州市级财政支持科研基础条件建设经费共计3 453万元，其中，支持重点实验室建设项目14项，经费支出2 760万元；支持省市共建生物种质资源库建设项目7项，经费支出549万元；支持资源共享平台建设项目2项，经费支出144万元。

市（培育）重点实验室　2015年，广州市（培育）重点实验室共获得国家级奖励34项，省部级奖励191项，市级奖励125项，发表论文7 614篇，其中在国外期刊发表论文3 452篇，被SCI和EI索引收录论文1 049篇。市（培育）实验室吸引和培养科技创新优秀人才195名，其中国家“千人计划”14人，“千百十”人才工程国家级培养对象8人、省部级各类人才计划105人，市“创新创业领军人才百人计划”5人，珠江学者3人、羊城学者2人、市珠江科技新星58人。

生物种质资源库　截至2015年年底，各类自然科学资源总数超过37万份，引进种质资源991份，评价种质资源120项，审定品种9个，创新资源20个，推广示范面积约44.5 hm^2，开发产品收入1 600多万元，发表论文20篇。

科技资源公共服务平台　2015年，广州科技资源公共服务平台通过"共享服务站+科技服务联盟"方式，在信息资源共享的同时，实现不同服务机构优势资源的协同运行，为广州地区及全国科研机构、科技型企业提供研发与创新资源服务，还将资源服务延伸至全市的科技园区，覆盖2 000多家企业，与其他省市地区的服务机构合作，有效收集了大量的科技成果，为近百项成果提供了对接活动。

【高新技术产业园区】

广州高新区　2015年，广州高新区营业总收入5 348.16亿元，同比增长6.3%；工业总产值3 927.24亿元，增长8.8%，高新技术产品产值占工业总产值比重达到90%以上。拥有经认定的高新技术企业959家，占广州市的71%；国家"千人计划"人才44名，占广州市2/3以上；聚集国家级创新型企业8家，占广州市的57.1%；各类研发机构440多家，占全市1/4。

2015年，广州科学城获国务院批复同意建设国家自主创新示范区，获批国家知识产权投融资试点、广东省知识产权服务业集聚发展试验区、广东省专利密集型产业集聚区。新增孵化器试点8家，新增孵化器面积30.25万m^2；累计建成45家科技企业孵化器，总孵化面积达360.25万m^2。全年新引进445家孵化器集群企业，新增注册资本37.3亿元。

2015年，天河科技园完成技工贸总收入1 609.8亿元，同比增长13.02%；天河软件园完成软件业务收入1 316.7亿元，同比增长19.01%；天河智慧城（不包括七条街道）完成固定资产投资56.45亿元，同比增长17.61%。推动蓝盾信息安全产业基地、御银科技园、万科云、云溪智慧软件研发中心等4个项目，提供研发和配套面积超过24.2万m^2。

2015年，黄花岗科技园共推荐申报省、市科技项目390个；获得国家、省、市科技进步奖共78项。优化区科技计划体系，通过无偿资助、配套资助、事后补助等多种方式安排区科技计划项目108项，扶持资金合计1 614万元。认定高新技术企业累计142家，累计国家级创新型企业2家，市级以上创新型企业（含试点）30家，市级科技创新小巨人企业11家。强化知识产权创造，获认定为国家知识产权强县示范区、广东省知识产权服务业集聚发展试验区，2015年专利申请受理量8 756件，同比增长45.4%。建设孵化器8个，面积共19万m^2，其中"广州创业大街"及"289艺术PARK"被认定为省级众创空间试点单位。

2015年，民营科技园（以下简称"民科园"）被认定为珠三角国家自主创新示范区和首批国家小型微型企业创业创新示范基地，并被纳入广州市国际科技创新枢纽体系。民科园"一核四园"133家"四上"企业营业总收入429.1亿元，同比增长3.9%，其中，98家规模以上工业企业总产值379.2亿元，同比增长10.9%；税收14.5亿元，同比增长8.6%；固定资产投资14.6亿元。民科园重点推进13个重点产业项目建设。截至2015年年底，累计获得专利授权1 914项，其中发明专利294项，实用新型专利683项，外观专利937项；获得计算机著作权345项、中国驰名商标7个、省市著名商标54个、省名牌产品20个。截至2015年年底，民科园内经认定的高新技术企业达37家、国家创新型企业1家、省级创新型及创新型试点企业5家、市级创新型及创新型试点企业5家、市级科技创新小巨人企业4家、国家级科技企业孵化器1家，已建成博士后工作站5个、国家级实验室3个、广东省院士工作站3个、产学研合作基地9个、国家级企业技术中心3个、省市级企业技术中心（工程研究中心）48个。

2015年度南沙资讯科技园新增入园企业14家。截至2015年年底，入驻园区的科研企业及研发机构共有29家。园区内共设立3个孵化器，其中，广州南沙资讯科技园孵化器已有21家孵化企业，广州雏鹏锂电装备产业园孵化场地面积约2万m^2，集聚广州中国科学院工业技术研究院的国家锂离子动力电池工艺装备技术基础服务平台资源。

广州国际生物岛　截至2015年年底，已有超过100家生物技术相关企业入驻广州国际生物岛，岛内聚集了超过100家生物科技企业和多名国内外著名生物科技人才，其中国家千人计划专家6名，广州市领军人才1名，开发区领军人才1名。入驻企业涉及新药研发、中药现代化研究、海洋生物、干细胞研究与应用、生物能源、CRO、医药保健品、生物科技风险投资等领域，累计注册资本达22.61亿元，投资总额达55亿元。

番禺节能科技园　截至2015年年底，番禺节能科技园区入驻企业近900家，聚集2万多名本科以上青年创新创业人才，上市企业达13家，引进粤科金融、九鼎投资、丰年资本、高盛投行、国信证券等10多家风创投、私募、券商机构。2015年，美国风险投资学院与番禺节能科技园正式签约，将在该园区内设立其中国分院。园区与南方人才市场共建“雏鹰大学生创业孵化基地”，已有冰鲸科技、U.me科技、课程英雄等一批大学生创业项目团队入驻。园区全年共举办各类活动10余场，活动包括园区企业专场招聘会、“互联网+资本”高峰论坛、创业马拉松、企业创新发展问题交流会、第4届大学生创业大赛——雏鹰创客集训营等。

【孵化育成体系】

科技企业孵化器　截至2015年年底，广州市已有科技企业孵化器119家，其中国家级孵化器16家（包括国家级大学科技园2家），国家大学生科技创业见习基地试点单位4家，省级孵化器13家，市级孵化器25家，全市孵化器总面积达650万m^2，直接提供就业岗位达9.5万余个。2015年，广州市相继制定配套《关于促进科技企业孵化器发展的实施意见》的《广州市科技企业孵化器倍增计划实施方案》《广州市科技企业孵化器管理办法》《广州市科技企业孵化器专项资金管理办法》等文件，形成了孵化器“1+3”政策体系。据统计，广州市孵化器共聚集孵化项目700多个，在孵企业近4 000家，高成长企业近900家。2015年认定的5家国家级孵化器培育单位（省级）中有4家为民营机构，2015年认定的8家市级孵化器和新增的34家孵化器全部为民营机构。广州市从2015年起开始对纳入管理范畴的孵化器实行绩效评价管理，绩效评价结果与孵化器专项资金申报挂钩，绩效评价合格的孵化器才可以申请专项资金补助。据统计，2015年孵化器年度新增毕业企业326家，累计毕业企业已超过2 000家；年度新增高新技术企业70家，高新技术企业累计达到398家。孵化器共引进“千人计划”人才57名，在“新三板”挂牌的科技企业达39家。

2015年，以留学人员广州创业园为核心的广州开发区科技企业孵化器集群也得到了国家科技部及省市相关部门的充分肯定。广州高新区管委会、广州火炬高新技术创业服务中心（广州创业园）的“广州开发区科技企业孵化器集群创新实践”项目获2015年度广东省科学技术奖唯一的特等奖。7月，全省科技企业孵化器建设工作现场会在广州科学城召开。

众创空间　2015年，广州市出台《广州市支持众创空间建设发展的若干办法》，通过政策引导，加快推进广州市众创空间建设发展。截至2015年年底，全市众创空间达50家，面积约20万m^2，专业服务人员638人，当年服务的创业团队1 600个，当年服务的初创企业1 900个，服务的团队及企业当年获得投资总额约10亿元，为社会创造就业岗位超5 000个，吸纳应届大学生就业超2 000人。2015年10月，广州市14家众创空间获科技部批复纳入国家级科技企业孵化器管理支持体系，占全国136家的10.3%。2015年11月，广州市30家众创空间获省科技厅认定为2015年众创空间试点单位，占全省87家的34.5%，全省排名第1。

6月29日，在广东省、中国科学院全面战略合作领导小组会议上，举行了广东国际创客中心签约仪式。广东国际创客中心是首个省级国际创客中心，由番禺区与广东科学中心、中国科学院先进技术研究院三方共建，旨在建设“创客发掘工程”“创客苗圃工程”“成果转化加速器工程”和“互联网+工程”的线上线下一体的创客生态四大体系，形成引领全省创新潮流、可复制、可推广的创客模式，用创新创业推动番禺区、乃至全市、全省的产业转型升级。

【科技与金融】

科技创业投资　截至2015年年底，广州市创业投资引导基金设立的4支子基金——红土科信基金、中大一号基金、越秀新兴产业基金和司浦林信息产业基金共投资项目54个，基金投资金额9.79亿元（其中引导基金投资1.25亿元），其中广州本地项目25个，吸引社会资本投资54.5亿元，引导基金放大倍数为43.6倍。市引导基金重点引导社会资金投向孵化期、初创期科技型企业，据统计，广州市创业投资引导基金投资的54个企业中，5家成功挂牌“新三板”、11家拟IPO、4家拟申报IPO，2家被上市公司并购。

科技信贷　2015年，广州市科技创新委员会与广州市财政局联合出台《广州市科技型中小企业信贷风险补偿资金池管理办法》，建立与合作银行的信贷风险分担机制，推进科技信贷，缓解企业融资难，由市财政安排资金，设立首期金额4亿的广州市科技型中小企业信贷风险补偿资金池（下称“资金池”），通过科技计划项目公开征集、专家评估的方式，首期确定了中国银行、建设银行、招商银行、平安银行、交通银行、广州银行、中信银行、兴业银行等8家银行作为资金池合作机构并签订协议，成立了广州市科技金融综合服务中心作为风险资金池的委托管理与科技贷款服务平台，制订了《资金池操作规程》，在各合作银行中设立资金专户，存入风险补偿资金5 000万元。

市科创委大力推动银行组建科技支行，创新科技信贷产品。2015年成立了招商银行广州开发区科技支行、建设银行天河高新科技园支行、中国银行南沙科技支行、中国银行黄花岗科技支行。截至2015年底，全市6家科技支行，创新科技信贷产品30余种，建立了区别于传统银行的科技支行服务模式，包括独立的客户准入条件、产品开发、系统设计、审批流程、专业人员配置、服务价格优惠、贷款规模支持、不良贷款容忍度等，初步形成了科技支行特色服务“广州模式”。

11月17日，市科创委发布了《广州市科技型中小企业信贷风险补偿资金池申报的通知》，正式受理全市科技型中小企业的信贷申请。同时，通过政策宣讲、企业走访、银行宣讲、中国创新创业大赛（广州赛区）以及推介新三板业务等活动，宣传科技信贷政策，组织宣讲活动超过10场，参与企业超过1 000家。自资金池申报工作启动以来，截至2015年年底，共受理企业申请92家，申请金额达15亿元；走访企业36家，遍布广州市10个区，其中有18家企业成功纳入资金池，合作银行授信金融2.69亿元。

新三板及上市　2015年，广州市出台了《广州市人民政府办公厅关于促进科技金融与产业融合发展的实施意见》，明确了金融与产业融合的总体思路，其中将发展和利用多层次资本市场作为重点工作之一，推动科技企业上市和再融资，推进“新三板”挂牌工作，对完成股份制改造的一次性补助20万元、券商签约辅导的一次性补助50万元，补贴力度位于全国前列。按照“入库一批，培训一批，签约一批，股改一批，挂牌一批”的工作思路，力推科技企业在全国中小企业股份转让系统（新三板）和广州股权交易中心挂牌，初步形成了广州科技板块。制定了《关于加快推进科技型中小企业在全国中小企业股份转让系统和广州股权交易中心挂牌的工作方案》，成立广州市“新三板”挂牌工作小组。7月，成立了广州市科技金融综合服务中心有限公司，构建“一站式”科技金融服务平台，开展科技信贷融资服务、创业服务、科技金融信息对接平台、互联网众筹平台、企业上市培育等科技金融服务；联合证券、银行、风投、会计师事务所等30多家中介机构和40多家科技企业共同发起成立了“广州市科技企业新三板发展促进会”，建立“金字塔”型科技企业上市梯队；发动各区、园区、孵化器和科技金融机构等，通过“新三板”推介会、研讨会、培训会、沙龙等方式，宣传政策，在全市组织了80余场“新三板”培训，培训科技企业近5 000家，联合主流媒体举办“2015新三板价值风云榜”等宣传活动，提升“新三板”挂牌企业知名度，通过《广州日报》《南方日报》等媒体大篇幅报道，形成广州市科技企业挂牌上市氛围。

截至2015年年底，广州全市共有245家科技企业申报“新三板”和广州股权交易中心挂牌补助，补助金额近1亿元；共有 145家企业在“新三板”挂牌，总市值达276亿元，其中2015年在“新三板”挂牌110家，比2014年增长203%，在“新三板”排队审批的企业超过200家，位居全国前列。

【科技人才队伍】　2015年，广州市制订了人才激励“1+4”政策文件，1个主文件为《加快集聚产业领军人才的意见》，4个配套文件为《羊城创新创业领军人才支持计划实施办法》、《广州市产业领军人才奖励制度》《广州市人才绿卡制度》《广州市领导干部联系高层次人才工作制度》。9月印发了《广州市珠江科技新星专项管理办法》，将每年遴选200名“珠江科技新星”，同时放宽企业申报人条件。

2015年，广州市政府与中国工程院签订战略合作框架协议，加强院市合作。全年共邀请院士专家205人次，其中本地院士专家99人次，外地院士116人次，举办了3场大型院士咨询活动，组织了4场院士讲座、3场院士沙龙和4场院士行活动。

【科技成果与奖励】

政策文件 2015年，广州市密集出台了《广州市促进科技成果转化实施办法》《广州市科技成果交易补助实施办法（试行）》《广州市科技创新券实施办法（试行）》《广州市高校、科研院所科技成果使用、处置和收益权改革实施办法》等一系列政策文件，在科技成果处置、使用、收益管理、建立科技成果市场定价机制、科技成果转化年度报告制度、科技成果交易补贴等方面出台了具体的改革措施。

科技成果登记 2015年，广州市科技成果登记741项，较2014年增长137.5%。在已登记的741项科技成果中，拥有知识产权1 992项，比2014年增长49.7%。1 992项知识产权中，发明专利906项，占45.5%；实用新型专利数693项，占34.8%；外观设专利和软件著作专利分别为72项、212项，分别占3.6%、10.6%。截至2015年年底，广州市科技成果登记总数3342项。

2015年，收集整理了第一届中国科技成果交易会项目、2012—2015年科技成果登记数据和征集的各高校、科研院所和企业的科技成果共2 408项，形成了广州市科技成果库（第一期），在广州科技资源公共服务平台公布，举办了第1届中国（广州）创新科技成果交流会等各类成果对接需求活动，形成线上线下相结合的科技成果转化模式。

科技成果奖励 在2015年度国家科学技术奖励项目中，广州地区共17项科技成果获奖，其中，国家自然科学奖二等奖4项，国家技术发明奖二等奖2项，国家科学技术进步奖11项，其中一等奖1项、二等奖10项。在2015年度广东省科学技术奖励项目中，广州地区共164项科技成果获奖，占全省获奖总数的69.2%。其中，突出贡献奖2人、特等奖1项、一等奖21项、二等奖58项、三等奖82项。获2015年广州市科学技术市长奖1人，由华南农业大学廖明获得。2015年广州市科学技术进步奖共99项，其中“登革热的基础与临床应用研究”等14个项目获一等奖，“适用于集成电路高密度封装与测试的基板研发和产业化”等40个项目获二等奖，“规模化城市污泥制肥技术研究与产业示范”等45个项目获三等奖。

技术成果及交易 2015年，广州市技术合同成交额稳步增长，技术合同成交额总金额达266.00亿元，同比增长7.75%；实现技术交易5 844项，技术交易额259.69亿元，同比增长8.67%；平均每项技术合同成交额452.23万元，增长44.75%，超额完成2015年技术合同登记工作目标。截至2015年年底，广州市共有国家级技术转移服务机构12家、省级技术转移服务机构58家。

5月22日，第一届中国创新科技成果交易会于广州举办，共促成26项创新科技成果项目转化落地并签订协议，另有100多个项目在会上和会下达成对接合作意向。12月20—21日，首届广州创客创新和广东省留学人员创业成果交流现场会召开，吸引了200多家创业企业对创新成果进行现场交流，近50个创业项目进行路演，1 000多名留学科技人员企业、创业企业代表参加，在创新创业大赛中，共产生了10强项目，40名团组（企业组、团队组各前20名）进军总决赛。

【知识产权工作】 2015年，完成建设广州市知识产权枢纽城市实现路径研究，制定实施《广州建设知识产权枢纽城市工作方案》。以计划单列市和副省级城市第一名的成绩通过首批国家知识产权示范城市复核，获批开展新一轮示范城市建设，被认定为首批国家知识产权区域布局试点城市。越秀区、黄埔区获批为国家知识产权强县工程示范区，越秀区和广州开发区获批广东省知识产权服务业集聚发展试验区，广州开发区和增城开发区获批国家知识产权投融资试点。出台《广州市专利工作专项资金管理办法》，首次将发明专利申请量纳入市政府对各区落实创新驱动战略的量化考核指标。广州知识产权人才基地建设列入广东省政府和国家知识产权局的省部会商项目。

3月28日，“资本与知识产权运营”研讨会暨广东中策知识产权研究院成立仪式在广州举行。广东中策知识产权研究院是广东首个引进的侧重于知识产权政策研究、战略制定、产业运营等方面的国家级知识产权高端专业服务机构。会上，部分来自知识产权产业界的专家学者围绕金融资本与知识产权运营作了深入广泛的研讨交流。

4月14日，中国国家知识产权局、新加坡知识产权局与广东省政府三方会谈暨中国国家知识产权局与新加坡知识产权局会谈纪要签字仪式在广州举行。中国国家知识产权局局长申长雨、新加坡知识产权局局长陈一山、广东省政府副省长陈云贤出席会议并讲话。申长雨表示，此次三方会谈是落实2014年10月27日，中、新两国政府之间签署的《知识产权领域合作谅解备忘录》，共同推动“中新广州知识城知识产权运用和保护综合改革试点工作”的重要举措，对于推进中新广州知识城知识产权运用和保护综合改革试点工作意义重大。

4月14日，作为广东省创新驱动战略的重要措施，广州知识产权交易中心（下称“广知中心”）正式揭牌。广知中心主要由广东省产权交易集团、广东省粤科金融集团、国家知识产权局专利局专利审查协作广东中心、广州市凯得控股集团和北京东方灵顿科技公司等发起设立，主要业务为知识产权交易及与之相关的企业产权交易以及相关配套服务。广知中心已获批成为国家知识产权试点企业，入选财政部和国家知识产权局在试点企业基础上优中选优的知识产权运营机构。

专利创造与运用　2015年，广州市专利申请6.34万件，同比增长36.8%，其中发明专利申请2万件，同比增长37.7%；发明专利授权6，626件，同比增长44.4%。截至2015年12月底，广州市有效发明专利2.41万件，同比增长27.1%；PCT国际专利申请627件；每万人口有效发明专利拥有量达17.9件。

2015年，广州市投入2 030万元扶持资金支持专利产业化项目60项；专利质押融资共获银行贷款达3.64亿元；新增平安保险公司专利保险业务，专利投保总额达464万元；启动设立知识产权质押融资风险补偿基金工作，获中央财政引导资金1 000万元和市财政配套资金3 000万元支持。首次推出专利信息推送、百所千企专利服务对接等11类专利运营服务专项，支持知识产权运营服务机构发展；推动服务机构与130家企业签订《企业知识产权管理规范》国家标准贯标辅导协议，8家企业通过认证。

2015年，广州市获得第17届中国专利奖共29项，其中，中国外观设计金奖1项，中国专利优秀奖26项，中国外观设计优秀奖2项。2015年，广州市获得广东专利奖共24项，其中，广东专利金奖7项，广东专利优秀奖14项，广东发明人奖3项。

知识产权保护　2015年，全市专利行政执法办案总量927件，其中进驻广交会等24个大型展会，处理专利侵权投诉328件。制定《广州市知识产权局互联网专利保护工作指引》，启动知识产权保护规范化市场培育工作，2个专业市场成功申报国家级市场培育，首次开展培育市级知识产权保护规范化专业市场。

推动设立中国广州（皮革皮具）知识产权快速维权中心、南沙自贸区知识产权维权援助中心。12月，国家知识产权局正式批复，同意在花都区狮岭镇设立“中国广州花都（皮革皮具）知识产权快速维权中心”，这是全国首家皮革皮具行业快速维权中心。

着力完善多元化知识产权纠纷解决新模式，市知识产权局与市司法局、广州知识产权仲裁院、广州海关和黄埔海关联合签署《关于共同推进行业知识产权纠纷调解人民组织建设的合作协议》，先行先试推动行业协会等社会组织开展专业性人民调解工作。

11月26日，广州市知识产权局在广州承办国家知识产权局“建立健全进出口环节执法维权机制”研讨会。国家知识产权局专利管理司、海关总署政策法规司的领导到会指导，来自长江以南部分省市知识产权局和国家直属海关、隶属海关的代表，以及广州地区行业协会知识产权边境保护联盟的成员共40余人参加了研讨会。会议围绕进出口环节专利执法维权机制的现状，存在问题；如何加强知识产权局与海关的合作共建，做好进出口环节专利执法维权的主体进行深入研讨。

【科技与民生】

科技创新对口帮扶　根据《2013—2020年广州市黔南州对口帮扶合作框架协议》和《2013—

2015年广州市对口帮扶黔南州工作三年计划》，结合当地经济社会发展需求，启动了“黔南州贵定县优势茶树品种高效加工技术产业化模式示范与推广”“黔南州艾纳香中天然产物提取工艺关键技术研究及示范”“特色观赏植物产业化技术开发模式在黔南的应用研究”“黔南州瓮安县科技企业孵化器平台建设”等一批示范项目。

截至2015年年底，“新疆喀什疏附县石榴保鲜与物流关键技术研发与示范”项目完成研究，建设了6.67hm^{2}石榴标准化生产示范基地；“广州特色农作物品种在新疆喀什繁育和推广应用”项目引入了25个品种，共收种1.95万kg。“新疆疏附县特色农产品产销展示信息服务平台”项目采用二维码技术，完成了产品溯源模型的构建，初步建成特色农产品的信息资源库，制作了20多个品种的特色农产品宣传专题。“西藏灵芝的人工栽培技术研究及产业化”帮扶项目建立了藏灵芝栽培基地，形成了年产灵芝药材500 t、灵芝孢子粉5 t生产能力。

2015年，广州市科技创新委员会领导4次到曲滩村指导开展“双到”帮扶工作；实施美丽乡村工程，完成卫生站和农家书屋的建设，安装路灯89盏，改变了2个自然村完全没有路灯照明的历史；拟落地到梅州市的“灵芝产业化生产关键技术研究与示范”项目已在广州科学城基地新建了40多m^{2}的种质保藏库，初步建立了分子生物学鉴定方法。

民生科技重大专项　2015年产学研协同创新重大专项民生科技专题立项项目130项，每项支持100万元，共支持经费1.3亿元，其中支持广州市区域内高校立项项目33项，企业立项30项，科研院所立项31项，医疗卫生机构立项36项。

广州市健康医疗协同创新重大专项　2014—2015年先后开展了重大专项一期和二期项目的组织立项工作，产生了全国首家干细胞领域和首家二代基因测序领域的两家新三板上市企业，研发出全国首个埃博拉病毒检测试剂盒、全国第2个二代基因测序仪及无创产前诊断试剂盒，获得全国首批肿瘤诊断与治疗项目高通量基因测序技术临床试点，建立了全国第三家、广东第一家具有埃博拉病毒实验活动资质的实验室。2015年，按照该专项计划已完成第二期项目的立项工作，共立项项目18个，支持金额1亿元。两项核酸提取试剂获得了一类医疗器械备案。重大传染性疾病综合防治专题提出的《广州市登革热防治策略》获省市领导高度重视并被相关主管部门采纳，制定的《登革热诊断标准》被纳入国家卫计委2015年卫生标准修订计划；该专项二期项目实施期间共申请专利22件，授权专利8件；带动19项国家科研项目资助、12个省级项目资助；完成3项干细胞治疗临床试验注册，开展相关临床试验1项；发表SCI收录论文23篇。

【科技交流合作】　2015年，广州市共拨付财政经费1.38亿元，支持开展对外科技合作项目56项，项目合作方涵盖美国、英国、瑞典、以色列、澳大利亚、乌克兰和我国香港等国家和地区，在复合材料、机电装备、农业育种、疾病防治、食品检测等领域引进了一批关键共性技术。市科技系统全年共开展外宾接待及对外科技交流活动近40批次，接待人数超过800人，境外出访35批次。

国际交流合作　在平台建设方面，广州市共投入1.5亿元资金支持中乌巴顿焊接研究院新研发大楼建设以及燃气轮机关键零部件表面处理及维修项目；推动万力集团与乌克兰国立技术大学、乌克兰国家科学院合作共建中乌精细化工研究院，在相关领域开展紧密的科研合作；广州—伯明翰干细胞联合实验室、广州轨道交通协同创新中心等合作平台积极探讨向实体性机构转化，其中中科院广州生物医药与健康研究院与伯明翰大学合作共建的广州转化医学研究所被列入2015年度广州市对外合作重点工作之一。

在技术引进方面，市科创委通过国际合作支撑机构开展乌克兰国家科学院、英国伯明翰大学、香港科技大学等先进技术推介洽谈活动40余场，对接项目近百项。广州市政府与英国伯明翰大学于9月共同举办了第4次合作指导委员会工作会议，启动了下一阶段5项合作项目和3个共建科研平台的建设工作。

11月3日，广州市番禺区政府与美中硅谷协会举行战略合作框架协议签约暨“番禺区硅谷招商办事处、人才工作站和美中硅谷协会广州办事处”揭牌仪式，开启番禺区与硅谷地区各城市交流合作的新篇章。

穗港澳台交流合作　开展穗港澳科技创新合

作，推动设立广州超算中心南沙分中心，推动粤港澳（国际）青年创新工场建设，会同市港澳办组织香港青年暑假实习活动。香港科技大学霍英东研究院纳入了广东省第一批新型研发机构。举办了2期“促进穗港合作，提升创新能力”专题研讨交流活动，达成合作意向34项，有效促进了穗港科技创新交流合作。依托广州市光机电技术研究院，建设广州市促进台资企业科技创新与转型升级服务中心，同时市政府还投入1 000万元以后补助方式支持了20家台资企业开展技术改造。

2015年国际工程科技发展战略高端论坛　由中国工程院和广州市人民政府共同主办的2015年国际工程科技发展战略高端论坛、第205场中国工程科技论坛暨第9届中国工程管理论坛（以下简称“论坛”）于5月15—17日在广州召开。

论坛由中国工程院工程管理学部、中国工程院科技合作办公室、国家自然科学基金委员会管理科学部、广州市科技创新委员会、广州市住房和城乡建设委员会、广州市重点公共建设项目管理办公室、中南大学共同承办。中国工程院院长周济、副院长徐德龙，国家自然基金委管理科学部主任吴启迪，中共广东省委常委、广州市委书记任学锋，市长陈建华等领导出席了论坛。来自国内外工程科技界的39名院士和500余名专家、学者围绕“重大复杂工程管理与工程管理知识体系”和“绿色城市建设与污染防治”举办了2场主题论坛和4场分论坛。

论坛期间，广州市政府和中国工程院还共同主办了广州市创新驱动发展战略咨询会，举办了工程科技展览展示，发布了广州市重大工程课题需求，组织与会院士和外国专家赴广州超算中心等调研广州市重大公共建设项目及重大科技基础设施情况。中国工程院和广州市人民政府正式签署战略合作框架协议，双方将按照“优势互补、互利互惠、共建共管”的原则，在重大规划和重大工程科技问题咨询评估、院士成果应用转化、重点产业转型升级等方面加强合作。

【科普工作】

科普法规政策　2015年8月26日，十四届市人大常委会第42次会议高票表决通过了《广州市科学技术普及条例》（修改草案修改稿），12月3日《广州市科学技术普及条例（修改草案修改稿）》获省人大常委会表决通过。

科普宣传　截至2015年8月，《高新技术科普丛书》已出版发行了3辑共30本；截至2015年11月，通过广州市科普网累计发布各类科普信息6.3万多篇，科技视频253条，月均访问量达3万次以上，策划并制作《2015年科技活动周》《垃圾分类从我做起》《遏海洋六号科普课堂网络直播》《防震减灾专题》《禽流感防控》等30个专题。

科普基地建设　经市政府同意，广东海珠国家湿地公园等10家单位被认定为广州市第8批科学技术普及基地，截至2015年11月，经广州市认定的科普基地达91家。

广州科技活动周　由市科技创新委牵头组织于5月16日—24日举办了以“创新创业 科技惠民”为主题的2015年广州科技活动周。活动周期间，全市共举办各类活动100多场，参与人数达100万人次以上，媒体宣传报道57篇（次）。

活动周期间，广州科普联盟组织策划了海峡两岸暨香港、澳门科普交流系列活动，包括海峡两岸暨香港、澳门科普联展、科普论坛、科学表演秀、青少年科普之旅等，吸引了50多万人次参与体验。举办2015广州科普精品一日游，在科普基地中精选了8条路线，分两批为2 000名观众提供免费科普体验一日游，其中200名为增城贫困学生。教育部门组织的青少年科技创意发明大赛等系列竞赛科普活动，共吸引了3 500名中小学生参与。由市妇联等主办的科技活动周少儿活动专场作为广州科技活动周的品牌活动，至2015年已举办了15年，累计参与人数超过100万人次。儿童活动专场以“创新就是改变”为主题，通过征文和绘画的形式，激发少年儿童动手动脑活力，共吸引了全市近5万人参与。团市委以“走进气象，感受科学”为主题，开展了气象、环保及青少年素质教育等系列科普活动。广州市医疗卫生机构等围绕社区居民急救、健康生活、食品安全等开展系列活动，派发了《日常自救互救知识》等宣传资料。

广州科普讲解大赛影响不断扩大，市区联动成效显著，全市共有7个区举办了初赛，共有171名选手报名，比第3届翻了3倍。选手上至75岁的老人，下至15岁的学生，均为来自各行各业的科

惠州市

【概述】　2015年，惠州市科技局以优化创新环境的严要求，为推动科技创新干实事，大力实施创新驱动发展战略，加快培育创新企业，提高创新要素聚集能力，实施知识产权战略，以科技服务推动经济转型升级，提升全市产业竞争力，建设创新型城市。全市R&D投入强度达2.03%，每百万人发明专利申请量达709件。惠州市人民政府获得“中国产学研合作促进奖”。

【科技政策环境营造】　2015年，惠州市在全省率先出台了《关于实施创新驱动发展战略 加快建设创新型城市的意见》，制定了“创新平台构建、创新能力跃升、创新企业培育、创新动力激发、创新成果燎原、创新环境优化”等“六大行动”实施方案，在已有的一批扶持办法的基础上，针对高新技术企业培育、企业孵化器建设、新型研发机构建设等重点工作制定了一系列扶持政策文件，不断完善扶持政策文件，以形成了创新驱动发展的“1+6+N”系列政策文件体系。

【科技计划管理与实施】　3月，惠州市举办2015年省级科技项目申报培训会，特邀省科技厅专家对科技计划改革、重大科技专项及科技服务业指南等内容进行了深入浅出的讲解，并现场解疑释惑。5月，举办广东省科技创新政策宣讲培训会。9月，组织开展2015年广东省企业研究开发省级财政补助资金的申报工作，惠州市有31家企业共获得补助资金3 800万元。2015年，惠州市有18家企业认定为广东省工程技术研究中心，惠州市推荐上报2016年度省科技型中小企业技术创新项目20项，省协同创新与平台环境建设、前沿与关键技术创新、公益研究与能力建设专项资金项目75项。

2015年，惠州市设立市级重大科技专项研发资金，每年不少于5 000万元。2015年，惠州市科技计划项目分自主创新专项、专业镇建设专项和市级工程中心组建计划及建设项目等3大类17个专题，共评审立项139个项目。

【技术创新专业镇及特色产业】　2015年，新增龙门县龙潭镇1家省级专业镇，省级专业镇共20家，全市省级专业镇的GDP为999.3亿元，约占全市GDP（3140亿元）的31.8%。特色产业总产值为2 583.3亿元，特色产业销售收入2 458.45亿元。

2015年，市科技局积极组织专业镇申报省市专项资金，推动20个专业镇获得立项建立中小微企业服务平台，专业镇技术创新体系和产业服务体系基本建立；搭建专业镇信息网络服务平台，瞄准专业镇中小微企业发展的实际需求，统筹建设面向全省的特色产业创新资源数据库等信息资源，通过行业技术信息情报分析服务全市专业镇发展。

【孵化育成体系】　2015年，惠州市实施孵化器培增计划，引导社会资源和市场资本参与，大力推动各县区集中优质资源，促进孵化器迅速增量提质。2015年，全市已建有10家孵化器，其中国家级孵化器2家、省级孵化器2家，在孵企业457家，累计毕业企业159家，其中9家在新三板、创业板、天交所挂牌。4月，仲恺高新区设在德国科隆的海外孵化器引进商用无人机项目，首次实现德国尖端科技“欧洲研发，惠州孵化”。12月，仲恺区台湾育成孵化中心挂牌运作。大力支持众创空间建设，大亚湾的金百泽公司和市技师学院等已建成具有特色的众创空间。

【新型研发机构】　2015年，惠州市全面推进在建新型研发机构的各项工作，以企业组建、联合高校和科研院所共建、开展国际科技合作3种模式构建新型研发机构。全市建立新型研究机构4家（中山大学惠州研究院、TCL集团工业研究院、惠州市德赛工业研究院有限公司、惠州市亿纬新能源研究院），在建6家（惠州广东工业大学物联网协同创新中心、惠州先进制造产业技术研究中心、惠州TCL云创科技有限公司、大亚湾紫旭科技有限公司、惠州暨南大学研究院、北京化工大学惠州研究院）。

【产学研合作】 截至2015年年底，全市共有230多家企业与80多个高校院所建立了紧密的合作关系，实施了产学研项目523项，共组建产学研联盟8个、院士工作站3个、产学研示范基地7个、企业特派员工作站14个、省企业重点实验室3家，引进企业科技特派员386名。武汉大学技术转移中心惠州分中心规划孵化器、研发中心场地；中南大学技术转移（惠州）中心与惠州市多家企业推进合作项目。惠州市政府荣获“中国产学研合作促进奖”。

【高新技术产业及战略新兴产业】 2015年，全市高新技术产品产值4 008亿元，占规模以上工业总产值的比重达55%，比重位居全省第3位。建立了高新技术企业培育数据库，重新研究制订未来3年高企认定目标任务，纳入县区党政正职责任考核指标，确保完成全市目标任务。推荐申报高新技术企业129家，其中122家企业通过了评审，全市新认定高新技术企业72家，截至2015年年底，全市有高新技术企业255家，增幅达39%；高新技术企业培育库入库163家，累计认定了35家企业为省级以上创新型企业和创新型试点企业。

大力发展新型半导体光源产业，制定了LED产业发展规划，推广应用LED照明产品，推动LED产业顺势而起，形成了以科锐、比亚迪为龙头，包括外延、芯片加工、封装和应用上中下游一体化的完整产业链.2015年全市LED产品产值达600亿元，成为广东第二大LED产业集群。

【科技金融】 4月1日，广东省科技金融综合服务中心惠州分中心在仲恺高新区揭牌，为科技企业提供政策咨询、上市辅导和科技信贷等服务；着力构建了科技金融综合信息服务平台，中小企业通过该平台可轻松获得政策性金融服务，可无任何抵押获得企业发展需要的资金。全市引进和设立了“红土”“恺创”“粤科惠华”等11家创投基金，建立了市中小微企业贷款风险补偿基金、知识产权质押融资风险补偿金，为科技企业提供金融支持。

【科技成果及技术市场】 2015年，全市完成成果鉴定26项、成果登记35项、产业技术研究与开发资金项目297项，科技计划项目结题验收311项、市科研课题阶段性小结142项。完成技术合同认定登记核准6份，合同交易额7 856万元。2015年，累计引进创新团队18个、领军人才38名。全市获2015年度省科学技术奖6项，其中获二等奖3项、三等3奖。

【知识产权工作】 2015年，惠州市制定出台了《惠州市重大经济科技活动知识产权评议管理办法》和《关于推进惠州市专利工作实施意见的操作规程补充规定》，查处假冒专利违法行为案件129件，同比增长27.7%。

持续实施专利申请“量增质升”计划，2015年，全市专利申请量21 408件，同比增长16.61%，其中发明专利申请量4 600件，同比增长37.44%；专利授权量9 797件，同比增长32.46%，其中发明专利授权量868件，同比增长66.28%。全市专利申请量和授权量5年分别增长5.29倍和4.14倍，专利申请量增幅连续5年位居珠三角第1，共有3项专利被授予“2014年广东专利优秀奖”，TCL集团的1项专利获得第16届中国专利优秀奖。

通过优化专利申请资助政策，加强专利信息分析，发挥专利导航作用，加快知识产权的创造和运用。发展知识产权质押融资，2015年起，安排3 000万元专项资金用于专利质押融资的风险补偿，拓宽科技型中小企业的融资渠道。

【对外科技交流与合作】 2015年，惠州学院与乌克兰国立技术大学已签约共建联合研究院协议及引进科研教学高端人才合作协议，将引进电子、计算机、生物、材料、化工等5个领域的高端人才和团队。德赛集团和以色列Magna公司签订战略合作意向协议。中圣投资公司与以色列格普公司签订《高科技农业水培蔬菜项目合作协议书》。

【防震减灾】 2015年，市地震局积极推进防震减灾法制建设，修订了《惠州市建设工程防震减灾管理实施办法》。基本完成“局省合作”分配给惠州市的建设任务，完成8座地震预警台站的建设，实施淡水—多祝断裂探测等工作。启动了市中心城区震害预测、市区1990年以前建设的建（构）筑物抗震性能排查和鉴定、城市活断层探测等重点项目的建设。筹划举办地震应急综合演练，进一步完善地震应急指挥系统，积极推进应急综合避护场所建设。开设惠州市地震局政务公开栏，完善防震减灾公共服务体系，在各县区设置服务自助终端，参加2015年“平安中国”防灾宣导系列公益活动。

（惠州市科学技术局　刘传和）

汕尾市

【概述】 2015年，汕尾市逐步构建起了支持创新驱动发展的政策体系框架；强化科技计划项目验收评审工作，验收率达到98.5%，在全省排名第1位；加强区域合作协同创新、产学研合作工作，逐步促成深莞惠汕四市知识产权展示交易平台的互联互通，27家企业与12所高校、5家科研院所建立了“产学研战略合作”联盟；积极开展创新平台建设，2家新型研发机构获认定为省级新型研发机构，2家企业获省科技厅认定为省级工程技术研究中心依托单位；截至2015年年底，汕尾市拥有国家高新技术企业4家，6家企业获省高企培育入库资格。

【科技政策环境】 不断完善创新制度改革，贯彻落实中央、国务院《关于深化体制机制改革加快实施创新驱动发展战略的若干意见》和《中共广东省委 广东省人民政府关于全面深化科技体制改革加快创新驱动发展的决定》，2015年，结合汕尾市实际，出台了《中共汕尾市委、汕尾市人民政府关于全面深化科技体制改革加快创新驱动发展的实施意见》（以下简称《实施意见》），以及《汕尾市加快推进创新驱动发展重点工作方案（2015—2017）》，对全市深化科技体制改革加快创新驱动发展工作进行了全面部署。贯彻落实《广东省人民政府关于加快科技创新的若干政策意见》，加强与财政、经信、人社、国土、税务等部门联合，研究制定了《汕尾市科技企业孵化器认定管理暂行办法》《汕尾市支持新型研发机构发展试行办法》《汕尾市创新券后补助实施管理办法》《关于创新产品与服务远期约定政府购买试行办法》等相关配套政策措施，正在按程序制订《汕尾市科技企业孵化器后补助试行办法》《汕尾市科技孵化器创业投资及信贷风险补偿资金试行细则》，逐步构建起支持创新驱动发展的政策体系框架。

【科技技术项目】 2015年，汕尾市积极申报省级科技计划专项，共组织推荐省级以上科技项目36个，获省级科技立项8个，共计资金1 390万元，其中，广东绿美环境科技有限公司申报应用型科技研发专项资金项目“新型污水处理厂污泥高效干化成套设备研发及产业化”获得省科技厅立项资助300万元。

积极实施市级科技专项，2015年，共受理市级医药卫生科技项目申报28个，下达立项 26个；受理市级专项资金项目申报7个，立项6个，资金135万元。提交各类项目验收共计62个。组织企业开展节能科技项目，在2015年度市级科技专项安排资金支持“强化絮凝—黑膜沼气—类Fenton催化消毒”高浓度养猪废水处理技术集成与工程示范及“无铝透明激光防伪环保烟用内衬纸的研究和应用”2个节能环保项目实施。

加强对科技项目的评审和监督，联合市财政局组织专家组评审推荐省级科技计划项目16个、高新技术企业培育入库项目10个，评审市级科技计划项目7个、社会发展领域科技计划项目（医疗卫生项目）28个。强化科技计划项目验收评审工作，组织专家组完成了省科技厅委托的20个省级科技计划项目的验收评审工作，验收率达到98.5%，在全省排名第1位；同时完成2011—2013年的41个市本级社会发展领域科技计划项目（医疗卫生项目）验收评审工作。

【技术创新专业镇】 截至2015年年底，汕尾市共有省级专业镇8个，其中市城区红草镇和海丰县梅陇镇为2014年新认定的专业镇。2015年，全市省级专业镇共有企业5 284多家，其中规模以上企业134家，地区生产总产值为349亿元，从业人员近33万人，工作成效明显。

【区域协同与产学研合作】

区域协同创新　截至2015年年底，深汕创新创业基地（汕尾职业技术学院大学生创业孵化园）争取深圳对口帮扶资金300万元；积极与深圳科创委对接，争取科技资源向汕尾拓展和延伸，支持汕尾市企业创新发展；加强知识产权协同机制，将“汕尾市科技网”与“深圳市知识产权展示交易平台”链接，方便汕尾市知识产权拥有者和需求者直接参与展示交易，逐步促成深莞惠汕四市知识产权展示交易平台的互联互通。

产学研合作　2015年，汕尾市与中国科学院广州分院建立了“院地合作”联盟，成立了“中科院广州技术转移中心汕尾分中心”。先后引导27家企业与华南理工学院等、深圳大学、广西医科大学等12所高校及中科院南海海洋研究所等5家科研院所建立“产学研战略合作”联盟。

人才引进和培育　借助高等院校、科研机构，新搭建产业人才驿站1家、博士服务站1家，为汕尾市产业创新发展提供人才支持和技术保障；积极开展特派员工作站建设工作，指导、协助宝山公司、金瑞丰公司向省申报特派员工作站，进一步引进科技人才，截至2015年年底，累计引进科技特派员37人，通过“引进、消化、吸收、再创新”不断提高汕尾市自主创新能力。

【创新平台建设】　2015年，汕尾市海洋产业研究院和汕尾市创新工业设计研究院2家新型研发机构获认定为省级新型研发机构，信利光点股份有限公司和路华电子科技（汕尾）有限公司2家企业获省科技厅认定为省级工程技术研究中心依托单位，深汕特别合作区电商众创空间获省级众创空间试点单位认定。汕尾市科技局认定汕尾宝山猪场有限公司、广东三禾高新有机农业有限公司、海丰县金瑞丰生态农业有限公司3家企业为2015年度市级企业研究开发中心建设单位。2015年，市科技局牵头省科技情报所、汕尾职院联合组织“汕尾市科技企业孵化器建设及孵化育成体系示范推广”申报粤东西北地区科技创新环境建设650万元竞争性重大项目。

【高新技术产业与战略新兴产业】

高新技术产业　2015年，信利半导体公司、栢林电子封装有限公司获认定为国家高新技术企业，信利光电公司顺利通过了国家高新技术企业复审。截至2015年年底，汕尾市拥有国家高新技术企业4家。汕尾市栢林电子封装材料有限公司、广东宝塑科技有限公司、广东绿美环境科技有限公司、汕尾德昌电子有限公司、汕尾高峰科特纸业股份有限公司、汕尾市五丰海洋生物科技有限公司6家企业获省高新技术企业培育入库资格。

高新区　2015年底，汕尾高新区重点发展高端新型电子信息产业、新能源新材料、生物医药、海产品与食品深加工和现代服务业等产业，2015年，区内有工业注册企业74家，完成工业总产值301.99亿元。

LED照明产品推广应用　通过政策引导和措施推进，全市LED照明改造工作稳步落实，获省专项资金支持1 000万元，截至2015年年底，全市已投入资金近9 063万元，改造新建LED灯93 778盏（其中改造新建LED路灯36 917盏、改造新建室内LED灯51 263盏）。

【农业科技】　2015年，汕尾市科技局积极推进农业科技发展，积极争取国家、省财政资金800多万元资金支持，搭建农业科技创新平台，推进农业科技发展。广东汕尾农业科技园区总投资6 709万元，其中，省科技厅支持300万元，市级经费78万元，其他6 330万元都由参与企业负责。其中，重点投入利群公司3 800万元、陆港公司1 500万元、陆丰市跨越种养专业合作社616万元、广东省生宝种养有限公司500万元。园区现有从业人员671人，园区已建成面积418.04hm^2，其中，核心区面积371.37 hm^2，示范区面积46.67 hm^2。园区建设以来累计资金投入6 709万元，其中政府投入368万元（包地市政府投入），企业投入6 341万元，累计产值5 1884万元，产生利润3 840万元。

【科技成果及知识产权工作】

成果奖励　2015年，宝山猪场公司的“生猪标准化规模养殖与粪污处理及资源化利用关键技术研究”荣获2015年度广东省科学技术进步奖三等奖。该科技成果由汕尾宝山猪场有限公司联合广东工业大学、中山大学、韶关学院等单位协作完成。该成果申请并获授权国家发明专利6项、发表多篇学术论文，制订了一个国家行业标准《标准化养殖场 生猪》（NY/T2661-2014）。该科技成果，有效解决了把“资源—产品—消费—污染排放”的单向线性流动农业生产模式转变为“资源—产品—消费—再生资源”的自然生态循环利用模式，加快集约化猪场从环境污染型生产过程向环境友好型的清洁生产过程转变。

专利申请与授权　2015年，全市专利申请量为928件，其中发明101件，实用新型340件，外观487件，同比增长56%；专利授权量为652件，其中发明49件，实用新型153件，外观450件，同比增长42%。

2015年，汕尾获省专利技术实施计划项目认定1项，项目资金5万元；建立知识产权服务机构，引进深圳鼎合诚知识产权代理有限公司在汕尾建立分公司。

专项执法行动　市科技局加强与市打假办、公安局、工商局、文化局、质监局等有关部门合作，积极开展“4.26”联合执法活动和“雷雨”“天网”“双打”等专项执法行动，有效打击了侵犯知识产权的违法行为，依法检查各类商品、药品300多件，查处音像制品一批，暂扣涉嫌假冒专利的相关商品，立案8宗并全部结案。

【科普工作】　6月26日，汕尾市、陆河县两级联动在陆河县河田镇隆重举办2015年科技进步活动月暨科技、卫生、文化三下乡集中服务活动，市政府分管领导以及陆河县、市直相关部门负责人出席集中服务活动启动仪式，来自全市各行各业的专家、科技工作者近200人，群众2 000多人参加了活动，现场接受公众咨询，发放宣传资料、农资产品、医疗药品等一大批；同时，全市各县（市、区）相继开展相关集中宣传服务活动。

【防震减灾】　全面推进地震预警台网建设，截至2015年年底，汕尾市承担的19个地震预警台已全部完成基建和安装、调试等相关工作，建设进度在全省一直领先，得到省地震局的表扬和奖励。积极参与全省和粤东闽南地区年度地震趋势会商活动，落实全市11个学校作为地震预警接收终端试点，推进汕尾市地震局地震应急指挥中心建设，强化地震应急救援宣传和演练。

9月24日22时57分，汕尾陆丰市M3.8级地震发生后，市科技局迅速反应，第一时间向市委、市政府报告震情，并启动该局地震应急预案，开展地震加密监测、余震研判、震害调查、科普宣传、解疑释惑等工作，同时针对网络上出现的25日3时将再次发生7.38级地震的谣言进行辟谣。

（汕尾市科学技术局　罗伟明）

东莞市

【概述】　2015年，东莞市深入贯彻国家、省实施创新驱动发展战略的总体部署，大力落实市委关于“实施创新驱动发展战略走在前列”的战略决策，明确目标、集中力量，扎实开展各项工作，松山湖高新区被国务院批准纳入珠三角国家自主创新示范区，东莞市获评2014年度、2015年度国家知识产权示范城市工作先进集体，在2015年珠三角创新驱动发展工作考核中位列深圳、广州之后居第3位，首次实现了实施创新驱动发展战略走在全省前列的目标。东莞市被认定为国家可持续发展实验区，成为截至2015年年底广东省唯一一个成功申报国家可持续发展实验区的地级市。

【科技政策环境】　2015年，东莞市制定了以《中共东莞市委、东莞市人民政府关于实施创新驱动发展战略走在前列的意见》为纲领，新型研发机构、高企培育、企业研发投入、孵化器扶持、孵化器分割转让、科技金融、科技服务业、科学技术奖励等相关实施办法为配套的“1+N”科技创新系列政策，初步建立了创新驱动“1+N”扶持政策体系。市科技局起草了东莞市《关于加快推动创新驱动发展重点工作方案（2015—2017）》，以确保创新驱动各项工作落到实处。

3月24日，东莞创新驱动讲习所揭牌。东莞成立讲习所的目的主要是为了强化对各级领导干部、企业高管、科技平台负责人和一线科技工作者的教育培训，全面提升对创新驱动战略及相关政策的认识和运用，在全市掀起“大众创业、万众创新”的热潮。全年“东莞创新驱动讲习所”举办了11期报告会，3 300多人次参与。

6月1日，组织举办了2015年度广东省科技创新政策宣讲培训会（东莞市分会场），2015年度东莞市“1+N”科技创新政策宣讲培训会。8月25—28日，东莞市科技局先后在南城、麻涌、长安、寮步、塘厦、常平、松山湖（生态园）面向镇街各片区举办7场政策宣讲培训会。宣讲团详细解读了企业研发投入财政补助、科技创新券后补助、科技企业孵化器后补助等省市实施细则，共有科技部门负责人及市有关高校、新型科研机构、科技行业协会、企业代表2 500余人参加了培训。

2015年，受理企业研究开发费税前扣除项目1 694项，数量比2014年增长约37.9%。据统计，享受政策优惠企业290家，同比去年增长52%，加计扣除额为33.6亿元，减免税款8.4亿元，同比去年增长69.5%。同时为鼓励企业加大研发投入，引导企业建立研发准备金制度，全市共有222个企业获得省研发费补助经费共计2.16亿元，金额居全省地级市第1。

【科技人才队伍】　2015年，东莞市共有4个团队入围第5批省创新科研团队拟资助名单，省财政拟资助8 000万元，连续五批次蝉联全省地级市第1名。全市共有10个团队获得第2批市创新科研团队项目立项，市财政资助7 200万元。进一步完善团队项目管理服务工作，在开展创新科研团队项目财政专项资金委托引进监管的同时，引入科技项目监理对团队项目进行实时动态管理。截至2015年年底，省市创新团队数量分别达到26个和18个。

东莞宜安科技股份有限公司2009年引进的“生物可降解镁合金及相关植入器件创新研发团队”集聚了中科院金属所、香港中文大学以及德国汉诺威医院等顶尖专家资源，在生物可降解镁合金植入器件领域率先与海外机构在同一起跑线上开展竞争，截至2015年年底已完成了100多例科研性质临床实验，有望成为全国第一个获批的生物可降解金属植入器件。

广东东阳光药业有限公司2010年引进的“创新药物科研团队”在抗肿瘤领域方面开发多个抗肿瘤化合物，将成为国内首支完全自主知识产权研发的分子靶向抗癌1.1类化学新药。

广东复安科技发展有限公司2013年引进的“光纤广域监控设备研发及产业化创新团队”围绕网络安全、信息安全开发的通讯线路安全监控技术，在“棱镜门”事件后，及时填补了国家在信息安全基础设施领域缺乏物理层安防手段的空白。

【科技投入】 2014年度，东莞市规上工业企业R&D经费支出115.05亿元，科研机构R&D经费支出9.78亿元，其他（包括教育、服务业等）2.34亿元，共127.17亿元，研发投入占地区生产总值（R&D/GDP）达2.16%。2015年全社会R&D投入强度达到2.36%，基本实现研发投入由低水平向高水平的跃升。

【科技技术项目】 2015年，东莞市共获省科技发展专项资金88 748万元，其中高新技术企业培育资金41 884万元，企业研究开发补助资金11 180万元，珠江人才专项资金9 200万元，应用型科技研发扶持专项资金7 900万元，省级前沿与关键技术创新专项资金3 580万元。

【技术创新专业镇】 2015年，新增莞城、万江、清溪、谢岗4个镇街（园区）被认定为广东省技术创新专业镇，全市累计30个镇街认定省级技术创新专业镇34个（其中大朗、常平、虎门、清溪分别认定了2个特色产业的省级技术创新专业镇），涵盖了电子、家具、服装、毛织、物流、五金模具、造纸等多个产业。

东莞市桥头镇是环保包装专业镇，镇企共同出资2.087亿元组建了“环保包装协同创新中心”和10个子中心平台建设，截至2015年年底，下属的人才培训、产品检测、材料应用研发等3个子中心已建成并投入运营。产品检测中心是环保包装协同创新中心的其中一个子中心，截至2015年年底，已购置约2 000万元检测设备，建立了800m^{2}的检测平台，包括材料物理性能测试、产口可靠性能测试，环保和有害物质检测等，主要的检测项目达到39个。

横沥模具产业协同创新中心的建设，支撑了该镇模具产业的快速发展，有关经验做法引起了中央、省、市有关领导和社会各界的高度关注。7月21日，朱小丹省长赴横沥镇调研，充分肯定了横沥模具产业协同创新中心的成效。12月15日，为总结推广横沥镇模具产业协同创新中心的建设经验，部署下一阶段工作，东莞市专业镇创新服务平台建设现场会在横沥镇协同创新中心举行，全面总结横沥模具产业协同创新中心的建设经验，并研究部署全市专业镇建设的下一步工作。

【孵化育成体系】 出台《东莞市培育发展科技企业孵化载体“筑巢引凤”行动计划（2015—2017）》《东莞市科技企业孵化载体产权分割管理暂行办法》，将省、市扶持科技企业孵化器建设的有关政策落到实处，着力健全“前孵化器—孵化器—加速器—科技园区”的孵化链条，提高科技企业孵化器的运营水平。

2015年，全市新增科技企业孵化载体13家，截至2015年年底达到36家，其中国家级科技企业孵化器8家，国家级科技企业孵化器培育单位11家，市级科技企业孵化器33家，孵化面积超过110万m^2，在孵企业1 088家，累计毕业企业340家。全市有12个众创空间被列入省试点单位，数量居全省第3位。全市共有各类科技企业孵化载体30多家。

【产学研合作】 2015年，组织了5批次企业与市公共科技创新平台与金融机构、产业科技交流对接活动，加速高校科研院所创新资源集聚，促进创新主体和创新资源深度融合。组织推荐相关企业和科研机构申报2015年省产学研结合项目和重大科技项目，共推荐申报93项，获批立项17项，资助经费2 900万元；组织实施2015年市级产学研合作项目申报，共受理项目156项，立项21项，资助经费1 800万元。

【研发机构及创新平台建设】 2015年，出台

《东莞市加快新型研发机构发展的实施办法》，围绕新型研发机构在不同发展阶段的特点，在认定管理、建设运营、成果转化、企业孵化、考核等环节给予扶持；开展新型研发机构的走访调研，按照“一院一策”的原则，针对每个研究院的特点制定个性化的年度考核指标体系。2015年新增东莞北京航空航天大学研究院、广东省智能机器人研究院、东莞松山湖机器人研究院、东莞广州美院文化创意研究院、东莞信大融合创新研究院和桥头镇环保包装产业协同创新中心共6家新型研发机构，总数达到27家。截至2015年年底，全市共有17家单位获认定省级新型研发机构。

广东东阳光药业有限公司申报企业国家重点实验室并于9月30日获科技部批准，这是东莞市首家获国家重点实验室的科技企业。受理市级工程中心和市重点实验室项目申报42项，拟认定立项36项；34家企业被认定为省级工程中心；558家规模以上工业企业建立研发机构备案登记，累计达1 559家。

【高新技术产业】　制定了《东莞市高新技术企业“育苗造林”行动计划（2015—2017）》，大力发动、挖掘、培育发展高新技术企业，初步建立了高新技术企业后备数据库，梳理了一批有潜力的企业名单，建立了科技、经信、商务、税务、统计等多部门参与的联动培育工作机制。2015年，全市新增高企303家，总数达985家，超额完成省下达的任务；高企培育入库企业774家，获省高企扶持资金4.18亿元。

2015年，全市高企高新技术产品销售收入共计2 491.77亿元，同比增长26.68%，实现快速增长，占高企产品销售收入的比重达到87.54%，比2013年提升0.9个百分点。高新技术产品出口累计99.61亿美元，占高企全部出口总额的比重高达80%，比2013年提高3.2个百分点，实现较大幅度的提升。

【科技金融】　出台《东莞市促进科技金融发展的实施办法》，在信贷风险补偿与奖励、贷款贴息、创业投资风险补助、科技保险补贴、专利保险补贴、科技金融人才培养资助等方面提出了一系列的支持措施。出台《东莞市科技局实施拨贷联动支持计划和重点企业信贷支持计划操作规程》，进一步完善东莞市“拨贷联动”的科技项目扶持机制，推动科技金融试点工作的开展落实。修订了《东莞市创新创业种子基金实施方案》，通过公开招标的方式确定了基金的受托管理机构。

6月29日，广东省科技金融综合服务中心东莞分中心（以下简称“东莞分中心”）正式挂牌成立。东莞分中心以东莞科技金融信息服务平台为主体，以投融资服务平台为核心，以政策服务平台为支撑，以镇街工作站服务网络为支点，构建了“三平台一网络”的科技金融服务体系，逐步建立以政府资金为引导、金融机构为主体、社会资本和风险投资为方向的全社会多元化科技投融资体系，为东莞科技企业提供一站式科技金融服务，实现省、市、镇三级联动的工作模式。按照工作计划，该中心将在全市范围内建立33个科技金融镇街（园区）工作站。

【科技成果及奖励】　2015年，东莞市企业单位进行科技成果登记共70项，完成科技成果鉴定共76项；全市企业单位获得市科技奖66项，省科技进步奖5项。

【知识产权工作】　2015年，专利申请总量和专利授权总量分别达38 094件和26 820件，分别同比增长61.55%和72.11%，其中，发明专利申请量和授权量分别为11 166件和2 795件，分别位于全省第4和第3位，发明专利申请量占专利申请总量比例达到29.31%；发明专利授权量占专利授权总量比例达10.42%，比2014年提高了2.44个百分点。截至2015年年底，全市累计有效发明专利量7 890件，PCT国际专利申请量336件。东莞市获评2014年度国家知识产权示范城市工作先进集体。企业知识产权综合能力进一步提高，全市共有15家企业通过了企业知识产权管理国家标准贯标认证，数量全省排名第1。

全年共受理专利侵权纠纷案件34宗，结案26宗；查处假冒专利案件2宗；进驻5家展会驻会维权，处理专利纠纷案件35宗。建立了《处理专利纠纷工作制度》等10多项规章制度，制定了《家具商场知识产权（专利）纠纷处理办法》等，协助家具卖场成功调解专利侵权投诉纠纷31宗。

【科普工作】 2015年，东莞市科技馆接待中外游客41.4 878万人次，其中团队500个，计14万人次。3D数字影院放映424场，观众12 655人次；球幕影院放映768场，观众36 792人次；4D影院放映1 076场，观众5 948人次；“梦幻剧场”演出480场，观众30 000人次。大型主题临时展览11场次，观众200 000人次。科普剧累计演出125场，观众3.4万人次，馆外演出55场，走进了20多个镇街的学校，并受邀到中国科技馆、北京展览馆等国内顶尖场馆表演。开发科技课相关课件7个，开发科学秀项目5个，编辑出版《快乐科普》一书。讲授科技课105场次，受众6 226人次，表演科学秀146场次，受众59 465人次，其中科学秀《光与艺术——皮影戏》获全国第三届科学表演大赛三等奖。先后策划了“飞，其实很简单”“春节，让我们再飞一会儿”“乐享周末”“放飞梦想”等大型公益主题航模科普活动，项目于5月被东莞市科协评为市首批知名科普品牌，也成为广东省科技下乡的重点项目。举办各类科技论坛和科普讲座共14场，邀请了26名知名专家进行了主题演讲、访谈与互动交流，吸引了2 600多名专业人士、教师、少年儿童与家长及普通市民参会。

【对外科技交流与合作】 创新国际科技合作机制，推动《东莞松山湖中以合作企业贷款风险补偿资金池管理暂行办法》《东莞松山湖中以国际科技合作产业园股权投资专项资金管理暂行办法》等政策和方案制定，鼓励中以产业园通过拓展技术合作渠道打造东莞—以色列国际科技合作平台，进一步拓展与以色列在水处理意外的新兴产业合作领域，推动东莞清华创新中心、北京大学东莞光电研究院等科研机构分别赴硅谷、德国建立东莞经贸科技代表处，对接李嘉诚基金会推动面向以色列和英国的科技招商工作，借助中国（东莞）国际科技合作周为平台，联合中国—东盟技术转移中心举办“2015中国（东莞）与部门东盟国家科技合作推介会”，拓展面向东盟国家的产品市场份额和技术合作渠道。

继2011年、2013年两届成功组织中国代表团参访以色列国际水展后，10月11—19日，中以产业园受以色列驻广州总领事馆和广东省商务厅共同委托，第三次成功组织中国政企代表参访2015年以色列国际水展。

成功举办2015中国（东莞）国际科技合作周，邀请了来自33个国家地区的166名外宾，以及来自30多所高校院所的521名内宾参会，达成项目合作意向150多项。

（东莞市科学技术局　王少波）

中山市

【概述】 2015年，中山市科技局（市知识产权局）落实创新驱动发展战略，推动经济结构调整和产业转型升级。全市有高新技术企业427家，新型研发机构24家，科技企业孵化器27家。发明专利授权量增长96.4%。年内中山火炬国家级高新技术开发区获国务院批复纳入珠三角国家自主创新示范区，火炬开发区和翠亨新区被广东省人民政府评为省金融科技产业融合创新试验区。新增横栏镇、南区2个省级技术创新专业镇。中山市被国家知识产权局评为国家知识产权示范城市。

【科技政策环境】 2015年，市科技局推动全市初步形成“1+4+N”的创新驱动发展政策体系。“1”是市委、市政府制定实施的《关于实施创新驱动发展战略推动新一轮发展的意见》，“4”是高新技术企业、新型研发机构、科技企业孵化器和知识产权，“N”是创新驱动发展的系列政策，包括高新技术企业培育、科技创新券补助、新型研发机构发展、孵化器补助及项目用地等科技创新政策。2015年制定《中山市建设创新型城市工作方案》，明确2016—2020年各部门各镇区的工作目标和重点工作任务。开展政策宣传与培训，全年共举办科技和知识产权政策解读、业务宣讲以及生产力大讲堂等培训90场，培训1万人次。编印和发放国家、省、市创新驱动发展政策汇编和《中山科技业务一本通》宣传手册6 000本。

费税前扣除政策　2015年，中山市科技局开展企业研发项目专家审查工作，规范研发费税前扣除政策办理流程。全市共有57家企业331个项目申请项目鉴定，56家企业的318个项目通过鉴定，通过率96%，经税收部门核定，全年研发费用加计扣除额5.19亿元，企业享受税收优惠额1.3亿元。推进技术合同认定及技术产权交易，共办理技术合同认定登记70项次，合同交易总额8 038万元，技术交易额7 718万元。

财政后补助普惠政策　2015年，市科技局全面推广财政后补助普惠政策，采取核发科技创新券的新型方式支持企业自主研发项目，鼓励企业持续加大研发资金投入。中山市是全省首批实施科技创新券政策的地级市。7月起，市科技局开始发放科技创新券，科技创新券是由市政府无偿向中小微企业发放的一种补助凭证，在企业完成科技创新投入后，到相关部门进行补助兑现。科技创新券中的重点券和一般券用于企业完成自主研发项目，服务券仅限企业用于向经市科技局确认的高校、科研院所、科技服务机构和科技中介服务机构购买科技成果或技术创新服务。对主营业务收入0.2亿～2亿元的规模以上工业企业发放20万元重点券或10万元一般券，对其他中小微企业发放5万元或2万元服务券，支持企业自主研发活动和购买科技成果或科技服务。全年全市共发放科技创新券面额1 896万元，兑现资金1 035.09万元，兑付金额总量居全省首位。

【科技人才队伍】 2015年，中山市新增市级创新科研团队7个，省市创新团队数量增至17个，其中省级2个，市级15个；新增国家级创新平台（分支机构）1个（北京串列加速器核物理国家实验室国安火炬中山分实验室），省级院士工作站2个（广东省广新海工高端海洋工程装备和特种用途船舶院士工作站、高新技术纤维/汉麻及其纺织技术研发院士工作站），市级院士工作站1个（中山市咀香园海洋焙烤食品院士工作站），全市市级以上院士工作站增至7个。新增科技部创新人才推进计划“科技创新创业人才”1人（广东高璐美数码科技有限公司董事长周广滨），全市累计5人。截至2015年年底，中山市有国家万人计划“科技创业领军人才”1人，“广东特支计划”科技创业领军人才累计2人。

【科技计划项目】 2015年，中山市获国家和省科技、知识产权专项29批次，经费3.96亿元，其中获国家专项3批次，经费1 274万元，支持项目12项；获省科技、知识产权专项26批次，经费3.83亿元，支持项目440项。市科技局全年使用科技发展专项资金和科学事业费及人才发展专项资金1.82亿元，其中，使用科技发展专项资金1.48亿元（包括科技创新专项资金4 562万元、新型研发机构专项资金2 286万元、创新服务平台专项资金1 384万元、科技创新券专项资金920.11万元、高新技术企业专项资金659.9万元、创新创业投资基金5 000万元），使用科学事业费2 024.96万元（包括专利专项资金999.96万元、社会公益研究专项资金596万元、科技奖励专项资金429万元）；使用人才发展专项资金1 335万元。

【技术创新专业镇】 2015年，中山市新增南区和横栏镇2个广东省级技术创新专业镇。截至2015年年底，全市的省级技术创新专业镇总数增至18个。

2015年，专业镇实现年生产总值2 243.6亿元，占全市生产总值的74.5%；贡献税收131.9亿元，占全市税收的66.7%；拥有规模以上工业企业2 304家，占全市规模以上工业企业总数的80.1%；高新技术企业276家，占全市高新技术企业总数的64.6%；市级以上孵化器15家，占全市孵化器总数的55.5%；新型研发机构12家，占全市新型研发机构总数的50%；科技创新服务机构40家，占全市科技创新服务机构总数的71.4%；市级工程技术研究中心304家，占全市市级工程技术研究中心总数的71.5%。

【孵化育成体系】 2015年，中山市通过政策扶持、因地制宜、分类指导，初步建成具有中山特色的科技企业孵化器体系。新增省级孵化器3家、市级23家，推荐国家健康基地科技企业孵化器、中山美居产业园和小榄镇科技创业孵化基地3家申报国家级孵化器，其中国家健康产业基地获国家公示。全市经认定的各类孵化器27家，其中，国家级1家、省级4家、市级23家；全市孵化器共有孵化面积49.35万m^2，在孵企业846家，年内累计毕业孵化企业169家。

打造“中山创客·众创空间”创新创业孵化平台整体品牌，2015年新增省级众创空间——中山创客·众创空间、中山美居产业园、中山市创业孵化基地和小榄镇科技创业孵化基地4家，市级众创空间有中山创客·众创空间和小榄聚龙创意谷2家。

【产学研合作】 2015年，市科技局组织材料、装备、电子信息等领域 企业技术负责人 50多人参加省内外产学研交流考察活动，走访北京大学、北京化工大学、中科院化学研究所、哈工大、中科院沈阳自动化所、电子科大、四川大学、深圳清华大学研究院、中科院深圳先进技术研究院等多家高校院所，促成多项初步合作意向，如：通宇通讯与四川大学在第五代通信技术、金马科技与四川大学在空管自动化系统等领域的合作等。

【技术创新平台】 2015年，中山市科技局推行企业自建研发机构备案登记制度，修订工程技术研究中心的认定和资助政策，鼓励企业建设研发机构。年内，新认定省级工程技术研究中心39家，新增数量全省排名第3位，全市省级工程技术研究中心累计121家；有省级重点实验室3家，省级以上其他创新平台（含分支机构）19家；新认定市级工程技术研究中心93家，累计425家；有6家机构被认定为省级新型研发机构，数量居全省第6位，并获省科技厅专项资金500万元。组织认定市级新型研发机构24家、市级培育单位12家。全市新型研发机构分布在火炬开发区、南朗镇等9个镇区，覆盖先进制造、新能源、新材料、电子信息、网络与通信、生物医药、科技服务等领域。

全市省级工程技术研究中心从2010年的17家增至2015年83家，增长388%；申请专利从2010年的8 799件（其中发明专利571件）增至2015年的20 502件（其中发明专利2 431件），增长133%；

授权专利从2010年的6 563件（其中发明专利95件）增至2015年的17 895件（其中发明专利528件），增长173%。

【高新技术产业及战略性新兴产业】

高新技术企业　2015年，中山市科技局共组织3批次325家企业申报高新技术企业，经省科技厅公示并报国家备案，通过高新技术企业认定277家，全市国家级高新技术企业数量增至427家，净增208家，比2014年增长94.98%，增速排名全省第1位，净增数量排名全省第4位。组织2批次286家企业申报省级高新技术企业后备培育库入库企业，获批入库企业271家，入库企业排全省第4位，获2015年度省财政高新技术企业培育资金2.168亿元；获2016年度省提前下达的高新企业后备企业培育专项资金9 370万元，金额排名全省第1位。

高新技术产品　2015年，全年共有200多家企业申报了631个高新技术产品，561个产品通过了认定。2015年高新产品产值3 052.85亿元。

高新区　2015年，火炬高技术开发区有高新技术企业117家，比上年新增52家。区内新增省级工程中心10家、市级23家，省级企业技术中心3家；获批省级新型研发机构4家、市级11家；中山康方生物医药有限公司获批国家技术转移示范机构，装备制造业科技研究中心获省装备制造科技创新服务基地立项，中山市咀香园食品有限公司、广新海事重工股份有限公司等4家企业分别获批省、市院士工作站。全年申报科技项目366项，立项201项，其中，国家级8项、省级53项，获上级资助超过1亿元。获省级科学技术奖4项、市级25项。共有22个项目获市专利专项经费项目扶持，其中专利金奖5个、专利优秀奖6个，市知识产权优势单位4家。有32个项目获市技改专项资金4 000多万元；中山联合光电科技有限公司、中荣印刷集团有限公司的2个项目被列为2015年中山市技术改造示范（创建）项目。全年专利申请4 178件，增长30%，其中发明专利1 886件；有效发明专利拥有量967件；专利授权2 236件，增长40.7%，申请总量和授权量居全市前列。完善科技金融服务体系，以科技新城投资大厦为载体，聚集多种业态的科技金融机构50家，初步形成由科技支行、科技小贷、科技网贷、科技融资担保、科技融资租赁、科技投资基金、科技企业贷款风险准备金、知识产权质押、科技金融服务中心组成的科技金融业态体系。基于大数据的云健康管理服务、远程医疗、智慧医院等新兴业态初具雏形，“数字医疗与健康科技产业集群建设”获省科技专项经费支持，与科技部火炬中心、中关村管委会合作实施的“‘互联网+健康科技’协同创新行动计划”如期推进。促进科技成果产业化，组织产学研交流对接会12场，达成合作意向20多项；区管委会获市产学研合作奖。广东腾飞基因科技有限公司等5个创新团队获市立项，全区创新科研团队共有15个，占全市总数的88%。中山联合光电科技有限公司员工龚俊强获评为国家创新创业人才，周广斌获评为省领军创业人才。

LED产业　2015年，中山市LED产业产值约505.80亿元，比上年增长26.82%，重点领域产品出口152.39亿元人民币，增长13.41%。截至2015年年底，中山市LED专利授权量25 860件，居全省第2位，仅次于深圳市。其中发明专利220件、实用新型专利4 359件、外观设计专利21 281件。

【科技金融】　2015年，中山市科技局加快建设风险准备金池，为科技贷款提供风险补偿和风险分担。与火炬开发区、翠亨新区合作的省市区共建规模为1亿元的科技信贷风险准备金，通过科技银行（指专为高科技企业提供融资服务的银行机构）放大形成10亿元的授信额度。全年市财政安排5 000万元重大科技项目投资基金，依托广东全通教育股份有限公司、中山达华智能科技股份有限公司等上市公司，募集社会资本设立1号和2号科技创新创业投资基金，总规模10亿元；并筹备3号和4号基金，预计资金2.5亿元。12月，省科技厅批复设立广东省科技金融综合服务中心中山分中心。

【科技成果奖励】　中山市有9项以第一完成单位取得的科技成果获2015年度广东省科学技术奖，其中，二等奖1项、三等奖8项。

市科技奖励评审委员会评选出2014年度市科学技术进步奖获奖项目92项，其中，一等奖15

项、二等奖21项和三等奖56项；获产学研合作奖的有完美（中国）有限公司、中山火炬高技术产业开发区管理委员会和中山市华南理工大学现代产业技术研究院；获新型研发机构优秀奖的有武汉理工大学先进工程技术研究院；专利奖获奖项目34项，其中，金奖10项，优秀奖24项。92项市科学技术进步奖获奖成果中，由企业主导完成的项目共58项，其中由高新技术企业主导完成的有45项，占获奖项目数的48.9%。市科学技术进步奖获奖项目涵盖电子信息、装备制造、生物医药、新材料、新能源、环保等经济社会发展的重点领域，累计新增利润77.9亿元，新增税收14.2亿元，共获发明专利授权48件，实用新型专利授权307件。获奖人员中，具有博士学位61人、硕士学位155人、高级职称270人，平均年龄38岁，其中45岁以下中青年科技人员585人次，占获奖人数的73.8%。

【知识产权工作】 4月13日，中山市被国家知识产权局评定为国家知识产权示范城市，示范时限为2015年4月至2018年4月。市科技局围绕高标准建设国家知识产权示范城市要求，成立由市长任组长、市知识产权相关部门为成员单位的中山市建设国家知识产权示范城市工作领导小组，起草并协助市政府印发《中山市建设国家知识产权示范城市工作方案》。7月23日，中山市举行“高标准建设国家知识产权示范城市推进大会”，获授“国家知识产权示范城市”称号。2015年，全市新增国家、省专利优秀奖3项，市专利金奖10项，市专利优秀奖24项；新增国家知识产权优势企业1家，省知识产权示范企业1家，企业知识产权管理规范国家标准和广东省标准的企业各1家，市知识产权优势企业10家。

专利申请与授权 2015年，全市专利申请量27 864件，比上年增长13.19%，专利授权量22 198件，增长47.51%；发明专利申请量4 867件，增长45.28%，发明专利授权量992件，增长96.44%；有效发明专利拥有量2 931件，增长48.8%；万人发明专利申请量15.16件，万人发明专利授权量3.09件。

专利行政执法 全年全市共受理专利侵权纠纷立案471宗，办结451宗，结案率95.8%；假冒专利立案5宗，办结5宗，结案率100%；出动执法人员1 794人次，检查企业、门市476家，涉及灯饰、家电、五金、家具等领域。

加强对灯饰行业电子商务领域专利侵权纠纷处理，印发《中山市电子商务领域专利保护工作意见》，明确工作目标、方式和要求，强化电子商务领域知识产权保护，全年立案处理电子商务领域专利侵权、假冒案件共14件，结案100%。实施侵权假冒行政处罚案件信息公开，统筹部署“清风”行动，打击出口商品侵权假冒行为，通过举办现场销毁侵犯知识产权产品活动，规范市场竞争秩序。

专利资助与服务 年内，市科技局对367个企事业单位和个人的2 445件各类专利给予资助，资助金额921.66万元。引入中山市云创知识产权服务有限公司和中山华进中联知识产权服务有限公司等高水平知识产权服务机构，实施可穿戴式医疗设备、3D打印等专利导航项目，推进专利技术产业化，古镇知识产权运营中心完成专利交易30件，接洽专利交易60件。

10月21日，广州知识产权法院在中山市古镇灯饰中心星光联盟设立广州知识产权法院中山市古镇诉讼服务处（简称“中山诉讼服务处”），作为该法院立案窗口的延伸，服务中山全市及周边地区，通过视频接待，提供立案咨询、指导调解、案件查询、远程答疑、远程接访、法治宣传等服务，成为全国首家知识产权法院远程诉讼服务处。

【科普工作】

经常性科普宣传活动 全年共开展148场科普“三下乡”活动。联合相关部门开展科普教育“进社区、进学校、进农村、进企业”、科普进“修身学堂”等特色科普进基层宣传活动。组织100多名专家组成科普讲师团，编印了15个类别50多项主题的科普讲座提纲，由基层单位和群众按需点单，实行“菜单式”科普服务。以图片展览、专家授课、咨询解答等形式在镇区基层开展了192场主题科普教育活动。

青少年科技教育和科技创新活动 举办2015年中山市青少年科普活动周，以第13届中山市青少年科技创新大赛为龙头，同时开展青少年科普

剧大赛、航空航海模型竞赛、科普摄影作品大赛、科技文化展览等5项大型主会场活动，带动各镇区、各科普教育基地和市各直属学校等举办了116项分会场活动，直接参与的青少年学生达6万多人，间接参与的青少年学生及成年人达15万人。举办第12届中山市青少年机器人竞赛，吸引全市50间学校的632名选手报名参赛。举办中小学教师科学教育研修班和机器人竞赛活动组织工作者及教练员研修班，组织开展第三期青少年航空航海模型竞赛活动组织工作者及教练员培训班。

完善科普教育网络体系　2015年指导和培育三乡镇德强农场、三角镇爱民农产品有限公司、神湾镇锦洪果场等4家单位成功创建为“中山市科普教育基地”；指导市气象科普教育基地和中山国防教育训练基地成功通过中国科协组织开展的2015—2019年度全国科普教育基地认定工作。指导培育了民众镇中学等5所学校创建为市级青少年科普教育示范学校，并培育和推荐实验中学、石岐第一城小学2个学校成功创建为“第四批广东省青少年科学教育特色学校”。培育和推荐西区彩虹社区荣获“全国科普示范社区”称号。

市科技局联合市有关单位实施科普惠农兴村计划，组织开展相关评审，其中横栏镇三沙花木协会等5个单位被评为“2015年中山市科普惠农兴村计划先进集体”；神湾镇宥南村田小龙等2名个人被评为“2015年中山市科普惠农兴村计划带头人”。

（中山市科学技术局　蔡　蕊）

江门市

【概述】 2015年，江门市围绕打造“三门”、建设“三心”，积极实施创新驱动和“重”“微”双驱战略，出台“1+8”科技政策，加快创新型城市建设，着力推动高新技术产业发展、科技成果转化，大力营造创新创业氛围。2015年，全市全社会研发强度（R&D/GDP）预计达到2.0%；国家级高新技术企业196家，高新技术产品产值达到1 200亿元，占工业总产值30%；发明专利申请量、授权量分别达到2 097件和366件。

【科技政策环境】 2015年，江门市出台了科技创新“1+8”政策。《中共江门市委、江门市人民政府关于实施创新驱动发展战略加快创新型城市建设的意见》（江发〔2015〕2号），对2015—2020年江门市科技创新工作进行总体规划部署，实施“八大工程”，整合全市创新资源，加快创建珠三角国家自主创新示范区、创新型城市、知识产权试点城市，打造珠西新的创新中心。牵头制定了落实创新驱动的《江门市激励企业研究开发财政补助试行细则》等8个实施细则，主要在扶持研发投入、科技孵化器、新型研发机构、创新产品与服务政府采购、技术交易和高层次人才安居等方面，全面落实对实施创新驱动发展战略的扶持优惠政策。其中《江门市发展技术交易促进科技成果转化试行办法》是江门市创新的做法，以推动技术交易，促进科技成果转化和产业化。

制定了《江门市科技型小微企业技术交易扶持办法》《江门市科技型小微企业专利创造扶持办法》《江门市小微企业众创空间扶持管理办法》，推动科技创新资源向科技型小微企业转移，增强科技型小微企业自主创新能力，促进其快速发展。

【科技人才队伍】 2015年新建院士工作站2家（其中省级1家），新建博士后科研工作站5家（全市共有博士后科研工作站和博士后创新实践基地37个，历年进站博士后35人，出站23人，现有博士后12人），新建企业科技特派员工作站12家，其中省级5家、市级7家（累计达17家）。2015年，广东道氏技术股份有限公司张翼博士入选“广东人才特支计划”科技创新青年拔尖人才，1人入选“广东人才特支计划”教学名师，2个项目、58人入选“扬帆计划”。

【技术创新专业镇及特色产业基地】

专业镇建设 2015年，江门市紧紧抓住先进装备制造业和健康食品产业，积极推进省级专业镇认定培育工作，台山市台城的汽车零部件产业和开平市三埠的健康食品产业成功通过省级技术创新专业镇的认定。截至2015年年底，全市共建22个省级（合并后）、11个市级专业镇，专业镇产业规模和创新水平进一步提升。

加强专业镇公共创新服务平台建设，为专业镇转型升级注入强大动力。由五邑大学申报“江门市沙坪镇街道办事处制鞋业品牌咨询策划服务中心”和由高新区经促局申报“江门市江海区绿色光源电子材料中小企业技术创新平台”获得2014年度省科技厅立项支持。

特色产业基地 截至2015年年底，江门有3个国家产业化基地（国家火炬计划江门半导体照明特色产业基地、国家火炬计划江门新材料产业基地、国家火炬计划江门纺织化纤产业基地），3个省级产业化基地（广东省火炬计划纺织新材料特色产业基地、广东省火炬计划麦克风特色产业基地、广东省火炬计划光机电特色产业基地）。

截至2015年年底，江门纺织化纤产业基地拥有纺织企业1600多家，其中规模企业324家，占全市规模以上企业18%，产值过亿元的企业达53家，其中高新技术企业16家。截至2015年年底江门新材料产业基地拥有新材料工业企业183家，其中规模以上企业56家，高新技术企业18家。全年基地实现规模以上工业总产值97.5亿元，同比增长15%，占全市规模以上工业总产值的19.4%，对全市GDP的贡献率达16.6%。高新技术产业产值完成26.4亿元。

【孵化育成体系】　2015年，制定扶持科技企业孵化器5项政策：《江门市科学技术局 江门市财政局关于科技企业孵化器后补助试行办法》《江门市科学技术局 江门市财政局关于科技企业孵化器创业投资及信贷风险补偿资金试行细则》《江门市小微企业众创空间扶持管理办法》《江门市科技企业孵化器认定和管理办法》《江门市科技企业孵化器产权分割管理实施办法》。

积极构建“创业苗圃—孵化器—加速器—专业园区”孵化链条，孵化和培育中小型科技企业。“江门高新区科技企业孵化器”被认定为国家级科技企业孵化器培育单位；“江门市火炬高新技术创业园众创空间”被认定为广东省众创空间试点单位；“江门高新创智城”被认定为江门市级科技企业孵化器。截至2015年年底，全市建成科技企业孵化器9个，面积超22.6万m^2，在孵化企业超过459家。

【科技创新创业】　5月，江门成为全国小微企业创业创新基地城市示范之一。为加快推进“小微双创”工作，江门推出了“雏鹰计划”（《江门市国家小微企业创业创新基地城市示范工作方案（2015—2017年）》）以及扶持小微企业创业创新的“1+15”、小微企业和科技型小微企业2个名录库等一揽子政策措施，力求打造“全国小微双创之都”。12月，江门获批成为省小微企业创业创新综合改革试点市。

科技型小微企业政策扶持　在全国率先开展对科技型小微企业认定并建立科技型小微企业名录库。制定《江门市科技型小微企业技术交易扶持办法》等政策措施重点扶持科技型小微企业发展。11月24日，向第一批288家科技型小微企业发放政策“红包”，包括研发费加计扣除所得税减免、企业研究开发补助资金、高新技术企业培育资金、科技创新券、专利创造补贴等共计1 409万元。截至2015年年底，已认定3批共计834家科技型小微企业。

创新创业政策和成果宣传　10月19—21日，组织参加了深圳“双创周”活动，宣传推介了江门市“八个率先”“雏鹰计划”及“1+15+2”扶持政策，擦亮了中国侨都和全国小微双创基地示范城市的品牌，提高了江门小微双创工作的知名度和影响力。2015年共编发《江门科技动态》122期，向上级部门报送工作信息100多条，采用16条。全年在国家、省、市宣传平台刊发江门创新创业宣传信息200多篇。建立完善局政务网、微博、微信平台，截至2015年年底，微博、微信粉丝3 000多，发布政策宣传、政务通知等信息927条。

深江双创交流合作　邀请深圳工业总会及会员企业到江门市考察投资环境，推动深圳工业总会在江门开设分会。与深圳市科创委、深圳归国华侨联合会共同举办了硅谷、深圳、江门三地创业创新论坛。11月18日，三地创业创新第一站在深圳举行，主题是“分享与对接”。12月9日，三地双创论坛第二站将以“项目路演”为主题在硅谷举行。

科技杯创新创业大赛　江门连续3年举办市科技创新创业大赛，成为区域创业创新最具影响力的赛事。2015年，大赛报名企业与团队达到140个，入围初赛92个项目。大赛总决赛于7月2日举行，17家企业和3家团队共获得超600万元的扶持资金，其中企业组特等奖获得100万元的扶持资金。江门市还承办了第3届“珠江天使杯”科技创新创业大赛新材料行业赛企业组总决赛，江门市3家企业入围前十名。大赛期间，还举办了江门市创新创业成果展、新材料行业发展主题讲座、科技金融经济论坛、科技成果发布会等活动，有效宣传推介了江门市创新创业的优越环境，为新材料行业引智引资搭建了平台。9—11月，新会区举办了首届创新创业大赛，开创了江门市县级创新创业大赛先河。

【产学研合作】　借助三部两院一省产学研结合

组织协调机制，进一步拓宽产学研合作范围，促进高校、科研院所的科技成果、人才与地方企业进行对接合作。

地产学研对接　10月23—24日，江门市科技局邀请了省科技厅、国内著名高校、科研院所、科技型龙头企业、科技服务机构等单位领导、专家、企业家共30多位嘉宾参加了“2015年江门市引资引智创业创新推介会”。在“双引双创”推介会上，天津大学与江门市政府签订了战略合作协议，双方将联合共建天津大学华南研究院，在科技交流与合作、高层次人才引进与培养、科研成果转化与产业化、科技平台建设等方面开展全方位的战略合作。江门将依托天津大学化工、机电、电子信息、新材料、药学等优势学科，借助天津大学科研、人才、学科等综合优势，加快自主创新能力提升，推动产业转型升级，为江门打造全国小微企业创业创新之都提供有力的支撑。截至2015年年底，江门市已与清华大学、天津大学、北京航空航天大学、北京理工大学、华南农业大学，北京中关村、中国技术交易所等高校及科研院所建立了合作伙伴关系。

产业技术创新联盟　2015年，组建了“广东省水性涂料产业技术创新及知识产权保护战略联盟”及“广东省电子废弃物循环利用产业技术创新战略联盟”，实现企业、高校和科研机构在战略层面的有效结合，全力提升产业的整体创新水平。

科技成果应用与转化　加强市技术交易中心与全国各大科研院所的合作，加大力度引进技术成果，通过与高校院所开展对接交流活动，收集1 000多项最新的科研成果，并成功引入江南大学的“法夫酵母发酵生产新科斯糖”、中科院金属研究所“抗菌不锈钢技术”等重大技术成果到江门市产业化。2015年，江门市技术合同登记202项，合同交易金额2.54亿元，分别同比增长36.5%，56.8%，技术合同登记项数和交易金额都有较大提高。

科技特派员　2015年新增引进国内知名高校院所的省部企业科技特派员21名，全市省部企业科技特派员达到208名，这些科技特派员中博导约40名，60%是正教授，全部具有副教授级以上职称。组织实施了100多项省部企业科技特派员计划项目，为企业引进和培养了400多名科技人才。

【研发机构建设】

新型研发机构　2015年，紧紧围绕先进装备制造业、新材料等产业和科技发展的实际需求，研究制定《关于支持江门市新型研发机构发展试行办法》等政策文件。组建了嘉宝莉环境友好涂料研究院、广东广天机电工业研究院、广东华科新材料研究院、广东科杰机械自动化研究院、广东华南精细化工研究院5家省级新型研发机构，支持并组建了广东四方威凯机车涂料与涂装研究院、广东先进高分子材料研究院等8家市级新型研发机构，扶持资金达400万元。重点推进与天津大学合作共建天津大学华南研究院，10月23日，江门市政府与天津大学签署战略合作协议，天津大学华南研究院建设进入加速阶段。

企业科研机构　2015年，新增省级工程技术研究中心33家，位居珠三角前列，同比激增300%。省级院士工作站破零。新增省级企业科技特派员工作站5家，增长率达125%。建立市级院士工作站2家，50家市级工程中心及8家科技特派员工作站。2015年，江门市产学研及平台类建设项目获省立项近30项，获取省科技资金3 670万元。

【高新技术产业与战略性新兴产业】

高新技术企业及产品　2015年，江门市高新技术企业通过90家，全市有效国家级高新技术企业存量196家，比2014年净增25家；市级高企认定20家、通过复审2家，累计市级高新技术企业83家。组织开展三批次高新技术企业培育后备库建设，共入库企业116家，已下达高新技术企业培育库入库企业奖补资金2 291.28万元。

印发《江门市科技企业提升计划（STEP计划）实施方案》，扶持引导中小型科技企业做大做强，已培育27家企业。在科技部、火炬中心和省科技厅的大力支持下，江门市在国内率先制定了科技型小微企业评定标准，出台《江门市科技型小微企业名录管理操作细则》，搭建科技型小微企业名录库，2015年入库企业共计821家。

2015年，江门有350项产品被认定为广东省高新技术产品。截至2015年年度，江门市3年有效期内高新产品达731个，比上年增长了27%。

2015年认定广东省创新型试点企业6家，认定广东省创新型企业2家。至此，江门市共有广东省创新型试点企业22家，创新型企业14家。

前沿与关键技术领域　2015年，江门市在推进可见光通信及标准光组件、新能源汽车电池与动力系统、智能机器人和增材制造（3D打印）技术4个重大科技专项实施达成工作协议，省市联动共同推动相关产业健康发展，提升自主创新能力。2015年，省级前沿与关键技术重大科技专项立项2项，获省扶持资金1 000万元；省应用型科技研发专项5项，获省扶持资金2 100万元。

在可见光通信及标准光组件产业方面，截至2015年年底，江门市作为广东LED产业基地“1+5”发展格局的重要一环，共有LED企业300多家，关联企业1 000多家，形成了从外延—芯片—封装—应用的由上游到下游一条龙的完备产业链。建立了国家半导体光电产品检测重点实验室、中国（江门）国际绿色光源博览交易中心等一批公共平台，成立了江门市LED行业协会、照明电器行业协会、LED产业标准联盟等一批公共服务机构。

在新能源汽车电池与动力系统产业方面，截至2015年年底，江门已建有省级新型二次电池工程技术研究开发中心与市级新型电池材料工程技术研究开发中心各1家，处理废旧镉镍、氢镍电池及其生产废料的科技型环保公司1家以及多家电池配套厂家；拥有二次电池企业40家，从业人员16 000多人，年销售收入20亿元，出口创汇近2亿美元。

在智能机器人产业方面，江门市作为现代制造业生产基地，根据产业发展的需要，催生了一批涉及智能机器人领域的企业。据不完全统计，截至2015年年底，与机器人产业存在相关性的企业约为20家，从产业链上大体可以分为核心零部件制造企业、机器人本体制造企业、机器人系统集成企业和机器人行业应用企业。

在增材制造（3D打印）产业方面，江门市是国家新材料基地和广东省信息材料产业专业区，新材料产业已成为区域重点发展的产业之一，从事3D打印相关产业的企业主要集中在蓬江区和高新区，五邑大学也集中部分科研人员从事相关研究。

高新区　2015年，以江门高新技术产业开发区创新发展为核心，蓬江先进制造业江沙示范园区、新会银洲湖经济区、台山工业新城、开平翠山湖新区、鹤山工业城（含址山）、恩平米仓工业园（含大槐）等六大产业园区为支撑，以大广海湾、蓬江教育装备产业园等N个园区建设为突破，带动辐射全市推广先行先试政策。截至2015年年底，一区多园（含江门高新区、蓬江江沙示范园区、鹤山工业城园区）内高新技术企业60家，其中高新区48家，工业总产值270多亿元，上缴税费16亿元，减免税额约3.9亿元。

2015年，江门高新区先后申报并成功获得珠三角（江门）国家自主创新示范区、全国小微企业创业创新示范城市核心区、国家创新型特色园区和中国江门“侨梦苑”华侨华人创新产业聚集区四块有分量的“国”字牌子。

【农业科技】　2015年度，江门市农业科技攻关项目，重点支持本市农业科研机构、农业合作社和协会等单位在生物农业、粮食储备安全、海洋经济、健康农业技术的科技攻关与示范推广，经评审，有9个单位共获得100万元资金支持。江门市现代农业综合示范基地的广东省农业科技园区建设，本年度获得200万元省级经费支持，连同前期100万元，该项目共计获得300万元的省级经费支持。由恩平市蓝海农业科技有限公司申报“广东恩平蓝海航天育种院士工作站”和由江门市农业科技创新中心申报“江门市现代农业综合示范省级青少年科技教育基地建设”获得2015年度省科技厅立项支持，分别给予100万元和20万元的专项资金支持。

【科技金融】　2015年，江门市积极探索创新，推动科技金融产业深层次融和，引导企业与金融资本对接，促进产业转型发展。9月8日，省科技厅、人民银行广州分行在江门市召开全省科技和金融结合促进创新创业试点工作会议。会上，省科技厅、人民银行广州分行与江门市政府签订了《科技与金融结合促进创新创业发展合作框架协议》，共同推动科技与金融融合创新。17家省级银行机构与江门市政府签订《战略合作协议》，未来3年内逾3 000亿元信贷支持江门创业创新发展。江门市11家银行机构与13家科技型企业签订授信协议，共授信423亿元。

科技金融扶持资金贷款贴息　2015年，江门市级科技金融扶持资金贷款贴息备案项目共涉及50家企业的56个项目，备案贷款规模4.64亿元，其中申请知识产权质押贷款项目10项，贷款5 720万元。知识产权质押贷款规模和拟贴息金额较上年增长约14%。2015年，共33家符合条件的企业补贴资金452万元，拉动贷款超2.37亿元。

市科技创业风投基金　截至2015年年底，市科技创业风投基金首期已确定投资项目6项，总投资额在1.3亿元。成立二期基金，规模1亿元。鹤山市与省粤科金融集团合作成立了规模为2.5亿元的创业投资基金。江门高新区与清华科技园合作筹建规模为5 000万元的“启迪之星”天使投资基金。截至2015年年底，江门市风险投资基金总规模达5.9亿元。通过举办科技创新创业大赛，筛选出了一批技术含量高、创新能力强的项目和企业，引导风投机构提供总额超过1亿元的风险投资资金。

广东股交中心江门运营中心　5月21日，广东股交中心与广东省科技金融综合服务中心江门高新区分中心在江门签署金融服务协议。截至2015年年底，已有30家江门企业登陆广东股交中心江门运营中心。

小微企业金融服务　借鉴江门市社会信用体系服务平台建设工作经验，在结合江门市中小微企业信用信息服务平台、融信通服务平台及广东省企业信用信息共享系统等基础上，市科技局与人行江门中支、江门市金融工作局成功搭建了江门市科技金融信用信息服务平台。创新征信机制，将小微企业库企业与之对接，各银行机构根据外部评级结果，在授信额度、审批权限、利率等方面实行差别政策。2015年此举开展以来，全市已有10家小微企业与评级机构签订协议并完成评级，6家获得贷款约3.98亿元，减轻企业利息负担162.12万元。

12月，市科技局与建行江门分行签订了《江门市科技型小微企业“邑科贷”政银合作协议》，由市科技局投入1 000万元，设立“江门市小微企业科技信贷风险准备金”，利用财政资金的杠杆效应，带动建行江门分行向江门市科技型小微企业提供3亿元的科技贷款。主要面向科技型小微企业提供融资服务，将企业的创新能力、成长潜力作为信贷考查的主要因素，专利贷、研发贷、高新企业贷、孵化贷四大融资产品，单户企业最多可获500万元科技贷款。

【科技成果及奖励】

科技成果及转化　2015年，全市有39项科技成果通过市级以上鉴定，其广东迪浪科技有限公司的“人力资源配置管理与服务软体”等4个项目通过省级鉴定，开平市中心医院的“多项常规体检技术和方法在肿瘤筛查中作用和价值的研究”等35个项目通过市级鉴定。

加强市技术交易中心与全国各大科研院所的合作，加大力度引进技术成果，通过与高校院所开展对接交流活动，收集1 000多项最新的科研成果，成功引入江南大学的“法夫酵母发酵生产新科斯糖”、中科院金属研究所“抗菌不锈钢技术”等重大技术成果到江门市产业化。2015年，江门市技术合同登记202项，合同交易金额2.54亿元，分别同比增长36.5%，56.8%，技术合同登记项数和交易金额都有较大提高。

科技成果奖励　江门市获2015年度省科学技术奖二等奖3项、三等奖3项（第一完成单位），质量和数量相比往年都有较大提高，是近年来在获省科技奖成绩最好的一年。78项优秀科技成果获2015年度江门市科学技术奖，其中，特等奖1项、一等奖7项、二等奖29项、三等奖41项。

【知识产权工作】　2015年，江门市围绕国家知识产权试点城市创建和国家小微企业创业创新基地城市示范，召开2015年全市知识产权暨国家知识产权试点城市建设工作会议，积极实施知识产权战略，提升知识产权发展水平。建设了江门市技术交易所中心、广东省科技金融综合服务中心江门分中心和广东省知识产权维权援助中心等公共服务平台，为科技企业提供一站式、个性化服务，加速专利技术转化及产业化。

管理制度与规划　2015年，江门完善知识产权工作机制，建立了以分管副市长为召集人的市知识产权办公会议制度，组织、协调、指导全市知识产权工作。结合《中共江门市委江门市人民政府关于实施创新驱动发展战略加快创新型城市建设的意见》（江发[2015]2号），印发了《江门市创建国家知识产权试点城市2015年度推进计划》和《2015年江门专利事业发展推进计划》，努力在专利运用和提高专利对促进经济发展上取得新突破，全面推动江门知识产权事业发展。出台《江门市知识产权局关于科技型小微企业专利创造的扶持办法》，在专利申请和授权资助、专利服务机构资助、培育骨干科技型小微企业，加强专利信息服务等4方面加大对科技型小微企业的扶持力度，促进专利技术创造，保护自主知识产权，提升科技型小微企业的核心竞争力。

专利申请与授权　2015年，江门市专利申请量9 555件，同比增长14.5%；发明专利申请量2 438件，同比增长25.99%；专利授权6 384件，同比增长15.3%；发明专利授权量508件，同比增幅高达65.47；全市PCT国际专利申请50件。

知识产权保护　2015年，共立案调处侵权纠纷案件8宗；通过开展箱包皮具打假专项行动、互联网领域专利侵权假冒专项治理、农村和城乡结合部侵权假冒专项整治、查处假冒专利集中行动月等一系列的专项行动，打击严重的假冒专利违法行为，在行动中核查经营单位40余家，查处假冒专利案件6宗。

2月10日，广东省知识产权维权援助中心江门分中心揭牌仪式在市科学馆举行。江门分中心的设立是知识产权维权援助工作的有益探索，是知识产权维权援助服务深入地市区域，实现维权援助社会化的有效载体。

4月22日，江门市首支“保护知识产权志愿服务队”正式成立。“五邑大学保护知识产权志愿服务队”由江门市知识产权局、广东省知识产权维权援助中心江门分中心和五邑大学团委、科技处及政法学院联合组建，旨在广泛发动高校和社会力量参与知识产权保护，传播知识产权文化理念，普及知识产权法律知识，维护知识产权权利人和社会公众的合法权益，为江门市的经济与社会发展营造良好的知识产权文化、法制和市场环境。

企业知识产权工作　为提升专利推动产业融合发展和加速创新的作用，2015年，江门市向省知识产权局申报江门市轨道交通产业专利导航等项目并获得立项，共得到228万元的资金支持；鹤山同方照明科技有限公司获得2015年广东省专利优秀奖；培育认定10家市级知识产权示范企业。

出台了《江门市知识产权局科技型小微企业专利创造扶持办法》，在加大对促进科技型小微企业专利申请和授权的资助力度。通过制定知识产权质押融资和专利评估的扶持政策，构建专利技术交易平台、建立专利评估机制，积极发动组织企业申报年度知识产权质押融资项目备案。2015年，备案知识产权质押贷款项目10项，贷款需求5 720万元，知识产权质押贷款规模和拟贴息金额较上年增长约14%。2015年，全市共有3家企业成功实现专利质押融资贷款共1 740万元。

2015年，确定了天地壹号为江门市贯彻企业知识产权管理规范试点单位。截至2015年年底，已确定两批江门市贯彻企业知识产权管理规范试点单位，无限极等4家企业正开展贯标辅导工作，其中，广明源光科技股份有限公司已经进行《企业知识产权管理规范》管理体系认证外审，这是江门市首家申请外审认证的企业，有望实现江门市“国标”认证零的突破。

【科普工作】　2015年，江门市本级地方政府配套科普经费总额达320多万元，全市科普经费逐年提高。全市科协系统共组织举办10次江门市科普集市主题大型活动，共计有150多单位和部门参加，科技工作者和科普志愿者达1 200多人，直接为城市社区、乡镇农村群众8万多人次提供科技服务；紧紧围绕“树立正确健康观念，提升全民健康素养”主题大力推进“科普进社区——健康讲堂”活动。继续实施基层科普行动计划，经推荐、评审，确定江市基层科普行动计划项目“奖补”单位以及个人，共计金额50万元，同时推荐全国和省级2015年“基层科普行动计划”项目获得“奖补”资金85万元。

市科技局联合市农业局开展了第2轮江门市科普示范镇（街）检查验收工作，新命名蓬江区荷塘镇、江海区礼乐街道、新会区会城街道、大鳌镇、开平市龙胜镇、塘口镇、恩平市牛江镇、台山市水步镇、鹤山市宅梧镇、古劳镇等10个科普示范镇（街道）。

开展青少年科普，牵头举办“大手拉小

手——科普报告希望行”校园科普活动，邀请中国科学院10多名老科学家前往市、区的大学和中小学校举办讲座60多场，举办“科学家科普报告校园行”开平专场活动30场。组织参加第30届省青少年科技创新大赛、省青少年科学调查体验活动、省第15届青少年机器人竞赛、省第3届虚拟机器人竞赛、第2届广东科技模型模拟飞行比赛和第3届省青少年科技实践能力挑战赛，获得优异成绩。为方便广大青少年参与大赛，创建了江门市青少年科技竞赛网络平台。

【科技交流与合作】 江门高新区与香港生产力促进局继续合作，积极推动建立科技大平台协同创新机制，推进江门高新区“二次创业”示范园区建设项目，签订《江门高新区光机电一体化产业升级公共服务平台建设》项目合作协议书，制定光机电平台建设方案。

11月，由副市长带队，市（区）科技管理部门、15家会员企业近40人参加湖南高校科技交流对接活动，主要考察了长沙市高新技术开发区及其园区企业和近千亿产值企业中联重科，赴中南大学、湖南大学和湖南师范大学进行产学研对接交流，加强高促会会员与高端科技资源的对接和交流。

12月，2015第14届香港珠三角工商界合作交流会在江门市举行，市科技局组织了19家科技型企业参与交流会的展示，700余家港资企业负责人到展厅了解江门市企业的项目和情况，香港特区行政长官梁振英莅临现场参观。

【防震减灾】 2015年，江门市蓬江区环市街碧桂园社区、江海区礼乐街道文苑社区、新会区会城街道南园社区、新会区会城街道明兴社区和开平市长沙街东兴社区等5个社区被广东省地震局认定为“广东省地震安全示范社区”。其中，蓬江区环市街碧桂园社区和开平市长沙街东兴社区被认定为“国家地震安全示范社区”。

1月，市地震局印发《江门市地震局值班制度》，从1月19日开始实行24小时值班。委托五邑大学专家团队承担编制《江门市防震减灾“十三五”规划》的主要工作，截至2015年年底已形成初稿。4月，“江门市地震应急基础数据采集及建库项目”通过验收。根据新修订的《江门市地震应急预案》，开展《江门市地震应急预案操作手册》修订工作并于5月上报市政府。8月，《江门市创建广东省防震减灾示范城市实施方案》经江门市人民政府办公室印发实施，全面启动广东省防震减灾示范城市创建工作。委托五邑大学专业团队，对全市13条地震安全农居示范村的工程建设情况和专项资金使用情况进行了全面的调查，并形成绩效评价报告。

5月9日，围绕“科学减灾，依法应对”主题，市地震局联合举办了“新会地震台公众开放日”宣传活动。市地震局还积极开展和参加“平安中国”等一系列宣传活动以及防震减灾知识“五进”等活动，先后为市财政局全体职工、蓬江区环市街怡康社区、白沙街道幸福社区等举办了关于应急避震、自救互救等防震减灾知识讲座，举办“地震科普知识进社区”活动。5月，分别在恩城四小、鹤山市职业技术高级中学和江门市实验中学等中小学校举办防震减灾知识讲座，指导学校进行地震应急疏散演练等。9月22日，江门市地震局组织开展2015年江门市地震应急通讯及现场处置模拟演练，市、县、镇、村相关单位工作人员和防震减灾助理员共180多人参与演练。10月21日，江门市地震局召集所有参演单位召开此次模拟演练总结会。

（江门市科学技术局　黄京华）

阳江市

【概述】　2015年，阳江市共组织实施省级科技计划项目12项，市级科技计划项目39项；建立了省部产学研示范基地4个，特派员工作站3个，产学研创新联盟1个；与省科技厅落实广东省增材制造（3D打印）技术重大科技专项联合推进工作协议，共同推进增材制造（3D打印）技术研发工作；2015年，全市19家高新技术企业工业总产值达152.4亿元；全市专利申请量1 724件，专利授权量1437件，获认定为省级知识产权示范企业1家；“阳江市五金刀剪产业知识产权快速维权中心”成立。

【科技人才队伍】　阳江市五金刀剪产业技术研究院的五金刀剪先进制造技术创新团队和广东顺欣海洋渔业集团有限公司的罗非鱼精深加工创新科研团队入选2014年度省“扬帆计划”，分别获得省500万元、300万元资金扶持。

【科技计划项目】　2015年，共组织实施省级科技计划项目12项，市级科技计划项目39项。市科技计划项目共设5大专项15个专题，其中，“重大科技专项”设1个专题，即五金刀剪激光加工技术创新示范；“产业技术创新专项”设3个专题，即科技型中小企业技术创新、工业高新技术领域技术攻关、现代农业新技术研究与示范；“协同创新专项”设3个专题，即产学研协同创新项目、专业镇产业升级示范建设项目、阳江市新型研发机构建设；“科技创新环境建设专项”设4个专题，即科技网络平台建设、市级企业实验室建设、科技服务骨干机构培育、阳江市引进创新科研团队项目；“知识产权发展专项 ”设4个专题，即企业贯标培训项目、专利技术实施计划、知识产权优势示范企业项目、专利孵化培育计划。

【技术创新专业镇】　2015年，阳江市新增以对虾养殖为特色产业的阳东区大沟镇为省级专业镇，截至2015年年底，阳江市有省级专业镇15个，市级专业镇14个，覆盖了五金刀剪、金属制品、海洋养殖与捕捞、农业种养、旅游等五大领域。阳西县程村镇与高校合作开展了“阳西县程村镇程村蚝专业镇产业升级示范建设”项目获得了省科技经费扶持。围绕专业镇特色产业技术创新的需要，阳江市建立了东城镇五金刀剪产业技术创新服务平台等3个专业镇中小微企业服务平台。

【产学研合作】　2015年，阳江市建立了省部产学研示范基地4个，特派员工作站3个，产学研创新联盟1个。截至2015年年底，共有25家高校向该市52家企业派驻了80名科技特派员。企业、专业镇与高校开展技术攻关，联合申报省科技计划项目，其中广东新景象生物工程有限公司等3个单位申报的项目获得省级扶持经费。

院地合作　为依托省科学院在人才、技术和信息资源方面的优势，围绕阳江市五金刀剪、镍合金产业的发展需求，为企业提供有力的创新技术支撑，阳江市与省科学院开展了深入合作洽谈，达成了合作共识，起草了《广东省科学院　阳江市人民政府全面战略合作框架协议》筹备签约。

技术创新平台　2015年，阳江市新增省、市级工程技术研究中心各5家。截至2015年年底，全市共有19家省级工程技术研究中心，有64家市级工程技术研究中心。阳江新潮养虾基地有限公司与高校合作建立了企业特派员工作站。

【科技服务体系】　截至2015年年底，阳江市从事科技服务活动人员共447名。全市共有科技服务业机构35家，其中市直4家、江城区3家、阳春市15家、阳西县13家，为全市农业、科技等行业提供了科技咨询、技术推广等专业技术服务。2015年，阳江市科技服务业机构承担各级政府项目24项，全年科技服务业收入7 040万元，其中科技中介服务收入1 513.90万元，同比增长301.11%。

【高新技术产业】 2015年，阳江市与省科技厅落实广东省增材制造（3D打印）技术重大科技专项联合推进工作协议，共同推进增材制造（3D打印）技术研发工作。阳江市五金刀剪产业技术研究院与阳江十八子刀剪制品有限公司、阳江市利源达家用制品有限公司、阳江市生产力促进中心联合承担的“高端刀具激光增材制造技术及产业化”项目获省重大科技专项立项资金支持，全市共有20项产品获省科技厅认定为广东省高新技术产品。英格（阳江）电器股份有限公司、广东新景象生物工程有限公司、阳江双胞胎饲料有限公司、广东厨邦食品有限公司、阳江市锦泰制造有限公司5家企业纳入广东省高新技术企业培育库；英格（阳江）电气有限公司、广东新景象生物工程有限公司、阳江双胞胎饲料有限公司3家企业被认定为高新技术企业；阳江十八子刀剪制品有限公司、阳江市汉能工业有限公司、阳江市万丰实业有限公司3家企业通过高新技术企业复审。2015年，全市19家高新技术企业工业总产值达152.4亿元。

2015年，阳江高新区完成了科技企业孵化器的基础设施建设工作，引进了阳江市五金刀剪产业技术研究院并完成基本装修工作，为日后引进科技项目和建设省级孵化器奠定了基础。

【农业科技】 2015年，全市共申报省农业科技项目15项，共有6个项目获得立项，获得立项扶持经费1 340万元。截至2015年年底，阳江市共有省农村科技特派员工作站45个，农村科技特派员团队3个，农村科技特派员法人团队2个，农村科技特派员103名。分别在阳西县、江城区、海陵区、高新区建设农村信息服务中心7个，农村信息培训中心5个，信息化体验站点240个，有力推进了农村信息化基础设施的建设，农业新品种、新技术的开发、推广、应用也取得较好成效。

【科技成果与知识产权工作】 科技成果登记 2015年，全年共登记科技成果21项，其中由企业完成2项，医疗及其他机构完成19项。

知识产权工作 2015年，印发了《2015年实施阳江市知识产权战略纲要工作方案》，重新修订了《阳江市知识产权局行政处罚自由裁量量化标准》和《阳江市专利申请费用资助暂行办法》。2015年，全市专利申请量1724件，专利授权量1 437件。获认定为省级知识产权示范企业1家，认定市级知识产权优势企业2家，扶持2项市级专利技术实施计划项目、3项专利孵化培育计划项目、4项企业知识产权管理规范实施项目。

8月，成立“阳江市五金刀剪产业知识产权快速维权中心”。10月，经广东省知识产权维权援助中心同意在阳江市五金刀剪产业知识产权快速维权中心设立“广东省知识产权维权援助中心阳江分中心”。2015年共受理专利侵权案件32宗，其中涉外案件7宗，电子商务案件1宗，会展案件3宗；共立假冒专利案件11宗。结案率100%。

市知识产权办公会议成员单位联合开展了“双打”专项行动、燃油专项打假行动、“清风”行动，出动执法人员8 201人次，检查各类经营场所5 632家次，查处各类违法案件331宗，涉案金额4 118万元，接待咨询人员182人次，派发宣传资料13 500份。2015年，阳江市继续实施县区专利行政执法试点，逐步推行由县区专利行政部门负责辖区内的专利行政执法工作。

举办了“4·26”知识产权宣传周、中国专利周、知识产权进校园等宣传活动6场次，派发宣传资料10 000多份，刊登知识产权专题特刊1期，发布知识产权政务信息20多篇。举办知识产权培训讲座5场次，累计培训相关人员1 000多人次。

【科普工作】 2015年，阳江市以“科技进步月”“全国科普日”“防灾减灾日”为契机，组织开展一系列主题科普活动，在全社会大力弘扬科学精神，普及科学知识，推动全民科学素质的不断提高。

主题科普活动 据统计，科技进步活动月及全国科普日活动期间，阳江市共发放各类科普资料2.5万多份，惠及群众5万余人次。6月11日，开展了以“创新创业，科技惠民”“尚德守法，全面提升食品安全法治化水平”为主题的2015年科技进步活动月科技咨询暨食品安全宣传活动，全市掀起了科学技术普及的新高潮。9月15日，在阳春市合水镇举办2015年阳江市“全国科普日”活动。在“防灾减灾日”期间，围绕“科学减灾，依法应对”主题，组织发动市地震学会、市气象学会等开展了一系列内容丰富、形式多样的科普宣传活动。

学术交流活动 2015年，主办《阳江科协论坛》5期，在《阳江日报》主办《科普之窗》栏目10期，市级学会共开展各类学术活动78场次，交流学术论文105篇。市级学会编印了多种学术期刊，作为学术交流的一个重要阵地，如市地震学会编印的《防震与减灾》、市环境科学学会编印的《阳江环境》、市机械工程学会编印的《阳江市机械工程学会简报》、市药学会协办编印的《阳江食品药品》等。

科普服务工作 组织实施基层科普行动计划。经过好中选优推荐申报，2015年阳江市共有4个单位获得国家、省两级科协、财政部门的表彰。其中阳春市合水镇合北社区居民委员会荣获2015年全国科普示范社区称号；阳东区大沟镇三丫村对虾养殖协会和阳西县江海养殖协会荣获2015年全国科普惠农兴村先进单位称号；阳江市江城区志达火龙果种植科普示范基地荣获2015年全省农村科普示范基地称号。

【防震抗灾】 2015年，阳江市地震部门坚持以建成国家防震减灾示范城市为基础，全面深化加强防震减灾工作，提高公共服务能力，促进防震减灾工作不断向纵深拓展。2015年，阳江市被认定为国家防震减灾示范城市。

地震基础设施建设 2015年，阳江市开展GPS地壳运动观测网（12个观测站）建设、卫星对地地震观测站的建设、阳江市地震灾害评估和应急辅助决策系统建设、地震流动台观测、破坏性近震快速反应触发系统研发试验等项目工作，完成阳江市地震烈度速报和地震预警试验项目建设，开展地震流动台观测仪器采购工作。市地震部门协助地震预报研究中心在阳江市震中区地质考察；委托地震学会进行了阳江市地震构造研究前期工作。

地震应急工作 2015年，阳江市完成《阳江市地震局地震应急预案》修订工作并印发；重新调整了市防震抗震救灾工作领导小组成员和市地震应急青年志愿者行动指导中心部分工作人员；与市应急指挥中心组织了对在市委党校培训的市直处级干部班、县级科级干部班和镇领导班子成员班共130多名学员开展“阳江市地震应急预案”演练体验课；联合市教育局抓好防震减灾教育“四个一”进校园年度工作。整理收集到的广东省地震社会服务工程基础数据，收集阳江市地震灾害快速评估及应急指挥决策系统建设数据。

阳江市组建了阳江市应急指挥中心，地震应急职能并连人带编划到市应急指挥中心，以实现地震突发事件大应急。1月5和6日阳春永宁两次2.1级、6月30日洋边海3.1级、10月19日洋边海2.5级、12月26日平冈2.4级共5次有感地震，市地震局迅速应对，群众没有出现恐慌情绪，社会稳定。

（阳江市科学技术局　黄　君）

湛江市

【概述】 2015年，湛江市以“实施创新驱动发展战略”为目标、打造“南方海谷”为抓手，完成“南方海谷”启动区前期建设目标任务。全年各类科技项目立项159项，其中市级145项，省级14项，获扶持经费3 524万元。组建院士工作站2家、新型研发机构1家、省级重点实验室9家、工程中心34家，市级重点实验室11家、工程中心31家，新增院士工作站、新型研发机构各1家，省级工程中心7家，市级工程中心2家。全市各类研发机构达160家。全市拥有高新技术企业40家，省级高企培育库入库企业40家，获省高企培育库奖补资金1 079.22万元。全年实施各类高新技术项目62项，获批省级高新技术产品43个，认定市级高新技术产品229个。获批广东省创新型企业1家。全年高新技术企业产值171.53亿元，比上年增长57.8%。共有17个省级专业镇，专业镇地区生产总值362.09亿元，同比增长2.43%，研发投入3 039亿元，增长3.52%。

【科技政策环境】

科技创新大会 5月6日，湛江市召开科技创新大会，贯彻落实全省科技创新大会精神，动员全市上下大力实施创新驱动战略，加快推进市经济结构调整和产业转型升级。市领导出席会议并为获得2014年度湛江市科学技术奖代表颁奖。

“1+N”科技创新政策体系建设 2015年，湛江市积极落实全省科技创新大会精神，优化“大众创业、万众创新”政策环境。8月10日，市政府出台《湛江市关于加快科技创新的若干政策意见》和《湛江市市级科技园区扶持办法（试行）》，并同步研究起草相关实施细则进行配套，形成“1+N”的科技创新政策体系。“1”是指8月10日出台的《湛江市关于加快科技创新的若干政策意见》，“N”是指配套措施，其中《湛江市市级科技园区扶持办法》《湛江市科技企业孵化器认定和管理办法（试行）》《湛江市科技局、湛江市财政局关于湛江市科技企业孵化器后补助试行办法》《湛江市科学技术奖励办法》《湛江市科学技术局（湛江市知识产权局）专利资助办法》实施，陆续出台的还将有“高新技术企业扶持办法”“促进科技成果转化实施办法”以及“专利服务券使用办法”等。霞山区出台《霞山区关于加快创新驱动发展的实施意见》和《霞山区科技创新奖励资助暂行办法》。坡头区制定《湛江市坡头区科技创新奖励办法》，每年安排500万元用于奖励企事业单位及科技人员。

科技创新若干政策意见出台 8月10日，湛江市人民政府出台《湛江市关于加快科技创新若干政策意见》，明确扶持新型研发机构发展，促进科技与金融结合，积极培育科技企业孵化器，提升企业技术创新主体地位，完善科技成果转化激励机制，提升科技成果技术水平，完善高层次人才培养和引进制度，推进知识产权强市建设，营造全民创新创业氛围，要求全面提升自主创新能力，优化全市创新创业环境。

加强市级科技园区扶持力度 8月10日，湛江市人民政府印发《湛江市市级科技园区扶持办法（试行）》，加快“南方海谷”建设，推进市级科技园区发展。支持科技园区基本建设。通过贷款投资建设的科技园区，前3年按同期银行贷款基准利率给予全额贴息，每年最高不超过3 000万元；后3年按同期银行贷款基准利率给予50%额度的贴息，每年最高不超过1 500万元。支持科技园区集聚资源。科技园区引进的科技企业总部、新型研发机构、重点科技项目，市财政按其近3年基础设施、科研仪器和设备等投入不超过50%的比例，给予不超过400万元的无偿补助；对符合产业发展规划的重大科技项目，给予专项扶持支持科技园区引进高水平运营团队。科技园区引入专业运营管理团队的，市财政连续3年，每年支持其运营经费不超过1 000万元。支持科技园区建立科技企业孵化体系。利用工业用地或科教用地开发建设科技企业孵化器，科技园区建立科技企业加速器的给予一次性建设资金补助，总额最高不超过500万元。

【孵化育成体系】 全市有孵化场地面积2.5万m^2，入驻团队347个，入孵企业230家，技术服务平台12个，中介服务机构9个。湛江高新区孵化器和湛江市智圆谷科技企业孵化器通过市级科技企业孵化器认定。青年大学生电子商务创业就业孵化基地获批省级众创空间试点单位，并推荐申报国家级众创空间备案。正在运作的孵化器有湛江市智圆谷科技企业孵化器（湛江市科技企业孵化器大楼）、湛江高新区孵化器、湛江0759文化科技孵化器、廉江市大学生创业孵化基地、徐闻青年互联网创业园、为树海大创业园、青年大学生电子商务创业就业孵化基地、创客观、青创工社（廉江）、湛江智圆谷。

【政产学研合作】

政企校合作　2015年，湛江市科技部门多次到北京、上海等地拜访国内外大型企业，积极对接著名高校和研究院所，达成合作项目共30多个，其中有多个大型央企、全国知名高校和重点研究所。5月15日，湛江市政府与启迪控股股份有限公司在北京签署战略合作框架协议，双方将展开精诚合作，实现资源共享、优势互补，携手打造“南方海谷”，推动湛江创新发展。

11月，市科技局和上海交通大学达成在“南方海谷”启动区共建上海交通大学金属基复合材料国家重点实验室海洋材料中心的合作意向并签订框架协议。12月，湛江市、启迪科技园运营管理有限公司和广东海谷科创投资公司签订《湛江市“南方海谷”启动区麻章科技园运营管理合作协议》。吴川市科技局积极推动产学研合作，湛江粤海机器有限公司与广东华南理工大学、广东橘乡农业开发有限公司与岭南师范学院分别达成合作协议，共同开发新技术。

截至2015年年底，中国海洋大学、中山大学、华南理工大学、北京交通大学、广东海洋大学等全国24所高校向湛江市94家企业派驻科技特派员152人次。市科技局组织多批次科技企业到内蒙古赤峰、广西南宁、西安杨凌、广东深圳和东莞等地区开展技术和项目对接活动，有效推动科技创新资源在湛江集聚。

院地合作暨成果对接会　1月29日，中国热带农业科学院与湛江市政府举行院地合作暨成果对接会并签订《院地合作框架协议》。中国热带农业科学院及相关所站向参会企业推介科研成果。

【“南方海谷”建设】 2015年，湛江市积极推进“南方海谷”建设，“南方海谷”发展战略规划有新突破。在广东海洋大学完成《南方海谷发展战略研究》基础上，引入清华启迪团队制定《南方海谷发展战略规划》和《南方海谷启动区策划方案》。“南方海谷”启动区建设进展顺利，启动区规划为湛江“南方海谷”创新孵化中心，创新孵化中心规划面积26.67hm^2，是“南方海谷”的“心脏”和“大脑”。6月，湛江市申报的“湛江市“南方海谷”启动区创新平台建设”获省科技厅支持资金650万元。7月，湛江市以“南方海谷”建设项目向省海洋渔业局申报《广东省现代海洋产业集聚区建设资金竞争性分配项目》，申报扶持建设资金1 000万元。

首届中国（湛江）“南方海谷”杯海洋科技创新创业大赛　10月13日，由国家海洋局宣教中心、广东省科技厅指导，湛江市人民政府主办，市科技局、奋勇高新区、市人社局、市海洋与渔业局、市总工会、共青团湛江市委、市旅游投资集团承办的2015首届中国（湛江）“南方海谷杯”海洋科技创新创业大赛正式启动。大赛设湛江、深圳、上海、青岛共4个赛区。大赛启动后，在湛江、深圳、上海、青岛的大学、创客中心和海洋协会相继举办20多场宣讲会和4场大型创赛训练营，共有2 000多人接受大赛组委会专业讲师的创新创业训练。本届大赛有参赛项目488个，创客组175个，团队组164个，企业组项目149个，涵盖第一、第二、第三产业。11月25日，企业组总决赛暨颁奖仪式在湛江举行，深圳市海优康生物科技有限公司的《南极磷虾：食药功能医学开发与利用》获一等奖，获创新（创业）基金10万元，另外2个项目获二等奖，2个项目获三等奖，4个项目获优秀奖。

首支“南方海谷”股权投资基金设立　2015年，湛江市拓宽“南方海谷”建设和入驻企业的融资渠道，实现财政科技资金对金融资本、社会资本引导的放大效应，设立总规模20亿元的“南方海谷”股权投资基金和2 000万元的科技信贷风险准备金，成立广东省科技金融综合服务中心湛江分中心，组建中国银行湛江科技支行。科技金融中心自成立后，与13家银行、数十家风险投资机构以及企业达成合作协议。中国银行湛江南方水产城科技支行提供授信支持的企业13家，授信金额1.23亿元。

战略性新兴产业招商　2015年，湛江市战略性新兴产业招商以“做大做强主导产业，开创大工业时代”为目标，以打造“南方海谷”为核心，以壮大“五大五新五特”产业为着力点，开展系列招商活动。全年洽谈广东半岛集团工业机器人产业园、湛江市食品药品检验所奋勇高新区食品安全检验检测中心、中国水产总公司极地资源开发利用研究院、为树大学生跨境电商创业园、海水稻研发技术与推广中心、广东京亿投资有限公司南药生产基地和药材饮片厂、广东半岛湾投资有限公司年产1万吨山梨酸钾食品添加剂等项目30多个，总投资75.5亿元。

【农业科技】　抓好国家、省级农业科技园建设。重点围绕南亚热带农业、水产品无公害养殖、水产品深加工等功能，组织高校、科研院所专家到园区开展技术咨询、服务。通过实施国家、省级农业科技园区项目，选育新品种10个，开发新产品14个，申请专利46项，获国内授权发明专利15项、实用新型专利16项；实施农业特色产业建设计划。以富民强县、星火计划、农业科技成果推广、星火技术产业带、健康农业科技示范基地等项目为载体，发挥驻湛省部级农业科研院所和农业龙头企业的作用，对种子种苗、农业机械、健康种养殖、农产品深加工等领域的关键技术组织联合攻关，做大做强优势产品和特色产业。

【科技金融】　2015年，湛江市科技局聚集各方面科技要素，推进和部署产业链、创新链、资金链三链融合，积极推进企业与各金融服务机构、银行沟通对接。成立广东省科技金融综合服务中心湛江分中心，组建中国银行首家湛江科技支行，设立20亿元湛江“南方海谷”股权投资基金和2 000万元科技信贷风险准备金，科技金融体系初步建成。7月10日，中国银行在海田成立中国银行湛江南方水产城科技支行，针对科技创新企业“量身定做”，重点走访一批科技型企业，提供授信支持的企业13家，授信金额1.23亿元。科技信贷风险准备金首批支持科技型企业6家，发放贷款9 707万元。

2月13日，广东省科技金融综合服务中心湛江分中心揭牌仪式暨合作协议签约仪式举行。湛江分中心是经省科技厅批复，按照“政府搭台，多方共建，资源共享，合作共赢”原则，以对接融企供需促进企业融资为目的，服务科技型中小微企业的一个公共服务平台。截至2015年年底，湛江分中心与中国人民银行湛江市中心支行、湛江市中小学企业信用融资促进会、遂溪三宝食品有限公司等银行机构、协会、企业等共10家单位签订合作框架协议。

【科技成果及奖励】

科技成果奖励　申报2015年度湛江市科学技术奖项目99项。经评审，授奖项目68项。其中，市科学技术进步奖一等奖13项、二等奖16项、三等奖19项；专利金奖项目6项、专利优秀奖14项。

获市科学进步奖项目中涉及医疗卫生、生态环境保护、民生工程类共25项，占全部科技进步奖获奖成果44.6%；由企业独立承担或参与完成的项目24项，占获奖项目50%；牵头或参与研究攻关的45岁以下中青年科技人员379人，占68.4%。获市科学进步奖的项目涵盖电子信息、先进制造、生物医药与医疗器械、新材料、新能源与节能、环境保护、海洋石油勘探、现代农业等高新技术领域，累计产生经济效益达12.9亿元。25家获奖企业中获发明专利35项，占获奖单位83.3%、实用新型专利45项，占获奖单位81.8%。

20个专利获奖项目中，工业类项目13个，占全部65%，其中6个金奖项目中有5个是工业类项目，反映湛江市工业的快速发展。

科技成果转化　2015年促进成果转化奖励70万元。获奖科技成果大部分在工农业生产和医药卫生各个领域应用和推广，产生净利润1.27亿元，创收外汇4 306万元，节支总额3 591万元。全年完成科技成果鉴定57项，其中工业成果22项，农业成果13项，医学成果22项。科技成果转化率达90%以上，属企业和科研院校合作完成的达10项，累计新增转化收入5.09亿元，取得显著的经济效益和社会效益。

【知识产权工作】　2015年，湛江市积极贯彻实施国家、省知识产权战略纲要，围绕“南方海谷”建设，以创建国家知识产权试点城市为抓手，在知识产权政策、投入、专利申请（授权）量、专利奖（国家、省）和知识产权机构设置上实现突破。在知识产权计划项目中单列专利技术转化产业化项目12项，投入项目资金240万元。增设知识产权政策法规科（执法科），12月28日揭牌。全年行政服务中心科技窗口受理专利资助1 524件，专利费用减缓出证955件，技术合同登记27件，共2 506件。

国家知识产权试点城市建设　2015年，湛江市积极推进国家知识产权试点城市建设工作，创建国家、省知识产权试点、优势、示范企业（单位）。设立国家知识产权试点城市专项资金，推进市级知识产权各类计划项目。在加大知识产权能力建设、工作经费和专利资助等工作经费投入的同时，2014年、2015年在市财政资金竞争性分配中单列创建“国家知识产权试点城市”计划专项，每年投入资金300万元以上，重点推动优秀专利技术转化和产业化示范项目；实施系列市级知识产权计划。培育认定市级知识产权培训基地1家、示范企业4家，区域试点5个，示范学校1家；实施专利技术转化示范项目31项。截至2015年年底，湛江市创建国家知识产权优势企业1家，国家企事业知识产权试点单位1家，广东省知识产权试点事业单位2家，广东省知识产权试点区域4个，广东省知识产权示范企业1家，广东省知识产权优势企业6家，广东省行业协会知识产权保护试点单位1家，广东省中小学知识产权教育示范学校1家，广东省中小学知识产权教育试点学校9家。

专利产出　2015年，全市专利申请量3 235件，增长54.42%，增幅位居全省第4，授权量2 486件，增长92.12%，增幅位居全省第1。广东双林生物制药有限公司获省专利金奖和第十七届中国专利优秀奖，广东省专利金奖和国家专利奖分别实现零的突破。通过实施国家、省级农业科技园区项目，选育新品种10个，开发新产品14个，申请专利46项，获国内授权发明专利15项、实用新型专利16项。

知识产权管理　完善政策措施，加强知识产权工作推动力度，市政府出台《关于加快科技创新的若干政策意见》，其中规定：对获得国家专利金奖和专利优秀奖的项目，分别给予奖励50万元和30万元；对获得省专利金奖和专利优秀奖的项目，分别给予奖励20万元和10万元；对获得《企业知识产权管理规范》认证的企业给予奖励8万元；对获得国家级和省级知识产权示范企业，分别给予奖励20万元和10万元。围绕“南方海谷”建设，出台一系列相关政策措施，并重新修订实施《湛江市科学技术局（湛江市知识产权局）专利资助办法》。2015年度湛江市获省知识产权局立项项目6项。

知识产权宣传培训　联合宣传、工商、版权、公安、质监、海关等部门，通过悬挂横额、出版墙报、组织知识产权活动一条街、派发知识产权宣传资料、开展行政执法等活动进行广泛宣传。在《湛江日报》《湛江晚报》、湛江人民广播电台、湛江电视台及《图读湛江》、市政府官方微博等媒介，专题报道有关知识产权知识、专利资助、知识产权政策、知识产权相关活动。组织并指导部分县（市、区）知识产权局、广东海洋大学和岭南师范学院开展培训，共培训企业负责人、科研人员、管理人员、老师学生等2 000多人。印发知识产权法律法规宣传，印发《中华人民共和国专利法》《广东省专利条例》上万册。6月5日，市知识产权局与宝钢科技发展部知识产权室开展对接活动。

2015年，湛江市开展多形式的专利设计赛事，围绕湛江市“六大产业链”，突出“南方海谷”的设计主题，7—10月由市知识产权局主办，联合岭南师范学院、广东海洋大学，开展以“新思维、新创意”“蓝色概念”等为设计主题的大学生外观设计大赛活动。对优秀设计作品进行奖励、全额资助申请国家专利，积极与企业牵线搭桥，为专利寻找“婆家”，对大学生创业起到积极辅助作用。

知识产权保护 开展“两建”、“清风行动”和知识产权执法维权“护航”等专项行动，开展湛江市知识产权保护综合监管分体系建设工作。成立专责小组，牵头市工商、质监、海关、公安、中级人民法院等11家单位，联合开展系列保护知识产权工作。发挥湛江市知识产权局、湛江市公安局执法联络办公室作用，进一步健全和完善协调高效的知识产权执法协作长效机制。加强专利行政保护与司法保护的衔接，建立“两法衔接”工作机制，加强知识产权行政部门与司法部门的联系沟通和案件移送。积极开展市、县两级知识产权管理部门执法上下联动。全年直接立案、查处专利侵权假冒案件12件，其中侵权案件8件，假冒案件4件，办结率100%。

知识产权交流与合作 10月23日，举办第十二届闽粤沿海十二城市保护知识产权工作联席会议，开展专利执法跨省、跨区域交流与合作，共同探讨跨区域的专利执法协作。12月15—17日，参加在茂名举办的粤西四市专利行政执法合作联席会议。

为整合社会资源共同营造互联网+科普创新环境，推动大数据、云计算等在科学传播领域的发展与应用，9月18日，由湛江市科学技术协会、市经信局联合主办，广东省知识产权文化研究院、岭南师范学院和湛江教育信息技术协会共同承办的“互联网+”与传统产业对接发展路径报告会在岭南师院召开。会后还举行了广东省知识产权文化研究院湛江分院揭牌仪式。

【科协、学会建设】

“千会万企金桥工程”启动 3月31日，市科协制定《湛江市科协实施“千会万企金桥工程”工作方案》，同时出台《湛江市科学技术协会企业科协项目资助管理办法》。9月19日，市家用电器工业有限公司举办企业科协揭牌仪式并举办首次企业科协活动。

学会组织能力建设 2015年，湛江市科协编制下发了《学会基本情况及承接政府转移职能调查问卷》并委托广东海洋大学专家教授对湛江市学会承接政府职能转移作专题研究。2015年，市科协专家库平台正式上线运作，截至2015年年底，已有300多名副高以上专业技术职称专家入库。2015年，市科协分别召开了医学、综合、理工和农学4次理事长和秘书长联席会议。邀请省有关专家来湛举办湛江市科协学会理事长和秘书长培训班。

学会学术能力建设 2015年，经专家评审全部合格，市科协班子决定对29个重点学术活动项目予以经费资助，共计资助经费21万元。市科协组织本市科协系统人员及科技工作者共15人参加第17届中国科协年会，组织参加在海口召开的第33届中西南学会研究会年会，组织12个项目参加省科协第13届学术活动周。组织全市各学会、高校和有关科研单位积极申报南粤科技创新优秀学术论文评选，8篇论文荣获湛江市科协优秀论文奖，其中4篇推荐到省参加全省评选，获二等奖1篇、三等奖2篇。

据不完全统计，市级学会（协会、研究会）2015年邀请国内外专家、学者到湛开展学术交流活动近150场次，参加人数11 068人次。如6月22—26日，市科协利用湛港科学工作者联谊会的交流平台，采取公职与非公职人员混合组团的形式，组织市科学工作者共21人赴香港开展交流合作。7月9日，市科协邀请海智专家、美国Texas A&M University家畜科学院和医学院杰出教授、海外杰出青年基金获得者、国际著名营养学专家伍国耀博士来湛作“水产动物营养研究及功能氨基酸国际发展新趋势”的专题报告。8月8—10日，湛江市教育信息技术协会举办了2015年全国计算机辅助教育专业委员会专题研讨会，来自全国26所高校共55个代表参加了本次专题研讨会。

学会服务能力建设 2015年，市科协按照《关于市级学会建立科技服务站工作的意见（试行）》，对在2015年新成立科技服务站的市医学会、对虾苗协会、教育科技信息协会、材料协会分别给予1万元的经费资助。7月24日至26日，市

医学会在廉江市雅塘镇卫生院举办“湛江市医学会基层医院急救技能培训班”，共109人医务人员参加了活动。

组织科技工作者为经济、社会发展建言献策，3月31日，市科协组织各高校、科研院所，各学会（协会、研究会），各县（市、区）科协等开展决策咨询和建言献策活动，共收到决策咨询项目10多项。市科协开展征集“全国院士专家助粤产业行动”项目技术人才需求工作，共征集53项项目、技术和人才需求，上报省科协，并组织了意向单位参加省的项目对接。

【科普工作】　2015年，市科协积极组织开展“全国科技活动周”、“全国科普日”、“全省科技进步活动月”、“科技、文化、卫生”三下乡活动。据统计，2015年，共举办大型科普品牌活动30场次，举办科普图片展览30场次，科普讲座80场次，科普集市43场次，发放各类科普资料13万份（册），受众人数30万多人次。组织《湛江日报》《湛江晚报》、湛江电台、湛江电视台、碧海银沙网等多家本地主流媒体对获得2015年度科学技术奖的企业项目进行跟踪报道。制定《2015年湛江市科技型规模以上工业企业管理人员培训班工作方案》，市科协联合市委组织部、市经信局于9月22—24日举办首期湛江市规模以上工业企业管理人员科技创新培训班，参加人数达200人。

青少年科技教育　7月，市科协组织中小学校50名骨干科技教师参加了由青少年科技中心、省青少年科技教育协会主办的粤东西北地区骨干科技教师研修班（茂名片）的培训。在培才一中、湛江市初级实验中学建立了2个全民科学素质体验馆，在赤坎区寸金街九二一社区建立了全市首个科普书屋。

11月5—6日，市科协联合市教育局邀请“中国科学院老科学家科普演讲团”5位科学家分别在湛江市区15间中小学校、廉江市5间中小学校作了20场“2015年湛江科普大讲堂——中国科学院老科学家科普报告会”。

科普进社区、进农村　2015年，市科协、文广新局、市总工会、市社科联等部门充分利用社区讲坛、文化广场、市民活动中心等平台和场所，举办科普讲座、科普展览、科普文艺等群众喜闻乐见的活动。如围绕3·23世界气象日的主题“气候知识服务气候行动”，3月21日，湛江市气象局举办了丰富多彩的科普宣传活动，共发放宣传资料200余份，接待参观上百人次。

霞山区申报全国科普示范社区。霞山区、赤坎区10多个社区利用科普长廊、科普阅览室、漂流室和科普志愿者宣传等手段和方式，结合社区的季节需要，组织养生、防灾减灾、计生、消防等专题讲座。举办社区（乡村）家庭教育讲座1万多场次，发放宣传单、书刊、光碟等资料1万多份，受益人数6万多人次。如市预防医学会举办社区居民家庭急救知识科普讲座、市护理学会举行《护理快车》活动、市中医药学会中医药文化杯“杏林情”征文大赛等。市科协与市财政局积极实施“农村科普惠农兴村计划”，开展科普惠农专项活动，评出6个先进集体和2个先进个人。

【科技交流活动】

中国海洋创客节　11月26—29日，国内首创、主打海洋概念性创新的中国海洋创客节在湛江举办。本次海洋创客节立足于广东乃至全国厚实的创意人才资源，展示海洋创客的生态圈，提供海洋资源共创共享的创新平台，主要内容涉及与海洋产业相关的创意成果展览、产品展演、项目路演、成果大赛、创新论坛、文化交流活动、参展参会嘉宾参观考察活动、采访报道及成果发布活动等八个板块，全面展示海洋科技创新的发展成果，主要组织展览无人机、机器人、海洋3D打印产品、智能控制机器人套件，广泛运用于远洋的传感器和控制器、配套应用、编程软件、手机APP，以及与海洋科技有关的创意与技术设计创新等最新产品。

2015年桉树国际学术研讨会　该研讨会于10月21—24日在湛江举行，由国际林业研究组织联合会发起，中国林学会和中国林科院联合主办，国家林业局桉树研究开发中心、中国林学会桉树专业委员会和斯道恩索广西承办，湛江市人民政府等单位协办，来自全球23个国家的桉树领域专家和学者380多人参会。此次是桉树国际学术研讨会首次在中国举行，主题为“科学栽培与绿色发展，可持续的桉树商品林”，大会交流包括主旨报告和专题报告两部分，内容涉及桉树的生态与社会效益评价、遗传育种及良种繁育新技术、高效栽培、可持续经营管理、森林健康及加工利用等方面。会上，7人获中国绿化基金会颁发“2015年中国桉树发展突出贡献奖”。

【防震减灾】

地震应急能力建设　12月18—24日，市地震局组织有关人员赴防灾科技学院举办了为期一周的地震应急能力培训班，对本市各防抗救成员单位开展地震应急工作具有很好的指导意义。市地震局根据湛江市地震应急预案，结合徐闻有感地震应急处置实际，对本局地震应急工作进一步细化，明确每个岗位和干部职工的职责和分工，使新的预案更具操作性。

2015年，金城社区、金沙湾社区、海宁社区、桥兴社区、海昌社区和录遂社区分别被评为国家和广东省地震安全示范社区。

地震监测和震情跟踪　2015年，湛江市积极参加粤西片区地震趋势会商会和粤桂琼三省地震趋势会商会，共同探讨和交换震情趋势意见。与邻省区、兄弟市地震部门每周交换测震、前兆数据，有异常情况互相通报会商意见，加强震情信息的交流和共享。做好防震减灾三网一员和地震联防工作，定期核实各县（市、区）宏观观测点和乡镇、街道防震减灾助理员。2015年，市地震局对本市主城区开展建筑物抗震性能普查，全面掌握本市主城区建筑物及重点次生灾害源抗震性能和安全状况，建立了湛江市建筑物抗震性能基础资料数据库，为城市改造和建（构）筑物抗震加固改造提供科学依据。赤坎区科技局和地震局于11月18日完成国内地震速报系统平台与湛江市预警系统安装，成为首个湛江市完成该系统安装的示范区。

7月，广东省第14届运动会在湛江举行。市地震局制定《湛江市举办广东省第十四届运动会地震应急预案》并组织地震应急演练，积极做好震情跟踪监测工作，协调省地震局技术骨干对各监测台站进行设备故障排查和维护，启动省运期间震情信息报送制度。7月10日，向各县（市、区）地震工作部门下发了《关于做好省运会期间地震安全保障工作的通知》。

10月4日，第22号强台风“彩虹”正面袭击湛江，市地震局成立局灾后救灾复产工作领导小组，重点对受损比较严重监测台站的太阳能电池板、通讯天线、电源、供电线路等修复，恢复台网中心的震情监测工作秩序。

11月22日，徐闻县前山镇发生3.8级有感地震。市地震局启动局二级地震应急响应：与广东省地震局、海南省地震局紧急会商，研判震后趋势；第一时间带领工作组赶赴徐闻县；请求广东省地震局支援，派出3个流动监测组赶赴震中区开展震情流动监测；与市应急办、市气象局、电视台、湛江日报社、碧海银沙网等单位联系，第一时间发布震情信息。

防震减灾科普宣传　2015年，市地震局利用上街下乡宣传、开展专题讲座、播放防震减灾宣传影片、开展防震知识问答等方式，在全社会全方位开展防震减灾宣传，结合“5·12”防灾减灾宣传周开展防震减灾电影放映进社区、结合学校开放日开展科普知识宣传等活动；建立科普知识宣传教育长效机制，市地震局会同市教育部门，重点抓对中小学生的防震减灾科普宣传，到市区和县城各中小学校举办了20余场防震减灾科普讲座和指导学校师生开展地震应急疏散演练。

（湛江市科学技术局　莫　怡）

茂名市

【概述】　2015年是茂名市获省级科技计划项目最多的一年，首次有项目获省科学技术奖一等奖。2015年，茂名市新增8家省级工程技术研究中心，新增省级技术创新专业镇16个，新获认定为高新技术企业11家。2015年，全市发明专利申请量同比增长率列、授权专利量同比增长率、发明专利授权量同比增长率列均列全省第3位。

【科技政策环境】　2015年，茂名市根据促进粤东西北振兴发展评估考核的要求，制定了《茂名市2015年实现R&D/GDP目标工作方案》，协助企业落实省、市优惠政策。与市国税局、地税局、财政局、经信局、统计局积极沟通，做好省级企业研究开发财政补助资金项目申报工作，共有7家企业获得了省级企业研究开发财政补助资金。

茂名市科学技术局联合建设银行茂名市分行召开了“‘Fit粤’科技金融推广会议”，双方还签订了科技金融战略合作协议。省科技厅批准茂名市生产力促进中心、茂名高新技术创业服务中心和国信创谷（茂名国信科技产业园）联合建设广东省科技金融综合服务中心茂名分中心。

2015年，茂名市启动科技创新券工作。12月，茂名市科技局联合市财政局，出台了《茂名市科技创新券实施管理办法（试行）》及《茂名市科技创新券实施细则（试行）》，规范科技创新券的申请、发放、审核、兑现和绩效评价等工作。

【科技计划项目】　2015年，茂名市共组织申报省级各类科技项目138项，争取省级财政科技资金近7 000万元，数额为历年来最多。2015年，茂名市市级科技计划立项项目296项，其中医学类立项项目242项，工农业类立项项目54项。

【技术创新专业镇及特色产业基地】　截至2015年年底，茂名市有茂南区山阁镇（高岭土）、公馆镇（罗非鱼）、新坡镇（石油化工）等省级技术创新专业镇16个，茂南区新坡镇（石油化工）、电白区羊角镇（石化产品后加工）、七迳镇（乙烯产品后加工）等市级技术创新专业镇11个。茂名市大力支持专业镇因地制宜发展特色主导产业，形成了以石化产品及后加工、矿产资源开发加工和农业种植、养殖及加工为主的专业镇群，通过组织实施一大批重大科技创新项目，取得一批产业关键技术突破，提高了自主创新水平，促进了产业优化升级。

【产学研结合】　2015年，茂名市组织申报省各类产学研项目11项，有5个项目获得广东省科技厅立项，共获得1 100万资金支持。茂名市与高校、科研院所进行良好的沟通互动。与四川大学、中国石油大学（北京）、广东工业大学等13家签约高校、科研院所保持沟通联系。

科技特派员　2015年，茂名市科技特派员工作形成常规化，全市共接纳科技特派员12名，分别来华南农业大学、广东工业大学、广东海洋大学、广东石油化工学院等高校科研院所，分别进驻茂名市伟业罗非鱼良种场、茂名众和国颂精细化工有限公司、电白冠利达科技生物养殖有限公司等近10家企业。科技特派员参与企业的技术研发工作，提高了企业自主创新能力，培育了企业技术人才。

产学研重大专项　2015年，茂名市重点组织实施的产学研结合重大专项“茂名石化产业链延伸关键技术研发及产业化”项目获得第三期300万元滚动支持。广东众和化塑有限公司申报的“新型苯乙烯系多元共聚功能高分子材料关键技术研究及产业化”和矽时代新材料科技有限公司申报的“高性能紫外光及湿气双固化液态光学透明胶黏剂的研制”项目获省应用型科技研发项目立项，各获得300万元经费支持。

产学研创新平台和基地建设 广东众和化塑有限公司、广东新华粤石化股份有限公司、茂名重力石化机械有限公司和茂名市金阳热带海珍品有限公司组建的省级工程中心各获得省科技厅100万元经费支持。2015年，茂名市认定市级产学研结合示范基地4家，创新平台3家。

产学研创新联盟 以茂名市茂南三高渔业发展有限公司牵头的罗非鱼产学研技术创新联盟于2012年获得省科技厅批准组建，联盟主要发起单位有中山大学、中国水产科学院淡水渔业研究中心等5家高校、科研院所和茂名市茂南三高渔业发展有限公司、广东罗非鱼良种场等6家企业，高校、科研院所有20多名专家参加，建设了博士后工作站和多个创新平台，广泛开展罗非鱼产业链关键技术的研发及产业化，促进了罗非鱼产业发展和升级。

扬帆计划 12月，广东中轻枫泰有限公司引进华南理工大学陈玲团队，列入省“扬帆计划”立项，获得800万元经费支持。该团队的主要工作是针对企业在造纸用木薯变性淀粉生产及推广应用中所面临的技术瓶颈及企业开辟变性淀粉医药应用领域的发展战略，结合广东省九大支柱产业之一的造纸工业和战略新兴产业医药工业的发展需求，开展高品质高附加值木薯变性淀粉的创制关键技术的研发与成果转化。从而加快木薯等农产品的精深加工产业链的延伸，促进粤西地区农产品加工产业、造纸产业的转型升级及药用辅料产业和医药工业等战略性新兴产业的发展。

【工程技术研究开发中心】 2015年，茂名市有8家企业获批创建省级工程技术研究中心，分别是广东省有机硅室温胶工程技术研究中心、广东省水产品精深加工与副产物综合利用工程中心、广东省木薯制品绿色与高值化创制工程技术研究中心、广东省水产品深加工工程技术研究中心、广东省水产品精深加工（雨嘉）工程技术研究中心、广东省岭南特色果蔬加工及应用工程技术研究中心、广东省非常规能源工程技术研究中心、广东省石油化工装备工程技术研究中心。2015年，茂名市新增13家市级工程技术研究中心。

【高新技术产业】 2015年，茂名市有11家企业新认定为高新技术企业。截至2015年年底，茂名市有高新技术企业28家，其中年产值在亿元以上的有13家。茂名市全年共组织企业申报广东省高新技术产品34个，获认定26个。

2015年，高新区十大重点项目全部实现开工建设：南海精细化工20万t/a环氧乙烷项目预计可实现年产值24亿元；茂名巴斯夫年产18万t/a异壬醇项目已正式投产，预计年产值达20亿元；重力石化装备制造基地项目计划于2016年底竣工投产；华南塑化商贸城项目计划2年内全部完成；国信创谷项目一期工程预计2016年底建成；海景明珠财富广场项目一期工程将于2016年7月年完成；广地化工5万t/a保险粉项目已基本建成；市交投集团物流项目前期工作正在推进中；顺丰茂名分拨中心项目已立项，土地平方工作进展顺利；长青集团集中供热项目一期工程预计2016年建成。污水处理厂项目的前期工作正在推进中。

【农业科技】 茂名市共组织实施2015年重点农业科技项目30项。“优质罗非鱼产业化技术集成示范与推广”“怀乡鸡健康养殖示范与产业化”等一批项目成果实现有效转化。国家农业科技成果转化项目“南美白对虾高效环保育苗模式创新示范与推广”建立起6 000m^3高效环保育苗基地。

2015年，茂名市积极推进广东省农业科技园区建设。园区实施科技创新项目18项，选育新品种4个、繁育出海产新种苗3个、开发和采用新工艺、新技术3项，开发新产品7项，共获得专利12项。核心区和示范区有9个基地15个品种通过国家绿色食品认证，其中蔬菜品种10个，罗非鱼、对虾品种5个。

2015年，茂名市积极推进与农业科研机构开产学研合作，组织企业与华南农业大学、广东省农科院、广东海洋大学等开展新项目合作17项。

【科技成果与奖励】 茂名市共有5个项目获2015年度省科学技术奖，其中一等奖1项、二等奖2项、三等奖2项。这是茂名市首次获省科学技术奖一等奖，首次获得3项二等奖以上奖项。2015年，茂名市评出市级科学技术奖项目45项，其中一等奖8项、二等奖9项、三等奖28项。

项目名称：乙烯副产裂解汽油抽提苯乙烯研发与工业应用

主要完成单位：广东新华粤石化股份有限公司、中国石油化工股份有限公司石油化工科学研究院、天津大学

获奖情况：2015年度省科学技术奖一等奖

该项目利用茂名100 万t/a副产的裂解汽油（C8–C9 馏分）做原料，建设一套3 万t/a裂解汽油抽提高纯度苯乙烯工业应用试验装置，研究探索乙烯裂解汽油（C8–C9 馏分）精密精馏、苯乙炔加氢、苯乙烯抽提、脱色精制新技术，研究生产附加值高、达到聚合级（99.8%）的苯乙烯–精细化工产品。

项目名称：聚丙烯烟膜专用料的开发

主要完成单位：中国石油化工股份有限公司茂名分公司、中国石油化工股份有限公司北京化工研究院

获奖情况：2015年度省科学技术奖二等奖

该项目在茂名石化国产第二代环管聚丙烯装置的基础上改进BOPP基础树脂的生产工艺技术，通过分子设计，进行等量加氢均聚反应等手段聚合出适合的聚丙烯树脂，同时，根据客户实际需要开发出新的添加剂助剂包，最终成功开发出挺度高、光泽度好、灰分低、雾度低且厚薄均匀性好的聚丙烯烟膜专用料F300M。在F300M开发成功以前，国内烟膜产品原料主要被进口产品垄断，聚丙烯烟膜专用料成本一般比普通BOPP原料高1 000元以上，且供货不稳导致广大下游烟膜生产企业经常无法购买到足够的原料。F300M开发成功后，得到广大烟膜生产企业的肯定，经多次质量改进后，性能已达到国际同类产品的先进水平，占领了整个华南地区的聚丙烯烟膜专用料原料市场。

【知识产权工作】　2015年，全市专利申请量达3 538件，同比增长32.56%，其中发明专利申请650件，同比增长71.96%，增长率列全省第3位，授权专利1991件，同比增长68.87%，增幅排全省地市第3位，其中发明专利授权128件，同比增长141.51%，增长率列全省第3位。2015年，茂名重力石化机械制造有限公司的陈孙艺获得广东专利发明人奖。

2015年，茂名市依法查处各类知识产权案件，加大对知识产权案件打击力度，查处假冒专利案件3件，处理专利纠纷案件1件。

2015年，广东信翼新材料股份有限公司等9家企业被认定为市知识产权示范企业，广东粮丰园食品有限公司等15家企业被认定为市知识产权优势企业。茂名市知识产权局联合市教育局、团委和少工委开展第二批中小学教育试点培育工作，认定为2015年茂名市中小学知识产权教育试点学校6家。

【科普工作】　2015年，茂名市举办“农村实用人才培训班”28期，讲授荔枝、玉豆种植技术和电子商务等知识，邀请科研院所、大专院校的专家教授授课，1 800多人参加培训，发放了一批种子和农用工具。举办“高新技术企业入库培育工作”和“广东省科学技术奖励推荐工作”科技管理专业知识培训班2期、举办“广东省科技创新政策宣讲”专题讲座1期，各县（市、区）科技管理部门和企业代表500多人参加。

2015年，茂名市在“科技进步活动月”期间，先后举办大型科普集市、送科技下乡、开展科普宣传等活动，组织科技专家进社区、进农村、进企业开展科技服务30多次，参加活动的科技人员5 000多人次 。

【防震减灾】　2015年，茂名市地震监测台网全年正常运行，确保了地震观测数据传输记录的连续性、可靠性和准确性。继续开展地震安全农居示范工程建设，在市区乙烯生活一区建成地震安全示范社区，社区内建有防震减灾知识宣传栏、地震应急避险场所等设施。

5月12日，茂名滨海新区博贺镇龙山中学在地震部门的指导下组织开展地震应急疏散演练活动，1500多名师生参与演练，博贺镇所有中小学校负责安全工作的校领导到现场观摩学习。同日，电白区德育学校组织1 000多名学生开展地震应急疏散演练活动。5月15日，茂名市第十七小学组织全校2 800多名师生开展防震应急疏散演练活动。

（茂名市科学技术局　文　妙）

肇庆市

【概述】 2015年，肇庆市加大创新驱动投入力度，设立1亿元的创新驱动发展引导专项经费，用于促进该市创新发展；设立市级科技创新券后补助专项资金，引导科技型中小微企业加大科技研发投入，提高自主创新能力；肇庆高新区正式纳入珠三角国家自主创新示范区建设范围，顺利通过国家知识产权试点园区的考核验收；2015年广东风华高新科技股份有限公司获批建设“新型电子元器件关键材料与工艺国家重点实验室”，成为肇庆市首家企业国家重点实验室。截至2015年年底，全市共有各级工程中心100家，其中省级68家，市级32家；全市拥有国家创新型企业1家，省创新型企业7家，省创新型企业试点5家；拥有省级专业镇22个；高新技术企业存量达139家。

【科技政策环境】 1月，肇庆市重新修订并印发了《肇庆市工程技术研究中心认定管理办法》，进一步加强了市级工程技术研究中心的建设和管理。5月，肇庆市出台了《中共肇庆市委 肇庆市人民政府关于明确创新驱动主攻方向 加快主导产业发展的实施意见》，提出16条工作措施对接省12条政策，加大创新驱动投入力度，设立1亿元的创新驱动发展引导专项经费，为期5年，以后根据肇庆市经济发展情况适当增加，用于促进该市创新发展。制定落实相应政策的实施细则，8月，印发了《肇庆市科技创新券后补助专项资金补助实施细则》，从2015年起连续3年，设立市级科技创新券后补助专项资金，引导肇庆市科技型中小微企业加大科技研发投入，提高自主创新能力。12月，印发《科技企业孵化器产权分割管理暂行办法》，完善了科技企业孵化器建设用地政策。

【科技人才队伍】 2015年，肇庆大华农生物药品有限公司陈瑞爱入选“广东省特支计划”科技创新领军人才，中导光电设备股份有限公司李波入选“广东省特支计划”科技创业领军人才。

【科技计划项目】 2015年，肇庆市实施市级科技计划项目65项，涉及科技基础条件建设、创新平台、社会民生、知识产权创造等专题，支持项目资金860万元。全市获省级以上科技项目213个。

【科技基础条件】 2015年，广东风华高新科技股份有限公司获批建设“新型电子元器件关键材料与工艺国家重点实验室”，是肇庆市首家企业国家重点实验室。该实验室建有5 600m^{2}的高标准研发和中试平台，先后购置72台套仪器设备设立了材料研究中心、元器件研究中心、电路及整机研究中心与分析测试中心。现有固定人员68人，流动人员30人；其中中国科学院院士1人及工程院院士2人，教授16人，教授级高级工程师10人（其中6人享有政府特殊津贴），高级工程师32人，工程师7人，博士8人，硕士34人。实验室将以国外标杆行业的同类产品与技术为目标，重点研发片式元件、薄膜电子元器件及无源集成电子元器件三大类目前市场容量大、技术受制于国外、国家发展急需的新型电子元器件。

【技术创新专业镇】 2015年，全市省级专业镇工业总产值达529亿元，特色产业产值305亿元，特色经济企业达3 762多家，在肇庆市县域经济发展中发挥了积极作用。截至2015年年底，肇庆市已拥有省级专业镇22个，其中农业类8个、工业类8个、旅游文化类6个，市级专业镇34个，其中农业类21个、工业类13个，涵盖了五金、电子、压铸、金属加工、农业种养殖、现代服务和文化创意等多个产业，涌现了睦岗电子、金利五金、金渡压铸、四会玉器、德庆旅游等一批区域品牌，搭建起专业镇技术创新平台48个，公共创新服务平台18家，累计专利申请量和授权量分别超过479项、366项。

【技术创新工程】　2015年，肇庆市新增省级工程中心19家。截至2015年年底，全市共有各级工程中心100家，其中省级68家，市级32家；全市拥有国家创新型企业1家，省创新型企业7家，省创新型企业试点5家。

【产学研合作】　2015年，肇庆市与清华大学续签了5年校市合作协议，分别与广东省科学院、广东工业大学签订校市全面战略合作框架协议。新增签订企业特派员合作协议5名，来自暨南大学、广东工业大学、肇庆学院等高校；组织11家企业申报2015年度产学研专项，获得立项资金1 100万元。

产学研对接活动　10月22—23日，2015肇庆金秋系列活动举行。在本次活动中，华南农业大学与肇庆市人民政府、肇庆大华农生物药品有限公司（以下简称“大华农”）联合签署了《三方共建“肇庆华农生物产业技术研究院”战略合作协议》。根据协议规定，三方围绕生物产业开展共建研究院，依托华南农业大学和大华农现有的科技、平台、人才、成果、产业等优势资源，将生物育种、生物制药、食品安全、智能装备和疫病防控等作为重点研发方向，并逐步将优势领域建设成为国家级和省部级科研平台。肇庆市人民政府与广东工业大学签订了共建战略新兴产业协同创新研究院协议，双方将围绕智能装备制造产业、大数据产业、环保产业的创新驱动发展进行深入合作。

11月27日，肇庆高新区管理委员会、肇庆市科技局、长春理工大学组织了长春理工大学、长春工业大学、吉林大学、长春工程学院、长春大学等5所高校在新能源、环保、新材料、机械、电子、化工等领域的科技成果项目对接会，肇庆市共有100多家企业参会，8个项目签约。12月22日，高要区、佛山市南海区广工大数控装备协同创新研究院、广东理工学院三方签订共建“肇庆（高要）智能制造研究院”的合作协议。12月29日，华农（肇庆）生物产业技术研究院签约暨挂牌仪式在肇庆大华农生物药品有限公司举行，这是华南农业大学参与建设的第一个新型研发机构。12月30日，端州区端州广工大协同创新研究院和广东华南农业航空工程研究院两个项目同时揭牌投入运营。

新型研究院建设　端州广工大协同创新研究院以端州区建设国家智慧城市为契机，面向端州区传统产业转型升级和培养战略性新兴产业需求，借助广东工业大学在科技研发、成果转化、创新服务等方面的经验和优势，整合国内外优质创新资源，实施创新平台体系构建，将研究院打造成技术成果转换的大平台、智慧城市相关产业的聚集区、创新创业发展的孵化器、创新人才培养大基地以及科技创新服务的综合体，为端州的产业转型升级乃至全市的高新技术企业提供重要的科技支撑和服务。

广东华南农业航空工程研究院由华南农业大学国家“千人计划”专家兰玉彬、肇庆学院以及河南安阳全丰航空植保科技有限公司合力打造的“互联网+农业”高新技术产业合作项目，主要负责开展农用无人机研究、实验、生产。项目落户建设将助力端州创新驱动的实施，打造新的产业集群，支撑端州高端工业加快发展。

肇庆（高要）智能制造研究院建设期为3年，按股份制企业模式运作，以高要区政府、广东理工学院、广工大数控装备协同创新研究院为核心单位，主要建设智能制造（机器人）应用推广基地、机器人学院、3D打印学院、众创空间等，并打造机器人创新创业中心、青年创新产业中心、技术转移孵化中心等创新服务平台。

【科技服务体系】　2015年，肇庆市共有各类科技服务机构328家，科技服务业的从业人员超2.2万人。肇庆高新区、端州区形成了以企业为主体、以大学和科研院所为智力支撑、以创新创业平台和信息服务平台为载体、以高科技项目和产业开发为重点的科技服务业；封开、广宁等山区县形成了服务本地特色产业发展的，以服务专业镇技术创新、农林技术推广服务、生产力促进为主的科技服务业；引入中科院深圳先进技术研究院CAE平台、省科技情报研究所等多家科技服务中介机构在肇庆设立服务站点；市生产力促进中心与广州中科院先进技术研究所签订科技创新驱动合作框架协议，围绕肇庆市经济、社会发展需求及产业结构特点，重点在睦岗电子、金利五金等专业镇以及端州、鼎湖、四会、高要、高新区等创新活跃区域，依托双方的优势资源，开展全方位多层次的科技合作，具体领域包括工业机器人、工业自动化装备、污水处理、工业设计等。

【科技金融】 8月，印发《肇庆市科技创新券后补助专项资金补助实施细则》，从2015年起连续3年，设立市级科技创新券后补助专项资金，引导科技型中小微企业加大科技研发投入，提高自主创新能力。3月3日获批成立“广东省科技金融综合服务中心肇庆高新区分中心”，向区内科技型中小企业提供“政银科贷”金融业务；4月3日和12月4日，中国建设银行肇庆高新区科技支行和四会农商银行肇庆高新区科技支行先后在肇庆高新区正式挂牌对外营业，全力支持园区科技企业发展。

12月4日，人民银行肇庆市中心支行、市科技局、市金融局、市银监局、市财政局在肇庆高新区联合举办了肇庆市加快推动科技金融产业融合发展工作现场会，切实推进科技金融融合工作，提高金融对科技创新驱动的支持力度。

【高新技术产业】 2015年，肇庆市有40家企业被认定为高新技术企业，另有19家高新技术企业通过复审。截至2015年年底，高新技术企业存量净增22家、达139家，同比增长18.8%；列入省高新技术企业培育计划的企业达75家，获省高企培育专项扶持资金4 195万元；全年高新技术产品产值预计可达1 352.6亿元，同比增长26.5%，占规模以上工业总产值的29%。

肇庆高新区正式纳入珠三角国家自主创新示范区建设范围。积极开展园区科技企业金融需求摸底调研，大力推进广东省科技金融综合服务中心肇庆高新区分中心建设，整合建行科技支行、粤科小贷公司等各类科技金融资源和机构，为科技企业提供优质的科技金融服务。知识产权工作稳步推进，顺利通过国家知识产权试点园区验收，专利申请319件，其中发明59件；专利授权266件，其中发明66件。

【科技成果奖励与技术市场】 2015年，肇庆市共有41项科研成果通过省、市科技成果鉴定，其中省级成果鉴定3项。办理市级科技成果登记58项、省级科技成果登记3项。登记的市级科技成果中达到国际先进水平以上的2项，占3.4%；达到国内领先和国内先进水平的40项，占69%，其中国内领先24项，国内先进16项；其他水平的成果16项，占27.6%。获得2015年度广东省科学技术奖三等奖3项。认定登记技术合同4宗，涉及金额766.36万元。

【知识产权工作】

国家知识产权试点城市建设 2015年，对照《肇庆市国家知识产权试点城市建议工作方案》和各成员单位工作职责，设立了试点城市建设工作台账，把工作目标、重点任务、保障措施等考核事项列入台账，明确责任、完成时限和工作进度，及时查漏补缺，为考核验收的顺利通过打下良好基础。2015年，肇庆市和四会、高要顺利通过“2014年度国家知识产权试点城市”考核，其中肇庆市获考核优秀等次，四会市获考核优秀等次以及工作先进集体表扬。肇庆高新区顺利通过国家知识产权试点园区的考核验收。

专利申请与授权 2015年，肇庆市专利申请量2 344 件，同比增长31.61%，其中发明专利494件，实用新型1135件，外观设计 715件。专利授权量1 726件，同比增长19.12%；其中发明专利165件，同比增长13.01%。PCT国际专利申请13件，同比增长116.67%。

专利执法与管理 2015年，肇庆知识产权局组织和参加了“2015年春节期间应节商品集中联合打假执法”“全省知识产权局系统查处假冒专利集中行动月”“第117届广交会知识产权执法维权工作”“肇庆市10部门联合开展打击和防范经济犯罪宣传”等执法行动和宣传活动。全年立案处理假冒专利案件2件，结案2件；立案处理侵权案件8件，结案8件。

专利奖励　肇庆大华农生物药品有限公司专利“一种病毒释放缓冲液的制备及其应用”获2015年广东省专利奖金奖和第十七届中国专利奖优秀奖。该项发明技术以提升我国养禽业重要疫病防控能力为目的，研究疫苗产业中制备高效或多联疫苗所需的抗原含量不足的技术难题，主要攻克了鸡胚尿囊液中病毒的纯化和回收技术难题，提高病毒含量，突破了制备高效价疫苗、多价/多联疫苗抗原量低的产业化技术瓶颈，增强了产品竞争力，取得显著的经济和社会效益。

【科普工作】

科普活动　2015年，肇庆市举办重大科普活动次数达41次、各类科普专题活动100多次、科普讲座600多场次、市科技中心等科技场馆接待观众2万多人次。3—4月，参加了2015年广东省文化科技卫生“三下乡”暨“千会服务千村”活动。5月，参加了第四届广东省创意机器人大赛，肇庆市获一等奖3个、二等奖2个、三等奖5个。7月，举办了“爱国是每个公民的义务”的科普活动。9月，举办了“讲文明、树新风、促和谐”的科普活动。12月，举办了第31届肇庆市青少年科技创新大赛。

5月21日，肇庆市委宣传部、肇庆市科协、肇庆市科技局（市知识产权局）、高要市人民政府主办的2015年肇庆市、高要市科技进步活动月启动仪式暨大型科普集市活动在白土镇文化广场举办。本届科技进步活动月以“创新创业，科技惠民”为主题。科普集市活动现场设置了各类咨询服务点30个，配备了专家、技师和专业技术员90多人，吸引了800多名群众、农户前来参与。

青少年科技教育基地　2015年，肇庆市新增肇庆医学高等专科学校人地生命科学馆、广东星湖国家湿地公园、肇庆翡翠文化、四会市滙玉堂国际玉文化等4家省级青少年科技教育基地。截至2015年年底，全市共有青少年教育基地11家。

【防震减灾】

2015年，肇庆市在高要、四会、广宁、怀集建设共4个地震烈度观测站；编制了《肇庆市地下流体观测项目建设实施方案》；严格执行“重大建设工程抗震设防要求审核”；认定了第3批19所市级防震减灾科普示范学校，建设5个“广东省地震安全示范社区”，其中肇庆市端州区城西街道波海社区被评为“国家地震安全示范社区”称号；省市共建端州区地震应急指挥中心，全省首个实现省市区视频互联互通；参加“2015梧肇联动应急救援综合演练”并同步开展了肇庆市地震应急处置演练；成功举办珠三角地震趋势会商会和应急救援志愿者培训班，举办了3期“封开县农村民居防震安全技术培训班”。肇庆市地震局获“2015年度全省市县防震减灾工作年度考核优秀单位”称号、获2015年第4届平安中国防灾宣导系列公益活动优秀组织奖。

（肇庆市科学技术局　麦伟男）

清远市

【概述】 2015年，清远市推动科技创新驱动发展，加大自主创新工作力度，加强知识产权保护，大力推进防震减灾能力建设，取得了明显成效。清远国家高新区申报成功，科技创新券工作居全省前列，高新技术产业发展居粤东西北前列，实现了专利申请数量和质量双提升，是获得省级科技专项资金最多的一年。区域合作模式获新突破，人才团队与“扬帆计划”引进创新创业团队获新突破，创新平台建设获新突破，“双创”工作实现零的突破。

【科技政策环境】 4月30日，清远市科技创新大会暨高新区“以升促建”推进会在清远市国际会展中心召开。大会传达贯彻全省科技创新大会精神，表彰2013年度清远市科学技术进步奖先进单位和个人，动员和部署创建国家级高新区工作，研究部署全市科技创新工作。会前，举办了清远市“创新驱动发展”专题讲座，邀请了中国工程院院士、清远市政府顾问陈勇作了创新驱动发展战略的专题报告。会上印发了《中共清远市委、清远市人民政府关于加快实施创新驱动发展战略的意见》（征求意见稿）。

为贯彻落实《广东省人民政府关于加快科技创新的若干政策意见》精神，6月，清远市出台了《中共清远市委、清远市人民政府关于加快实施创新驱动发展战略的意见》，确定了加强以企业为主体的技术创新，推动以高新技术产业化为重点的产业创新，推进特色鲜明、优势互补的区域创新，加快创新驱动发展的体制机制创新等科技创新目标方向。在此基础上，清远市科技局深入了解全市企业近年来的科技创新情况，掌握企业科技创新需求，起草了《清远市科技企业孵化器认定管理办法》《清远市科技企业孵化器专项资金管理办法》《清远市高新技术企业培育专项资金管理办法》等3份促进企业自主创新的政策文件，进一步完善了清远自主创新政策体系，营造了科技创新的良好氛围，通过优化环境，不断推动全市科技创新，促进企业快速发展。同时，起草了《清远市科技创新券实施细则（修订）》《清远市市级企业研究开发财政补助资金管理办法（试行）》《清远市联合科技信贷试点方案》（送审稿）等配套政策措施，引导财政资金支持以企业为主体的技术创新，促进创新驱动发展的体制机制改革。

2015年，清远市组织发放了第一批科技创新券，其中一般券3项，专项券10项，面额共计504万元，惠及12个企业共13个项目，预计带动社会科研投入2 600多万元，财政资金带动企业研发投入效率达1：5以上。截至2015年年底，已组织兑现专项券2项共计50万元，向省科技厅申请2015年度广东省科技创新券后补助资金50万元，省财政厅实际下达到清远市的2015年度科技创新券后补助资金为350万元。

【科技人才队伍】 获2015年度省“扬帆计划”引进创新创业团队项目立项2项，支持经费1 000万元，实现3年以来零的突破。

连州市东篱种养实业有限公司引进的南方饲草种质创新及产业化研究团队（暨南大学的南方饲草种质创新及产业化研究团队），开展南方优质多抗牧草新品种选育与良种繁育关键技术研究与示范，辐射并带动南方畜牧业发展，为南方现代生态规模农业树立典范。

清远市精旺环保设备有限公司引进的醇基燃料燃烧技术研发团队（中科院的醇基燃料燃烧技术研发团队），在精旺公司现有的技术的基础上，针对氢水燃料（醇基燃料）在锅炉应用开展研究工作。通过改进燃烧技术，进一步降低污染物排放，提高燃烧效率；开发针对陶瓷窑炉开发适用于醇基燃料的燃烧技术和设备，将醇基燃料推广到陶瓷行业，解决广东省陶瓷行业面临的困境；开发醇基燃料燃烧机的智能控制系统，提高控制系统的自动化，同时基于“互联网+”技术，建立燃烧机大数据云平台，为用户提供实时在线监测、故障预警和数据收集工作，提高服务水平并改进产品。

【科技计划项目】　2015年度，全市共获得省级科技计划项目立项17项，争取项目资金4 010万元。与上年度相比，立项项目增加9项，同比增长112.5%；支持经费同比增长844.4%。获2015年首批省级企业研发费补助资金企业20家，补助金额1 854万元。2015年度，清远市科技计划项目共立项40项，支持经费1 075万元，立项数同比增长11.1%，支持经费同比增长22.86%。

清远市豪美铝业等8家企业荣获广东省2015年度省应用型科技研发专项资金项目立项9项，其中主承担5项，合作参与4项。这些项目的成功立项，标志着近年来清远市企业的研发实力和科技创新能力显著增强，参与创新驱动的动力空前高涨。

【孵化育成体系】

孵化器建设　2015年，清远华炬科技企业孵化器被认定为国家级科技孵化器培育单位。该公司是经清远市政府和清远高新区管委会认定，并共同指导和支持建设的清远市第一家科技企业孵化器。孵化器有基础公共服务、知识产权、金融服务、管理升级、法律服务、技术创新八大平台。现设有广州股权交易中心、国信证券股份有限公司、清远市中小企业服务中心、广东独联体国际科技合作联盟分中心、广东省科技金融综合服务中心清远分中心、清远生产力促进中心高新区办事处等服务机构，为入孵企业提供政策、管理、法律、财务、融资、技术、市场推广和培训等方面的服务，截至2015年7月31日，清远威凛材料科技有限公司等40多家企业已经入孵。

7月17日，注册资本2亿元的清远首个创业投资基金——“长实浩宇创投基金”正式挂牌成立。当日的挂牌仪式上，除了长实浩宇创投基金正式启用外，华炬科技企业孵化器也成立了清远华炬孵化器种子基金。据悉，该基金主要来源于华南863科技创新园专项资金，一期总额300万元，基金投向分为股权、债权股权+债权混合型。用于加大对入孵企业的科研项目和创新人才的扶持力度，解决科技创业资金不足的问题，培育有竞争优势的高新技术企业。

广东省众创空间试点建设　12月，清远市稻味电子商务有限公司申报的清远市农村电子商务产业园被省科技厅认定为2015年度广东省众创空间试点单位，成为清远市首家经省科技厅认定的众创空间试点单位。清远市农村电子商务产业园于2014年由清远市稻味电子商务有限公司投资建设，一期工程已经建成并投入运行，在园区建立了场地配套、事务代办、人才支持、融资贷款、技术支撑、信息对接等“六位一体”的服务体系。

创新创业活动　7月17日，清远市高新区、市科技局和广清指挥部联合在华南863科技创新园成功举行了“长实浩宇创投基金揭牌暨‘广州北’大学生创新创业基地启动仪式”。活动期间，举行了创投基金及种子基金项目、入孵项目、创业辅导团队、校企银企合作签约，进行了“华炬杯”2015年创新创业大赛：“东莞银行杯”周赛的路演。

9月8日，清远首届“创新·创业·创客”嘉年华暨天安智谷创新创业生态圈启动仪式在清远天安智谷科技产业园顺利举行。启动仪式上，为创业导师颁发了聘任证书，举行了创新科技平台揭牌仪式。根据活动安排，举行了“创业·梦想秀”—路演活动、创业导师“诊断室”开放日、“创新·生态圈”巡展活动、“创客·新工厂”新硬件体验季等为主题的创业团队路演和创业导师诊断活动。

【产学研结合】　2015年，清远市科技局加强与高校、科研院所的密切联系，积极促进企业与高校、科研机构开展科技合作，鼓励和推动高校、科研院所和清远市企业组建技术转移中心，努力形成联合开发、优势互补、成果共享、风险共担的产学研用合作新机制。

地校企对接活动　1月27—28日，中科院宁波材料所国家“千人计划”特聘专家一行4人受邀到清远开展产学研交流活动。期间，中科院宁波材料所专家与聚石化学、浩宇科技和东鹏陶瓷等企业就相关课题进行了广泛交流，对意向合作项目进行了详细对接，并就企业的科技创新能力进行了实地调研，围绕中科院宁波材料所在清远成立材料研发中心平台这一主题进行了交流。

8月3—5日，市科技局组织清华大学盖国胜等4位专家到连州与30多家企业开展了“两矿产业”产学研对接活动。

11月9日，在天安智谷举办了2015年清远新材料新技术产学研对接会，邀请了国家自然基金委和国内多所大学的国内高分子领域知名专家教授25人（包括长江学者4人、杰出青年基金获得者5人），政府部门及相关企业负责人共230多人参加了此次活动，围绕新材料新技术的发展趋势开展了产学研对接与合作交流。

12月16—18日，清远市政府副市长带领市科技局、市经信局、市高新区以及再生金属、高分子材料、无机非金属材料等领域的企业家一行前往中国科学院西安光学精密机械研究所、浙江大学开展了产学研对接活动，学习了解其科技成果转化等运作方面的有关经验做法，在科技成果转化，人才培训，孵化器建设、新型研发机构建设等方面如何开展合作进行了初步协商。

【技术创新平台】

工程技术研究开发中心　2015年，清远市有4家企业被认定为广东省工程技术研究开发中心。12月，清远市科技局、发改局、经信局联合下发了《关于同意组建清远市儿科用药制剂工程技术研究开发中心等12家工程技术研究开发中心的通知》，同意新组建12家市级工程技术研究开发中心。截至2015年年底，清远市现有国家级工程技术研究开发中心1家、广东省工程技术研究开发中心20家、清远市级工程中心41家，清远市的省（市）工程中心数量在粤东西北地级市中排名第2位。

企业研发中心建设　广东东鹏控股股份有限公司为响应政府“中国智造2025”国家战略，率先发布了中国建陶工业2025战略，旗下清远东鹏陶瓷有限公司启动了中国建陶工业2025智能制造项目。9月7日，在清远高新区源潭陶瓷工业园清远东鹏陶瓷有限公司举行了“东鹏·中国建陶工业2025智能制造项目落地清远暨世界玻化砖研发中心成立仪式”。该研发中心以增强玻化砖产业为核心竞争力目标，旨在通过建立工程化研究、验证的设施和有利于技术创新、成果转化的机制，培育、提高自主创新能力。该中心作为东鹏控股科技创新的平台，聘请世界级玻化砖专家，形成由外籍专家、博士、硕士组成的研发团队，并与科研单位、大专院校、国际知名研发机构合作，展开对玻化砖的设计、技术、设备等研究，推动玻化砖产业的发展。

【高新技术产业】

高新技术企业　2015年，清远市共分3批组织完成了2015年高新技术企业复审、认定工作。截至2015年年底，清远市经认定和复审通过的高新技术企业76家，高新技术企业数量在粤东西北地级市中排名第2位。与2014年度相比，高新技术企业数量增加15家，同比增长24.6%。清远市规模以上高新技术企业总产值占清远市规模以上工业企业总产值16.87%。截至2015年年底，清远市共有广东省创新型企业7家。

2015年共组织3批52家企业申报2015年省高新技术企业培育入库，共49家企业获得省高新技术企业培育入库，专项资金合计1 060.77万元（其中：第一批32家，资金合计681.96万元；第二批8家，资金合计154.19万元；第三批9家，资金合计224.62万元。）高新技术企业培育入库数量在粤东西北地级市中排名第2。

高新技术产品　2015年共组织企业申报认定高新技术产品65个，与2014年相比高新技术产品数量增加33个，同比增长14%。

高新区　9月29日，国务院正式批复清远高新区升级成为国家级高新技术开发区，成为粤东西北地区第二家国家级高新技术产业开发区。升级后的清远高新区将深入实施创新驱动发展战略，按照布局集中、产业集聚、用地集约、特色鲜明、规模适度、配套完善的要求，立足科学发展，着力自主创新，完善体制机制，成为清远市促进技术进步和增强自主创新能力的重要载体，成为带动区域经济结构调整和经济发展方式转变的强大引擎，成为高新技术企业“走出去”参与国际竞争的服务平台。

11月13日，清远国家高新技术产业开发区建设推进大会在清远国际会展中心顺利召开。会上，国家科技部高新司宣读了《国务院关于同意清远高新技术产业开发区升级为国家高新技术产业开发区的批复》；举行了清远国家高新技术产业开发区授牌仪式和清远高新区科技项目签约仪式。

新兴产业发展　9月23日，清远市塑料工业协会联合中国再生塑料技术创新战略联盟成功举办了“新时期清远再生塑料产业链协同发展大会”。大会邀请中国物资再生协会常务副会长、中国再生塑料技术创新联盟副秘书长、福建师范大学聚合物资源绿色循环利用教育部工程研究中心主任、华南理工大学材料学院教授等作精彩报告。

【农业及民生科技】　“清远市特色种养广东省农业科技园区”在2013年获省科技计划项目立项，共获项目资金300万元。园区由一院、一所、五企业经过几年的建设，2015年已经初具规模，在发展农村特色种养项目方面已经在发挥示范带动作用，已建成面积76 708.7hm^2，围绕优势产业建设共投入建设资金2.8亿元，主要用于核心区现代设施农业建设配套；园区拥有龙头企业2家，主导产业总产值3.6亿元，核心区农户年人均纯收入2 933元，园区带动当地农户人数3 385人。

2015年，清远市民生科技资金投入105万元，实施项目7个，2014年民生科技投入资金75万元，实施项目10个，资金投入同比增长40%，选定项目同比减少30%，项目均按合同实施中。

【科技成果及奖励】　2015年度清远市科技成果共登记成果55项，比上年度增加了9项。其中经过科技成果鉴定的有41项，省级项目验收的成果1项，知识产权成果12项，其他1项，登记的成果中涉及专利71件，其中获得授权专利29件。

4月30日，以市委、市政府名义召开了清远市科技创新大会暨高新区“以升促建”推进会，对2013年度科学技术进步奖获奖项目进行表彰。其中特等奖1项、一等奖4项、二等奖15项、三等奖27项。广东宏威陶瓷实业有限公司“超耐磨高硬度全抛釉制备技术及产品开发”项目荣获2015年度广东省科学技术奖三等奖。受理2014—2015年清远市科学技术进步奖67项，其中农业领域4项，工业领域16项，医疗卫生领域47项。

【专利与知识产权】　10月19日，清远市人民政府办公室印发《清远市推进专利工作实施办法》，该办法从专利代理机构培育、专利的申请、授权、企业“灭零”“倍增”“贯标”认定、专利标准制定等方面给予重点资助，进一步激发全市创新积极性。

2015年，共受理市级知识产权专项资金项目17项，立项8项，扶持金额共计115万元，其中，知识产权优势企业项目3项，专利技术实施计划项目5项。

2015年，清远市专利申请受理量为1 569件，其中发明专利申请量346件，分别同比增长77.89和116.25%；专利授权量1 017件，其中发明专利授权量110件，分别同比增长61.43%和111.54%。2015年底全市发明专利拥有量为305件。取得了专利申请数量与质量双提升。2015年，广东先导稀材股份有限公司发明专利获第17届中国专利优秀奖，广东先导稀材股份有限公司和清远市普塞呋磷化学有限公司发明专利获2015年广东专利优秀奖。广东先导稀材股份有限公司被认定为国家知识产权优势企业。

【科普工作】　2015年，市科技局邀请专家对清远市科技馆的建设、管理与运营进行研讨，形成《清远市科技馆初步可行性研究报告》《清远市科技馆建设方案》《清远市科技馆运营与管理方案》等相关方案，已提交市政府研讨并得到认可。2015年，市科技局投入10万元支持清远市技师学院、清远市新北江小学、清远市华侨中学等三所学校开展校园科技主题科普活动。通过开展以安全健康、科学环保、绿色节能等为主题的科普宣传活动，形成学科学、讲科学、用科学的良好氛围。

【防震减灾】　2015年，清远市修订完善地震应急预案，新增了3个地震应急避险场所，分别是有连州市文化广场、连南县顺德文化广场和英德市月桂湖广场。完成了地震应急基础数据收集。阳山县阳城镇环城新区社区获省地震局授予“广东省地震安全示范社区”称号。阳山县阳城镇环城新村社区获省地震局授予“广东省地震安全示范社区”称号。5月，组织了连南瑶族自治县顺德小学师生开展地震应急演练。

（清远市科学技术局　张　凌）

潮州市

【概述】　2015年，潮州市科技计划项目立项数量和扶持资金额度均创历史新高，建成第一家市级科技企业孵化器，首次有项目获得省科学技术奖一等奖；首次有企业获认定为国家知识产权示范企业；发明专利申请量居全省第11位，发明专利授权量居全省第10位，每万人拥有发明专利量居粤东西北第2位，5项专利被评为第17届中国专利奖。截至2015年年底，建成省级以上企业技术中心42家、“省市共建战略性新兴产业基地”2个，数量均名列粤东西北地区首位

【科技政策环境】　2015年，市政府颁发了《潮州市人民政府关于大力推进科技创新的若干意见》《潮州市关于加快推进创新驱动发展重点工作方案（2015—2017年）》等文件。文件明确了新时期、新形势下该市全面深化科技体制改革、加快创新驱动发展的总体要求、目标任务和工作举措。2015年，市政府还先后出台了《潮州市科学技术进步奖励办法》《潮州市市级技术创新专业镇管理办法》和《潮州市科技计划项目资金管理办法》等一批规范性文件。

【科技人才队伍】　广东金源照明科技有限和广东四通集团股份有限公司申报“扬帆计划”引进科研创新团队获省立项，创下一市同年通过两项目的可喜成绩。

广东金源照明科技有限公司申报的“基于热保护驱动与微光学配光的LED移动光源技术研究及产业化”项目从事大功率移动光源的LED封装技术、移动光源光学设计、散热技术、智能驱动技术和光源可靠性等方面研究，研发具有领先技术水平的高端特种移动照明唱片和移动灯，项目获得立项资助300万元。

广东四通集团股份有限公司申报的“高热稳定性、高强度骨质瓷的研究”项目从事新型熔剂系统的设计、合成与产业化，合成熔剂的增强机理、高强骨质瓷的产业化等技术研究，提高骨质瓷自身机械强度和抗热震稳定性，实现对传统骨质瓷坯体的技术改造，提升陶瓷产业的自主创新能力和产品市场竞争力，项目获得立项资助500万元。

【科技计划项目】　2015年，潮州市科技计划项目立项数量和扶持资金额度均创历史新高，共有67个科技项目获得省级以上项目立项，获得资助经费6 039万元。潮州市三环（集团）股份有限公司“中低温固体氧化物燃料电池用陶瓷粉体及电解质关键技术开发及产业化”等4个项目获省2015年度应用型科技研发专项资金立项支持，总资助经费2 300万元。

【孵化育成体系】　2015年，潮州市政府出台了《潮州市人民政府关于大力推进科技创新的若干意见》，提出了围绕加快科技创新推进民营经济再创业，增强科技对经济社会发展的支撑和引领作用，建立科技企业孵化器建设激励制度的工作意见。

潮州市柏熹科技孵化基地，已经在广东科技企业孵化育成平台完成登记，成为潮州市第一家建成的市级科技企业孵化器。该孵化基地集科技创业苗圃、大学生创业园、企业孵化器、科技企业加速器等于一体，在孵化企业有25家，包括陶瓷创新设计、不锈钢创新设计、新材料、动漫广告设计等领域。

【产学研合作】　深化产学研合作，加强智能机器人陶瓷装备的研发，助推传统支柱陶瓷产业转型升级，截至2015年年底，全市已有2家陶瓷企

业投入试用智能机器人。潮州市企业与广东省自动化研究所合作，首次在工业领域引入多轴智能机器人，在卫浴陶瓷实施智能机器人自动喷釉项目进行研究，实现了在工业智能机器人应用研究的突破。通过组织实施省产学研合作项目，推进科技成果转移和产业化，提高产业技术创新水平，2015年共有3个产学研合作项目获省立项。

【企业创新平台建设】 2015年，潮州市工程技术研究中心认定累计79家，其中省工程技术研究中心37家；专业镇认定累计29个，其中省级专业镇19个，建立各种类型的技术创新平台14个；潮创街、“市县镇企”四级创新服务平台、“中山–潮州产业创新中心”等创新平台建设工作进展顺利。潮创街列入潮州市委重点建设项目，引入20多个机构或重点项目，包括创客汇、潮州市众创空间、灵意设计创客咖啡等，举办多场培训及创业分享会。2015年，潮州—中山产业创新创意园建成营运，开展23个生产性服务项目，助推潮州市建设成省级以上企业技术中心42家，“省市共建战略性新兴产业基地”2个，数量均名列粤东西北地区首位。

【高新技术企业与产品】 2015年，全年认定高新技术产品39项，新认定省级高新技术企业12家，存量37家，位居全省第16位；申报高新技术企业入库培育17家，其中12家已获得省高新技术企业入库培育与财政资金扶持。

【科技成果与奖励】 2015年，潮州市评选2014年度市科技进步奖项目29项，一等奖7项、二等奖9项、三等奖13项。“传统广式凉果产业提升和废弃物综合利用关键技术及产业化”项目获2015年度省科学技术奖二等奖；独具潮州产业特色的“凤凰单丛乌龙茶资源利用和品质提升关键技术及产业化”项目获2015年度省科学技术奖一等奖，这是潮州市首次荣获该奖项。

“凤凰单丛乌龙茶资源利用和品质提升关键技术及产业化”项目在凤凰单丛茶加工基础理论和关键技术上取得多项创新成果，构建了省内最大的单丛茶高效连续式机械化加工生产线，生产效率比传统半机械半人工作业提升6倍，人工减少85%，茶叶加工费减少87.5%；发明了高香型凤凰单丛茶丰产速生苗繁育方法，形成了基于古茶树保护利用和低山育苗、高山移栽的高产优质育苗技术；创建了凤凰单丛茶呈香组分的加速溶剂提取技术和重金属污染的风险评估方法，建立不同季节、海拔等环境下凤凰单丛茶各特性与加工工艺调整的应用理论，有效提高茶叶品质。

【知识产权工作】 2015年，潮州市积极推进知识产权战略深入实施，做好国家知识产权试点城市各项工作，在知识产权的创造、运用、管理和保护方面取得一定的成效。广东海利集团被认定为潮州市第一家国家知识产权示范企业，潮州三环（集团）股份有限公司、广东博宇公司同时获得国家知识产权优势企业殊荣。5项专利被评为第17届中国专利奖，专利质押融资金额4.71亿元。

知识产权制度构建 积极完善知识产权管理和保护机制，8月27日，市政府重新成立潮州市人民政府知识产权办公会议，由市知识产权局、市公安局等27个单位组成，充分发挥办公会议成员单位职能作用，增强知识产权工作合力，逐步形成统一管理、协调有序、联动发展的知识产权工作格局。

9月16日，潮州市知识产权保护协会举行成立大会暨第一次会员代表大会，140多个企业和专利权人成为首批会员，协会的成立将有效提高本市知识产权创造、运用、保护及管理水平。

专利申请与授权 截至2015年年底，潮州市专利申请量为3 450项，其中发明专利221项，位居全省第11位；授权量3 303项，其中发明专利98项，授权量位居全省第10位；每万人拥有发明专利量为1.61项，位居粤东西北第2位。

执法专项行动 2015年，市科技局联合相关部门集中开展多场次的打击假冒专利专项行动，现场查处假冒专利行为，要求有关商场对销售专利标识不规范的商品进行下架整改，对构成假冒专利行为则进行立案处理，对商户进行知识产权保护的宣传教育。积极开展专利侵权案件调处工作，加快案件处理进度。截至2015年年底，已立案侵权案件14宗，结转案件16宗，经过市科技局调解，共结案14宗；仍有未结案件15宗，其中中

止3宗，12宗正在调处中。假冒案件立案23宗，均已结案。

知识产权宣传教育　截至2015年年底，潮州市累计认定省级中小学知识产权教育示范学校2所，省级试点学校8所，市级中小学知识产权教育试点学校13所。组织开展教师培训85人次，累计受教育学生达12 560人次，开设知识产权教育课程286班次，开设各种知识产权实践活动78次数，学生作品申请专利12项。

4·26期间，在市文化长廊举办了打击侵犯知识产权和制售假冒伪劣商品成果展览及现场知识产权咨询活动，相关单位领导以及有关企业、协会、机构的代表共200多人出席成果展。

5月20日，联合湘桥区、枫溪区知识产权局举办知识产权贯标培训班，湘桥区、枫溪区各街道（镇）企业办、各有关企业共200余人参加培训。

【科普宣传】　2015年，潮州市开展了以“创新创业 科技惠民”为主题的科技进步活动月活动，组织实施了农业科技下乡咨询、防震减灾知识科普、“陶瓷文化”科普体验、知识产权现场宣传咨询等系列活动。

（潮州市科学技术局　罗远鹏）

揭阳市

【概述】 2015年，揭阳市实施省科技计划项目18个、市级科技计划项目79个，获认定广东省新型研发机构2个，新增院士工作站2个，省级工程技术研究中心5家，市级工程中心8家，广东省技术创新专业镇1个，特派员工作站3个；2项成果获2015年度广东省科学技术奖三等奖；4家企业进入第4届中国创新创业大赛（广东赛区）暨第3届“珠江天使杯”科技创新创业大赛复赛，并获得“优秀企业”证书，其中揭阳市宏光镀膜玻璃有限公司入围国赛新材料行业总决赛并获得第三届“珠江天使杯”科技创新创业大赛“优胜企业”称号。

【科技政策环境】 2015年，揭阳市全面深化科技体制改革，加快推进科技创新。6月，印发《中共揭阳市委、揭阳市人民政府关于全面深化科技体制改革、加快实施创新驱动发展战略的意见》。8月，印发《揭阳市人民政府关于加快科技创新的若干政策意见》。

6月4日，组织“2015年度广东省（揭阳分会场）科技创新政策宣讲培训会”，省科技厅专家团为全市高新技术企业、科技型企业及科研机构科技负责人等160多人进行了专题培训。

【科技计划项目】 2015年，揭阳市实施市级科技计划项目79个，加快开展产业核心关键技术研究，引导企业开展技术研发和创新。实施省科技计划项目18个（其中结转项目1个）。一批项目研发取得新突破，如广东中科高新科技股份有限公司与中国科学院过程工程研究所联合开发可降解塑料母粒与薄膜的制备技术，取得成功并已实现产业化。

【孵化育成体系】 2015年，揭阳市积极推动朝启创新创业孵化器、高新技术产业孵化器2家新增孵化器建设，加强对原有3家孵化器的支持引导，提高孵化服务能力，优化创业创新环境，为创业者提供低成本、便利化、全要素的创业服务平台。3月，中德金属产业国际孵化器获批为国家级科技企业孵化器培育单位。11月，朝启创新创业孵化器（朝启众创空间）获得省众创空间示范单位认定。

【产学研合作】 2015年揭阳市科技部门围绕产业“登高”和“引进”工程，加快推进产学研结合和国际科技交流合作。

人才引进　先后引进我国著名高分子化工专家蹇锡高院士和著名生物能源专家陈勇院士，设立广东深展真空镀膜涂料技术院士工作站和润丰合作社美丽城乡院士工作站，截至2015年年底，全市院士工作站累计6个，数量居粤东地区首位。实施省部企业科技特派员行动计划，签订三方协议的科技特派员14名。

地校企对接　12月21日，揭阳市科技局组织揭阳市对德（欧）合作“百人团”企业43名代表赴广州参加首届广东省科学院产业技术创新联盟科技成果对接会。

【科技金融】 2015年，设立揭阳市金融科技产业融合风险准备金2 000万元，推动普宁市、空港区、揭阳产业转移工业园设立金融科技产业融合风险准备金共2 600万元。中行揭阳分行开展科技金融信贷业务，为中德金属生态城首期入园11家企业贷款11 850万元，切实缓解科技型企业融资难问题。

【高新技术产业】 2015年，揭阳市认真开展高新技术企业“育苗”计划，新认定高新技术企业15 家，复审通过5家，组织24家企业申报省高新技术企业培育入库，入库18家。截至2015年年底，全市高新技术企业累计51家。2015年，获认定高新技术产品81个。

【农业科技】 2015年，组织企业开展白花油茶繁育、狮头鹅反季节繁殖、大鲵养殖、节水设备研发等技术攻关和成果产业化。6月，举办揭阳市省级农业科技园区示范企业产学研合作研讨会，邀请江南大学、国家林科院亚林所、华南农业大学、省林业调查规划院等高校、科研机构油茶专家与揭阳市油茶产业龙头企业开展交流对接。

【科技成果及奖励】 2015年，揭阳市完成省级科技成果鉴定2项，市级鉴定8项。广东吉荣空调有限公司完成的“双金属复合结构核电站用空调设备关键技术”和广东领航数控机床股份有限公司完成的“XK2735/H-180型定梁门动式五面体数控龙门镗铣床”项目获得2015年度广东省科学技术奖三等奖。

【知识产权】 2015年，认真做好首届中德中小企业合作交流会、百项科技成果展览会知识产权保护工作；推荐申报中德（揭阳）中小企业知识产权保护试验区，5月获省知识产权局授牌。

宣传培训　在全市开展内容丰富、形式多样的4·26“知识产权宣传周”和“中国专利周”活动。5月，市知识产权局联合市经信局、教育局举办揭阳市2015年“泰宝杯”创新创业专利设计大赛，评选出金奖作品2项、银奖作品5项、铜奖作品13项。在揭阳职业技术学院成立保护知识产权志愿服务队。

5月，由市科技局、知识产权局联合主办2015年知识产权与创新培训班在市区举办。市科技局、市知识产权局各科室业务骨干，各县（市、区）科技（知识产权）局分管领导及业务骨干，揭阳市省、市知识产权优秀示范企业、高新技术企业、部分中小微企业知识产权管理人员参加了培训。

专利申请与授权　2015年，揭阳市着力提升专利产出质量，采取重点辅导、上门服务，抓重点企业、抓重点产业的多种措施，培育企业专利申请梯队，实施规模上企业专利清零计划。全市专利申请量3 726件，比增20.23%，发明申请177件，比增43.90%，PCT国际专利申请10件；专利授权2 807件，比增35.47%，发明授权66件，比增4.76%。

专利行政执法和维权援助　加强专利行政执法和维权援助工作，共派出专利行政执法人员30人次，立案查处假冒专利案件2宗，移送假冒专利案件1宗。创新知识产权维权援助方式，10月，设立广东省知识产权维权援助中心揭阳分中心。11月，在揭阳市高新技术企业协会设立知识产权维权工作站。组织2015年度广东省专利奖申报工作，广东海兴塑胶有限公司的“水壶（2）”项目获得2015年广东专利奖专项资金资助。加强知识产权服务机构的引进和管理服务，引进南粤专利商标事务所在揭阳市设立办事处。

【科普工作】 11月27日开始连续两个月，由揭阳市科协、科技局联合主办，榕城区科协、科技局、揭阳市科技馆协办，岐山文化博览园承办的“科技融课堂、创新引未来”科普进园区活动在岐山文化博览园举行。11月24日，市科技局、惠来县科技局在惠来县东港镇东港村联合开展农业科技下乡活动，组织农业专家现场接受咨询，向群众赠送农业科技书籍。在榕城区西马街道西门社区建立科普示范基地及知识产权宣传点。

【对外科技交流合作】 制订《加快推进中德金属生态城“两个中心”建设工作方案》。中德金属生态城与国家级电镀研发机构——武汉材料保护研究所签署战略合作协议，建立合作长效机制。

5月16日，首届中德中小企业合作交流会在广东揭阳召开。首届中德中小企业合作交流会是在中德政府磋商机制，及工业和信息化部与德国经济和能源部中德中小企业政策磋商机制下举办的，以“一带一路，携手共赢”为主题，来自中德两国政府官员、嘉宾和企业家共150多人参加了会议。

启动仪式先后组织“中德中小企业创新合作交流会”主题演讲、高层对话；举行《合作共建广东（揭阳）智能制造研究院备忘录》签字、北京外国语大学德国研究中心项目合作意向签约和中德（揭阳）中小企业知识产权保护试验区、广东（揭阳）智能制造（工业4.0）试点企业、广东（揭阳）中德智能制造（工业4.0）创新基地授牌仪式；组织智能制造创新联盟发起机构与揭阳10家智能制造（工业4.0）试点企业代表合作交流会、工业4 .0产品发布暨中德金属生态城推介会等。

（揭阳市科学技术局　王壮豪）

云浮市

【概述】　2015年，认真贯彻落实创新驱动发展战略，制定“1+10”系列创新驱动发展政策文件，以深化科技体制机制改革为抓手，着力搭建科技创新平台，重点培育高新技术产业，努力优化创新环境，不断提升自主创新能力。云浮市获2015年度广东省科学技术奖有6项，全市获专利授权645件，同比增长34.38%。

【科技政策环境】　云浮市局认真贯彻落实省委、省政府制定出台的一系列推动创新驱动发展的政策措施，结合云浮实际，牵头制定了“1+10”系列创新驱动发展政策文件：“1”是《中共云浮市委、云浮市人民政府关于加快创新驱动发展的实施意见》，10个配套政策文件分别是：《云浮市工业转型升级攻坚战三年行动计划（2015—2017年）》《关于进一步促进我市石材产业转型升级的实施方案》《云浮市促进智慧城市健康发展工作方案（2015—2017年）》《关于引导扶持云浮市新型研发机构发展的试行办法》《云浮市加快科技金融产业融合发展的若干意见》《关于促进科技企业孵化器发展的试行办法》《云浮市专利资助及奖励试行办法》《关于促进云计算创新发展培育信息产业新业态的意见》《关于促进我市电子商务加快发展的若干意见》《关于促进云浮市大众创业万众创新的实施方案》。同时，市科技局还组织修订了《云浮市科技局关于市工程技术研究中心建设管理办法》《云浮市联合科技信贷风险准备金管理办法（试行）》《云浮市加强科技企业孵化器用地管理的意见》《云浮市科技创新券资金后补助试行办法》等4个配套办法。云浮市已初步形成了以“1+10”为基本框架的比较完整、切实管用的科技创新政策体系，推动创新驱动发展战略落地生根。

【科技人才队伍】　认真宣传贯彻科技人才引进扶持政策。在5月科技进步活动月期间，市科技局组织了全市民营科技企业、高新技术企业、创新型企业开展科技政策宣传解读活动。在对企业进行《广东省自主创新促进条例》解读的同时，向企业介绍了“珠江人才计划”引进创新创业团队、“扬帆计划”引进创新创业团队、“广东特支计划”科技创新领军人才、科技创业领军人才、青年拔尖人才扶持办法。通过宣传，使该市科技企业及时掌握人才政策动态信息，提高了企业引进人才的积极性。

2015年，云浮市共组织申报“珠江人才计划”引进创新创业团队、“扬帆计划”引进创新创业团队及“广东特支计划”科技创新领军人才、科技创业领军人才、青年拔尖人才等项目6项，经省专项办审核合格的有3项，其中广东益康生环保科技有限公司申报的广东省科技创业领军人才获得省科技厅立项支持。

【科技计划项目】

省级项目申报与立项　按照省科技厅“阳光再造”科技计划项目的工作要求，2015年，全市共申报2015年度省级以上各类科技计划项目44项，截至2015年年底，已获批准立项25项，到位资金 2 000多万元，申报2016年省级科技计划项目共62个。其中，省粤东西北科技创新环境建设科技项目被列入省重大项目，立项经费650万元，项目完成后预计新增产值400亿元，新增利税80亿元。

市级项目申报与实施　2015年，组织市级科技计划项目20个，投入科技三项经费200万元，项目内容覆盖了云浮市各传统产业和“四新一特”新兴产业；组织市级医药卫生科技计划项目57个，组织市级产学研项目10个，投入财政科技经费120万元。

项目结题与验收　对云浮市2012年省部产学研合作重大专项“石材废弃物资源化利用”滚动支持项目进行中期检查；对广东德纳斯金属制品承担的“碳钢三层镬的开发及应用”、云浮市科特机械承担的“面向石材加工的专业数控系统研发与数控装备产业化应用”、广东大唐农林承担的“湿加松良种产业化生产与高效栽培关键技术集成与示范”等84个国家、省、市级科技计划项目进行了验收。

【技术创新专业镇】　截至2015年年底，全市共有市级以上专业镇32个，占全市64个建制镇的50%，其中，市级专业镇22个，省级专业镇25个，省级专业镇占全市64个建制镇的39.1%。按领域分：工业类15个，农业类15个，第三产业2个；按县域分：云城区7个、罗定市9个、新兴县9个、郁南县6个、云安区1个。5个县（市、区）从区域产业集聚来看，专业镇发展相对均衡，领域分布切合云浮市实际，有利于推动区域专业镇建设和发挥区域产业优势。

【工程技术研究中心】　2015年，云浮市新增2家省级工程中心——广东省石材机械装备（科特）工程技术研究中心和广东省智能餐厨具工程技术研究中心。截至2015年年底，全市共有市级工程技术研究中心14个、省级工程技术研究中心15个、国家级工程技术研究中心1个。

【产学研合作】　2015年，云浮市有3项产学研结合项目获得省科技厅立项，经费为500万元；举行重大科技专项实施推进会2场；组织省级项目验收32项；出台《关于引导扶持云浮市新型研发机构发展的试行办法》；加强与高校、科研院所的联系沟通，结合云浮市的传统产业升级改造和新兴战略重点产业发展加大与高校、科研院所的产学研合作。如“云浮市河口石材专业镇转型升级示范建设”项目由云浮市云城区河口街道办事处为牵头统筹，组织企业、高校、科研院所、中介结构等多主体组成建设联盟，提出项目建设方案和计划安排，通过实现设定的技术经济目标，推动产业的升级转型，建立专业镇产业升级转型的示范镇。

截至2015年年底，云浮市共组建院士工作站1个、企业科技特派员工作站3家。2015年，对25名企业科技特派员给予补助。

【高新技术产业】

高新技术企业　2015年，云浮市5家企业被认定（复审）为高新技术企业，通过率100%，涵盖了新材料、高新技术改造传统产业、生物与新医药、资源与环境等国家重点支持的高新技术领域。截至2015年年底，全市有效期内的国家高新技术企业增至14家。2015年，云浮市15家企业顺利通过评审，被认定为广东省高新技术企业培育库入库企业。

高新区及孵化育成体系建设　为进一步促进云浮高新区科技企业孵化器的发展，优化科技型创业企业的成长环境，培养科技创业领军人才，9月，制定出台了《关于促进科技企业孵化器发展的试行办法》，明确当前和今后一个时期促进孵化器发展的主要工作，并对促进孵化器发展提出具体的扶持政策；11月，制定出台了《云浮市加强科技企业孵化器用地管理的意见》，从孵化器用地原则、出让、建设、转让、地价等政策加强孵化器用地管理。市科技积极组织云浮市信息科技发展有限公司等相关企业申报省级协同创新与平台环境建设项目，加强高新区及孵化育成体系建设，共申报省级科技项目6个。

【农业科技】

农业科技园区　继续加强以禽畜养殖为主导产业的云浮市广东省农业科技园区建设，园区科技创新和转化、推广的主体广东温氏食品集团股份有限公司近年来年销售收入保持平稳快速增长，2015年出栏商品肉猪1 535.06万头，出栏肉鸡7.44亿只，年销售收入482亿元左右。

惠农兴村示范基地　云浮市科协于2011年引种耐黄龙病特性的脆蜜橘，先后在云城、新兴、郁南、云安等柑橘产区进行试验种植，建设脆蜜橘种植示范基地3个，黄龙病疫区种植试验点5个。经过4年多的培育观察，至今尚未发现脆蜜橘感染黄龙病的情况。到2015年，基地果苗生长良好，其中部分已挂果投产，果实品质优良。

【科技金融】 2015年，云浮市积极推进“广东省科技金融综合服务中心云浮分中心”建设打造云浮市金融·科技创新创业服务中心。1月，成立“云浮粤科科技小额贷款有限公司”，以缓解云浮市科技型中小企业融资难、融资贵现象，进一步加快产业转型升级、加快科技与金融的有效结合、加快科技型中小企业创新发展。4月，邀请广东省生产力促进中心组织专家到云浮召开科技金融工作座谈会暨专题讲座，提高云浮市科技型中小企业和银行业金融机构对科技金融工作的认识。10月，市政府出资1 000万元设立“云浮市科技信贷风险准备金”，由云浮市科技局立项申报“省、市联动风险准备金”，草拟《云浮市科技信贷风险准备金管理办法（试行）》。12月，举办“四平台四基金”发布会暨“新三板”、互联网金融、银企融资对接会，有160多家企业参加对接会，发布专项基金4个，总规模2.4亿元。年内，全市银行业金融机构及科技小贷公司共服务企业129家，先后为云浮市科技型企业发放贷款3亿多元。

云浮市金融·科技创新创业服务中心是云浮市为促进科技、金融与产业融合发展建设的4个公共服务平台之一，承担云浮市科技信贷风险准备金、中小微企业信贷风险补偿基金、小额贷款保证保险基金及中小微企业融资专项资金的补偿业务，同时承担广东省科技金融综合服务中心云浮分中心职责。它将整合银行、担保、风投、私募等金融资源，引进产权交易、评估、会计、信用、专利、法律服务等机构，健全投融资服务供应链，建立政府、金融和中介机构与企业之间沟通的渠道，为云浮市创新型企业、科技企业以及其他中小微企业提供从创业到成长以至上市的综合服务。中心将设银行部、直接融资部、保险服务部、互联网金融部、增信担保部、电子商务部、科技企业（孵化器）部、物权流转部、中介服务部、补偿业务受理部等10个业务部。以该市石材业、不锈钢餐厨具业以及高端领军人才创业、高科技、高成长企业等作为综合融资支持的重点群体，完善中小微企业投融资机制，帮助中小微企业尤其是科技型企业做强做大，培育本市智能制造、高端装备、生物医药、新能源、节能环保等“四新一特”支柱产业。

【科技成果】 2015年，云浮市通过省级科技成果鉴定1项、市级成果鉴定17项，获市级科技成果登记41项、省级登记1项。云浮市登记的科技成果项目净利润达6.2亿元，实交税金3 750万元，出口创汇5 836万元，节约资金7.33亿万元，其中实交税金、出口创汇均来源于企业；经济效益绝大部分来自企业，企业经济效益项目净利润达61 557万元，占总数的99.4%；节约资金7.29万元，占总数的99.5%。云浮市相关单位作为第一完成单位获2015年度广东省科学技术奖三等奖3项，作为参与单位获2015年度广东省科学技术奖一等奖1项、三等奖2项。

广东温氏食品集团股份有限公司、华南农业大学完成的“肉鸡家庭农场环保养殖模式的研究与示范”项目通过省级科技成果鉴定。项目系统研发了不同季节平养肉鸡降解床建设与运行的关键技术，研制了“平养肉鸡降解床+饮用菌液”技术，制定了饮用菌液的使用阶段与用量标准，确定了平养肉鸡降解床每平方米物料的日降解量。该项成果建立了肉鸡家庭农场环保养殖新模式，整体达到国内领先水平。该模式获得广泛推广应用，累计推广肉鸡家庭农场3 692户，增收节支4.78亿元。

【知识产权保护】 2015年，修订《云浮市专利资助及奖励办法》（以上简称“《办法》”）并于10月27日正式颁布实施。《办法》对专利申请、专利授权、专利代理机构和维持专利权有效等项目给予较大资金资助及奖励，如对发明专利授权每件奖励1万元，对PCT国际专利授权每件奖励3万元，市政府每年投入200万元专项经费用于专利资助及奖励。制定了《关于进一步促进该市石材产业转型升级二十条政策措施》，市政府设立专项资金，加大力度对石材企业授权专利的奖励力度，如对获得授权的发明专利给予2万元的奖励，对获得授权的PCT国际专利给予5万元的奖励。

专利申请及授权　2015年，云浮市专利申请916件，同比增长36.11%，其中，发明专利申请113件，实用新型专利申请355件，外观设计48件；专利授权645件，同比增长34.38%，其中，发明专利授权45件，实用专利授权203件，外观设计专利授权397件。PCT（国际专利）申请1件。广东温氏食品集团股份有限公司、广东南牧机械设备有限公司、广东森宇林产化工有限公司、罗定市星光化工有限公司被评为市知识产权优势企业。

专利行政执法　2015年，深入开展“护航”专项执法行动和省局部署的查处假冒专利集中行动月行动，出台了工作方案，确定打击重点，有针对性地开展执法工作。同时，根据《2015年云浮市打假工作方案》，确定以食品、药品、医疗机械等为打击重点，加强与工商、质监、公安、检察等部门的协调沟通，采取联合执法，加强对制假售假违法行为的打击力度。在6月23日的全省统一执法行动中，查获涉及销售“燕东牌氨基酸口服液（专利号：ZL2004300811460）”假冒专利产品的销售企业3家，查获产品11盒，共计组织开展知识产权保护宣传活动1场，出动执法人员105人次，检查专利商品3 000余件，查处假冒专利案件5宗，未发生侵权投诉案件。

知识产权服务　2015年，云浮市落实专利申请资助政策，对符合条件的专利申请进行审核资助，全年共资助297件，资助金额27.06万元。通过组织发动，出台相关优惠政策，推动省内专利代理服务机构进驻云浮市。2015年，广州科粤专利商标代理有限公司正式派驻人员到云浮市设立办事机构并开始日常运作。9月21日，云浮市科粤知识产权服务有限公司成立，为该市企业和个人提供便捷、高效的知识产权服务。据统计，截至2015年年底，该机构已为云浮市代理申请专利共计200余件。

【科普活动】

科技活动月　2015年科技进步活动期间，云浮市科协与新兴县科协共同在新兴县第一中学等4所中小学举行科学家科普报告校园行活动，该次活动以“播种科学种子，点燃科学梦想”为主题，充分利用中国科协年会院士（专家）人才智力资源的优势，组织科学家到新兴县的中小学校巡回举办科普报告会，邀请了云浮市共2 000多名师生参与。

6月8日，云浮市科技局、科协在市文化馆门前开展了食品安全宣传周现场宣传咨询活动，组织科普志愿者为过往市民派发宣传资料、答疑解难。同日，各县（市、区）也同步启动食品安全宣传周活动，在全市范围内形成主题统一、上下呼应的宣传格局，保持活动期间连续不断、紧凑有序的宣传势头。活动当天，全市共发放宣传资料12万多份，接受咨询人次3.8万人次。启动仪式后，市科协精心组织，开展了形式多样、内容丰富的宣传周主题日活动。如开展“食品安全走进网络购物”活动，在云浮市科普网开设“食品安全走进网络购物”专栏，发布宣传食品安全知识、食品安全信息、食品政策法规等。与网络消费平台合作，在食品售卖页面传播食品安全科普知识。举办“食品安全——走进食品工业”主题活动，组织云浮市与食品安全相关的科普教育基地对外开放。

青少年科普教育　云浮市科协会同市教育局组织青少年学生参加第30届广东省青少年科技创新大赛选拔赛，共评选出获奖项目123项，其中：科幻绘画44项，科技创新成果竞赛项目37项，科技实践活动9项，教师科教制作13项，优秀组织奖8项，优秀科技辅导员8项，优秀科技组织者4项。推荐优秀作品参加广东省第30届青少年科技创新大赛，共获得二等奖3项、三等奖9项，新兴县第一中学梁镇棠被评为“十佳优秀科技教师”，新兴县第一中学获“优秀组织奖单位”，新兴县第一中学被命名为“广东省青少年科学教育特色学校”，5名教师获全省优秀科技辅导员，2人获全省优秀组织工作者，云浮市科协、新兴县实验中学获全省优秀组织单位。

科普教育基地　经各县（市、区）基地单位申请，各县（市、区）科协初审推荐，云浮市科协实地考察评审，2015年共命名了11个“云浮市科普教育基地”，涉及教育、林业、农业等领域。各基地不定期组织市民和青少年学生到“科普教育基地”参观学习，其中云浮市丰兴农业科技开发有限公司的蔬菜种植基地向广大群众普及有机蔬菜的种植过程，让广大群众体验从整地、播种、除草、施肥、灌溉、采收等每个环节体验食品安全的重要性。新兴县水源山茶叶有限公司开放神仙坑茶园，接待公众实地参观，向民众展示以施用有机肥为主，利用各种鸟类、蜂类等生物抑制虫害，严禁使用一切化学农药的生态茶园及茶叶加工过程，加深对现代化食品工业的直观了解。

国家“基层科普行动计划”项目　郁南县东坝镇蚕桑生产者协会、罗定市黎少镇黎少社区居民委员会被确定为2015年国家“基层科普行动计划”表彰奖补项目，获得中央财政奖补资金40万元。

【防震减灾】　2015年，市科技局会同各县（市、区）、市防震抗震救灾工作领导小组其他成员单位及市统计部门，收集和完善了该市地震应急基础数据，积极指导各县（市、区）和市直各单位编制地震应急预案，提高了各级政府和有关单位地震应急处置能力。云浮市地震局通过了2015年度广东省市县防震减灾工作年度考核并被评为“地级市优秀单位”。云安区六都镇六都社区经省地震局评审被认定为“广东省级地震安全示范社区”。

科普宣传　利用“5·12防灾减灾日”活动，组织县级地震工作部门，开展防震减灾知识科普宣传教育。编印了21万份《宁可有备无震　不可震时无备》宣传折页，其中逾19万份发放给全市小学生。联合云城区地震局在云浮市第一中学开展“防灾减灾日”主题教育活动，指导该校开展了避震应急演练。

地震应急工作检查　9—11月，联合市教育局、市人力资源和社会保障局对全市中小学校、幼儿园和技工学校开展防震减灾知识宣传教育和地震应急演练工作情况进行督导检查，组织学校开展全面自查，在全市范围内抽查了近20所学校、幼儿园。与教育行政主管部门、全市学校形成了宣传工作合力，建立了大众宣传长效机制。

抗震设防要求管理　加强对新建、扩建、改建建设工程抗震设防要求的监督管理工作，严格地震安全性评价监督管理。配合市规划、发改、建设等部门为佛山（云浮）产业转移工业园（南园）思劳片区燃气专项规划、南海（云安）产业转移工业园启动区控制性详细规划、佛山（云浮）产业转移工业园（南园）西片区控制性详细规划、云浮市中心城区云城组团北片区控制性详细规划、云浮市健康医药产业园发展规划与详细设计、云浮市应急避难场所规划等提供规划选址基础资料、抗震设防规划建议等相关服务工作，提升了云浮市防范地震灾害的能力。

粤西片区地震趋势会商会　10月9－10日，市地震局联合信宜地震台成功主办了粤西片区2016年度地震活动趋势会商会，建立了粤西片区地震局与广西梧州市地震局联合会商制度。

（云浮市科学技术局　陈松彬）

科技统计资料

全省科技统计指标

【科技人力】 2015年，广东省国有企业、事业单位专业技术人员达144.93万人，在国有企事业单位专业技术人员中，工程技术人员、农业技术人员、科学研究人员分别有13.98万人、1.61万人、0.61万人，分别占总体的9.65%、1.11%、0.42%，与2014年相比，科学研究人员、农业技术人员和卫生技术人员数量均有所增长（见表10–1–1）。

表10–1–1 全省国有企业、事业单位专业技术人员数（2010—2015年）

人员分类	2010		2011		2012		2013		2014		2015	
	绝对人数（人）	比重（%）	绝对人数（人）	绝对人数（人）	比重（%）	比重（%）	绝对人数（人）	比重（%）	绝对人数（人）	比重（%）	绝对人数（人）	比重（%）
工程技术人员	154 297	10.58	151 700	10.48	151 998	10.42	139 807	9.61	155 964	10.45	139 817	9.65
农业技术人员	14 074	0.97	13 475	0.93	12 256	0.84	12 538	0.86	12 772	0.86	16 076	1.11
卫生技术人员	257 338	17.65	253 992	17.54	264 976	18.16	269 147	18.49	283 499	18.99	288 384	19.90
科学研究人员	4 528	0.31	5 260	0.36	5 021	0.34	3 813	0.26	5 850	0.39	6 139	0.42
教学人员	878 477	60.25	879 621	60.75	861 104	59.02	888 962	61.07	888 862	59.53	928 348	64.06
其他人员	149 330	10.24	151 700	10.48	163 663	11.22	163 663	9.71	146 148	9.79	70 491	4.86

注：其他人员含经济人员、财会人员、统计人员、文艺人员、外语翻译人员

【科技经费】 R&D经费保持稳定增长。2015年全省R&D经费1 798.17亿元，比2014年增长12.0%；R&D经费占全省地区生产总值（GDP）的比例为2.47%，比上年提高0.10个百分点；政府科技拨款569.55亿元，比2014年增长107.6%，占财政支出4.44%，比2014年提高1.44个百分点（见表10–1–2）。

表10–1–2 全省科技活动经费增长情况（2010—2015年）

指 标		2010	2011	2012	2013	2014	2015
R&D经费	（亿元）	808.75	1 045.49	1 236.15	1 443.45	1 605.45	1 798.17
#占GDP比重	（%）	1.76	1.96	2.17	2.32	2.37	2.47
政府科技经费拨款	（亿元）	214.44	203.92	246.71	344.94	274.33	569.55
占政府财政支出的比重	（%）	3.96	3.04	3.34	4.1	3.00	4.44

2015年，全省科研机构R&D经费投入63.98亿元，高等院校投入62.97亿元，工业企业投入1 520.55亿元，分别占总体的3.6%，3.5%，84.6%。按经费来源分，政府资金145.85亿元，占8.1%；企业资金1 606.21亿元，占89.3%；国外资金8.45亿元，占0.5%；其他资金37.66亿元，占2.1%（见表10–1–3）。

表10–1–3　全省R&D经费明细情况（2015年）

单位：亿元

经费来源	合计
R&D经费	1 798.17
#政府资金	145.85
企业资金	1 606.21
国外资金	8.45
其他资金	37.66

【科研机构】　2015年，广东省科技研究机构增至8 164个，其中科研机构有189个，全日制普通高校科技研究机构有850个，工业企业科技研究机构有6 553个，其他类型科技研究机构有572个，分别占总数的2.3%、10.4%、80.3%和7.0%。（见表10–1–4）。

2015年，全省共有科学研究与技术开发机构189个，R&D人员1.57万人，R&D经费为63.98亿元；广东省有高等院校143所，拥有研究机构850个，拥有R&D人员0.86万人，R&D经费为10.64亿元；工业企业办研究开发机构6 553个，R&D人员31.13万人，全年R&D经费980.27亿元。

表10–1–4　科研机构概况（2015年）

指　标		合　计	工业企业	科研机构	高等院校	其　他
研究机构数	（个）	8 164	6 553	189	850	572
R&D人员	（万人）	35.71	31.13	1.57	0.86	2.15
R&D经费支出	（亿元）	1 076.50	980.27	63.98	10.64	21.60

【科研课题与科技成果】　2015年，全省各类单位共开展R&D课题项目11.27万项，参与R&D课题项目人员45.22万人年，R&D课题项目经费1 660.53亿元。

科技成果不断涌现。2015年，全省科技执行部门共发表科技论文100 061篇，其中科研机构7 703篇，高等院校70 934篇，企业14 171篇。全省科技执行部门共申请专利12.82万件，其中科研机构、高等院校、企业分别申请专利2 301件、9 441件、114 900件。全省科技执行部门共出版科技著作2 753种，其中科研机构、高等院校、企业分别出版565种、2 042种、30种（见表1–4–4–1）。全省共获2015年度国家科技进步奖32项，获2015年度省级科技奖励成果237项，省级重大科技成果登记2 133项（见表10–1–5，表10–1–6）。

表10–1–5　科研课题及科技产出情况（2015年）

指　标		合计	企业	科研机构	高等院校	其他
R&D课题项目数	（项）	112 680	37 375	6 712	61 677	6 916
R&D课题人员	（人年）	452 244	371 511	11 693	23 594	45 446

（续表）

指 标		合计	企业	科研机构	高等院校	其他
R&D课题经费内部支出	（亿元）	1 660.53	1 456.49	36.93	43.38	123.73
专利申请数	（件）	128 188	114 900	2 301	9 441	1 546
专利授权数	（件）	9 830	2 072	1 580	5 230	948
发表科技论文	（篇）	100 061	14 171	7 703	70 934	7 253
出版科技著作	（种）	2 753	30	565	2 042	116

表10-1-6 国家及省级科技成果奖励情况（2010—2015年）

单位：项

成果类型	2010	2011	2012	2013	2014	2015
国家科技奖励成果	36	34	26	28	46	32
省级科技奖励成果	260	272	280	262	249	237
省级重大科技成果	—	1 540	1 799	1 809	1 748	2 133

注：《广东科技年鉴》往卷的省级重大科技成果数据为广东省科学技术厅厅口径数据，从本卷开始为全社会口径数据

（广东省科技统计分析中心 幸 雯）

科技统计表

10-2-1　全部县以上部门属科技机构概况（2015）

10-2-1-1　主要指标

主要指标	单位	政府部门属科技机构					非政府部门属研究与开发机构和综合技术服务业有R&D活动的事业单位	转制机构
		县以上部门属研究与开发机构合计	自然科学和技术领域	社会与人文科学领域	科技信息和文献机构	县属研究与开发机构		
机构数	个	184	158	10	16	124	280	58
职工总数	人	22 582	21 011	675	896	2 054	51 836	12 619
单位在职从事科技活动人员	人	17 929	16 675	616	638	1 119	31 274	7 378
大学本科及以上学历	人	14 678	13 536	581	561	254	25 315	5 765
R&D人员折合全时工作量	人年	12 043	11 538	459	46	194	22 609	3 141
科技活动收入	千元	10 407 971	9 817 642	268 145	322 184	176 468	14 219 790	2 426 420
政府拨款	千元	7 276 297	6 814 239	232 285	229 773	154 375	3 006 318	504 702
科技经费内部支出	千元	9 622 632	9 190 099	236 358	196 175	131 944	9 993 489	221 7351
资产购建支出	千元	2 334 748	2 276 105	27 631	31 012	7 621	1 722 216	397 988
R&D经费内部支出	千元	6 087 429	5 905 418	174 007	8 004	14 336	6 733 671	1 535 019
固定资产	千元	11 505 949	10 949 182	149 986	406 781	24 5337	24 172 476	3 923 600
课题数	个	7 354	6 895	212	247	168	3 615	963
课题经费支出	千元	4 333 871	4 174 362	105 131	54 378	38 509	6 095 277	852 744
R&D课题经费支出	千元	3 505 393	3 400 442	100 890	4 060	12 252	5 688 725	696 909
课题投入人员	人年	13 322	12 659	426	237	479	22 806	3 147
R&D课题投入人员	人年	10 484	10 044	402	38	180	20 655	2 641
专利申请受理	项	1 977	1 973	0	4	5	7 391	888
专利授权	项	1 446	1 446	0	0	3	2 379	702
科技论文	篇	7 410	6 831	431	148	84	4 122	1 419
科技专著	种	542	129	409	4	5	60	11

注：以后各表的范围为县以上政府部门属研究与开发机构，即自然、社人、信息文献3个领域中的机构。

10-2-2 全部县以上部门属科技机构的机构、人员和经费概况（2015）

10-2-2-1 按地域分布

地域	机构数（个）	从业人员总数（人）	单位在职科技活动人员	大学本科及以上学历	经费收入总额（千元）	政府资金	科技活动贷款（千元）	经费支出总额（千元）	科技经费支出
总　计	**184**	**22 582**	**17 929**	**14 678**	**14 504 889**	**7 813 762**	**2 000**	**13 637 440**	**9 622 632**
广州市	89	16 610	13 169	11 075	12 874 426	6 590 816	0	11 955 485	8 346 552
韶关市	8	233	167	92	61 079	40 750	0	55 841	37 074
深圳市	5	2 115	1 915	1 884	600 719	434 088	0	563 061	467 462
珠海市	3	159	100	81	61 584	25 272	0	59 253	20 751
汕头市	9	419	290	122	68 398	43 863	2 000	68 483	44 234
佛山市	3	130	108	52	54 166	34 173	0	44 028	15 203
江门市	3	77	54	40	22 745	19 138	0	22 072	20 158
湛江市	11	827	606	364	210 840	165 057	0	209 021	151 226
茂名市	8	161	118	62	29 062	26 110	0	27 263	22 154
肇庆市	5	115	102	41	28 387	20 212	0	24 735	11 986
惠州市	7	362	211	100	62 222	50 771	0	60 740	45 049
梅州市	5	187	149	87	35 051	33 287	0	27 374	16 187
汕尾市	3	15	15	5	1 920	1 890	0	1 874	1 494
河源市	2	19	15	11	3 225	1 275	0	4 031	3 231
阳江市	2	85	67	19	20 742	19 917	0	16 761	9 910
清远市	1	1	0	0	333	0	0	333	0
东莞市	9	676	550	487	275 552	242 672	0	417 023	361 461
中山市	3	104	76	65	40 146	26 229	0	39 618	18 150
潮州市	2	79	73	18	11 128	10 511	0	11 030	7 888
揭阳市	4	180	125	65	35 377	22 935	0	21 240	18 281
云浮市	2	28	19	8	7 787	4 796	0	8 174	4 181

10-2-2-2　按隶属关系分布

隶属关系	机构数（个）	从业人员总数（人）	单位在职科技活动人员	大学本科及以上学历	经费收入总额（千元）	政府资金	科技活动贷款（千元）	经费支出总额（千元）	科技经费支出
总　计	**184**	**22 582**	**17 929**	**14 678**	**14 504 889**	**7 813 762**	**2 000**	**13 637 440**	**9 622 632**
地方部门属	161	14 039	10 103	7 923	9 544 835	4 312 167	2 000	9 164 190	5 865 369
省级部门属	52	7 709	5 583	4 617	7 087 847	2 691 134	0	6 720 447	4 197 726
副省级城市属	21	2 342	1 607	1 410	1 310 951	811 250	0	1 236 726	833 423
地市级部门属	88	3 988	2 913	1 896	1 146 037	809 783	2 000	1 207 017	834 220
中央部门属	23	8 543	7 826	6 755	4 960 054	3 501 595	0	4 473 250	3 757 263
中国科学院	6	3 596	3 522	3 173	2 029 089	1 681 918	0	1 854 524	1 671 816

10-2-2-3　按服务的国民经济行业分布

	机构数（个）	从业人员总数（人）	单位在职科技活动人员	大学本科及以上学历	经费收入总额（千元）	政府资金	科技活动贷款（千元）	经费支出总额（千元）	科技经费支出
总　计	**184**	**22 582**	**17 929**	**14 678**	**14 504 889**	**7 813 762**	**2 000**	**13 637 440**	**9 622 632**
农、林、牧、渔业	76	4 983	3 502	2 343	2 054 047	1 571 704	2 000	1 848 675	1 325 166
农业	33	2 244	1 537	912	755 660	579 423	2 000	687 771	462 958
林业	16	882	556	404	383 008	308 396	0	319 275	243 982
畜牧业	8	587	351	244	170 076	95 037	0	136 255	104 889
渔业	5	573	546	432	436 529	346 971	0	416 262	346 751
农、林、牧、渔服务业	14	697	512	351	308 774	241 877	0	289 112	166 586
采矿业	1	902	781	715	690 589	421 461	0	539 806	285 140
煤炭开采和洗选业	0	0	0	0	0	0	0	0	0
石油和天然气开采业	0	0	0	0	0	0	0	0	0

（续上表）

	机构数（个）	从业人员总数（人）			经费收入总额（千元）		科技活动贷款（千元）	经费支出总额（千元）	
			单位在职科技活动人员			政府资金			科技经费支出
				大学本科及以上学历					
黑色金属矿采选业	0	0	0	0	0	0	0	0	0
有色金属矿采选业	1	902	781	715	690 589	421 461	0	539 806	285 140
非金属矿采选业	0	0	0	0	0	0	0	0	0
开采辅助活动	0	0	0	0	0	0	0	0	0
其他采矿业	0	0	0	0	0	0	0	0	0
制造业	17	1 670	1 487	1 103	1 006 432	734 892	0	823 843	604 681
农副食品加工业	2	555	520	332	273 881	148 498	0	249 594	164 987
食品制造业	1	265	227	184	140 713	97 197	0	110 072	91 826
酒、饮料和精制茶制造业	0	0	0	0	0	0	0	0	0
烟草制品业	0	0	0	0	0	0	0	0	0
纺织业	0	0	0	0	0	0	0	0	0
纺织服装、服饰业	0	0	0	0	0	0	0	0	0
皮革、毛皮、羽毛及其制品和制鞋业	0	0	0	0	0	0	0	0	0
木材加工和木、竹、藤、棕、草制品业	0	0	0	0	0	0	0	0	0
家具制造业	0	0	0	0	0	0	0	0	0
造纸和纸制品业	0	0	0	0	0	0	0	0	0
印刷和记录媒介复制业	0	0	0	0	0	0	0	0	0
文教、工美、体育和娱乐用品制造业	0	0	0	0	0	0	0	0	0
石油加工、炼焦和核燃料加工业	1	17	7	3	4 416	4 416	0	4 103	2 565
化学原料和化学制品制造业	0	0	0	0	0	0	0	0	0
医药制造业	5	491	472	401	400 771	367 734	0	293 027	268 551
化学纤维制造业	1	29	21	14	15 135	13 797	0	14 392	5 053
橡胶和塑料制品业	0	0	0	0	0	0	0	0	0
非金属矿物制品业	0	0	0	0	0	0	0	0	0
黑色金属冶炼和压延加工业	1	45	21	12	38 897	13 891	0	42 508	1 630
有色金属冶炼和压延加工业	0	0	0	0	0	0	0	0	0

（续上表）

	机构数（个）	从业人员总数（人）	单位在职科技活动人员		经费收入总额（千元）		科技活动贷款（千元）	经费支出总额（千元）	
				大学本科及以上学历		政府资金			科技经费支出
金属制品业	0	0	0	0	0	0	0	0	0
通用设备制造业	0	0	0	0	0	0	0	0	0
专用设备制造业	4	223	185	154	130 219	88 818	0	107 863	68 984
汽车制造业	0	0	0	0	0	0	0	0	0
铁路、船舶、航空航天和其他运输设备制造业	0	0	0	0	0	0	0	0	0
电气机械和器材制造业	0	0	0	0	0	0	0	0	0
计算机、通信和其他电子设备制造业	1	28	17	3	1 674	0	0	1 739	707
仪器仪表制造业	1	17	17	0	726	541	0	545	378
其他制造业	0	0	0	0	0	0	0	0	0
废弃资源综合利用业	0	0	0	0	0	0	0	0	0
金属制品、机械和设备修理业	0	0	0	0	0	0	0	0	0
电力、热力、燃气及水生产和供应业	0	0	0	0	0	0	0	0	0
电力、热力生产和供应业	0	0	0	0	0	0	0	0	0
燃气生产和供应业	0	0	0	0	0	0	0	0	0
水的生产和供应业	0	0	0	0	0	0	0	0	0
建筑业	0	0	0	0	0	0	0	0	0
房屋建筑业	0	0	0	0	0	0	0	0	0
土木工程建筑业	0	0	0	0	0	0	0	0	0
建筑安装业	0	0	0	0	0	0	0	0	0
建筑装饰和其他建筑业	0	0	0	0	0	0	0	0	0
批发和零售业	0	0	0	0	0	0	0	0	0
批发业	0	0	0	0	0	0	0	0	0
零售业	0	0	0	0	0	0	0	0	0
交通运输、仓储和邮政业	3	121	113	106	99 667	64 040	0	69 667	64 517

（续上表）

	机构数（个）	从业人员总数（人）	单位在职科技活动人员		经费收入总额（千元）		科技活动贷款（千元）	经费支出总额（千元）	
				大学本科及以上学历		政府资金			科技经费支出
铁路运输业	0	0	0	0	0	0	0	0	0
道路运输业	2	97	91	90	88 267	56 289	0	59 628	58 747
水上运输业	1	24	22	16	11 400	7 751	0	10 039	5 770
航空运输业	0	0	0	0	0	0	0	0	0
管道运输业	0	0	0	0	0	0	0	0	0
装卸搬运和运输代理业	0	0	0	0	0	0	0	0	0
仓储业	0	0	0	0	0	0	0	0	0
邮政业	0	0	0	0	0	0	0	0	0
住宿和餐饮业	0	0	0	0	0	0	0	0	0
住宿业	0	0	0	0	0	0	0	0	0
餐饮业	0	0	0	0	0	0	0	0	0
信息传输、软件和信息技术服务业	3	273	246	207	148 395	117 669	0	122 030	104 346
电信、广播电视和卫星传输服务	1	133	112	90	60 964	47 812	0	63 352	48 802
互联网和相关服务	0	0	0	0	0	0	0	0	0
软件和信息技术服务业	2	140	134	117	87 431	69 857	0	58 678	55 544
金融业	0	0	0	0	0	0	0	0	0
货币金融服务	0	0	0	0	0	0	0	0	0
资本市场服务	0	0	0	0	0	0	0	0	0
保险业	0	0	0	0	0	0	0	0	0
其他金融业	0	0	0	0	0	0	0	0	0
房地产业	0	0	0	0	0	0	0	0	0
房地产业	0	0	0	0	0	0	0	0	0
租赁和商务服务业	0	0	0	0	0	0	0	0	0
租赁业	0	0	0	0	0	0	0	0	0

（续上表）

	机构数（个）	从业人员总数（人）	单位在职科技活动人员		经费收入总额（千元）		科技活动贷款（千元）	经费支出总额（千元）	
				大学本科及以上学历		政府资金			科技经费支出
商务服务业	0	0	0	0	0	0	0	0	0
科学研究和技术服务业	53	10 509	8 597	7 581	5 451 394	3 565 617	0	5 135 220	4 151 880
研究和试验发展	22	5 378	5 076	4 507	2 555 981	1 822 824	0	2 544 406	2 197 099
专业技术服务业	25	4 499	3 031	2 603	2 737 457	1 664 983	0	2 465 813	1 860 596
科技推广和应用服务业	6	632	490	471	157 956	77 810	0	125 001	94 185
水利、环境和公共设施管理业	14	1 941	1 384	1 215	997 595	347 237	0	980 395	650 725
水利管理业	5	1 100	774	664	494 496	192 409	0	540 002	420 855
生态保护和环境治理业	9	841	610	551	503 099	154 828	0	440 393	229 870
公共设施管理业	0	0	0	0	0	0	0	0	0
居民服务、修理和其他服务业	0	0	0	0	0	0	0	0	0
居民服务业	0	0	0	0	0	0	0	0	0
机动车、电子产品和日用产品修理业	0	0	0	0	0	0	0	0	0
其他服务业	0	0	0	0	0	0	0	0	0
教育	1	103	97	96	54 947	45 826	0	54 947	31 252
教育	1	103	97	96	54 947	45 826	0	54 947	31 252
卫生和社会工作	8	1 722	1 418	1 043	3 785 960	773 443	0	3 868 169	2 238 994
卫生	8	1 722	1 418	1 043	3 785 960	773 443	0	3 868 169	2 238 994
社会工作	0	0	0	0	0	0	0	0	0
文化、体育和娱乐业	5	243	206	175	135 857	91 867	0	114 843	88 113
新闻和出版业	0	0	0	0	0	0	0	0	0
广播、电视、电影和影视录音制作业	0	0	0	0	0	0	0	0	0
文化艺术业	3	150	118	94	95 941	53 607	0	81 095	56 849
体育	2	93	88	81	39 916	38 260	0	33 748	31 264
娱乐业	0	0	0	0	0	0	0	0	0
公共管理、社会保障和社会组织	3	115	98	94	80 006	80 006	0	79 845	77 818

（续上表）

	机构数（个）	从业人员总数（人）	单位在职科技活动人员		经费收入总额（千元）		科技活动贷款（千元）	经费支出总额（千元）	
				大学本科及以上学历		政府资金			科技经费支出
中国共产党机关	0	0	0	0	0	0	0	0	0
国家机构	3	115	98	94	80 006	80 006	0	79 845	77 818
人民政协、民主党派	0	0	0	0	0	0	0	0	0
社会保障	0	0	0	0	0	0	0	0	0
群众团体、社会团体和其他成员组织	0	0	0	0	0	0	0	0	0
基层群众自治组织	0	0	0	0	0	0	0	0	0
国际组织	0	0	0	0	0	0	0	0	0
国际组织	0	0	0	0	0	0	0	0	0

10-2-3　全部县以上部门属科技机构人员概况（2015）

10-2-3-1　按地域分布

单位：人

地域	从业人员总数	单位在职科技活动人员		外来流动科技活动人员		离退休人员
			女性	外聘的流动学者	非本单位在读研究生	
总　计	**22 582**	**17 929**	**6 728**	**471**	**1 995**	**12 007**
广州市	16 610	13 169	4 983	396	1 899	8 752
韶关市	233	167	44	0	0	337
深圳市	2 115	1 915	792	49	48	252
珠海市	159	100	30	0	0	51
汕头市	419	290	129	4	0	364
佛山市	130	108	30	0	0	224
江门市	77	54	14	0	0	20
湛江市	827	606	226	10	30	924
茂名市	161	118	36	0	0	131

（续上表）

地域	从业人员总数	单位在职科技活动人员		外来流动科技活动人员		离退休人员
			女性	外聘的流动学者	非本单位在读研究生	
肇庆市	115	102	28	0	0	186
惠州市	362	211	45	2	4	123
梅州市	187	149	71	0	0	121
汕尾市	15	15	3	0	0	8
河源市	19	15	5	0	0	2
阳江市	85	67	17	2	0	19
清远市	1	0	0	0	0	0
东莞市	676	550	168	7	14	115
中山市	104	76	32	0	0	167
潮州市	79	73	27	0	0	55
揭阳市	180	125	42	1	0	76
云浮市	28	19	6	0	0	80

10-2-3-2　按隶属关系分布

单位：人

隶属关系	从业人员总数	单位在职科技活动人员		外来流动科技活动人员		离退休人员
			女性	外聘的流动学者	非本单位在读研究生	
总　计	**22 582**	**17 929**	**6 728**	**471**	**1 995**	**12 007**
地方部门属	14 039	10 103	4 073	89	374	7 706
省级部门属	7 709	5 583	2 353	34	314	3 857
副省级城市属	2 342	1 607	631	5	31	1 285
地市级部门属	3 988	2 913	1 089	50	29	2 564
中央部门属	8 543	7 826	2 655	382	1 621	4 301
中国科学院	3 596	3 522	1 262	310	1 256	1 445

10-2-4 全部县以上部门属科技机构人员按工作性质分类（2015）

10-2-4-1 按地域分布

单位：人

地域	单位在职科技活动人员				生产经营活动人员	其他人员
		科技管理	课题活动	科技服务		
总　计	**17 929**	**2 568**	**11 853**	**3 508**	**2 156**	**2 497**
广州市	13 169	1 652	8 857	2 660	1 588	1 853
韶关市	167	20	90	57	35	31
深圳市	1 915	334	1 461	120	67	133
珠海市	100	13	42	45	20	39
汕头市	290	71	148	71	90	39
佛山市	108	30	44	34	7	15
江门市	54	9	42	3	14	9
湛江市	606	134	322	150	95	126
茂名市	118	25	68	25	17	26
肇庆市	102	25	56	21	0	13
惠州市	211	63	84	64	82	69
梅州市	149	44	90	15	23	15
汕尾市	15	4	0	11	0	0
河源市	15	7	0	8	2	2
阳江市	67	9	43	15	15	3
清远市	0	0	0	0	0	1
东莞市	550	87	389	74	59	67
中山市	76	13	26	37	7	21
潮州市	73	10	50	13	0	6
揭阳市	125	13	35	77	34	21
云浮市	19	5	6	8	1	8

10-2-4-2　按隶属关系分布

单位：人

隶属关系	单位在职科技活动人员				生产经营活动人员	其他人员
		科技管理	课题活动	科技服务		
总　计	**17 929**	**2 568**	**11 853**	**3 508**	**2 156**	**2 497**
地方部门属	10 103	1 527	6 408	2 168	1 955	1 981
省级部门属	5 583	699	3 771	1 113	1 074	1 052
副省级城市属	1 607	273	941	393	372	363
地市级部门属	2 913	555	1 696	662	509	566
中央部门属	7 826	1 041	5 445	1 340	201	516
中国科学院	3 522	453	2 401	668	0	74

10-2-4-3　按机构所属学科领域分布

单位：人

学科领域	单位在职科技活动人员				生产经营活动人员	其他人员
		科技管理	课题活动	科技服务		
总　计	**17 929**	**2 568**	**11 853**	**3 508**	**2 156**	**2 497**
自然科学领域	2 715	378	1 762	575	84	144
农业科学领域	4 336	787	2 594	955	825	789
医学科学领域	1 897	157	1 276	464	16	305
工程科学与技术领域	7 801	993	5 478	1 330	1 111	1 104
社会、人文科学领域	1 180	253	743	184	120	155

10-2-5 全部县以上部门属科技机构科技活动人员的资历和文化程度（2015）

10-2-5-1 按地域分布

单位：人

地域	单位在职科技活动人员	学历					职称		
		博士毕业	硕士毕业	本科毕业	大专毕业	其他	高级	中级	其他
总 计	**17 929**	**2 918**	**5 557**	**6 203**	**2 104**	**1 147**	**4 877**	**5 472**	**7 580**
广州市	13 169	2 356	4 022	4 697	1 450	644	3 941	4 137	5 091
韶关市	167	0	16	76	41	34	20	53	94
深圳市	1 915	420	984	480	13	18	350	439	1 126
珠海市	100	4	15	62	10	9	47	31	22
汕头市	290	0	9	113	75	93	59	47	184
佛山市	108	0	24	28	21	35	32	9	67
江门市	54	0	9	31	4	10	13	25	16
湛江市	606	57	151	156	155	87	122	233	251
茂名市	118	2	6	54	37	19	26	40	52
肇庆市	102	0	8	33	27	34	9	28	65
惠州市	211	5	30	65	52	59	20	47	144
梅州市	149	0	18	69	46	16	44	40	65
汕尾市	15	0	0	5	9	1	0	2	13
河源市	15	0	0	11	4	0	1	4	10
阳江市	67	0	2	17	48	0	9	24	34
清远市	0	0	0	0	0	0	0	0	0
东莞市	550	72	243	172	31	32	129	223	198
中山市	76	2	14	49	6	5	23	28	25
潮州市	73	0	0	18	23	32	11	12	50
揭阳市	125	0	5	60	47	13	19	46	60
云浮市	19	0	1	7	5	6	2	4	13

10-2-5-2　按隶属关系分布

单位：人

隶属关系	单位在职科技活动人员	学历					职称		
		博士毕业	硕士毕业	本科毕业	大专毕业	其他	高级	中级	其他
总　计	**17 929**	**2 918**	**5 557**	**6 203**	**2 104**	**1 147**	**4 877**	**5 472**	**7 580**
地方部门属	10 103	960	2 946	4 017	1 490	690	2 769	3 000	4 334
省级部门属	5 583	724	1 703	2 190	738	228	1 704	1 667	2 212
副省级城市属	1 607	107	547	756	161	36	513	459	635
地市级部门属	2 913	129	696	1 071	591	426	552	874	1 487
中央部门属	7 826	1 958	2 611	2 186	614	457	2 108	2 472	3 246
中国科学院	3 522	1 376	1 116	681	127	222	993	1 093	1 436

10-2-6　全部县以上部门属科技机构经费收入（2015）

10-2-6-1　按地域分布

单位：千元

地域	科技活动收入	政府资金				非政府资金			生产经营活动收入	其他收入
			财政拨款	承担政府科研项目收入	其他		技术性收入	国外资金		
总　计	**10 407 971**	**7 276 297**	**3 702 784**	**1 958 849**	**386 305**	**3 131 674**	**1 877 642**	**14 805**	**1 231 864**	**2 865 054**
广州市	9 085 300	6 115 635	2 973 479	1 658 502	356 044	2 969 665	1 731 329	14 805	1 115 522	2 673 604
韶关市	45 927	34 381	20 879	5 484	4 829	11 546	11 546	0	2 553	12 599
深圳市	541 959	433 896	226 627	166 618	11 551	108 063	108 063	0	58 438	322
珠海市	22 330	22 330	5 962	9 755	0	0	0	0	7 054	32 200

（续上表）

地域	科技活动收入	政府资金				非政府资金			生产经营活动收入	其他收入
			财政拨款	承担政府科研项目收入	其他		技术性收入	国外资金		
汕头市	45 333	38 002	31 116	6 646	240	7 331	1 330	0	13 972	9 093
佛山市	21 956	21 956	15 161	0	2	0	0	0	0	32 210
江门市	17 999	17 999	5 763	11 368	750	0	0	0	1 653	3 093
湛江市	174 676	160 591	125 947	28 305	789	14 085	9 546	0	4 704	31 460
茂名市	25 464	22 608	15 909	6 699	0	2 856	0	0	46	3 552
肇庆市	18 338	17 583	13 103	4 480	0	755	0	0	6 617	3 432
惠州市	47 727	46 413	40 078	4 822	0	1 314	1 314	0	2 921	11 574
梅州市	29 019	27 540	22 439	4 120	981	1 479	695	0	262	5 770
汕尾市	1 890	1 890	1 861	0	29	0	0	0	0	30
河源市	1 275	1 275	1 206	0	69	0	0	0	0	1 950
阳江市	20 141	19 917	10 483	6 704	210	224	224	0	185	416
清远市	0	0	0	0	0	0	0	0	0	333
东莞市	242 532	238 563	152 497	38 577	2 235	3 969	3 208	0	15 576	17 444
中山市	18 678	18 678	9 580	3 900	5 198	0	0	0	0	21 468
潮州市	10 511	10 511	10 511	0	0	0	0	0	0	617
揭阳市	32 697	22 310	19 037	1 096	2 177	10 387	10 387	0	450	2 230
云浮市	4 219	4 219	1 146	1 773	1 201	0	0	0	1 911	1 657

10-2-6-2 按隶属关系分布

单位：千元

隶属关系	科技活动收入	政府资金			非政府资金			生产经营活动收入	其他收入
			财政拨款	承担政府科研项目收入	其他		技术性收入	国外资金		
总　计	**10 407 971**	**7 276 297**	**3 702 784**	**1 958 849**	**386 305**	**3 131 674**	**1 877 642**	**14 805**	**1 231 864**	**2 865 054**
地方部门属	6 057 901	3 960 899	2 108 082	809 417	57 600	2 097 002	1 023 082	1 361	893 072	2 593 862
省级部门属	4 240 087	2 505 409	1 196 291	538 929	21 355	1 734 678	672 172	1 361	670 120	2 177 640
副省级城市属	967 398	716 931	451 570	105 509	18 336	250 467	250 467	0	113 499	230 054
地市级部门属	850 416	738 559	460 221	164 979	17 909	111 857	100 443	0	109 453	186 168
中央部门属	4 350 070	3 315 398	1 594 702	1 149 432	328 705	1 034 672	854 560	13 444	338 792	271 192
中国科学院	1 906 003	1 581 576	750 973	469 744	302 977	324 427	171 980	8 036	18 629	104 457

10-2-6-3 按服务的国民经济行业分布

单位：千元

行业	科技活动收入	政府资金				非政府资金			生产经营活动收入	其他收入
			财政拨款	承担政府科研项目收入	其他		技术性收入	国外资金		
总　计	**10 407 971**	**7 276 297**	**3 702 784**	**1 958 849**	**386 305**	**3 131 674**	**1 877 642**	**14 805**	**1 231 864**	**2 865 054**
农、林、牧、渔业	1 618 216	1 471 260	902 788	400 119	26 415	146 956	103 366	206	150 159	285 672
农业	574 841	523 659	367 232	110 004	10 345	51 182	42 788	206	64 342	116 477
林业	302 782	284 728	125 443	122 991	5 728	18 054	14 745	0	21 440	58 786
畜牧业	128 748	94 002	49 748	43 338	0	34 746	15 084	0	25 961	15 367
渔业	367 269	336 932	196 283	79 853	4	30 337	30 337	0	21 399	47 861

（续上表）

行业	科技活动收入	政府资金				非政府资金			生产经营活动收入	其他收入
		政府资金	财政拨款	承担政府科研项目收入	其他	非政府资金	技术性收入	国外资金		
农、林、牧、渔服务业	244 576	231 939	164 082	43 933	10 338	12 637	412	0	17 017	47 181
采矿业	420 762	376 636	72 875	294 730	3 692	44 126	32 730	5 408	217 514	52 313
煤炭开采和洗选业	0	0	0	0	0	0	0	0	0	0
石油和天然气开采业	0	0	0	0	0	0	0	0	0	0
黑色金属矿采选业	0	0	0	0	0	0	0	0	0	0
有色金属矿采选业	420 762	376 636	72 875	294 730	3 692	44 126	32 730	5 408	217 514	52 313
非金属矿采选业	0	0	0	0	0	0	0	0	0	0
开采辅助活动	0	0	0	0	0	0	0	0	0	0
其他采矿业	0	0	0	0	0	0	0	0	0	0
制造业	802 037	681 901	397 768	122 515	156 863	120 136	104 356	0	101 772	102 623
农副食品加工业	211 523	148 455	121 714	22 882	415	63 068	49 273	0	50 567	11 791
食品制造业	122 982	97 197	87 276	9 921	0	25 785	25 785	0	5 110	12 621
酒、饮料和精制茶制造业	0	0	0	0	0	0	0	0	0	0
烟草制品业	0	0	0	0	0	0	0	0	0	0
纺织业	0	0	0	0	0	0	0	0	0	0
纺织服装、服饰业	0	0	0	0	0	0	0	0	0	0
皮革、毛皮、羽毛及其制品和制鞋业	0	0	0	0	0	0	0	0	0	0
木材加工和木、竹、藤、棕、草制品业	0	0	0	0	0	0	0	0	0	0
家具制造业	0	0	0	0	0	0	0	0	0	0
造纸和纸制品业	0	0	0	0	0	0	0	0	0	0

（续上表）

行业	科技活动收入	政府资金				非政府资金			生产经营活动收入	其他收入
		政府资金	财政拨款	承担政府科研项目收入	其他	非政府资金	技术性收入	国外资金		
印刷和记录媒介复制业	0	0	0	0	0	0	0	0	0	0
文教、工美、体育和娱乐用品制造业	0	0	0	0	0	0	0	0	0	0
石油加工、炼焦和核燃料加工业	2 484	2 484	2 484	0	0	0	0	0	0	1 932
化学原料和化学制品制造业	0	0	0	0	0	0	0	0	0	0
医药制造业	376 396	355 678	150 048	48 111	156 208	20 718	18 733	0	946	23 429
化学纤维制造业	6 026	5 053	2 580	2 473	0	973	973	0	365	8 744
橡胶和塑料制品业	0	0	0	0	0	0	0	0	0	0
非金属矿物制品业	0	0	0	0	0	0	0	0	0	0
黑色金属冶炼和压延加工业	0	0	0	0	0	0	0	0	25 006	13 891
有色金属冶炼和压延加工业	0	0	0	0	0	0	0	0	0	0
金属制品业	0	0	0	0	0	0	0	0	0	0
通用设备制造业	0	0	0	0	0	0	0	0	0	0
专用设备制造业	82 064	72 657	33 289	39 128	240	9 407	9 407	0	18 864	29 291
汽车制造业	0	0	0	0	0	0	0	0	0	0
铁路、船舶、航空航天和其他运输设备制造业	0	0	0	0	0	0	0	0	0	0
电气机械和器材制造业	0	0	0	0	0	0	0	0	0	0
计算机、通信和其他电子设备制造业	0	0	0	0	0	0	0	0	914	760
仪器仪表制造业	562	377	377	0	0	185	185	0	0	164
其他制造业	0	0	0	0	0	0	0	0	0	0

（续上表）

行业	科技活动收入	政府资金				非政府资金			生产经营活动收入	其他收入
		政府资金	财政拨款	承担政府科研项目收入	其他	非政府资金	技术性收入	国外资金		
废弃资源综合利用业	0	0	0	0	0	0	0	0	0	0
金属制品、机械和设备修理业	0	0	0	0	0	0	0	0	0	0
电力、热力、燃气及水生产和供应业	0	0	0	0	0	0	0	0	0	0
电力、热力生产和供应业	0	0	0	0	0	0	0	0	0	0
燃气生产和供应业	0	0	0	0	0	0	0	0	0	0
水的生产和供应业	0	0	0	0	0	0	0	0	0	0
建筑业	0	0	0	0	0	0	0	0	0	0
房屋建筑业	0	0	0	0	0	0	0	0	0	0
土木工程建筑业	0	0	0	0	0	0	0	0	0	0
建筑安装业	0	0	0	0	0	0	0	0	0	0
建筑装饰和其他建筑业	0	0	0	0	0	0	0	0	0	0
批发和零售业	0	0	0	0	0	0	0	0	0	0
批发业	0	0	0	0	0	0	0	0	0	0
零售业	0	0	0	0	0	0	0	0	0	0
交通运输、仓储和邮政业	93 115	59 783	10 879	48 904	0	33 332	33 332	0	0	6 552
铁路运输业	0	0	0	0	0	0	0	0	0	0
道路运输业	87 725	56 289	7 595	48 694	0	31 436	31 436	0	0	542
水上运输业	5 390	3 494	3 284	210	0	1 896	1 896	0	0	6 010
航空运输业	0	0	0	0	0	0	0	0	0	0
管道运输业	0	0	0	0	0	0	0	0	0	0

（续上表）

行业	科技活动收入	政府资金				非政府资金			生产经营活动收入	其他收入
		政府资金	财政拨款	承担政府科研项目收入	其他	非政府资金	技术性收入	国外资金		
装卸搬运和运输代理业	0	0	0	0	0	0	0	0	0	0
仓储业	0	0	0	0	0	0	0	0	0	0
邮政业	0	0	0	0	0	0	0	0	0	0
住宿和餐饮业	0	0	0	0	0	0	0	0	0	0
住宿业	0	0	0	0	0	0	0	0	0	0
餐饮业	0	0	0	0	0	0	0	0	0	0
信息传输、软件和信息技术服务业	130 174	107 745	94 550	6 419	6 776	22 429	22 429	0	6 170	12 051
电信、广播电视和卫星传输服务	45 173	39 564	33 145	6 419	0	5 609	5 609	0	5 991	9 800
互联网和相关服务	0	0	0	0	0	0	0	0	0	0
软件和信息技术服务业	85 001	68 181	61 405	0	6 776	16 820	16 820	0	179	2 251
金融业	0	0	0	0	0	0	0	0	0	0
货币金融服务	0	0	0	0	0	0	0	0	0	0
资本市场服务	0	0	0	0	0	0	0	0	0	0
保险业	0	0	0	0	0	0	0	0	0	0
其他金融业	0	0	0	0	0	0	0	0	0	0
房地产业	0	0	0	0	0	0	0	0	0	0
房地产业	0	0	0	0	0	0	0	0	0	0
租赁和商务服务业	0	0	0	0	0	0	0	0	0	0
租赁业	0	0	0	0	0	0	0	0	0	0
商务服务业	0	0	0	0	0	0	0	0	0	0

（续上表）

行业	科技活动收入	政府资金				非政府资金			生产经营活动收入	其他收入
			财政拨款	承担政府科研项目收入	其他		技术性收入	国外资金		
科学研究和技术服务业	4 604 125	3 322 194	1 684 999	1 000 819	177 884	1 281 931	1 121 549	8036	514 214	333 055
研究和试验发展	2 289 564	1 678 771	816 032	550 044	153 828	610 793	460 666	8036	104 741	161 676
专业技术服务业	2 160 532	1 565 830	814 050	437 557	24 056	594 702	584 447	0	405 906	171 019
科技推广和应用服务业	154 029	77 593	54 917	13 218	0	76 436	76 436	0	3 567	360
水利、环境和公共设施管理业	756 735	322 847	188 642	45 286	86	433 888	419 864	1155	105 592	135 268
水利管理业	482 831	191 401	105 590	10 460	0	291 430	288 574	0	0	11 665
生态保护和环境治理业	273 904	131 446	83 052	34 826	86	1424 58	131 290	1155	105 592	123 603
公共设施管理业	0	0	0	0	0	0	0	0	0	0
居民服务、修理和其他服务业	0	0	0	0	0	0	0	0	0	0
居民服务业	0	0	0	0	0	0	0	0	0	0
机动车、电子产品和日用产品修理业	0	0	0	0	0	0	0	0	0	0
其他服务业	0	0	0	0	0	0	0	0	0	0
教育	31 252	31 252	31 252	0	0	0	0	0	0	23 695
教育	31 252	31 252	31 252	0	0	0	0	0	0	23 695
卫生和社会工作	1 751 354	73 7730	168 634	39 322	3 908	1 013 624	4 764	0	129 686	1 904 920
卫生	1 751 354	73 7730	168 634	39 322	3 908	1 013 624	4 764	0	129 686	1 904 920
社会工作	0	0	0	0	0	0	0	0	0	0
文化、体育和娱乐业	120 195	84 943	80 047	735	1 045	35 252	35 252	0	6 757	8 905
新闻和出版业	0	0	0	0	0	0	0	0	0	0
广播、电视、电影和影视录音制作业	0	0	0	0	0	0	0	0	0	0
文化艺术业	81 935	46 683	44 903	735	1 045	35 252	35 252	0	6 757	7 249

（续上表）

行业	科技活动收入	政府资金	财政拨款	承担政府科研项目收入	其他	非政府资金	技术性收入	国外资金	生产经营活动收入	其他收入
体育	38 260	38 260	35 144	0	0	0	0	0	0	1 656
娱乐业	0	0	0	0	0	0	0	0	0	0
公共管理、社会保障和社会组织	80 006	80 006	70 350	0	9 636	0	0	0	0	0
中国共产党机关	0	0	0	0	0	0	0	0	0	0
国家机构	80 006	80 006	70 350	0	9 636	0	0	0	0	0
人民政协、民主党派	0	0	0	0	0	0	0	0	0	0
社会保障	0	0	0	0	0	0	0	0	0	0
群众团体、社会团体和其他成员组织	0	0	0	0	0	0	0	0	0	0
基层群众自治组织	0	0	0	0	0	0	0	0	0	0
国际组织	0	0	0	0	0	0	0	0	0	0
国际组织	0	0	0	0	0	0	0	0	0	0

10-2-7 全部县以上部门属科技机构经费支出（2015）

10-2-7-1 按地域分布

单位：千元

地域	科技经费内部支出	科技经费日常支出	人员劳务费	设备购置费	其他日常支出	科研基建	生产经营支出	其他支出
总 计	**9 622 632**	**8 053 361**	**2 583 364**	**765 477**	**4 704 520**	**1 569 271**	**2 026 372**	**1 933 030**
广州市	8 346 552	6 886 110	2 160 025	658 802	4 067 283	1 460 442	1 857 466	1 723 040
韶关市	37 074	33 589	20 120	2 718	10 751	3 485	2 152	15 313

（续上表）

地域	科技经费内部支出	科技经费日常支出				科研基建	生产经营支出	其他支出
			人员劳务费	设备购置费	其他日常支出			
深圳市	467 462	438 239	193 793	57 695	186 751	29 223	93 731	1 598
珠海市	20 751	14 138	6 433	2 432	5 273	6 613	4 909	33 593
汕头市	44 234	44 234	25 231	3 272	15 731	0	16 710	7 539
佛山市	15 203	8 410	2 992	2 106	3 312	6 793	0	28 825
江门市	20 158	20 040	6 188	1 139	12 713	118	397	1 517
湛江市	151 226	145 441	54 916	24 039	66 486	5 785	15 855	41 940
茂名市	22 154	22 154	9 723	27	12 404	0	100	5 009
肇庆市	11 986	11 986	5 627	1 357	5 002	0	6 480	6 269
惠州市	45 049	43 112	23 530	1 852	17 730	1 937	2 859	10 199
梅州市	16 187	16 187	12 511	371	3 305	0	610	10 577
汕尾市	1 494	1 494	870	39	585	0	0	380
河源市	3 231	3 231	1 687	0	1 544	0	800	0
阳江市	9 910	7 390	5 260	120	2010	2 520	5 911	940
清远市	0	0	0	0	0	0	0	333
东莞市	361 461	309 205	32 316	8 472	268 417	52 256	15 795	16 993
中山市	18 150	18 150	6 832	0	11 318	0	0	21 468
潮州市	7 888	7 888	5 947	161	1 780	0	0	3 142
揭阳市	18 281	18 281	8 441	560	9 280	0	1 274	1 685
云浮市	4 181	4 082	922	315	2 845	99	1 323	2 670

10-2-7-2 按隶属关系分布

单位：千元

隶属关系	科技经费内部支出	科技经费日常支出				科研基建	生产经营支出	其他支出
			人员劳务费	设备购置费	其他日常支出			
总　计	**9 622 632**	**8 053 361**	**2 583 364**	**765 477**	**4 704 520**	**1 569 271**	**2 026 372**	**1 933 030**
地方部门属	5 865 369	4 631 900	1 394 803	310 236	2 926 861	1 233 469	1 709 566	1 533 849
省级部门属	4 197 726	3 244 918	904 543	208 687	2 131 688	952 808	1 345 332	1 174 210
副省级城市属	833 423	655 934	258 179	58 337	339 418	177 489	205 834	172 221
地市级部门属	834 220	731 048	232 081	43 212	455 755	103 172	158 400	187 418
中央部门属	3 757 263	3 421 461	1 188 561	455 241	1 777 659	335 802	316 806	399 181
中国科学院	1 671 816	1 575 260	542 499	222 950	809 811	96 556	17 860	164 848

10-2-7-3 按机构所属学科领域分布

单位：千元

学科领域	科技经费内部支出	科技经费日常支出				科研基建	生产经营支出	其他支出
			人员劳务费	设备购置费	其他日常支出			
总　计	**9 622 632**	**8 053 361**	**2 583 364**	**765 477**	**4 704 520**	**1 569 271**	**2 026 372**	**1 933 030**
自然科学领域	1 432 169	1 352 826	449 307	159 693	743 826	79 343	103 344	183 097
农业科学领域	1 591 562	1 415 629	507 008	124 955	783 666	175 933	261 146	421 704
医学科学领域	2 512 799	1 886 742	336 308	40 708	1 509 726	626 057	809 896	847 045
工程科学与技术领域	3 665 310	3 005 853	1 117 390	409 079	1 479 384	659 457	809 007	326 990
社会、人文科学领域	420 792	392 311	173 351	31 042	187 918	28 481	42 979	154 194

10-2-7-4 按服务的国民经济行业分布

单位：千元

行业	科技经费内部支出	科技经费日常支出				科研基建	生产经营支出	其他支出
			人员劳务费	设备购置费	其他日常支出			
总　计	**9 622 632**	**8 053 361**	**2 583 364**	**765 477**	**4 704 520**	**1 569 271**	**2 026 372**	**1 933 030**
农、林、牧、渔业	1 325 166	1 175 762	407 847	82 672	685 243	149 404	151 148	345 422
农业	462 958	420 475	171 616	26 313	222 546	42 483	76 355	124 152
林业	243 982	213 416	66 939	22 435	124 042	30 566	19 008	56 285
畜牧业	104 889	103 287	39 829	5 668	57 790	1 602	19 795	8 938
渔业	346 751	285 878	75 600	19 753	190 525	60 873	19 736	49 775
农、林、牧、渔服务业	166 586	152 706	53 863	8 503	90 340	13 880	16 254	106 272
采矿业	285 140	258 086	80 943	83 422	93 721	27 054	188 841	65 825
煤炭开采和洗选业	0	0	0	0	0	0	0	0
石油和天然气开采业	0	0	0	0	0	0	0	0
黑色金属矿采选业	0	0	0	0	0	0	0	0
有色金属矿采选业	285 140	258 086	80 943	83 422	93 721	27 054	188 841	65 825
非金属矿采选业	0	0	0	0	0	0	0	0
开采辅助活动	0	0	0	0	0	0	0	0
其他采矿业	0	0	0	0	0	0	0	0
制造业	604 681	553 356	214 052	69 839	269 465	51 325	89 366	129 796
农副食品加工业	164 987	161 543	66 324	19 223	75 996	3 444	47 775	36 832
食品制造业	91 826	80 826	37 751	6 491	36 584	11 000	4 907	13 339
酒、饮料和精制茶制造业	0	0	0	0	0	0	0	0

（续上表）

行业	科技经费内部支出	科技经费日常支出				科研基建	生产经营支出	其他支出
			人员劳务费	设备购置费	其他日常支出			
烟草制品业	0	0	0	0	0	0	0	0
纺织业	0	0	0	0	0	0	0	0
纺织服装、服饰业	0	0	0	0	0	0	0	0
皮革、毛皮、羽毛及其制品和制鞋业	0	0	0	0	0	0	0	0
木材加工和木、竹、藤、棕、草制品业	0	0	0	0	0	0	0	0
家具制造业	0	0	0	0	0	0	0	0
造纸和纸制品业	0	0	0	0	0	0	0	0
印刷和记录媒介复制业	0	0	0	0	0	0	0	0
文教、工美、体育和娱乐用品制造业	0	0	0	0	0	0	0	0
石油加工、炼焦和核燃料加工业	2 565	2 565	685	5	1 875	0	0	1 538
化学原料和化学制品制造业	0	0	0	0	0	0	0	0
医药制造业	268 551	231 700	71 183	23 405	137 112	36 851	953	23 523
化学纤维制造业	5 053	5 053	2 096	1 213	1 744	0	576	8 763
橡胶和塑料制品业	0	0	0	0	0	0	0	0
非金属矿物制品业	0	0	0	0	0	0	0	0
黑色金属冶炼和压延加工业	1 630	1 600	490	0	1 110	30	26 987	13 891
有色金属冶炼和压延加工业	0	0	0	0	0	0	0	0
金属制品业	0	0	0	0	0	0	0	0
通用设备制造业	0	0	0	0	0	0	0	0
专用设备制造业	68 984	68 984	34 574	19 502	14 908	0	7 457	31 422

（续上表）

行业	科技经费内部支出	科技经费日常支出				科研基建	生产经营支出	其他支出
			人员劳务费	设备购置费	其他日常支出			
汽车制造业	0	0	0	0	0	0	0	0
铁路、船舶、航空航天和其他运输设备制造业	0	0	0	0	0	0	0	0
电气机械和器材制造业	0	0	0	0	0	0	0	0
计算机、通信和其他电子设备制造业	707	707	583	0	124	0	711	321
仪器仪表制造业	378	378	366	0	12	0	0	167
其他制造业	0	0	0	0	0	0	0	0
废弃资源综合利用业	0	0	0	0	0	0	0	0
金属制品、机械和设备修理业	0	0	0	0	0	0	0	0
电力、热力、燃气及水生产和供应业	0	0	0	0	0	0	0	0
电力、热力生产和供应业	0	0	0	0	0	0	0	0
燃气生产和供应业	0	0	0	0	0	0	0	0
水的生产和供应业	0	0	0	0	0	0	0	0
建筑业	0	0	0	0	0	0	0	0
房屋建筑业	0	0	0	0	0	0	0	0
土木工程建筑业	0	0	0	0	0	0	0	0
建筑安装业	0	0	0	0	0	0	0	0
建筑装饰和其他建筑业	0	0	0	0	0	0	0	0
批发和零售业	0	0	0	0	0	0	0	0
批发业	0	0	0	0	0	0	0	0

（续上表）

行业	科技经费内部支出	科技经费日常支出	人员劳务费	设备购置费	其他日常支出	科研基建	生产经营支出	其他支出
零售业	0	0	0	0	0	0	0	0
交通运输、仓储和邮政业	64 517	64 517	39 567	827	24 123	0	0	5 150
铁路运输业	0	0	0	0	0	0	0	0
道路运输业	58 747	58 747	35 998	781	21 968	0	0	881
水上运输业	5 770	5 770	3 569	46	2 155	0	0	4 269
航空运输业	0	0	0	0	0	0	0	0
管道运输业	0	0	0	0	0	0	0	0
装卸搬运和运输代理业	0	0	0	0	0	0	0	0
仓储业	0	0	0	0	0	0	0	0
邮政业	0	0	0	0	0	0	0	0
住宿和餐饮业	0	0	0	0	0	0	0	0
住宿业	0	0	0	0	0	0	0	0
餐饮业	0	0	0	0	0	0	0	0
信息传输、软件和信息技术服务业	104 346	82 133	44 239	4 594	33 300	22 213	6 163	11 521
电信、广播电视和卫星传输服务	48 802	26 589	16 663	1 830	8 096	22 213	5 991	8 559
互联网和相关服务	0	0	0	0	0	0	0	0
软件和信息技术服务业	55 544	55 544	27 576	2 764	25 204	0	172	2 962
金融业	0	0	0	0	0	0	0	0
货币金融服务	0	0	0	0	0	0	0	0
资本市场服务	0	0	0	0	0	0	0	0

（续上表）

行业	科技经费内部支出	科技经费日常支出				科研基建	生产经营支出	其他支出
			人员劳务费	设备购置费	其他日常支出			
保险业	0	0	0	0	0	0	0	0
其他金融业	0	0	0	0	0	0	0	0
房地产业	0	0	0	0	0	0	0	0
房地产业	0	0	0	0	0	0	0	0
租赁和商务服务业	0	0	0	0	0	0	0	0
租赁业	0	0	0	0	0	0	0	0
商务服务业	0	0	0	0	0	0	0	0
科学研究和技术服务业	4 151 880	3 599 052	1 258 049	469 322	1 871 681	552 828	516 695	460 978
研究和试验发展	2 197 099	2 018 256	710 190	224 251	1 083 815	178 843	122 575	224 311
专业技术服务业	1 860 596	1 496 192	505 365	241 128	749 699	364 404	366 671	233 300
科技推广和应用服务业	94 185	84 604	42 494	3 943	38 167	9 581	27 449	3 367
水利、环境和公共设施管理业	650 725	473 347	209 944	28 573	234 830	177 378	261 385	45 485
水利管理业	420 855	257 823	129 506	10 921	117 396	163 032	104 121	15 026
生态保护和环境治理业	229 870	215 524	80 438	17 652	117 434	14 346	157 264	30 459
公共设施管理业	0	0	0	0	0	0	0	0
居民服务、修理和其他服务业	0	0	0	0	0	0	0	0
居民服务业	0	0	0	0	0	0	0	0
机动车、电子产品和日用产品修理业	0	0	0	0	0	0	0	0
其他服务业	0	0	0	0	0	0	0	0
教育	31 252	31 252	23 418	305	7 529	0	0	23 695

（续上表）

行业	科技经费内部支出	科技经费日常支出				科研基建	生产经营支出	其他支出
			人员劳务费	设备购置费	其他日常支出			
教育	31 252	31 252	23 418	305	7 529	0	0	23 695
卫生和社会工作	2 238 994	1 653 061	264 173	14 101	1 374 787	585 933	804 841	824 334
卫生	2 238 994	1 653 061	264 173	14 101	1 374 787	585 933	804 841	824 334
社会工作	0	0	0	0	0	0	0	0
文化、体育和娱乐业	88 113	84 997	27 484	7 639	49 874	3 116	6 733	19 997
新闻和出版业	0	0	0	0	0	0	0	0
广播、电视、电影和影视录音制作业	0	0	0	0	0	0	0	0
文化艺术业	56 849	56 849	14 945	4 081	37 823	0	6 733	17 513
体育	31 264	28 148	12 539	3 558	12 051	3 116	0	2 484
娱乐业	0	0	0	0	0	0	0	0
公共管理、社会保障和社会组织	77 818	77 798	13 648	4 183	59 967	20	1 200	827
中国共产党机关	0	0	0	0	0	0	0	0
国家机构	77 818	77 798	13 648	4 183	59 967	20	1 200	827
人民政协、民主党派	0	0	0	0	0	0	0	0
社会保障	0	0	0	0	0	0	0	0
群众团体、社会团体和其他成员组织	0	0	0	0	0	0	0	0
基层群众自治组织	0	0	0	0	0	0	0	0
国际组织	0	0	0	0	0	0	0	0
国际组织	0	0	0	0	0	0	0	0

10-2-8 全部县以上部门属科技机构基本建设与固定资产（2015）

10-2-8-1 按地域分布

单位：千元

地域	基本建设投资实际完成额	科研仪器设备	科研土建工程	科研基建	政府资金	企业资金	事业单位资金	其他资金	年末固定资产原价	科研房屋建筑物	科研仪器设备	进口
总　计	**1 624 677**	**366 168**	**1 203 103**	**1 569 271**	**1 228 359**	**2 125**	**207 142**	**131 645**	**11 505 949**	**3 015 798**	**5 627 017**	**1 581 103**
广州市	1 488 869	300 454	1 159 988	1 460 442	1 127 610	30	201 392	131 410	9 708 267	2 455 150	4 854 589	1 376 916
韶关市	4 787	550	2 935	3 485	31 89	0	296	0	64 858	42 866	12 287	2 339
深圳市	29 493	19 226	9 997	29 223	29 100	123	0	0	570 777	0	411 267	192 855
珠海市	6 613	1 531	5 082	6 613	6 613	0	0	0	75 061	27 957	15 412	0
汕头市	0	0	0	0	0	0	0	0	77 462	49 683	14 915	2
佛山市	6 793	849	5 944	6 793	6 793	0	0	0	33 102	21 966	7 318	0
江门市	118	118	0	118	118	0	0	0	34 661	21 520	2 633	0
湛江市	5 785	5 551	234	5 785	5 550	0	0	235	442 651	158 593	178 109	7 940
茂名市	0	0	0	0	0	0	0	0	10 850	5 052	2 150	0
肇庆市	0	0	0	0	0	0	0	0	22 648	2 015	1 935	0
惠州市	4 570	757	1 180	1 937	1 513	424	0	0	48 012	27 865	8 459	0
梅州市	0	0	0	0	0	0	0	0	41 392	33 252	3 904	0
汕尾市	0	0	0	0	0	0	0	0	1 013	395	0	0
河源市	0	0	0	0	0	0	0	0	966	0	0	0
阳江市	2 520	50	2 470	2 520	2 520	0	0	0	19 799	6 542	1 520	0
清远市	0	0	0	0	0	0	0	0	29	19	10	0
东莞市	75 030	36 983	15 273	52 256	45 254	1 548	5 454	0	258 896	128 379	73 592	583
中山市	0	0	0	0	0	0	0	0	12 769	0	4 079	468
潮州市	0	0	0	0	0	0	0	0	8 600	3 624	701	0
揭阳市	0	0	0	0	0	0	0	0	70 660	30 650	34 038	0
云浮市	99	99	0	99	99	0	0	0	3 476	270	99	0

10-2-8-2　按隶属关系分布

单位：千元

隶属关系	基本建设投资实际完成额	科研仪器设备	科研土建工程	科研基建	政府资金	企业资金	事业单位资金	其他资金	年末固定资产原价	科研房屋建筑物	科研仪器设备	进口
总　计	**1 624 677**	**366 168**	**1 203 103**	**1 569 271**	**1 228 359**	**2 125**	**207 142**	**131 645**	**11 505 949**	**3 015 798**	**5 627 017**	**1 581 103**
地方部门属	1 288 875	271 390	962 079	1 233 469	985 800	2 002	186 887	58 780	6 259 920	1 891 493	2 400 043	324 824
省级部门属	955 987	176 266	776 542	952 808	748 834	0	145 194	58 780	3 803 047	1 162 575	1 690 495	191 360
副省级城市属	202 737	44 542	132 947	177 489	141 516	30	35 943	0	1 468 524	316 081	448 442	111 130
地市级部门属	130 151	50 582	52 590	103 172	95 450	1 972	5 750	0	988 349	412 837	261 106	22 334
中央部门属	335 802	94 778	241 024	335 802	242 559	123	20 255	72 865	5 246 029	1 124 305	3 226 974	1 256 279
中国科学院	96 556	111	96 445	96 556	57 882	0	3 134	35 540	2 700 214	355 522	1 553 146	1 020 419

10-2-9　全部县以上部门属科技机构课题概况（2015）

10-2-9-1　按地域分布

地域	课题数合计（个）	R&D课题	课题经费内部支出（千元）	政府资金	R&D课题经费	课题投入人员（人年）	R&D人员	外聘流动学者	在读研究生
总　计	**7 354**	**5 877**	**4 333 871**	**2 779 295**	**3 505 393**	**13 322**	**10 484**	**292**	**1 187**
广州市	6 284	5 163	3 553 226	2 102 478	2 858 662	10 109	8 324	259	1 139
韶关市	34	2	10 997	7 740	3 774	116	20	0	0
深圳市	500	444	356 327	290 819	306 388	1 497	1 215	33	33
珠海市	10	6	9 755	9 755	3 675	41	20	0	0
汕头市	57	10	18 866	9 078	8 855	143	37	0	0
佛山市	16	10	4 288	928	1 990	9	5	0	0
江门市	22	16	16 750	16 050	15 930	45	39	0	0

（续上表）

地域	课题数合计（个）	R&D课题	课题经费内部支出（千元）	政府资金	R&D课题经费	课题投入人员（人年）	R&D人员	外聘流动学者	在读研究生
湛江市	153	62	28 652	27 675	8 297	306	112	0	15
茂名市	21	4	5 607	3 322	292	46	8	0	0
肇庆市	23	8	3 981	2 421	2 080	58	22	0	0
惠州市	51	17	15 549	10 831	4 330	147	49	0	0
梅州市	34	26	6 600	6 600	3 716	117	86	0	0
汕尾市	0	0	0	0	0	0	0	0	0
河源市	0	0	0	0	0	0	0	0	0
阳江市	12	5	4 685	4 435	1 845	43	20	0	0
清远市	0	0	0	0	0	0	0	0	0
东莞市	94	75	286 829	277 982	279 594	491	443	0	0
中山市	12	5	5 330	5 330	1 006	61	11	0	0
潮州市	7	5	860	860	290	29	17	0	0
揭阳市	18	18	4 551	1 973	4 551	55	55	0	0
云浮市	6	1	1 018	1 018	118	8	2	0	0

10-2-9-2　按隶属关系分布

隶属关系	课题数合计（个）	R&D课题	课题经费内部支出（千元）	政府资金	R&D课题经费	课题投入人员（人年）	R&D人员	外聘流动学者	在读研究生
总　计	**7 354**	**5 877**	**4 333 871**	**2 779 295**	**3 505 393**	**13 322**	**10 484**	**292**	**1 187**
地方部门属	3 373	2 358	2 254 916	1 183 788	1 797 757	6 816	4 844	15	204
省级部门属	2 415	1 802	1 673 999	684 112	1 347 118	4 184	3 256	7	195

（续上表）

隶属关系	课题数合计（个）		课题经费内部支出（千元）			课题投入人员（人年）			
		R&D课题		政府资金	R&D课题经费		R&D人员	外聘流动学者	在读研究生
副省级城市属	431	300	123 315	103 797	79 756	710	500	0	6
地市级部门属	527	256	457 602	395 879	370 883	1 922	1 088	8	3
中央部门属	3 981	3 519	2 078 956	1 595 508	1 707 636	6 506	5 640	277	983
中国科学院	2 547	2 351	1 154 363	976 750	1 007 003	3 478	3 208	272	866

10-2-9-3　按课题活动类型分布

活动类型	课题数合计（个）		课题经费内部支出（千元）			课题投入人员（人年）			
		R&D课题		政府资金	R&D课题经费		R&D人员	外聘流动学者	在读研究生
总　计	**7 354**	**5 877**	**4 333 871**	**2 779 295**	**3 505 393**	**13 322**	**10 484**	**292**	**1 187**
基础研究	1 976	1 976	1 172 734	807 657	1 172 734	3 056	3 056	137	531
应用研究	1 666	1 666	1 039 602	588 955	1 039 602	2 903	2 903	65	291
试验发展	2 235	2 235	1 293 058	902 998	1 293 058	4 526	4 526	60	279
R&D成果应用	591	0	338 217	207 620	0	1 253	0	6	48
科技服务	886	0	490 262	272 065	0	1 584	0	25	39

10-2-9-4 按服务的国民经济行业分布

行业	课题数合计（个）	R&D课题	课题经费内部支出（千元）	政府资金	R&D课题经费	课题投入人员（人年）	R&D人员	外聘流动学者	在读研究生
总　计	**7 354**	**5 877**	**4 333 871**	**2 779 295**	**3 505 393**	**13 322**	**10 484**	**292**	**1 187**
农、林、牧、渔业	1 688	1 146	503 506	456 741	344 189	2 631	1 643	9	132
农业	702	453	225 527	198 121	148505	1 121	682	0	15
林业	263	186	55 374	51 013	39 151	367	233	9	19
畜牧业	144	112	38 542	31 876	31 066	229	160	0	24
渔业	366	248	137 433	136 879	99 847	581	372	0	65
农、林、牧、渔服务业	213	147	46 629	38 852	25 620	333	197	0	10
采矿业	276	271	255 224	144 919	207 613	641	545	0	0
煤炭开采和洗选业	0	0	0	0	0	0	0	0	0
石油和天然气开采业	0	0	0	0	0	0	0	0	0
黑色金属矿采选业	0	0	0	0	0	0	0	0	0
有色金属矿采选业	276	271	255 224	144 919	207 613	641	545	0	0
非金属矿采选业	0	0	0	0	0	0	0	0	0
开采辅助活动	0	0	0	0	0	0	0	0	0
其他采矿业	0	0	0	0	0	0	0	0	0
制造业	634	565	251 060	208 526	227 323	1 075	924	20	173
农副食品加工业	119	88	33 238	27 503	22 038	264	184	0	2
食品制造业	143	139	31 986	21 759	31 708	165	162	0	22
酒、饮料和精制茶制造业	0	0	0	0	0	0	0	0	0
烟草制品业	0	0	0	0	0	0	0	0	0
纺织业	0	0	0	0	0	0	0	0	0

（续上表）

行业	课题数合计（个）	R&D课题	课题经费内部支出（千元）	政府资金	R&D课题经费	课题投入人员（人年）	R&D人员	外聘流动学者	在读研究生
纺织服装、服饰业	0	0	0	0	0	0	0	0	0
皮革、毛皮、羽毛及其制品和制鞋业	0	0	0	0	0	0	0	0	0
木材加工和木、竹、藤、棕、草制品业	0	0	0	0	0	0	0	0	0
家具制造业	0	0	0	0	0	0	0	0	0
造纸和纸制品业	0	0	0	0	0	0	0	0	0
印刷和记录媒介复制业	0	0	0	0	0	0	0	0	0
文教、工美、体育和娱乐用品制造业	0	0	0	0	0	0	0	0	0
石油加工、炼焦和核燃料加工业	3	0	2 565	1 000	0	7	0	0	0
化学原料和化学制品制造业	0	0	0	0	0	0	0	0	0
医药制造业	321	298	160 972	140 129	153 758	515	480	20	139
化学纤维制造业	4	4	5 037	2 473	5 037	13	13	0	0
橡胶和塑料制品业	0	0	0	0	0	0	0	0	0
非金属矿物制品业	0	0	0	0	0	0	0	0	0
黑色金属冶炼和压延加工业	2	0	1 600	0	0	5	0	0	0
有色金属冶炼和压延加工业	0	0	0	0	0	0	0	0	0
金属制品业	0	0	0	0	0	0	0	0	0
通用设备制造业	0	0	0	0	0	0	0	0	0
专用设备制造业	42	36	15 662	15 662	14 782	106	85	0	10
汽车制造业	0	0	0	0	0	0	0	0	0
铁路、船舶、航空航天和其他运输设备制造业	0	0	0	0	0	0	0	0	0
电气机械和器材制造业	0	0	0	0	0	0	0	0	0

（续上表）

行业	课题数合计（个）	R&D课题	课题经费内部支出（千元）	政府资金	R&D课题经费	课题投入人员（人年）	R&D人员	外聘流动学者	在读研究生
计算机、通信和其他电子设备制造业	0	0	0	0	0	0	0	0	0
仪器仪表制造业	0	0	0	0	0	0	0	0	0
其他制造业	0	0	0	0	0	0	0	0	0
废弃资源综合利用业	0	0	0	0	0	0	0	0	0
金属制品、机械和设备修理业	0	0	0	0	0	0	0	0	0
电力、热力、燃气及水生产和供应业	0	0	0	0	0	0	0	0	0
电力、热力生产和供应业	0	0	0	0	0	0	0	0	0
燃气生产和供应业	0	0	0	0	0	0	0	0	0
水的生产和供应业	0	0	0	0	0	0	0	0	0
建筑业	0	0	0	0	0	0	0	0	0
房屋建筑业	0	0	0	0	0	0	0	0	0
土木工程建筑业	0	0	0	0	0	0	0	0	0
建筑安装业	0	0	0	0	0	0	0	0	0
建筑装饰和其他建筑业	0	0	0	0	0	0	0	0	0
批发和零售业	0	0	0	0	0	0	0	0	0
批发业	0	0	0	0	0	0	0	0	0
零售业	0	0	0	0	0	0	0	0	0
交通运输、仓储和邮政业	72	16	24 709	16 851	7 714	74	24	1	0
铁路运输业	0	0	0	0	0	0	0	0	0
道路运输业	63	11	19 097	16 641	3 872	51	9	0	0
水上运输业	9	5	5 612	210	3 842	23	15	1	0

（续上表）

行业	课题数合计（个）	R&D课题	课题经费内部支出（千元）	政府资金	R&D课题经费	课题投入人员（人年）	R&D人员	外聘流动学者	在读研究生
航空运输业	0	0	0	0	0	0	0	0	0
管道运输业	0	0	0	0	0	0	0	0	0
装卸搬运和运输代理业	0	0	0	0	0	0	0	0	0
仓储业	0	0	0	0	0	0	0	0	0
邮政业	0	0	0	0	0	0	0	0	0
住宿和餐饮业	0	0	0	0	0	0	0	0	0
住宿业	0	0	0	0	0	0	0	0	0
餐饮业	0	0	0	0	0	0	0	0	0
信息传输、软件和信息技术服务业	127	63	30 253	26 260	7 012	183	76	0	10
电信、广播电视和卫星传输服务	92	51	9 898	5 905	3 944	87	45	0	10
互联网和相关服务	0	0	0	0	0	0	0	0	0
软件和信息技术服务业	35	12	20 355	20 355	3 068	96	31	0	0
金融业	0	0	0	0	0	0	0	0	0
货币金融服务	0	0	0	0	0	0	0	0	0
资本市场服务	0	0	0	0	0	0	0	0	0
保险业	0	0	0	0	0	0	0	0	0
其他金融业	0	0	0	0	0	0	0	0	0
房地产业	0	0	0	0	0	0	0	0	0
房地产业	0	0	0	0	0	0	0	0	0
租赁和商务服务业	0	0	0	0	0	0	0	0	0
租赁业	0	0	0	0	0	0	0	0	0

（续上表）

行业	课题数合计（个）	R&D课题	课题经费内部支出（千元）	政府资金	R&D课题经费	课题投入人员（人年）	R&D人员	外聘流动学者	在读研究生
商务服务业	0	0	0	0	0	0	0	0	0
科学研究和技术服务业	3 678	3 155	1 916 959	1 586 998	1 632 670	6 576	5 576	262	795
研究和试验发展	2 316	2 022	1 272 453	1 110 482	1 146 010	4 047	3 694	199	530
专业技术服务业	1 314	1 103	625 725	468 805	477 960	2 147	1 687	64	260
科技推广和应用服务业	48	30	18 782	7 711	8 699	383	195	0	5
水利、环境和公共设施管理业	408	282	379 096	228 716	209 373	978	694	0	42
水利管理业	76	44	267 416	135 539	139 579	407	261	0	0
生态保护和环境治理业	332	238	111 680	93 177	69 794	571	433	0	42
公共设施管理业	0	0	0	0	0	0	0	0	0
居民服务、修理和其他服务业	0	0	0	0	0	0	0	0	0
居民服务业	0	0	0	0	0	0	0	0	0
机动车、电子产品和日用产品修理业	0	0	0	0	0	0	0	0	0
其他服务业	0	0	0	0	0	0	0	0	0
教育	30	30	5 961	5 159	5 961	35	35	0	0
教育	30	30	5 961	5 159	5 961	35	35	0	0
卫生和社会工作	374	345	926 144	76 298	831 329	1 030	919	0	36
卫生	374	345	926 144	76 298	831 329	1 030	919	0	36
社会工作	0	0	0	0	0	0	0	0	0
文化、体育和娱乐业	59	3	37 935	25 803	30 870	80	40	0	0
新闻和出版业	0	0	0	0	0	0	0	0	0
广播、电视、电影和影视录音制作业	0	0	0	0	0	0	0	0	0

（续上表）

行业	课题数合计（个）		课题经费内部支出（千元）			课题投入人员（人年）			
		R&D课题		政府资金	R&D课题经费		R&D人员	外聘流动学者	在读研究生
文化艺术业	54	1	35 929	25 496	29 302	57	26	0	0
体育	5	2	2 007	307	1 568	23	14	0	0
娱乐业	0	0	0	0	0	0	0	0	0
公共管理、社会保障和社会组织	8	1	3 024	3 024	1 340	20	8	0	0
中国共产党机关	0	0	0	0	0	0	0	0	0
国家机构	8	1	3 024	3 024	1 340	20	8	0	0
人民政协、民主党派	0	0	0	0	0	0	0	0	0
社会保障	0	0	0	0	0	0	0	0	0
群众团体、社会团体和其他成员组织	0	0	0	0	0	0	0	0	0
基层群众自治组织	0	0	0	0	0	0	0	0	0
国际组织	0	0	0	0	0	0	0	0	0
国际组织	0	0	0	0	0	0	0	0	0

10-2-9-5 按课题所属学科分布

学科	课题数合计（个）		课题经费内部支出（千元）			课题投入人员（人年）			
		R&D课题		政府资金	R&D课题经费		其中：R&D人员	其中：外聘流动学者	其中：在读研究生
总　计	**7 354**	**5 877**	**4 333 871**	**2 779 295**	**3 505 393**	**13 322**	**10 484**	**292**	**1 187**
自然科学领域	1 983	1 825	776 115	664 821	649 555	2 672	2 396	165	588
数学	16	16	3 603	3 559	3 603	24	24	0	3
信息科学与系统科学	45	30	32 289	30 793	19 936	108	80	3	5

（续上表）

学科	课题数合计（个）	R&D课题	课题经费内部支出（千元）	政府资金	R&D课题经费	课题投入人员（人年）	其中：R&D人员	其中：外聘流动学者	其中：在读研究生
力学	6	6	1 170	1 170	1 170	11	11	2	1
物理学	41	38	13 474	10 279	10 640	97	94	2	3
化学	68	49	27 708	16 091	15 428	145	105	1	11
地球科学	1 062	989	417 151	348 579	335 957	1 155	1 014	115	298
生物学	744	696	280 642	254 272	262 743	1 129	1 066	42	268
心理学	1	1	78	78	78	1	1	0	0
农业科学领域	2010	1 366	604 098	549 655	398 844	3 131	1 953	23	241
农学	1 171	773	357 730	313 928	217 290	1 825	1 093	9	101
林学	309	216	64 246	58 455	44 792	432	275	11	44
畜牧、兽医科学	133	104	25 957	22 797	19 392	245	171	2	24
水产学	397	273	156 165	154 476	117 370	629	414	1	72
医学科学领域	557	523	1 036 256	168 549	932 481	1 420	1 286	11	78
基础医学	70	70	150 720	18 499	150 720	187	187	2	13
临床医学	245	222	743 818	64 625	660 003	673	562	6	31
预防医学与公共卫生学	156	152	98 294	59 033	79 867	428	412	0	7
药学	66	63	33 460	19 237	33 137	89	87	2	19
中医学与中药学	20	16	9 965	7 155	8 755	44	39	1	8
工程科学与技术领域	2 522	1 955	1 801 030	1 296 661	1 422 996	5 571	4 423	93	279
工程与技术科学基础学科	124	77	74 703	56 590	47 162	265	192	0	0
信息与系统科学相关工程与技术	47	29	28 884	18 144	18 151	159	84	3	1

（续上表）

学科	课题数合计（个）	R&D课题	课题经费内部支出（千元）	政府资金	R&D课题经费	课题投入人员（人年）	其中：R&D人员	其中：外聘流动学者	其中：在读研究生
自然科学相关工程与技术	116	95	346 323	335 044	333 211	550	503	5	19
测绘科学技术	10	10	3 797	3 797	3 797	16	16	0	1
材料科学	190	181	165 667	100 411	136 783	550	472	2	4
矿山工程技术	85	79	31 039	11 836	29 784	100	59	0	0
冶金工程技术	45	45	38 220	21 362	38 220	117	117	0	0
机械工程	115	100	66 994	41 951	61 263	301	265	7	4
动力与电气工程	19	19	11 936	8 959	11 936	37	37	1	4
能源科学技术	355	303	135 502	91 452	96 420	480	409	45	129
核科学技术	7	7	1 128	161	1 128	10	10	0	0
电子与通信技术	351	315	184 634	166 885	175 450	819	753	1	5
计算机科学技术	127	90	53 181	34 654	40 632	242	185	4	10
化学工程	26	21	8 058	3 785	6 095	41	34	0	3
产品应用相关工程技术	10	10	2 759	1 632	2 759	16	16	1	2
纺织科学技术	10	9	6 679	3 105	6 579	24	23	0	0
食品科学技术	38	36	8 589	4 818	8 451	72	67	1	6
土木建筑工程	2	1	3 520	1 290	1 320	16	8	0	0
水利工程	65	40	235 071	128 557	135 622	344	234	0	0
交通运输工程	73	16	25 259	17 003	7 714	88	24	1	0
环境科学技术及资源科学技术	499	389	295 283	184 412	231 656	1 046	793	21	90
安全科学技术	25	14	7 835	4 770	5 129	56	30	1	1
管理学	183	69	65 968	56 042	23 733	225	93	0	1

（续上表）

学科	课题数合计（个）	R&D课题	课题经费内部支出（千元）	政府资金	R&D课题经费	课题投入人员（人年）	其中：R&D人员	其中：外聘流动学者	其中：在读研究生
社会、人文科学领域	282	208	116 373	99 609	101 518	528	427	1	1
马克思主义	1	1	158	158	158	1	1	0	0
哲学	6	6	2 403	2 403	2 403	12	12	0	0
宗教学	11	11	4 004	4 004	4 004	16	16	0	0
语言学	2	2	530	530	530	5	5	1	0
历史学	11	11	2 279	2 279	2 279	16	16	0	0
考古学	1	1	29 302	18 950	29 302	26	26	0	0
经济学	101	90	41 949	39 245	37 422	254	216	0	1
法学	5	5	2 262	2 262	2 262	10	10	0	0
社会学	32	27	10 076	10 076	8 765	53	42	0	0
民族学与文化学	15	15	5 531	5 531	5 531	23	23	0	0
新闻学与传播学	2	0	37	37	0	1	0	0	0
图书馆、情报与文献学	50	5	7 905	7 455	377	40	7	0	0
教育学	37	30	6 310	5 508	5 961	40	35	0	0
体育科学	5	2	2 007	307	1 568	23	14	0	0
统计学	3	2	1 620	864	956	7	4	0	0

10-2-9-6　按课题技术领域分布

技术领域	课题数合计（个）	R&D课题	课题经费内部支出（千元）	政府资金	R&D课题经费	课题投入人员（人年）	R&D人员	外聘流动学者	在读研究生
总　计	**7 354**	**5 877**	**4 333 871**	**2 779 295**	**3 505 393**	**13 322**	**10 484**	**292**	**1 187**
非技术领域	335	217	149 747	131 178	123 009	573	403	6	33
信息技术	382	307	173 592	120 156	137 123	920	725	15	26
生物和现代农业技术	2 707	2 175	912 454	838 316	735 712	4 163	3 218	62	469
新材料技术	246	238	205 874	121 507	174 862	733	658	3	5
能源技术	407	347	159 712	113 007	118 964	623	540	45	129
激光技术	12	8	20 058	14 670	19 259	42	40	0	1
先进制造与自动化技术	212	169	149 097	113 524	108 038	490	385	9	12
资源与环境技术	1 620	1 355	840 700	544 124	627 097	2 418	1 909	137	425
其他技术领域	1 433	1 061	1 722 637	782 813	1 461 329	3 359	2 606	15	88

10-2-9-7　按课题来源分布

课题来源	课题数合计（个）	R&D课题	课题经费内部支出（千元）	政府资金	R&D课题经费	课题投入人员（人年）	R&D人员	外聘流动学者	在读研究生
总　计	**7 354**	**5 877**	**4 333 871**	**2 779 295**	**3 505 393**	**13 322**	**10 484**	**292**	**1 187**
中央政府部门下达课题	2 453	2 239	1 436 189	1 154 822	1 297 849	4 442	3 976	160	641
国家重大科技专项	21	16	72 425	61 116	66 650	112	97	1	9
国家自然科学基金课题	1 169	1 169	455 490	294 839	455 490	1 702	1 702	103	411
“863计划”课题	64	62	48 617	42 913	44 657	106	101	4	16
国家科技支撑（攻关）计划课题	75	66	65 172	62 627	46 244	196	166	3	16

（续上表）

课题来源	课题数合计（个）	R&D课题	课题经费内部支出（千元）	政府资金	R&D课题经费	课题投入人员（人年）	R&D人员	外聘流动学者	在读研究生
火炬/星火计划国家级课题	13	3	2 023	946	161	14	2	0	0
国家发改委产业化示范工程	2	2	351	251	351	7	7	0	0
国家“973计划”课题	118	118	66 391	65 878	66 391	185	185	16	60
公益性行业科研专项	146	108	101 305	67 650	82 346	507	422	6	36
国家社会科学基金课题	29	28	8 343	7164	8 336	40	40	2	2
其他课题	816	667	616 072	551 439	527 223	1 574	1 255	28	92
地方政府部门下达课题	3 599	2 688	1 909 877	1 030 857	1 486 243	6 458	4 683	63	383
地方自然科学基金课题	363	356	168 772	36 135	167 242	467	459	10	91
地方科技攻关计划课题	1 126	896	706 693	297 034	560 155	2 123	1 612	23	164
地方火炬计划课题	4	3	824	824	605	6	4	0	2
地方星火计划课题	8	4	904	899	356	24	8	0	2
地方社会科学基金课题	32	30	3 934	3 433	3 367	38	23	5	0
其他课题	2 066	1 399	1 028 750	692 532	754 518	3 800	2 577	26	124
企业委托课题	458	276	387 298	66 636	183 664	749	404	25	45
自选课题	272	254	73 876	64 462	72 538	430	397	9	14
国际合作课题	46	39	17 043	9 948	14 999	62	51	1	16
其他课题	526	381	509 589	452 570	450 100	1 181	973	34	87

10-2-9-8　按课题合作形式分布

合作形式	课题数合计（个）	R&D课题	课题经费内部支出（千元）	政府资金	R&D课题经费	课题投入人员（人年）	R&D人员	外聘流动学者	在读研究生
总　计	**7 354**	**5 877**	**4 333 871**	**2 779 295**	**3 505 393**	**13 322**	**10 484**	**292**	**1 187**
与境外机构合作	127	116	120 727	59 861	107 066	251	228	6	23
与国内高校合作	287	252	154 548	107 441	134 701	651	565	17	78
与国内独立研究机构合作	561	408	452 543	323 844	379 122	1 359	1 097	22	125
与境内注册的外商独资企业合作	7	1	1 429	740	84	10	1	0	0
与境内注册的其他企业合作	469	317	236 167	126 398	143 331	718	508	17	56
独立研究	5 787	4 711	3 274 689	2 113 372	2 684 245	10 004	7 875	226	897
其他	116	72	93 768	47 640	56 845	330	210	5	8

10-2-9-9　按课题的社会经济目标分布

社会经济目标	课题数合计（个）	R&D课题	课题经费内部支出（千元）	政府资金	R&D课题经费	课题投入人员（人年）	R&D人员	外聘流动学者	在读研究生
总　计	**7 354**	**5 877**	**4 333 871**	**2 779 295**	**3 505 393**	**13 322**	**10 484**	**292**	**1 187**
环境保护、生态建设及污染防治	518	385	384 836	225 436	229 716	1 226	902	35	97
环境一般问题	41	23	27 119	25 452	6 574	124	80	2	7
环境与资源评估	73	44	57 038	22 527	25 191	154	98	6	7
环境监测	118	103	91 250	82 223	84 328	256	210	10	37

（续上表）

社会经济目标	课题数 合计（个）	R&D课题	课题经费 内部支出（千元）	政府资金	R&D课题经费	课题投入人员（人年）	R&D人员	外聘流动学者	在读研究生
生态建设	54	40	58 917	29 208	49 819	242	215	4	11
环境污染预防	136	111	64 837	36 949	45 811	239	198	2	21
环境治理	78	46	82 476	26 722	14 796	185	75	12	9
自然灾害的预防、预报	18	18	3 198	2 356	3 198	27	27	0	5
能源生产、分配和合理利用	475	390	194 061	148 626	146 646	731	580	51	132
能源一般问题研究	314	266	112 439	82 428	86 363	461	376	43	111
能源矿产勘探技术	10	7	1 980	1 218	1 245	6	4	1	1
能源矿物开采和加工技术	1	1	184	184	184	0	0	0	0
能源转换技术	11	6	14 541	11 534	1 940	49	17	0	0
能源输送、储存与分配技术	4	4	477	349	477	5	5	1	1
可再生能源	53	42	20 269	16 276	19 120	85	74	4	8
能源设施和设备建造	19	14	18 171	14 538	14 066	45	34	1	3
能源安全生产管理和技术	14	13	2 760	861	2 555	19	18	0	1
节约能源的技术	40	30	19 966	18 222	17 993	55	47	1	6
能源生产、输送、分配、储存、利用过程中污染的防治与处理	9	7	3 275	3 017	2 704	5	4	0	0
卫生事业的发展	645	598	1 088 540	226 625	987 577	1 650	1 515	17	102
卫生一般问题	59	54	122 532	35 728	122 098	150	148	2	22
诊断与治疗	244	234	788 021	93 795	724 361	780	731	9	50
预防医学	58	57	47 628	25 241	47 597	162	161	1	4
公共卫生	84	79	50 079	33 676	38 511	194	183	0	4

（续上表）

社会经济目标	课题数合计（个）	R&D课题	课题经费内部支出（千元）	政府资金	R&D课题经费	课题投入人员（人年）	R&D人员	外聘流动学者	在读研究生
营养和食品卫生	32	29	7 316	6 287	6 840	52	48	0	4
社会医疗	15	13	5 091	4 121	4 482	41	37	1	3
卫生医疗其他研究	153	132	67 873	27 777	43 689	272	206	4	15
教育事业发展	44	34	12 093	10 118	9 732	50	38	0	1
教育一般问题	31	31	9 118	8 250	9 118	35	35	0	0
非学历教育与培训	9	2	1 577	1 544	360	11	2	0	1
其他教育	4	1	1 399	325	254	4	1	0	0
基础设施以及城市和农村规划	144	67	79 529	48 616	38 164	263	145	3	6
交通运输	92	26	29 518	20 219	9 639	115	42	1	2
通信	18	12	22 636	7 773	16 344	35	24	1	2
广播与电视	1	1	116	116	116	1	1	0	0
城市规划与市政工程	16	14	7 024	5 388	3 806	52	45	1	0
农村发展规划与建设	13	10	19 613	14 615	7 635	57	30	0	1
交通运输、通信、城市与农村发展对环境的影响	4	4	623	505	623	4	4	0	1
社会发展和社会服务	665	447	260 064	235 090	206 433	1 152	905	1	7
社会发展和社会服务一般问题	57	50	14 464	14 201	13 515	86	81	0	0
社会保障	9	9	2 342	2 342	2 342	12	12	0	0
公共安全	66	43	21 375	16 961	13 540	123	76	1	4
社会管理	17	1	2 352	836	51	24	2	0	1
就业	2	2	92	92	92	0	0	0	0

（续上表）

社会经济目标	课题数 合计（个）	R&D课题	课题经费 内部支出（千元）	政府资金	R&D课题经费	课题投入人员（人年）	R&D人员	外聘流动学者	在读研究生
法律与司法	3	3	1 034	1 034	1 034	6	6	0	0
政府与政治	1	1	217	217	217	1	1	0	0
遗产保护	6	3	657	575	575	6	4	0	0
语言与文化	5	5	1 201	1 201	1 201	6	6	0	0
文艺、娱乐	6	1	568	518	94	11	1	0	0
宗教与道德	9	9	4 103	4 103	4 103	15	15	0	0
传媒	2	2	362	362	362	2	2	0	0
科技发展	391	288	177 960	166 677	161 969	720	659	0	1
国土资源管理	7	1	8 444	7 779	928	27	4	0	0
其他社会发展和社会服务	84	29	24 893	18 191	6 410	114	38	0	2
地球和大气层的探索与利用	989	930	372 381	331 740	353 377	920	872	101	289
地壳、地幔、海底的探测和研究	189	177	38 150	36 139	33 991	178	162	20	73
水文地理	6	6	689	521	689	4	4	0	1
海洋	423	396	201 219	174 652	196 101	431	411	31	120
大气	71	68	20 220	19 976	13 115	73	71	2	8
地球探测和开发其他研究	300	283	112 102	100 452	109 480	235	224	47	88
民用空间的探测及开发	7	6	2 958	2 899	2 733	10	8	0	0
飞行器和运载工具研制	3	2	402	402	177	4	3	0	0
发射与控制系统	3	3	2 542	2 483	2 542	5	5	0	0
卫星服务	1	1	14	14	14	0	0	0	0
促进农林牧渔业发展	2 156	1 505	652 378	586 966	439 260	3 361	2 149	18	228

（续上表）

社会经济目标	课题数合计（个）	R&D课题	课题经费内部支出（千元）	政府资金	R&D课题经费	课题投入人员（人年）	R&D人员	外聘流动学者	在读研究生
农林牧渔业发展一般问题	149	87	53 764	48 807	33 377	239	119	0	2
农作物种植及培育	688	468	205 919	176 587	138 615	1 187	748	2	23
林业和林产品	212	137	44 959	43 509	29 616	287	160	5	17
畜牧业	77	58	20 913	17 309	15 957	160	107	0	5
渔业	404	274	148 543	144 068	110 233	644	393	2	63
农林牧渔业体系支撑	518	406	136 589	116 594	90 449	672	509	8	90
农林牧渔业生产中污染的防治与处理	108	75	41 691	40 092	21 013	172	113	0	28
工商业发展	977	785	653 890	366 139	468 169	2 276	1 712	18	52
促进工商业发展的一般问题	65	40	17 704	14 279	11 083	100	58	0	3
产业共性技术	154	143	113 380	62 290	97 751	320	296	7	6
非能源资源矿产的开采	101	99	114 096	60 103	78124	320	234	0	0
食品、饮料和烟草制品业	88	74	24 176	17 091	22 035	112	96	0	18
纺织业、服装及皮革制品业	4	4	5 037	2 473	5 037	13	13	0	0
化学工业	10	10	3 204	2 844	3 204	22	22	0	1
非金属与金属制品业	30	27	33 861	21 204	32 237	80	74	0	0
机械制造业（不包括电子设备、仪器仪表及办公机械）	65	53	30 159	21 090	25 033	147	119	2	3
电子设备、仪器仪表及办公机械	17	10	7 730	2 593	4 064	33	21	0	4
其他制造业	17	12	13 482	7 342	9 017	63	50	1	0
建筑业	1	1	17	17	17	1	1	0	0
信息与通信技术（ICT）服务业	37	29	36 562	11 852	14 200	88	63	2	2

（续上表）

社会经济目标	课题数合计（个）	R&D课题	课题经费内部支出（千元）	政府资金	R&D课题经费	课题投入人员（人年）	R&D人员	外聘流动学者	在读研究生
技术服务业	345	255	237 829	131 862	155 258	924	636	5	15
金融业	9	8	1 756	958	1 256	14	12	0	0
商业及其他服务业	12	2	2 177	1 941	106	21	2	0	0
工商业活动中的环境保护、污染防治与处理	22	18	12 721	8 201	9 748	21	15	1	0
非定向研究	719	719	581 417	555 021	581 417	1 529	1 529	50	273
自然科学领域的非定向研究	535	535	396 592	386 477	396 592	1 012	1 012	39	263
工程与技术科学领域的非定向研究	42	42	26 767	25 115	26 767	98	98	2	3
农业科学领域的非定向研究	6	6	849	727	849	8	8	0	0
医学科学领域的非定向研究	65	65	85 909	83 250	85 909	184	184	7	5
社会科学领域的非定向研究	14	14	4 066	4 066	4 066	22	22	0	0
人文科学领域的非定向研究	50	50	57 447	47 095	57 447	175	175	0	0
其他	7	7	9 787	8 291	9 787	29	29	2	1
其他民用目标	15	11	51 725	42 020	42 170	154	129	0	0

10-2-10 全部县以上部门属科技机构课题经费内部支出按活动类型分类（2015）

10-2-10-1 按地域分布

单位：千元

地域	课题经费内部支出	基础研究	应用研究	试验发展	R&D成果应用	科技服务
总　计	**4 333 871**	**1 172 734**	**1 039 602**	**1 293 058**	**338 217**	**490 262**
广州市	3 553 226	844 939	875 275	1 138 449	274 937	419 627

（续上表）

地域	课题经费内部支出					
		基础研究	应用研究	试验发展	R&D成果应用	科技服务
韶关市	10 997	0	0	3 774	2 262	4 961
深圳市	356 327	78 334	159 768	68 286	16 865	33 074
珠海市	9 755	0	0	3 675	5 680	400
汕头市	18 866	0	0	8 855	7 436	2 575
佛山市	4 288	0	0	1 990	1 851	447
江门市	16 750	0	0	15 930	250	570
湛江市	28 652	1 075	2 897	4 324	10 706	9 649
茂名市	5 607	0	0	292	3 205	2 110
肇庆市	3 981	0	0	2 080	1 346	555
惠州市	15 549	0	0	4 330	7 801	3 418
梅州市	6 600	0	0	3 716	1 784	1 100
汕尾市	0	0	0	0	0	0
河源市	0	0	0	0	0	0
阳江市	4 685	0	0	1 845	250	2 590
清远市	0	0	0	0	0	0
东莞市	286 829	247 826	1 345	30 424	2 350	4 885
中山市	5 330	560	317	129	424	3 900
潮州市	860	0	0	290	570	0
揭阳市	4 551	0	0	4 551	0	0
云浮市	1 018	0	0	118	500	400

10-2-10-2 按隶属关系分布

单位：千元

隶属关系	课题经费内部支出					
		基础研究	应用研究	试验发展	R&D成果应用	科技服务
总　计	**4 333 871**	**1 172 734**	**1 039 602**	**1 293 058**	**338 217**	**490 262**
地方部门属	2 254 916	673 841	526 556	597 360	225 823	231 336
省级部门属	1 673 999	416 873	489 374	440 871	163 580	163 301
副省级城市属	123 315	5 993	30 258	43 505	18 225	25 334
地市级部门属	457 602	250 975	6 924	112 984	44 018	42 702
中央部门属	2 078 956	498 893	513 045	695 698	112 394	258 925
中国科学院	1 154 363	454 773	300 326	251 904	33 460	113 900

10-2-11 全部县以上部门属科技机构课题投入人员按活动类型分类（2015）

10-2-11-1 按地域分布

单位：人年

地域	课题投入人员					
		基础研究	应用研究	试验发展	R&D成果应用	科技服务
总　计	**13 322**	**3 056**	**2 903**	**4 526**	**1 253**	**1 584**
广州市	10 109	2 275	2 335	3 714	718	1 068
韶关市	116	0	0	20	34	62
深圳市	1 497	471	521	224	123	159
珠海市	41	0	0	20	16	5
汕头市	143	0	0	37	80	26
佛山市	9	0	0	5	1	3
江门市	45	0	0	39	2	4
湛江市	306	40	25	46	97	98

（续上表）

地域	课题投入人员					
		基础研究	应用研究	试验发展	R&D成果应用	科技服务
茂名市	46	0	0	8	26	12
肇庆市	58	0	0	22	24	13
惠州市	147	0	0	49	63	35
梅州市	117	0	0	86	21	10
汕尾市	0	0	0	0	0	0
河源市	0	0	0	0	0	0
阳江市	43	0	0	20	4	19
清远市	0	0	0	0	0	0
东莞市	491	267	17	159	18	30
中山市	61	3	5	3	12	39
潮州市	29	0	0	17	12	0
揭阳市	55	0	0	55	0	0
云浮市	8	0	0	2	4	2

10-2-11-2　按隶属关系分布

单位：人年

隶属关系	课题投入人员					
		基础研究	应用研究	试验发展	R&D成果应用	科技服务
总　计	**13 322**	**3 056**	**2 903**	**4 526**	**1 253**	**1 584**
地方部门属	6 816	1 263	1 148	2 434	923	1 049
省级部门属	4 184	911	862	1 483	420	509
副省级城市属	710	50	181	269	61	150
地市级部门属	1 922	302	104	682	443	391
中央部门属	6 506	1 793	1 755	2 092	331	535
中国科学院	3 478	1 516	1 045	647	63	208

10-2-12 全部县以上部门属科技机构专利（2015）

10-2-12-1 按地域分布

地域	专利申请受理数（件）	发明专利	专利授权数（件）	其中：发明专利	其中：国外授权	有效发明专利数（件）	专利所有权转让及许可数（件）	专利所有权转让与许可收入（千元）
总　计	**1 977**	**1 418**	**1 446**	**896**	**17**	**5 711**	**48**	**11 234**
广州市	1 251	888	803	488	17	2 512	40	9 854
韶关市	0	0	0	0	0	4	0	0
深圳市	520	456	452	352	0	2 944	8	1 380
珠海市	4	0	4	0	0	0	0	0
汕头市	0	0	0	0	0	0	0	0
佛山市	2	1	1	0	0	0	0	0
江门市	0	0	0	0	0	0	0	0
湛江市	79	38	92	28	0	133	0	0
茂名市	0	0	0	0	0	0	0	0
肇庆市	0	0	0	0	0	0	0	0
惠州市	25	1	24	0	0	2	0	0
梅州市	0	0	0	0	0	4	0	0
汕尾市	0	0	0	0	0	0	0	0
河源市	0	0	0	0	0	0	0	0
阳江市	0	0	0	0	0	0	0	0
清远市	0	0	0	0	0	0	0	0
东莞市	96	34	68	27	0	111	0	0
中山市	0	0	0	0	0	0	0	0
潮州市	0	0	0	0	0	0	0	0
揭阳市	0	0	2	1	0	1	0	0
云浮市	0	0	0	0	0	0	0	0

10-2-12-2　按隶属关系分布

隶属关系	专利申请受理数（件）		专利授权数（件）			有效发明专利数（件）	专利所有权转让及许可数（件）	专利所有权转让与许可收入（千元）
		发明专利		其中：发明专利	其中：国外授权			
总　计	**1 977**	**1 418**	**1 446**	**896**	**17**	**5 711**	**48**	**11 234**
地方部门属	561	349	354	175	1	1 107	19	1 353
省级部门属	385	287	224	137	1	902	19	1 353
副省级城市属	23	12	12	4	0	47	0	0
地市级部门属	153	50	118	34	0	158	0	0
中央部门属	1 416	1 069	1 092	721	16	4 604	29	9 881
中国科学院	934	797	698	548	16	3 794	28	9 831

10-2-12-3　按国民经济行业分布

行业	专利申请受理数（件）		专利授权数（件）			有效发明专利数（件）	专利所有权转让及许可数（件）	专利所有权转让与许可收入（千元）
		发明专利		其中：发明专利	其中：国外授权			
总　计	**1 977**	**1 418**	**1 446**	**896**	**17**	**5 711**	**48**	**11 234**
农、林、牧、渔业	290	155	289	122	0	588	1	60
采矿业	62	56	40	32	0	169	0	0
制造业	181	136	149	85	7	429	8	3 671
电力、热力、燃气及水生产和供应业	0	0	0	0	0	0	0	0
建筑业	0	0	0	0	0	0	0	0
批发和零售业	0	0	0	0	0	0	0	0
交通运输、仓储和邮政业	1	1	0	0	0	0	0	0
住宿和餐饮业	0	0	0	0	0	0	0	0
信息传输、软件和信息技术服务业	64	33	29	3	0	9	0	0

（续上表）

行业	专利申请受理数（件）	发明专利	专利授权数（件）	其中：发明专利	其中：国外授权	有效发明专利数（件）	专利所有权转让及许可数（件）	专利所有权转让与许可收入（千元）
金融业	0	0	0	0	0	0	0	0
房地产业	0	0	0	0	0	0	0	0
租赁和商务服务业	0	0	0	0	0	0	0	0
科学研究和技术服务业	1 240	956	850	617	9	4 231	26	6 751
水利、环境和公共设施管理业	127	74	82	34	1	236	13	752
居民服务、修理和其他服务业	0	0	0	0	0	0	0	0
教育	0	0	0	0	0	0	0	0
卫生和社会工作	10	7	7	3	0	49	0	0
文化、体育和娱乐业	2	0	0	0	0	0	0	0
公共管理、社会保障和社会组织	0	0	0	0	0	0	0	0
国际组织	0	0	0	0	0	0	0	0

10–2–12–4　按机构所属学科领域分布

学科领域	专利申请受理数（件）	发明专利	专利授权数（件）	其中：发明专利	其中：国外授权	有效发明专利数（件）	专利所有权转让及许可数（件）	专利所有权转让与许可收入（千元）
总　计	**1 977**	**1 418**	**1 446**	**896**	**17**	**5 711**	**48**	**11 234**
自然科学领域	283	239	150	121	7	723	16	1 008
农业科学领域	402	232	389	172	1	813	6	510
医学科学领域	64	54	55	39	7	174	3	3 130
工程科学与技术领域	1 222	890	852	564	2	4 001	23	6 586
社会、人文科学领域	6	3	0	0	0	0	0	0

10-2-13 全部县以上部门属科技机构论文、著作及其他科技产出（2015）

10-2-13-1 按地域分布

地域	科技论文（篇）	国外发表	科技著作（种）	形成国家或行业标准数（项）	集成电路布图设计登记数（件）	植物新品种权授予数（项）	软件著作权数（件）	新药证书数（件）
总　计	**7 410**	**2 732**	**542**	**178**	**0**	**36**	**220**	**0**
广州市	5 713	1 800	526	116	0	31	169	0
韶关市	15	0	0	0	0	0	0	0
深圳市	1 099	825	12	40	0	0	35	0
珠海市	6	0	0	0	0	1	0	0
汕头市	16	0	0	7	0	2	0	0
佛山市	30	20	0	1	0	1	0	0
江门市	6	0	0	0	0	0	0	0
湛江市	274	62	3	4	0	1	0	0
茂名市	30	0	0	0	0	0	0	0
肇庆市	6	0	0	0	0	0	0	0
惠州市	24	0	1	0	0	0	0	0
梅州市	22	0	0	0	0	0	0	0
汕尾市	0	0	0	0	0	0	0	0
河源市	0	0	0	0	0	0	0	0
阳江市	6	0	0	0	0	0	0	0
清远市	0	0	0	0	0	0	0	0
东莞市	136	24	0	10	0	0	16	0
中山市	18	1	0	0	0	0	0	0
潮州市	2	0	0	0	0	0	0	0
揭阳市	7	0	0	0	0	0	0	0
云浮市	0	0	0	0	0	0	0	0

10-2-13-2 按隶属关系分布

隶属关系	科技论文（篇）	国外发表	科技著作（种）	形成国家或行业标准数（项）	集成电路布图设计登记数（件）	植物新品种权授予数（项）	软件著作权数（件）	新药证书数（件）
总　计	**7 410**	**2 732**	**542**	**178**	**0**	**36**	**220**	**0**
地方部门属	3 209	522	458	64	0	29	83	0
省级部门属	2 303	452	91	31	0	19	48	0
副省级城市属	399	14	365	5	0	6	14	0
地市级部门属	507	56	2	28	0	4	21	0
中央部门属	4 201	2 210	84	114	0	7	137	0
中国科学院	2 503	1 792	26	0	0	6	80	0

10-2-13-3 按国民经济行业分布 *

行业	科技论文（篇）	国外发表	科技著作（种）	形成国家或行业标准数（项）	集成电路布图设计登记数（件）	植物新品种权授予数（项）	软件著作权数（件）	新药证书数（件）
总　计	**7 410**	**2 732**	**542**	**178**	**0**	**36**	**220**	**0**
农、林、牧、渔业	1 519	339	41	24	0	27	10	0
采矿业	204	16	2	24	0	0	0	0
制造业	418	186	0	5	0	0	8	0
电力、热力、燃气及水生产和供应业	0	0	0	0	0	0	0	0
建筑业	0	0	0	0	0	0	0	0
批发和零售业	0	0	0	0	0	0	0	0
交通运输、仓储和邮政业	32	0	0	0	0	0	2	0
住宿和餐饮业	0	0	0	0	0	0	0	0
信息传输、软件和信息技术服务业	58	6	0	0	0	0	17	0

（续上表）

行业	科技论文（篇）	国外发表	科技著作（种）	形成国家或行业标准数（项）	集成电路布图设计登记数（件）	植物新品种权授予数（项）	软件著作权数（件）	新药证书数（件）
金融业	0	0	0	0	0	0	0	0
房地产业	0	0	0	0	0	0	0	0
租赁和商务服务业	0	0	0	0	0	0	0	0
科学研究和技术服务业	4 031	1 991	139	116	0	7	164	0
水利、环境和公共设施管理业	560	103	15	7	0	2	15	0
居民服务、修理和其他服务业	0	0	0	0	0	0	0	0
教育	81	0	327	0	0	0	0	0
卫生和社会工作	434	90	10	2	0	0	2	0
文化、体育和娱乐业	73	1	8	0	0	0	2	0
公共管理、社会保障和社会组织	0	0	0	0	0	0	0	0
国际组织	0	0	0	0	0	0	0	0

10-2-13-4　按机构所属学科领域分布

学科领域	科技论文（篇）	国外发表	科技著作（种）	形成国家或行业标准数（项）	集成电路布图设计登记数（件）	植物新品种权授予数（项）	软件著作权数（件）	新药证书数（件）
总　计	**7 410**	**2 732**	**542**	**178**	**0**	**36**	**220**	**0**
自然科学领域	1 552	902	20	12	0	6	51	0
农业科学领域	1 842	463	43	28	0	30	19	0
医学科学领域	523	159	11	2	0	0	2	0
工程科学与技术领域	2 937	1 189	56	136	0	0	146	0
社会、人文科学领域	556	19	412	0	0	0	2	0

10-2-14 全部县以上部门属科技机构R&D人员（2015）

10-2-14-1 按地域分布

单位：人

地域	R&D人员	女性	按工作量分		按学历分			
			R&D全时人员	R&D非全时人员	博士毕业	硕士毕业	本科毕业	其他
总 计	**14 446**	**5 259**	**9 958**	**4 488**	**2 994**	**5 305**	**4 457**	**1 690**
广州市	11 851	4 409	7 619	4 232	2 485	4 085	3 873	1 408
韶关市	24	3	19	5	0	5	16	3
深圳市	1 393	486	1 316	77	395	827	140	31
珠海市	20	6	20	0	3	7	9	1
汕头市	59	15	39	20	0	5	38	16
佛山市	18	5	7	11	0	6	11	1
江门市	45	14	36	9	0	9	29	7
湛江市	171	51	130	41	35	76	39	21
茂名市	10	7	10	0	0	1	5	4
肇庆市	23	6	23	0	0	0	12	11
惠州市	70	19	69	1	2	14	20	34
梅州市	115	54	112	3	0	15	53	47
汕尾市	0	0	0	0	0	0	0	0
河源市	0	0	0	0	0	0	0	0
阳江市	33	6	9	24	0	2	14	17
清远市	0	0	0	0	0	0	0	0
东莞市	472	132	462	10	72	241	134	25
中山市	11	7	11	0	2	6	3	0
潮州市	17	1	17	0	0	0	2	15
揭阳市	111	38	57	54	0	5	57	49
云浮市	3	0	2	1	0	1	2	0

10-2-14-2 按隶属关系分布

单位：人

隶属关系	R&D人员	女性	按工作量分		按学历分			
			R&D全时人员	R&D非全时人员	博士毕业	硕士毕业	本科毕业	其他
总　计	**14 446**	**5 259**	**9 958**	**4 488**	**2 994**	**5 305**	**4 457**	**1 690**
地方部门属	6 734	2 628	4 417	2 317	897	2 199	2 560	1 078
省级部门属	4 511	1 813	2 785	1 726	693	1 391	1 691	736
副省级城市属	860	369	492	368	97	329	349	85
地市级部门属	1 363	446	1 140	223	107	479	520	257
中央部门属	7 712	2 631	5 541	2 171	2 097	3 106	1 897	612
中国科学院	4 291	1 496	3 343	948	1 560	1 715	704	312

10-2-14-3 按机构所属学科领域分布

单位：人

学科领域	R&D人员	女性	按工作量分		按学历分			
			R&D全时人员	R&D非全时人员	博士毕业	硕士毕业	本科毕业	其他
总　计	**14 446**	**5 259**	**9 958**	**4 488**	**2 994**	**5 305**	**4 457**	**1 690**
自然科学领域	2 842	1 023	1 920	922	1 025	875	686	256
农业科学领域	2 754	956	2 103	651	526	793	866	569
医学科学领域	2 013	910	1 006	1 007	298	530	744	441
工程科学与技术领域	6 133	2 073	4 476	1 657	1 011	2 832	1 906	384
社会、人文科学领域	704	297	453	251	134	275	255	40

表10-2-15 全部县以上部门属科技机构R&D人员折合全时工作量（2015）

10-2-15-1 按地域分布

单位：人年

地域	R&D折合全时工作量	按活动类型分			按工作岗位性质分		
		基础研究人员	应用研究人员	试验发展人员	研究人员	技术人员	其他辅助人员
总　计	**12 043**	**3 480**	**3 307**	**5 256**	**7 525**	**3 107**	**1 411**
广州市	9 601	2 643	2 664	4 294	5 902	2 566	1 133
韶关市	20	0	0	20	6	8	6
深圳市	1 367	519	591	257	1 038	242	87
珠海市	20	0	0	20	6	14	0
汕头市	49	0	0	49	15	24	10
佛山市	7	0	0	7	2	2	3
江门市	40	0	0	40	18	18	4
湛江市	131	47	30	54	68	26	37
茂名市	10	0	0	10	10	0	0
肇庆市	23	0	0	23	12	8	3
惠州市	70	0	0	70	26	30	14
梅州市	114	0	0	114	74	31	9
汕尾市	0	0	0	0	0	0	0
河源市	0	0	0	0	0	0	0
阳江市	26	0	0	26	8	9	9
清远市	0	0	0	0	0	0	0
东莞市	467	268	17	182	310	90	67
中山市	11	3	5	3	6	4	1
潮州市	17	0	0	17	2	6	9
揭阳市	68	0	0	68	21	28	19
云浮市	2	0	0	2	1	1	0

10-2-15-2　按隶属关系分布

单位：人年

隶属部门	R&D折合全时工作量	按活动类型分			按工作岗位性质分		
		基础研究人员	应用研究人员	试验发展人员	研究人员	技术人员	其他辅助人员
总　计	**12 043**	**3 480**	**3 307**	**5 256**	**7 525**	**3 107**	**1 411**
地方部门属	5 526	1 373	1 311	2 842	3 293	1 484	749
省级部门属	3 697	1 013	979	1 705	2 254	934	509
副省级城市属	590	55	208	327	374	169	47
地市级部门属	1 239	305	124	810	665	381	193
中央部门属	6 517	2 107	1 996	2 414	4 232	1 623	662
中国科学院	3 734	1 793	1 203	738	2 617	816	301

10-2-15-3　按机构所属学科领域分布

单位：人年

学科领域	R&D折合全时工作量	按活动类型分			按工作岗位性质分		
		基础研究人员	应用研究人员	试验发展人员	研究人员	技术人员	其他辅助人员
总　计	**12 043**	**3 480**	**3 307**	**5 256**	**7 525**	**3 107**	**1 411**
自然科学领域	2 306	1 332	538	436	1 496	588	222
农业科学领域	2 396	466	366	1 564	1 267	674	455
医学科学领域	1 580	628	536	416	1 087	326	167
工程科学与技术领域	5 239	956	1 514	2 769	3 258	1 469	512
社会、人文科学领域	522	98	353	71	417	50	55

10-2-15-4 按服务的国民经济行业分布

单位：人年

行业	R&D折合全时工作量	按活动类型分			按工作岗位性质分		
		基础研究人员	应用研究人员	试验发展人员	研究人员	技术人员	其他辅助人员
总　计	**12 043**	**3 480**	**3 307**	**5 256**	**7 525**	**3 107**	**1 411**
农、林、牧、渔业	1 983	330	315	1 338	1 085	535	363
农业	813	158	57	598	446	231	136
林业	262	44	20	198	162	59	41
畜牧业	215	51	37	127	100	71	44
渔业	469	37	161	271	276	105	88
农、林、牧、渔服务业	224	40	40	144	101	69	54
采矿业	641	7	23	611	275	333	33
煤炭开采和洗选业	0	0	0	0	0	0	0
石油和天然气开采业	0	0	0	0	0	0	0
黑色金属矿采选业	0	0	0	0	0	0	0
有色金属矿采选业	641	7	23	611	275	333	33
非金属矿采选业	0	0	0	0	0	0	0
开采辅助活动	0	0	0	0	0	0	0
其他采矿业	0	0	0	0	0	0	0
制造业	1 099	311	252	536	671	240	188
农副食品加工业	274	33	74	167	65	120	89
食品制造业	164	84	32	48	112	32	20
酒、饮料和精制茶制造业	0	0	0	0	0	0	0
烟草制品业	0	0	0	0	0	0	0
纺织业	0	0	0	0	0	0	0

（续上表）

行业	R&D折合全时工作量	按活动类型分			按工作岗位性质分		
		基础研究人员	应用研究人员	试验发展人员	研究人员	技术人员	其他辅助人员
纺织服装、服饰业	0	0	0	0	0	0	0
皮革、毛皮、羽毛及其制品和制鞋业	0	0	0	0	0	0	0
木材加工和木、竹、藤、棕、草制品业	0	0	0	0	0	0	0
家具制造业	0	0	0	0	0	0	0
造纸和纸制品业	0	0	0	0	0	0	0
印刷和记录媒介复制业	0	0	0	0	0	0	0
文教、工美、体育和娱乐用品制造业	0	0	0	0	0	0	0
石油加工、炼焦和核燃料加工业	0	0	0	0	0	0	0
化学原料和化学制品制造业	0	0	0	0	0	0	0
医药制造业	542	188	133	221	422	67	53
化学纤维制造业	21	0	0	21	13	4	4
橡胶和塑料制品业	0	0	0	0	0	0	0
非金属矿物制品业	0	0	0	0	0	0	0
黑色金属冶炼和压延加工业	0	0	0	0	0	0	0
有色金属冶炼和压延加工业	0	0	0	0	0	0	0
金属制品业	0	0	0	0	0	0	0
通用设备制造业	0	0	0	0	0	0	0
专用设备制造业	98	6	13	79	59	17	22
汽车制造业	0	0	0	0	0	0	0
铁路、船舶、航空航天和其他运输设备制造业	0	0	0	0	0	0	0
电气机械和器材制造业	0	0	0	0	0	0	0

（续上表）

行业	R&D折合全时工作量	按活动类型分			按工作岗位性质分		
		基础研究人员	应用研究人员	试验发展人员	研究人员	技术人员	其他辅助人员
计算机、通信和其他电子设备制造业	0	0	0	0	0	0	0
仪器仪表制造业	0	0	0	0	0	0	0
其他制造业	0	0	0	0	0	0	0
废弃资源综合利用业	0	0	0	0	0	0	0
金属制品、机械和设备修理业	0	0	0	0	0	0	0
电力、热力、燃气及水生产和供应业	0	0	0	0	0	0	0
电力、热力生产和供应业	0	0	0	0	0	0	0
燃气生产和供应业	0	0	0	0	0	0	0
水的生产和供应业	0	0	0	0	0	0	0
建筑业	0	0	0	0	0	0	0
房屋建筑业	0	0	0	0	0	0	0
土木工程建筑业	0	0	0	0	0	0	0
建筑安装业	0	0	0	0	0	0	0
建筑装饰和其他建筑业	0	0	0	0	0	0	0
批发和零售业	0	0	0	0	0	0	0
批发业	0	0	0	0	0	0	0
零售业	0	0	0	0	0	0	0
交通运输、仓储和邮政业	27	0	4	23	12	13	2
铁路运输业	0	0	0	0	0	0	0
道路运输业	12	0	0	12	3	8	1
水上运输业	15	0	4	11	9	5	1

（续上表）

行业	R&D折合全时工作量	按活动类型分			按工作岗位性质分		
		基础研究人员	应用研究人员	试验发展人员	研究人员	技术人员	其他辅助人员
航空运输业	0	0	0	0	0	0	0
管道运输业	0	0	0	0	0	0	0
装卸搬运和运输代理业	0	0	0	0	0	0	0
仓储业	0	0	0	0	0	0	0
邮政业	0	0	0	0	0	0	0
住宿和餐饮业	0	0	0	0	0	0	0
住宿业	0	0	0	0	0	0	0
餐饮业	0	0	0	0	0	0	0
信息传输、软件和信息技术服务业	97	0	10	87	32	46	19
电信、广播电视和卫星传输服务	55	0	10	45	22	20	13
互联网和相关服务	0	0	0	0	0	0	0
软件和信息技术服务业	42	0	0	42	10	26	6
金融业	0	0	0	0	0	0	0
货币金融服务	0	0	0	0	0	0	0
资本市场服务	0	0	0	0	0	0	0
保险业	0	0	0	0	0	0	0
其他金融业	0	0	0	0	0	0	0
房地产业	0	0	0	0	0	0	0
房地产业	0	0	0	0	0	0	0
租赁和商务服务业	0	0	0	0	0	0	0
租赁业	0	0	0	0	0	0	0

（续上表）

行业	R&D折合全时工作量	按活动类型分			按工作岗位性质分		
		基础研究人员	应用研究人员	试验发展人员	研究人员	技术人员	其他辅助人员
商务服务业	0	0	0	0	0	0	0
科学研究和技术服务业	6 291	2 191	2 096	2 004	4 231	1 473	587
研究和试验发展	4172	1 582	1 478	1 112	3 180	669	323
专业技术服务业	1 891	565	512	814	959	704	228
科技推广和应用服务业	228	44	106	78	92	100	36
水利、环境和公共设施管理业	773	179	165	429	505	184	84
水利管理业	315	4	94	217	227	53	35
生态保护和环境治理业	458	175	71	212	278	131	49
公共设施管理业	0	0	0	0	0	0	0
居民服务、修理和其他服务业	0	0	0	0	0	0	0
居民服务业	0	0	0	0	0	0	0
机动车、电子产品和日用产品修理业	0	0	0	0	0	0	0
其他服务业	0	0	0	0	0	0	0
教育	55	0	41	14	35	5	15
教育	55	0	41	14	35	5	15
卫生和社会工作	1 024	421	401	202	651	261	112
卫生	1 024	421	401	202	651	261	112
社会工作	0	0	0	0	0	0	0
文化、体育和娱乐业	43	41	0	2	23	12	8
新闻和出版业	0	0	0	0	0	0	0
广播、电视、电影和影视录音制作业	0	0	0	0	0	0	0

（续上表）

行业	R&D折合全时工作量	按活动类型分			按工作岗位性质分		
		基础研究人员	应用研究人员	试验发展人员	研究人员	技术人员	其他辅助人员
文化艺术业	26	26	0	0	12	8	6
体育	17	15	0	2	11	4	2
娱乐业	0	0	0	0	0	0	0
公共管理、社会保障和社会组织	10	0	0	10	5	5	0
中国共产党机关	0	0	0	0	0	0	0
国家机构	10	0	0	10	5	5	0
人民政协、民主党派	0	0	0	0	0	0	0
社会保障	0	0	0	0	0	0	0
群众团体、社会团体和其他成员组织	0	0	0	0	0	0	0
基层群众自治组织	0	0	0	0	0	0	0
国际组织	0	0	0	0	0	0	0
国际组织	0	0	0	0	0	0	0

表10-2-16　全部县以上部门属科技机构R&D经费支出（2015）

10-2-16-1　按地域分布

单位：千元

地域	R&D经费内部支出	按活动类型分			按来源分					R&D经费外部支出
		基础研究	应用研究	试验发展	政府资金	企业资金	事业单位资金	国外资金	其他资金	
总　计	**6 087 429**	**1 814 227**	**1 957 053**	**2 316 149**	**4 041 221**	**330 678**	**1 332 417**	**13 088**	**370 025**	**80 150**
广州市	5 318 794	1 466 888	1 756 357	2 095 549	3 344 753	279 642	1 314 136	11 936	368 327	76 039
韶关市	4 011	0	0	4 011	2 116	0	1 895	0	0	0

（续上表）

地域	R&D经费内部支出	按活动类型分			按来源分					R&D经费外部支出
		基础研究	应用研究	试验发展	政府资金	企业资金	事业单位资金	国外资金	其他资金	
深圳市	369 976	95 755	192 387	81 834	314 580	47 084	7 160	1 152	0	2 373
珠海市	10 288	0	0	10 288	10 288	0	0	0	0	0
汕头市	9 211	0	0	9 211	9 211	0	0	0	0	0
佛山市	2 313	0	0	2 313	2 313	0	0	0	0	0
江门市	16 376	0	0	16 376	15 554	0	822	0	0	0
湛江市	23 938	2 746	6 702	14 490	21 949	306	0	0	1 683	0
茂名市	731	0	0	731	731	0	0	0	0	0
肇庆市	2 870	0	0	2 870	1 320	0	1 550	0	0	0
惠州市	14 983	0	0	14 983	14 983	0	0	0	0	0
梅州市	6 500	0	0	6 500	6 500	0	0	0	0	0
汕尾市	0	0	0	0	0	0	0	0	0	0
河源市	0	0	0	0	0	0	0	0	0	0
阳江市	4 750	0	0	4 750	4 500	0	250	0	0	620
清远市	0	0	0	0	0	0	0	0	0	0
东莞市	292 351	248 278	1 290	42 783	284 278	3 646	4 427	0	0	1 118
中山市	1 006	560	317	129	1 006	0	0	0	0	0
潮州市	437	0	0	437	437	0	0	0	0	0
揭阳市	8 555	0	0	8 555	6 363	0	2 177	0	15	0
云浮市	339	0	0	339	339	0	0	0	0	0

10-2-16-2 按隶属关系分布

单位：千元

隶属关系	R&D经费内部支出	按活动类型分			按来源分					R&D经费外部支出
		基础研究	应用研究	试验发展	政府资金	企业资金	事业单位资金	国外资金	其他资金	
总　计	**6 087 429**	**1 814 227**	**1 957 053**	**2 316 149**	**4 041 221**	**330 678**	**1 332 417**	**13 088**	**370 025**	**80 150**
地方部门属	3 163 106	993 904	1 065 126	1 104 076	1 796 460	70 931	1 217 755	3 196	74 764	25 224
省级部门属	2 521 724	717 134	969 311	835 279	1 234 921	51 123	1 170 012	3 196	62 472	23 334
副省级城市属	201 160	20 771	76 579	103 810	153 143	4 738	31 002	0	12 277	760
地市级部门属	440 222	255 999	19 236	164 987	408 396	15 070	16 741	0	15	1 130
中央部门属	2 924 323	820 323	891 927	1 212 073	2 244 761	259 747	114 662	9 892	295 261	54 926
中国科学院	1 488 554	688 871	426 453	373 230	1 342 264	97 724	3 134	9 892	35 540	30 889

10-2-16-3 按机构所属学科领域分布

单位：千元

学科领域	R&D经费内部支出	按活动类型分			按来源分					R&D经费外部支出
		基础研究	应用研究	试验发展	政府资金	企业资金	事业单位资金	国外资金	其他资金	
总　计	**6 087 429**	**1 814 227**	**1 957 053**	**2 316 149**	**4 041 221**	**330 678**	**1 332 417**	**13 088**	**370 025**	**80 150**
自然科学领域	999 731	586 245	205 537	207 949	929 079	8 489	51 229	8 723	2 211	32 979
农业科学领域	902 110	128 247	178 450	595 413	851 153	12 778	28 621	108	9 450	7 182
医学科学领域	1 720 273	597 681	818 111	304 481	569 823	19 773	1 042 108	2 905	85 664	0
工程科学与技术领域	2 280 394	450 805	636 876	1 192 713	1 524 793	271 738	210 459	1 352	272 052	39 989
社会、人文科学领域	184 921	51 249	118 079	15 593	166 373	17 900	0	0	648	0

表10-2-17 全部县以上部门属科技机构R&D经费内部支出（2015）

10-2-17-1 按地域分布

单位：千元

地域	R&D经费内部支出	经常费支出	人员费用	设备购置费	其他	基本建设费	仪器设备费	土建费
总　计	**6 087 429**	**5 344 447**	**1 739 542**	**564 100**	**3 040 805**	**742 982**	**209 382**	**533 600**
广州市	5 318 794	4 602 055	1 488 106	494 631	2 619 318	716 739	192 286	524 453
韶关市	4 011	3 774	3 336	0	438	237	0	237
深圳市	369 976	360 419	172 347	52 949	135 123	9 557	9 441	116
珠海市	10 288	3 675	940	1 531	1 204	6 613	1 531	5 082
汕头市	9 211	9 211	4 995	2 125	2 091	0	0	0
佛山市	2 313	923	570	210	143	1 390	849	541
江门市	16 376	16 376	5 624	1 139	9 613	0	0	0
湛江市	23 938	20 569	12 239	2 021	6 309	3 369	3 135	234
茂名市	731	731	526	0	205	0	0	0
肇庆市	2 870	2 870	1 670	950	250	0	0	0
惠州市	14 983	13 470	10 640	177	2 653	1 513	652	861
梅州市	6 500	6 500	4 575	287	1 638	0	0	0
汕尾市	0	0	0	0	0	0	0	0
河源市	0	0	0	0	0	0	0	0
阳江市	4 750	4 500	3 390	120	990	250	50	200
清远市	0	0	0	0	0	0	0	0
东莞市	292 351	289 037	24 062	7 308	257 667	3 314	1 438	1 876
中山市	1 006	1 006	450	0	556	0	0	0
潮州市	437	437	227	0	210	0	0	0
揭阳市	8 555	8 555	5 675	549	2 331	0	0	0
云浮市	339	339	170	103	66	0	0	0

10-2-17-2　按隶属关系分布

单位：千元

隶属关系	R&D经费内部支出	经常费支出	人员费用	设备购置费	其他	基本建设费	仪器设备费	土建费
总　计	**6 087 429**	**5 344 447**	**1 739 542**	**564 100**	**3 040 805**	**742 982**	**209 382**	**533 600**
地方部门属	3 163 106	2 698 198	754 136	170 312	1 773 750	464 908	134 770	330 138
省级部门属	2 521 724	2 111 767	575 698	130 840	1 405 229	409 957	121 939	288 018
副省级城市属	201 160	172 474	83 141	12 387	76 946	28 686	5 188	23 498
地市级部门属	440 222	413 957	95 297	27 085	291 575	26 265	7 643	18 622
中央部门属	2 924 323	2 646 249	985 406	393 788	1 267 055	278 074	74 612	203 462
中国科学院	1 488 554	139 6355	485 853	195 627	714 875	92 199	111	92 088

10-2-17-3　按机构所属学科领域分布

单位：千元

学科领域	R&D经费内部支出	经常费支出	人员费用	设备购置费	其他	基本建设费	仪器设备费	土建费
总　计	**6 087 429**	**5 344 447**	**1 739 542**	**564 100**	**3 040 805**	**742 982**	**209 382**	**533 600**
自然科学领域	999 731	962 131	322 762	130 267	509 102	37 600	2 691	34 909
农业科学领域	902 110	769 171	301 614	74 693	392 864	132 939	37 976	94 963
医学科学领域	1 720 273	1 377 336	244 938	36 795	1 095 603	342 937	118 795	224 142
工程科学与技术领域	2 280 394	2 069 613	793 197	318 871	957 545	210 781	49 920	160 861
社会、人文科学领域	184 921	166 196	77 031	3 474	85 691	18 725	0	18 725

10-2-17-4 按机构服务的国民经济行业分布

单位：千元

行业	R&D经费内部支出	经常费支出				基本建设费		
			人员费用	设备购置费	其他		仪器设备费	土建费
总　计	**6 087 429**	**5 344 447**	**1 739 542**	**564 100**	**3 040 805**	**742 982**	**209 382**	**533 600**
农、林、牧、渔业	768 225	650 776	250 549	49 207	351 020	117 449	35 927	81 522
农业	264 356	244 849	100 720	14 317	129 812	19 507	6 486	13 021
林业	137 421	113 482	44 218	12 040	57 224	23 939	9 621	14 318
畜牧业	75 528	75 266	30 227	4 694	40 345	262	7	255
渔业	204 662	143 789	49 551	12 823	81 415	60 873	18 047	42 826
农、林、牧、渔服务业	86 258	73 390	25 833	5 333	42 224	12 868	1 766	11 102
采矿业	282 278	255 224	78 081	83 422	93 721	27 054	5 287	21 767
煤炭开采和洗选业	0	0	0	0	0	0	0	0
石油和天然气开采业	0	0	0	0	0	0	0	0
黑色金属矿采选业	0	0	0	0	0	0	0	0
有色金属矿采选业	282 278	255 224	78 081	83 422	93 721	27 054	5 287	21 767
非金属矿采选业	0	0	0	0	0	0	0	0
开采辅助活动	0	0	0	0	0	0	0	0
其他采矿业	0	0	0	0	0	0	0	0
制造业	461 796	423 745	156 966	55 528	211 251	38 051	1 200	36 851
农副食品加工业	101 455	100 255	43 952	6 530	49 773	1 200	1 200	0
食品制造业	59 443	59 443	25 651	5 842	27 950	0	0	0
酒、饮料和精制茶制造业	0	0	0	0	0	0	0	0
烟草制品业	0	0	0	0	0	0	0	0

（续上表）

行业	R&D经费内部支出	经常费支出				基本建设费		
			人员费用	设备购置费	其他		仪器设备费	土建费
纺织业	0	0	0	0	0	0	0	0
纺织服装、服饰业	0	0	0	0	0	0	0	0
皮革、毛皮、羽毛及其制品和制鞋业	0	0	0	0	0	0	0	0
木材加工和木、竹、藤、棕、草制品业	0	0	0	0	0	0	0	0
家具制造业	0	0	0	0	0	0	0	0
造纸和纸制品业	0	0	0	0	0	0	0	0
印刷和记录媒介复制业	0	0	0	0	0	0	0	0
文教、工美、体育和娱乐用品制造业	0	0	0	0	0	0	0	0
石油加工、炼焦和核燃料加工业	0	0	0	0	0	0	0	0
化学原料和化学制品制造业	0	0	0	0	0	0	0	0
医药制造业	251 267	214 416	68 030	22 600	123 786	36 851	0	36 851
化学纤维制造业	5 053	5 053	2 096	1 213	1 744	0	0	0
橡胶和塑料制品业	0	0	0	0	0	0	0	0
非金属矿物制品业	0	0	0	0	0	0	0	0
黑色金属冶炼和压延加工业	0	0	0	0	0	0	0	0
有色金属冶炼和压延加工业	0	0	0	0	0	0	0	0
金属制品业	0	0	0	0	0	0	0	0
通用设备制造业	0	0	0	0	0	0	0	0
专用设备制造业	44 578	44 578	17 237	19 343	7 998	0	0	0
汽车制造业	0	0	0	0	0	0	0	0
铁路、船舶、航空航天和其他运输设备制造业	0	0	0	0	0	0	0	0

（续上表）

行业	R&D经费内部支出	经常费支出				基本建设费		
			人员费用	设备购置费	其他		仪器设备费	土建费
电气机械和器材制造业	0	0	0	0	0	0	0	0
计算机、通信和其他电子设备制造业	0	0	0	0	0	0	0	0
仪器仪表制造业	0	0	0	0	0	0	0	0
其他制造业	0	0	0	0	0	0	0	0
废弃资源综合利用业	0	0	0	0	0	0	0	0
金属制品、机械和设备修理业	0	0	0	0	0	0	0	0
电力、热力、燃气及水生产和供应业	0	0	0	0	0	0	0	0
电力、热力生产和供应业	0	0	0	0	0	0	0	0
燃气生产和供应业	0	0	0	0	0	0	0	0
水的生产和供应业	0	0	0	0	0	0	0	0
建筑业	0	0	0	0	0	0	0	0
房屋建筑业	0	0	0	0	0	0	0	0
土木工程建筑业	0	0	0	0	0	0	0	0
建筑安装业	0	0	0	0	0	0	0	0
建筑装饰和其他建筑业	0	0	0	0	0	0	0	0
批发和零售业	0	0	0	0	0	0	0	0
批发业	0	0	0	0	0	0	0	0
零售业	0	0	0	0	0	0	0	0
交通运输、仓储和邮政业	9 721	9 721	6 974	106	2 641	0	0	0
铁路运输业	0	0	0	0	0	0	0	0
道路运输业	5 879	5 879	3 616	62	2 201	0	0	0

（续上表）

行业	R&D经费内部支出	经常费支出				基本建设费		
			人员费用	设备购置费	其他		仪器设备费	土建费
水上运输业	3842	3842	3358	44	440	0	0	0
航空运输业	0	0	0	0	0	0	0	0
管道运输业	0	0	0	0	0	0	0	0
装卸搬运和运输代理业	0	0	0	0	0	0	0	0
仓储业	0	0	0	0	0	0	0	0
邮政业	0	0	0	0	0	0	0	0
住宿和餐饮业	0	0	0	0	0	0	0	0
住宿业	0	0	0	0	0	0	0	0
餐饮业	0	0	0	0	0	0	0	0
信息传输、软件和信息技术服务业	23 821	23 821	18 486	2 558	2 777	0	0	0
电信、广播电视和卫星传输服务	11 228	11 228	9 162	1 098	968	0	0	0
互联网和相关服务	0	0	0	0	0	0	0	0
软件和信息技术服务业	12 593	12 593	9 324	1 460	1 809	0	0	0
金融业	0	0	0	0	0	0	0	0
货币金融服务	0	0	0	0	0	0	0	0
资本市场服务	0	0	0	0	0	0	0	0
保险业	0	0	0	0-	0	0	0	0
其他金融业	0	0	0	0	0	0	0	0
房地产业	0	0	0	0	0	0	0	0
房地产业	0	0	0	0	0	0	0	0
租赁和商务服务业	0	0	0	0	0	0	0	0

（续上表）

行业	R&D经费内部支出	经常费支出				基本建设费		
			人员费用	设备购置费	其他		仪器设备费	土建费
租赁业	0	0	0	0	0	0	0	0
商务服务业	0	0	0	0	0	0	0	0
科学研究和技术服务业	2 713 229	2 494 843	907 213	344 060	1 243 570	218 386	49 830	168 556
研究和试验发展	1 678 696	1 564 569	593 647	200 623	770 299	114 127	19 377	94 750
专业技术服务业	1 007 610	909 669	294 848	143 417	471 404	97 941	24 135	73 806
科技推广和应用服务业	26 923	20 605	18 718	20	1 867	6 318	6 318	0
水利、环境和公共设施管理业	313 271	274 096	124 929	16 420	132 747	39 175	1 446	37 729
水利管理业	172 932	148 103	73 124	4 711	70 268	24 829	0	24 829
生态保护和环境治理业	140 339	125 993	51 805	11 709	62 479	14 346	1 446	12 900
公共设施管理业	0	0	0	0	0	0	0	0
居民服务、修理和其他服务业	0	0	0	0	0	0	0	0
居民服务业	0	0	0	0	0	0	0	0
机动车、电子产品和日用产品修理业	0	0	0	0	0	0	0	0
其他服务业	0	0	0	0	0	0	0	0
教育	18 751	18 751	14 051	183	4 517	0	0	0
教育	18 751	18 751	14 051	183	4 517	0	0	0
卫生和社会工作	1 459 617	1 156 770	175 956	11 143	969 671	302 847	115 672	187 175
卫生	1 459 617	1 156 770	175 956	11 143	969 671	302 847	115 672	187 175
社会工作	0	0	0	0	0	0	0	0
文化、体育和娱乐业	32 212	32 212	4 837	1 204	26 171	0	0	0
新闻和出版业	0	0	0	0	0	0	0	0

（续上表）

行业	R&D经费内部支出	经常费支出				基本建设费		
			人员费用	设备购置费	其他		仪器设备费	土建费
广播、电视、电影和影视录音制作业	0	0	0	0	0	0	0	0
文化艺术业	29 302	29 302	3 131	0	26 171	0	0	0
体育	2 910	2 910	1 706	1 204	0	0	0	0
娱乐业	0	0	0	0	0	0	0	0
公共管理、社会保障和社会组织	4 508	4 488	1 500	269	2 719	20	20	0
中国共产党机关	0	0	0	0	0	0	0	0
国家机构	4 508	4 488	1 500	269	2 719	20	20	0
人民政协、民主党派	0	0	0	0	0	0	0	0
社会保障	0	0	0	0	0	0	0	0
群众团体、社会团体和其他成员组织	0	0	0	0	0	0	0	0
基层群众自治组织	0	0	0	0	0	0	0	0
国际组织	0	0	0	0	0	0	0	0
国际组织	0	0	0	0	0	0	0	0

大事记

2015年广东科技大事记

1月14日

省科技厅2014年度民主生活会在厅17楼会议室召开。

1月20日

△省委理论学习中心组在广州举行第102期“广东学习论坛”报告会，专题为“科技发展新趋势与创新驱动发展战略”。

△科技部党组书记、副部长王志刚在中山大学东校区主持召开实施创新驱动发展战略座谈会，会后参观了天河二号广州超算中心、光电材料与技术国家重点实验室。

1月21日

超级杂交稻良种良肥高产攻关启动暨签约仪式在华南农业大学举行，袁隆平院士代表国家杂交水稻工程技术研究中心与华农国家植物航天育种工程技术研究中心签署战略合作协议。

1月22日

陈云贤副省长一行赴中国科学院商谈筹建珠三角大科学中心工作，拜会中国科学院施尔畏副院长，就进一步深化省院合作交换意见。

1月23日

省科技厅在广东国际科技中心召开2014年度厅系统总结会议。

1月26日

广东省农村科技发展战略专家咨询会在华南农业大学召开。中国工程院院士罗锡文教授及华南农业大学、省农科院、广东海洋大学、仲恺农业工程学院等本省农村科技发展战略专家50多人参加了会议。

1月27日

第7届广东省科普作品创作大赛颁奖暨第8届广东省科普作品创作大赛评委聘请仪式在广东科学馆举行。

1月28日

△陈云贤副省长一行赴深圳调研大亚湾反应堆中微子实验站，听取中科院高能物理研究所关于中微子实验的目标、意义，实验站的布局及取得的重要进展等情况介绍，并实地考察了实验站隧道、地下实验大厅、中微子探测器等设施。

△原中科院院地合作局局长、“璀璨行动”项目负责人一行11人到访省科技厅，双方就进一步推进与广东的企业进行技术交流、促进双方企业合作伙伴关系进行探讨，对围绕建立一个长期稳定的机制以推动下一阶段工作达成了共识。

1月30日

军事医学科学院副院长率军事医学科学院华南干细胞与再生医学研究中心有关人员一行到访省科技厅，就华南干细胞与再生医学研究中心发展事宜进行座谈。

2月3日

中国科学院云计算产业技术创新与育成中心第二届理事会第一次会议在东莞召开。

2月5日

中国科学院2014科技创新年度巡展开幕式在广东科学中心举行。

2月5—6日

科技部农村司在广州召开“十三五”生物质能源产业科技创新发展战略研讨会。

2月11日

△省委常委、珠海市委书记李嘉一行到省科技厅指导科技工作，与省科技厅就加强省市联动、支持珠海实施创新驱动发展战略等进行交流。

△新西兰驻广州总领事陈立恩、奥克兰大学国际事务代表赖传钧一行到访省科技厅，就如何在双方政府支持下继续推进近期合作的重点项目进行讨论。

2月12日

澳大利亚贸易委员会副总领事朱莉、新南威尔士大学代表等一行到访省科技厅，就2015年双方拟相互配合开展的一系列工作、新南威尔士大学近期在广东的交流活动进行探讨。

2月15日

△下达2013年度省科技改革经费（科学事业费）项目，本批项目共345项。

△下达2014年度省基础与应用研究专项（省自然科学基金）项目，本批项目共1513项。

△《广东省科学技术厅、广东省财政厅关于科技创新券后补助试行方案》印发。

△《广东省科学技术厅、广东省财政厅关于科技企业孵化器创业投资及信贷风险补偿资金试行细则》印发。

2月27日

全省科技创新大会在深圳召开。省委常委、常务副省长徐少华宣读《广东省人民政府关于颁发2014年度广东省科学技术奖的通报》；陈云贤副省长代表省政府分别与珠三角9市和汕头、韶关、湛江市分管科技的副市长签订《加快创新驱动发展、建设创新型城市工作责任书》；中共中央政治局委员、省委书记胡春华，省长朱小丹分别作讲话并为2014年度广东省科学技术奖特等奖获奖者颁奖。

2月28日

北京航空航天大学与东莞市人民政府就共建北京航空航天大学东莞研究院在东莞举行签约仪式。

3月9—11日

省科技厅一行赴江苏省、湖南省调研国家自主创新示范区申报和建设工作，实地考察了苏南和长株潭国家自主创新示范区建设情况。

3月10日

省科技厅黄宁生厅长、阳江市市长一行到北京中国钢研科技集团总部调研，就中国钢研科技集团分阶段推进与广东省的产学研合作工作进行座谈。

3月13日

2015年科技金融工作座谈会在厅17楼会议室召开。来自省直部门、部分地市科技局、高校、银行、保险、创投机构等单位的相关领导同志参加了会议。

3月16日

陈云贤副省长到省科技厅调研全省科技创新大会落实情况，听取黄宁生厅长关于落实全省科技创新大会精神情况和做好当前科技工作总体思路的汇报。李捍东副秘书长、省科技厅领导班子成员参加了座谈。

3月18日

国家自然科学基金重大项目“光学旋涡光场调控基础科学问题及应用技术研究”在深圳大学召开启动会。

3月19日

省科技厅召集广州开发区、深圳清华大学研究院共同研究推进清华大学粤港澳研究院建设事宜。

3月23日

省科技厅与澳大利亚昆士兰科技大学“合作谅解备忘录”签约仪式在广州举行。

3月25日

由广东省科技厅、以色列经济部首席科学家办公室、以色列产业研发中心共同主办的中以ICT创新技术对接会在广州举行。以色列驻广州总领事安亚杰、以色列产业研发中心亚太执行主任阿威·陆夫顿及省科技厅合作处负责人等参加了活动。

3月26日

陈云贤副省长一行赴佛山南海高新区、广州开发区、中新广州知识城调研清华大学粤港澳研究院项目筹备工作。

3月27日

△省科技厅系统2015年度党风廉政建设工作会议在7楼报告厅召开。厅党组书记、分管领导、机关处室或厅属单位负责人三方共同签订了2015年度党风廉政建设责任书。

△由省科协、省教育厅、省科技厅、省知识产权局和河源市政府共同主办的第30届广东省青少年科技创新大赛在河源市河源中学开幕，会上向第四批省青少年科学教育特色学校（33所）授牌。

3月30日

《广东省科学技术厅、广东省财政厅关于科技企业孵化器后补助试行办法》印发。

4月1日

广东省科技金融综合服务中心惠州分中心、仲恺高新区科技服务大厅、仲恺高新区（国际）技术转移中心、广东省知识产权维权援助惠州分中心、惠州仲恺高新区科技企业上市孵化中心揭牌仪式在惠州举行。

4月15—17日

省科技厅调研组一行赴香港，先后到香港特区政府创新科技署、香港大学教育资助委员会研究资助局、香港科技大学、香港理工大学等进行科技创新合作工作交流调研。

4月16日

2015年广东省自然科学基金杰出青年项目综合评审会在广东科学中心召开。

4月20—24日

省科技厅纪检组长率厅监督审计处、省科技情报研究所和省计算中心有关负责同志到浙江、江苏和山东调研，了解各省科技经费监督管理尤其是中后期监督管理情况。

4月22日

第17届中国科协年会咨询服务专题调研组一行赴省科技厅进行座谈，双方就粤港澳科技合作具体问题进行交流。

4月24日

北京全路通信信号研究设计院王海龙董事长一行到访省科技厅，双方就通号院与广东新岸线公司合资公司建设、芯片研发与产业化科技重大专项等事宜进行深入研究。

4月29日

△中国热带农业科学院李尚兰书记一行到访省科技厅。

△九三学社广东省委调研组赴省科技厅进行座谈，就“整合科技资源，提高我省科技创新能力”开展专题调研。

4月30日

省科技厅和省食品药品监管局签署了双方战略合作协议。

5月13日

△由广东省科学技术厅和英国兰卡斯特大学共同主办，广东省对外科技交流中心承办的兰卡斯特中国企业催化项目专题研讨暨技术对接会在广州举行。对接会上，来自英国的11家企业代表与中方约40家企业以及科研机构代表进行了“一对一”技术洽谈。

△美国兰德公司总裁顾问克诺普曼女士一行到访省科技厅，双方就兰德公司与广州开发区共同完成的中新知识城发展调研报告落实情况和后续进展进行了交流，探讨其他合作机会。

5月14日

广东科技金融综合信息服务平台推广应用工作会议在广州召开。省科技厅、广东金融学院、粤科金融集团以及来自银行机构、各地市科技局、省科技金融综合服务各分中心等单位的相关负责人100多人参加了会议。

5月15日

省科技厅联合广州市科创委在广州举行2015年度科技创新政策宣讲培训会首场宣讲活动。来自广州市企业、高校、科研院所、新型研发机构等相关代表近300人参加了本次宣讲会。

5月16日

△2015年广州科技活动周开幕式暨两岸四地科普交流系列活动启动仪式在广东科学中心举行。

△科技部政策法规与监督司监督评估处、中国科学技术信息研究所一行到省科技厅进行座谈。

5月22日

△广东省新型研发机构政策及专项资金申请专题宣讲会在省对外科技交流中心召开。省科技厅、各地市科技部门、高校、新型研发机构、科研机构、企业等单位近300多人参加了会议。

△科技部徐建培副秘书长一行赴省工业技术研究院和“千人计划”南方创业服务中心就科技体制改革和创新体系建设进行调研。

5月23日

△国家自然科学基金委员会与广东省人民政府在广州举行联合资助大数据科学研究中心项目签约仪式。签约仪式由陈云贤副省长主持，国家自然科学基金委主任杨卫、省长朱小丹分别代表双方签订协议书。

△科技部火炬中心主任张志宏一行赴省科技厅进行火炬统计工作专题调研。

5月24日

中国教育信息化产业技术创新战略联盟CEIIA成立大会在广州举行。

5月26日

省依法行政工作领导小组办公室实地考核组到省科技厅开展2014年度依法行政考评实地考核工作。

5月28日

△全省高新技术企业培育工作启动会暨培训会在广州召开。省科技厅、全省21个地级以上市及顺德区科技管理部门、省级以上高新区管委会相关部门近100人参加了会议。

△广东省机器人产业发展示范区暨华南智能机器人创新研究院启动仪式在佛山市顺德区举行。

5月30日

全国科技活动周组委会在广东科学中心举办2015年全国科普讲解大赛总决赛。

6月2日

陈云贤副省长到惠州市调研创新驱动发展工作落实情况，深入了解惠州市高新区、科技企业孵化器、高新技术企业等发展情况，听取惠州市负责同志有关实施创新驱动发展战略的工作汇报。

6月5日

省科技厅一行到清华大学商谈推进清华大学粤港澳研究院建设事宜，听取清华大学管理层对研究院建设的初步思路。

6月5—6日

首届中德中小企业合作交流会在揭阳举行，中德科技成果展揭幕。

6月8日

推进LED照明组件产品国际化高峰论坛在广州举行。

6月12日

国家自然科学基金委计划局在广州召开国家自然科学基金委员会地区联络网（中南片）管理工作研讨会。

6月16日

△澳大利亚昆士兰科技大学未来环境研究所主任麦契尼教授一行到访省科技厅，就双方合作进展进行交流，对未来合作的事项、时间进度规划进行探讨。

△新西兰驻广州总领事陈立恩、奥克兰大学代表一行到访省科技厅，双方对如何在双方政府支持下推动科技和产业界结合交换了意见。

6月28日

△广东省科学院揭牌成立仪式在广州举行。中共中央政治局委员、广东省委书记胡春华，科技部党组书记王志刚，中国科学院院长白春礼，广东省省长朱小丹，中国工程院副院长陈左宁，省委常委、秘书长林木声出席揭牌仪式。

△广东省、中国科学院全面战略合作领导小组会议在广州召开。会上，中国科学院院长白春礼、广东省省长朱小丹作讲话；省院全面战略合作领导小组办公室主任、省科技厅厅长黄宁生对省院合作6年来的工作作汇报；中国科学院和广东省签署了《共建珠三角国家大科学中心意向协议》等13项项目合作意向书。中国科学院副院长施尔畏、詹文龙、王恩哥，广东省陈云贤副省长等参加了会议。

7月 1日

省科技厅系统在广东科学中心召开纪念中国共产党成立94周年大会，举行文艺节目汇演并对七一书法摄影系列活动的优秀作品颁发荣誉证书。全厅系统500多名党员职工参加了大会。

7月3日

下达2014年度省协同创新与平台环境建设专项资金项目（第二批）计划，本批项目共255项。

7月13日

2015年度全省社会发展和农村科技工作会议在华南农业大学召开。华南农业大学校长，省林业厅、省农业厅、省食药局、省海洋渔业局等省直单位科技管理部门负责人，全省各地级以上市科技局负责人、部分高校、研究院所等单位科研处负责人等150人参加了会议。

7月15日

第18届国家中医药发展会议在广州召开。

7月16日

印发《广东省科学技术厅、广东省人民政府金融工作办公室关于发展科技股权众筹 建设众创空间 促进创新创业的意见》。

7月17日

陈云贤副省长到湛江调研科技创新和高新区建设情况，主持召开市直有关部门以及有关高校、科研机构、企业参加的座谈会。

7月21日

△朱小丹省长、陈云贤副省长到东莞市横沥镇考察横沥镇中泰模具、台一盈拓等企业和模具产业协同创新中心，听取东莞市主要领导以及横沥镇委书记有关协同创新情况的汇报。

△香港特区政府创新署一行到省科技厅交流座谈，双方研究确认了2014年度联合资助丙类项目清单，讨论粤港双方2016年度拟支持的科技合作领域并达成初步意见，同时就2016年粤港联合创新领域项目指南发布时间、项目评审总体进度等交换了意见。

△省政协常委、省政协提案委员会主任周羲一行到省科技厅进行座谈，就省科技厅2015年省政协提案办理情况及相关事宜进行协商和交流。

7月22日

△全省科技企业孵化器建设工作现场会在广州科学城召开。会议由省委书记胡春华主持。会上，朱小丹省长作讲话；陈云贤副省长通报了全省科技企业孵化器建设工作情况；广州市、深圳南山区、广东工业设计城等负责人分别作交流发言。会后与会代表先后参观了凯得创梦空间等企业孵化器与企业。省领导林木声、任学锋，广州市市长陈建华，深圳市市长许勤等参加了会议。

△省科技厅一行到中国航空工业集团就加强与国防科工体系所属科研机构的合作、吸引更多重大军转民科技成果到广东实施转化和产业化等工作展开座谈。

7月23日

△省科技厅、建行广东省分行在惠州联合召开“Fit粤”科技金融推广大会。会上，省科技厅与建行广东省分行签订《战略合作协议》，举行了“Fit粤”科技金融联盟成立和系列签约仪式。省直有关部门、各地级以上市科技局（委）、顺德区经促局、省科技金融综合服务各分中心的负责同志等400多人参加了会议。

△省科技厅一行到中国电子科技集团公司，就贯彻落实广东省与中国电子科技集团公司全面战略合作协议方面等工作进行座谈。

7月27日

2015年省应用型科技研发专项部门联席会议第一次会议在省人民政府召开。会议听取省科技厅相关工作汇报及各联席会议成员单位的意见和建议，审议并原则通过了《实施方案》《评审方案》及《工作制度》。陈云贤副省长，省科技厅、省发展改革委、省经信委、省教育厅及省财政厅等有关部门负责同志参加了会议。

7月30日

省科技厅一行到工业和信息化部软件与集成电路促进中心调研，了解该中心在国家核高基重大专项管理、研发检测业务及产学研合作等方面的情况。

7月31日

全省中小微企业工作会议在广州召开。会上，朱小丹省长作讲话，有关人员通报全省中小微企业发展情况并对省政府《关于创新完善中小微企业投融资机制的若干意见》作说明。

8月6日

2015年度NSFC—广东联合基金联席工作会议在北京召开。会议听取了2015年度NSFC—广东联合基金各领域项目申请、受理、通讯评审及会议评审项目情况汇报，讨论并确定NSFC—广东联合基金各领域参加会评的项目、各领域拟批准项目数量与经费指标，讨论并通过NSFC—广东联合基金管理委员会成员调整方案、确定下一步会议评审有关工作安排等。

8月10日

贯彻落实《广东省经营性领域技术入股改革实施方案》座谈会在省科技厅召开。中山大学、华南理工大学、暨南大学、华南农业大学、华南师范大学等14所高等院校分管领导及科研管理处负责人30多人参加了会议。

8月13日

省委改革办在中山市召开全省重点改革工作交流会及改革办工作会议，省科技厅就“全面深化科技体制机制改革 加快实施创新驱动发展战略”相关内容作交流发言。

8月18—21日

省科技厅一行对深圳、惠州和东莞市创建国家自主创新示范区进行专项督查。省政府办公厅珠三角办、省人力资源和社会保障厅、省知识产权局有关负责人一同参加了督导工作。

8月20日

下达2014年度省公益研究与能力建设专项资金（第二批）项目计划，本批项目共437项。

8月21日

《广东省科学技术厅、中国人民银行广州分行关于科技和金融结合促进创新创业的实施方案》印发。

8月24日

省科技厅会同省委办公厅、省政协提案委共同召开胡春华书记督办重点提案办理意见征求意见座谈会，共同办理胡春华书记督办重点提案的27家办理单位的代表以及提案代表参加了会议。

8月25日

全省科技形势分析会在广州召开。会上，省科技厅黄宁生厅长作讲话；省科技厅规划财务处作上半年全省科技形势分析主题报告；省科技厅高新技术发展及产业化处和政策法规处分别就高新技术企业培育及企业研发后补助专项资金政策进行详细解读；广州、深圳、清远市科技局等代表围绕深化科技体制改革、创新驱动发展作专题发言。各地级以上市、顺德区科技局（委）、省级以上高新区、省科技厅各处室和厅属单位等负责人参加了会议。

8月27日

粤港高新技术合作专责小组第12次会议在省科技厅召开。会议通过了2014年度的粤港高新技术领域工作报告和下一阶段工作计划报告。

8月27—28日

省法制办联合省科技厅组织调研组到省农科院、华南理工大学、广州国际孵化器、达安基因等企事业单位和广州市开展科技成果转化立法专题调研。

8月31—9月2日，由省委组织部和省科技厅联合举办的“创新驱动发展”专题培训班在广州举行。陈云贤副省长出席开班仪式并致辞，省科技厅黄宁生厅长作首讲授课。

9月1日

省科技厅组织召开全省科研设施与仪器试点工作会议。省财政厅、省发展改革委、省教育厅、省质监局以及广州、中山、惠州、云浮、肇庆市科技主管部门，中山大学、暨南大学、省科学院、中科院生物健康研究院等7家高校科研院所，美的集团、东阳光等4家企业试点单位代表共38人参加了会议。

9月8日

省科技厅、人民银行广州分行在江门市召开全省科技和金融结合促进创新创业试点工作会议。印发了《广东省科学技术厅、中国人民银行广州分行关于科技和金融结合促进创新创业的实施方案》；省科技厅、人民银行广州分行与江门市政府签订了《科技与金融结合促进创新创业发展合作框架协议》；17家省级银行机构与江门市政府签订《战略合作协议》、江门市11家银行机构与13个科技园区及科技型企业签订授信协议。各地级以上市科技部门，人民银行广东各地市中心支行，省科技金融综合服务中心各分中心，有关省级银行机构，江门市有关部门、银行机构等单位负责同志和部分科技企业代表、媒体代表等共200人参加了会议。

9月10日

新西兰健康研究院院长Kathryn McPherson教授、新西兰驻广州总领事陈立恩、新西兰商业创新和就业部科技创新参赞罗斯、奥克兰大学莫里斯——威尔金斯分子生物发现中心国际事务联络人Peter Lai等一行到访省科技厅。双方就广东省与新西兰在生物医药、健康食品等领域的科技合作模式进行深入探讨和交流。

9月11—12日

2015年度国家自然科学基金委员会（NSFC）—广东省人民政府联合基金评审会暨管委会在昆明召开。

9月16日

由省科学技术厅和英国兰卡斯特大学共同主办的兰卡斯特中国企业催化项目专题研讨暨技术对接会在广州召开。来自英国的10家企业代表与中方包括华南理工大学、中国科学院化学所等约40家企业和科研机构代表进行了“一对一”技术洽谈。

9月16—18日

由科技部人才中心、省科技厅和深圳市科创委共同主办的中国科技创业人才投融资集训营（深港·TMT专场）在龙岗举行。

9月18日

中国生物技术发展中心黄晶主任一行调研广东省干细胞与医疗器械科研发展情况。

9月24日

△科技部在珠海市召开内地和澳门节能与环保工作组会议，会上介绍了广东省在节能与环保科技工作发展方面的优势和特色。

△科技部社发司在江门实地调研广东大气超级监测站运作情况和广州禾信分析仪器有限公司，并召开座谈会听取省科技厅、省环保厅和省环境监测中心的进展情况报告。

9月29日

△广东省重大科技成果产业化基金部门联席会议第一次会议在省政府召开。会议听取省科技厅汇报广东省重大科技成果产业化基金筹备相关工作，审议并原则通过《实施方案》《会议制度》及《运作方案》。陈云贤副省长及省科技厅、省发展改革委、省经信委、省教育厅、省财政厅、粤科金融集团等有关部门负责人参加了会议。

△2015年省应用型科技研发专项部门联席会议第二次会议在省政府召开。会议听取省科技厅关于2015年省应用型科技研发专项项目申报及评审工作汇报，审议并原则通过了推荐立项项目和经费安排。陈云贤副省长及省科技厅、省发展改革委、省经信委、省教育厅、省财政厅等有关部门负责人参加了会议。

10月11日

由省科技创新监测研究中心、省科技厅团委联合举办的“阳光科技——创新驱动发展成果体验展”在广州举行，来自40家科技企业和科研单位约400多人参加了活动。

10月13—17日

国家自然科学基金委政策局、计划局一行到广东省开展专题调研座谈，听取了省科技厅、广州市科技创新委员会、深圳市科技创新委员会及中山大学等有关依托单位和NSFC—广东联合基金在农业、资源与环境、人口与健康领域、新材料与先进制造和电子信息5个领域部分项目负责人或主要参与人的汇报，并对部分团队进行了实地考察。

10月14日

△呼吸疾病国家重点实验室产学研基地园区启用仪式在广州举行。

△云南省科技厅党组成员、驻厅纪检组组长一行到访广东省科技厅。广东省科技厅介绍了本省在科技计划项目和经费管理、广东省科技业务管理阳光政务平台体系建设和经验做法，以及专家库

的建立、管理及诚信问题等方面的工作情况，双方还就科技廉政风险防控工作进行交流。

10月16日

省科技厅“科技业务一站式网上全流程办理服务”获评为2015政府网站新技术应用优秀案例。

10月18日

广东省人民政府与清华大学在广州举行《共建清华珠三角研究院协议》签约仪式。

10月22日

由科技部火炬中心、广东省科技厅主办，广东省科技企业孵化器协会承办的2015年华南地区众创空间培训会在广州举行，来自广西、福建、广西、海南、新疆以及广东省各地市的220多人参加了培训会。

10月28日

2015年省科技厅系统第二期学习论坛在7楼报告厅举行。黄宁生厅长作《发挥科技创新核心作用 扎实推进创新驱动发展——对省委、省政府相关战略部署的领会与思考》的主题演讲。

10月29日

广东省农村科技发展战略专家咨询会在广州召开。会上为30位第4批广东省农村科技发展战略专家颁发聘书。

11月4日

由加拿大不列颠哥伦比亚省国际贸易厅与省科技厅共同主办的加拿大不列颠哥伦比亚省—广东省创新与技术研讨会在广州举行。来自加拿大不列颠哥伦比亚省的6家企业代表对所在机构及优势项目进行了推介。中方70多家企业逾120人参加了会议。

11月8日

沃尔巴克技术控制蚊媒病国际研讨会在广州召开。联合国粮农组织/国际原子能机构、澳大利亚、美国、新加坡、巴基斯坦等国内外知名研究机构的22名科学家参加了研讨会，中国农业部、中国疾病预防控制中心、广东省科技厅、广东省和广州市爱国卫生运动委员会、广州市卫生和计划生育委员会等单位也派代表出席了会议。美国Google和以色列SENECIO公司作为工业界代表参会。

11月11日

解放军信息工程大学一行到访省科技厅座谈。双方就东莞信大融合创新研究院创建情况及开展中国可见光通信战略联盟第二次联盟大会相关事宜进行了交流。

11月12日

省委、省政府在广州召开珠三角国家自主创新示范区建设启动会议。会上，中共中央政治局委员、广东省委书记胡春华，科技部党组书记、副部长王志刚共同为珠三角国家自主创新示范区揭牌。

11月13日

科技部火炬中心在佛山高新区召开全国火炬统计工作培训会，会上介绍了广东实施创新驱动发展战略总体情况和成效。

11月16日

2016年度广东省自然科学基金杰出青年项目综合评审会在广州召开。省科技厅、省委组织部、省政府研究室、省财政厅、省气象局、省地震局、中山大学、华南理工大学、省科学院等20多个政府机构、高校、科研院所的专家参加了会议。

11月18日

由省经信委、省科技厅、省教育厅联合主办的2015年广东省科技成果与产业对接会暨首届广东国际机器人及智能装备博览会在东莞举行。中共中央政治局委员、广东省委书记胡春华前往参观，副省长招玉芳出席开幕式并致辞。东莞市、省经信委、省科技厅、省教育厅相关负责人，省内外高校、科研机构、各地市科技、经信部门负责同志和相关企业代表300多人参加了活动。

11月19日

省科技厅组织召开广东省产学研协同创新发展“十三五”规划编制专家研讨会。来自中山大学、华南理工大学、广东工业大学、省科学院、省社科院、广州市创新委、佛山市科技局、惠州市科技局、广州工研院、深圳清华研究院、华中科大工研院以及有关企业的专家代表，省科技情报所有关负责同志参加了会议。

11月25日

省科技厅在广州召开珠三角国家自主创新示范区建设业务工作座谈。珠三角9市市政府有关领导，科技局、高新区主要负责人及有关专家代表50多人参加了会议。

11月27日

△省政府办公厅召开广东省科学院组建工作协调会，省科技厅厅长黄宁生在会上就协调推进省科学院组建相关工作作汇报说明。

△2015年省科技厅系统第三期学习论坛在厅7楼报告厅举行，邀请中关村科技评价研究院何小敏常务副院长，作基于国家标准《科研项目评价通则》的“科技标准化评价和科技创新管理”主题演讲。

11月27—28日

科技部在安徽省合肥市召开促进科技成果转化法和深化科技体制改革实施方案贯彻落实会议，广东省科技厅在大会上作典型发言。

12月2日

《广东省远期创新产品与服务评定工作方案（试行）》印发。

12月3日

第四届中国创新创业大赛港澳台赛暨第二届海峡两岸暨香港、澳门大学生创新创业大赛总决赛和颁奖典礼在广东科学中心举行。

12月3—4日

第19届国家中医药发展会议（珠江会议）在珠海召开。

12月4日

第四届中国创新创业大赛（广东赛区）暨第三届“珠江天使杯”科技创新创业大赛颁奖典礼在惠州举行。

12月7日

《广东省科学技术厅科技咨询专家信用管理实施细则（试行）》印发。

12月9日

第十三次“泛珠三角”区域科技合作联席会议在深圳召开。中国科学技术交流中心相关领导以及来自泛珠三角区域“9+2”各省区科技部门代表50多人参加了会议。

12月11—13日

2015中国（东莞）国际科技合作周在东莞国际会展中心举行。开幕式上，全国政协副主席、科技部部长万钢作主旨演讲；陈云贤副省长、新西兰奥克兰大学麦卡琴校长分别致辞；黄宁生厅长代表广东省科技厅分别与新西兰奥克兰大学和荷兰国家科学基金委签署合作谅解备忘录。中国工程院院长周济，来自东盟国家驻华大使馆官员、独联体国家专家代表，新西兰奥克兰大学专家代表团，荷兰、波兰国家科学院高压所，西班牙马德里理工大学、俄罗斯纳米集团，以及国家部委、国内十多个省区600多名专家、代表参加了活动。

12月15日

△广东科研众包服务平台建设运营研讨会在广州举行。暨南大学、广东省粤科金融集团、中山大学中创集团、省科技基础条件平台中心、广东庖丁技术开发股份有限公司、广东易孵网络科技有限公司、开源中国社区、中科招商投资管理集团等单位代表约20人参加了会议。

△广东省人民政府与以色列科技空间部在汕头召开科技座谈会。陈云贤副省长出席并会见了以色列科技空间部部长阿库尼斯一行。省科技厅与以色列科技空间部签署合作谅解备忘录。

12月21—25日

受科技部委托，省科技厅组织国家可持续发展实验区专家委员会专家组，对江门市新会区和云浮市云安区国家可持续发展实验区开展现场考察验收工作。专家组同意推荐新会区和云安区参加国家可持续发展实验区部际联席评审会评审。

12月22日

△清华珠三角研究院揭牌仪式在广州开发区举行。

△第17届广东科技好新闻暨第11届广东科技新闻学术交流论文颁奖会在广州举行。

12月23日

2015年度广东省科学技术奖评审委员会评审会议在广州召开。本次会议共评审出本年度拟奖项目260项，其中特等奖1项、一等奖25项、二等奖85项、三等奖149项。

12月25日

全省高新技术企业认定及高新技术企业培育工作座谈会在省科技厅召开。省科技厅、各地级以上市科技局、顺德区经济和科技促进局共60多人参加了会议。

12月28日

省科技厅领导班子召开“三严三实”专题民主生活会。

12月30日

省科技厅的官方网站荣获2015年度广东省政府网站公共服务程度测评最具媒体影响力网站。

表格索引

· 表3-1-1　NSFC—广东联合基金资助项目情况表（2011—2015年）……（37）

· 表3-1-2　广东省获国家“973计划”（含国家重大科学研究计划）首席科学家项目情况（2015年）…………（39）

· 表3-1-3　广东省获国家自然科学基金项目TOP20依托单位名单（2015年）（40）

· 表3-1-4　广东省自然科学基金资助项目情况（2015年）………………（41）

· 表3-1-5　广东省自然科学基金各学科面上项目资助情况（2015年）……（41）

· 表4-1-1　新认定广东省技术创新专业镇（2015年）…………………（51）

· 表4-1-2　广东省专业镇基本情况表（2015年）…………………………（51）

· 表4-3-1　广东R&D人员情况（2013—2015年）…………………（59）

· 表4-3-2　广东R&D经费内部支出（2013—2015年）………………（59）

· 表4-3-3　企业当年研发用仪器设备投入（2013—2015年）……………（59）

· 表4-3-4　企业创新实力情况………（60）

· 表4-4-1　中山大学新增省部级以上科研平台（2015年）………………（64）

· 表4-4-2　2015年度华南理工大学部分获奖项目…………………………（66）

· 表4-4-3　华南理工大学新增省部级以上科研平台（2015年）…………（68）

· 表4-4-4　暨南大学新增省部级以上科研平台（2015）…………………（70）

· 表4-4-5　华南农业大学部分获奖成果（72）

· 表4-4-6　华农新增省部级以上科研平台（2015年）……………………（73）

· 表4-4-7　汕头大学新增省部级以上科研平台（2015年）………………（77）

· 表6-1-1　全省科技成果鉴定基本情况（2014—2015年）…………………（109）

· 表6-1-2　全省已登记重大科技成果基本情况（2014—2015年）………（110）

· 表6-1-3　全省已登记重大科技成果应用及经济效益情况一览表（2015年）…………………………（110）

· 表6-1-4　全省重大科技成果登记完成单位情况（2011—2015年）………（111）

· 表6-1-5　获2015年度国家级、省级科技奖励情况…………………………（111）

· 表6-1-6　广东省获2015年度国家科学技术奖项目名单……………………（114）

· 表6-1-7　2015年度广东省科学技术奖特等奖、一等奖获奖项目名单…（116）

· 表7-1-1　国内主要沿海省市高新技术产品进出口情况（2015年）…（130）

· 表7-1-2　广东省高新技术产品进出口综合情况（2015年）…………（130）

· 表7-1-3　广东省高新技术产品进出口主要地区情况（2015年）…………（131）

· 表7-1-4　广东省高新技术产品进出口（按领域）情况（2015年）………（131）

· 表7-1-5　珠三角高新技术产品进出口情况（2015年） ……………………（132）
· 表7-3-1　林业部分获奖成果一览表（2015年度） ………………………（138）
· 表7-3-2　2015年发布实施的广东省林业行业地方标准 …………………（139）
· 表7-8-1　第一批广东省环境保护重点实验室名单 ……………………（153）
· 表7-8-2　第一批广东省环境保护工程技术研发中心名单 ……………（153）
· 表7-8-3　第一批广东省环保示范技术 ……………………………………（154）
· 表7-9-1　广东省能源领域部分获奖成果（2015年度） ……………（156）
· 表7-14-1　广东省新发布的工程建设地方标准（2015年） …………（169）
· 表8-4-1　在粤开展的部分科技合作交流活动 ……………………………（205）
· 表10-1-1　全省国有企业、事业单位专业技术人员数（2010—2015年）（305）
· 表10-1-2　全省科技活动经费增长情况（2010—2015年） ……………（305）
· 表10-1-3　全省R&D经费明细情况（2015年） …………………………（306）
· 表10-1-4　科研机构概况（2015年）（306）
· 表10-1-5　科研课题及科技产出情况（2015年） ………………………（306）
· 表10-1-6　国家及省级科技成果奖励情况（2010—2015年） …………（307）
· 表10-2-1　全部县以上部门属科技机构概况（2015） …………………（308）
· 表10-2-2　全部县以上部门属科技机构的机构、人员和经费概况（2015） ………………………………（309）
· 表10-2-3　全部县以上部门属科技机构人员概况（2015） ……………（315）
· 表10-2-4　全部县以上部门属科技机构人员按工作性质分类（2015）（317）
· 表10-2-5　全部县以上部门属科技机构科技活动人员的资历和文化程度（2015） ……………………（319）
· 表10-2-6　全部县以上部门属科技机构经费收入（2015） ……………（320）
· 表10-2-7　全部县以上部门属科技机构经费支出（2015） ……………（328）
· 表10-2-8　全部县以上部门属科技机构基本建设与固定资产（2015）…（337）
· 表10-2-9　全部县以上部门属科技机构课题概况（2015） ……………（338）
· 表10-2-10　全部县以上部门属科技机构课题经费内部支出按活动类型分类（2015） ……………………（357）
· 表10-2-11　全部县以上部门属科技机构课题投入人员按活动类型分类（2015） …………………………（359）
· 表10-2-12　全部县以上部门属科技机构专利（2015） …………………（361）
· 表10-2-13　全部县以上部门属科技机构论文、著作及其他科技产出（2015） …………………………（364）
· 表10-2-14　全部县以上部门属科技机构R&D人员（2015） ……………（367）
· 表10-2-15　全部县以上部门属科技机构R&D人员折合全时工作量（2015） ……………………………（369）
· 表10-2-16　全部县以上部门属科技机构R&D经费支出（2015） ………（376）
· 表10-2-17　全部县以上部门属科技机构R&D经费内部支出（2015）…（379）

主题索引

说 明

1. 本索引采用主题分析法，按主题词汉语拼音字母顺序排列。

2. 索引的主题词后面的数字表示内容所在页码，数字后面的英文字母（a、b）表示该页自左至右的栏别。

3. 本索引对彩色插页、“领导讲话”、“政策措施及规范性文件”、“科技记事”等不作内容主题分析。

B

百所千企知识产权服务对接工程 126b

C

产学研协同创新平台 50b 99a
产业技术创新联盟 5b 9 54a 83a 99b 100a 236b 265a 295b
城市轨道交通 76b 112a 118 168b 169a 169b
创新基金 4a 60a 60b 212b 226b
创新驱动讲习所 254a
创新型产业集群 50a 50b 54a 54b

D

大学科技园 17a 50b 75a 215a
第十七届中国科协年会 195b 201a
低碳技术创新 156a
电子信息产业 11 224a 227a 252b

G

高等院校科技创新 63
高交会 18a 18b 19a 94b 95a
高新技术产业 6 11 29a 49b 55a 55b 112b 116 129 177a 211a 214a 221b 222a 223a 224b 227a 231a 231b 240a 241a 245a 246b 249a 252b 256a 260a 263a 264a 265b 266a 271a 281b 284b 285a 287a 289b 290a 295b 298a 299b
干细胞与组织工程 9 145b
工研院 95a 95b 96a 96b 400
广东国家大科学中心 4b
广东科协论坛 195a 203b

广东科学中心 94b 167b 199b 200a 201a 201b 202a 202b 206 215b 221a 390 392 393 394 400
广东区域地质调查 181b
广东省科技成果与产业对接会 19a 100a 400
广东省科学技术奖 16a 16b 64b 66b 67 71a 72 75b 80a 80b 82b 84a 90a 91b 112a 116 137b 138 143a 145b 156b 156 163b 164a 168b 173a 179b 182a 190a 215b 217a 227b 230a 238a 241b 246b 260b 282b 285b 290b 295a 296a 298a 300b 390 401
广东省科学院 4b 9 26a 82a 83a 83b 221a 226b 270b 284a 295b 394 400
广东省自然科学基金 41a 41b 42a 66b 70b 73b 90a 392 400
广东特支计划 5b 26b 27a 27b 65a 73b 83b 113b 259a 298b
广州石化 175a
国家级农业科技计划 134a
国家科学技术奖 27a 66b 111a 111b 112a 114 217a
国家星火计划项目 134a 245b
国家智慧城市创建 168a

H

海洋科学 78b 81b 184b
海智计划 196a 196b
户户通工程 187a
惠州市科技 248a 248b 400

J

技术合同登记 217b 238a 265a 267b 276a
技术创新专业镇 50b 51 53b 231a 240b 245b 248b 251b 255a 258a 259a 263b 270b 280a 280b 283b 292a 295a 299a
杰出青年基金项目 40b 66a 70b 113a
金融科技活动 149b

K

可持续发展实验区 58b 254a 401
科技创新大会 6 16a 25a 200b 211a 243a 273a 287a 290a 390 391
科技创新券 4a 25a 25b 211b 217a 224a 254b 258a 258b 259a 264b 280a 283a 285a 287a 287b 298a 390
科技扶贫 244a
科技服务平台 33a 104a
科技干部教育与培训 28b
科技会展 33b 105a
科技金融服务 5b 13 19b 33a 50a 101a 101b 212a 216b 226a 227b 230a 232a 238a 256b 260a 260b 285b
科技企业孵化器 3b 5a 17a 17b 18a 25a 50a 54b 55a 56a 56b 57a 77a 95b 112b 116 129a 200b 212a 214a 214b 215a 215b 219a 226a 227a 231a 235a 236a 240a 251a 252a 254b 255b 258a 259a 264a 271a 273b 274a 283a 287a 288a 288b 292a 292b 295b 298a 299b

390　392　395　399
科技统计指标　305
科技下乡活动　136b　199a　244b　296b
科技兴海基地　183b
科技信贷　21a　33a　101b　216a　216b　249a　260b　267a　275a　275b　287b　298a　300a
科技型中小企业技术创新　60b　212b　230a　248a　270a
科技政策法规　25a　223a　230a
科普基地建设　95a　199b　220b
科研平台建设　64b　68b　70b　71b　74a　77b

L

LED产业　31a　132a　132b　133a　249a　260b　266a
联合基金　37a　43a　70b　71a　76a　396　397　398
林业标准化　139b
林业科技创新专项　137a

M

茂名石化　112a　176a　176b　177a　177b　178a　178b　280b　282a

N

南方海谷　273a　273b　274a　274b　275a　275b　276a　276b
农村信息化　136a　271a
农业科技计划　134a

Q

企业技术中心　9　54b　55a　160b　211a　214b　224a　226a　260a　292a　293a
企业科技创新　59a　60a　220a　287a
企业知识产权工作　123a　268a
区域数值天气预报重点实验室　163a
全国科普讲解大赛　199b　201b　202a　221a　393
全省科技进步活动月　164b　198b　278a

R

软科学研究　123b　151a

S

韶关市科技　200a　240a　241b
深圳市科技金融联盟　225a
省部院产学研合作　5b　100b
省级工程技术研究开发中心　243b　246a
生物医药产业　55a　183b
生物种质资源库　44b　213b
水利科技　173a
水生动物防疫检疫体系　142b

X

新材料产业　238a　263b　264a　266a
现代渔业建设　143b

Y

扬帆计划　5b　26b　27a　27b　230b　241a

243a　245a　246a　263b　270a　281a　287a　287b　292a　298b
阳光再造行动　3b　29a　41a
渔业科技　142b
渔业科技研发　142b
院地合作　94a　96b　231a　252a　270b　274b　390

Z

知识产权服务　120b　121a　121b　123b　124a　126b　214a　214b　217b　235a　238b　243b　253a　261b　296b　301a
知识产权质押贷款　125b　267a　268b
重大科技专项　3b　5b　9　29b　30a　30b　31a　31b　32b　77a　101a　102b　112b　145b　165b　248a　266a　270a　271a　299a　350
中国海洋创客节　184a　278b
中小微企业工作会议　18a　396
珠江人才计划　5a　26b　27b　28a　71a　92a　224a　298b
珠江天使杯　5a　19a　103b　230b　264b　295a　401
自主创新能力建设　3a